2020中国物业管理行业年鉴

China Property Management Industry Yearbook

（上）

中国物业管理协会　编

中国建筑工业出版社

图书在版编目（CIP）数据

2020中国物业管理行业年鉴 = China Property Management Industry Yearbook. 上 / 中国物业管理协会编 . —北京：中国建筑工业出版社，2021.2
ISBN 978-7-112-25810-9

Ⅰ . ① 2… Ⅱ . ①中… Ⅲ . ①物业管理-服务业-中国-2020-年鉴 Ⅳ . ① F299.233.3-54

中国版本图书馆 CIP 数据核字（2020）第 267646 号

责任编辑：毕凤鸣 周方圆 封 毅
责任校对：李美娜

2020中国物业管理行业年鉴
China Property Management Industry Yearbook
中国物业管理协会 编
*
中国建筑工业出版社出版、发行（北京海淀三里河路9号）
各地新华书店、建筑书店经销
北京建筑工业印刷厂制版
北京市白帆印务有限公司印刷
*
开本：880 毫米 ×1230 毫米 1/16 印张：89½ 字数：2621 千字
2021 年 2 月第一版 2021 年 2 月第一次印刷
定价：**699.00** 元（上、中、下册）
ISBN 978-7-112-25810-9
（37054）

编撰说明

2020年是全面建成小康社会和“十三五”规划的收官之年，是“十四五”规划的筹划之年。“十三五”期间物业管理行业始终以习近平新时代中国特色社会主义思想为指导，全面贯彻党的十九大和十九届二中、三中、四中、五中全会精神，统筹推进“五位一体”总体布局，协调推进“四个全面”战略布局，坚定践行创新、协调、绿色、开放、共享的新发展理念，深化服务业供给侧结构性改革，着力提高服务效率和服务品质，在创造和稳定就业岗位，维护小区安定有序，促进居民身心健康，提升房屋资产价值等方面发挥了重要作用。特别是在今年新冠肺炎疫情防控期间，全国700多万物业服务人员在社区党组织统一领导下，积极参与社区联防联控，牢牢守住疫情防控的第一道防线。物业管理行业已经成为不可或缺的新兴产业。

为了全面反映我国物业管理行业发展状况，提升物业服务企业品牌知名度和影响力，提高社会各界对行业价值的认知。继《2018中国物业管理行业年鉴》《2019中国物业管理行业年鉴》出版以来，中国物业管理协会将此项工作制度化，作为年度的重点工作开展，组织行业力量编撰《2020中国物业管理行业年鉴》（以下简称《年鉴》）。

《年鉴》全书共262万字，分为上、中、下三册。上册由1篇主题报告、24篇专题报告、25篇地方报告组成；中册包含96篇物业服务企业案例；下册所载内容由政策法规、行业相关数据、卷首语、疫情防控和大事记等篇章组成。

《物业管理行业发展指数报告》对行业“十三五”期间发展的总体情况和发展环境作了总结，并对“十四五”期间行业的发展趋势作了预测。《专题报告》篇涉及物业服务企业发展、上市公司、品牌价值、媒体影响力、行业劳动力市场价格、舆情研究、智慧物业、社区养老的领域，以及住宅、写字楼、产业园区、高校、医院、公众场馆、商业综合体等业态，还包含白蚁防治、住宅专项维修资金、设施设备、人力资源、标准化、法制化建设、产学研发展等内容。《地方报告》篇主要反映各地区物业管理发展的基本情况和当地特色工作的经验与成果。《企业案例》篇重点展示优秀物业服务企业关于党建覆盖、管理提质、服务创新、标准引领、人才培养、多种经营、科技融合、绿色发展等特色内容。《政策法规》篇收录了近一年来出台的有关物业管理的法律、行政法规、部门规章和规范性文件，特别摘取了民法典中涉及物业管理行业的章节。《行业相关数据》篇整理了2015—2019年间国家宏观经济、人口、平均工资、房地产开发等数据。《卷首语》篇集结了沈建忠会长和协会副会长撰写的十二篇文章，是他们伴随行业进步，那些感悟、感动与感慨心路历程的真实写照。《疫情防控》篇展现了新冠肺炎疫情防控期间，全物业管理行业从业者勇敢逆行、坚守岗位，牢牢守住疫情防控第一道防线，为遏制疫情蔓延、保障正常生产生活、促进社会稳定做出的重要贡献。《大事记》篇整理了行业发展大事，回顾物业管理行业值得纪念的2020。

《年鉴》内容涉及广泛、合乎时代潮流、专业性强，已经成为见证中国物业管理行业发展最权威、最具影响力的参考文献，是国家机关、行业组织、企事业单位和科研机构了解和研究物业管理行业发展不可或缺的综合性工具书。在编撰过程中难免存在一定的局限和不足，我们愿意听取广大读者的意见，不断对《年鉴》进行改进和完善。

《年鉴》在编写过程中，得到住房和城乡建设部相关司局、中国房地产业协会、各地方物业管理行业协会、中国经济信息社、北京中物研协信息科技有限公司、北京中房研协技术服务有限公司、《中国物业管理》杂志、上海易居房地产研究院中国房地产测评中心等机构和会员单位的大力协助，在此一并表示感谢！

《2020中国物业管理行业年鉴》编审委员会

2021年1月

《2020中国物业管理行业年鉴》

编审委员会

总 目 录

上 册 目 录

\ 主题报告 /

\ 专题报告 /

\ 地方报告 /

中 册 目 录

\ 企业案例 /

下册目录

\ 政策法规 /

行业相关数据

\ 卷首语 /

\ 疫情防控 /

\ 大事记 /

主题报告

物业管理行业发展指数报告

2020年是全面建成小康社会和“十三五”规划的收官之年，是“十四五”规划的筹划之年。“十三五”期间物业管理行业始终以习近平新时代中国特色社会主义思想为指导，全面贯彻党的十九大和十九届二中、三中、四中、五中全会精神，统筹推进“五位一体”总体布局，协调推进“四个全面”战略布局，坚定践行创新、协调、绿色、开放、共享的新发展理念，深化服务业供给侧结构性改革，着力提高服务效率和服务品质，在创造和稳定就业岗位，维护小区安定有序，促进居民身心健康，提升房屋资产价值等方面发挥了重要作用。特别是在2020年新冠肺炎疫情防控期间，全国700多万物业服务人员在社区党组织统一领导下，积极参与社区联防联控，牢牢守住疫情防控的第一道防线。物业管理行业已经成为不可或缺的新兴产业。

一、“十三五”期间，物业管理行业发展的总体情况

我国物业管理行业从1981年起步，已经走过了40年的发展历程。在“十三五”期间，物业管理行业产业结构不断优化，行业产值持续提升，行业市场规模增势强劲，行业从业人员稳定增长，行业得到蓬勃发展，呈现良好发展态势。

（一）物业管理行业发展指数达到361.6，复合增长率达13.6%

经测算，2020年物业管理行业发展指数①将达到361.6，相比2019年提高32.8点，同比增长10.0%②。从2016年到2020年的“十三五”期间，物业管理行业发展指数提高144.5，复合增长率达到13.6%，保持了快速的发展态势（图1）。

（二）营业收入发展指数达到464.9，行业产值超过万亿元

经测算，2020年物业管理行业营业收入发展指数为464.9（图2），将达到11800.3亿元，同比增长

① 物业管理行业发展指数（Property Management Industry Development Index）是以各地方物业管理行业协会申报数据和全国经济普查数据为基础，从物业管理行业的管理规模、营业收入等方面，对物业管理行业发展的基本状况进行量化评价，以测算物业管理行业发展指数的方式，来衡量行业发展的总体水平和发展态势。

② 2020年物业管理行业发展指数为测算值，因受新冠肺炎疫情影响，对营业收入、管理规模等相关指标进行下调，增长速度降到10%。

12.3%。物业管理行业营业收入的增长速度分别高于管理规模和从业人员 5.7、4.4 个百分点。“十三五”期间行业营业收入发展指数提高 205.5，复合增长率达到 15.7%，实现了高速增长。

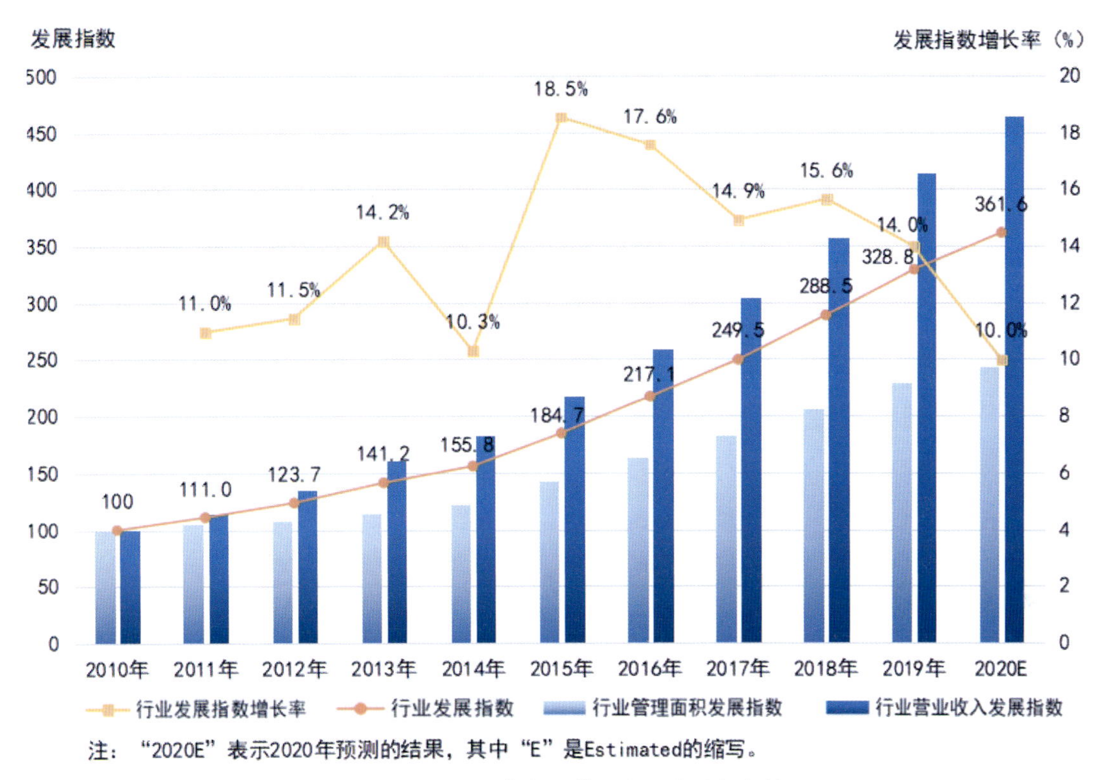

图 1　2010—2020 年物业管理行业发展指数情况

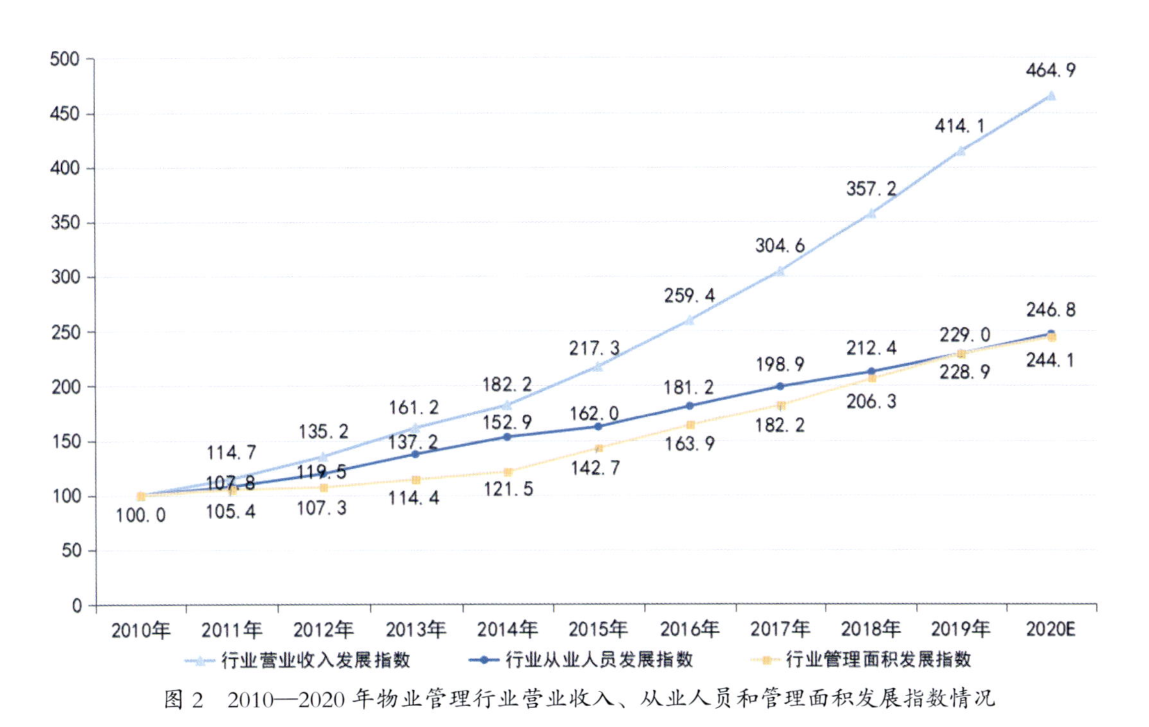

图 2　2010—2020 年物业管理行业营业收入、从业人员和管理面积发展指数情况

（三）管理面积发展指数达到 244.1，行业在管规模突破 330 亿平方米

经测算，2020 年物业管理行业管理面积指数达 244.1（图 2），管理面积达到 330.4 亿平方米，同比增

长 6.6%。“十三五”期间，物业管理行业管理面积发展指数提高 80.2，复合增长率达 10.5%，单位面积营业收入由 29.7 元 / 平方米提高到 35.7 元 / 平方米，人均管理面积由 4084.2 平方米提高到 4463.7 平方米。物业管理单位产值快速提升，人均管理效率稳步增长。

（四）从业人员发展指数达到 246.8，每年新增就业岗位 50 万个

经测算，2020 年物业管理行业从业人员发展指数达 246.8（图 2），从业人员约 740.2 万人（不包含外包人员），增加 53.6 万人，同比增长 7.8%。“十三五”期间，物业管理行业从业人员发展指数提高 65.6，复合增长率达 8.0%，人均营业收入由 12.1 万元 / 人提升到 15.9 万元 / 人，人均产值持续提升。

二、“十三五”期间，物业管理行业发展的环境

“十三五”期间，物业管理行业全面落实《住房城乡建设事业“十三五”规划纲要》提出的“以推行新型城镇化战略为契机，进一步扩大物业管理覆盖面，提高物业服务水平，促进物业管理区域协调和城乡统筹发展。健全物业服务市场机制，完善价格机制，改进税收政策，优化物业服务标准，强化诚信体系建设。建立物业服务保障机制，加强业主大会制度建设，建立矛盾纠纷多元调处机制，构建居住小区综合治理体系。完善住宅专项维修资金制度，简化使用流程，提高使用效率，提升增值收益。转变物业服务发展方式，创新商业模式，提升物业服务智能化、网络化水平，构建兼具生活性与生产性双重特征的现代物业服务体系”的重点任务，围绕“诚信建设年”“质量提升年”“标准建设年”“能力建设年”等年度主题，深入开展供给侧结构性改革实践，取得了卓有成效的进步与发展。

（一）政策制度环境不断完善

2019 年 10 月，国家发展改革委修订发布了《产业结构调整指导目录（2019 年本）》，由鼓励、限制和淘汰三类组成，对加强和改善宏观调控，引导社会投资方向，促进产业结构调整和优化升级发挥重要作用。物业服务被列入鼓励类项目，可见行业对经济社会发展有着重要的促进作用，有利于满足人民美好生活的需要，并在提高现代服务业效率和品质，推动公共服务领域补短板，加快发展现代服务业等方面，被寄予了新的期望和使命。

2020 年 5 月，《中华人民共和国民法典》在第十三届全国人民代表大会第三次会议上通过。《民法典》中物权编、合同编、侵权责任编等编章增设和修改了大量关于物业管理的内容，能够在国家基本法中对物业管理予以确认，正是因为我国物业管理经过四十年的快速发展，已经全面融入社会经济领域的方方面面，深刻改变了城镇居民生活的点点滴滴。

2020 年 8 月，住房和城乡建设部等 13 部门联合发布《关于开展城市居住社区建设补短板行动的意见》，提出到 2025 年，基本补齐既有居住社区设施短板，新建居住社区同步配建各类设施，城市居住社区环境明显改善，共建共治共享机制不断健全，全国地级及以上城市完整居住社区覆盖率显著提升的工作目标。为解决居住社区存在规模不合理、设施不完善、公共活动空间不足、物业管理覆盖面不高、管理机制不健全等突出问题和短板，提供了政策指导和工作方向。“十四五”期间，物业管理行业将在配合完整居住社区建设，以及更好为社区居民提供精准化、精细化服务上发挥积极的作用。

2020 年 12 月 25 日，住房和城乡建设部等十部委联合印发《关于加强和改进住宅物业管理工作的通知》，从融入基层社会治理体系、健全业主委员会治理结构、提升物业管理服务水平、推动发展生活服务业、规范维修资金使用和管理、强化物业服务监督管理等 6 个方面对提升住宅物业管理水平和效能提出要求。

（二）基层社会治理作用日益凸显

新冠肺炎疫情防控期间，物业管理行业在街道社区等政府部门的组织协调下，积极融入社区联防联控工作，发挥了不可或缺的作用，成为社区公共卫生供给和应急管理体系的重要补充。在写字楼、城市综合体、产业园区等人员密集地方，在车站、机场、码头和高校等人员流动性大的场所，物业管理同样承担着疫情防控的工作职责，保障复工复产和生产生活。物业管理在基层社会治理体系中的重要作用，得到了社会各界的广泛认同。

2020 年全国政协委员关于物业管理工作方面的提案达到 32 件（2018 年 13 件，2019 年 15 件），比 2019 年多了一倍。包括加强党的领导，发挥社区党组织引领作用，加强物业管理信用监管，调整业主大会投票比例，拓宽物业服务范围，调整物业管理行业分类，减免税费，实行政府购买服务，给予财政补贴等扶持政策。在 7 月 28 日，全国政协第十五次重点关切问题情况通报会也把主题聚焦在了“加强社区物业管理完善基层社会治理”上，充分说明物业管理工作得到社会各界的关注，日益成为增强百姓“家门口的幸福感”的重要途径。

（三）社会舆论氛围不断优化

新华社中国经济信息社与中国物业管理协会联合发布《新冠肺炎疫情对物业管理行业影响调查报告》显示，36450 名受访业主中，91% 认为疫情中物业服务品质明显提升，94% 认为小区物业防疫措施得当，98% 认为物业在社区联防联控体系中很重要。《新闻联播》《人民日报》新华社等主流媒体多次报道物业服务企业和人员的先进事迹。4 月 16 日，由中央电视台精编的《物业英雄》专题片，在《经济半小时》栏目播出，真实反映物业管理行业在疫情防控工作中的重要作用，记录物业管理从业人员在疫情防控岗位上的工作历程和感人故事，提升了社会各界对行业价值的认知。

在“五一”国际劳动节来临之际，习近平总书记给郑州圆方集团全体职工回信中，对他们一直坚守保洁、物业等岗位和主动请战驰援武汉等地抗击疫情的实际行动给予充分肯定。9 月 8 日举行的全国抗击新冠肺炎疫情表彰大会上，物业管理行业周敬、高勇、白杨获得“全国抗击新冠肺炎疫情先进个人”，郑州圆方集团党委、武汉地产集团东方物业管理有限公司、北京国联同利物业管理中心荣获“全国抗击新冠肺炎疫情先进集体”，郑州圆方集团党委同时荣获“全国先进基层党组织”，这是对全国物业管理行业的巨大鼓舞。

（四）行业发展基础逐步夯实

规范服务有标准。全国物业服务标准化技术委员会和中国物业管理协会标准化工作委员会相继于 2015 年 11 月成立，开启物业管理行业标准化建设工作。2018 年，全国物业服务标准化技术委员会开始国家标准《物业服务安全与应急处置》《物业管理术语》《物业服务顾客满意度测评》的编撰工作；中国物业管理协会先后发布《中国物业管理协会团体标准管理办法》《物业服务示范项目服务规范》《白蚁防治机构服务能力评价规范》《物业管理员（师）职业能力评价规范》《物业管理区域新型冠状病毒肺炎疫情防控工作操作指引》等系列团体标准。物业管理行业标准体系架构和行业团体标准工作机制已基本建立。

人才培育有高度。人力资源是物业管理行业发展的根基。为弘扬工匠精神，筑牢基础服务技能，提高我国物业管理职业技能水平，行业于 2017 年、2018 年先后举办两届中国技能大赛——全国物业管理行业职业技能竞赛；中国物业管理协会与国家开放大学签署战略合作协议，合作物业管理行业学习成果认证、积累与转换项目，成立国家开放大学物业管理行业学习成果认证分中心，开展物业管理行业学分银行建设，合作成立国家开放大学现代物业服务与不动产管理学院。通过多种途径和方式，着力解决制约行业发展的人才短板和瓶颈，构建起物业管理行业终身学习的“立交桥”。

研究工作有深度。“十三五”期间，中国物业管理协会围绕人才资源发展战略规划、团体标准发展规划、绿色建筑运行维护、中小企业发展、行业责任边、基层社会治理等重点领域，累计开展研究课题 114 项，其中重点课题 25 项，出版发行《物业管理课题研究优秀成果汇编》；系统汇集物业管理行业年度重要文献资料，出版发行《2018 中国物业管理行业年鉴》《2019 中国物业管理行业年鉴》，用文字记载物业管理行业发展历程和发展成就。

扶贫攻坚有力度。物业管理行业积极贯彻落实《国务院办公厅关于深入开展消费扶贫 助力打赢脱贫攻坚战的指导意见》，开展“社区的力量”消费扶贫攻坚战专项行动，通过公益宣传、社区活动、大型市集、平台运营、团购集采、县域考察、藏区青苗牵手计划等多种参与方式，动员全国物业管理行业凝聚起强大的扶贫工作合力。住房和城乡建设部扶贫办公室联合中国物业管理协会等 9 家建设领域协会发布《住房和城乡建设行业企业应对疫情灾情影响深入推进贫困劳动力稳岗就业的倡议书》，以实际行动助力打赢脱贫攻坚战。

三、“十三五”期间，物业管理行业发展存在的问题

（一）社会认知问题

社会对物业管理定位还存在一些不同认识：一是将物业管理等同于政府管理。物业服务企业被赋予管理者的角色，却没有执法权、强制权等公权力，管理职责难以落到实处。有些居民认为“进了小区门，就是物业事”，无论该问题是否属于物业服务合同约定事项，遇到问题都要求物业服务企业解决。对于小区内发生的违法违规行为，物业服务企业没有权限处理，需要向政府有关部门报告，由政府部门进行执法。二是将物业管理等同于公共服务。物业管理承担小区公共部位、共用设施设备的维护和管理责任，事关民生，服务于小区所有居民，具有“一对多”的特点，使得物业管理具备准公共性。但物业管理不等于政府提供的公共服务，公共服务体现的是公民权利与国家责任之间的公共关系。而物业管理是根据合同约定，由物业服务企业提供服务，业主支付相应费用，业主与物业服务企业之间属于民事关系。三是专业价值认知不足。《住房城乡建设事业“十三五”规划纲要》指出“构建兼具生活性与生产性双重特征的现代物业服务体系”，行业生活性的服务属性在疫情防控中得到具体体现，但生产性的服务属性还没得到广泛认识，行业专业价值被严重低估。

（二）政策制度问题

近几年，物业管理市场主体、客体市场化程度显著增强，产业链布局和行业发展格局不断优化，但现行物业管理行业制度的顶层设计已落后于行业的发展。一是行业内外修订《物业管理条例》意愿强烈，亟须根据《民法典》的条款内容和行业发展新情况做相应调整。二是条例配套相关政策也需要进一步完善，物业管理招标投标、物业承接查验、物业维修资金、业主大会和业主委员会等配套政策部分条款落地执行难，导致在现有制度体系下出现维修资金使用难、矛盾纠纷调解难、物业费调价难、业委会成立难等问题。三是企业资质和物业管理师资格制度取消后，以信用为核心的市场监管体制尚需尽快建立。四是国家层面上缺少扶持物业管理行业持续健康发展，尤其是针对中小物业服务企业的优惠政策。五是“营改增”税收红利未惠及行业。依据 2016 年财政部、国家税务总局《营业税改征增值税试点有关事项的规定》，物业管理纳入商务辅助服务中的企业管理服务。而住宅物业服务未纳入生活服务类范畴，不能体现居民生活必需的属性，既不能享受家政服务、养老服务的低增值税率，也不能享受 2020 年 2 月 6 日财政部、税务总局出台《关于支持新型冠状病毒感染的肺炎疫情防控有关税收政策的公告》中的优惠政策。

（三）市场竞争问题

随着中国经济的高速发展，品质消费时代的到来，业主维权意识和消费观念的日益成熟，对服务的要求也越来越高。一是优质服务供给不足。近年来，随着供给侧结构性改革不断深化，物业服务低端化同质化服务供给过剩，高质量特色化服务供给相对短缺，物业服务供给质量和结构还有较大改进空间。二是人员成本不断上涨。根据中国物业管理协会发布的《全国物业管理行业劳动力市场价格监测报告》，物业一线操作人员到手工资为 2784.4 元 / 月，每年增幅为 4.7%，管理成本不断上涨的压力明显。三是由于物业服务费合理调价机制的缺失，部分地方政府指导价格一经发布长期不变，物业费上涨成了一道难以逾越的门槛，企业的利润空间正在一点一点被挤压，物业收费标准与社会经济发展水平和物业服务成本脱节。四是市场竞争主体的快速增加。随着“放管服”政策的深入推进，“十三五”期间物业服务企业数量近年来呈现翻倍增长的情况，少数企业为争夺市场恶意压价的现象屡现，使得市场竞争更加激烈。

（四）人力资源问题

人才资源已经成为制约物业管理行业和企业发展的最大瓶颈。一是行业近 700 万从业人员中 80% 为一线操作人员，农村务工人员居多，本科生比例不足 7%，从业人员素质较低。二是随着互联网和新技术的广泛应用，物业服务企业正在利用互联网思维，人工智能、物联网、大数据等技术对企业内部管理体系、业务服务模式进行创新，需要重构物业管理从业人员的思维方式和知识体系，吸纳大量的互联网、金融、资本、智能科技等跨界人才。三是物业管理行业正逐步从传统劳动密集型行业向知识密集型行业方向转变，但专业技术人员职业资格由政府认定改为实行社会化职业技能等级评价的政策和标准尚不完善，行业职业教育体系不健全、渠道不畅通。

四、“十四五”期间，物业管理行业的发展趋势

我国物业管理行业仍处于向现代服务业转型升级的发展初级阶段，“十四五”期间行业要着眼长远、

把握大势、集思广益、开拓创新，从中国国情和行业实际出发走出一条具有中国特色的物业管理行业发展之路。

（一）要以党建工作为引领

习近平总书记在十九大报告中明确指出“党政军民学，东西南北中，党是领导一切的”。行业必须坚持和加强党的集中统一领导，增强“四个意识”，坚定“四个自信”，做到“两个维护”，把党的领导切实体现到物业管理发展各方面各环节。

一是物业管理行业要坚持以习近平新时代中国特色社会主义思想为指导，更加自觉地以党的创新理论武装头脑、指导实践、推动工作，以创新、协调、绿色、开放、共享的新发展理念，推动行业高质量发展。

二是积极推进党的组织和工作在物业管理行业全覆盖，成立物业服务企业党组织并纳入街道党（工）委统一管理，接受上级党组织的政治引领、组织引领、能力引领、机制引领，充分发挥企业党组织的战斗堡垒作用和党员的先锋模范作用，使企业党组织成为党联系服务群众、加强基层社会治理的重要力量。

三是加强党建工作与业务工作融合发展。坚持把抓好党建工作作为促进企业发展的出发点和落脚点，以党建促发展，以发展强党建，实现二者相互依赖、相互促进、相得益彰、共同发展。

（二）要以融入基层社会治理为路径

十九届四中全会明确提出“坚持和完善共建共治共享的社会治理制度，保持社会稳定、维护国家安全”。《中共中央 国务院关于加强和完善城乡社区治理的意见》把物业管理作为城乡社区治理的五个短板之一提出的，行业要正视问题，变被动为主动，依托社会治理大势，积极融入参与基层社会治理，争取物业管理行业发展的新优势。

一是发挥基层党组织领导核心作用。习近平总书记指出：“要把加强党的基层建设、巩固党的执政基础作为贯穿社会治理和基层建设的一条红线”。聚焦基层党组织的建设和作用发挥，推动管理和服务力量下沉，建立健全以街道（乡镇）党（工）委为核心，社区党组织为引领，物业管理党组织为抓手，业主党员广泛参与的党建全覆盖，把各方力量团结凝聚在党组织周围，实现多元主体在社会治理中的互联、互补和互动。

二是保障基层社会治理事务性工作落地。建立住宅小区内多元主体权利义务清单制度。根据法律法规对住宅小区内多元主体的权力授予、责任落实、运作流程、问责效力等作出规定，明确划分社区治理事务的权责归属，以清单形式列示权利和义务事项，向业主公布，接受各方监督。建立政府向物业服务企业购买服务制度。从物业服务企业角度看，政府购买服务可以解决其仅依靠市场机制无法自觉自愿履行社会治理义务的困境，为企业承接公共事务提供基本、可持续的保障；从政府角度看，以契约的方式规范与物业服务企业之间的责任关系、促使企业履行社会责任，能够有效解决社会事务繁重、公共服务产品短缺、服务质量和效率不高的问题。通过制度的确立，可以正向促进有社会责任感的企业更深度融入基层社会治理。

三是促进住宅小区多方共建共治共享。逐步形成以社区居民委员会下设物业管理委员会为依托，业主委员会和物业服务企业为基础，社会组织和社区相关单位密切配合，小区业主广泛参与的物业管理区域多方联动，通过协商议事、协同处置、资源共享等机制的建立，形成工作合力。提升物业管理参与基层治理的社会化、法治化、智能化、专业化水平，打造共建共治共享的物业管理区域治理新格局。

四是根据《住房和城乡建设部关于在城乡人居环境建设和整治中开展美好环境与幸福生活共同缔造活动的指导意见》，深入开展“美好环境与幸福生活共同缔造活动”，推动建设“整洁、舒适、安全、美丽”的业主居住环境，使人民获得感、幸福感、安全感更加具体、更加充实、更可持续。

（三）要以市场化发展为根本

在国家“放管服”改革的大背景下，行业应打破原有传统的监管框架，沿着市场化发展方向创新物业管理体制和机制。

一是明确业主为物业管理市场甲方主体的地位，由小区基层党组织领导和监督业主大会成立和运作，完善业主委员会的职能，建立“党委领导、政府组织、业主参与、企业服务”的物业管理市场秩序。

二是要让物业服务企业回归纯粹市场主体身份，理顺物业管理市场双方权利义务关系，通过市场供需双方的自由选择，依据物业服务合同的约定，履行服务内容、服务标准和服务价格等事项。

三是探索物业服务企业收费模式逐步由包干制转向酬金制，根据物业服务标准和物价指数等因素，合理确定物业服务价格并定期调整，推动形成“质价相符、按质论价”的物业服务市场价格机制。

四是推动物业服务信用体系建设，建立物业服务信用评价制度，制定统一的信用评价标准，建设全国信用信息管理平台，开展信用信息采集，实施信用综合评价，对失信者实行联合惩戒。

（四）要以扩容提质为方向

按照国家发展改革委、中宣部、财政部、商务部、人民银行等二十三个部门联合印发《关于促进消费扩容提质加快形成强大国内市场的实施意见》文件精神，物业管理行业以市场需求为导向，顺应居民消费升级趋势，发挥物业常驻小区、熟悉业主需求的优势，提供高品质、高效率的物业服务供给，提升物业管理行业对社会经济的促进作用。

一是根据2020年国务院政府工作报告中提出“重点支持‘两新一重’建设”要求。物业管理行业要跟紧新型基础设施建设，普及和利用好新一代信息技术的广泛应用，促进要素资源的网络化共享、协同化开发和集约化利用，加速推动行业数字化转型。利用好新城镇化建设，开工改造3.9万个城镇老旧小区的契机，拓宽物业服务领域，创新商业模式和服务，增强多层次、多样化、高品质的供给能力，更好促消费、惠民生、调结构、增后劲。

二是做好物业管理行业标准顶层设计规划，建立以国家、行业标准为规范，行业协会团体标准为引导和企业标准为领先，引导物业服务企业在技术高标准中创造更多优质服务供给，协同推进多层次的行业标准体系建设。

三是大力推行节能减排为重点的绿色物业管理，引导企业在管理中积极使用新能源、新材料、新技术，通过抓好各个环节管控，达到节能、节水、节电以及节约养护材料，减少污染物排放量，避免污染、疾病等事件传播扩散，降低环境风险和环境维护运营成本，促进资源的循环利用和环境改善。

四是尊重和运用市场机制，推动企业的整合、改制、兼并和重组，鼓励企业做大做强，5年内推动100家物业服务企业上市，培育一批具有较强核心竞争力、较高品牌美誉度的现代大企业、大集团，提高中型企业的专业服务能力和内部管理水平，引导小型物业服务企业规范发展，逐步形成以示范龙头企业为引领、中小企业协同发展的现代物业服务企业集群，全面提升行业整体发展水平，构建行业协同发展的新格局。

（五）要以能力建设为抓手

2020 年是物业管理行业“能力建设年”，全行业要以坚持以供给侧结构性改革为主线，围绕物业管理行业短板领域精准发力。

一是要提升企业的管理能力。企业组织升级是企业能力建设的关键，是实现价值增长的重要基础。为达到提升组织效率和活力，优秀物业服务企业正在探索“后台＋中台＋团队”等管理模式，建立与企业战略相匹配的组织架构。同时，企业在参与市场竞争中，也把重点逐渐从传统的资源、关系、成本、渠道等向知识、人才转移，将企业的知识资产积累和员工知识管理水平打造成为核心竞争力和重要驱动力。

二是提升企业的服务能力。服务来自于对每一位业主体验的认识，来自于对每一位业主顾客价值的理解，物业服务企业要以业主需求为中心，充分发挥在数据和服务应用场景方面的优势，站在业主的角度来看待问题并精心设计企业的服务内容，用心和创意带给业主超值的体验。

三是提升企业的风险防范能力。物业管理工作紧系民生，发生安全事故的几率大，企业要增强风险防范意识，以问题为导向，着力排查企业经营管理过程中的风险点，做到心中有底、脑中有策，并采取针对措施，建立全面的“问题清单”、精准的“措施清单”、明确的“责任清单”，用坚守底线思维来抵御物业管理中的风险。

四是提升企业的协同发展能力。在行业发展新常态下，企业的增长逻辑不再是以独立的企业品牌、核心竞争力这种单兵作战的方式出现，更多程度上是以生态圈的形式出现，利用生态网络的协同效应，推进物业管理行业与上下游产业以及不同领域产业间的深度融合，探索发展新模式、新业态，达到合作共赢、协同发展。

（六）要以高质量转型升级为目标

“十三五”期间，物业管理向现代服务业转型升级的发展环境已初步形成。“十四五”期间，要进一步推进行业向“高人力资本、高技术含量和高附加价值”的目标转型升级。

一是要以适应行业转型升级、提高现代经营管理水平为核心，造就一批具有战略眼光、市场开拓精神、管理创新能力和社会责任感的物业服务企业家；加快推进国家开放大学现代物业服务与不动产管理学院专业课程开发和学习中心建设，切实做好学院招生工作；进一步完善“学历证书＋若干职业技能等级证书”制度试点工作，推动物业学分银行学分认证、积累和转换；根据团体标准《物业管理员（师）职业能力评价规范》T/CPMI 010—2020，加快推进开展物业管理行业职业技能等级认定工作，形成促进行业知识型、技能型、创新型人才发展的合力。

二是要推动人工智能、云计算、大数据等新一代信息技术在物业服务领域的深度应用，搭建共享的“智慧物业”信息化平台，提升服务的数字化、智能化发展水平。以“智”提“质”，用智慧化转型提升物业服务品质；以“智”促“致”，用智慧化技术带来新的商业模式和新的业态；以“智”惠“治”，用智慧化应用促进共建共治共享的基层社会治理效能。

三是要按照住房和城乡建设部倪虹副部长在全国政协第十五次重点关切问题情况通报会上提出“鼓励物业服务企业探索‘物业服务＋社区生活服务’模式”的要求，发挥物业服务企业熟悉小区、服务半径短、响应速度快的优势，围绕社区居家养老、托幼、家政、助餐、住房经纪、金融、教育、旅游、新零售等业主多元化需求，以及设施管理、资产管理、绿色管理、城市公共管理等专业服务领域，整合行业内外、社区线上线下的优质资源，赋能企业增值服务内容，形成差异化竞争优势，加快产业升级和结构调整，持续构建具有生活性与生产性双重特征的现代物业服务体系。

结语

习近平总书记多次提到，当今世界正经历百年未有之大变局。我国已进入高质量发展阶段，社会主要矛盾已经转化为人民日益增长的美好生活需要和不平衡不充分的发展之间的矛盾，人均国内生产总值达到 1 万美元，城镇化率超过 60%，中等收入群体超过 4 亿人，人民对美好生活的要求不断提高。“十四五”时期是我国实现第一个百年奋斗目标之后，乘势而上开启全面建设社会主义现代化国家新征程、向第二个百年奋斗目标进军的第一个五年，我国将进入新发展阶段。进入新发展阶段的物业管理行业将面临新形势、新任务、新要求，我们要抓住新机遇，迎接新挑战，把握发展大势，善于主动求变，努力实现“十四五”期间更高质量、更有效率、更为安全、更可持续的发展。

附件：“十四五”物业管理行业市场规模预测

附件

“十四五”物业管理行业市场规模预测

本专题主要对物业管理行业市场规模可能产生影响的因素进行分析，并运用逐步回归分析方法确定影响行业市场规模的主要因素。逐步回归分析方法广泛应用于处理多个因素对目标值影响的情况具有独到优势，通过建立多元回归分析，得到现阶段物业管理行业管理规模与各项主要因素之间的回归模型，并利用回归模型对 2020 年至 2025 年物业管理行业市场规模变化趋势进行预测。可以看到，房地产竣工面积和城镇人口对物业管理行业市场规模具有显著的影响，物业管理规模管理规模持续增加，预计 2025 年，物业管理行业的管理规模将超过 400 亿平方米。

一、物业管理行业市场规模影响因素背景分析

通过查阅资料，对物业管理行业管理规模影响因素尚没有系统化的学术论文和著作。从市场调查和物业管理行业发展的背景和基础来看，房地产与物业管理的发展密切相关。房地产开发在前，物业管理在后，作为物业管理行业的上游产业，房地产开发对物业管理具有引导作用，为物业管理提供了竣工面积保障。随着房地产政策改革的深入，房地产正逐步从增量市场向存量市场转变。近些年，房地产竣工面积每年有近 10 亿平方米的增量，房地产新开工面积每年有 17 亿平方米左右的量级新增量。竣工面积为行业管理规模的增加持续添砖加瓦，新开工面积与竣工面积之间的剪刀差则为竣工面积的持续稳定供给增加确定性。同时，自 2010 年，我国商品房销售面积每年均超过 10 亿平方米，2019 年商品房销售面积创新高，达到 17.16 亿平方米。房地产企业住宅物业销售高位稳定，新开工面积趋于稳定和房屋竣工交付加速等积极因素，从物业管理的供给端推动行业进入规模快速增长期。

同时，随着我国城镇化进程的推进，城镇人口和人均 GDP 的持续增加，人民生活水平不断提升，居民城乡居民消费能力增强、人均住房面积大幅提高，人民对居住条件改善需求增加。其中，2019 年，全国人均可支配收入和人均消费支出分别超过 3 万元和 2 万元大关，城镇居民人均住宅建筑面积达到 39.8 平方米。居民的服务需求和服务意识不断提高，人民生活水平和消费能力的提升也反映出业主对美好生活环境的需求。

对物业管理行业来说，影响其市场规模的因素很多，回归物业管理的本源，物业管理的上下游链、经济发展水平和消费能力均对物业管理行业管理规模有显著影响。

二、可能的影响因素数据来源、指标说明及方法确定

（一）数据来源和指标说明

根据国家统计局、全国第四次经济普查和《2018 中国物业管理行业年鉴》《2019 中国物业管理行业年鉴》等相关数据统计，综合考虑物业管理行业需求影响因素，并结合实际影响物业管理行业的上下游链及物业管理行业的现状，拟定从供给端（商品房销售面积、房屋竣工面积、房屋新开工面积）和需求端（城镇人口、人均 GDP）5 个指标，来测算“十四五”期间物业管理行业发展总体情况（表 1、表 2）。

对物业管理行业管理规模可能影响指标说明

表1

指标		指标－解释	指标代码
供给端	房屋竣工面积	报告期内房屋建筑按照设计要求已全部完工，达到住人和使用条件，经验收鉴定合格或达到竣工验收标准，可正式移交使用的各栋房屋建筑面积的总和	x_1
	商品房销售面积	报告期已竣工的房屋面积中已正式交付给购房者或已签订（正式）销售合同的商品房面积。不包括已签订预售合同正在建设的商品房面积，包括报告期或报告期以前签订预售合同，在报告期已竣工的商品房面积	x_2
	房屋新开工面积	报告期内新开工的各幢房屋建筑面积，不包括上期开工跨入报告期继续施工和上期已停建而在本期的房屋建筑面积	x_3
需求端	城镇人口	是指居住在城镇范围内的全部常住人口	x_4
	人均GDP	是衡量各国人民生活水平的一个指标数据	x_5

物业管理行业市场规模可能的影响因素原始数据

表2

年份	房屋竣工面积（万m^2）x_1	商品房销售面积（万m^2）x_2	房屋新开工面积（万m^2）x_3	城镇人口（万人）x_4	人均GDP（万元）x_5
2008	66545	65970	102553	62403	2.41
2009	72677	94755	116422	64512	2.62
2010	78744	104765	163647	66978	3.08
2011	92620	109367	191237	69079	3.63
2012	99425	111304	177334	71182	3.99
2013	101435	130551	201208	73111	4.37
2014	107459	120649	179592	74916	4.72
2015	100039	128495	154454	77116	5.02
2016	106128	157349	166928	79298	5.41
2017	101486	169408	178654	81347	6.00
2018	94421	171465	209537	83137	6.60
2019	95942	171558	227154	84843	7.09

（二）方法确定

回归分析分为线性回归分析和非线性回归分析，线性回归分析又分为一元线性回归分析和多元线性回归分析。其中，多元线性回归分析是多元统计分析的各类方法中应用最为广泛的一种，是处理多个变量之间相互依赖关系的一种数理统计方法。多变量间的相互依赖关系在实际问题中是大量存在的，而回归分析正是研究这种相互依赖关系的有效数学方法之一。本研究将利用多元线性回归分析，来考察因变量y与多个自变量x_j（$j=1$、2、3、4、5）间的相互依赖关系。

三、用逐步回归分析确定影响物业管理行业市场规模的主要因素

（一）回归模型的初步建立

选取$x_1 \sim x_5$五项指标作为初始自变量，与物业管理行业管理规模y建立多元回归模型。多元回归模型

形式常见的有线性函数和对数线性函数两种。从因变量 y 与各自变量 x_j（$j=1、2、3、4、5$）的散点图可以看出 y 的对数函数与多数的 x_j 的对数函数成线性关系，本研究根据数据反映的情况，选用双对数线性函数模型作为本文回归模型的设定形式。初始模型建立如下：

$$\ln y=\beta_0+\beta_1\ln x_1+\cdots+\beta_5\ln x_5+\mu$$

其中，y 为因变量，即物业管理行业面积；β_0 为常规系数；$\beta_1\sim\beta_5$ 称为回归系数；$x_1\sim x_5$ 为自变量，分别为房屋竣工面积、商品房销售面积、房屋新开工面积、城镇人口和人均 GDP。

（二）数据的统计

研究变量的原始数据统计　　表 3

年份	物业管理面积（万 m^2）y	房屋竣工面积（万 m^2）x_1	商品房销售面积（万 m^2）x_2	房屋新开工面积（万 m^2）x_3	城镇人口（万人）x_4	人均 GDP（万元）x_5
2008	1254600	66545	65970	102553	62403	2.41
2009	1304200	72677	94755	116422	64512	2.62
2010	1353800	78744	104765	163647	66978	3.08
2011	1426600	92620	109367	191237	69079	3.63
2012	1453000	99425	111304	177334	71182	3.99
2013	1549000	101435	130551	201208	73111	4.37
2014	1645000	107459	120649	179592	74916	4.72
2015	1932000	100039	128495	154454	77116	5.02
2016	2219000	106128	157349	166928	79298	5.41
2017	2466500	101486	169408	178654	81347	6.00
2018	2793000	94421	171465	209537	83137	6.60
2019	3100000	95942	171558	227154	84843	7.09

（三）用 SPSS 进行回归分析和计算

在进行回归分析之前，首先对表中的原始数据取对数化处理，处理的结果如表 4 所示。

研究变量的对数化处理　　表 4

年份	$\ln y$	$\ln x_1$	$\ln x_2$	$\ln x_3$	$\ln x_4$	$\ln x_5$
2008	14.04	11.11	11.10	11.54	11.04	0.88
2009	14.08	11.19	11.46	11.66	11.07	0.96
2010	14.12	11.27	11.56	12.01	11.11	1.13
2011	14.17	11.44	11.60	12.16	11.14	1.29
2012	14.19	11.51	11.62	12.09	11.17	1.38
2013	14.25	11.53	11.78	12.21	11.20	1.47
2014	14.31	11.58	11.70	12.10	11.22	1.55

续表

年份	$\ln y$	$\ln x_1$	$\ln x_2$	$\ln x_3$	$\ln x_4$	$\ln x_5$
2015	14.47	11.51	11.76	11.95	11.25	1.61
2016	14.61	11.57	11.97	12.03	11.28	1.69
2017	14.72	11.53	12.04	12.09	11.31	1.79
2018	14.84	11.46	12.05	12.25	11.33	1.89
2019	14.92	11.47	12.05	12.33	11.35	1.96

用 SPSS 24 软件对数据回归分析，结果如下：

1. 模型汇总

从模型的拟合情况看：

模型的复相关系数 R，用来衡量自变量 x 与 y 之间的相关度的大小。$R=0.996$，表明 y 与 x 之间具有高度正相关；

判定系数 R^2，用来说明自变量解释因变量 y 变差的程度，以测评因变量 y 的拟合效果。R^2=0.993，说明两者的拟合效果较好，可以用因变量可解释因变量变化的 99.2%。

调整后的 $R^2=0.987$，说明自变量能说明因变量 y 的 98.3%，因变量 y 的 1.3% 要由其他因素来解释。

标准误差，用来衡量拟合程度的大小，也用于计算与回归相关的其他统计量。此值越小，说明拟合程度越好。

德宾－沃森（Durbin-Watson），用于检验自变量自相关性，一般来说越接近 2 越好，说明自变量的自相关性越不明显，模型设计得越好（表 5）。

物业管理行业市场规模预测回归模型检验　　表 5

回归统计表					
模型	R	R^2	调整后的 R^2	标准估算的误差	德宾－沃森
1	0.996	0.993	0.987	0.036	2.578

2. 方差分析表

根据方差分析计算结果，模型的统计量为 166.602，显著性为 0.000002，y 远小于显著性水平 0.05，说明该回归方程回归效果显著，方程中至少有一个回归系数显著性不为 0（表 6）。

物业管理行业市场规模预测方差分析表　　表 6

方差分析表					
	离差平方和 SS	自由度 df	均方 MS	F	显著性
回归	1.074	5	0.215	166.602	0.000002
残差	0.008	6	0.001		
总计	1.082	11			

3. 回归系数

物业管理行业市场规模预测回归参数估计　　表 7

	未标准化系数		标准化系数	t	显著性	95.0% 置信区间		共线性统计	
	B	标准误差	*Beta*			下限	上限	容差	*VIF*
常量	−5.598	56.643		−0.099	0.924	−144.198	133.002		
$\ln x_1$	−0.927	0.176	−0.458	−5.269	0.002	−1.358	−0.497	0.158	6.337
$\ln x_2$	0.072	0.293	0.066	0.247	0.813	−0.644	0.788	0.017	59.450
$\ln x_3$	−0.098	0.257	−0.072	−0.383	0.715	−0.727	0.530	0.033	29.959
$\ln x_4$	2.710	5.127	0.871	0.529	0.616	−0.9835	15.255	0.000	2278.663
$\ln x_5$	0.381	1.438	0.427	0.265	0.800	−3.137	3.899	0.000	2175.660

结果输出的系数表格中，显示共线性诊断的两个统计量为容差和 *VIF*（方差膨胀因子），一般认为如果容差<0.2 或 *VIF* >10，则提示要考虑自变量之间存在多重共线性问题。本次回归结果中，五项指标的容差均小于0.2，除了房地产竣工面积对数这一指标，其他四项的 *VIF* 均大于 10，表示五项指标中存在共线性问题，需要对选取的各项指标进行修正和优化（表 7）。

（四）多重共线性的检验与修正

由上述回归分析结果，初步可以判断模型可能存在多重共线性。为进一步验证，使用简单相关系数法检验，由表 8 可以发现，一些自变量之间的相关系数很大，因此确定模型存在多重共线性。

物业管理行业市场规模预测相关系数矩阵　　表 8

变量	$\ln x_1$	$\ln x_2$	$\ln x_3$	$\ln x_4$	$\ln x_5$
$\ln x_1$	1.000	−0.639	0.593	0.714	−0.726
$\ln x_2$	−0.639	1.000	−0.884	−0.900	0.871
$\ln x_3$	0.593	−0.884	1.000	0.943	−0.942
$\ln x_4$	0.714	−0.900	0.943	1.000	−0.997
$\ln x_5$	−0.726	0.871	−0.942	−0.997	1.000

对于模型存在的多重共线性，采用逐步回归法对多重共线性进行修正和消除。并在多重共线性消除后，得到 $\ln y$ 与 $\ln x_1$、$\ln x_2$、$\ln x_3$、$\ln x_4$、$\ln x_5$ 的回归方程。

通过逐步回归分析法，最终形成两种结果：模型 1，因变量 y 与城镇人口强相关；模型 2，因变量 y 与城镇人口和房地产竣工面积强相关。根据回归统计表，可以看到模型 1 和模型 2 的复相关系数 R、R^2 均较高，说明因变量和自变量之间存在高度正相关、两者的拟合效果较好，且模型 2 的值更高，相关度及拟合效果较模型 1 更好。模型 2 的标准误差相较模型 1 更小，拟合程度较好（表 9）。

根据方差分析计算结果，模型 1 和模型 2 的显著性均远小于显著性水平 0.05，说明该回归方程回归效果显著，方程中至少有一个回归系数显著性不为 0（表 10）。

物业管理行业市场规模预测回归统计表　　表 9

回归统计					
模型	R	R^2	调整后的 R^2	标准误差	德宾－沃森
1	0.953	0.909	0.899	0.099	
2	0.996	0.993	0.991	0.030	2.550

物业管理行业市场规模预测方差分析表　　表 10

模型		离差平方和 SS	自由度 df	均方 MS	F	显著性
1	回归	0.983	1	0.983	99.329	0.000002
	残差	0.099	10	0.010		
	总计	1.082	11			
2	回归	1.074	2	0.537	600.098	2.6476E−10
	残差	0.008	9	0.001		
	总计	1.082	11			

根据回归参数表，模型 1 和模型 2 的容差均大于 0.2，VIF 均小于 10，说明自变量之间不存在多重共线性问题（表 11）。

物业管理行业市场规模预测回归参数表　　表 11

模型		未标准化系数		标准化系数	t	显著性	95.0% 置信区间		共线性统计	
		B	标准误差	$Beta$			下限	上限	容差	VIF
1	常量	−18.835	3.335		−5.649	0.000	−26.265	−11.405		
	$\ln x_4$	2.965	0.298	0.953	9.966	0.000	2.302	3.628	1.000	1.000
2	常量	−20.464	1.016		−20.150	0.000	−22.762	−18.167		
	$\ln x_4$	4.044	0.139	1.300	28.992	0.000	3.728	4.360	0.411	2.431
	$\ln x_3$	−0.915	0.091	−0.452	−10.080	0.000	−1.120	−0.710	0.411	2.431

综合上述回归分析的结果，模型 2 的拟合效果更好，因此，最终确定用城镇人口 x_4 和房地产竣工面积 x_1 来表现与因变量 y 的相关性关系。

四、建立回归模型分析主要因素对物业管理行业规模的影响

由上述逐步回归的结果，最终确定对物业管理行业市场规模有显著影响的指标为供给端的房屋竣工面积，以及需求端的城镇人口数。最终，因变量 y（物业管理面积）对自变量城镇人口 x_4 和房屋竣工面积 x_1 的线性回归方程为：

$$\ln y = -20.464 + 4.044\ln x_4 - 0.915\ln x_1$$

由方程可知，城镇人口的对数（$\ln x_4$）每增加 1%，物业管理面积（$\ln y$）将增加 4.044%，由于所选时间较短，房屋竣工面积与物业管理面积增长呈现小幅的反比。

五、物业管理行业市场规模预测结果

根据回归分析构建的物业管理行业市场管理规模预测模型，物业管理行业市场管理规模与需求端：城镇人口和供给端：房地产竣工面积相关。因此根据这两个数据，可以预测未来几年物业管理规模。

（一）需求端：城镇人口

随着我国城镇化率增加，居民对住房的需求增加，消费能力的增强，物业管理服务的需求激增。2019年，我国人口总规模 14.00 亿人，城镇人口规模为 8.48 亿人，城镇化率 60.60%（图 1）。根据世界银行公开数据，我国与发达国家城镇化水平（图 2）还有一定差距，具有较大的发展空间。预计 2025 年，我国城镇化率达到 65.5% 左右，城镇人口约 9.44 亿人（表 12）。

2005—2025 年总人口和城镇人口规模[①] 表 12

年份	总人口（万人）	城镇人口（万人）
2005	130756	56212
2006	131448	58288
2007	132129	60633
2008	132802	62403
2009	133450	64512
2010	134091	66978
2011	134735	69079
2012	135404	71182
2013	136072	73111
2014	136782	74916
2015	137462	77116
2016	138271	79298
2017	139008	81347
2018	139538	83137
2019	140005	84843
2020	140690	86693
2021	141379	88418
2022	142071	90073
2023	142766	91656
2024	143465	93166
2025	144167	94429

① 2005—2019 年数据来源于国家统计局，2020—2025 年数据根据人口平均增速计算。

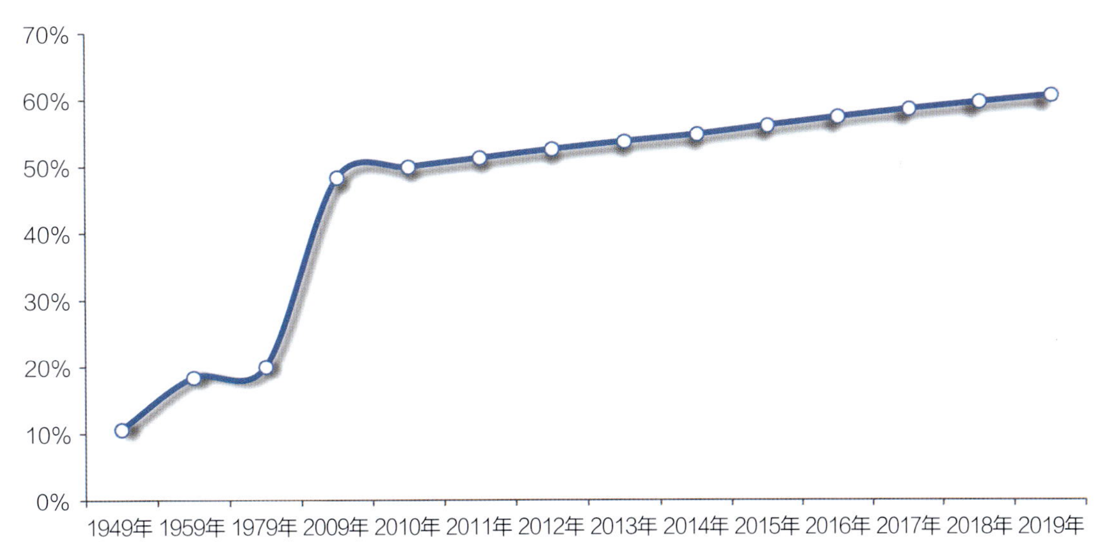

图 1 1949—2019 年中国城镇化阶段性进程

（来源：国家统计局）

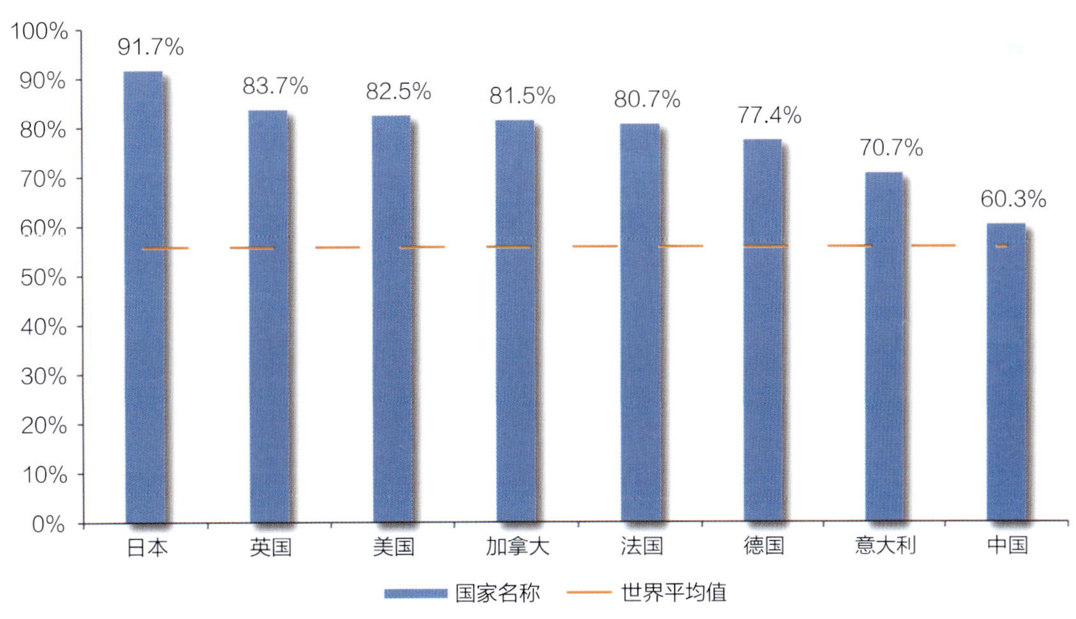

图 2 2019 年全球主要国家城镇化水平

（来源：世界银行数据库）

（二）供应端：房地产竣工面积

近几年，物业服务企业规模不断扩大，企业向多元化服务和业态拓展。房地产竣工面积将在未来 2 ～ 3 年转化成物业管理面积，每年近 10 亿平方米的增量，为未来物业管理面积的增加持续添砖加瓦。2019 年，我国房地产竣工面积总值达 9.59 亿平方米。根据竣工面积增速的变化幅度，可以预测在未来的一段时间内，房地产的竣工面积仍在 10 亿平方米左右。预计 2025 年，房地产的竣工面积将达到 10.61 亿平方米，为物业管理面积的增加提供了稳定的基础（表 13）。

2005—2025年房屋竣工面积[①]　　表13

年份	房屋竣工面积（万 m^2）	年份	房屋竣工面积（万 m^2）
2005	53417.04	2016	106127.71
2006	55830.92	2017	101486.41
2007	58235.88	2018	94421.15
2008	66544.80	2019	95941.53
2009	72677.40	2020年测算	96969.43
2010	78743.90	2021年测算	99024.83
2011	92619.94	2022年测算	101373.26
2012	99424.96	2023年测算	103052.79
2013	101434.99	2024年测算	104042.57
2014	107459.05	2025年测算	106081.03
2015	100039.10	—	—

（三）结果

根据城镇人口和房地产竣工面积预测以及回归模型，物业管理行业的管理规模将持续增加，预测2025年，物业管理行业的管理规模将达到430亿平方米，经营收入将超过20000亿元。根据物业管理从业人员9.12%的复合增长率计算，行业从业人员数量达到1077万；而随着社会分工专业化的逐步提升，物业管理将拉动秩序维护、清洁保洁、绿化养护、设备维护等下游产业发展，也将带动就业人员达到1065万人。

① 2005—2019年数据来源于国家统计局，2020—2025年数据根据竣工面积增长率及平均增幅计算。

专题报告

物业管理媒体影响力报告

一、导言

党的十八大以来，以习近平同志为核心的党中央高度重视宣传思想工作，作出一系列重大决策，实施一系列重大举措。习近平总书记强调，“完成新形势下宣传思想工作的使命任务，必须以新时代中国特色社会主义思想和党的十九大精神为指导，增强‘四个意识’、坚定‘四个自信’，自觉承担起举旗帜、聚民心、育新人、兴文化、展形象的使命任务，坚持正确政治方向，在基础性、战略性工作上下功夫，在关键处、要害处下功夫，在工作质量和水平上下功夫，推动宣传思想工作不断强起来”。

物业管理行业作为与亿万人民休戚相关的服务行业，在推动社区文化、将精神文明建设与社区建设有机结合，创建绿色、文明、和谐有序的幸福社区方面发挥了重要作用。近些年，物业管理业态实现了由住宅向写字楼、医院、高校、工业园区、商业综合体等非住宅物业领域的全覆盖，并逐步向城市服务和乡村管理等领域拓展，在城市治理和乡村振兴等方面做了大量贡献。物业管理内在的行业发展规律也呼唤着更高质量的行业宣传工作：一方面，主动塑造行业自身品牌形象，加深业主和社会公众对物业服务专业价值的认知；另一方面，大力弘扬诚信服务、务实创新、专业规范、共治和谐的物业管理行业精神，增强行业从业人员的归属感和自豪感，树立自信、自立、自强的职业信念，汇聚起物业管理行业高质量发展的强大正能量。因此，行业需要持续学习贯彻习近平总书记重要讲话精神，守正创新，推动行业开创宣传思想工作的新局面、迈上思想引领的新台阶、再上观念传播的新水平。

中国物业管理协会将2020年定义为行业的“能力建设年”，为了提振物业管理行业在宣传思想工作中主动作为的能力，主题年着力从四个方面推动全行业的舆论宣传能力建设：

（1）以习近平总书记重要回信精神为重点，深刻把握“伟大出自平凡，英雄来自人民”的重要内涵，确保习近平总书记重要回信精神在全行业落地生根、结出硕果。

（2）以能力建设为核心，凝聚行业内外媒体资源，创新运作方式，提升行业宣传和信息交流工作的整体水平。

（3）以内容建设为根本，结合新冠肺炎疫情联防联控、复工复产、新型城镇化建设、脱贫攻坚、社区党建、垃圾分类、智慧物业等关注点，挖掘行业参与基层社会治理的实践案例、突出贡献和典型人物，打造更多有思想、有温度、接地气、聚人气的报道，提升行业作用价值。开展《民法典》等政策法规的专业解读、业务指导和普法宣传，强化行业和企业依法防范风险的意识和能力。

（4）以创新载体为突破，打造传播新优势，促进传统媒体和新媒体的融合发展。

2020 年，新冠肺炎疫情也让物业管理行业在突发事件中的应急响应能力、专业服务价值和舆论宣传水平得到了检验。全国物业管理行业媒体协作网成员单位集中策划推出一批具有吸引力、感染力、传播力和影响力的新媒体作品，一方面，加大疫情防控宣传力度，科学宣传疫情防护知识，疏导群众恐慌心理；另一方面，深入挖掘全国物业管理从业者在疫情防控工作中涌现的突出典型，大力宣传物业人投身抗疫一线的使命担当，突出展现物业服务企业在疫情防控工作中的专业经验，让全社会更加深刻认识和理解到物业管理行业在疫情防控工作中的重要贡献与专业价值，形成强大的宣传势能，结合“习近平总书记给郑州圆方集团全体职工回信、纪录片《物业英雄》在央视播出、物业管理行业代表光荣接受国家抗疫表彰”等重大事件以及各类权威媒体对物业管理行业前所未有的关注报道。物业管理行业在重塑社会公众认知等方面取得了核心突破，形成广泛的社会认可效应。

为提高物业管理行业舆论宣传的传播力、引导力、公信力和影响力，凝聚和调动全国物业管理行业媒体协作网成员单位的力量，全面推动“能力建设年”宣传工作，加强物业服务企业品牌建设，促进“十四五”期间物业管理行业高质量发展，中国物业管理协会组织开展此次行业媒体影响力研究，形成本报告。

基于对物业管理行业宣传工作的上述认识，本报告对 2019—2020 年度物业管理行业的媒体影响力进行基于数据计量基础上的研究工作。本报告主要借助计量统计分析、文本分析方法和归纳逻辑法，对物业管理行业媒体发展现状及主要特征做出分析，并在此基础上进行总结归纳，提出相应的对策建议。从现有统计数据看，截至 2020 年，全国物业管理行业已经形成了较为普遍的信息传播意识与思想引领意识，立足于微信公众平台的新媒体传播能力有了长足发展。全行业的信息传播状态在以“民众生活”为核心的传播观念基础上呈现出“传播力持续发展、传播架构趋于稳定”的状态。但是，优质传播内容的吸引力建设仍然有较强的提升空间，值得全行业媒体共同关注。

结合往年研究报告与现有研究理论，本报告的观察和分析首先建立在三个基础观念前提之上，其次利用已有的物业管理行业一手数据，依据行业属性进行分类研究，得到本报告的基本结论。

基于对物业管理行业持续性的研究与归纳，本报告认为，物业管理行业内媒体宣传思想的有效传播需要遵循三个基础性前提：

（1）物业管理行业内的媒体需要坚持明确的报道理念，把政治站位高度与思想认识深度作为媒体工作的核心准则，以有思想、有温度、接地气、聚人气的报道观念引领通盘工作，全面提升宣传能力。

（2）只有构建了自足的信息生态系统，行业媒体才能形成宣传能力的突破与提升。这要求物业管理行业媒体在立足本行业基本工作的基础上，积极学习媒介融合知识，实现内容生产的边界跨越，进而形成“点面结合”的信息传播格局。

（3）科学认识网络传播规律，提高“用网”水平，能够使互联网这个最大变量变成物业管理事业发展的最大增量，发掘新媒体技术在宣传工作中的生态性作用，加强传播手段和话语方式创新，让物业管理宣传思想“飞入寻常百姓家”。

依照上述考量，结合本报告的具体目的，我们将得到的一手数据按照行业属性进行分类，初步得到全国物业管理行业信息传播内容的格局，并在此基础上进行进一步数据整理与分析。

具体而言：本报告共获取物业管理行业内分析样本 300 个，择取其中 270 个样本纳入分析范畴：

微信公众号 180 个，其中，物业服务企业微信公众号 154 个、物业管理协会微信公众号 24 个；报纸 30 份，其中，企业报纸 28 份、协会报纸 2 份；杂志 60 份，其中，企业杂志 45 份、协会杂志 13 份。另有杂志社 2 家，因情况较为特殊，故不在讨论范围之内。

在对所获得的一手数据进行整理的基础上，本报告将借助数理统计与逻辑归纳的方法，对全国物业管理行业的信息传播现状与趋势进行分析，并结合具体的案例进行剖析。

二、现状及趋势分析

（1）就传播力而言，作为传播主体的企业媒体和协会媒体在信息传播结构和效果上均呈现出明显的增长态势：2019—2020 年，用户数量取得稳定增长，用户黏性明显增强，信息传播效果不断夯实。

延续往年报告中基于对不同媒体平台的独特性的考虑，我们在这里在区分企业媒体与协会媒体的基础上，主要比较五个关键指标的均值（用于描述统计值的平均水平）：① 微信公众号的用户人数；② 微信公众号的单篇文章平均阅读量；③ 微信公众号文章总数；④ 报纸和杂志的年总发行量；⑤ 报纸和杂志的单期发行量。此外，2020 年报告新增“优异文章数量”关键指标，用以描述微信公众号内容质量。

经计算企业和协会两类微信公众号的关键指标并比较，可发现：

1）企业微信公众号（154 个样本）用户人数均值为 40128.01，单篇文章平均阅读量均值为 2789.65，发布文总量均值为 162.40。由于 2020 年度内企业微信公众号参与较多，为保证数据的可比性，择取非 2020 年度新增的样本数据共计 75 条进行计算：用户人数均值为 75489.12，单篇文章平均阅读量均值为 4909.28，发布文总量均值为 286.07。

2）物业管理协会微信公众号（24 个样本）用户人数均值为 28434.75，单篇文章平均阅读量均值为 1269.72，发文总量均值为 724.96（2019 和 2020 研究样本基本相同，具有可比性）。

3）综合对比 2019—2020 年研究样本中的 75 个企业微信公众号样本数据、24 个物业管理协会微信公众号数据（表 1），可以发现企业和协会微信公众号各项指标均呈现出明显的增长趋势，用户黏度更为增强，通过新媒体传播渠道实现了品牌的有效传播。其中协会微信公众号用户人数增长更为迅速，内容总量增长也更为明显，在 2020 年内的信息传播能力提升方面的表现尤其突出。

微信公众号关键指标对比　　表 1

指标	微信公众号用户均值		单篇文章平均阅读量		总发文量	
类别	企业	协会	企业	协会	企业	协会
2019 年	66295.62	21580.44	3686.48	905.72	257.12	599.78
2020 年	75489.12	28434.75	4909.28	1269.72	286.07	724.96

经计算企业和协会报纸、杂志的年总发行量及单期发行量均值并比较，可发现：

1）企业报纸的年总发行量均值为 172846.15，企业杂志的年总发行量均值为 20744.93；企业报纸的单期发行量均值为 15673.26，企业杂志的单期发行量均值为 4590.89。协会杂志的年总发行量均值为 21322.00，协会杂志的单期发行量为 3737.23，因协会报纸数量较少（仅 2 份）且差异巨大，上述两个统计值缺乏在统计学上进行比较的显著意义，故不做分析。

2）对比 2019 年数据可以发现（表 2），企业报纸与杂志的总发行量、杂志单期发行量均有所回落。但是企业报纸的单期发行量均值却大幅上升，与部分企业特殊议题下发行量增加有关。协会杂志的总发行量与单期发行量则稳定攀升。与此同时，北京物业管理行业协会、成都市物业管理协会、绿城物业服务集团有限公司等协会和企业刊物停刊，将传播力量集中到了新媒体传播渠道。

刊物关键指标对比 表2

指标	报纸年总发行量	杂志年总发行量		报纸单期发行量	杂志单期发行量	
类别	企业	企业	协会	企业	企业	协会
2019年	223177	21853	16859	10624	5355	3203
2020年	172846	20745	21322	15673	4590	3737

对比之下，微信公众号作为新媒体时代最重要的信息传播平台，其运营状况于总体上代表了各企业和各协会在当前媒介融合背景下的信息传播力。物业服务企业和各地方物业管理协会形成新媒体传播渠道和品牌矩阵，融合报纸和杂志等传统传播渠道，结合行业活动、社区活动、社会活动的公众传播效应，实现品牌的高效传播。经参考业内成熟的新媒体传播力计算方法，我们采用如下公式计算各机构的新媒体传播力：

$$\text{微信公众号传播力}(P)=\frac{\text{单篇文章阅读数}(c)\times\text{用户人数}(n)}{\text{发文总数}(a)\times 100000}$$

经计算，企业微信公众号（75个样本）的传播力均值为19.22，而协会微信公众号的传播力为0.9。对比2019年的数据（企业：9.51；协会：0.33）我们可以看到，企业微信公众号的传播力出现了两倍的增长，各地方协会微信公众号的传播力出现了将近三倍的增长。这一状况主要体现了新冠肺炎疫情防控中各物业服务企业和物业管理协会舆论宣传水平的大力提升。尤其是各地方物业管理协会充分利用扎根行业、贴近企业的优势，积极进行防疫动员，组织会员单位坚守防疫一线，营造万众一心、众志成城的舆论氛围。

此外，企业微信公众号与协会微信公众号也都延续了各自基于目标用户群体所选择的差异化传播策略：企业微信公众号以业主为主要服务对象，在2020年内通过与业主息息相关的疫情防控、生活与便民举措等内容的生产，以生动的传播内容满足民众的生活需求，保证了新媒体传播力的稳定；而协会微信公众号以持续深入宣传国家、省、市重大决策部署，及时解读政策动向，发掘、宣传、通报行业先进人物和事迹为主要内容，发挥了思想引领的传播作用，体现其独特的行业角色。

就协会与头部企业而言，传播力均较往年保持了较为平稳的水平。就协会而言，成都市物业管理协会、深圳市物业管理行业协会、上海市物业管理行业协会、合肥市物业管理协会、北京物业管理行业协会、河南省物业管理协会、重庆市物业管理协会、长沙市物业管理协会、杭州市物业管理协会、武汉市物业管理协会、郑州市物业管理协会等协会的传播力均较为突出，具有较好的示范性意义。

就企业而言，中海物业管理有限公司、碧桂园生活集团股份有限公司、保利物业服务股份有限公司、金科智慧服务集团股份有限公司、绿城服务集团有限公司、深圳市金地物业管理有限公司、富力物业服务集团、河南建业物业管理有限公司、四川蓝光嘉宝服务集团股份有限公司、南都物业服务集团股份有限公司、龙湖物业服务集团有限公司、鑫苑科技服务集团有限公司、雅居乐雅生活服务股份有限公司等企业的传播力均较为突出，具有较好的示范性意义。

图1列举了“碧桂园生活”和“成都市物业管理协会”的微信公众号界面，用以呈现这两类公众号的特征。

图1　“碧桂园生活”和“成都市物业管理协会”界面

环境文化在企业品牌的塑造过程中扮演着重要的作用，在这一点上物业管理行业具有得天独厚的条件。就传播力提升方面，物业服务企业应当结合自身优势，突出自身与业主之间的密切联系，将业主的需求转化为线上的传播内容，以线上和线下的交叉发展作为发展方向。

简而言之，物业管理行业媒体应该在建立业主大数据库的基础上，搭建社区线上＋线下传播体系。通过深入发掘典型性业主的主要兴趣爱好，明确代表性社区活动的传播效力，建立详细而全面的宣传大数据库。一方面，经过大数据分析，既能够搭建强大的兴趣群库和社交群库，帮助业主在线下社区找到自己的“组织”，参加各种形式的活动，在活动中找到归属感。通过社交分享进一步扩大私域流量，实现品牌高效传播；另一方面，也能够为物业管理行业媒体提供鲜活有趣的传播素材，提升行业宣传“接地气”的能力，创造独具特色的宣传体系，使得品牌形象更加深入人心。

（2）作为行业信息传播主力的企业媒体与协会媒体延续往年的特征，内部运营状况参差不齐，呈现出普遍提升、发展不均衡的态势。在2020年内，中后部企业媒体的用户实现了较快增长，企业媒体之间的用户人数标准差差距大幅缩小；内容黏性标准差差距大幅扩大；总体运营状况保持稳定。协会媒体的马太效应也日趋明显，在微信公众号用户数量、内容黏性与杂志发行量方面的标准差均明显扩大。

基于对不同媒体平台的独特性考虑，我们主要比较三个关键指标的标准差①：①微信公众号的用户人数；②微信公众号的单篇文章平均阅读量；③杂志的年总发行量。

经比较发现：

1）企业微信公众号关注人数标准差高达126423.76，企业微信公众号单篇文章平均阅读量标准差为6115.13，企业杂志的年总发行量标准差高达25597.49，这表明在企业微信公众号的用户人数和用户黏度这

① 标准差是用于描述值分布的离散程度的统计量，标准差越大，代表同一统计指标下各个企业或协会的差距越大；标准差越小，代表同一统计指标下各个企业或协会的差距越小。

两个指标上拥有相对较高的不平衡状况。对比 2019 年数据（表 3），企业微信公众号内部的不均衡状况呈现出复杂的态势。一方面，企业微信公众号关注人数的标准差降低，说明中后部微信公众号在 2020 年出现了较为明显的用户增长；另一方面，企业微信公众号单篇文章平均阅读量标准差大幅增加，说明就内容质量而言，头部微信公众号仍然保持着优势。此外，企业杂志的年总发行量标准差也有所回落，说明企业杂志内部保持了较强的稳定性。

2）协会微信公众号关注人数的标准差为 54354.76，协会微信公众号单篇文章平均阅读量的标准差为 1852.22，协会杂志年总发行量的标准差为 13385.9，这表明协会微信公众号在用户人数这一指标上存在相对的不平衡状况。协会微信公众号运营水平的不平衡状况也在增长，对比 2019 年数据我们可以发现（表 3），协会内部微信公众号的差距明显增大，这体现在用户人数和内容黏性两个方面。这进一步说明了头部协会不仅在用户人数方面具有明显优势，也在内容质量上进行了着力提升。

微信公众号相关指标标准差情况　　表 3

指标	微信公众号关注人数标准差		单篇文章平均阅读量标准差		杂志年总发行量标准差	
类别	企业	协会	企业	协会	企业	协会
2019 年	161680.99	40686.23	4995.28	857.80	26920.03	11913.74
2020 年	126423.76	54354.76	6115.13	1852.22	25597.49	13385.9

经过上述三个指标在标准差上的比较，我们可以得出如下结论：作为行业信息传播主力的企业媒体与协会媒体，在内部存在着一定的发展失衡状况。在 2020 年内，中后部的企业与部分协会发展迅速，在数据上体现为企业内部的不同数据的标准差有所回落，而协会内部不同数据的标准差进一步增加。

如图 2 和图 3 所示，总关注人数排名前十的企业微信公众号，用户人数普遍达到了 10 万以上，是名副其实的“大号”，最高人数超过 120 万。但在全部 154 个企业公众号中，用户人数的均值为 40128，只有 32 个企业微信公众号在用户人数上超过了均值，如碧桂园生活、金科大社区、保利物业、鑫苑物业官微等；另有 18 个企业的微信公众号用户人数不足 1000 人。在单篇文章平均阅读量上，亦呈现出类似的分布。

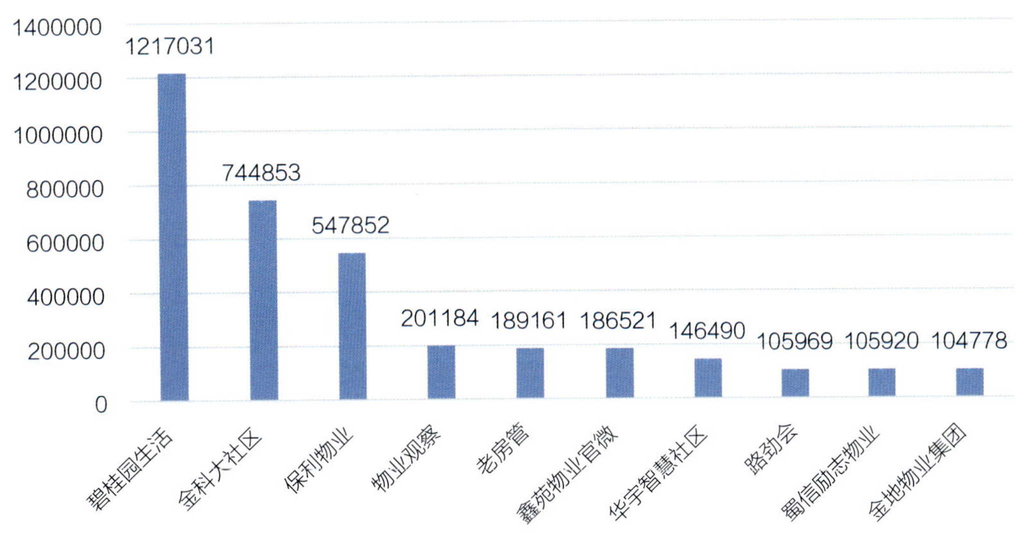

图 2　关注人数排名前十的企业微信公众号

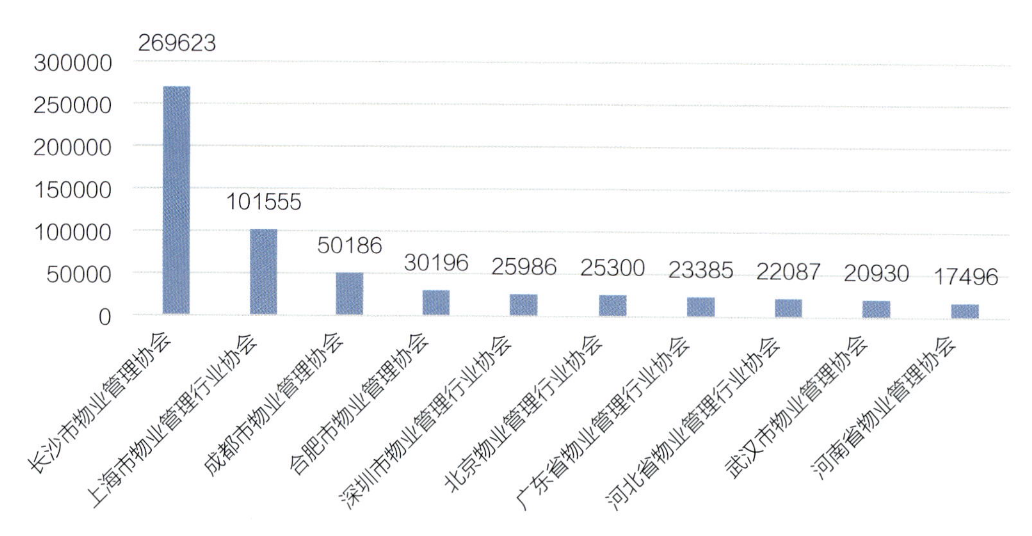

图 3　关注人数排名前十的协会微信公众号

协会微信公众号的发展状况相对均衡，虽然只有长沙、上海、成都、合肥、深圳、北京、武汉、河南等协会的公众号从用户人数来看属于真正意义上的“大号”，但协会公众号用户人数没有低于 2000 的。在 2020 年内，部分协会的发展速度进一步提升，以往协会媒体的发展均衡态势被进一步打破。

杂志年总发行量排名前十的企业杂志中，发行量全部达到了 4 万份以上，但在全部 44 本杂志中，只有 13 本的年总发行量超过了均值，发行量比较高的包括《粤华物业》《悦享高地》《嘉园生活》《心动时刻》《幸福家书》《正美故事》等；协会杂志的发展状况更为平均，有接近一半的杂志年总发行量超过均值，绝大部分杂志的年总发行量超过 5000 份，发行量比较高的包括《深圳物业管理》《上海物业管理》《物业管理信息》《合肥物业管理》《重庆物业管理》《广东物业管理》《武汉物业管理》等。

综合上述比较分析，不难发现，中海物业、碧桂园服务、保利物业、金科服务、绿城服务、金地物业、富力物业、建业物业、龙湖智慧服务、南都物业等知名物业服务企业已经成为全国物业管理行业信息传播的支柱性力量，在总体传播格局中拥有头部影响力。实际上，从传播力的角度来看，这些头部行业媒体均将自身企业的服务品质与品牌故事讲述结合得非常紧密，凭借“差异性”“专业性”的新媒体运营手段推动了企业品牌的有效传播。这一方面启示企业应该结合当前的舆论环境建设自身的媒体人才建设梯队，另一方面也要将品牌建设设定为长期、持续的企业工作，实现较长时间内的企业文化培育。

（3）在传播内容方面，我们围绕中国物业管理协会官方平台（含《中国物业管理杂志》、中国物业管理协会微信公众号及网站）转载各媒体文章数量均值和各媒体优异文章数量均值进行分析，研究企业媒体和协会媒体在这一指标上的表现情况。

企业微信公众号转载文章数量均值为 8.41，企业微信公众号的优异文章数量均值为 18.62。协会微信公众号转载文章数量均值为 8.25，协会微信公众号优异文章总数均值为 7.67。

企业媒体虽在 2020 年内发稿总量有所波动，但是微信公众号文章质量获得了显著提升，具有较好的传播潜力；协会媒体的文章质量保持基本稳定，文章质量亮点频出。整体而言，2020 年内物业管理行业媒体传播内容发展较为稳健，势头持续向好。

注意力经济时代，用户对内容传播的有效性、内容针对性等方面提出了更高的要求。本报告认为，高质量的内容生产应当成为物业管理行业媒体的下一个发展着力点：

一方面，从企业品牌建设上来说，高质量的内容建设呼唤物业服务企业需要将理性、互助、沟通等文化观念与价值塑造功能内化至宣传工作中去，在企业文化传递的过程中启发人民群众对“美好生活”的想象，这既有助于强有力的企业文化品牌的塑造与建设工作，也有利于企业更好地服膺社会主义经济社会发展规律，形成巨大的“经济软利润”。当前，经济与文化品牌合一的趋势越来越明显，优质的企业文化品牌就意味着广阔的企业经济空间，这必然要求物业服务企业将企业媒体的内容生产的质量视作重中之重。

另一方面，优质的内容生产不仅是企业经营方面的必然要求，也是新媒体发展脉络的核心指向。“内容为王”成为近些年内新媒体研究的重要命题，新媒体从业者也普遍认为，大量重复的内容生产并不有助于良好的传播效果，而诉诸情感、诉诸热点社会事件的优质报道可以引起社会的广泛关注，从而影响社会大众对企业的整体印象，这也是物业服务企业重塑社会影响力的重要方式。

（4）在 2020 年内，物业服务企业与物业管理协会借助新媒体平台与出版物，着力提升信息传播能力，更新新媒体传播格局，在防控新冠肺炎疫情、保障经济社会稳定工作中发挥了巨大的作用，凸显了物业管理行业的思想宣传工作价值。

在这一部分，我们以物业服务企业与物业管理协会所提供的涉及新冠肺炎疫情报告数量及其受到社会媒体报道的数量为分析指标，描述企业媒体与协会媒体在新冠肺炎疫情防控期间的表现。

经比较发现：

1）就企业微信公众号而言，共有 147 个企业微信公众号被纳入统计中，所有被纳入统计的企业微信公众号涉及新冠肺炎疫情的报道数量均值为 51，共有 31 个企业微信公众号的报道数量超过这一均值。就“物业服务企业参与疫情防控”被社会媒体报道数量而言，共有 143 个企业被纳入统计中，所有被纳入统计的企业微信公众号被报道的次数均值为 87。

2）就协会微信公众号而言，共有 24 个协会微信公众号被纳入统计中，所有被纳入统计的协会微信公众号涉及新冠肺炎疫情的报道数量均值为 286，共有 12 个协会微信公众号的报道数量超过这一均值。就“物业管理协会参与疫情防控”被社会媒体报道数量而言，共有 21 个协会被纳入统计中，所有被纳入统计的协会微信公众号被报道的次数均值为 36。

以上数据凸显了物业管理行业强烈的社会责任感与明确的思想宣传价值。

在新冠肺炎疫情防控期间，诸多物业服务企业与协会均通过不同媒体形式因势利导，通过具有吸引力、感染力、传播力和影响力的宣传内容，内强士气、外树形象。在这一过程中，物业管理行业也在重塑社会公众认知的使命中取得了核心突破。中国经济信息社与中国物业管理协会联合发布的《新冠肺炎疫情对物业管理行业影响调查报告》显示，在 36450 名受访业主中，91% 认为疫情中物业服务品质明显提升，94% 认为小区物业防疫措施得当，98% 认为物业在社区联防联控体系中很重要。这突出说明了物业管理行业在通民心、赢人心方面取得了重大进展。而这一成效既源于物业管理行业在新冠肺炎疫情防控期间的辛勤工作，更来源于物业管理行业在疫情防控期间主动发声、积极宣传，形成高质量的传播力度。

实际上，因为物业管理行业贴近民生的特殊性，如何塑造物业管理行业的温馨形象，推动社会公众对物业管理行业的重新认知，就一定要结合复杂的社会背景，通过新媒体平台的力量，帮助业主去界定“美好生活”。新冠肺炎疫情防控期间的物业管理行业宣传就是鲜活的例子。我们需要持续关注人与人的连接、行业与人的连接，让业主对物业管理工作产生更深刻的认识，进而对企业文化与品牌产生认同。

三、总结与建议

经上述分析，我们认为2019—2020年全国物业管理行业的信息传播工作呈现出如下四个典型特征：

（1）传播平台架构完善，内容生产形式丰富，信息传播手段多元，延续了以中国物业管理协会为中心、以若干全国知名物业服务企业为流量主力、以各地物业管理协会为根基的稳定生态，全行业总体发展趋势向好。

（2）在物业服务企业和物业管理协会内部，均存在着传播力的不均衡状况，物业服务企业媒体平台的强大传播力实质上由头部知名企业支撑，且发展速度较快，推动了整个行业的传播能力提升。相比之下，各地物业管理协会在传播力上保持了较为平衡的内部生态，但是整体传播力得到了显著提升，这符合全面内化“能力建设主题年”的总体要求。

（3）就文章质量而言，物业服务企业媒体虽在2020年内发稿总量有所回落，但是文章质量获得了显著提升，具有较好的传播潜力；协会媒体的文章质量保持基本稳定，在报纸与杂志方面的文章质量亮点频出。显示出物业管理行业媒体传播能力稳健发展，持续向好的势头。

（4）与往年不同，2020年全国物业管理行业媒体在内容上虽然仍普遍存在行业内向型偏向，即较多关注本机构、本行业内部信息，带有较强的宣传色彩，但是已经着力在思想宣传方面发挥作用，尝试结合新冠肺炎疫情防控等社会背景，以思想价值与价值观为内核的软性内容生产，这在一定程度上推动了物业管理行业思想宣传工作的有序开展。

鉴于此，我们对全国物业管理行业媒体的发展提出如下四个建议：

（1）中国物业管理协会以“能力建设主题年”为契机，通过进一步完善思想引领与思想教育机制，推动物业服务企业媒体与协会媒体积极将意识形态工作内化于宣传思想中去，以人民为中心，进行微信公众号等媒体平台建设，保证物业管理工作的业务性与思想性的融合发展。

（2）邀请头部企业进行媒体管理经验分享，号召全行业学习先进媒体运营经验，学习的重点包括选题来源、稿件样态、传播手段、部门架构等方面，在“高峰＋高地”的健全格局的基础上，全面带动行业内新媒体传播力的有力增长，推动物业管理行业在经济社会中发挥更有力地宣传作用。

（3）在传播内容质量上，物业管理行业媒体应更加侧重于“生活方式＋服务信息”组合，淡化机构内宣、活动纪要、成就报道等色彩，追求物业管理行业媒体与以不动产为核心的都市、中产身份定位的结合，使行业媒体的影响力突破行业边界，实现与更大社会结构的良性互动，形成更为健全的成长模式。

（4）在具体的内容生产上，物业服务企业媒体应该树立服务意识。一方面，明确服务对象，以小区住户或服务客户为传播客体，全面重视及准确把握信息接受者的心理，在文章形式、版式风格、信息容量、主题偏向等方面做出精致的设计，以主题或内容（服务）类型为依据对微信公众号等媒体进行结构化；另一方面，应当建立行之有效的用户反馈及互动机制，充分调动普通用户（中等收入住户）的生产效能，探索建立稳定的UGC模式，节约成本、提高效能、事半功倍。（段文婧 何全立 常江）

中国物业管理协会
清华大学新闻与传播学院
深圳大学传播学院

物业管理行业舆情监测报告

从 2018 年开始，中国物业管理协会、中国经济信息社联合开展物业管理行业舆情监测工作，分析舆论对行业的关注、期待以及诉求。主要目的是回答这几个问题：有哪些媒体比较关注物业管理行业，都关注什么内容？对行业有哪些好评，哪些批评？在媒体的赞美和监督中，带给行业什么启发？如何放大正面，减少负面？最终提升物业管理行业发展质量。

与上一个监测周期（2018—2019 年）相比，本次报告期内，物业管理行业受关注度显著提高。2019 年以来，全网有关“物业管理”的报告量达到了 41.6 万多篇次，为同时期最热门的话题之一。

物业管理行业之所以引发舆论高度关注，主要原因是在 2019 年至 2020 年间，物业管理行业在推动国民经济高质量发展、助力人民美好生活实现方面做出了突出贡献。尤其是在新冠肺炎疫情防控中，发挥了不可或缺的作用，受到党中央、国务院以及社会各界的高度赞扬。

值得一提的是，以各级党报、党刊、晨报、晚报、都市报等为代表的报纸杂志类平面媒体越来越关注物业管理行业，进行了大量的报道。据不完全统计，在过去的一年多时间，全国有 725 家平面媒体报道了物业管理行业，报道量有 44114 篇。平面媒体均为原创报道，是其他媒体新闻转载的主要来源，加之平面媒体同样建有门户网站、开设微信微博抖音等自媒体公众号。因此，平面媒体的关注度代表着舆论场中的热度。企业在宣传工作中需重视发挥平面媒体的作用。根据以上数据可以看出，本年度物业管理行业热度较高。

具体来看，报道物业新闻的媒体中有 44 家中央及全国性媒体，足以看出本年度物业管理行业受到的关注度。报道物业新闻的媒体数量排在前十的省份为浙江、江苏、广东、安徽、河南、山东、四川、湖北、重庆、湖南。报道量排在前十的媒体为《证券日报》《中国证券报》《证券时报》《深圳特区报》《北京日报》《南方都市报》《南方日报》《法制日报》《西安晚报》《深圳商报》。

从内容看，舆论关注的物业管理行业的热门话题主要有十个：疫情防控贡献突出、总书记回信、《物业英雄》登陆央视、房企分拆物业单独上市、行业法治化建设提速、物业服务助力基层社会治理、违法违规被多地监管部门通报批评、新旧物业更换不通畅、中国消费者协会发布物业服务满意度调查报告、物业和业主矛盾纠纷多发。以下就此十大热门话题进行具体分析。

一、物业管理行业防疫贡献获社会各界普遍点赞

新冠肺炎疫情防控是物业管理行业最热门的话题，相关报道有 153064 条，占报告期内报道总量的

36.8%。

在新冠肺炎疫情初期，中国物业管理协会第一时间发布了《关于全力做好物业管理区域新型冠状病毒肺炎疫情防控工作的倡议书》，随后又陆续发布了《物业服务企业在疫情防控中的法律风险防范指引》《复工复产期间物业管理区域新冠肺炎疫情防控要点和政策指南》《疫情期公共建筑空调通风系统运行管理技术指南》等，这些“指引”“指南”极大地提升了物业管理防疫工作的专业化、科学化水平。多个地方政府部门、物业管理协会及大型物业服务企业据此制定了地方版和企业版的防疫措施。

物业服务企业为武汉捐款捐物，在所管辖小区内通过多种方式宣传疫情防控知识，安排工作人员或聘请专业机构定期消毒杀菌，为行动不便以及被隔离的住户义务购买日用品并送货上门，24 小时值守在小区出入口进行出入人员测温登记等事迹，被媒体报道后获得社会各界普遍赞誉。有网民感慨，面对新冠肺炎疫情，有个好物业太重要了，一度刷屏朋友圈。

中国物业管理协会联合中国经济信息社共同开展的“新冠肺炎疫情对物业管理行业影响专项调查”中对有效收回的 36450 位业主的问卷进行分析，结果显示，93.7% 的受访业主认为小区物业防疫措施严密得当。

不过，个别不作为、疫情防控敷衍的现象被媒体差评。一些过激防控行为被媒体严厉谴责，例如某小区不让在医院工作的住户进入小区，还在业主群发起投票，反映出有些物业服务企业法律意识、规范意识、服务意识还有待加强，工作方式还需要改进，服务能力仍有进步空间。

二、习近平总书记给郑州圆方集团全体职工回信

在“五一”国际劳动节来临之际，习近平总书记给郑州圆方集团全体职工的回信是 2020 年以来主流媒体关注度最集中的话题。几乎所有的中央媒体、地方党报党刊都有跟进报道。该话题同时是具有借鉴意义的、成功的企业宣传案例，达到了现象级的传播效果。“回信”共形成四次传播高峰，使得郑州圆方集团家喻户晓，物业管理行业在重塑社会公众认知等方面取得了核心突破。

一是有关“回信”本身的报道传播。新华社发表通稿，并刊发回信全文，中国共产党新闻网、中国政府网、中央党校网站、新华网、人民网、光明网、央广网等近 300 家主流门户网站转载。《人民日报》《光明日报》《经济日报》《工人日报》以及各地党报党刊共计 130 余家主流平面媒体发表评论文章。

二是新闻背景挖掘，关联报道形成二次传播高峰。中央广播电视总台深入圆方集团实地采访相关负责人及赴鄂抗疫职工，以《弘扬劳动精神 建功立业新时代》为题在《新闻联播》中予以重点报道。《工人日报》《中国青年报》等多家媒体同样深入圆方集团开展专题访问，挖掘干部职工对总书记回信的热烈反响。此外，大量媒体以“回信”为切入点，报道当地物业管理行业反响及抗“疫”事迹。

三是各界学习贯彻“回信”精神，再成舆论关注焦点。回信一经公开报道，迅速在全国形成了学习宣传贯彻习近平总书记给郑州圆方集团职工回信精神的热潮。中国物业管理协会下发《关于学习贯彻习近平总书记重要回信精神 进一步推动物业管理行业高质量发展的通知》号召全体会员单位学习贯彻习近平总书记重要回信精神，进一步推动物业管理行业高质量发展；河南省委、广东省委专门召开常委会传达学习；全国各地各级政府、协会、学校、企事业单位等纷纷采取理论学习中心组集体学习、实地参观交流、专题宣讲等多种方式宣传学习贯彻落实“回信”精神。

例如河南省委组织部赴圆方集团调研学习，郑州市委理论学习中心组在圆方集团开展集体学习会；河南网信办机关、直属事业单位及国家互联网应急中心河南分中心党员干部走进郑州圆方集团；中华全国总工会专门发通知，要求各级工会把学习宣传贯彻习近平总书记给郑州圆方集团职工回信精神作为当前和今后一个时期的重大政治任务抓紧抓实。

《人民日报》《光明日报》《经济日报》《工人日报》《河南日报》《南方日报》《郑州日报》等近百家党报党刊，新华网、央视网、人民网、光明网等 100 余家主流新闻门户网站报道了社会各界学习情况。

四是学习成果及心得频见报端。物业管理行业掀起学习贯彻习近平总书记重要回信精神的热潮，组织召开学习会议，撰写学习心得体会，策划有深度、有声势的系列宣传，营造全行业抓学习重落实的良好氛围；不少政研等机构工作人员撰写学习成果及心得，纷纷发表于各大主流媒体。如河南省委组织部干部调研圆方集团后在人民日报发表《把红色基因融入企业文化（中国道路中国梦）》。全国总工会研究室发表于工人日报的《学习总书记回信精神 凝聚劳动精神劳动力量》、河南省委党校研究人员发表于河南日报《在平凡岗位上续写新时代劳动奉献之歌》等文章被各大网站转载。

物业管理行业事关国计民生，是基层社会治理的重要组成部分。在一定程度上来说，物业服务与国家大事密不可分。因此，物业服务企业宜结合国家大政方针，梳理总结所从事工作，顺势而为加强品牌宣传工作。

三、《物业英雄》专题片登陆央视

4 月 16 日，《物业英雄》纪录片在央视《经济半小时》栏目播出。这是国内第一个记录物业管理行业抗击新冠肺炎疫情的电视专题片，央视评论表示，“物业人是我们身边的平凡英雄”“国家防控疫情的每一项政策，在物业人的手里，才算是真正落地，才真正执行到每一个业主的生活中”。

播出后第二天，全网有关《物业英雄》的报道有 1300 多条，并上了微博热搜，阅读量将近 1200 万。网民纷纷留言表示，物业人了不起，向物业人致敬。

为有效防控疫情，各企事业单位纷纷采取居家办公，但物业人放弃和家人春节团聚，坚持到岗。许多物业人凭着一次性口罩和手套，就上了一线。物业管理行业在接下来的工作中要深入挖掘从业者在一线工作中涌现的突出典型，引导广大从业者以先进典型为榜样，切实干好本职工作、服务奉献社会，让更多的人更全面地了解真实的物业管理。

四、房企分拆物业版块上市

房企分拆物业版块上市已经连续两次成为物业管理行业年度十大热门话题之一。2018 年 6 家房企分拆物业版块单独上市，超过此前四年总和；2019 年有 11 家房企分拆物业版块上市，上市数量再创新高。后续还将会有更多的房企分拆物业板块上市。

监测显示，分拆上市后融到的资金大部分都用于收购和并购，有开发商背景的物业服务企业规模普遍更大，物业服务市场呈现出向龙头企业集中的趋势。值得注意的是，房企背景物业管理多为附属业务，是房产销售附属服务，对母公司依赖较高。应重视提高增值服务收入能力和拓展第三方在管面积。

五、物业管理行业法治化建设提速

近年来，我国物业管理行业法治化建设明显提速。5 月 28 日，十三届全国人民代表大会三次会议高票表决通过《中华人民共和国民法典》，正式宣告我国民法典时代的到来。民法典被称为“社会生活百科全书”，其中涉及诸多物业管理的难点热点问题，一经通过即引发热烈的讨论。中国物业管理协会举办一系列的公益讲堂活动，邀请众多法律界专家、行业资深法务工作者解读民法典，线上学习人数过 30 万人。地方住建部门、街道社区、行业协会组织宣讲团、专题培训、讲座等用各种形式宣传解读有关物业管理的内容。

总的来说，民法典给物业管理可能带来三方面影响：

一是明确了相关工作责任主体，督促有关主体有责任有义务采取措施解决问题，给物业管理工作扫清了一些障碍。比如，居委会应该对成立业主委员会给予指导和协助；公安机关应当及时调查高空坠物责任人，物业服务企业应承担安全保障责任。

二是提高了物业服务合同法律效力层级，明确业主和物业管理的权利义务关系。例如，将共有部分产生的收入扣除合理成本后，划归业主所有。收入分配不透明是业主和物业产生矛盾的一个根源。民法典将对物业和业主矛盾缓解有积极作用。

三是更强化业主权利，物业服务企业工作量和工作压力可能会加大。比如，向业主公开收支项目，将会增加工作量。随着业主监督的深入，将会进一步提高物业服务要求。此外，业主对物业服务合同具有任意解除权，将会给物业服务企业带来一定压力。

舆论普遍认为，尽管民法典明确了法律原则，但在执行层面仍然较为模糊，还需要制订实施细节。

六、物业管理融入社区服务 完善基层社会治理

将物业管理融入社区服务、纳入基层社会治理体系，依然是当前各大媒体报道的主要话题，2019 年以来重点关注的是各地的创新实践。例如北京、安徽、浙江等地推出的“准物业”模式，为老旧小区、失管小区兜底。目前，北京不少“准物业”小区已升级为“真物业”。济南把物业管理工作全面纳入社区‘六位一体’建设体系。海口成立业主委员会协会，推动小区建立业委会，协助街道社区工作。

目前来看，将物业管理纳入基层社会治理体系是大势所趋。建议进一步健全相关机制，实现政府购买服务、市场有偿提供服务，同时赋予物业服务企业在社区或街道一定的“参政议政”权限。

七、多地物业管理违规现象被监管部门通报

2019 年 1 月，河南省住房和城乡建设厅督查 180 家物业服务企业，通报 106 家存在违法违规，服务不规范的问题；

2019 年 4 月，福建泉州通报批评 14 家物业服务企业，青海西宁通报 19 家物业服务企业；

2019 年 7 月，北京通报 37 家物业服务企业；

2019 年 8 月，山东青岛通报 49 家物业服务企业；

2019 年 9 月，西宁又处罚 102 家物业服务企业，原因是乱收费服务差；

2019 年 12 月，北京将 35 家物业服务企业计入企业不良行为记录，兰州将 12 家物业服务企业列入黑名单；

2020 年，兰州市、哈尔滨市、沈阳市、银川市等地也有物业服务企业因为疫情防控工作不到位被通报。

通报问题主要集中在六个方面：一是违规搭建建筑物用以物业管理用房或者经营；二是电梯消防等专业岗位未配备专业技术人员；三是消防设施、监控设备无法正常使用，存在安全隐患；四是管理混乱，车辆随意停放占用消防通道、楼道堆放杂物、卫生保洁不及时；五是车位只售不租、乱收费；六是处理业主投诉或维修不及时、服务水平低态度差。

按照地方政府工作惯例，相关职能部门每年都会对所监管行业开展专项检查。若有突发事件，会采取专项治理行动。在此类负面舆情应对方面，建议物业服务企业除了合法经营、规范服务之外，比照官方通报的违规行为，有针对性地整改或避免。

八、小区物业管理更换频繁“卡壳”

与往年类似，2019 年全国发生多起新旧物业服务企业交接“卡壳”，北京、天津、郑州、贵阳、海口、合肥、青岛等地均出现物业管理更换问题或纠纷。

与往年不同，以往这方面的负面舆情由业主通过微博、微信等自媒体曝出来，2020 年是被经济参考报、新华网、人民网、正义网等多家中央媒体关注报道。

“小区更换物业引发纠纷”是连续两年上榜十大舆情的话题，起因多是业主对物业提供服务不满意，要更换物业服务企业，老物业服务企业不退出，新物业服务企业进不来。

目前，物业服务企业更换已有初步解决办法，将于 2021 年 1 月 1 日实施的民法典对物业服务合同作出明确规定，业主具有任意解除权。此外，不少地方新修订的地方版物业管理条例也对“更换物业”作出规范。例如新修订的《北京市物业管理条例》规定，不得以任何理由阻挠、干扰、妨碍新的物业管理人进场服务，对于拒不退出的老物业服务企业，自规定时间届满次日起每日处以 1 万元的罚款。

九、中消协发布《国内部分住宅小区物业服务调查体验报告》

2019 年 11 月 5 日，中国消费者协会发布了《国内部分住宅小区物业服务调查体验报告》。对国内 36 个城市的 148 个住宅小区的物业服务进行体验调查。从调查结果看小区物业服务质量总体偏低。综合满意度得分 62.59 分，其中秩序管理、保洁服务、客户服务管理得分不及格，分别为 59.35 分、57.34 分、54.47 分。

报告发布后，人民日报、新华社、中央广播电视总台、经济日报、新华网、人民网、光明网等比较知名的中央媒体都进行了报道。

不过，经历这次防疫战的洗礼，社会各界对物业管理价值进一步认可，物业服务的口碑和品牌价值进一步提升。2020 年 3 月，中国物业管理协会、中国经济信息社对 36450 名业主的问卷调查表明，91.4% 的受访业主表示物业服务品质明显提升。

十、物业服务纠纷多发

业主和物业服务企业之间的矛盾，主要集中在物业费、停车位、饲养宠物、卫生保洁、物业更换、收益支出不透明等方面。

疫情防控期间物业服务企业做出了巨大贡献，也得到业主普遍认可，社会舆论基本上达成共识。疫情之后，业主和物业服务企业之间发生明显冲突可能性不大。不过，“锦旗风波”在一定程度上改变了这一预期，四川、重庆、江苏一些业主也给小区送了同样内容锦旗。

未来物业服务企业与业主之间矛盾和纠纷还会发生，物业管理行业要健康发展，还需加强法规、制度建设，加强宣传工作，推动相关主体之间最大限度达成共识。

对于物业服务企业品牌建设和宣传工作，建议如下：

一是负面回应“就事论事”。在负面舆情应对上往往言多必失，回应不当将衍生新的负面舆论，宜诚恳地“就事论事”。

二是正面宣传宜结合国家大事。物业管理行业事关国计民生，是基层社会治理的重要组成部分，企业可以结合国家层面的热点话题，开展品牌宣传工作。

三是注重利用传统媒体传播优势。目前来看，平面媒体等传统媒体在舆论场仍占有主导地位，在加强自媒体建设的同时，也要注重利用平面媒体等传统媒体的传播优势，尤其是关注物业管理行业的平面媒体。

四是加强企业内部管理培训，提升规范意识服务质量。很多的负面舆情并非品牌工作出了问题，而是业务层面出的问题。打铁还需自身硬，做得好口碑才好。行业协会应加强对企业规范指导，提升法治观念和服务水平；企业应加强内部管理培训，提升从业人员职业素养。（万利、李军杰、赵家熹）

中国物业管理协会
中国经济信息社

物业管理行业劳动力市场价格监测报告

前　言

一、背景

2015 年 12 月，国家发展和改革委员会就业司、价格监测中心联合印发了《国家发展改革委办公厅关于印发全国劳动力市场价格监测工作方案的通知》（发改办就业〔2015〕3365 号），在全国 30 个省（区、市，西藏除外）的 207 个大中小城市，设立了 3500 余家监测定点单位，覆盖农业、制造业、建筑业和服务业等 4 大行业，涉及 16 类企业①24 个岗位②，基本形成了覆盖全国、面向重点行业和重点工种的劳动力市场监测体系。

国家发展和改革委员会价格监测中心和中国物业管理协会于 2016 年 5 月签订《价格监测工作合作意向书》，决定联合建立全国物业管理行业劳动力市场价格监测体系，重点监测物业管理行业住宅物业项目服务费标准、劳动力增减量、劳动力价格变化等方面信息。并于 2016 年 8 月下发《关于印发〈全国物业管理行业劳动力市场价格监测工作实施方案〉的通知》，正式启动全国物业管理行业劳动力市场价格监测工作。

二、组织实施

国家发展和改革委员会价格监测中心负责建立全国物业管理行业劳动力价格监测系统，制定劳动力价格监测数据上报方法，开展数据审核、指数编制、分析预测等相关工作。

---

① 16 类企业：养猪企业、养牛企业、养羊企业、养鸡企业、轻工类企业、纺织类企业、机械制造类企业、电子工业类企业、建筑企业、餐厅、酒店、家政企业、物业服务企业、仓储企业、快递企业、超市。

② 24 个岗位：养殖雇工、轻工业一线操作工、织布工、缝纫工、机械企业一线操作工、电子工业一线操作工、钢筋工（木工、瓦工）、壮工（小工、杂工）、餐厅一线服务员、后厨一线厨师、后厨加工切配厨师、酒店客房服务员、家政服务员（老年人护理）、家政服务员（照看孩子、非婴儿）、家庭小时工、办公场所保洁员、小区物业保洁员、小区物业维护员、仓储收货员（理货员）、仓储装卸工、快递员、快递中心分拣员、超市理货员、超市收银员。

中国物业管理协会负责选取物业服务企业及其住宅物业管理项目作为价格监测定点单位和监测项目，指导、培训企业相关人员开展上报工作，定期对价格监测定点单位和监测项目进行调整。

价格监测定点单位负责开展全国价格监测具体工作，确定一名专职人员担任信息联络员，采集和审核本企业价格监测项目上报数据，按时报送数据信息。

三、主要任务

（1）监测指标：监测对象为普通住宅物业项目的物业服务费、停车服务费等指标和项目经理、保洁员、秩序维护员、维修员、物业管理员等一线员工每月实际在岗人数[①]、新增人数[②]、离职人数[③]和员工平均到手收入[④]等变化情况。

（2）监测方式和频率：监测工作以线下监测为主，主要采用互联网直报方式通过统一软件平台上报。价格监测工作实行月度监测，每月20—25日上报企业上月信息数据。

（3）价格监测定点单位：全国物业管理行业劳动力市场价格监测定点单位从中国物业管理协会会员中确定28家价格监测定点单位（附件1）。

（4）价格监测项目：根据管理项目情况，各价格监测定点单位在全国30个省（区、市，西藏除外）的53个城市，选取347[⑤]个普通住宅项目作为主要监测对象，每个项目管理面积在5万平方米以上，物业费标准在0.5～8元/（平方米·月）。

四、数据说明

自2016年8月首次填报以来，截至2019年12月底，共完成41次数据填报工作，填报数据质量相对较好，通过对数据进行整理分析，能基本反映行业收入整体水平和变动情况。

（1）数据总量：每月每个监测项目共提交22条数据，347个监测项目，41期数据总计共31.81万余条。

（2）数据分布：347个项目覆盖全国30个省（区、市），但各省份项目分布不同，个别省份项目数较少（如青海2个，甘肃3个，新疆2个），在编制全国及各省份收入指数时，会出现代表性不强的问题。

（3）数据修正：① 对于原始数据中出现的“0”值及异常值均已作为缺失值处理，未计入数据统计；② 项目数据中的“收入”出现“0”值，用相近项目数据代替，保证结果可靠性；③ 对于管理面积较大，主要因项目存在外包情况，“在岗人数”为“0”值或人数较少（如“1”“2”等）的情况，采用项目外包单位的人员数据进行补充。

① 实际在岗人数（月底最后一天同一项目同一岗位的实际在岗人数）。

② 新增人数（本月期间同一项目同一岗位新增的人数）。

③ 离职人数（本月期间同一项目同一岗位离职的人数）。

④ 员工平均到手收入（同一项目同一岗位扣除各种险金后实发到手的月平均收入，不计其他年终奖、一次性奖励等收入）。

⑤ 在2018年监测的348个项目中，2019年1月有1个项目因项目撤出而退出活动。

第一部分　全国物业管理行业价格监测数据填报的基本情况

一、填报总体情况

2019 年 1 月至 2019 年 12 月全国物业管理行业价格监测填报总体情况（表 1）良好，数据填报率为 100.00%，月均监测人数 22975 人，人均到手收入[①]3138.85 元 / 月，较上期 2989.04 元，同比上涨 5.01%。

价格监测填报总体情况　　表 1

期数	填报时间	实填项目数（个）	完成率（%）	总管理面积（万 m^2）	总人数（个）	收入总额（万元）	人均到手收入（元）
1	2018.12	348	100	9025.82	23869	7344.77	3077.12
2	2019.1	347	100	9016.07	23635	7291.84	3085.19
3	2019.2	347	100	9016.07	23496	7364.50	3134.36
4	2019.3	347	100	9016.07	23033	7212.43	3131.35
5	2019.4	347	100	9016.07	23012	7085.49	3079.04
6	2019.5	347	100	9016.07	22926	7142.12	3115.29
7	2019.6	347	100	9016.07	22859	7123.16	3116.13
8	2019.7	347	100	9016.07	22785	7238.57	3176.90
9	2019.8	347	100	9016.07	22858	7137.09	3122.36
10	2019.9	347	100	9016.07	22742	7144.61	3141.59
11	2019.10	347	100	9016.07	22676	7197.27	3173.96
12	2019.11	347	100	9016.07	22793	7356.57	3227.56
13	2019.12	347	100	9016.07	22884	7236.96	3162.45
平均值		347	100	9016.07	22975	7210.88	3138.85
中位值		347	100	9016.07	22872	7204.85	3132.85

从收入总额看，2019 年收入总额为 86530.62 万元，较 2018 年度收入总额 85988.54 万元年度涨幅为 0.63%，总人员减少 4.31%。2019 年 11 月收入总额比其他月份较高，为 7356.57 万元，主要原因为发放国庆假期加班费用。总体上 2019 年收入总额与人均到手收入均稳步增长，主要与宏观经济增长及公司为应对人员流失提高岗位工资有关。尽管收入总额涨幅较上年略有减小，因减少总人员，使得人均收入进一步增长。

从各工种年均到手收入看，较 2018 年，均有不同程度的提高。项目经理到手收入为各工种最高 98036 元，其他依次为物业管理员 42866 元、秩序维护员 41574 元、维修员 42177 元，保洁员到手收入最低为 26866 元。

① 到手收入为扣除各种保险、住房公积金、个人所得税等费用，实际到手里可支配收入。

二、各工种人员数量情况

从各工种人数情况（表 2）看，保洁员人员和秩序维护员数量较多，各占总人数 61.83% 和 56.47%，维修员及物业管理员分别占 11.01% 和 16.59%，项目经理占比 1.58%。各项数据平均数和中位数接近，表明各工种每月平均人数较为稳定。

价格监测各工种人员情况（单位：人）　　表 2

期数	填报时间	项目经理	保洁员	秩序维护员	维修员	物业管理员
1	2018.12	376	8938	8632	2416	3507
2	2019.1	368	8844	8616	2369	3427
3	2019.2	368	8852	8522	2361	3377
4	2019.3	357	8752	8314	2323	3294
5	2019.4	353	8739	8370	2290	3274
6	2019.5	349	8765	8292	2282	3228
7	2019.6	348	8813	8250	2249	3202
8	2019.7	349	8751	8261	2252	3165
9	2019.8	353	8795	8224	2245	3250
10	2019.9	358	8749	8160	2260	3227
11	2019.10	359	8753	8115	2233	3210
12	2019.11	359	8838	8159	2219	3225
13	2019.12	360	8869	8207	2223	3238
平均值		358	8804	8317	2286	3279
中位数		358	8795	8261	2260	3238

从各工种人员就业岗位看，2019 年度新增加人员与离职人员数量出现差异。2019 年 1 月到 12 月，新吸收就业人员 8974 人，离职人员 9601 人，减少岗位 627 个。

2019 年 12 月比 2018 年 12 月减少 834 人，物业管理员和维修员分别减少 269 人、193 人，下降 7.67%、7.99% 外，保洁人员、秩序维护员、项目经理分别减少 69 人、425 人、16 人，下降 0.77%、4.92%、4.26%。2018 年各工种人数总体变化平稳且呈下降趋势，其中项目经理人数最为稳定（图 1）。

2019 年，从各工种人员离职情况（表 3、表 4）看，平均离职率为 3.41%，其中物业管理员平均离职率最高，为 4.26%；秩序维护员、维修员、项目经理、保洁员的平均离职率分别为 4.04%、3.29%、2.85%、2. 23%。从时间来看，二季度到三季度初各工种离职率上升趋势较为明显，后出现稳定回落迹象。

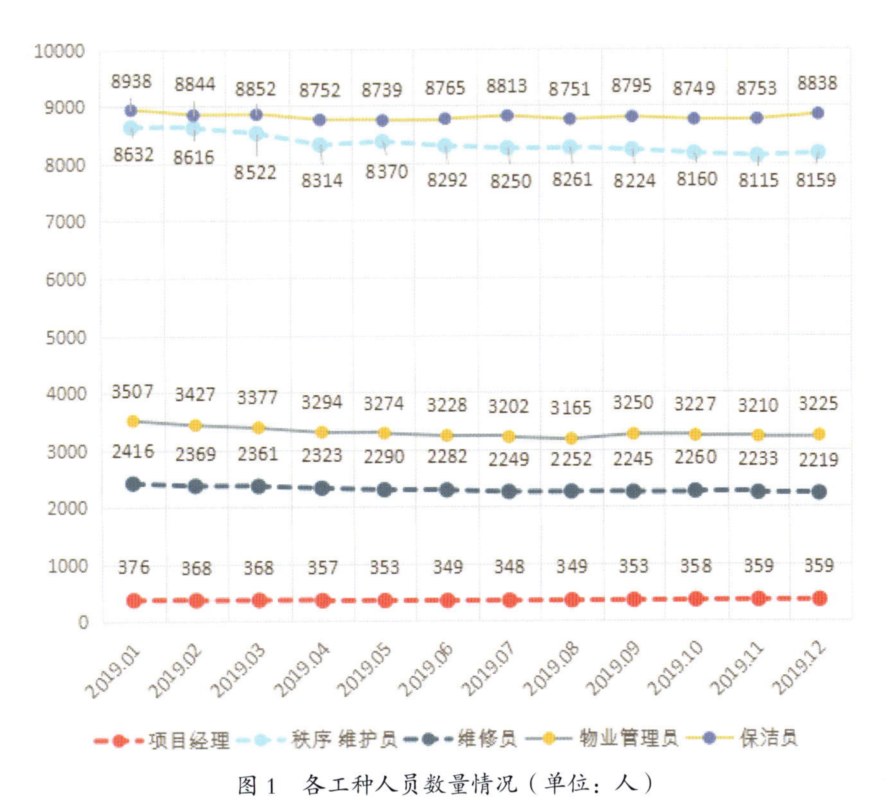

图 1　各工种人员数量情况（单位：人）

价格监测近 3 年各工种平均离职率情况（单位：%）　　表 3

期数	填报时间	项目经理	保洁员	秩序维护员	维修员	物业管理员
1	2017 年	1.73	2.71	4.82	3.80	4.55
2	2018 年	2.67	2.51	4.63	4.36	5.14
3	2019 年	2.85	2.23	4.04	3.65	4.26

价格监测各工种离职率情况（单位：%）　　表 4

期数	填报时间	项目经理	保洁员	秩序维护员	维修员	物业管理员
1	2018.12	3.19	2.29	3.21	3.23	3.14
2	2019.1	4.08	2.24	3.62	2.83	3.56
3	2019.2	2.99	2.20	3.70	3.47	4.23
4	2019.3	4.48	2.13	4.35	4.30	3.58
5	2019.4	3.12	2.17	4.64	3.80	4.73
6	2019.5	4.01	2.26	5.61	4.34	4.93
7	2019.6	2.59	1.75	4.92	5.11	5.00
8	2019.7	2.01	2.79	4.31	4.22	5.72
9	2019.8	2.27	2.49	4.97	4.23	5.51
10	2019.9	2.51	2.64	4.33	2.88	5.02
11	2019.10	3.06	2.14	3.83	3.90	3.64
12	2019.11	1.95	2.24	2.52	3.29	3.22
13	2019.12	0.83	1.69	2.46	1.89	3.03
平均值		2.85	2.23	4.04	3.65	4.26

与上年相比，平均离职率下降 0.12 个百分点，除项目经理外，其他工种离职率均有下降，其中保洁员离职率仍保持最低水平。其中，项目经理离职率提高 0.18 个百分点，保洁员、秩序员、维修员、物业管理员离职率均有降低，分别降低 0.28 个百分点、0.59 个百分点、0.71 个百分点。总体离职率保持平稳，一定程度上反映出物业管理行业岗位人员较为稳定，流动性较小。

三、各工种平均到手收入情况

价格监测近 3 年各工种月平均到手收入情况（单位：元）　表 5

期数	填报时间	项目经理	保洁员	秩序维护员	维修员	物业管理员
1	2017 年	6912.86	2056.68	3080.85	3081.13	3157.83
2	2018 年	7474.75	2160.79	3340.56	3329.58	3448.60
3	2019 年	8118.45	2233.13	3456.12	3501.50	3563.86

从各工种月平均到手收入情况（表 5、表 6），秩序维护员、维修员及物业管理员月均到手收入差距不大，在 3400 ～ 3700 元；保洁员月均收入在 2200 元左右，明显低于其他工种；项目经理月均收入为 8118.45 元。较 2018 年，除保洁人员工资保持稳定外，其他岗位人员月均收入均有上涨，其中秩序维护员、维修员及物业管理员月均到手收入分别增加 115.56 元、171.92 元和 115.26 元。项目经理月均收入上涨最明显，增加 643.7 元，同比增长 8.61%。

国庆节后 2019 年 11 期数据秩序维护员、维修员和物业管理员平均到手收入有明显增加；其余月份各工种平均到手收入情况较为平稳且呈上涨趋势（图 2）。

价格监测各工种月平均到手收入情况（单位：元）　表 6

期数	填报时间	项目经理	保洁员	秩序维护员	维修员	物业管理员
1	2018.12	7503.59	2164.04	3354.64	3341.66	3463.23
2	2019.1	7884.12	2193.63	3360.77	3398.37	3523.70
3	2019.2	8046.41	2213.40	3449.07	3488.72	3552.28
4	2019.3	8052.25	2223.60	3474.18	3516.42	3529.81
5	2019.4	8213.72	2211.45	3367.97	3451.17	3484.05
6	2019.5	8118.37	2229.52	3413.85	3491.19	3600.28
7	2019.6	8156.94	2232.58	3439.93	3505.99	3514.32
8	2019.7	8401.59	2255.06	3494.81	3550.53	3602.36
9	2019.8	8253.59	2245.11	3446.30	3523.03	3533.95
10	2019.9	8137.25	2243.07	3466.69	3529.49	3573.46
11	2019.10	8380.69	2267.03	3532.12	3544.55	3633.45
12	2019.11	8292.16	2287.35	3618.22	3630.61	3703.01
13	2019.12	8099.17	2264.89	3511.01	3547.78	3616.28
平均值		8118.45	2233.13	3456.12	3501.50	3563.86
中位数		8137.25	2232.58	3449.07	3516.42	3552.28

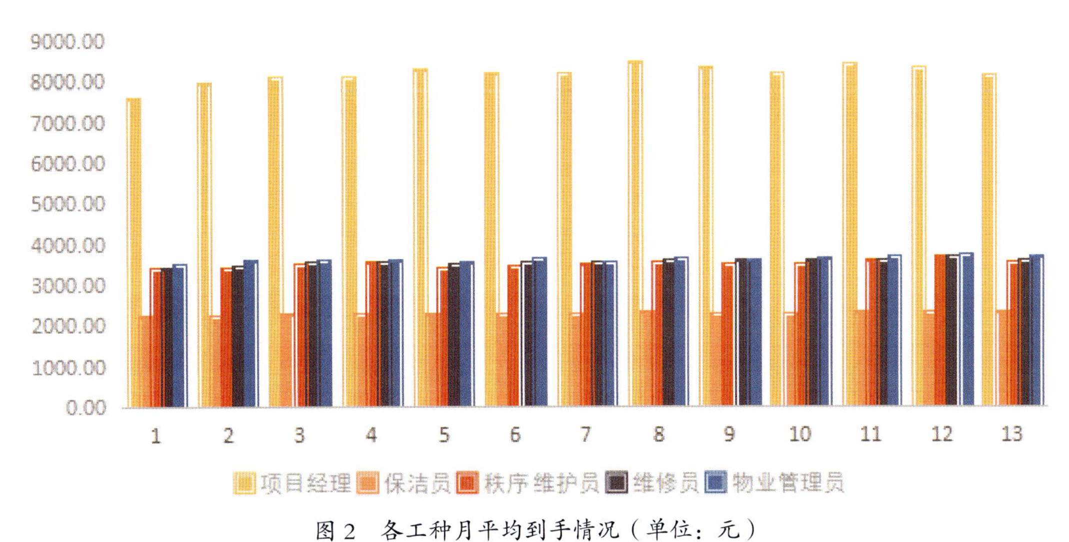

图 2　各工种月平均到手情况（单位：元）

从 30 个省（市、区）2019 年 1 月至 2019 年 12 月各工种年到手收入情况（表 7）看：

价格监测各工种年到手收入情况（单位：元 / 年）　　表 7

序列	填报省份	项目经理	保洁员	秩序维护员	维修员	物业管理员
1	北京	90352.55	29448.41	48491.64	59418.42	58962.32
2	天津	91870.78	28033.60	37355.13	34627.17	35906.17
3	上海	95699.42	33448.31	44985.14	51671.35	47308.91
4	重庆	119551.92	26781.88	37673.21	41415.56	42638.39
5	河北	94112.08	24359.54	37340.98	33703.27	32005.00
6	山西	80977.03	24823.44	39587.29	36436.18	37491.78
7	内蒙古	80422.68	24280.16	36447.75	39267.22	42796.60
8	辽宁	98167.39	25264.73	35992.79	36337.18	38834.89
9	吉林	72960.56	22019.24	33164.83	32483.71	35933.05
10	黑龙江	50606.24	19392.77	24347.16	26995.32	37142.80
11	江苏	90618.52	27877.14	49891.89	44535.93	47445.48
12	浙江	119810.97	34930.95	56122.50	53889.71	50251.87
13	安徽	128123.82	28478.21	44701.58	47256.32	61554.31
14	福建	82506.95	28163.09	46209.32	46711.37	46956.65
15	江西	96478.35	24698.69	38254.61	41942.31	42821.12
16	山东	111075.95	24987.43	50001.36	43225.90	41761.09
17	河南	94036.23	27370.05	43386.95	38643.39	37498.31
18	湖北	112364.01	27133.81	44728.02	46345.18	51568.14
19	湖南	111215.92	28045.09	41662.83	47185.62	45192.22
20	广东	126023.43	30071.59	58593.57	56861.41	54658.86
21	广西	66142.46	24412.43	27579.24	31991.46	27938.59
22	海南	71458.54	24901.27	29943.10	31570.06	31487.67

续表

序列	填报省份	项目经理	保洁员	秩序维护员	维修员	物业管理员
23	四川	91289.55	23667.92	33019.24	34900.71	50068.68
24	贵州	117376.69	22263.22	41136.54	43089.13	44022.10
25	云南	84215.91	23298.57	37747.37	41147.70	48263.16
26	陕西	125713.98	25555.41	35702.50	39612.21	42693.16
27	甘肃	60112.00	24000.00	30000.00	36000.00	36375.00
28	青海	52884.00	21228.00	34800.00	42814.30	35929.28
29	宁夏	94156.00	29130.72	39092.09	38967.30	41643.26
30	新疆	80169.50	30008.94	49287.33	48041.54	41339.61
平均值		93016.45	26269.15	40241.53	41569.56	42949.62
中位数		92953.51	25410.07	38673.35	41281.63	42665.78
最小值		50606.24	19392.77	24347.16	26995.32	27938.59
最大值		128123.82	34930.95	58593.57	59418.42	61554.31

注：甘肃省及青海省因填报项目数较少，代表性不佳。

价格监测各工种平均到手收入水平对比表 表8

岗位	平均到手收入水平最高的省份	最高值（元/人）	平均到手收入水平最低的省份	最低值（元/人）
物业保洁员	浙江	34930.95	黑龙江省	19392.77
秩序维护员	广东	58593.57	黑龙江省	24347.16
维修员	北京	59418.42	黑龙江省	26995.32
物业管理员	安徽	61554.31	广西省	27938.59
项目经理	安徽	128123.82	黑龙江省	50606.24

以年到手收入最低的物业保洁员为例进行各省情况分析：

浙江省物业保洁员年到手收入最高，为34930.95元/人，其次为上海市33448.31元/人，此外，新疆的保洁员年到手收入也超过了30000元/人，为30008.94元/人；黑龙江省保洁员收入的平均水平最低，为19392.77元/人，低于23000元/人的省市还有吉林省、黑龙江省、贵州省、青海省。与2018年相比，重庆市保洁员年到手收入增长最快为12.8%，河南省增长率超10%。从全国区域看，东南地区保洁员年到手收入高于其他地区，东北地区显著较低的情况依旧没有改变。总体上年到手收入增长幅度有所下降（表8）。

从物业费的标准，对347个价格监测项目进行了划分，其中1.5元/平方米及以下的监测项目143个；1.5～2.5元/平方米的监测项目119个；2.5元/平方米及以上的监测项目85个；从图4可以看出，随着物业费标准的提高，不同工种员工到手收入均有提高，其中项目经理工资提高最为明显。

相比于2018年，物业费在1.5元/平方米及以下的员工月均工资增长最多，保洁员、秩序维护员、维修员、物业管理员、项目经理月均工资分别增加7.27%、16.15%、12.42%、9.30%及4.18%；物业费在1.5～2.5元/平方米的员工月均工资相对增长较少，但总体增长率也达4.83%。不同物业费水平下，员工到手收入增加主要为物业管理员和项目经理员工收入增长较快导致，前期物业费水平低的员工工资较低及基础工资提高等因素也使得物业费在1.5元/平方米及以下的员工收入增加相对最多，但各岗位工资仍保持在最低水平（图3）。

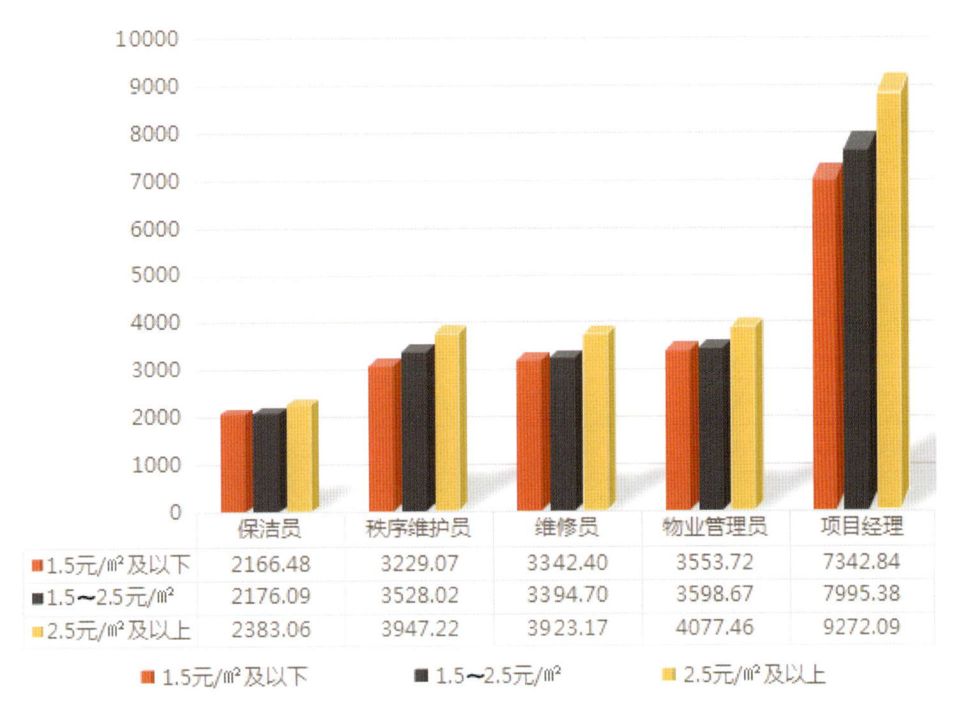

图 3　各工种不同物业费标准下平均每月到手收入情况

第二部分　全国物业管理行业到手收入指数的编制与分析

平均到手收入指数是由两个不同时期的平均到手收入指标对比所形成的，用以反映平均到手收入升降变动的方向和程度。物业管理行业职工平均到手收入水平及其变动程度是反映行业发展前景的重要依据。根据价格监测项目数据，编制平均到手收入指数，对行业具有重要意义。

平均到手收入指数由两部分构成：① 结构影响指数反映不同岗位职工人数变动对总体平均到手收入变动的影响；② 固定构成指数反映职工收入水平对总体平均到手收入变动的影响。

一、编制反映年度收入数据变动程度的同比指数

（一）全国物业管理行业平均到手收入同比指数

根据 2019 年 12 月与 2018 年 12 月全国价格监测项目填报数据对比，物业管理行业职工平均到手收入有所下降，比上一年同期总体下跌 0.3%，到手收入减少了 9.63 元。职工收入受不同岗位职工人数结构变动影响，使得平均到手收入比上一年同期下降了 0.31%，减少了 9.71 元；职工岗位人数不变时单纯的收入变动影响，使得平均到手收入比上一年同期相差不大。

（二）各省份物业管理行业收入指数

物业管理行业不同省份 2019 年 12 月与 2018 年同期对比的平均到手收入指数（如表 9 所示）。

各省份物业管理行业平均到手收入指数对比表

表 9

序号	省份	平均到手收入指数	差值	结构影响指数	差值	固定构成指数	差值	基期平均收入[①]	报告期平均收入[②]
1	北京	103.35%	124.00	92.86%	-264.37	111.30%	388.37	3700.61	3824.61
2	天津	101.31%	36.61	100.27%	7.62	101.04%	28.99	2792.85	2829.46
3	河北	100.84%	21.80	98.97%	-26.80	101.88%	48.60	2608.08	2629.88
4	山西	107.02%	192.75	100.32%	8.63	108.50%	230.30	2746.05	2938.80
5	内蒙古	104.30%	118.82	99.80%	-5.56	104.51%	124.38	2761.98	2880.80
6	辽宁	107.47%	198.06	99.97%	-0.91	107.50%	198.96	2652.37	2850.43
7	吉林	100.75%	18.26	98.81%	-29.11	101.96%	47.37	2443.90	2462.16
8	黑龙江	100.05%	0.95	100.05%	0.96	100.00%	0.00	2045.22	2046.17
9	上海	101.19%	42.39	99.52%	-17.12	101.68%	59.51	3563.84	3606.23
10	江苏	102.68%	89.92	102.78%	93.41	99.96%	-1.28	3359.47	3449.39
11	浙江	104.71%	177.76	99.16%	-31.51	105.60%	209.27	3771.63	3949.39
12	安徽	104.30%	139.34	97.95%	-66.41	106.49%	205.75	3238.69	3378.03
13	福建	103.74%	120.48	100.98%	31.51	102.73%	88.97	3225.03	3345.51
14	江西	102.28%	67.10	100.57%	16.80	101.00%	29.78	2937.95	3005.05
15	山东	105.60%	167.33	98.97%	-30.88	106.71%	198.21	2986.51	3153.84
16	河南	98.46%	-47.74	100.09%	2.65	98.38%	-50.39	3108.77	3061.03
17	湖北	104.62%	149.92	102.44%	79.17	102.13%	70.75	3243.83	3393.75
18	湖南	102.13%	66.71	98.87%	-35.43	103.29%	102.14	3136.88	3203.59
19	广东	108.34%	325.91	99.67%	-13.03	108.36%	326.42	3906.47	4232.38
20	广西	105.99%	139.18	99.76%	-5.63	106.24%	144.81	2324.68	2463.86
21	海南	101.55%	37.68	101.42%	34.54	100.13%	3.14	2435.87	2473.55
22	重庆	98.66%	-38.65	98.96%	-30.16	99.70%	-8.49	2888.38	2849.73
23	四川	102.56%	70.06	99.96%	-1.16	102.60%	71.23	2740.84	2810.90
24	贵州	102.64%	73.62	102.41%	67.26	100.22%	6.36	2785.86	2859.48
25	云南	95.11%	-143.08	96.16%	-110.33	100.71%	19.74	2925.74	2782.66
26	陕西	116.20%	413.17	97.64%	-65.72	108.93%	242.83	2550.37	2963.54
27	甘肃	84.39%	-457.55	99.98%	-0.47	100.00%	0.00	2930.76	2473.21
28	青海	82.01%	-571.72	102.89%	73.24	100.00%	0.00	3178.86	2607.14
29	宁夏	66.75%	-1,479.67	100.11%	3.40	100.08%	2.29	4449.55	2969.88
30	新疆	120.14%	563.22	99.48%	-17.19	102.93%	95.75	2795.85	3359.07

注：平均到手收入指数只反映不同时期平均到手收入的变动程度，而未考虑不同省份物业管理行业平均到手收入基期水平存在的较大差距。如 2018 年 12 月平均到手收入中陕西省为 2550.37，浙江省为 3771.63，而二者的平均到手收入同比指数分别为 116.20% 和 104.71%，此指数体现为不同基期水平的涨跌程度。

① 基期平均收入：指 2018 年 12 期平均收入。

② 报告期平均收入：指 2019 年 12 期平均收入。

总体来看：2019 年 12 月与 2018 年 12 月对比，平均到手收入指数最高的省份是新疆，达 120.14%，平均到手收入水平总体增加了 563.22 元；最低的省份为宁夏，为 66.75%，平均到手收入水平总体减少了 1479.67 元。其中，平均到手收入指数降低的省份为新疆和贵州省，其他 28 个省份的平均到手收入指数均呈现上升态势。

单纯从平均到手收入指数来看，剔除极值影响后不同岗位职工人数变动对整体平均到手收入水平影响有限，其涨跌幅度为 84.39% ～ 116.20%，差值分布为 −26.38 ～ 544.87 元。未剔除宁夏与新疆两省极端值，其涨跌幅度为 88.98% ～ 168.07%，其基差分布为 −346.32 ～ 1802.15。

如：北京市 2018 年 12 月与 2019 年 12 月相比，在 3700.61 元基础上，平均到手收入指数为 103.35%，平均到手收入增加了 124.00 元。这一方面是由于给出的北京市的 12 个项目中不同岗位人员结构变动影响使得平均到手收入下降 7.14%，并因此减少了 264.37 元；另一方面，又因收入水平上涨使得平均到手收入上涨了 11.30%，并因此增加平均到手收入 388.37 元。

二、编制反映月度收入数据变动程度的环比指数

全国及各省份物业管理行业职工平均到手收入的月环比指数，即以前一期数据为基期所计算的平均到手收入指数，反映了全国和各省份职工平均到手收入数据逐月变动的趋势和程度。

（一）全国物业管理行业收入月环比指数

从全国平均到手收入指数计算情况来看，行业内人员收入有稳定上涨且上涨幅度较小。以 2018 年 12 月为初始基期计算的后 12 期月环比指数中有 7 期为上升，除 5 期下降发生在发放员工节假日加班费用的次月（2019 年 4 月、2019 年 12 月）外，其余 3 期下降主要是由于员工收入水平下降所致。2019 年 11 月因国庆加班费用发放，导致月环比指数最高，达 101.71%，比上月平均到手收入整体增加 54.12 元；结构影响指数为 99.60%，因不同岗位人员结构发生变动，引起整体平均到手收入水平减少了 12.74 元；而固定构成指数则为 102.12% ，因各岗位收入水平上涨引起平均到手收入增加 66.86 元。而 2019 年 12 月平均到手收入指数最低，为 97.94%，比上月平均到手收入整体减少了 66.39 元；其中结构影响指数为 100.17%，因不同岗位人员结构发生了轻微变动，引起平均到手收入整体略微增加了 5.59 元；而固定构成指数为 97.60%，因各岗位人员收入水平下降使得平均到手收入整体减少了 71.97 元（表 10）。

全国物业管理行业收入月环比指数表　　表 10

月份	平均到手收入指数	差值	结构影响指数	差值	固定构成指数	差值
2018 年 12 月	97.27%	−86.52	99.66%	−10.74	97.60%	−75.78
2019 年 1 月	100.80%	24.47	100.15%	4.44	100.65%	20.03
2019 年 2 月	101.63%	50.22	99.90%	−3.21	101.74%	53.43
2019 年 3 月	99.81%	−6.08	99.79%	−6.50	100.01%	0.43
2019 年 4 月	98.39%	−50.22	100.12%	3.71	98.28%	−53.92
2019 年 5 月	101.27%	39.10	99.71%	−8.77	101.56%	47.87

续表

月份	平均到手收入指数	差值	结构影响指数	差值	固定构成指数	差值
2019 年 6 月	99.90%	-3.23	100.00%	-0.03	99.90%	-3.20
2019 年 7 月	101.95%	60.68	100.19%	5.99	101.75%	54.69
2019 年 8 月	98.46%	-49.01	99.09%	-28.77	99.36%	-20.24
2019 年 9 月	100.56%	17.34	99.36%	-19.98	101.20%	37.32
2019 年 10 月	100.98%	30.74	99.96%	-1.12	101.01%	31.86
2019 年 11 月	101.71%	54.12	99.60%	-12.74	102.12%	66.86
2019 年 12 月	97.94%	-66.39	100.17%	5.59	97.77%	-71.97

从全国来看，2019 年全年结构影响指数和固定构成指数未出现异动，年初各岗位人员结构调整与行业工资调整幅度较小（各月份结构影响指数变动范围为：99.09% ～ 100.19%，-49.01 ～ 60.68 元），整体平均到手收入水平的增减主要由于各岗位收入水平的变动（各月份固定构成指数变动范围为：97.77% ～ 102.12%，-71.97 ～ 66.86 元）所致。

（二）各省份物业管理行业收入月环比指数

根据监测项目的 2018 年 12 月至 2019 年 12 月期间 347 个项目所属省份，分别计算各省份物业管理行业职工平均到手收入的月环比指数（附件 2）。

1. 平均到手收入指数分析

从总体来看，各省份物业管理行业收入月环比变动情况与全国情况类似。从平均到手收入指数变动来看，仍是 2019 年 11 月增幅最为明显。各省份来看，最高环比指数出现在安徽省 5 月，达 115.35%，整体增加了 516.13 元；而最低环比指数仍然出现在安徽省，其 8 月环比指数为 88.03%，整体减少了 445.84 元。从安徽省的 6 个项目数据来看，2019 年 11 月收入水平增幅较大，职工收入总计达 3176030.27 元，比 2019 年 10 月收入总额的 2969649.49 元上涨了 6.95%；2019 年 8 月的收入总额为 2981602.15 元，比 7 月份为 3304900.3 元下降了 11.18%。其中岗位人员结构变化并不明显，造成平均收入指数的较大幅度变动主要是由于岗位收入水平产生较大的变化。

2. 结构影响指数分析

从各省份数据来看，物业管理行业岗位人员结构变动仍然不明显。最大值为 2019 年 3 月云南省的 104.18%，差值为 129.84 元，从云南省的 6 个项目数据来看，无明显变动。这 6 个项目中，2019 年 3 月保洁员比 2 月增加了 3 人，秩序维护员比 2 月减少了 4 人，维修员则比 2 月减少了 1 人，而物业管理员比 2 月增加了 26 人，致使结构影响指数上涨较大。全国各省份结构影响指数最小值为 2019 年 8 月江苏省数据，为 84.75%，差值达 -548.85 元，但从江苏省 19 个项目人员结构变动看，并无明显异动。江苏省 19 个项目中，2019 年 8 月保洁员比 7 月较少 1 人，而秩序维护员比 7 月增加 3 人，物业管理员比 7 月增加了 9 人。排除四川省外，其他省份无明显变动。

3. 固定构成指数分析

另外，各省份数据中反映收入数量变动的固定构成指数变化情况趋于平均到手收入指数变动情况，最高为 2019 年 5 月安徽指标，达 115.64%，差值为 524.75 元；最低也为 2019 年 8 月安徽指标，达 88.80%，差值为 -413.63 元，分析过程同平均到手收入指数情况。

基于所选取的 347 个项目的收入数据分析可知，整体物业管理行业各岗位收入存在一定差距，且一线岗位职工收入偏低。而从编制的平均到手收入指数来看，无论是全国指数还是各省份指数，均可反映出：物业管理行业整体收入水平的逐月变动幅度较小，而这种较小的变动幅度也表明了整体行业收入在较长时间处于较低水平。

另外，上述计算的平均到手收入指数为名义收入指数，在上述同比与环比指数计算结束后，为剔除物价变动对职工收入的影响，还可根据 CPI 水平计算平均实际收入指数，这是反映实际收入变动情况的相对数，表明职工实际收入水平提高或降低的程度。

第三部分　数据相关分析

一、与社会平均收入差距较大

2019 年，全国城镇私营单位就业人员年平均工资为 53604 元，城镇非私营单位就业人员年平均工资为 90501 元。根据数据显示，物业管理行业除项目经理年到手收入 93016.45 元超过平均值外，秩序维护员 40241.53 元，维修员 41569.56 元，物业管理员 42949.62 元，保洁员 26269.15 元均低于社会平均收入水平。尤其是保洁员处于全国服务业普通员工平均收入最低水平。由此可见，无论是人员平均工资数量还是增速，物业管理行业均低于全国总体水平。

二、为社会提供大量就业岗位

在 347 个项目的 9016.07 万平方米管理面积中，约有 2.4 万工作人员为业主提供服务，劳动密集型行业特征显著。管理面积对各物业服务岗位在岗人数影响明显，具有显著相关关系（表 11）。项目经理的人均管理面积为 25.18 万平方米，维修员、物业管理员、秩序维护员、保洁员人均管理面积分别为 3.94 万、2.75 万、1.08 万和 1.02 万平方米（图 4）。与 2018 年相比，在管理总面积不变的情况下，因各岗位人员正常变动导致人均管理面积总体略有变化。其中，保洁员和秩序维护员人均管理面积分别增加 0.01 万、0.03 平方米，维修员和物业管理员人均管理面积分别增加 0.2 万、0.18 万平方米，项目经理人均管理面积增加 1.18 万平方米。

管理面积与在岗人数相关关系　　表 11

		保洁平均在岗人数	秩序维护员平均在岗在数	维修员平均在岗人数	物业管理员平均在岗人数	项目经理平均在岗人数
管理面积	相关性	.60**	.50**	.55**	.53**	.17**
	显著性（双尾）	0.00	0.00	0.00	0.00	0.00
	个案数	347	347	347	347	347

注：f**. 在 0.01 级别（双尾），相关性显著。0.5 以上为强相关，0.3 ～ 0.5 为中等相关，0.3 以下为弱相关。

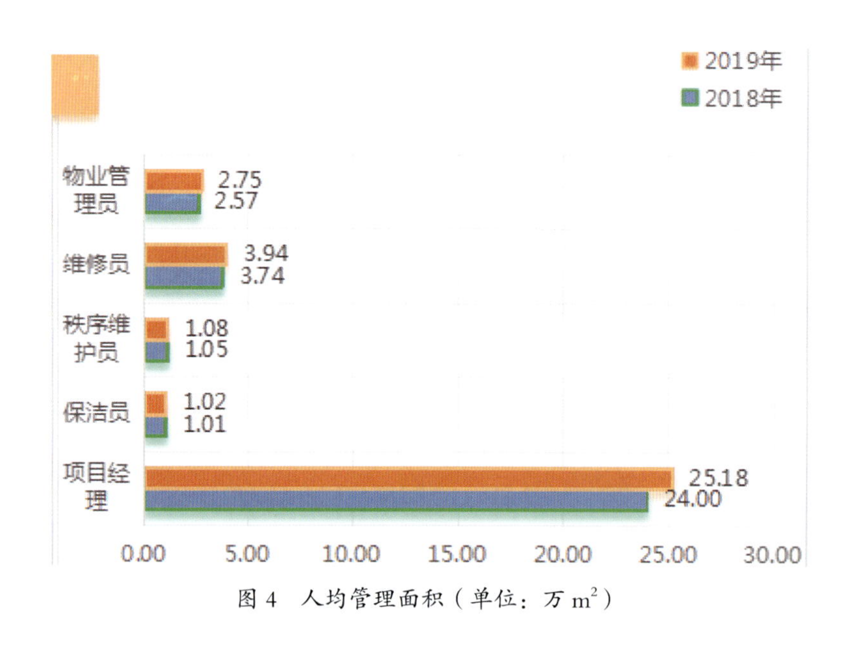

图 4　人均管理面积（单位：万 m^2）

三、平均到手收入与物业服务费为中等相关

分析住宅物业服务费水平与各岗位平均到手收入的相关性（表 12），除保洁和项目经理外，其他为中等相关，其相关关系程度强弱依次为维修员、秩序维护员、物业管理员、保洁员和项目经理的平均收入。较高的物业服务费水平能给员工带来一定幅度的收入收益，吸收较高素质的人才，为提供较好的服务品质奠定经济基础。

物业服务费与平均到手收入相关关系　　表 12

		保洁平均收入	秩序维护员平均收入	维修员平均收入	物业管理员平均收入	项目经理平均收入
住宅物业服务费	皮尔逊相关性	.27**	.41**	.45**	.37*	.23**
	显著性（双尾）	0.00	0.00	0.00	0.00	0.00
	个案数	348	348	348	348	348

注：f**. 在 0.01 级别（双尾），相关性显著。0.5 以上为强相关，0.3–0.5 为中等相关，0.3 以下为弱相关。

四、物业管理行业市场价格呈现上涨趋势

从物业服务费看，347 个项目的平均物业费为 2.24 元 /（平方米·月），在填报周期内有 42 个项目的物业服务费有过费用调整，占项目总数 12.10%。其中 32 个项目物业服务费有所上涨，10 个项目上涨一倍及以上，平均涨幅为 71.38%，主要由于前期物业服务费较低、物价和工资上涨导致服务成本提高；10 个项目物业费略有下调，平均降幅为 36.35%。其中 6 个降幅 30% 以上的项目，前期物业费都大于 3 元 /（平方米·月）。可见，物业服务费下调主要为前期物业服务费定价过高，收缴率难达预期导致。总体上，物业服务费稳中有涨，且平均上涨幅度较上期提高 45.94 个百分点。

从停车服务费看，全国各地停车服务费因产权、服务范围等因素存在差异较大，由 5 ～ 700 元 / 月不等，中位数为 85 元 / 月；涉及停车服务的 347 个项目，在一年的监测中价格调整情况较小，有 46 个项目有过调整，占总项目数的 13.22%。其中，30 个项目停车服务费上涨，导致整体费用有所上升，上升幅度为 8.58%，较上期降低 2.84 个百分点。下调项目集中于陕西省，主要受省内政策导向与市场因素影响。

五、行业人工成本逐年增加

在监测周期内，所有监测项目收入总额涨幅为 5.79%，人员减少 1.27%（主要为保洁员），管理面积未发生变化。在物业服务费普遍较低且上调压力较大的情况下，人员收入逐年 8.07% 的增加幅度，给企业带来较大的成本压力。企业主要通过减员增效（保洁人员减少 4.43%、秩序维护员减少 2.54%、项目经理减少 2.08%）和增加其他经营服务内容补贴的方式来弥补物业费缺口。

结语

全国物业管理行业劳动力市场价格监测工作通过一年的数据填报，已经收集到价格监测定点单位提交第一手数据 31.81 万余条，为行业宏观政策研究和决策提供了真实可靠的数据依据。

在此，感谢国家发展和改革委员会价格监测中心对工作的悉心指导，更感谢各价格监测定点单位对全国物业管理行业劳动力市场价格监测工作所做出的卓越贡献！（吴一帆、赵一飞）

附件

附件 1. 全国物业管理行业价格监测定点单位

附件 2. 全国各省份物业管理行业收入环比指数表

附件 1 全国物业管理行业价格监测定点单位

序号	单位名称	序号	单位名称
1	万科物业发展股份有限公司	15	河南正弘物业管理有限公司
2	绿城物业服务集团有限公司	16	中化金茂物业管理（北京）有限公司
3	长城物业集团股份有限公司	17	卓达物业服务股份有限公司
4	中海物业集团有限公司	18	上海锐翔上房物业管理有限公司
5	上海科瑞物业管理发展有限公司	19	鑫苑物业服务有限公司
6	龙湖物业服务集团有限公司	20	北京天鸿宝地物业管理经营有限公司
7	保利物业管理有限公司	21	广州珠江物业酒店管理有限公司
8	中航物业管理有限公司	22	深圳市之平物业发展有限公司
9	华润物业科技服务有限公司	23	福建永安物业管理有限公司
10	海南珠江物业酒店管理有限公司	24	内蒙古恒欣利和物业服务有限公司
11	四川嘉宝资产管理集团股份有限公司	25	天津市天房物业管理有限公司
12	碧桂园物业服务有限公司	26	上海东湖物业管理公司
13	北京首开鸿城实业有限公司	27	哈尔滨景阳物业管理有限公司
14	成都金房物业服务有限公司	28	幸福基业物业服务有限公司

附件 2 全国各省份物业管理行业收入环比指数表

北京市物业管理行业平均到手收入环比指数表（1）

月份	平均到手收入指数	差值	结构影响指数	差值	固定构成指数	差值
201812	97.02%	-113.77	99.67%	-12.76	97.34%	-101.01
201901	103.07%	113.48	100.58%	21.36	102.47%	92.12
201902	99.65%	-13.19	100.10%	3.89	99.55%	-17.08
201903	98.82%	-44.69	98.40%	-60.84	100.43%	16.14
201904	100.94%	35.16	100.54%	20.13	100.40%	15.03
201905	98.50%	-56.89	99.97%	-1.23	98.53%	-55.66
201906	100.70%	26.04	100.76%	28.35	99.94%	-2.31
201907	107.92%	297.89	101.67%	62.97	106.14%	234.92
201908	94.32%	-230.61	98.88%	-45.44	95.39%	-185.17
201909	102.03%	77.78	99.13%	-33.18	102.92%	110.96
201910	102.73%	106.73	102.06%	80.31	100.66%	26.42
201911	98.38%	-65.05	98.28%	-68.82	100.10%	3.77
201912	96.89%	-122.64	100.41%	16.17	96.50%	-138.81

天津市物业管理行业平均到手收入环比指数表（2）

月份	平均到手收入指数	差值	结构影响指数	差值	固定构成指数	差值
201812	100.48%	13.27	100.01%	0.30	100.47%	12.97
201901	101.65%	46.17	100.07%	2.02	101.58%	44.16
201902	99.49%	-14.55	99.99%	-0.39	99.50%	-14.17
201903	98.79%	-34.16	100.07%	1.95	98.72%	-36.10
201904	99.21%	-21.93	100.11%	3.12	99.10%	-25.05
201905	100.24%	6.74	100.02%	0.50	100.23%	6.24
201906	100.37%	10.31	100.00%	-0.12	100.38%	10.42
201907	100.15%	4.07	99.97%	-0.87	100.18%	4.94
201908	100.18%	4.92	100.05%	1.41	100.13%	3.51
201909	100.36%	9.93	99.98%	-0.65	100.38%	10.58
201910	100.05%	1.38	100.10%	2.72	99.95%	-1.35
201911	100.48%	13.37	100.05%	1.40	100.43%	11.98
201912	100.37%	10.36	100.05%	1.40	100.32%	8.96

河北省物业管理行业平均到手收入环比指数表（3）

月份	平均到手收入指数	差值	结构影响指数	差值	固定构成指数	差值
201812	101.20%	31.03	99.36%	-16.50	101.86%	47.53
201901	99.39%	-16.04	99.74%	-6.82	99.65%	-9.22
201902	103.96%	102.73	99.99%	-0.20	103.97%	102.94
201903	99.83%	-4.61	100.11%	2.89	99.72%	-7.51
201904	97.30%	-72.71	100.31%	8.25	97.00%	-80.96
201905	99.07%	-24.28	99.91%	-2.23	99.16%	-22.04
201906	100.35%	9.20	99.63%	-9.64	100.73%	18.84
201907	101.66%	43.10	100.13%	3.30	101.53%	39.80
201908	98.46%	-40.68	99.68%	-8.37	98.77%	-32.32
201909	99.74%	-6.72	100.06%	1.53	99.68%	-8.25
201910	101.49%	38.71	99.94%	-1.67	101.56%	40.38
201911	101.80%	47.54	100.18%	4.67	101.62%	42.87
201912	97.97%	-54.44	99.84%	-4.24	98.13%	-50.20

山西省物业管理行业平均到手收入环比指数表（4）

月份	平均到手收入指数	差值	结构影响指数	差值	固定构成指数	差值
201812	97.78%	-62.38	99.48%	-14.50	98.29%	-47.88
201901	101.01%	27.30	100.15%	4.02	100.86%	23.27
201902	101.69%	46.03	100.40%	10.79	101.29%	35.24
201903	102.78%	77.01	99.18%	-22.66	103.62%	99.67
201904	94.62%	-153.35	101.21%	34.49	93.49%	-187.84
201905	102.20%	59.44	99.51%	-13.31	102.71%	72.75
201906	99.71%	-7.88	99.97%	-0.96	99.75%	-6.92
201907	103.05%	83.89	99.57%	-11.93	103.50%	95.82
201908	99.55%	-12.71	100.49%	13.77	99.07%	-26.49
201909	101.06%	29.77	99.65%	-9.88	101.41%	39.65
201910	100.43%	12.22	99.97%	-0.88	100.46%	13.11
201911	104.08%	116.75	100.59%	16.78	103.47%	99.97
201912	98.67%	-39.53	100.26%	7.86	98.41%	-47.39

内蒙古自治区物业管理行业平均到手收入环比指数表（5）

月份	平均到手收入指数	差值	结构影响指数	差值	固定构成指数	差值
201812	96.87%	-89.16	100.26%	7.34	96.62%	-96.50
201901	103.97%	109.66	100.11%	3.09	103.85%	106.57
201902	96.11%	-111.72	100.08%	2.25	96.03%	-113.97
201903	104.11%	113.31	100.09%	2.49	104.01%	110.82
201904	95.24%	-136.63	99.57%	-12.38	95.66%	-124.25
201905	101.37%	37.50	100.01%	0.32	101.36%	37.18
201906	99.72%	-7.82	99.84%	-4.56	99.88%	-3.25
201907	101.85%	51.24	99.86%	-3.92	102.00%	55.15
201908	103.23%	90.87	99.90%	-2.95	103.33%	93.81
201909	97.20%	-81.31	100.14%	4.17	97.06%	-85.49
201910	98.84%	-32.85	100.00%	-0.06	98.84%	-32.79
201911	105.55%	155.01	100.14%	3.86	105.40%	151.15
201912	97.68%	-68.42	100.10%	2.85	97.59%	-71.27

辽宁省物业管理行业平均到手收入环比指数表（6）

月份	平均到手收入指数	差值	结构影响指数	差值	固定构成指数	差值
201812	97.41%	-70.51	99.67%	-9.07	97.74%	-61.44
201901	99.97%	-0.87	100.11%	3.01	99.85%	-3.88
201902	103.53%	93.70	100.34%	8.91	103.19%	84.78
201903	101.64%	45.16	99.96%	-0.99	101.68%	46.15
201904	96.90%	-86.47	99.93%	-2.08	96.97%	-84.39
201905	101.41%	38.06	100.19%	5.25	101.21%	32.81
201906	101.33%	36.57	99.69%	-8.57	101.65%	45.14
201907	99.78%	-6.15	100.22%	6.24	99.55%	-12.39
201908	99.26%	-20.58	100.02%	0.55	99.24%	-21.13
201909	101.17%	32.22	100.09%	2.53	101.08%	29.70
201910	100.06%	1.54	99.89%	-3.04	100.16%	4.58
201911	101.63%	45.50	99.68%	-8.92	101.96%	54.42
201912	100.68%	19.37	100.30%	8.47	100.38%	10.90

吉林省物业管理行业平均到手收入环比指数表（7）

月份	平均到手收入指数	差值	结构影响指数	差值	固定构成指数	差值
201812	99.10%	-22.20	100.87%	21.50	98.24%	-43.70
201901	99.71%	-7.08	99.71%	-7.02	100.00%	-0.05
201902	100.06%	1.49	99.89%	-2.64	100.17%	4.13
201903	100.44%	10.70	99.55%	-10.90	100.89%	21.59
201904	99.22%	-19.18	100.27%	6.60	98.95%	-25.78
201905	99.54%	-11.14	100.10%	2.34	99.45%	-13.47
201906	100.93%	22.46	99.85%	-3.63	101.08%	26.09
201907	100.46%	11.35	99.78%	-5.25	100.68%	16.59
201908	99.13%	-21.32	100.00%	-0.03	99.13%	-21.29
201909	99.88%	-2.86	100.00%	0.03	99.88%	-2.89
201910	100.55%	13.46	99.65%	-8.53	100.91%	21.98
201911	101.03%	25.26	100.09%	2.19	100.94%	23.07
201912	99.80%	-4.87	100.00%	0.07	99.80%	-4.94

黑龙江省物业管理行业平均到手收入环比指数表（8）

月份	平均到手收入指数	差值	结构影响指数	差值	固定构成指数	差值
201812	101.44%	29.13	101.25%	25.25	100.19%	3.88
201901	107.94%	162.41	99.78%	-4.40	108.17%	166.81
201902	100.00%	0.00	100.00%	0.00	100.00%	0.00
201903	100.00%	0.00	100.00%	0.00	100.00%	0.00
201904	99.53%	-10.48	99.53%	-10.48	100.00%	0.00
201905	100.00%	0.00	100.00%	0.00	100.00%	0.00
201906	101.35%	29.70	100.40%	8.77	100.95%	20.92
201907	100.00%	0.00	100.00%	0.00	100.00%	0.00
201908	100.07%	1.58	100.07%	1.58	100.00%	0.00
201909	100.00%	0.00	100.00%	0.00	100.00%	0.00
201910	100.22%	4.90	100.22%	4.90	100.00%	0.00
201911	100.07%	1.55	100.07%	1.55	100.00%	0.00
201912	100.07%	1.55	100.07%	1.55	100.00%	0.00

上海市物业管理行业平均到手收入环比指数表（9）

月份	平均到手收入指数	差值	结构影响指数	差值	固定构成指数	差值
201812	99.33%	-24.20	99.78%	-7.92	99.55%	-16.28
201901	100.14%	4.95	100.00%	0.00	100.14%	4.95
201902	100.46%	16.48	100.32%	11.29	100.15%	5.19
201903	100.60%	21.57	99.96%	-1.30	100.64%	22.87
201904	99.25%	-27.20	99.99%	-0.30	99.25%	-26.90
201905	100.22%	7.80	99.21%	-28.35	101.02%	36.15
201906	100.64%	23.06	100.28%	10.06	100.36%	12.99
201907	100.73%	26.40	100.04%	1.28	100.70%	25.12
201908	99.64%	-13.16	99.98%	-0.77	99.66%	-12.39
201909	99.97%	-1.04	99.95%	-1.79	100.02%	0.74
201910	100.52%	18.70	99.95%	-1.83	100.57%	20.53
201911	99.97%	-1.19	99.93%	-2.49	100.04%	1.30
201912	99.07%	-33.98	99.94%	-2.06	99.12%	-31.92

江苏省物业管理行业平均到手收入环比指数表（10）

月份	平均到手收入指数	差值	结构影响指数	差值	固定构成指数	差值
201812	96.81%	−110.57	100.63%	21.73	96.21%	−132.30
201901	100.45%	14.99	100.08%	2.72	100.37%	12.27
201902	100.85%	28.62	100.18%	6.09	100.67%	22.52
201903	104.26%	144.82	101.87%	63.63	102.34%	81.19
201904	97.79%	−78.39	100.18%	6.51	97.61%	−84.90
201905	99.69%	−10.78	99.77%	−8.04	99.92%	−2.74
201906	99.76%	−8.19	100.04%	1.33	99.72%	−9.52
201907	104.37%	150.58	100.08%	2.78	104.28%	147.80
201908	95.18%	−173.42	84.75%	−548.85	112.31%	375.43
201909	101.66%	56.85	97.49%	−85.83	104.27%	142.69
201910	101.33%	46.29	99.90%	−3.54	101.43%	49.83
201911	99.65%	−12.27	99.69%	−11.03	99.96%	−1.25
201912	98.09%	−66.99	100.00%	−0.04	98.10%	−66.95

浙江省物业管理行业平均到手收入环比指数表（11）

月份	平均到手收入指数	差值	结构影响指数	差值	固定构成指数	差值
201812	95.94%	−159.67	99.86%	−5.60	96.08%	−154.07
201901	99.16%	−31.66	99.95%	−1.90	99.21%	−29.76
201902	104.23%	158.36	99.83%	−6.46	104.41%	164.81
201903	97.73%	−88.68	100.15%	5.72	97.58%	−94.40
201904	100.48%	18.24	99.86%	−5.29	100.62%	23.52
201905	100.18%	6.77	99.75%	−9.66	100.43%	16.43
201906	99.61%	−14.94	99.88%	−4.47	99.73%	−10.47
201907	103.88%	148.23	99.82%	−7.02	104.07%	155.25
201908	98.59%	−56.14	99.54%	−18.44	99.05%	−37.70
201909	101.68%	65.57	100.85%	33.31	100.82%	32.26
201910	100.93%	36.79	99.36%	−25.57	101.58%	62.36
201911	100.04%	1.41	100.05%	2.01	99.99%	−0.60
201912	98.35%	−66.19	99.89%	−4.38	98.46%	−61.82

安徽省物业管理行业平均到手收入环比指数表（12）

月份	平均到手收入指数	差值	结构影响指数	差值	固定构成指数	差值
201812	90.68%	-332.68	102.10%	74.90	88.82%	-407.58
201901	104.90%	158.66	100.01%	0.26	104.89%	158.40
201902	97.46%	-86.17	100.28%	9.43	97.19%	-95.60
201903	100.25%	8.25	99.28%	-23.77	100.97%	32.02
201904	101.32%	43.83	100.04%	1.25	101.28%	42.58
201905	115.35%	516.13	99.74%	-8.62	115.64%	524.75
201906	92.92%	-274.77	100.25%	9.74	92.68%	-284.51
201907	103.37%	121.31	100.29%	10.52	103.06%	110.78
201908	88.03%	-445.84	99.14%	-32.21	88.80%	-413.63
201909	101.93%	63.25	99.93%	-2.31	102.00%	65.56
201910	99.35%	-21.58	100.46%	15.22	98.90%	-36.80
201911	106.95%	230.85	99.83%	-5.68	107.13%	236.53
201912	95.09%	-174.58	100.03%	1.23	95.05%	-175.81

福建省物业管理行业平均到手收入环比指数表（13）

月份	平均到手收入指数	差值	结构影响指数	差值	固定构成指数	差值
201812	93.89%	-210.00	100.03%	1.07	93.86%	-211.07
201901	98.96%	-33.67	100.12%	4.02	98.83%	-37.69
201902	105.30%	169.13	99.71%	-9.18	105.60%	178.31
201903	102.19%	73.48	101.43%	48.20	100.74%	25.27
201904	92.02%	-273.88	100.11%	3.65	91.93%	-277.53
201905	106.56%	207.26	99.88%	-3.74	106.69%	211.00
201906	98.79%	-40.63	99.88%	-4.16	98.92%	-36.47
201907	99.67%	-10.82	100.43%	14.38	99.25%	-25.21
201908	99.09%	-30.13	100.19%	6.34	98.90%	-36.47
201909	99.21%	-25.97	99.46%	-17.61	99.74%	-8.35
201910	102.90%	94.57	100.46%	14.89	102.43%	79.68
201911	101.77%	59.29	99.69%	-10.31	102.08%	69.60
201912	98.00%	-68.16	100.29%	9.82	97.72%	-77.98

江西省物业管理行业平均到手收入环比指数表（14）

月份	平均到手收入指数	差值	结构影响指数	差值	固定构成指数	差值
201812	100.24%	6.96	100.04%	1.25	100.19%	5.71
201901	101.50%	44.45	99.79%	-6.07	101.71%	50.52
201902	97.12%	-86.46	100.45%	13.48	96.69%	-99.94
201903	100.08%	2.48	99.93%	-2.15	100.16%	4.62
201904	99.99%	-0.17	100.11%	3.28	99.88%	-3.45
201905	101.28%	37.47	100.08%	2.36	101.20%	35.12
201906	100.91%	26.98	99.86%	-4.02	101.05%	31.00
201907	101.52%	45.37	100.30%	8.91	101.22%	36.46
201908	101.18%	35.88	99.92%	-2.57	101.27%	38.45
201909	98.06%	-59.41	99.62%	-11.66	98.44%	-47.75
201910	102.58%	77.51	100.07%	2.06	102.51%	75.45
201911	99.63%	-11.36	100.28%	8.64	99.35%	-20.01
201912	97.85%	-66.17	100.16%	4.99	97.69%	-71.16

山东省物业管理行业平均到手收入环比指数表（15）

月份	平均到手收入指数	差值	结构影响指数	差值	固定构成指数	差值
201812	94.59%	-170.79	100.83%	26.26	93.81%	-197.05
201901	99.02%	-29.24	99.77%	-6.86	99.25%	-22.37
201902	102.20%	65.12	99.46%	-15.84	102.75%	80.96
201903	101.69%	51.23	100.67%	20.31	101.02%	30.92
201904	97.37%	-80.82	101.40%	43.04	96.03%	-123.86
201905	102.84%	84.88	99.04%	-28.61	103.83%	113.49
201906	101.34%	41.24	100.19%	5.73	101.15%	35.50
201907	103.68%	114.84	100.34%	10.49	103.33%	104.35
201908	98.11%	-60.98	99.82%	-5.75	98.29%	-55.23
201909	99.68%	-10.23	96.23%	-119.69	103.59%	109.46
201910	103.18%	100.62	99.86%	-4.44	103.33%	105.06
201911	103.63%	118.43	100.17%	5.49	103.46%	112.95
201912	93.26%	-227.76	99.75%	-8.50	93.50%	-219.26

河南省物业管理行业平均到手收入环比指数表（16）

月份	平均到手收入指数	差值	结构影响指数	差值	固定构成指数	差值
201812	97.49%	-79.92	99.03%	-30.90	98.45%	-49.02
201901	99.55%	-13.97	100.35%	10.73	99.21%	-24.69
201902	102.22%	68.66	99.85%	-4.62	102.37%	73.27
201903	101.54%	48.71	100.49%	15.48	101.05%	33.23
201904	99.11%	-28.45	100.42%	13.49	98.70%	-41.94
201905	100.00%	0.00	100.00%	0.00	100.00%	0.00
201906	100.00%	0.00	100.00%	0.00	100.00%	0.00
201907	100.00%	0.00	100.00%	0.00	100.00%	0.00
201908	97.22%	-88.43	99.51%	-15.46	97.70%	-72.97
201909	101.53%	47.35	91.63%	-258.99	110.80%	306.34
201910	100.00%	0.00	100.00%	0.00	100.00%	0.00
201911	100.04%	1.26	87.87%	-381.21	113.85%	382.47
201912	97.36%	-82.87	100.00%	0.00	97.36%	-82.87

湖北省物业管理行业平均到手收入环比指数表（17）

月份	平均到手收入指数	差值	结构影响指数	差值	固定构成指数	差值
201812	89.17%	-394.04	101.72%	62.70	87.66%	-456.74
201901	99.66%	-10.95	100.31%	9.94	99.36%	-20.89
201902	109.35%	302.18	100.30%	9.81	109.02%	292.37
201903	96.04%	-140.04	100.14%	5.12	95.90%	-145.16
201904	94.53%	-185.75	100.62%	20.96	93.95%	-206.71
201905	103.81%	122.34	99.85%	-4.76	103.97%	127.10
201906	101.47%	48.98	99.78%	-7.43	101.70%	56.41
201907	99.57%	-14.61	100.01%	0.24	99.56%	-14.84
201908	101.29%	43.31	100.39%	13.26	100.89%	30.06
201909	101.78%	60.55	99.88%	-3.99	101.90%	64.54
201910	98.54%	-50.81	100.06%	1.95	98.48%	-52.76
201911	108.22%	280.88	99.97%	-1.19	108.25%	282.08
201912	91.72%	-306.18	101.08%	40.06	90.74%	-346.24

湖南省物业管理行业平均到手收入环比指数表（18）

月份	平均到手收入指数	差值	结构影响指数	差值	固定构成指数	差值
201812	99.87%	-4.23	99.64%	-11.42	100.23%	7.19
201901	100.80%	24.97	99.92%	-2.57	100.88%	27.54
201902	99.47%	-16.75	99.60%	-12.57	99.87%	-4.18
201903	99.11%	-27.87	99.41%	-18.43	99.70%	-9.44
201904	101.38%	43.06	100.02%	0.57	101.36%	42.49
201905	100.08%	2.63	100.05%	1.74	100.03%	0.90
201906	100.31%	9.78	100.48%	15.16	99.83%	-5.38
201907	101.37%	43.57	100.22%	6.88	101.15%	36.69
201908	98.18%	-58.55	99.88%	-3.90	98.30%	-54.65
201909	99.81%	-6.14	99.64%	-11.38	100.17%	5.24
201910	101.42%	44.73	99.48%	-16.31	101.95%	61.04
201911	100.17%	5.30	100.14%	4.59	100.02%	0.72
201912	100.06%	1.98	100.06%	1.98	100.00%	-0.01

广东省物业管理行业平均到手收入环比指数表（19）

月份	平均到手收入指数	差值	结构影响指数	差值	固定构成指数	差值
201812	93.57%	-268.38	97.57%	-101.25	95.90%	-167.13
201901	103.98%	155.95	100.62%	24.28	103.34%	131.67
201902	102.70%	109.90	100.35%	14.29	102.34%	95.61
201903	97.18%	-118.02	99.51%	-20.39	97.66%	-97.63
201904	100.77%	31.52	100.69%	28.12	100.08%	3.40
201905	100.08%	3.15	99.92%	-3.47	100.16%	6.61
201906	99.29%	-29.09	99.43%	-23.19	99.86%	-5.90
201907	101.46%	59.43	99.83%	-6.96	101.63%	66.39
201908	99.73%	-11.03	99.78%	-9.18	99.95%	-1.86
201909	100.77%	31.73	99.95%	-2.22	100.82%	33.95
201910	102.02%	83.87	100.12%	5.02	101.90%	78.85
201911	102.84%	120.41	99.98%	-0.67	102.86%	121.09
201912	97.14%	-124.42	99.93%	-3.04	97.21%	-121.39

广西壮族自治区物业管理行业平均到手收入环比指数表（20）

月份	平均到手收入指数	差值	结构影响指数	差值	固定构成指数	差值
201812	95.78%	-102.42	97.23%	-67.11	98.50%	-35.31
201901	99.39%	-14.19	100.10%	2.35	99.29%	-16.54
201902	100.24%	5.44	100.02%	0.49	100.21%	4.95
201903	101.65%	38.11	99.70%	-7.00	101.95%	45.11
201904	97.27%	-64.19	99.99%	-0.13	97.28%	-64.06
201905	100.97%	22.17	100.10%	2.19	100.87%	19.98
201906	99.15%	-19.64	100.23%	5.34	98.92%	-24.98
201907	102.39%	54.72	99.32%	-15.58	103.09%	70.30
201908	99.28%	-16.80	100.76%	17.93	98.53%	-34.74
201909	100.18%	4.29	101.39%	32.45	98.81%	-28.16
201910	105.05%	117.85	92.52%	-174.63	113.54%	292.48
201911	102.21%	54.20	100.34%	8.42	101.86%	45.78
201912	98.29%	-42.79	99.28%	-18.04	99.01%	-24.75

海南省物业管理行业平均到手收入环比指数表（21）

月份	平均到手收入指数	差值	结构影响指数	差值	固定构成指数	差值
201812	98.88%	-27.61	100.37%	9.13	98.51%	-36.74
201901	100.47%	11.36	100.12%	3.04	100.34%	8.32
201902	99.25%	-18.43	99.77%	-5.65	99.48%	-12.78
201903	101.16%	28.11	100.12%	2.88	101.04%	25.23
201904	99.42%	-14.16	100.07%	1.67	99.36%	-15.83
201905	99.65%	-8.48	99.95%	-1.12	99.70%	-7.36
201906	100.70%	17.10	99.99%	-0.19	100.71%	17.29
201907	99.77%	-5.73	99.87%	-3.18	99.90%	-2.55
201908	99.93%	-1.80	99.93%	-1.80	100.00%	0.00
201909	100.02%	0.47	100.02%	0.47	100.00%	0.00
201910	102.21%	54.12	101.60%	39.09	100.61%	15.03
201911	99.79%	-5.13	99.87%	-3.30	99.93%	-1.83
201912	99.21%	-19.76	100.04%	1.04	99.17%	-20.80

重庆市物业管理行业平均到手收入环比指数表（22）

月份	平均到手收入指数	差值	结构影响指数	差值	固定构成指数	差值
201812	100.56%	16.12	100.05%	1.49	100.51%	14.63
201901	100.05%	1.43	100.12%	3.46	99.93%	-2.03
201902	101.01%	29.22	99.75%	-7.25	101.27%	36.47
201903	99.52%	-13.96	99.63%	-10.74	99.89%	-3.22
201904	99.69%	-8.99	99.88%	-3.45	99.81%	-5.54
201905	100.00%	0.11	99.65%	-10.24	100.36%	10.35
201906	100.02%	0.52	99.99%	-0.42	100.03%	0.94
201907	100.08%	2.31	100.08%	2.31	100.00%	0.00
201908	99.03%	-28.24	99.97%	-0.73	99.05%	-27.51
201909	100.21%	6.06	99.94%	-1.73	100.27%	7.79
201910	98.73%	-36.42	98.79%	-34.70	99.94%	-1.72
201911	100.72%	20.35	100.11%	3.16	100.60%	17.19
201912	99.61%	-11.05	100.44%	12.46	99.18%	-23.51

四川省物业管理行业平均到手收入环比指数表（23）

月份	平均到手收入指数	差值	结构影响指数	差值	固定构成指数	差值
201812	97.60%	-67.37	92.51%	-210.39	105.51%	143.02
201901	99.92%	-2.28	100.01%	0.37	99.90%	-2.65
201902	101.24%	34.08	99.91%	-2.38	101.33%	36.46
201903	101.77%	49.05	100.57%	15.88	101.19%	33.17
201904	97.61%	-67.39	100.16%	4.47	97.46%	-71.85
201905	101.04%	28.75	99.45%	-15.17	101.60%	43.92
201906	99.81%	-5.32	99.30%	-19.45	100.51%	14.13
201907	102.66%	73.81	99.95%	-1.51	102.71%	75.32
201908	97.29%	-77.39	100.41%	11.65	96.89%	-89.04
201909	100.27%	7.39	100.10%	2.82	100.16%	4.57
201910	101.86%	51.62	99.77%	-6.40	102.09%	58.03
201911	100.93%	26.39	100.23%	6.51	100.70%	19.88
201912	98.30%	-48.66	99.82%	-5.22	98.48%	-43.45

贵州省物业管理行业平均到手收入环比指数表（24）

月份	平均到手收入指数	差值	结构影响指数	差值	固定构成指数	差值
201812	99.59%	-11.37	101.29%	36.18	98.32%	-47.55
201901	100.46%	12.93	100.49%	13.62	99.98%	-0.69
201902	97.47%	-70.88	97.09%	-81.50	100.39%	10.62
201903	101.25%	33.96	100.25%	6.95	100.99%	27.02
201904	101.31%	36.06	101.31%	36.06	100.00%	0.00
201905	98.67%	-37.22	98.67%	-37.22	100.00%	0.00
201906	100.26%	7.07	100.26%	7.07	100.00%	0.00
201907	102.83%	78.29	103.80%	105.25	99.06%	-26.95
201908	99.48%	-14.87	100.13%	3.56	99.35%	-18.43
201909	100.42%	11.84	100.25%	7.08	100.17%	4.75
201910	99.07%	-26.40	98.77%	-34.98	100.31%	8.57
201911	101.13%	31.90	101.13%	31.90	100.00%	0.00
201912	100.38%	10.95	100.38%	10.95	100.00%	0.00

云南省物业管理行业平均到手收入环比指数表（25）

月份	平均到手收入指数	差值	结构影响指数	差值	固定构成指数	差值
201812	93.46%	-204.89	98.92%	-33.82	94.48%	-171.07
201901	99.28%	-20.65	99.77%	-6.56	99.51%	-14.09
201902	108.81%	251.29	97.86%	-61.07	111.19%	312.36
201903	94.30%	-177.02	104.18%	129.84	90.51%	-306.86
201904	93.56%	-188.62	97.59%	-70.44	95.86%	-118.18
201905	99.94%	-1.70	100.00%	-0.12	99.94%	-1.58
201906	96.92%	-84.30	99.77%	-6.25	97.14%	-78.05
201907	104.46%	118.35	99.37%	-16.80	105.13%	135.16
201908	97.62%	-66.06	100.07%	2.05	97.54%	-68.12
201909	99.57%	-11.50	100.32%	8.61	99.26%	-20.11
201910	100.98%	26.48	100.03%	0.75	100.95%	25.72
201911	106.00%	163.30	100.65%	17.76	105.32%	145.54
201912	96.53%	-100.16	100.16%	4.67	96.37%	-104.83

陕西省物业管理行业平均到手收入环比指数表（26）

月份	平均到手收入指数	差值	结构影响指数	差值	固定构成指数	差值
201812	92.59%	-204.00	99.11%	-24.61	93.43%	-179.39
201901	100.23%	6.52	100.00%	0.09	100.23%	6.43
201902	100.77%	21.63	99.40%	-16.87	101.39%	38.50
201903	99.13%	-24.60	95.32%	-131.85	104.00%	107.25
201904	99.37%	-17.51	100.75%	21.02	98.63%	-38.53
201905	100.55%	15.12	99.64%	-9.90	100.91%	25.02
201906	100.66%	18.40	98.97%	-28.83	101.71%	47.23
201907	100.70%	19.77	99.88%	-3.29	100.82%	23.06
201908	101.61%	45.43	100.06%	1.67	101.55%	43.76
201909	101.31%	37.61	100.00%	-0.02	101.31%	37.63
201910	99.99%	-0.21	100.14%	4.02	99.85%	-4.23
201911	101.08%	31.35	99.37%	-18.35	101.72%	49.69
201912	100.80%	23.61	99.78%	-6.41	101.02%	30.02

甘肃省物业管理行业平均到手收入环比指数表（27）

月份	平均到手收入指数	差值	结构影响指数	差值	固定构成指数	差值
201812	118.48%	457.08	100.17%	4.20	118.28%	452.88
201901	100.00%	0.00	100.00%	0.00	100.00%	0.00
201902	99.81%	-4.66	99.81%	-4.66	100.00%	0.00
201903	100.17%	4.19	100.17%	4.19	100.00%	0.00
201904	100.00%	0.00	100.00%	0.00	100.00%	0.00
201905	100.00%	0.00	100.00%	0.00	100.00%	0.00
201906	100.00%	0.00	100.00%	0.00	100.00%	0.00
201907	100.00%	0.00	100.00%	0.00	100.00%	0.00
201908	100.00%	0.00	100.00%	0.00	100.00%	0.00
201909	100.00%	0.00	100.00%	0.00	100.00%	0.00
201910	100.00%	0.00	100.00%	0.00	100.00%	0.00
201911	100.00%	0.00	100.00%	0.00	100.00%	0.00
201912	100.00%	0.00	100.00%	0.00	100.00%	0.00

青海省物业管理行业平均到手收入环比指数表（28）

月份	平均到手收入指数	差值	结构影响指数	差值	固定构成指数	差值
201812	117.64%	476.59	99.50%	-13.38	118.22%	489.97
201901	100.60%	15.28	100.60%	15.28	100.00%	0.00
201902	100.00%	0.00	100.00%	0.00	100.00%	0.00
201903	101.90%	48.38	101.90%	48.38	100.00%	0.00
201904	100.00%	0.00	100.00%	0.00	100.00%	0.00
201905	100.00%	0.00	100.00%	0.00	100.00%	0.00
201906	100.37%	9.58	100.37%	9.58	100.00%	0.00
201907	100.00%	0.00	100.00%	0.00	100.00%	0.00
201908	100.00%	0.00	100.00%	0.00	100.00%	0.00
201909	100.00%	0.00	100.00%	0.00	100.00%	0.00
201910	100.00%	0.00	100.00%	0.00	100.00%	0.00
201911	100.00%	0.00	100.00%	0.00	100.00%	0.00
201912	100.00%	0.00	100.00%	0.00	100.00%	0.00

宁夏回族自治区物业管理行业平均到手收入环比指数表（29）

月份	平均到手收入指数	差值	结构影响指数	差值	固定构成指数	差值
201812	201812	1,484.76	150.08%	100.59%	17.51	149.20%
201901	201901	0.12	100.00%	100.00%	0.12	100.00%
201902	201902	20.82	100.70%	99.90%	-2.92	100.80%
201903	201903	5.01	100.17%	100.17%	5.01	100.00%
201904	201904	-5.80	99.81%	99.81%	-5.80	100.00%
201905	201905	-3.80	99.87%	99.87%	-3.80	100.00%
201906	201906	-1.07	99.96%	99.86%	-4.31	100.11%
201907	201907	-10.22	99.66%	99.66%	-10.22	100.00%
201908	201908	11.34	100.38%	100.74%	21.97	99.64%
201909	201909	-2.82	99.91%	99.95%	-1.41	99.95%
201910	201910	1.08	100.04%	100.04%	1.08	100.00%
201911	201911	-6.04	99.80%	99.91%	-2.56	99.88%
201912	201912	-2.94	99.90%	99.90%	-2.94	100.00%

新疆维吾尔自治区物业管理行业平均到手收入环比指数表（30）

月份	平均到手收入指数	差值	结构影响指数	差值	固定构成指数	差值
201812	78.69%	−757.30	99.65%	−12.27	78.96%	−745.03
201901	102.29%	75.09	99.60%	−13.04	102.70%	88.13
201902	100.86%	28.97	100.00%	0.00	100.86%	28.97
201903	101.85%	62.72	99.74%	−8.95	102.12%	71.67
201904	99.07%	−32.06	100.39%	13.37	98.69%	−45.43
201905	89.44%	−360.51	99.98%	−0.71	89.46%	−359.80
201906	111.94%	364.88	98.45%	−47.47	113.71%	412.35
201907	100.71%	24.19	99.79%	−7.03	100.91%	31.22
201908	88.52%	−395.49	99.42%	−20.00	89.03%	−375.49
201909	115.27%	465.51	96.86%	−95.71	119.01%	561.22
201910	99.96%	−1.46	101.24%	43.71	98.73%	−45.17
201911	102.07%	72.77	100.56%	19.73	101.50%	53.04
201912	95.55%	−159.52	99.97%	−1.10	95.58%	−158.42

物业服务企业综合实力报告

第一部分　分析

一、企业区域分析：华东、华南占据半壁江山，深圳名列前茅

头部物业服务企业的发展能够在一定程度上反映出物业管理行业的发展状况和态势，对行业的发展具有引领作用，同时，也可作为物业服务企业对标和学习的范本，引领行业和企业发展。本次测评研究工作，在对物业管理行业和物业服务企业全面把握的基础上，对物业服务企业经营情况、管理规模、服务质量等多方面表现综合研究和分析，重点跟踪和研究了表现突出的物业服务企业500强企业。

从区域分布[①]情况看，物业服务企业500强分布较为广泛。其中，经济实力较强的华东和华南占据半壁江山，囊括了超半数的500强企业，其中，华东区域有179家，占比36%，数量占比最大；华南区域，企业数量104家，占比21%；同时，华北和华中区域占比近三成，占比分别为15%和12%；西南区域占比10%；此外，东北区域和西北区域500强企业占比不足10%，分别占比4%和3%，较2018年均有增加（图1）。

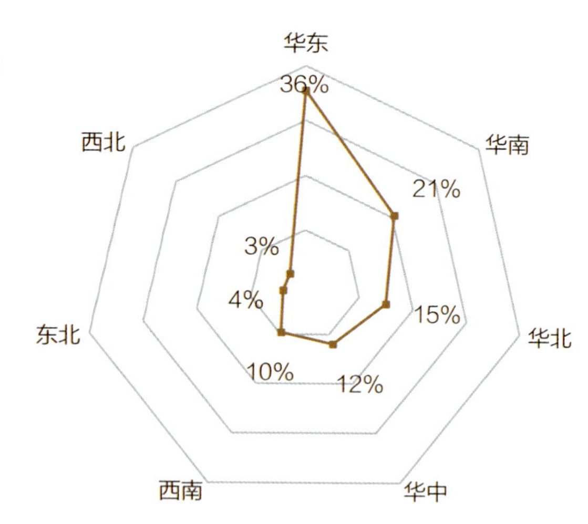

图1　2019年500强企业区域分布

从500强企业省市分布情况看，超八成的企业集中在广东省、北京市、上海市、安徽省、湖南省等13个省份。其中，广东省的企业最多，共94家，占18.7%；北京市、上海市和安徽省分别为52家、49家和38家，占比总和近三成；此外，湖南省、四川省、江苏省、浙江省、山东省、福建省、重庆市、河北省和河南省500强企业分别为29家、27家、26家、26家、23家、20家、15家、15家和14家，占比近四成（图2）。

---

① 华东地区包括山东、江苏、安徽、浙江、福建、上海；华南地区包括广东、广西、海南；华中地区包括湖北、湖南、河南、江西；华北地区包括北京、天津、河北、山西；西北地区包括宁夏、新疆、陕西、甘肃；西南地区包括四川、云南、贵州、重庆；东北地区包括辽宁、黑龙江、吉林。

此外，500 强物业服务企业分布在全国 72 个城市，主要集中于深圳市、北京市、上海市等重点城市，其中有 13 城 500 强企业均超过十家，集中了近七成的头部企业。深圳市作为我国物业管理行业的起源地，物业服务企业经营管理理念、发展程度较为领先，其中，有 66 家企业位列 500 强，占比 13 %，数量最多。此外，北京市和上海市经济发展领先，物业发展水平较高，分别有 52 家和 49 家企业位列 500 强，占比 20%（图 3）。

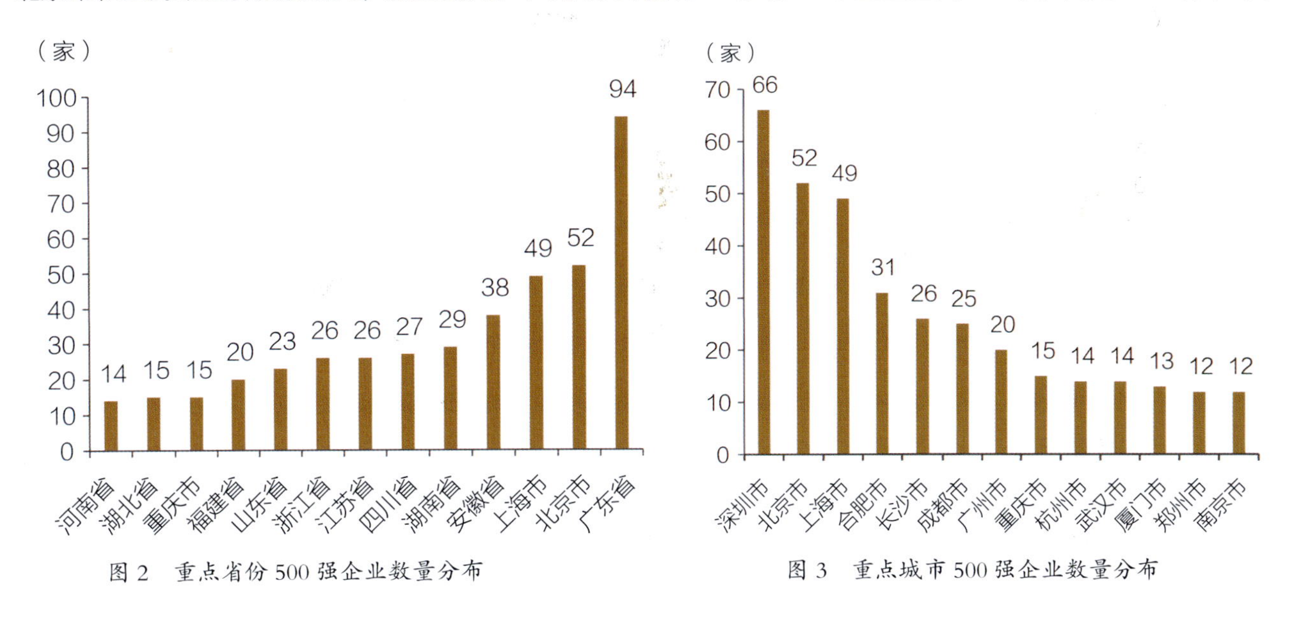

图 2　重点省份 500 强企业数量分布

图 3　重点城市 500 强企业数量分布

二、管理规模分析：多方助力规模化拓展，逐步走向区域深耕

1. 管理规模扩张加速，优势向头部聚集

得益于政策支持、资本助力和消费升级，物业管理行业迎来快速发展时期，2019 年，物业管理行业集中度进一步提升，扩规模仍是物业服务企业的主旋律。500 强物业服务企业凭借先进的管理模式、优质的服务水平及管理经验和强劲的专业能力，形成了良好的口碑和品牌影响力，通过资本和平台优势、关联房企支持、收并购等方式不断扩大管理规模、拓展管理业态，并向专业化方向迈进，在管理的广度和深度上取得显著的突破。2019 年，500 强企业管理项目为 82574 个，同比增长 17.29%，管理面积达到 133.76 亿平方米，管理面积均值为 2675.15 万平方米，同比增长 12.53%。500 强企业市场份额增长 0.59 个百分点至 43.15%，物业服务企业的管理规模集中度不断攀升（图 4）。

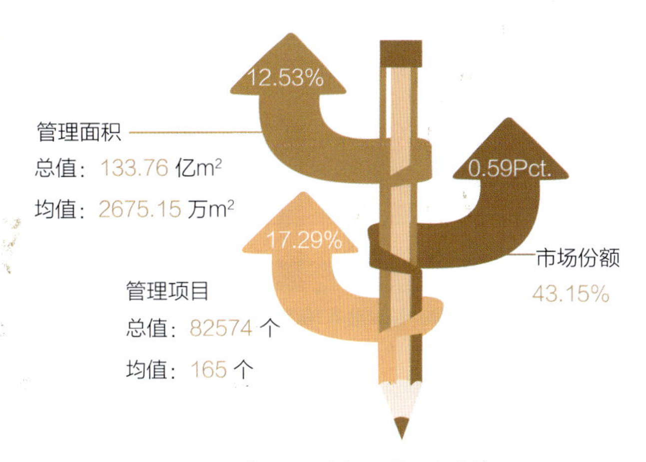

图 4　2019 年 500 强企业管理规模概况

头部企业优势积累，强者恒强态势持续。2019 年，百强企业管理规模、项目数、市场占有率均提升。其中，百强企业管理项目总数为 49260 个，较 2018 年增长 18.66%，占 500 强企业管理项目的 59.66%；百强管理面积 90.38 亿平方米，同比增长 12.87%，占 500 强企业管理面积的近七成（67.57%）；管理面积市场占有率较 2018 年增加 0.48 个百分点至 29.15%（图 5）。

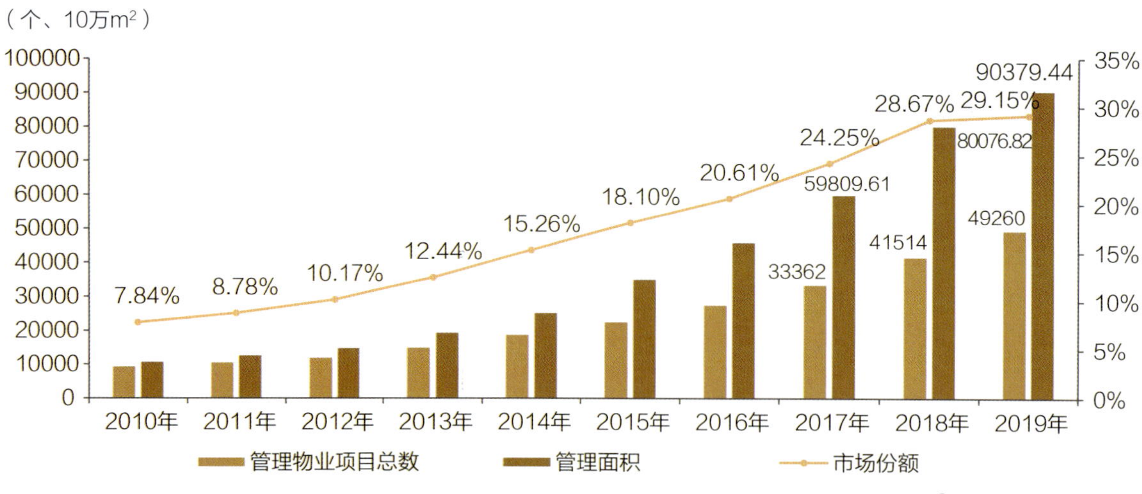

图5 2010—2019年百强企业管理面积、项目数量及市场份额变化情况[①]

物业服务企业储备面积快速提升，为未来企业管理规模持续的增加提供确定性。2019年，碧桂园服务、绿城服务、保利物业、彩生活、雅生活服务储备面积均超过1亿平方米，分别达到4.09亿平方米、2.33亿平方米、2.11亿平方米、2.02亿平方米和1.22亿平方米，分别为其在管面积的1.48倍（不包括其“三供一业”在管面积）、1.10倍、0.74倍、0.56倍和0.52倍。同时，蓝光嘉宝服务储备面积增速最快，高达248.3%。物业服务企业的储备面积将会逐步转化成企业的在管面积，极大地扩大企业管理规模，同时也将为企业带来可观的收益（图6）。

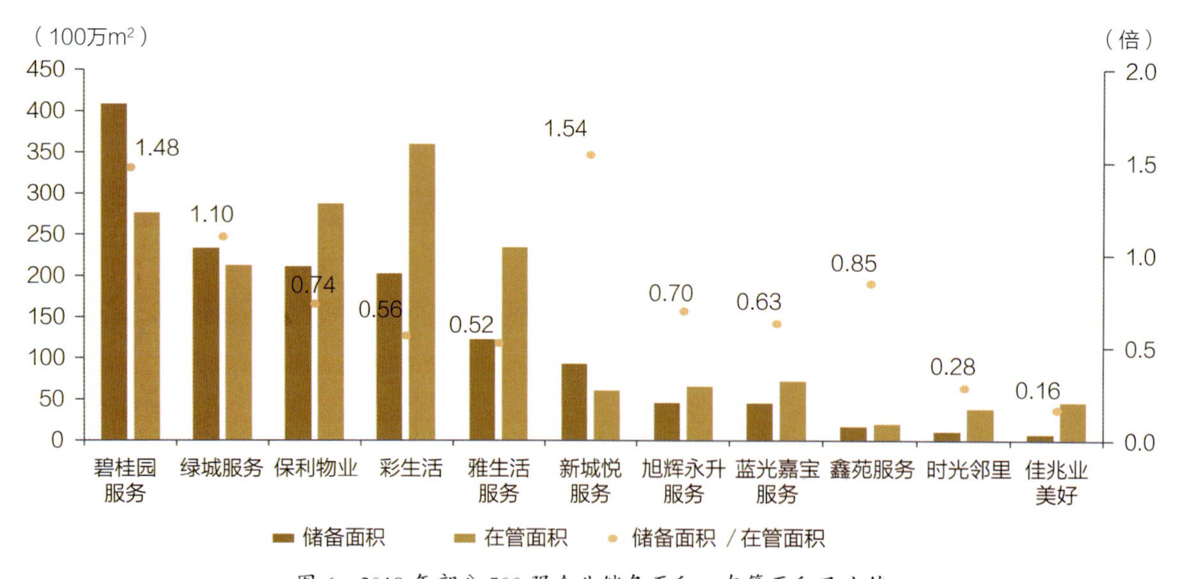

图6 2019年部分500强企业储备面积、在管面积及比值

2. 多方举措促进企业发展，物企规模持续扩张

依托关联房企获取稳定资源，管理面积布局广泛。当前，物业管理行业的集中度仍较低，扩规模仍是物企的主旋律。其中，物企与关联房地产企业开发项目紧密相关。为方便后期的管理维护、对业主提供全方位的服务以及降低旗下物企的获客成本，房地产企业更倾向于将开发项目委托给旗下物企管理。2019年，新城悦服务、鑫苑服务、佳兆业美好管理面积中来源于关联房企占比超50%，时代邻里、保利物业和蓝光嘉

① 2011年、2013年和2016年未开展相关测评活动，数据按照邻近两年增速相同估算，下同。

宝服务则有超过 40% 来源于其关联房企（图 7）。

从关联房企操盘面积看，2019 年，保利地产和新城控股操盘面积均超过 2000 万平方米，2017—2019 年蓝光发展、佳兆业、时代中国操盘面积总值均超过 1000 万平方米，借助关联房企项目资源优势，为物企规模扩张带来确定性（表 1）。

同时，跟随房企战略扩张的步伐，可以减少物企布局空白管理区域的难度，扩大物业服务半径。

此外，房地产收并购事项屡有发生，带动物企管理规模的扩张，集中度不断提升。品牌优势、运营管理经验以及充足的现金流，助力企业高质量收并购增加，行业加速整合。截至 2020 年 4 月 30 日，赴港上市的物企中有 17 家将五成以上募资额用于收并购。据不完全统计，2019 年，物业管理行业典型收并购案例超过 20 例，对价总额超过 60 亿元（表 2）。

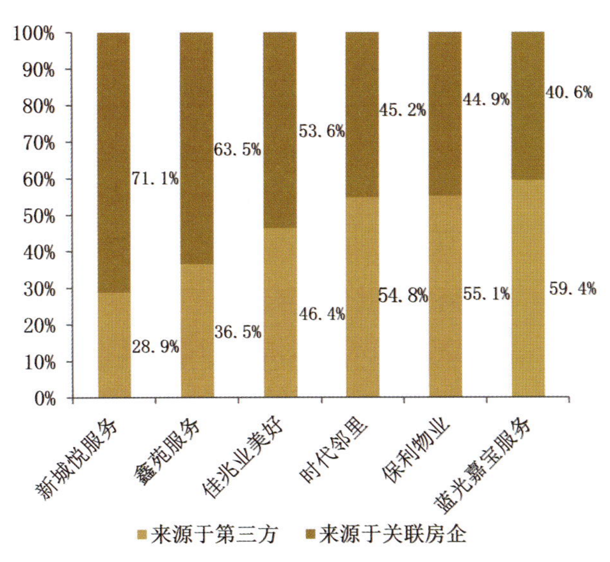

图 7　2019 年部分 500 强物企在管面积构成分布

2019 年部分 500 强物企关联房企近三年操盘面积分布（单位：万 m^2）　表 1

物企简称	关联房企	2019 年操盘面积	2018 年操盘面积	2017 年操盘面积	2017—2019 年总和
保利物业	保利地产	2550.4	2715.3	2287.7	7553.4
新城悦服务	新城控股	2046.9	1791.2	896.2	4734.3
蓝光嘉宝服务	蓝光发展	903.7	1025.6	713.1	2642.4
佳兆业美好	佳兆业	611.3	543.2	290.1	1444.6
时代邻里	时代中国	515.9	393.7	291.39	1200.99
鑫苑服务	鑫苑中国	193.3	268.4	172.1	633.8

2019 年物业物业管理行业典型收并购基本情况　表 2

企业名称	公布收购时间	收购标的	收购对价（千万元）	收购股权比例
碧桂园服务	2019-1	元海资产物业	10	100%
	2019-1	联源物业	13.6	100%
	2019-3	北京盛世物业服务	9	30%
	2019-7	港联不动产	37.5	100%
	2019-7	嘉凯城集团物业	19	100%
招商蛇口	2019-4	中航善达	233.4	22.35%
雅生活服务	2019-1	青岛华仁物业	13.4	89.66%
	2019-1	哈尔滨景阳物业	11.4	60%
	2019-3	广州粤华物业	19.5	51%
	2019-9	中民物业 / 新中民物业	206	60%
中奥到家	2019-2	建屋物业	—	66%
佳兆业美好	2019-4	嘉兴大树物业	3.7	60%
	2019-10	江苏恒源物业	3.4	51%

续表

企业名称	公布收购时间	收购标的	收购对价（千万元）	收购股权比例
新城悦服务	2019-5	上海数渊信息技术	3	100%
旭辉永升服务	2019-6	青岛雅园	46.2	55%
浦江中国	2019-7	上海新市北	2.8	27.50%
	2019-9	蚌埠市置信物业	0.1	8%
中海物业	2019-8	中建捷诚物业	0.5	100%
和泓服务	2019-10	上海同进物业	2.5	70%
蓝光嘉宝服务	2019-11	常发物业	—	100%
	2019-12	浙江中能物业	4.8	60%

同时，行业收并购中强强联合现象屡有发生，高质量收并购案以及头部企业战略合作增加，加速行业整合。2018 年 7 月，万科物业购买戴德梁行 4.9% 的股份，成为其第四大战略股东。此后，于 2019 年 12 月 12 日，双方再次联手成立合资公司，致力于打造商业物业及设施管理龙头；2019 年 4 月，招商物业与中航物业并购整合，央企物企新旗舰诞生；12 月，龙湖集团通过买入已发行股份和认购新股的方式，投资绿城服务；以及此前，绿城服务作为基石投资者，参与滨江服务上市发行等。品牌物企强强联手，市场竞争优势向头部聚集，行业整合加速（表 3）。

2019 年物业管理行业典型战略合作事项 表 3

时间	主要事项
2019-3	绿城服务作为基石投资者，参与滨江服务上市发行，持股比例 3.57%
2019-4-15	招商蛇口发布关于筹划购买中航善达 22.35% 股份及筹划以招商物业 100% 股权认购中航善达非公开发行股份的提示性公告
2019-12-12	万科物业与戴德梁行进一步合作，联合成立万物戴德梁行资产服务有限公司，整合大中华区全部商用物管和设施管理项目
2019-12-29	龙湖集团计划斥资 10.76 亿港元，收购物业服务及管理公司绿城服务的 1.395 亿股股份，相当于后者已发行股份总数约 5%。并于 2020 年 5 月完成认购绿城服务配发的新股，获得绿城服务 10% 股权，成为重要的股东

此外，500 强企业的并购标的从物业服务企业拓展到与其业务相关的智慧科技、教育、电梯、保险等领域的专业公司，服务链向纵深方向发展。例如，新城悦服务收购上海数渊信息科技有限公司以加强智慧社区建设；绿城服务收购澳洲早幼教育公司，发力社区教育业务；碧桂园服务与溧阳中立达成股权合作，进一步推进碧桂园服务社区电梯管理与服务标准化，提升业户用梯满意度，收购文津国际切入社区家庭保险业务等（表 4）。

2019 年以来在专业服务领域的典型收并购案例 表 4

收购方	公告时间	被收购方	标的企业主要业务	投入资金（千万元）	股权占比（%）
新城悦服务	2019-5-6	上海数渊信息技术有限公司	从事与智能家居室内产品及智能停车系统产品有关的研究、销售及施工	2.994	100
绿城服务	2019-7-5	Montessori Academy Group Holdings Pty Ltd	澳洲早幼教育	24.3	56

续表

收购方	公告时间	被收购方	标的企业主要业务	投入资金（千万元）	股权占比（%）
碧桂园服务	2020-1-8	溧阳中立电梯工程有限公司	电梯维保公司	—	60
银城服务生活	2020-3-16	南京汇仁恒安物业	向医院提供物业管理服务	4.59	51
碧桂园服务	2020-4-9	文津国际	保险代理公司	0.8411	100
南都物业	2020-4-28	中标浙江安邦护卫集团增资项目	浙江省内唯一一家具有武器押运服务许可资质的省属大型国有安保服务企业	4.72	5
中奥到家	2020-5-8	广东华瑞环境工程有限公司	从事提供清洁服务、绿化服务及保养及室外墙壁清洁	4	51

3. 服务边界拓宽，非住宅物业成布局重点

大物业拓宽服务领域，企业业态多元拓展。物业管理行业进入发展的快车道，行业竞争持续增大，加强规模扩张，提升专业能力和服务水平，成为物业服务企业巩固行业地位、增强竞争力的有力方式。我国非住宅物业领域发展空间广阔，物业管理业态多元、专业化要求高，成为物管行业新的发展领域。近两年，头部物业服务企业加大布局非住宅物业管理，拓展强度增加，非住宅物业成为行业规模拓展的重点领域。城市服务、公建服务、“三供一业”、高速公路服务区、老旧小区改造、城乡环卫等业务领域被频繁提及，部分头部企业纷纷开始探索尝试，多元化的业务领域成物企新的发展赛道。

2019 年，500 强布局住宅物业的企业达 477 家，占比 95.4%，与 2018 年持平，仍是物企布局的重点。在扩规模、丰富管理业态的需求助推下，碧桂园服务、绿城服务、中海物业、雅生活服务、旭辉永升服务等在住宅物业领域建立竞争优势的物企，借助其在住宅物业领域积累的管理经验和建立的良好口碑，将物业服务的范围向非住宅物业领域拓展，2019 年涉足各细分业态的企业数量均有增加，成为物企新的拓展重点。其中，写字楼物业成为仅次于住宅物业，为细分业态中布局企业最多的领域，占比达 94.8%，较 2018 年增加 1.8 个百分点。此外，布局商业物业、学校物业、产业园区物业、公众场馆物业、医院物业和其他物业的企业分别占比 75.8%、65.6%、58.2%、53.6%、44.6% 和 58.2%，分别较 2018 年增加 1.8、2.8、3.8、6.4、3.0 和 9.4 个百分点（图 8）。

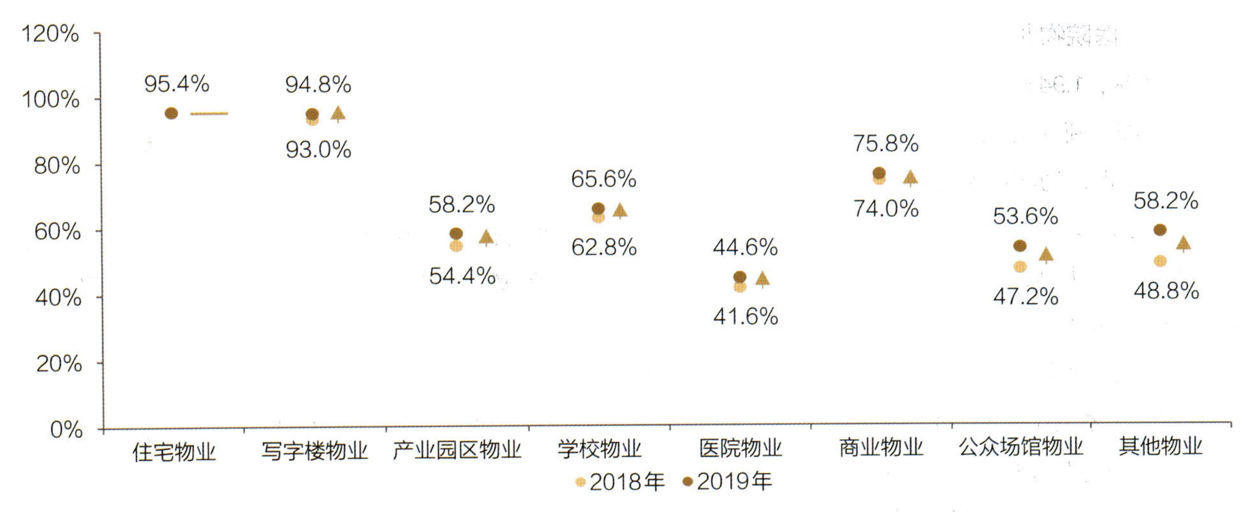

图 8　2018—2019 年 500 强企业布局各细分业态的企业数量占比

物业管理行业服务业态全面拓展，500强各业态的管理项目和面积均有所提升，非住宅物业的增速及净增量均超过住宅物业。2019年，500强企业住宅物业管理面积达80.22亿平方米，同比增长6.30%，净增4.76亿平方米，仍是物企布局的主要业态。非住宅物业管理面积达53.54亿平方米，同比增长23.35%，净增10.13亿平方米。其中，写字楼物业管理规模达13.74亿平方米，较2018年增长25.12%，净增2.76亿平方米，为细分业态中规模最大。产业园区物业、学校物业和商业物业管理规模均超过5亿平方米，分别为9.61亿平方米、7.70亿平方米和7.38亿平方米，同比增速分别为30.05%、22.40%和6.40%。此外，医院物业、公众场馆物业和其他物业管理面积分别为2.60亿平方米、2.43亿平方米和10.09亿平方米，分别增长27.10%、35.78%和26.44%（图9）。

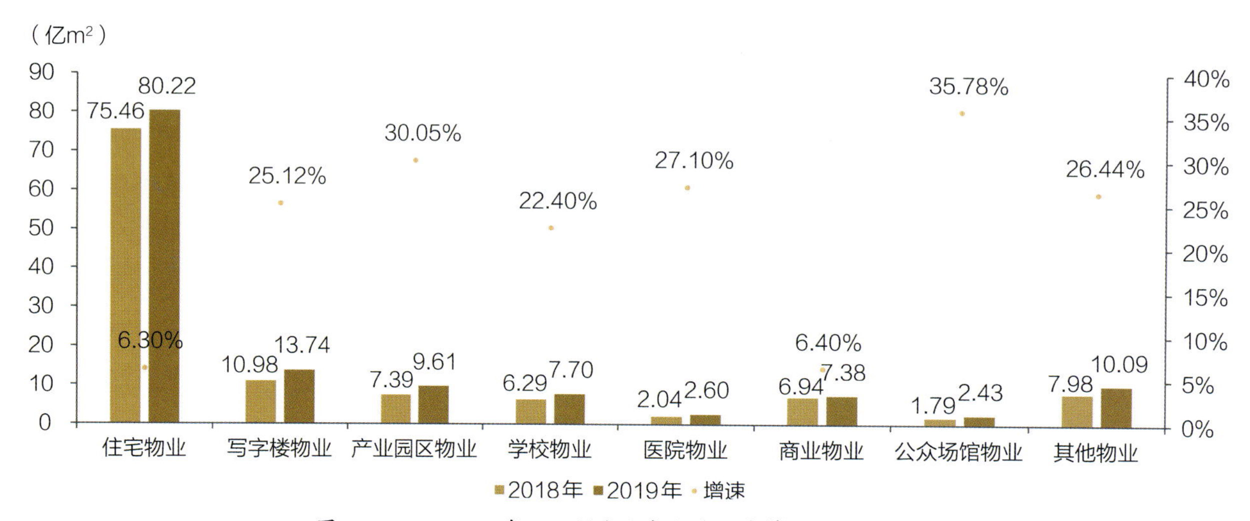

图9 2018—2019年500强企业各细分业态管理面积及增速

头部物业服务企业向非住宅物业领域拓展，非住宅物业占比提升，业态布局多元。2019年，500强企业住宅物业管理面积占比六成，仍为主要构成。非住宅物业占比达40.0%，较2018年增加3.51个百分点，其中写字楼物业和产业园区物业管理面积占比分别为10.27%和7.18%，较2018年均增加1个百分点，学校物业、医院物业、公众场馆物业和其他物业分别占比5.76%、1.94%、1.81%和7.54%，较2018年均有所增加。商业物业占比5.52%，较2018年减少0.32个百分点，为非住宅物业中唯一一项占比减少的业态（图10）。

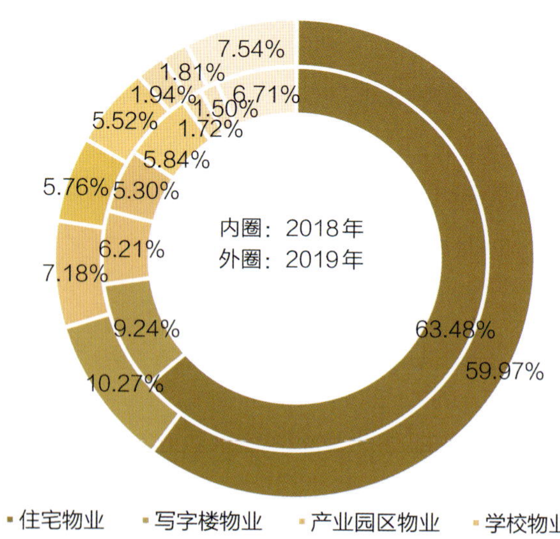

图10 2018—2019年500强企业各细分业态管理面积占比

众多物企加强非住宅物业布局，占比较高。2019年，浦江中国、时代邻里和保利物业非住宅物业管理面积占比均超过半数，其中，浦江中国占比高达68.97%，较2018年减少1.85个百分点。时代邻里和保利物业占比分别为62.69%和51.62%，分别增加20.04个百分点和12.28个百分点。招商积余占比亦近半数，较2018年增加3.87个百分点。佳兆业美好于2019年10月完成对江苏恒源物业的收购，直接为其增加非住宅物业项目63个，在管面积约710万平方米，加上企业自身的拓展，2019 年，佳兆业美好非住宅物业净增 944.1 万平方米，非住宅物业管理面积占比增加 15.79 个百分点至 26.88%（图 11）。

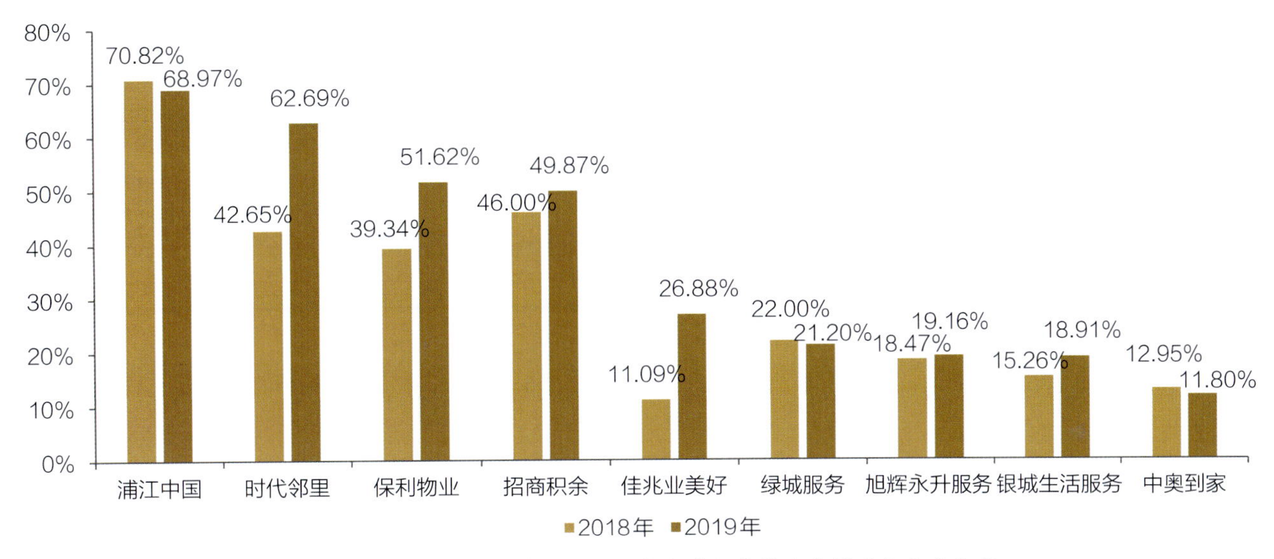

图 11　2018—2019 年部分 500 强物企非住宅物业在管面积占比分布

抓住非住宅物业发展契机，物企服务边界延伸。在机关事业单位后勤社会化改革、鼓励社会资本参与公共服务投资和运营、全面推行军队营区物业管理社会化保障工作等政策红利的推动下，非住宅物业领域持续释放市场空间。非住宅物业具有细分赛道多、专业能力和门槛较高的特点，先进入者将具有先发优势，发展前景可期。众多企业通过打造非住宅物业子品牌、战略合作、收并购和招标投标等方式迈入非住宅物业领域，在政府机关、国企混改、“三供一业”、城市服务、高速公路、军产物管领域、乡镇服务、市政环卫、场馆、交通枢纽、景区等多个场景中布局，开拓新的发展方向（表 5）。

2019 年部分 500 强企业多元化拓展情况　　表 5

企业简称	拓展领域 / 业态	业态多元化布局主要内容
碧桂园服务	城市服务	正式入驻辽宁省开原市，向其提供一体化的智慧服务，在城市环境改善、公共灾害应急联动服务等诸多方面表现突出，并逐渐开展及实践增值服务模式
	“三供一业”	助力国有企业“三供一业”改革，扩充第三方外拓面积
	商写、酒店、产业园及公建等	收购港联不动产服务、嘉凯城物业，布局商写、酒店、产业园及公建业态
保利物业	机关、城市服务、学校、博物馆等	新增在管的公共及其他物业项目包括国家司法部办公楼、辽宁省东港市孤山镇、湖南工商大学、长沙市隆平水稻博物馆等
绿城服务	商写	升级推出商写独立品牌“绿城云享”，加入 BOMA 白金会员
中海物业	商业	成立商业物业管理事业部，打造商业物业品牌“海纳万商”，成为 BOMA 国际认证机构白金会员
	场馆、机关办公楼、商业、公寓等	在内地多个城市新中标了城市地标性建筑项目，如深圳十大建筑之一的深圳大剧院；年内中标某大型电信公司在内地省市办公机构的九个物业服务；中标大型百货连锁店在三个城市的服务；中标其在内地最大的自持公寓
旭辉永升服务	高速公路、轨道交通、景区等	业务拓展到高速公路服务站、轨道交通及轮渡码头、景区旅游点以及其他专项优质的定制服务等更为细分的板块
	商办	收购青岛雅园，成为高端商办板块的有力补充

续表

企业简称	拓展领域 / 业态	业态多元化布局主要内容
雅生活服务	国企混改	积极参与国企混改，探索物业服务混合所有制发展模式，携手兰州兰石集团有限公司成立了甘肃省首家实施混合所有制改革的国有物业服务企业——兰州兰石雅生活物业服务有限公司
	公建领域	收购广州粤华，弥补其在华南区域公共建筑市场的业务空白，进一步丰富业态覆盖
	商办、公建等	收购中民、新中民物业，收购标的广泛覆盖公共建筑、商业办公等多种业态，旗下拥有多个细分市场龙头品牌，与集团现有业态、区域形成有效互补，增加协同效应
佳兆业美好	政府、医院物业	收购江苏恒源物业，布局政府、医院物业
时代邻里	环卫服务等公建业态	收购广州东康丰富了集团专业服务资质，业务拓展至市政环卫服务领域，开始为公建类业态提供服务
	交通枢纽口岸、博物馆等	成功进驻港珠澳大桥站口岸、佛山西站、东莞鸦片战争博物馆等项目，实现了在管项目业态的全新突破
奥园健康	商写	召开“奥悦商写品牌发布暨奥园健康加入BOMA白金会员启动会”，正式宣布推出“奥悦商写”品牌

4. 企业布局面向全国化，并加强区域深耕

500强企业业务布局广泛，所管理的8.26万个项目，除没有在我国台湾省布局外，广泛分布在全国其他33个省、自治区、直辖市和特别行政区，近千个城镇，以及日本、马来西亚、柬埔寨、西班牙、加拿大等多个海外国家和城市。从区域分布上看，500强企业在华东区域管理面积最多，为51.53亿平方米，占比近四成（38.53%）；华中和华南区域紧随其后，分别为22.57亿平方米和20.98亿平方米，占比分别为16.87%和15.69%。西南、华北、东北和西北区域分别占比11.29%、8.72%、4.48%和3.46%；此外，海外区域管理面积1.31亿平方米，占比0.98%（图12）。

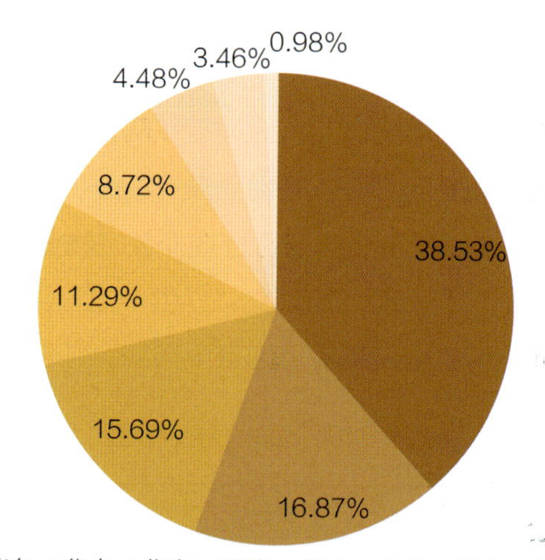

图12 2019年500强企业管理面积区域占比分布

500强企业业务集中在重点发展区域，管理规模前十的省市管理面积占总面积的近七成。其中，500强企业在广东省、江苏省、安徽省物业管理面积超过10亿平方米，在山东省、浙江省、湖南省三省管理面积均超过8亿平方米，在河南省、四川省、重庆市和上海市的管理面积在5～8亿平方米。500强企业重点布局的位于前十的省市，管理面积共达到89.68亿平方米，占500强管理总面积的67.04%，占行业管理总面积的近三成（28.93%），这也一定程度上表明这些区域的物业服务覆盖面较广管理较为集中（图13）。

同时，500强加强对重点城市的深耕，在重庆、上海两市的管理面积均超过5亿平方米，分别为5.42亿平方米和5.26亿平方米；在长沙、广州、北京、合肥、深圳、成都、济南和武汉八城的管理面积均超过3亿平方米。500强重点布局的十城管理面积总和达41.82亿平方米，占其管理面积的31.26%，占行业管理总面积的13.49%（图14）。

在“一带一路”的政策支持下，500强企业管理项目向海外拓展，截至2019年底，500强企业在日本、马来西亚、柬埔寨、西班牙、加拿大、泰国、美国、巴布亚新几内亚、缅甸、迪拜等国家和地区均有布局。

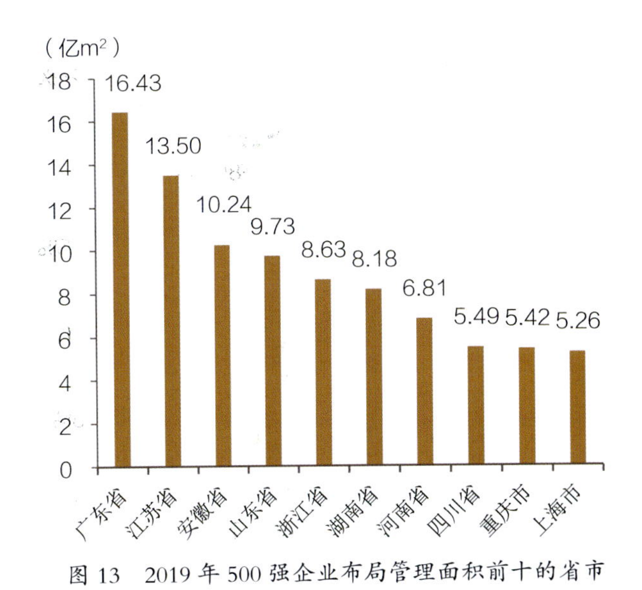

图13　2019年500强企业布局管理面积前十的省市

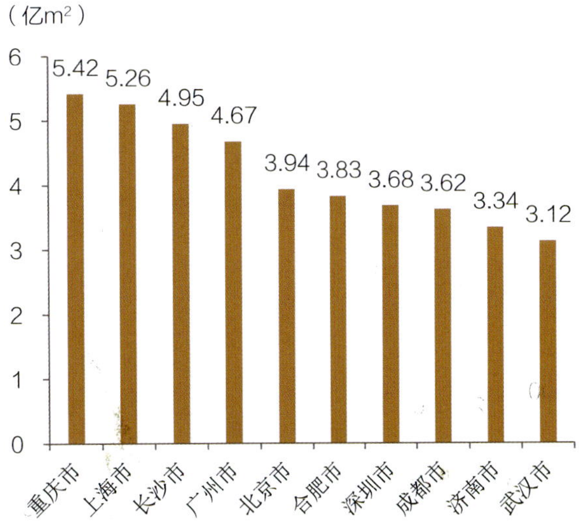

图14　2019年500强企业管理面积重点布局城市

三、经营绩效分析：业绩结构差异明显，经营模式持续优化

1. 营业收入超三千亿元，市场占有率持续提升

2019年，物业管理行业持续借助行业发展优势，以关联房企支持为支撑，同时加强对外拓展能力，企业间加强理性兼并收购，上市物企则借助上市资本和平台优势进行多业态规模扩张和多元化服务布局，逐步实现资本驱动的外延式增长到市场主导内生式发展的转化，优势向头部企业集中。

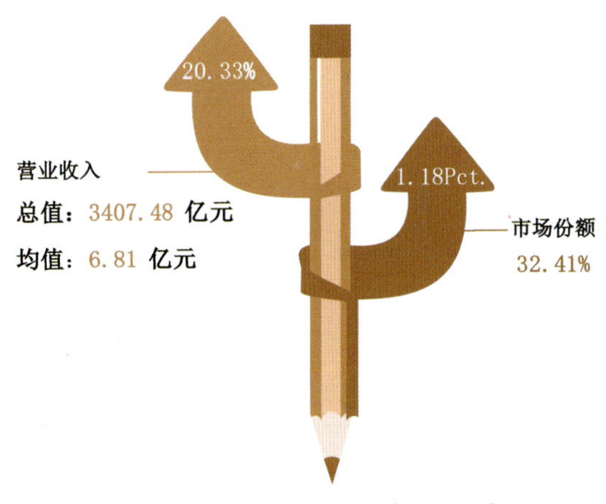

图15　2019年500强企业营业收入概况

2019年，500强企业营业收入3407.48亿元，均值6.81亿元，同比增长20.33%，业绩维持持续增长态势。同时，500强企业营业收入占行业总营收的比例由31.23%增长1.18个百分点至32.41%，头部企业创收能力强劲，500强企业营业收入市场份额进一步巩固和扩大（图15）。

集中度向头部企业聚集，百强企业集中500强企业超六成的营业收入。百强企业营业收入达2160.43亿元，均值21.60亿元，同比增长21.25%，经营业绩稳健增长。百强企业占500强企业营业收入的63.40%，较2019年增长0.48个百分点，集中度进一步向头部集中。从营业收入的市场占有率上看，2019年，百强企业营业收入市场占有率达20.55%，较2019年增长0.90个百分点，在行业中的市场占有率持续提升（图16）。

2. 服务渗透扩容，构建多元化社区消费场景

500强企业经营业绩持续稳健增长，服务扩容，营业收入构成持续优化。2019年，500强企业基础物业服务收入达2660.53亿元，均值5.32亿元，同比增长17.86%，占总营业收入的78.08%，仍是企业创收的主力。多种经营服务收入746.94亿元，均值1.49亿元，同比增长30.03%，占总营业收入的21.92%，较2019年增长1.63个百分点，多种经营服务收入持续增加（图17）。

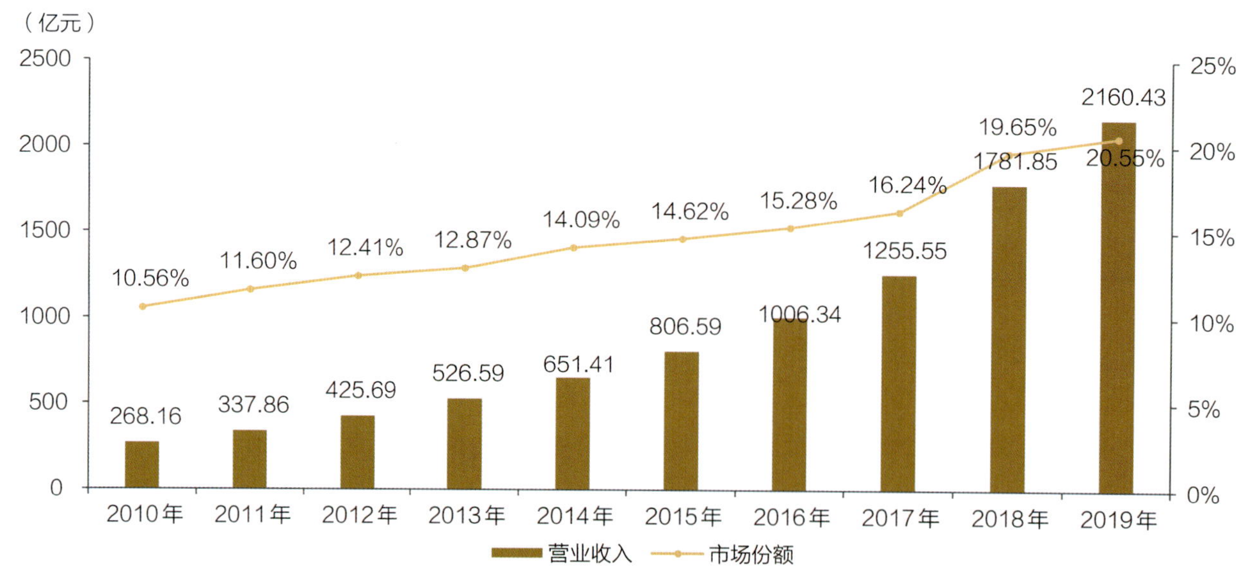

图 16　2010—2019 年百强企业营业收入及市占率注[1]

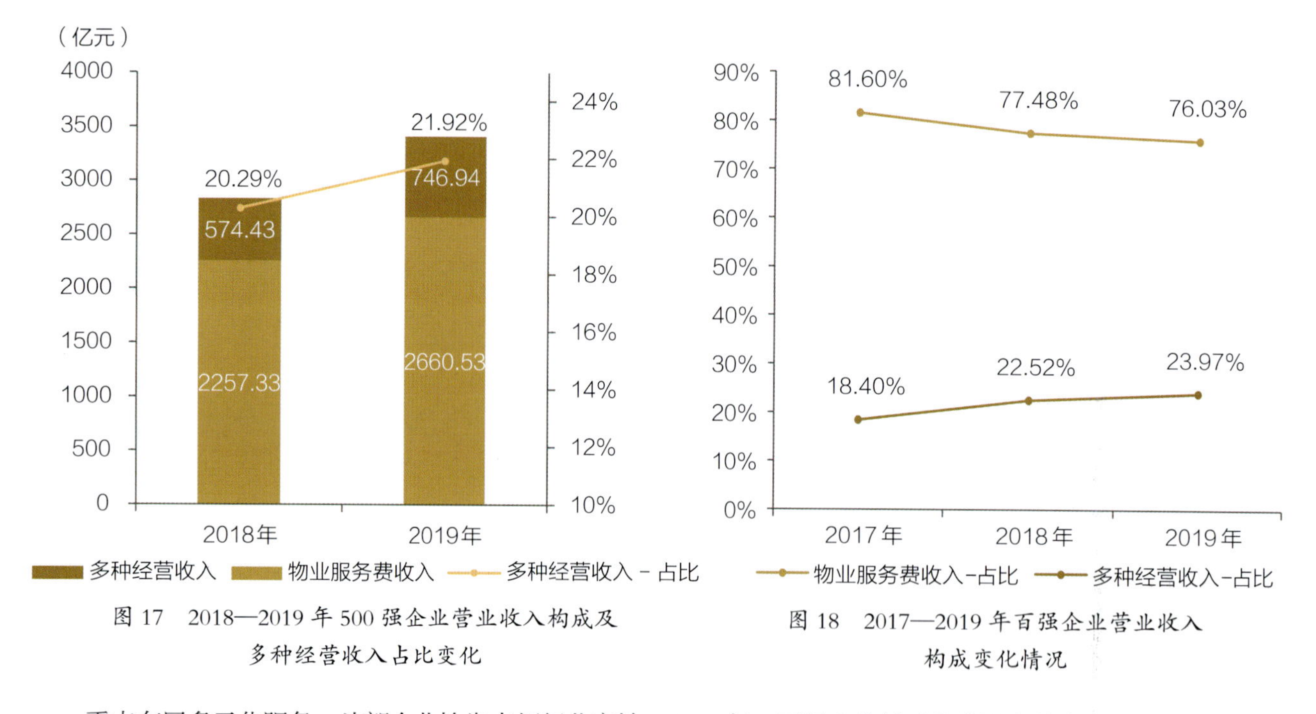

图 17　2018—2019 年 500 强企业营业收入构成及多种经营收入占比变化

图 18　2017—2019 年百强企业营业收入构成变化情况

重点布局多元化服务，头部企业抢先占领行业高地。2019 年，百强企业基础物业服务收入 1642.58 亿元，同比增长 18.98%，占总营业收入的 76.03%；多种经营服务收入 517.85 亿元，同较 2018 年增长 29.05%，占总营业收入的 23.97%，较 2018 年增加 1.45 个百分点，占比高于 500 强企业。在多种经营业务方面，百强企业深层次挖掘业主多元化的服务需求，重视多元化业务的布局和服务的开展，抢滩登陆，在行业的竞争能力增强（图 18）。

物业服务企业经营业绩稳健增长，非住宅物业基础物业服务费收入增速较快。2019 年，住宅物业规模持续扩张，物业费水平增长，基础物业服务收入达 1218.14 亿元，净增 143.31 亿元，同比增长 13.33%，非住宅物业基础物业费收入 1442.39 亿元，净增 259.89 亿元，同比增长 21.98%，增速高于住宅物业和基础物业费收入整体增速（17.86%）。具体来看，商业物业、产业园区物业、学校物业、医院物业、公众场馆物业和

① 2011 年、2013 年和 2016 年未开展相关测评活动，数据按照邻近两年增速相同估算。

其他物业基础物业服务收入增速均高于 20%，分别为 207.77 亿元、152.18 亿元、144.00 亿元、143.38 亿元、60.49 亿元和 158.85 亿元，增速分别为 22.32%、21.36%、28.54%、28.98%、37.59% 和 29.27%，均高于基础物业服务收入整体增速，此外，写字楼物业基础物业服务收入 575.71 亿元，同比增长 15.79%（图 19）。

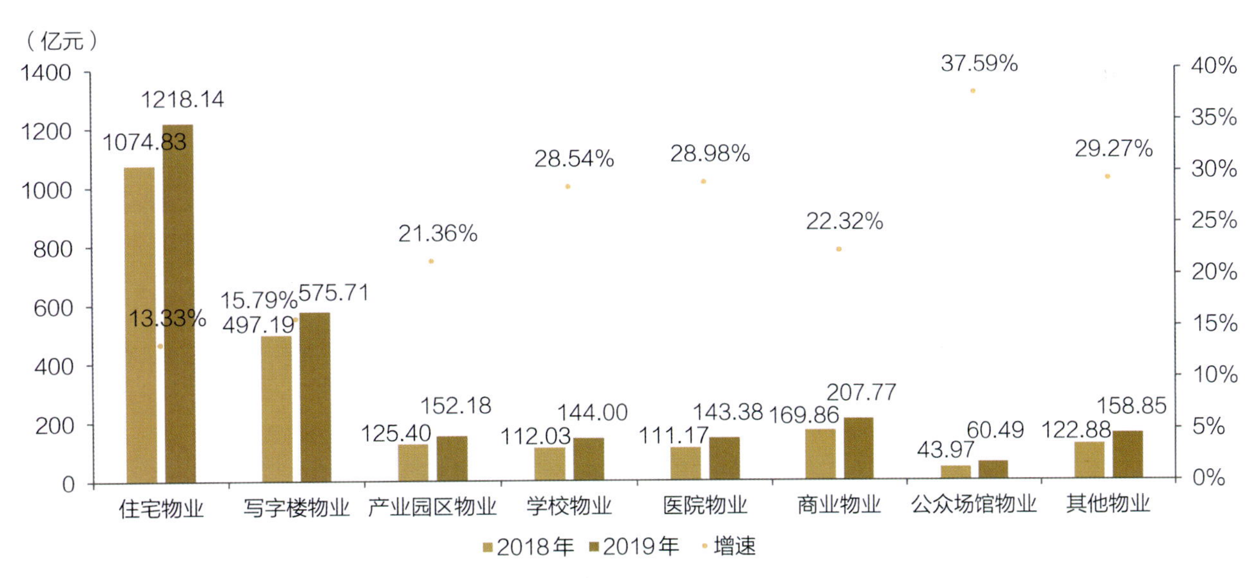

图 19　2018—2019 年 500 强企业不同业态基础物业服务收入及增速

业态空间广阔，非住宅物业步入发展新赛道。2019 年，500 强企业住宅物业基础物业服务收入占基础物业服务收入总值的 45.79%，仍是基础物业服务主要的营收构成。非住宅物业基础物业服务收入占比 54.21%，较 2018 年增长 1.83 个百分点，非住宅物业的创收能力逐渐显现。各非住宅物业基础物业服务收入占比分布中，除写字楼物业占比微降 0.39 个百分点至 21.64%，商业物业、产业园区物业、学校物业、医院物业、公众场馆物业和其他物业占比均增加，分别增加 0.28、0.16、0.45、0.47、0.32 和 0.53 个百分点至 7.81%、5.72%、5.41%、5.39%、2.27% 和 5.97%（图 20）。

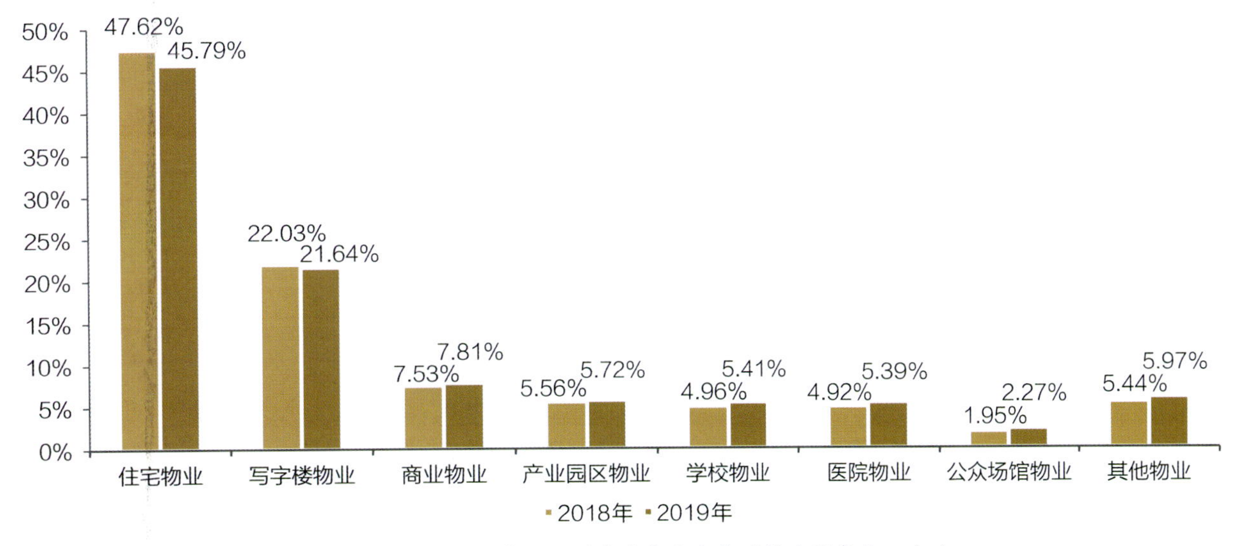

图 20　2018—2019 年 500 强企业各业态基础物业服务收入占比

住宅物业营收贡献能力仍最大，非住宅物业单位面积价值更高。2019 年，500 强企业住宅物业收入贡献近五成，面积占比近六成，仍是企业收入的主要贡献部分。非住宅物业以四成的面积创造超过五成的收入。

其中，写字楼物业和商业物业业态的物业费单价较高，写字楼物业以 10.27% 的面积贡献 21.64% 的收入，商业物业以 5.52% 的面积贡献 7.81% 的收入；学校物业面积占比与收入基本持平，医院物业和公众场馆物业面积占比较小，分别为 1.94% 和 1.81%，分别贡献了 5.39% 和 2.27% 的营业收入（图 21）。

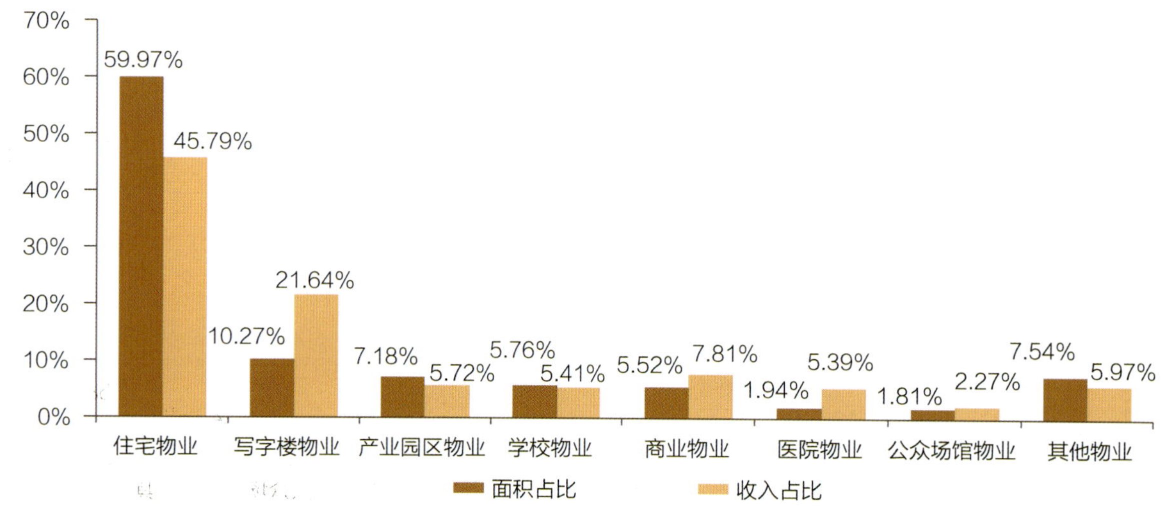

图 21 2019 年 500 强企业各业态面积占比和收入占比

重视多种经营服务的开展，围绕社区生活的增值服务增长显著。2019 年，500 强企业多种经营服务收入突破 700 亿元，增速达到 30.03%。其中，社区服务收入增长 66.81% 至 315.37 亿元，净增 126.31 亿元，占多种经营服务收入的 42.22%，较 2018 年增加 9.31 个百分点。顾问咨询服务收入 51.90 亿元，较 2018 年减少 30.05%，占多种经营服务收入的 6.95%，较 2018 年减少 5.97 个百分点。此外，500 强企业借助其专业性和服务多样性开展多元化的服务，其他业务收入达 379.67 亿元，同比增长 22.01%，占比 50.83%，较 2018 年减少 3.34 个百分点（图 22、图 23）。

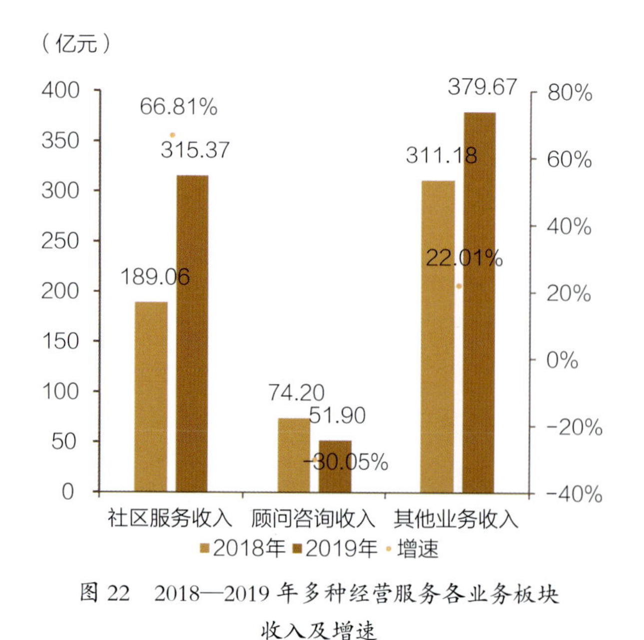

图 22 2018—2019 年多种经营服务各业务板块收入及增速

内圈：2018 年
外圈：2019 年
42.22%
32.91%
12.92%
6.95%
50.83%
54.17%
社区服务收入
顾问咨询收入
其他业务收入

图 23 2018—2019 年多种经营服务各业务板块收入占多经总收入比例

打造一站式服务平台，社区服务发展空间广阔。物业服务企业在社区主要围绕着“人”“房”“空间”三个维度开展业务，提供满足业主生活所需的多种便民服务。社区增值服务收入的增长主要得益于居民消费需求的明晰和增强，以及企业管理规模扩大，消费场景的增多。头部企业纷纷建立社区服务平台，加大对社区服务的深入挖掘和探索，致力于探索和打造社区一站式服务平台，整合线上线下优质资源，精准匹配业主的消费需求，提供平台化产品和服务，增强企业品牌影响力，提升业主粘性，社区的发展空间广阔（表 6）。

部分 500 强企业社区服务平台及注册用户概况[①] 表 6

企业简称	社区服务平台、APP	注册用户人数（万人）
彩生活	彩之云	3640
碧桂园服务	凤凰会 APP	428
蓝光嘉宝服务	嘉宝生活家	79.4
时代邻里	“邻里邦”移动应用程序	21

深入挖掘物业管理价值，构建多元化社区消费场景。社区是物企与业主接触触点较多的场景，随着物业管理规模的进一步扩张，物业服务企业结合自身优势和业务开展的特点，深入挖掘业主深层的服务需求，通过加强内部品牌建设、服务模式创新和对外加强战略合作、加大服务渗透范围等方式，构建多元化的社区消费场景，满足业主多元化的服务需求。2019 年，顺应社区增值服务场景的增多，数据采集系统对社区增值服务的类别进一步细化，指标数据在社区电商服务、社区房屋经纪、社区家政服务和社区养老服务的基础上，增设了社区美居装修、社区停车服务、社区金融服务、社区旅游服务和社区教育服务五项数据指标。2019 年，社区电商服务、社区房屋经纪、社区家政服务、社区养老服务、社区美居装修、社区停车服务、社区教育服务、社区金融服务、社区旅游服务和社区其他服务收入分别为 62.82 亿元、61.91 亿元、25.24 亿元、6.49 亿元、21.12 亿元、18.76 亿元、2.97 亿元、0.64 亿元、0.90 亿元和 114.54 亿元，分别占社区服务收入的 19.92%、19.63%、8.00%、2.06%、6.70%、5.95%、0.94%、0.20%、0.29% 和 36.32%（图 24）。

其中，社区电商服务、社区房屋经纪、社区家政服务和社区养老服务的收入，较 2018 年分别增长 89.73%、53.25%、70.22% 和 31.50%（图 25）。

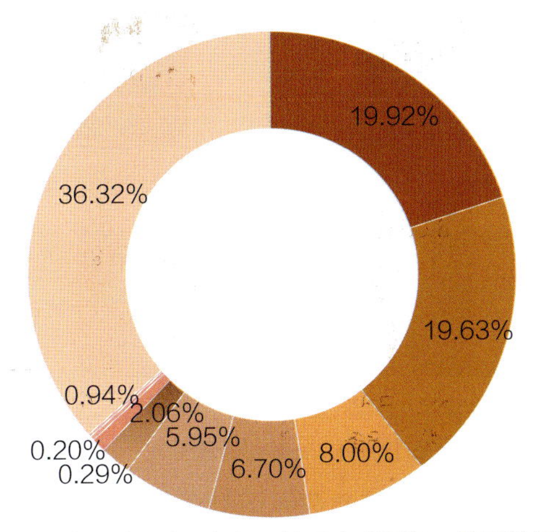

图 24　2019 年 500 强企业社区服务各业务板块收入占社区服务收入的比重

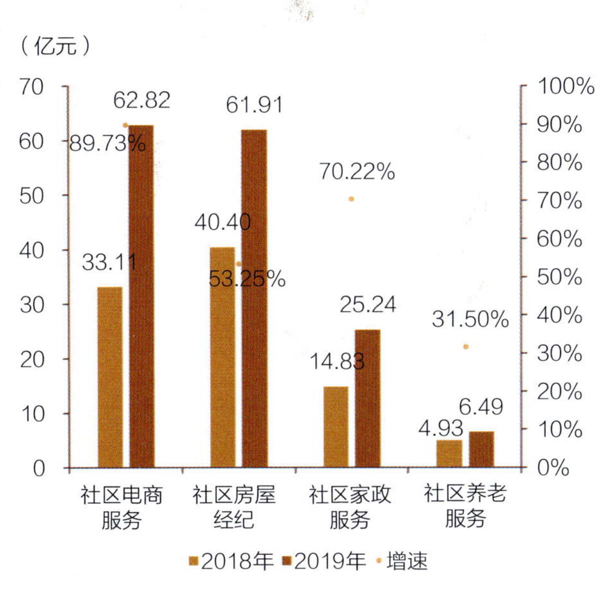

图 25　2018—2019 年 500 强企业社区服务部分业务板块收入及增速

① 注册用户人数数据截至 2019 年 12 月 31 日。

3. 盈利能力持续增强，多种经营服务盈利空间广阔

物业管理行业在政策、资本市场的支持下，管理规模扩张，集中度提升，逐步形成规模效应，企业运营管理提质增效。同时，在激烈的竞争环境中，物业服务企业不断挖掘物业服务的深层价值，开展和布局多元化的增值服务，不断寻找新的盈利增长点，盈利能力持续增强。2019 年，500 强企业毛利和净利润分别为 511.64 亿元和 299.88 亿元，均值分别为 1.02 亿元和 5997.69 万元，分别同比增长 19.32% 和 32.57%。毛利率微降 0.13 个百分点至 15.02%，净利率为 8.80%，较 2018 年增加 0.81 个百分点（图 26）。

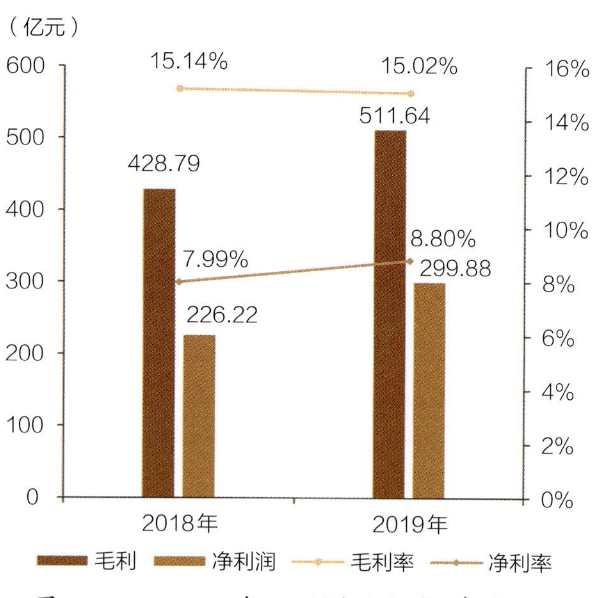

图 26　2018—2019 年 500 强企业毛利、净利润及毛利率、净利率分布

多种经营服务盈利能力强劲，成为企业新的盈利增长点。从盈利结构来看，2019 年 500 强企业基础物业服务净利润 191.73 亿元，同比增长 21.03%，占净利润总值的 63.93%；多种经营服务净利润 108.16 亿元，同比增长 59.52%，占净利润总值的 36.07%，较 2018 年增长 6.10 个百分点。500 强企业的盈利模式仍是以基础物业服务为主，多种经营服务表现出强劲的盈利能力，发展势头迅猛（图 27）。

基础物业服务贡献超六成的利润，多种经营服务盈利能力更强。对比营业收入和净利润构成，500 强企业基础物业服务以 78.08% 的收入，创造 63.93% 的净利润，基础物业服务仍是收入和净利润主要的构成部分；多种经营服务则以 21.92% 的收入，贡献 36.07% 的净利润，贡献能力强劲（图 28）。

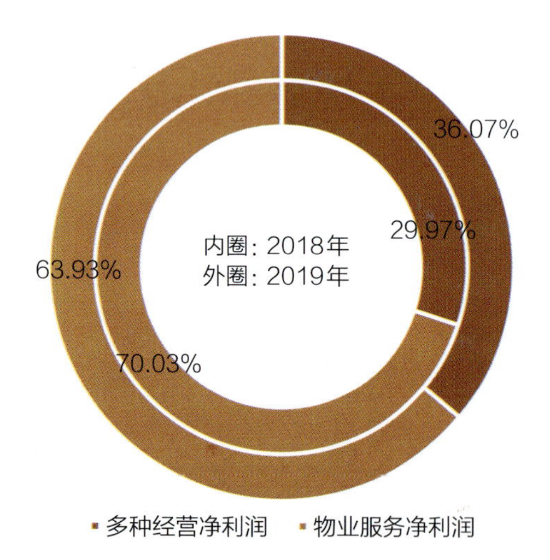

图 27　2018—2019 年 500 强企业盈利结构及占比变化

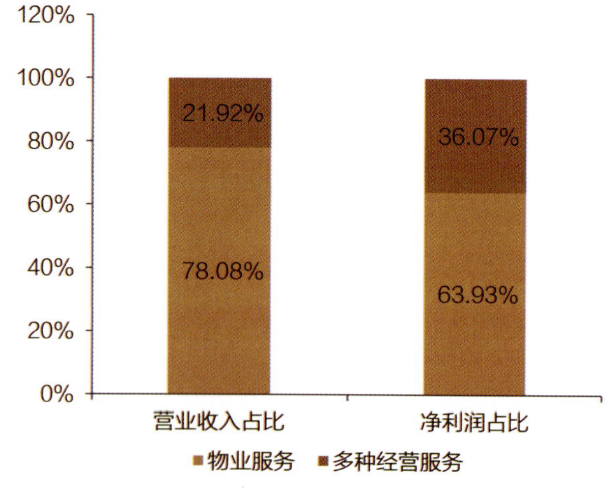

图 28　2019 年 500 强企业营收与净利润结构对比分布

4. 多渠道改善成本结构，运营管理成效显现

（1）人力成本压力仍很大，企业税负较高

随着物业管理行业的发展，物业管理规模不断扩大，物业服务费难以提价，物企在收入端增长受限，成本端却刚性上涨。一方面，管理规模集中度提升，物企推进管理方式标准化、优化服务流程，并借助高新技术，助力提升管理效率，企业管理规模化效应凸显，实现降本增效。另一方面，物企重视管理服务质量，相

应地加大优质人才的引入，且受平均工资刚性上涨的影响，人工成本增加，物业管理行业仍面临着人力成本过重的压力。2019 年，500 强企业营业成本达 2895.84 亿元，均值 5.79 亿元，较 2018 年增长 20.51%，营业成本率为 84.98%，较 2018 年微增 0.12 个百分点（图 29）。

人力成本占比超半数，仍是企业主要的成本支出。2019 年，500 强企业人力成本达 1528.76 亿元，同比增长 18.01%，占营业成本总值的 52.79%，较 2018 年减少 1.12 个百分点；物业共用部分共用设施设备日常运行和维护费用营业成本紧随其后，占营收成本总值 9.18%，较上年减少 0.32 个百分点；清洁卫生服务费、秩序维护费、办公费用、物业共用部分共用设施设备及公众责任保险费用和其他费用支出分别占营业成本总值的 8.19%、6.43%、3.20%、1.11% 和 16.66%，较 2018 年均小幅增长；绿化养护费占比微降 0.11 个百分点至 2.44%，成本降低（图 30）。

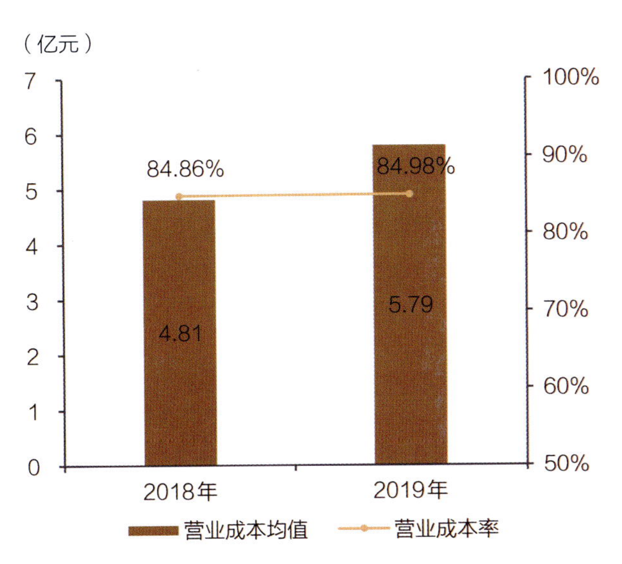

图 29　2018—2019 年 500 强企业营业成本均值和营业成本率

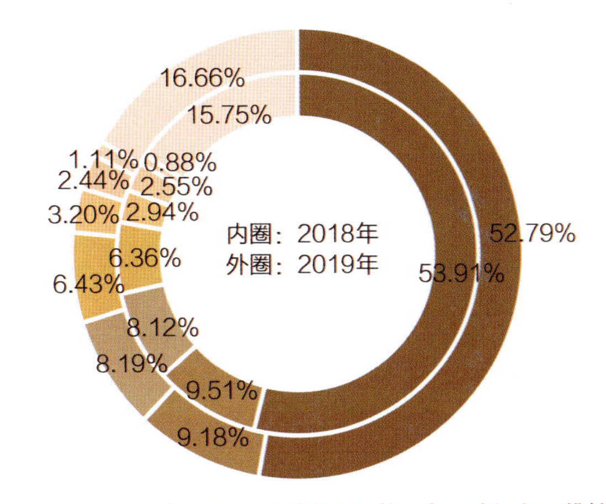

图 30　2018—2019 年 500 强企业营业成本占比分布

成本压力大，超半数企业仅开展主营业务无法支撑其业务开展。从 500 强企业基础物业服务、多种经营服务收入和营业成本的角度可以看到，若企业仅开展基础物业服务，有 267 家企业（53.40%）物业服务费收入无法弥补企业成本支出，即超半数的企业若仅开展基础物业服务将无法支撑其发展。此外，企业成本不断增加，利润率下降。对 500 强企业的税负（即纳税总额 / 营业收入）进行分析，500 强税负符合正态分布。500 强企业税负均值为 5.64%，其中主要分布在 3.49% ～ 7.79% 范围内，占比近七成。另外有近两成的企业税负高于 7.79%，企业承受的税负较高（图 31）。物业管理亟需税收相关的优惠政策支持，同时加强高新技术的应用，优化管理流程，实现物业管理的提质增效，为企业减税减压。

（2）项目外包、智能化投入重要性凸显，助力企业运营效率提升

物业管理行业为劳动密集型行业，为人力成本的刚性上涨，以及收入端难以提升所负累，物业服务企业的利润空间受到挤压。为此，一方面，物业服务企业将其非核心的基础物业服务业务适度外包，在减少对人员费用投入的同时，将业务交由专业化的机构进行管理和提供专业服务，将有助于提升项目管理的品质和业主的满意度。另一方面，随着物联网、智能化技术、5G、区块链等高新技术在物业管理行业的引入，物企加大对高新技术的重视，加强推进内部管理系统构建，升级在管项目的设施设备，并推进智慧社区建设，在减少人工投入的同时，助力企业管理提质增效。

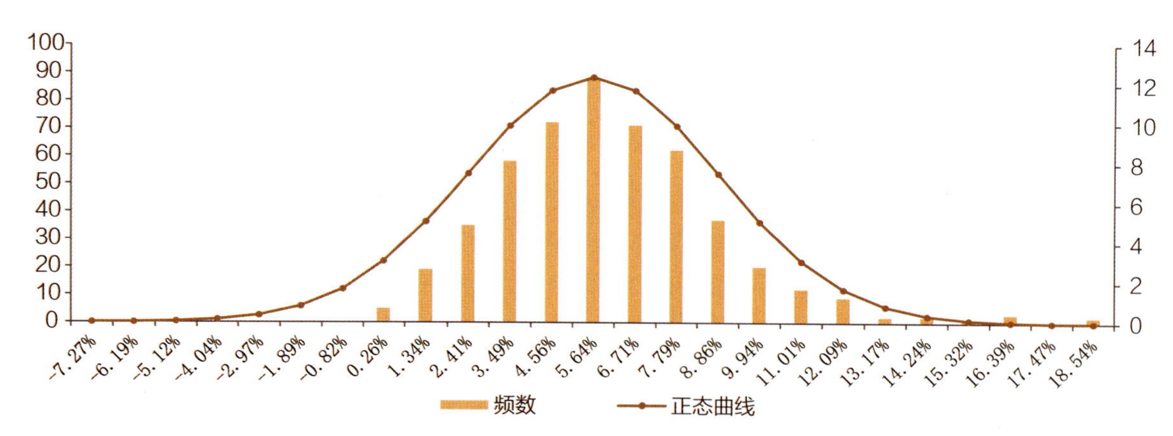

图 31　2019 年 500 强企业税负正态分布图

目前，物业服务企业主要将保洁、设备维修养护、绿化和秩序维护四项基本物业服务进行外包，以将其自身的管理服务聚焦在对人的管理服务，提升业主的服务体验。2019 年，500 强企业共有 402 家将部分基础物业服务交由专业外包企业管理，较 2018 年增加 13 家，外包项目总数达 87874 个，项目外包比重①为 106.42%。其中，保洁业务项目外包比例最高，占比达 35.25%，设备维修养护业务、绿化业务和秩序维护业务占比分别为 23.74%、23.47% 和 17.54%（图 32）。

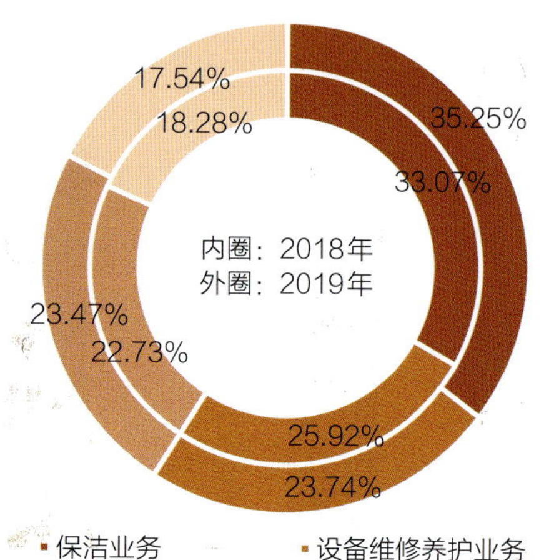

图 32　2018—2019 年 500 强企业项目外包占比分布

高新技术投入增加，提升企业管理标准化和运营效率。从物业服务企业上市公司募集资金用途上看，企业对高新技术和智慧化投入重视度加强。部分 500 强企业将其上市募集资金 20% 以上用于高新技术方面的投入，主要是用于升级内部数字化、智能化的管理系统，发展和升级一站式物业服务平台以及建设和打造智慧社区等，以优化物业管理流程，满足业主多元化的服务需求，推进管理的数字化、流程的标准化、程序的规范化、服务的集中化和运营的集约化。当前，高新技术投入是上市物企募资的第二大用途，物业服务企业积极拥抱物联网、大数据等智慧科技，提升物业服务质量，助力企业降本增效，赋能企业发展（图 33、表 7）。

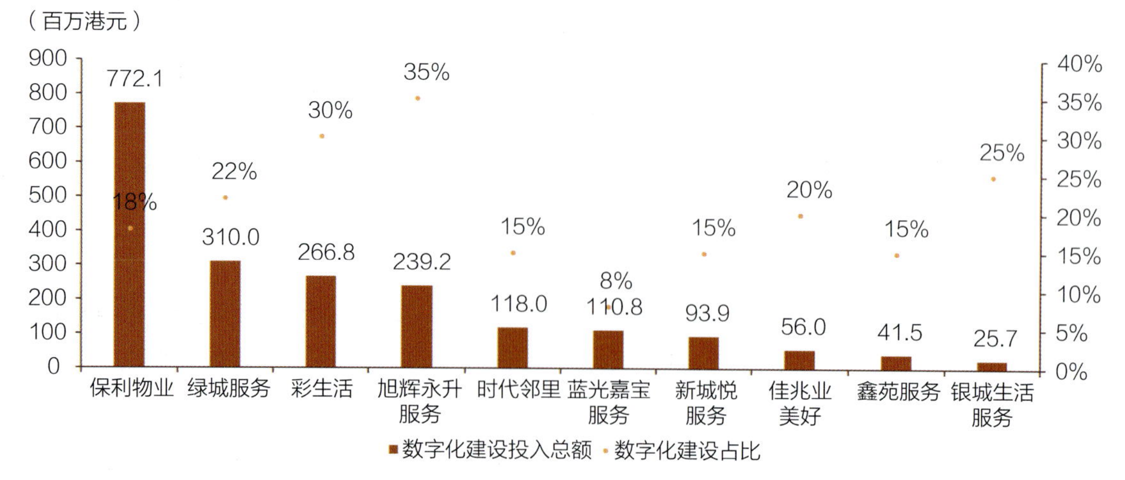

图 33　部分 500 强企业数字化建设投入及占比

① 各项外包业务项目数 / 管理物业项目总数，存在一个项目中有多项业务外包的情况。

部分 500 强企业上市募集资金在技术方面的用途　　表 7

企业简称	资金用途
保利物业	升级集团的数字化及智能化管理系统
绿城服务	开发及推广“智能园区”项目及园区产品及服务
彩生活	用于升级资讯技术系统数字化及智能运营及管理；以及分配至销售及市场推广活动，以及投资于信息科技软件之用
旭辉永升服务	用于建立智慧小区并利用最新的互联网及信息技术，开发一站式服务小区平台及“悦生活”在线服务平台，从而提高服务质量
时代邻里	投入先进的物联网、互联网及 AI 技术打造智慧社区
蓝光嘉宝服务	用作升级 IT 系统提供资金，包括购买或升级信息技术软件；更新智能化管理及数字化
新城悦服务	投资于先进技术，包括：投资智能保安设备；进一步提升信息管理系统
佳兆业美好	开发推广 K 生活移动应用程序及小区增值产品及服务；推进本公司管理数码化、服务集中化、程序规范化和营运自动化
鑫苑服务	用于升级及发展自有信息技术及智能系统
银城生活服务	① 用于智能系统方面做出投资，透过购买或升级在管物业的设备和设施，包括入口处的智能门禁系统，具有车牌辨别技术的智能车辆管理系统、智能火警探测和减火技术、智能家居管理系统以及其他远程监控系统；② 用于升级内部信息技术系统

（3）多渠道助推企业发展，运营管理提质增效

在资本和平台的支持，以及基础服务业务适当的外包和高新技术的助力下，物业服务企业加大对运营管理、服务质量和效率的重视，不断优化物业管理流程，推进服务标准化，并借助智能化设备和技术手段，实现管理设施的自动化、智能化和智慧化，物业服务企业的运营效率提升。

2019 年，500 强企业人均管理面积与上年基本持平，为 5324.82 平方米。人均产出、单位面积创收能力和人均净利润分别为 13.56 万元、25.48 万元和 1.19 万元，较 2018 年分别增加 6.57%、6.94% 和 17.41%，提升显著（图 34）。

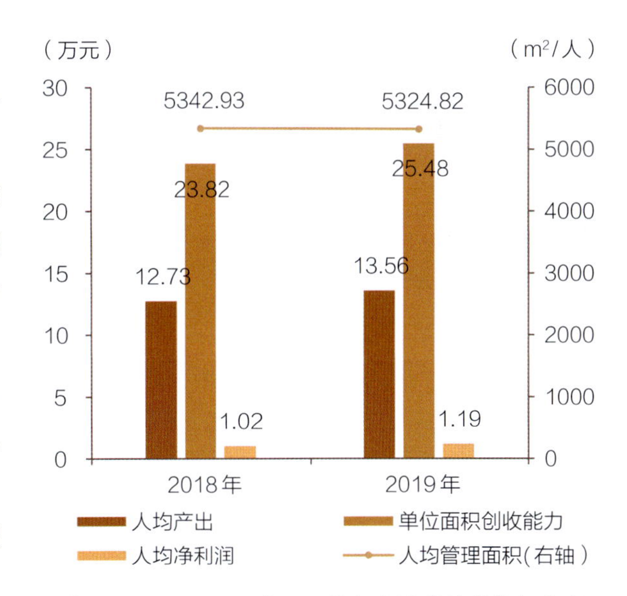

图 34　2018—2019 年 500 强企业运营效率指标分布

头部企业的运营效率提升更为明显。2019 年百强企业人均管理面积、人均产出、人均净利润分别为 6496.41 平方米、15.53 万元和 1.59 万元，均高于 500 强企业的数值。百强企业管理规模的集中度较高，规模化的管理更便于企业统一运营和服务，规模效应显著，此外，头部企业对高新技术的敏感性更强，率先使用或研发符合其自身发展的管理工具和运营系统，企业的运营效能更高（图 35）。

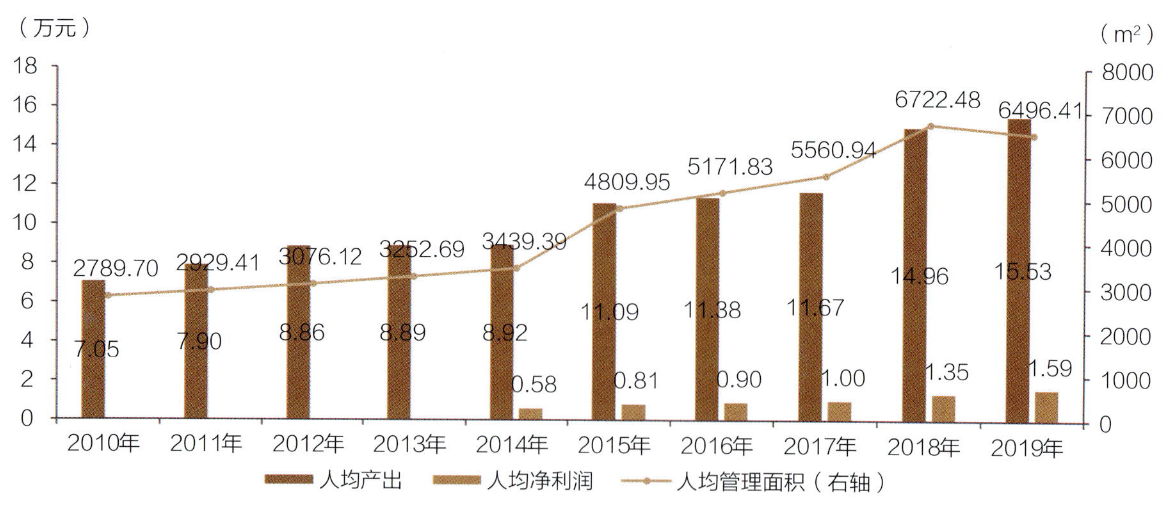

图 35　2010—2019 年百强企业运营效率指标分布

四、从业人员分析：人才结构、薪资待遇差异较大

1. 直接或间接提供就业岗位超 300 万，劳动密集度仍较高

（1）直接或间接提供就业岗位 347.27 万个

2019 年，500 强企业从业人员 251.20 万人，同比增长 12.91%，外包人员 96.07 万人，较 2018 年增长 8.42%，500 强企业直接或间接提供就业岗位达 347.27 万个（图 36）。

图 36　2019 年 500 强企业从业人员人员及外包人员分布

（2）行业劳动密集度仍较高

从从业人员构成上看，500 强企业经营管理人员 34.63 万人，同比增长 13.75%，占从业人员总数的 13.78%；其中，企业高层管理人员、管理处主任（项目经理）和管理员（主管）占经营管理人员的比例分别为 4.89%、24.31% 和 70.79%，500 强企业管理人员人才结构进一步优化，结构逐渐合理和稳定。此外，操作员人数达 216.57 万人，较 2018 年增长 12.78%，占从业人员的 86.22%。其中，秩序维护人员在操作人员中占比最高，达到 35.25%，清洁工紧随其后，收入占比为 27.71%。工程维修工、绿化工和其他工种的占比分别为 12.47%、4.77% 和 19.79%（图 37）。

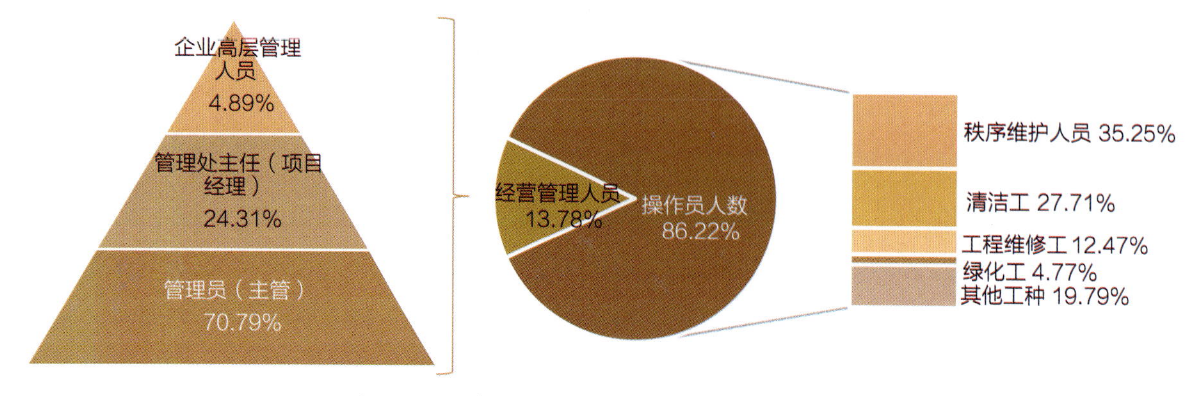

图 37　2019 年 500 强企业从业人员岗位构成情况

通过适度的外包，物业服务企业一定程度上实现运营的降本增效，同时，将基础物业服务外包给专业化公司，更利于为业主提供专业化、精细化的物业服务，从而在实现服务质量提升的同时，也优化了企业人才构成，完善企业的人员构成。2019年，500 强企业外包投入人数 96.07 万人，占一线员工[①]总人数的 30.73%。分岗位来看，保洁业务投入外包人员最高，占比达 55.27%，秩序维护业务、设备维修养护业务和绿化业务占比分别为 26.76%、9.33% 和 8.64%（图 38）。

8.64%
9.06%
9.33%
9.11%
55.27%
内环：2018年
外环：2019年
53.74%
28.09%
26.76%

▪保洁业务 ▪秩序维护业务
▪设备维修养护业务 ▪绿化业务

图 38　2019 年 500 强企业外包人员占比分布

2. 学历结构差异较大，高素质人才仍较匮乏

物业管理行业进入发展的快车道，行业在资本市场崭露头角，高新技术应用场景增多，行业对高素质人才的需求增大，头部企业也加大人才的引进和培养。近些年，物业管理行业从业人员的学历水平有所提升，但外来务工人员比例大，学历低，高素质人才仍较为匮乏。

2019 年，500 强企业从业人员学历构成中，高学历从业人员相对较少，本科生、硕士研究生、博士研究生三者占比总和仍不足 10%，分别占比 7.20%、0.24% 和 0.01%。高中以下人数较多，占比达到 58.02%；中专生、大专生次之，占比分别 19.51%、15.02%。随着行业的发展，特别是各项高新技术的应用，促使企业对人才结构的优化和调整，并强化自身，吸引更多人才的入驻，促进企业合理的人才资源配置，增强企业的核心竞争力（图 39）。

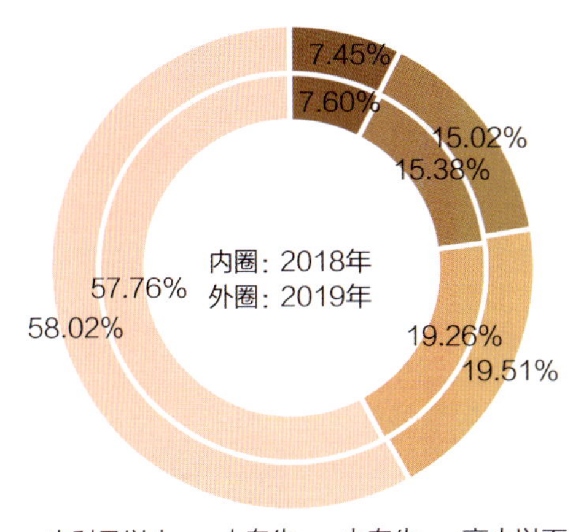

图 39　2018—2019 年 500 强企业从业人员学历构成情况

3. 薪资水平差异较大，头部企业待遇更好

不同岗位年人均工资差异较大，百强企业年人均工资普遍高于 500 强企业。从各岗位从业人员的年人均工资上看，2019 年，500 强企业和百强企业从业人员年人均工资分别为 5.46 万元和 5.83 万元。分岗位类别来看，500 强企业和百强企业经营管理人员的年人均工资均超过 10 万元，操作人员年人均工资均不足 5 万元。其中，企业高层管理人员年人均工资分别为 25.32 万元和 28.46 万元，为各岗位从业人员薪资最高。清洁工年人均工资最低，分别为 3.61 万元和 3.85 万元，不同岗位从业人员薪资水平差异较大（表 8）。

2019 年百强、500 强企业各岗位从业人员年人均工资水平[②]　　表 8

	百强企业从业人员年人均工资（万元）	500 强企业从业人员年人均工资（万元）
经营管理人员	10.95	10.50
企业高层管理人员	28.46	25.32
管理处主任（项目经理）	13.91	13.44
管理员（主管）	8.63	8.47

① 一线员工＝企业操作人员＋外包人员数
② 人均工资水平为税前工资

续表

	百强企业从业人员年人均工资（万元）	500强企业从业人员年人均工资（万元）
操作员	4.93	4.65
工程维修工	5.96	5.81
秩序维护人员	5.16	4.95
清洁工	3.85	3.61
绿化工	4.14	3.98
其他工种	5.21	5.01
企业从业人员	5.83	5.46

五、服务质量分析：聚焦品质服务，行业价值逐步显现

1. 反应迅速坚守防疫，品牌服务深入人心

2020年，突如其来的疫情，给人民生活带来了巨大的冲击，社区封闭式管理为业主日常生活带来阻碍。为切实做好疫情防控工作，众多物业服务企业快速反应，迅速启动紧急预案，成立防疫小组、编制防疫防控工作指引、开展防疫培训、对外来人员严格管控，强化员工管理，并加大公共区域消杀频次等。众多物业人加班加点，坚守岗位，安抚业主情绪，做好防御措施，全面打响疫情防控阻击战。

承担众多社区防疫工作，物业价值彰显。疫情期间，各地方陆续发布一级应急响应，实施社区封闭式管理，为保障业主的生命安全和生活质量，在做好基础物业服务的基础上，众多物业服务企业的服务向居民日常生活渗透和拓展，在社区内增加消杀频次，发放防疫指南等宣传资料，为业主集中采购物资等。同时，物业服务企业联动街道、社区开展社区疫情防控，成为疫情期间社区入户排查登记、公共部位消毒、人流管控、居家隔离人员监管、人员排查、车辆记录、体温测量、规劝佩戴口罩、通知张贴、信息报送等工作的主力军，承担大量超越了服务合同和法律确定的责任边界的工作，彰显了行业担当和社会责任，受到了社会和业主的广泛好评。

关键时期持续坚守，展现行业担当。随着疫情防控的常态化，企业大面积复工复产给防疫一线的物业服务企业带来新的挑战。疫情防控从对住宅的防护，拓展到写字楼、产业园区、商场、学校、交通枢纽等，物业管理防控的范围拓宽，人流加大且较为集中，稍有不慎，容易引发严重的交叉感染，物业防疫工作难度加大，疫情防控到了关键时期。物业服务企业在多种细分业态有序部署，全面落实疫情防控工作，继续坚守，为复工后企业和员工提供多项服务措施，保障企业正常、安全运转。例如，绿城服务以专业化的服务，对办公场所消杀、空调通风系统检测清洗、人员进出管理排查、平台管控等全方位监测，此外，针对企业复工暂时会面临的情况，物企推出消杀、深度清洁、生鲜配送、防疫物资采购等服务措施，保障企业恢复正常运转。众多物业服务企业一手抓防疫，一手抓日常运营，并在总结前期工作情况的基础上，推出标准化制度，以提升工作人员的应变能力和专业能力，持续为客户提供优质专业服务。

聚焦业主需求，提供多元化定制增值服务。受疫情影响，居民居家隔离，物业服务企业纷纷为业主提供代买、代送等便民服务，赢得了业主的信任和依赖。同时，疫情也催生了业主新的需求，衍生出，例如，配送服务、家庭消杀、医疗服务等其他社区增值类服务。特殊时期，多元化的便民服务，增强了业主的体验感

和满意度，业主粘性增强。

2. 专注服务品质，重视业主满意度提升

随着消费能力的提升，人们对美好生活服务的需求更加的强烈，居民对高品质物业服务的敏感性更强。众多物业服务企业从服务细节出发，在服务流程中加强对高标准的要求，严格把控运营和服务各环节，不断推出和升级专业化、精细化的服务标准，推进产品迭代、服务体系升级，不断挖掘业主多元化的服务需求，致力于为其提供个性化的物业服务，将高品质的服务触达到生活的方方面面。

物业服务企业重视业主满意度的提升，定期或不定期委托专业第三方公司深入开展市场调研，发现和挖掘业主的潜在需求，提前布局，为其提供符合或超越其预期的产品和服务，增强业主服务体验。2019年，500强企业通过委托第三方或自行开展全方面的业主调查，调研内容主要包括客户服务、秩序维护服务、保洁服务、维修服务、绿化养护服务、便民服务、企业品牌、文化活动等基本服务，此外，调研内容也拓展到配餐服务、公寓服务、特约服务、会务服务、金融外包服务、医疗辅助服务等专业服务，业主整体满意度均值为92.18[①]，业主满意度保持高位。

当前满意度调查暂时没有行业标准，中国物业管理协会未来亦会引导满意度调查标准化提升，促进满意度提升。

3. 物业费水平差异大，收缴率维持高位

2019年，500强企业物业费平均水平为3.09元/(平方米·月)。其中住宅物业费水平为2.11元/(平方米·月)，非住宅物业业态的物业费水平4.98元/(平方米·月)。非住宅物业业态的物业费水平显著高于住宅物业。具体来看，写字楼物业和医院物业两种业态物业费均超过6元/(平方米·月)，分别为6.89元/(平方米·月)和6.19元/(平方米·月)，处于较高的水平；产业园区业态物业费水平为2.96元/(平方米·月)，为非住宅物业业态中最低；此外，商业物业、公众场馆物业、学校物业三种业态的物业费，分别为5.86元/(平方米·月)、4.38元/(平方米·月)和3.20元/(平方米·月)，其他物业业态物业费为4.24元/(平方米·月)。从整体上来看，非住宅物业业态物业费水平较住宅物业高，且相对提价容易，未来的发展空间较大。

分城市等级来看，2019年，500强企业在一线城市的平均物业费水平为4.84元/(平方米·月)，远高于二线城市平均物业费水平3.07元/(平方米·月)以及三四线城市平均物业费水平2.49元/(平方米·月)。同时，一线城市各业态平均物业费水平远高于二线及三四线城市，二线城市各业态平均物业费水平亦显著高于三四线城市。此外，在各城市级别，非住宅物业业态的物业费分别为7.64元/(平方米·月)、4.98元/(平方米·月)和3.81元/(平方米·月)，均高于住宅物业的2.80元/(平方米·月)、2.15元/(平方米·月)和1.88元/(平方米·月)，非住宅物业业态的物业费水平均高于住宅物业(图40)。

物企通过打造优质的服务，赢得业主的信任，促进收缴率高位运行。物业服务企业聚焦业主的需求，为业主提供高品质的物业服务，并重视品牌的建设，高质量的物业服务在提高业主满意度的同时，亦提高了物业费的收缴率。2019年，500强企业物业费平均收缴率为94.93%，其中学校物业、医院物业和产业园区物业的物业费收缴率处于高位，分别为99.47%、99.40%和99.05%；住宅物业费收缴率最低，为91.38%。此外，公众场馆物业、写字楼物业、商业物业和其他物业的物业费收缴率分别为98.88%、98.49%、94.36%和97.22%(图41)。

① 由于各地企业满意度测评的口径和方法略有差异，结果仅供参考。

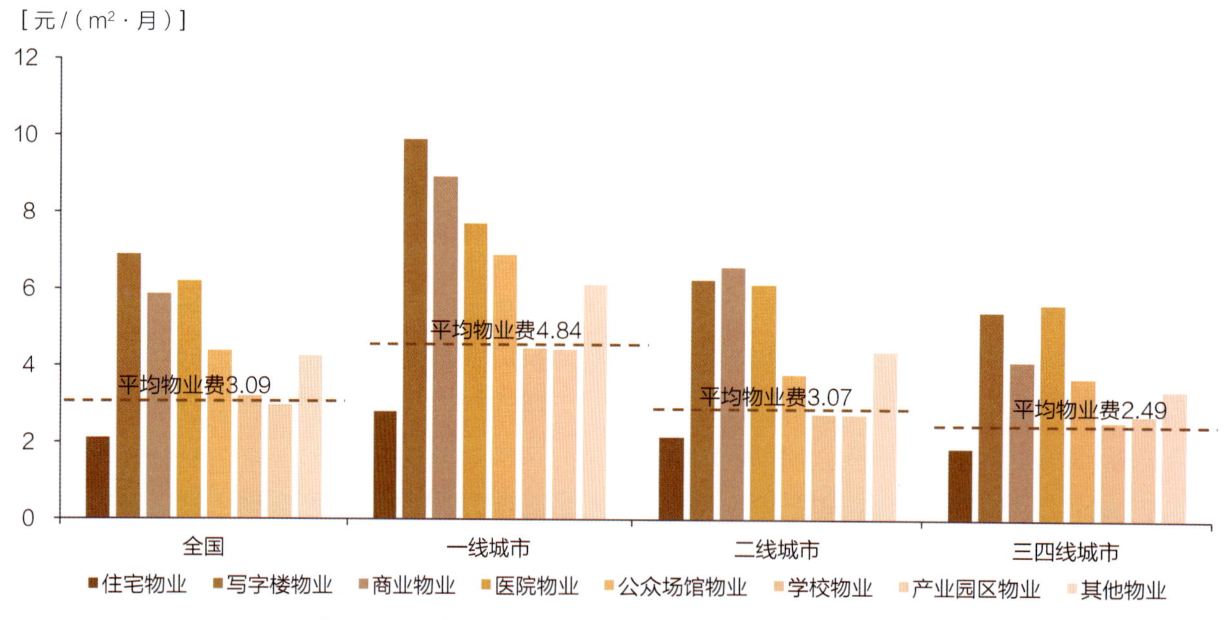

图 40　2019 年 500 强企业各业态平均物业服务费水平分布

500 强企业持续优化服务内容、深入开展邻里活动和提供精细化的服务支持，赢得了更多业主的支持和信赖，业主的满意度、收缴率均得到提升。此外，2020 年，面对疫情，物业服务企业始终坚守在防疫一线，在保障居民生活正常运转的同时，物企为业主提供了更多便民服务，加深业主与物业员工之间的情感互动，同时，物企承担了大量的超越其合同及职责的工作，其品牌形象和品牌价值得以体现和提升，业主的信任感和业主满意度提高，将有望促进物业费收缴率的提升。

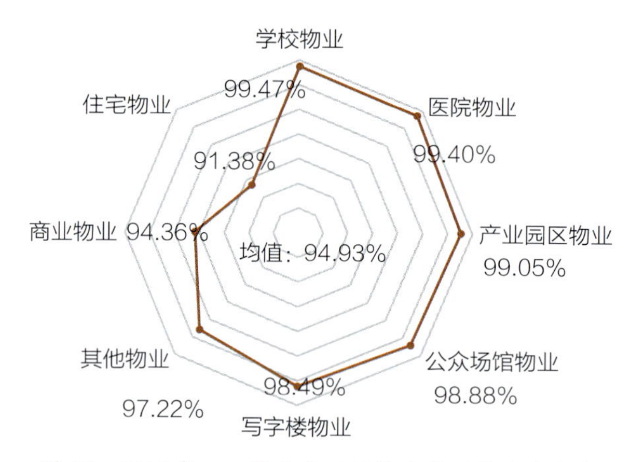

图 41　2019 年 500 强企业不同物业类型物业收缴率

4. 不同区域物业服务水平各异，多业态布局丰富

本次测评研究对入榜的 500 强企业所管理物业项目进行重点研究和分析。2019 年 500 强企业管理项目数共为 82574 个，在实际计算时，本次重点研究 500 强在中国地域内管理的物业项目，同时，对个别项目物业费水平数据存在口径不统一的数据进行清洗，物业费水平的计算将以剔除口径不统一的数据后的 75998 个项目作为样本数据进行研究和计算。充足的样本量能够最大限度的科学反映当前物业管理行业的一些基本情况和存在的问题等。

从收费方式上来看，物业服务企业的物业服务费收费模式仍是以包干制收费为主，75998 个样本项目中，66816 个项目实行包干制收费，占 87.92%，9182 个项目实行酬金制收费，占比 12.08%。从重点布局城市样本项目的物业费水平来看，重点城市主要为一线城市和重点二线城市，其各业态物业费水平普遍较高。其中，北京、上海、广州、深圳四个一线城市的物业费水平位于前列。全国各地区各业态物业服务费标准和物业费收缴率情况详见附表一：各地区各业态物业服务费标准及收缴情况。

从业主委员会成立的情况看，样本项目中已成立业主委员会的项目为 11070 个，占比 14.57%；未成立业主委员会的项目和业主委员会筹备中的项目分别占比 83.60% 和 1.83%。其中住宅物业的业主委员会成立占比相对较高，占住宅项目总样本数的 20.91%。各地区住宅物业项目业主委员会成立情况详见附表二：各地区住宅物业项目业主委员会成立情况。

六、社会责任分析：稳就业、精准扶贫、防疫，肩负社会责任

1. 积极参与疫情防控，缓解就业再就业问题

积极参与疫情防控，固守防控第一线。2020 年，面对突如其来的疫情，社区是外防输入、内防扩散最有效的防线。在相关部门的统筹协调下，物业管理行业与街道、社区联动，通过严格执行出入口人员信息登记、体温检测、住户排查、车辆记录、体温测量、重点人群防控、增加公共区域消杀频次、加强业主宣传引导等不同方式融入“联防联控”工作，为建立“群防群治”的防控大格局，筑起基层社区疫情防控的严密防线。物业服务企业始终坚守在社区疫情防控的一线，在维护公共秩序，协助基层管理方面贡献了重要的力量，承担了大量超过其服务合同和法律确定责任边界的工作，很大程度地弥补基层社区公共卫生供给和应急管理力量的不足。同时，物业服务企业在爱心捐款、捐赠物资、提供专业服务驰援火神山、雷神山医院等方面发挥了积极正面效应，增强企业的品牌影响力和社会形象，彰显了物业管理行业的社会价值。

同时，物业服务企业在稳定就业、促进再就业方面起到积极的作用。2019 年 500 强企业安置就业、再就业人数达到 72.82 万人，彰显优秀物业服务企业在安置就业，提供再就业方面的显著贡献。分类别来看，500 强企业接受农村务农人员最多，达到 42.92 万人，占比近六成（59.01%）；安置下岗、失业人员再就业人数 15.54 万人，占比 21.34%；接收应届本科毕业生、安置部队复转退军人以及接受残疾人群体，所占比例分别 12.70%、5.34% 和 0.58%（图 42）。此外，保利物业、安徽创源物业、浙江亚太酒店物业等 500 强企业积极履行社会责任，推进精准扶贫，安置大量建档立卡贫困户，500 强企业接受建档立卡的人员占比达 1.03%。

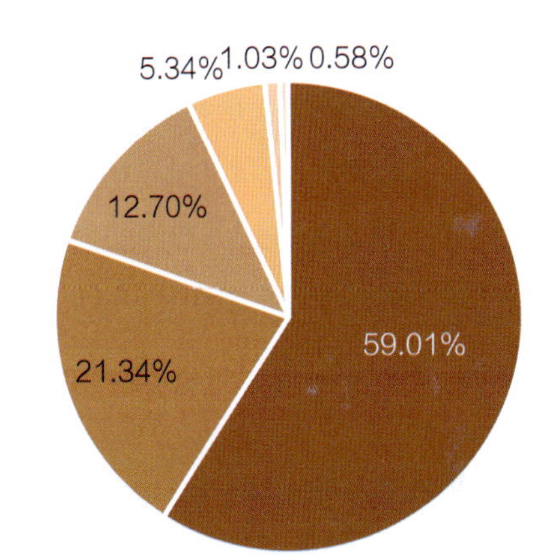

图 42 2018 年 500 强企业安置就业、提供再就业占比分布

2. 持续开展精准扶贫，助力打赢脱贫攻坚战

为积极贯彻落实国务院办公厅关于打赢脱贫攻坚战的决定和民政部对参与脱贫攻坚再动员会议的相关要求，2019 年 4 月 12 日，中国物业管理协会正式下发《关于开展“社区的力量”消费扶贫攻坚专项计划的通知》，广泛动员各地方物协、物企，以“带一斤回家”的行动理念，通过公益宣传、社区活动、大型市集、线上平台运营、团购集采等多种参与方式，用实际行动助力精准扶贫。“一斤市集”相继在石家庄、重庆、成都、上海、深圳、杭州等地启动，多家地方物协积极组织，众多物业服务企业纷纷参与“社区的力量”行动中。各企业结合线上线下等多种形式，多方调动和引导社区居民参与积极性，聚合社区的力量助力消费扶贫，创新服务助力扶贫，助力打赢脱贫攻坚战，取得较显著的成果。

在 2019 年“社区的力量”活动基础上，精准扶贫攻坚战活动持续开展。2020 年，突如其来的疫情，给国家、企业和个人的工作生活均带来冲击。在疫情的特殊时期，物业服务企业抗疫、扶贫两手抓，发起多次采购行动，解决了贫困地区农产品销售困难，以及社区居民买菜难的问题。例如，碧桂园服务发起“保供

给，防滞销”采购专项行动，在全国 8 省 16 县采购扶贫农产品，千里驰援湖北，首批采购农产品达 240 吨，链接贫困户 1800 多户；绿城服务电商平台“绿橙生鲜”基于线上下单，在绿城服务的众多小区中，设置了前置仓，自有供应链，将生鲜蔬菜，经过分拣，净菜送入前置菜柜，业主零接触自取；蓝光嘉宝服务、奥园健康等积极响应中国物业管理协会倡议，出资购买滞销农户产品，开展“菜你所想，蔬送爱心”等专项活动，为业主送上爱心助农蔬菜，让业主在疫情期间也能吃上健康的农产品，建立起农户与社区的“绿色爱心桥梁”；蓝光嘉宝服务向农户购买 4000 斤莲花白，回馈广大业主；奥园健康累计为将近 50000 户业主送上了爱心助农蔬菜，购置贫困农户滞销农产品约 4.8 万斤，助农金额近 40 万元。

同时，2020 年，在中国物业管理协会、中国扶贫志愿服务促进会指导下，“社区的力量”组委会于 5 月同步启动“藏区青苗牵手计划”“丰宁社区结对计划”“平武熊猫公社计划”首批三项专项计划。5 月 18 日，由中国物业管理协会、中国社会扶贫网主办，中国社区扶贫联盟，易居乐农承办的“藏区青苗牵手计划启动暨首批认购集中签约仪式”线上直播会议在北京顺利召开，认购企业近 50 家，现场签约青稞基地 567 亩，累计签约认购青稞基地 795 亩。6 月 18 日，碧桂园服务、长城物业等 15 家物企，31 位公益代表前往西藏，为超过 100 家企业所认购的 1000 多亩青稞基地设立扶贫牌。并为“牵手计划”帮扶学校纳尔乡小学全校 259 名西藏贫困地区的孩童们送去爱心青稞产品 300 包、爱心书籍 80 套和各式各样的文具用品，将社区与藏区密切地连结在一起。

积极参与消费扶贫建设是物企的责任，作为行业的中坚力量，头部 500 强企业纷纷发挥企业发展优势，积极参与“社区的力量”活动。例如碧桂园服务、安徽创源物业、合肥美而特物业、长城物业等多家企业，积极响应国家倡导和行业号召，推动“牵手计划”消费扶贫专项行动在社区落地，打通西藏贫困地区优质青稞产品与城市社区之间的通道，共同助力精准扶贫，承担起社会责任。

截至 2020 年 6 月 30 日，“社区的力量”参战物企达 364 家，扶贫金额达到 2081.40 万元，扶贫斤数 322.07 万斤。其中参战企业中超六成为 500 强企业，贡献扶贫金额 1724.98 万元，占比超八成（82.88%）。

3. 积极纳税捐款担责任，深入开展保障性住房服务

500 强企业在快速发展的同时，认真履行纳税的责任和义务。2019 年，500 强企业纳税总额 208.00 亿元，平均每家企业缴纳 4159.97 万元，同比增长 20.87%。同时，500 强企业亦加大对社会公益事业的支持，积极践行社会责任，2019 年，捐款总额达到 27.68 亿元，平均每家捐赠金额达 553.66 万元，较 2018 年同期增长 212.22%（图 43）。

此外，为解决突出的民生问题，国家斥巨资大力建设众多保障性住房。保障性住房物业服务，将直接影响住户的生活质量，也对政府的施政政策带来影响。500 强物业服务企业作为专业性服务机构，勇担社会责任，逐步将服务触角延伸到保障性住房物业管理，发挥头部企业优势，为居民提供优质服务，营造便利、安全的生活环境，提升居民幸福感，助力居民安居、乐居。2019 年，500 强企业中有 175 家企业开展保障性住房物业管理服务，管理项目数 1515 个，管理总面积达到 3.02 亿平方米。

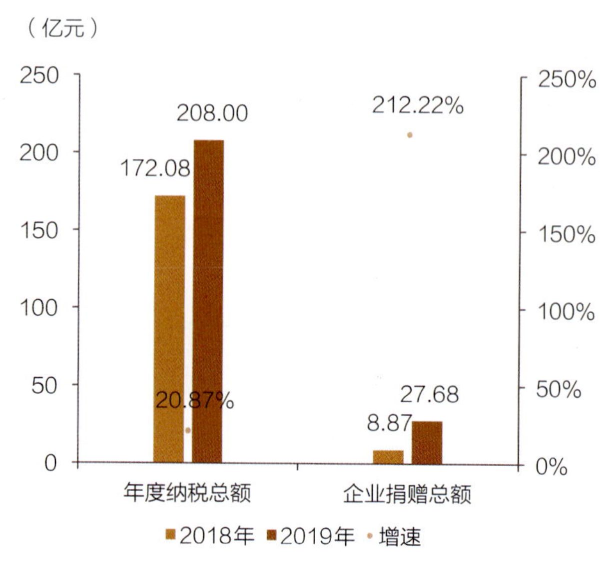

图 43　2018—2019 年 500 强企业纳税额、捐赠额以及增速

第二部分　结语

一、主动担责任筑防线，行业社会影响力提升

2020 年，疫情突如其来，给各行各业以及人民的生活带来巨大的冲击。社区处于社会治理的末端，具有人员的复杂性、流动性大和防控死角多等特点，加大了工作难度，是治理较为薄弱的环节，严守社区这道防线，能够有效地切断疫情的扩散。

物业管理行业与居民生活紧密相关，始终将居民的生命安全放在首位，致力于为居民提供美好生活。疫情之初，物业管理行业的敏感性使得其迅速地意识到疫情形势的严峻性、复杂性和紧迫性，第一时间加入疫情防控之中，科学防范，严防疫情蔓延。1 月 27 日，国家卫生健康委以“社区防疫”为主题召开新闻发布会，强调了社区防疫在疫情防控中的重要作用。自 1 月 28 日起，中国物业管理协会先后发布《关于全力做好物业管理区域新型冠状病毒肺炎疫情防控工作的倡议书》《物业管理区域新型冠状病毒肺炎疫情防控工作操作指引（试行）》等文件，号召全体会员单位把疫情防控作为当前最重要的政治任务，并重点针对写字楼、产业园区、高校、医院物业等非住宅物业以及公共建筑空调通风系统等出台专门的操作指南，此外亦发布了物业服务企业在疫情防控中法律风险防范指引，为物业服务企业在抗疫期间提供全方位指导和帮助。

同时，成都、深圳、广州、北京、上海、重庆、合肥等地方物业管理协会也纷纷发出倡议，号召当地物业服务企业全力做好物业管理区域疫情防控工作。四川、广东、陕西等省住房和城乡建设厅，深圳、东莞、济南、银川、长沙、株洲、北京、郑州、重庆、广州等市住房和城乡建设局亦陆续出台相关的管控措施，督促物业服务企业严格执行政府相关指令，积极宣传疫情防治工作，最大限度管控管理区域的疫情事件和防范交叉感染风险。

各物业服务企业积极响应，迅速启动紧急预案，成立防疫小组、编制疫情防控工作指引、开展防疫培训、对外来人员严格管控，强化员工管理，并加大公共区域消杀频次等。物业服务企业与街道、社区联动，通过加强业主宣传引导等不同方式融入联防联控工作中，建立群防群控的疫情防控大格局，筑起基层社区防控严密的防线。根据《新冠肺炎疫情对物业管理行业影响专题调查》结果显示，物业服务企业在疫情期间承担最多的是由社区居委会（综合得分 4.86）和街道办事处委托（综合得分 4.84）的工作。与日常提供的服务相比，疫情期间各物业服务企业的服务范围已经超越合同和法律确定的责任边界，承担了大量的社会责任（图 44）。

其中，在社区防疫中，超 90% 的企业开展了社会封闭式管理、公区消杀、人员信息登记、规劝业主佩戴口罩、体温检测、车辆核查登记、疫情防控科普宣传、政府防疫通知张贴、垃圾处理等疫情防控措施。超过 80% 企业选择了协助向政府报送信息表格、上门排查和快递、外卖物品管理等工作；此外，疫情期间，社区“最后一公里”从增值服务的概念转变为疫情下物业全心奉献的特色便民措施，超过 60% 的物业服务企业，开展重点人群关怀、代购生活必需品、疑似病例隔离服务等工作，为业主提供暖心和细致入微的生活配套服务（图 45）。

社会认可度增强，行业社会价值提升。本次疫情阻击战中，物企与其员工一直坚守在防疫一线，展现了高度的责任担当，物业管理行业以其实际行动，彰显了其价值，也得到媒体和业主感动和认可，荣获央视新闻、人民日报等主流媒体及业主连续点赞，众多业委会、业主也自发为奋斗在防疫一线的物业人捐款、捐赠口罩、

防护手套、消毒液等物资。此外，4 月 30 日晚，央视新闻播出习近平总书记给郑州圆方集团全体职工回信，对其一直坚守保洁、物业等岗位，以及主动请战驰援武汉等地抗击疫情的实际行动给予肯定，给圆方乃至整个坚守在抗疫一线的物业人，都是巨大的鼓励和鞭策。

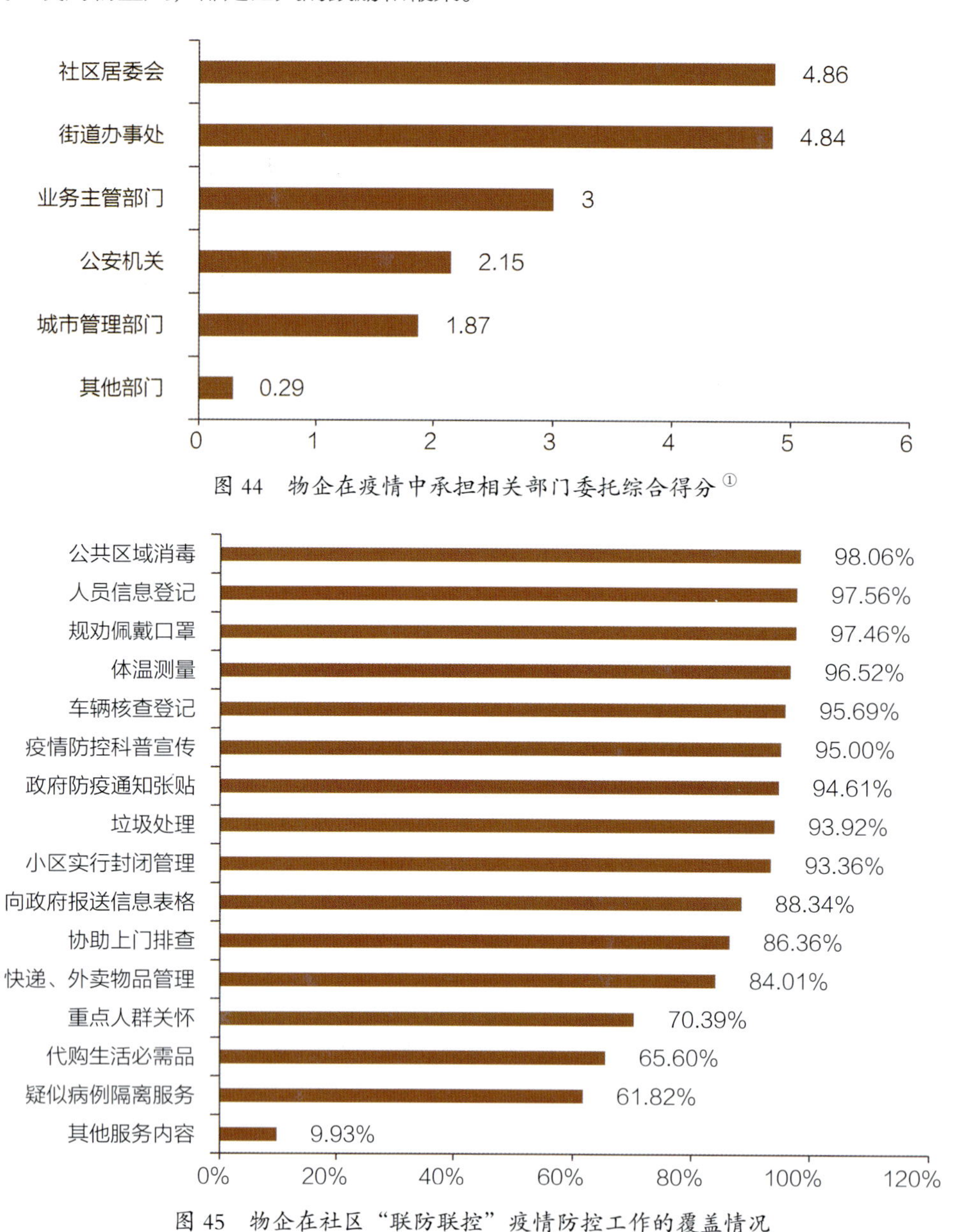

图 44　物企在疫情中承担相关部门委托综合得分[①]

图 45　物企在社区“联防联控”疫情防控工作的覆盖情况

二、抢滩非住宅业态领域，进军城市管理服务

物业管理行业竞争激烈，物业服务企业仍积极拓展管理规模，收并购和市场化拓展仍是企业主要的拓展途径。当前，企业收并购的模式、标的和目的愈加明确和清晰。物业服务企业收并购及市场化拓展更加理性

① 综合得分：反映了选项的综合排名情况，得分越高表示综合排序越靠前。计算方法为：选项平均综合得分=（Σ 频数 × 权值）/ 本题填写人次

化，综合考虑标的与自身业务、经营模式、盈利能力和综合实力提升等方面的契合度，以及对自身管理业态或区域进行补充和完善。物企在管理的广度和深度上均有突破，项目拓展步伐逐渐由住宅物业向非住宅物业领域拓展，并逐步延伸到更广阔的城市管理和运营。

注重业态多元布局，抢滩非住宅物业领域。从市场空间上来看，相对管理模式成熟的住宅物业，非住宅物业目前的市场占有率较低，行业格局较为分散，龙头企业尚未显现，行业空间广阔，成为企业竞争的新赛道。从收益能力上看，非住宅物业面对的主要是单一业主或大业主，物业费价格可以根据服务进行协商，提价相对容易，且物业费和物业收缴率平均较高，更多的物业服务企业向非住宅物业领域拓展，企业逐步由“传统物业服务企业”向“综合服务提供商”转变。

进军城市服务，延伸物业服务边界。随着新型城镇化建设的推进，为推进城市精细化管理、政府机构市场化改革和提高城市治理水平，提升县城公共设施和服务能力，“城市服务”管理需求凸显。物业服务企业利用专业优势和丰富的多业态管理经验，抓住发展机遇，从传统的物业服务中突围，切入物业城市服务的新版图。物业服务企业将自身的优势和资源与政府工作协同，将物业管理经验与城市治理和综合管理服务相结合，探索城市治理新模式，协助社会治理，服务城市发展，引领行业实现新的跨越。

从初步探索到更多企业的入局，更多城市形象有望焕新。城市服务管理跳出传统物业模式和发展局限，将重点由关注物业、社区向城市治理方向发展，从城市化进程的战略层面来思考企业的发展空间，物业管理模式和品质要求较高。部分头部物业服务企业自早期便开始探索城市精细化管理。例如，碧桂园服务提出“城市共生计划”、保利物业发布“镇兴中国”服务品牌、万科物业提出“城市空间整合服务”、龙湖智慧服务提出的“城市管家”等。2020年以来，碧桂园服务、佳兆业美好、新大正、旭辉永升服务、招商积余、绿城服务、雅生活服务、龙湖智慧服务和万科物业等多家物业服务企业通过招标投标、收并购、签署战略合作协议、与政府合作成立城市服务平台等种方式积极拓宽业务，突破现有业务边界，探索城市运营服务领域（表9）。在城市精细化管理相关政策的推进下，城市服务的资源将逐渐释放，未来将有更大的增量空间。

2020年以来物业服务企业在城市服务中的探索　　表9

企业名称	城市服务相关动态
碧桂园服务	与山西寿阳县“环卫＋”服务项目、天津军粮城、衢州市交通投资集团、陆良滇中健康城、白鹿仓集团签署战略合作协议
新大正	携手青岛融源探索城市运营新模式
佳兆业美好	与河北邯郸市峰峰矿区签署合作协议，正式成立城市综合服务平台；收购宁波朗通物业，助力城市配套服务服务升级
时代邻里	签约广州南沙区城市服务项目
旭辉永升服务	2020年上半年，公司逐步搭建起智慧城市服务生态圈，分别与通化高新、乌兰察布市集宁区、泗阳经开区等地方性区政府进行战略合作，发力城市服务蓝海市场
招商积余	深圳湾公园、松山湖生态园东区城市综合服务项目、三亚崖州湾科技城、青岛即墨区城市空间管理等项目
绿城服务	成立“宁波市杭南绿城物业服务有限公司”，计划在宁波念慈开展城市服务的业务
雅生活服务	联手玉禾田开发城市环卫类项目；更名为“雅生活智慧城市服务股份有限公司”，并开始布局第五大产业板块——城市服务
龙湖智慧服务	岳阳城陵矶新港区
万科物业	厦门鼓浪屿、郑州二七区，城市空间再拓版图

物企管理业务由社区走向商业、办公、学校等非住宅物业领域，在向更为广阔的城市服务领域拓展，有望打破行业固有的业务范围和模式，物业管理服务成为城市的毛细血管，触达居住、生活、工作、休闲的每个领域和场景，承担起城市服务的综合管理功能，并将有助于提升行业和企业的市场地位、职业认同感、助推创造美好生活。

三、行业集中度加速提升，并购整合仍将持续

物企积极跑马圈地，行业规模战仍在持续。物企或通过实力强劲关联房企支持，或依据自身的市场化拓展，或通过收并购整合多方资源，开疆辟土，快速的扩充管理规模，增大区域布局，服务范围延伸到更广阔的空间。

房地产行业的收并购助力物管行业集中度提升。房地产企业收并购的同时，也将带来下属物企的收并购，从而提升行业集中度。例如，中国奥园收购京汉股份后，奥园健康收购乐生活；世茂股份并购福建福晟后，世茂服务收购福晟物业 51% 股份。

规模化竞争时期，通过兼并收购，是最直接实现企业管理规模扩张的手段，也是目前众多物企重点选择的拓展方式。近年来，在资本的助推下，行业收并购事项屡有发生，企业通过收并购实现管理规模的突进和业务布局的精进。当前，物业管理行业收并购主要呈现如下三个方面的特征：

一是收并购更理性和目标更加明确。在选择标的时，物业服务企业更加注重对现有业态、管理区域的补充。收购此等标的企业将能更好地弥补企业的短板，同时可以作为企业在新业态和区域的支点，挖掘企业拓展更大的发展空间。同时，头部企业在标准化服务和精细化管理上率先取得进展，并积累了丰富的经验，在巩固企业现有优势地位的同时，物企能够对多业态、广布局的管理项目产生业务协同和标准化管理，助推企业做大做强。例如，碧桂园服务收购港联不动产服务、嘉凯城物业，布局商写、酒店、产业园区及公建物业；收购文津国际，拟发展社区保险销售业务；拟分两阶段收购城市楼宇电梯海报广告发布服务提供商城市纵横 100% 股权，并购向增值服务拓展。雅生活服务收购青岛华仁物业弥补了雅生活服务在青岛乃至山东地区的空白；收购哈尔滨景阳物业提升其黑龙江省的市场影响力及竞争力，形成区域补强；收购粤华物业，布局政府和医院物业。佳兆业美好收购江苏恒源物业，布局政府和医院物业等。众多物企抓住行业上行机遇，积极参与行业整合，助推行业快速发展。

二是物企收并购数量增多，重视度强。从物企募集资金用途上看，截至 2020 年 4 月 30 日，其中 17 家港股上市物企将 50% 以上的募集资金用于收并购。据不完全统计，2019 年全年上市物企典型收并购事项超过 20 例，收购对价金额超 60 亿元。2020 年尽管受到疫情的影响，物业管理行业收并购步伐依旧不减，截至 7 月 30 日，行业典型收并购事件已近 30 项，对价超过 25 亿元，为收购方直接增加管理面积超过 1 亿平方米（表 10）。

三是延续 2019 年头部企业强强联合模式，收并购进一步拓展到头部企业之间以及上市物企之间。2020 年 6 月 14 日绿城服务以每股 0.98 港元的价格购买了中奥到家 3692.8 万股，23 日，绿城服务发布公告称，公司增持中奥到家约 1.22 亿股（占 14.35% 股权），总耗资约 2.2 亿港元。绿城服务 10 天两次出手入股中奥到家，持股超 18% 成为其第二大股东。双方的战略合作模式开创了物业管理行业全新的合作模式，加速了行业整合。

2020年以来物业服务企业典型收并购事项　　表10

企业名称	公布收购时间	收购标的	收购对价（千万元）	收购股权比例（%）
旭辉永升服务	2020-2	青岛银盛泰物业	0.8644	50
银城生活服务	2020-3	南京汇仁恒安物业	4.6	51
时代邻里	2020-3	广州浩晴物业	3.3	100
	2020-5	广州市耀城物业	1.5	100
	2020-6	上海科箭物业	23.405	51
世茂服务	2020-3	福晟生活服务	—	51
浦江中国	2020-3	南京松竹物业	0.427	49
碧桂园服务	2020-4	文津国际	8.411	100
	2020-4	合富辉煌	1.12亿港元	11.87
	2020-7	城市纵横	151.2	100
奥园健康	2020-4	乐生活	24.8	80
	2020-5	宁波宏建物业	3.7	65
南都物业	2020-4	安邦护卫集团	4.718	5
中海物业	2020-4	珠海航空综合服务有限公司	—	51
融创服务	2020-4	成都环球世纪	—	95
	2020-5	开元物业	—	84.92
新城悦服务	2020-5	成都诚悦时代物业	—	61.50
佳兆业美好	2020-6	宁波朗通物业	2.7	60
蓝光嘉宝服务	2020H1	共收购8家（3家成都及无锡，5家于四川、浙江、广东及宁夏）物业管理服务提供商	19.39	—

物企配股现象频发，充足现金助力收并购扩规模。行业并购事件屡屡发生，加大企业对现金流的需求。2020年以来，多家物企高位折价配股，通过配股融资，以实现现金快速到位。特别是6月以来，迎来了物业股配售潮。6月3日，绿城服务发布公告拟向最少6名承配人合计配售2.67亿股新股，配股募资净额26.93亿港元。紧接着，旭辉永升服务宣布将以“先旧后新”形式配售1.34亿股，预计融资总额约15.79亿港元，净额15.64亿港元。随后，佳兆业美好9日发布公告拟配售1400万股，净筹4.51亿港元。14日，中奥到家向绿城服务配售3692.8万股，集资净额0.36亿港元。15日，和泓服务拟折让3.76%配售最多8000万股，净筹金额1.01亿港元。而在此之前，绿城服务向龙湖完成了1.55亿股的配发，并借此获得了13亿港元的资金。除了配股融资，早在4月份，碧桂园服务便发行了38.75亿港元可换股债券。若配售成功，近期上述企业通过配售和可转债募集到的金额将超百亿港元（表11）。多家企业所得资金用途均提到要用于收并购，充足的资金支持，将为物企扩充规模提供强力支持。

2020年以来物业服务企业资金募集动态　　表11

企业简称	公告时间/完成时间	募资方式	募资净额（亿港元）	用途
碧桂园服务	2020-4-28	可换股债券	38.75	用于未来潜在的并购、战略投资、营运资金及公司一般用途
绿城服务	2020-4-24	配股	13	用于贷款还款、营运资金及一般公司用途

续表

企业简称	公告时间 / 完成时间	募资方式	募资净额（亿港元）	用途
绿城服务	2020-6-3	配股	26.93	用于未来潜在的并购、战略投资、营运资金及一般企业用途
旭辉永升服务	2020-6-4	配股	15.64	用于在未来机会出现时作业务发展或投资，以及作为营运资金与集团一般用途
佳兆业美好	2020-6-9	配股	4.51	用作日后机遇出现时的潜在业务发展或投资及一般营运资金以及一般企业用途
中奥到家	2020-6-19	配股	0.36	用作该集团的一般营运资金
和泓服务	2020-6-15	配股	1.01	用作日后可能进行的并购及一般营运资金
鑫苑服务	2020-7-3	配股	1.272	用于本集团的业务发展、策略投资及用作一般营运资金
时代邻里	2020-7-7	配股	7.796	所得款项净额约 90% 拟用作潜在战略投资及收购机会；以及所得款项净额约 10% 拟用作集团一般营运资金

总的来看，收并购仍是物企市场化拓展的重要手段，物业服务企业积极寻求并购机会以扩大规模，而物业股“配售潮”也为物业服务企业储备了大量的现金，为企业在管面积的增加投掷了重要的筹码。预计接下来行业将会有更多的并购事项落地，市场集中度向头部企业聚集，行业集中度进一步提升。

四、挖掘多元化服务需求，引领企业提质扩容

多经业务优势明显，企业服务渗透率不断提升。物业管理行业的上升时期，物业服务企业的竞争主要集中在广度的扩张和深度服务的挖掘两个方面。其中，在物业深度服务方面，即开展多元化的增值服务。增值服务因服务多元、盈利能力较强，成为基础物业管理服务之外，物企重点发展的方向。物业服务企业纷纷开展多种经营业务和资源整合，借助大数据、云计算、物联网等新技术的应用，通过技术赋能为企业赢得更广阔的发展空间。增值服务具有较高的毛利率和长期多样性的发展，有望成为未来新的盈利增长点。

近些年，企业服务呈现多元化发展态势，服务扩容。物业服务企业营业收入逐年上涨，盈利能力增强。其中，增值服务毛利率均远高于基础物业服务。从上市物企 2019 年报数据看，基础物业管理服务仍为其基本的收入来源，增值服务收入占比在 20% ～ 50%。部分上市物企的物业管理服务毛利率范围在 11.4% ～ 30.2%，而增值服务的毛利率则在 29.6% ～ 60.9%，增值服务的毛利率远高于物业管理服务。物业管理行业拥有得天独厚的入口资源优势和业主交互能力，能够迅速地感知业主和居民多元化的服务需求，上市物企不断挖掘物业管理服务的附加值和边际效应，服务领域不断延伸（图 46、图 47）。

贴合业主生活服务需求，构建多元社区消费场景。借助与社区居民生活紧密的联系，社区增值服务的开展具有得天独厚的优势，相对受房地产市场影响较大的非业主增值服务，经过多元的探索和实践，社区增值服务得到了较快的发展。社区增值服务已经由简单的流量入口模式，转向专业化、可持续发展方向。众多物企深入挖掘居民生活需求，致力于打造与业主居家生活相关的产品和优质服务，构建符合业主需求的多元化场景，从而提升服务体验。物企不断探索和完善物业管理服务于日常消费、社区零售、家装、租售等相关产业的跨界融合，致力于为业主打造一站式居家服务平台，一站式解决各种生活所需。目前，比较成熟的社区增值服务包括空间资源服务、美居装修服务、资产租赁服务和社区生活服务等。

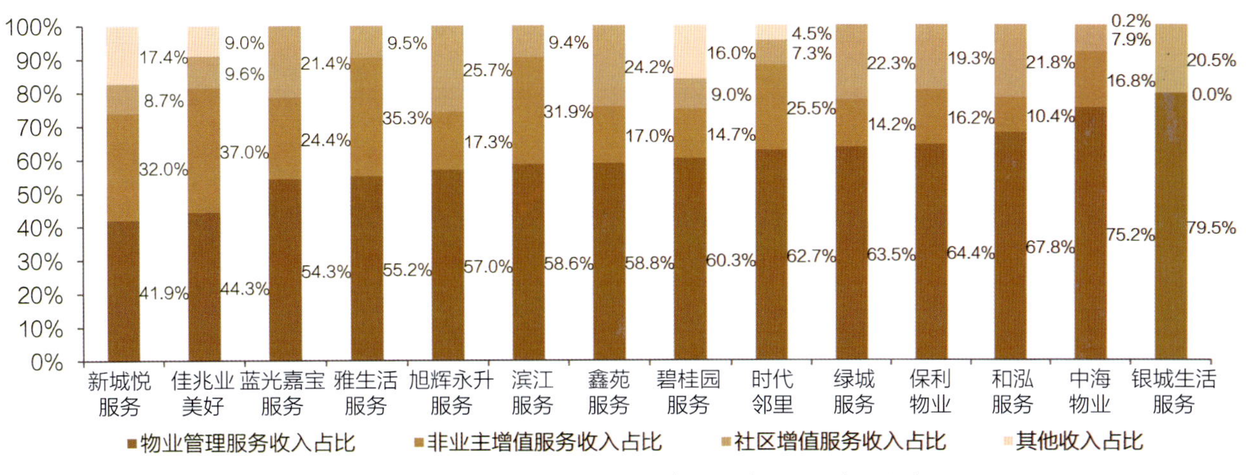

图 46　2019 年部分上市物企各业务板块营业收入占比分布

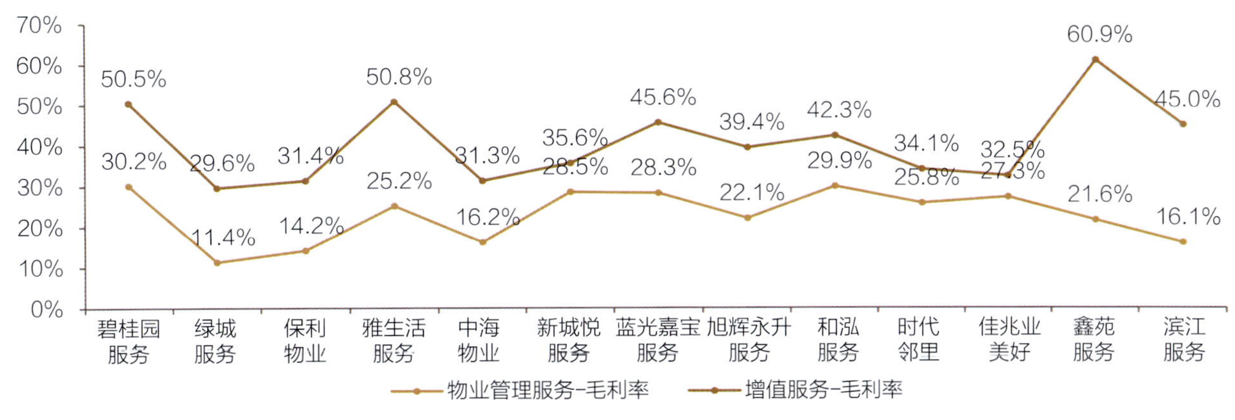

图 47　部分上市物企不同业务毛利率分布

整合线上线下优质资源，精准匹配业主的消费需求，提供平台化产品和服务。目前，头部物企主要通过自建的社区服务平台或 APP 为载体，通过充分整合线上线下优质资源，为居民提供更加丰富和完善的社区增值服务业务，从而增加与业主的互动频率，提升业主的体验感，增强用户粘性和品牌影响力。

对于一些规模大、实力强、品牌影响力较强的物企也逐渐在社区养老、新零售、租赁等业务板块涉足，并着力打造相关的服务品牌。其中，2019 年，在租售业务板块，彩生活、奥园健康等企业均推出自身的租售业务或品牌，并具体落地。2019 年 4 月国务院在《关于推进养老服务发展的意见》中明确指出要探索“物业服务＋养老服务”模式，物业服务企业被推举为社区养老的主要载体，10 月，民政部指出，下一步将推动“互联网＋社区养老服务业”发展，更多的物业服务企业进军社区养老市场。此外，物企与居民生活联系紧密，更利于企业布局社区零售业务，打通居民生活“最后一公里”，如，2019 年 4 月，彩生活与百果园、小胡鸭达成战略合作，探索社区新零售创新模式，10 月，社区首家“京选店”正式开业；4 月，金融街物业推出无人售卖新零售服务平台“怡己铺仔”；12 月中天物业旗下首家社区生鲜超市开业（表 12）。

此外，疫情期间，物业服务企业承担了大量的社区责任，充分彰显了企业社会担当。物企在防控预案、员工管理、科普宣传、出入口管理、消杀、物资发放等多个场景中积极行动，为业主全方位保驾护航。同时，鉴于小区封闭式管理，业主在家消费场景增多，社区场景下有更多业主服务需求被激发，部分企业迅速开展代买代送、线上问诊等便民增值服务，社区商业迎来一波红利。另外，疫情亦催生了家庭消杀等特殊时期的增值服务，拉近了与业主之间的距离，增加了业主的使用习惯和黏性。

2019—2020年8月部分物企社区增值服务业务开展动态　表12

业务类别	企业简称	时间	主要内容
租售业务	龙湖智慧服务	2019-2-20	与阳光壹佰物业达成租售战略合作
	彩生活	2019-8-6	牵手好房布局租售业务
	佳兆业美好	2019-8-8	租售中心六店齐开，多元化服务加速业务转型升级
	奥园健康	2019-10-24	奥悦租售首家线下自营店在养生广场正式开业
		2020-3-12	奥悦租售第二家线下自营店在广州奥园城市天地正式开业
养老业务	碧桂园服务	2019-6-5至18	开展养老公益活动，探索居家养老创新模式
	中海物业	2019-10-25	签约合展养老项目
	华侨城物业	2019-11-15	与华大基因、华侨城医院从智慧医疗、健康管理等领域进行战略合作，进军社区康养产业
	长城物业	2019-12-17	旗下共享之家携手中核健康共创养老新生态
	金地物业	2020-7-20	金地社区健康养老服务发布会启幕
新零售业务	金融街物业	2019-4-4	推出无人售卖新零售服务平台“怡己铺仔”
	彩生活	2019-4-26	与百果园、小胡鸭达成战略合作，探索社区新零售创新模式
		2019-10-19	社区首家“京选店”正式开业
	中天物业	2019-12-2	旗下首家社区生鲜超市开业

五、资本市场认可度增强，行业投资价值显现

资本对物业服务企业的认可度增强，更多代表性企业登陆资本市场。从2014年在资本市场的探路，到2018年首家A股物企上市、碧桂园服务、雅生活服务等代表性物企赴港上市，物业服务企业在资本市场表现火热。历经多年发展，物业管理行业的资本价值逐渐显现。2019年，行业延续上年的上市热度，共有12家物业服务企业以IPO、重组或借壳等方式登陆资本市场，与过去5年主板物业股的总数相当。2020年，受疫情影响，资本市场整体呈现低迷状态，物业管理行业因企业务防守性强、现金流稳定、抗周期性和稳定性强等特点，逆势赢得资本市场的青睐。截至2020年8月底，已有烨星集团、兴业物联、建业新生活、弘阳服务、金融街物业和正荣服务6家企业成功赴港上市（图48）。资本市场对物业管理行业给予了较高的估值和期待，行业认可度增强，投资价值显现。

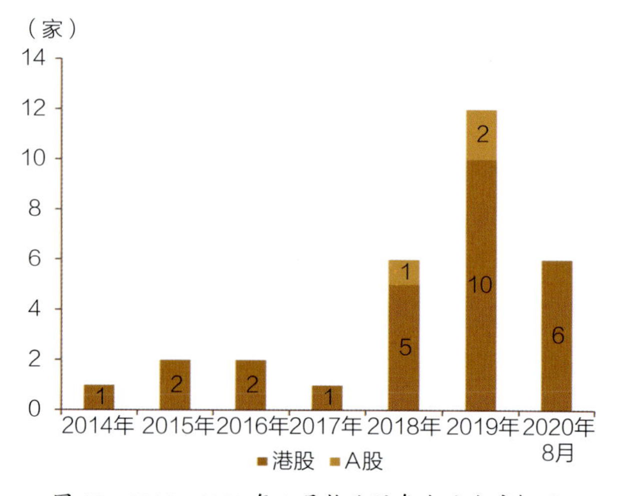

图48　2014—2020年8月物业服务企业上市概况

上市热情不减，预计将会有更多的物企登陆资本市场。截至2020年8月底，星盛商业、宋都物业、第一服务、卓越商企服务、荣万家生活服务、合景悠活、佳源服务控股、金科智慧服务、世茂服务、融创服务、华润万象生活和远洋服务控股等12家物企已经向港交所递表，阳光城、禹洲地产、中国恒大等企业亦纷纷表示拟分拆物业上市。预计，接下来将会有更多的物企进入资本市场，资本市场持续火热（表13、表14）。

截至 2020 年 8 月物业服务企业排队上市进程　　表 13

企业简称	递表时间	企业简称	递表时间
星盛商业	2020-1-17	佳源服务控股	2020-6-26
宋都物业	2020-1-24	金科智慧服务	2020-6-29
第一物业	2020-5-29	世茂服务	2020-6-29
卓越商企服务	2020-5-31	融创服务	2020-8-6
荣万家生活服务	2020-6-24	华润万象生活	2020-8-31
合景悠活	2020-6-24	远洋服务控股	2020-9-7

计划分拆物企上市企业及公告时间　　表 14

企业简称	拟拆分物业上市公告披露时间	企业简称	拟拆分物业上市公告披露时间
禹洲地产	2020-3-31	中国恒大	2020-7-31
阳光城	2020-4-24		

资本对物业服务企业的容纳性强，上市物企中不仅包括规模大、综合实力强的碧桂园服务、绿城服务、保利物业、招商积余、中海物业、雅生活服务和彩生活等物企，还包括成长性较高，深耕区域发展的新城悦服务、旭辉永升服务等，以及浦江中国、奥园健康、宝龙商业、时代邻里和滨江服务等“小而美”且具有明显特色的企业（表 15）。

部分上市物企的特点和亮点　　表 15

布局优势	特点	证券名称	亮点
全国领先	规模大、综合实力强	碧桂园服务	具有强大的品牌、大盘运营优势，管理规模大，碧桂园集团背书和支持
		雅生活服务	双品牌战略，具有旅游地产及大盘优势
		保利物业	央企第一、管理规模大、行业地位突出，依靠保利发展控股
		绿城服务	高端物业服务领先品牌
		彩生活	社区服务用户数量最多
		招商积余	央企物管新旗舰，聚焦物业资产管理运营
		中海物业	大中华区中高端物业服务领先企业
区域领先	聚焦区域	中奥到家	加大非住宅业务，新增房地产经纪、清洁绿化和园林景观等业务
		新大正	专注于非住宅物业管理，智慧城市公共物业服务领跑者
		佳兆业美好	深耕粤港澳大湾区及长三角，专注服务中高端物业
		建业新生活	扎根于河南区域的新型生活方式服务商
		鑫苑服务	中部区域先行者
		银城生活服务	南京及江苏省物业服务领先者
		烨星集团	以品质服务为基础，为住宅和非住宅提供综合服务
		蓝光嘉宝服务	西南地区及四川省综合实力领先
		南都物业	深耕区域发展，加大增值服务布局
		和泓服务	行业知名市场参与者
		弘阳服务	江苏省广受认可的综合社区服务供应商
		正荣服务	以长三角及海西为主，布局全国

续表

布局优势	特点	证券名称	亮点
区域领先	成长性好	新城悦服务	背靠新城集团，为江苏省龙头企业，具有高增长性
		旭辉永升服务	聚焦长三角，多样化物业组合，双品牌协同供应，高成长性
	特色突出	浦江中国	专注于非住宅物业服务
		奥园健康	奥园地产的支持，商业运营+大健康，多元化发展
		宝龙商业	领先的商业物业管理服务和运营商，轻资产业务模式
		时代邻里	深耕粤港澳大湾区，具有公建物业发展优势，提供多元化服务（电梯+市政环卫+智能化工程）
		滨江服务	长三角高端物业领先企业
		祈福生活服务	多业务服务组合：物业管理+零售服务+餐饮服+配套生活
		兴业物联	非住宅物业的中高端物业管理服务商
		金融街物业	专注向位于国家各级金融管理中心的物业提供物业及相关服务

上市以来，物企在资本市场表现不俗。从市值方面看，截至 2019 年底，24 家上市物企市值总额 2355.9 亿元，是其上市首日的 1.9 倍。其中，碧桂园服务总市值稳居榜首，市值达到 637.4 亿元，较上市首日增长 211.6%。中海物业市值增长最快，较上市首日增长超 4 倍。此外，绿城服务总市值为 212.6 亿元，高于其关联房地产企业（186.1 亿元）（图 49）。

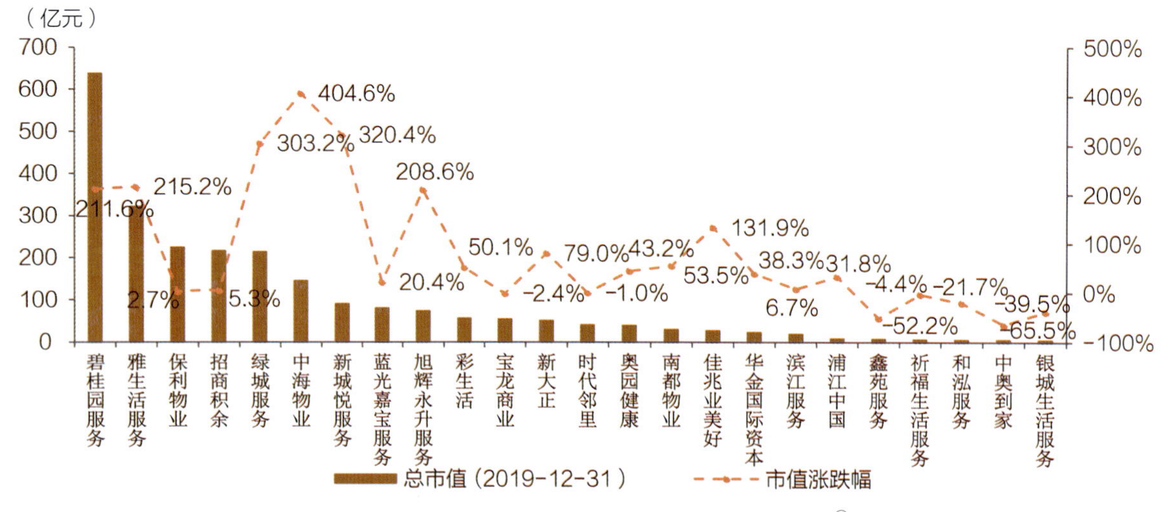

图 49　部分物业服务企业上市公司市值涨跌情况[①]

从市盈率角度看，物业服务企业市盈率多超过 20 倍，而房地产企业市盈率低于 10 倍，物业服务企业拥有较高的估值。从股价上看，上市物企股价整体看涨，跑赢大盘。截至 2019 年底，24 家上市物企全年股价综合看涨，全年股价涨幅平均值为 63.8%，高于同期恒生指数 9.1% 的涨幅，上市物企的资本价值得以体现。

此外，疫情消极影响之下，物管板块仍逆势突围。2020 年突如其来的疫情给各行各业以及整个经济、金融市场带来巨大的冲击。消极的市场环境下，物业管理行业的抗周期性、防御性和现金流稳定等特点显

① 为方便比较和计算，币种统一换算为人民币，1 港币 =0.896 元人民币。
招商积余上市首日市值为重组当日（2019 年 12 月 16 日）数据。
华金国际资金上市首日市值为与华发物业母公司签订股份买卖协议当日（2019 年 12 月 20 日）数据。

现出优势，一定程度上对冲了疫情带来的负面影响。2020 年 1 月新冠疫情发生以来，物管板块整体表现好于恒生指数。截至 4 月 30 日，相较 2019 年末收盘价，物管板块平均涨幅为 26.3%，同期恒生指数跌了 12.6%。另外，物业服务企业在疫情期间始终坚守在社区防疫第一线，承担了大量超过其合同范围的责任，为居民守好“门”以及提供符合其需求的生活类服务，赢得了居民的认可和信赖，行业品牌影响力和社会地位增强（图 50）。

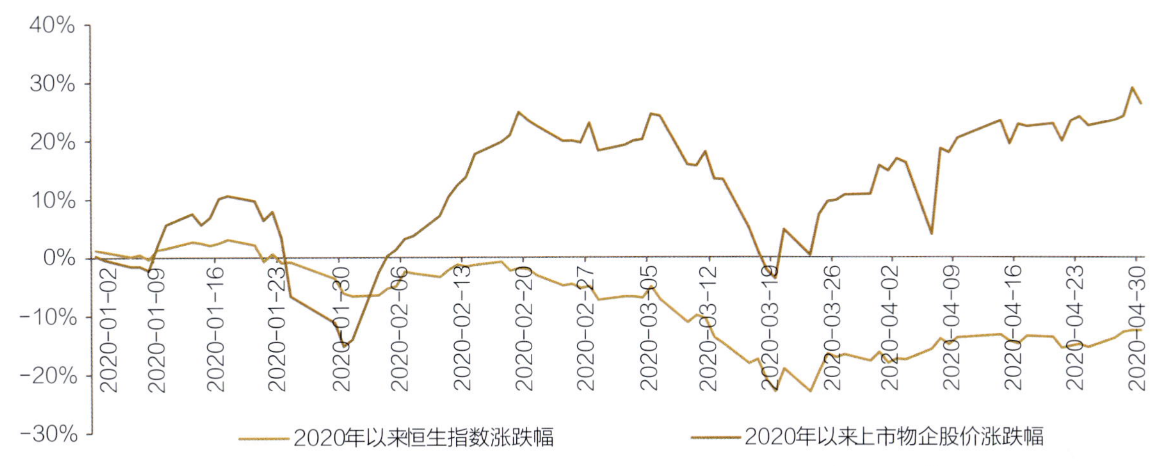

图 50　2020 年以来上市物企股价涨跌情况和恒生指数的表现对比[①]

数据来源：企业年报，CRIC，中国房地产测评中心，中物研协

总的来看，资本市场对物业管理行业具有较高的期待，上市物企的数量逐年增多，物业在资本市场中表现良好，资本给予物业较高的估值，股价普遍上涨，市值也逐年提升，部分头部企业市值亦不逊色于房地产企业，排名较为靠前。同时，疫情在为行业和居民生活带来危机和挑战的同时，也拉进了物业与居民之间的关系，企业的品牌影响力，行业的认可度和社会地位提升，行业的价值逐渐显现。

六、智慧引领行业发展，科技赋能企业降本增效

近些年，我国信息技术产业蓬勃发展。在政策层面，国家重视高新信息技术的发展和落地，并作出一系列的部署，在互联网＋、云计算、人工智能、物联网、区块链、5G 等领域有了突破性的进展。新技术的应用，为物业管理行业带来新的发展机遇，推动行业的转型与升级，诸多优秀物业服务企业开始探索智慧社区的建设。物业服务企业以高新技术为基点，不断优化企业内部管理流程和业务及深化用户消费需求，打通社区多个应用场景，实现企业的降本增效以及为业务提供多元化服务需求。

科技赋能有助于企业降本增效，增强企业市场竞争力。从上市物企募集资金用途上看，上市物企高度重视智慧科技在企业内部管理和优化服务中的应用，投入的资金仅次于企业用于规模扩张和收并购，为企业募集资金的第二大战略用途。众多物业服务企业加大对内部管理系统的构建，开发智能服务系统和升级内部数字化及智能化管理系统，以实现企业的管理数字化、服务专业化、管理流程标准化以及操作自动化，升级内部信息管理系统效率及标准化服务质量，优化业主体验。

物业管理行业劳动密集，人工成本一直在企业成本中占比最高，且物业费调价难，涨幅低于成本的上

① 不包括 2020 年 3 月新上市的兴业物联和烨星集团。

升，利润空间受到挤压。科技的应用能够助力企业降低对人工的过度依赖，扩大物业服务的管理半径，加快响应速度，提升物业管理效率，助力企业运营管理提质增效。

深挖消费需求，打通社区多个应用场景。基础物业服务仍是企业主要的营收构成，而增值服务的广阔前景逐渐显现，给予人们更多的想象和期待。科技的落地和应用，为企业开展更多物业服务提供了基础。企业通过技术应用深度挖掘客户消费需求，打通社区多个应用场景，通过打造社区平台，深层次优化和升级基础物业服务的智慧缴费、智慧报修、智慧三巡等，以及增值服务相关的围绕着社区资讯推送、邻里社交、商业、医疗、教育等应用场景，构建满足居民生活需求的社区生态圈。物业服务企业通过线上线下相结合的方式连接社区服务，实现各种资源的整合，挖掘社区服务的最大价值，实现居民基本生活一站式服务。

疫情期间智慧物业发力，推进智慧社区建设。新冠肺炎疫情发生以后，多地防控措施升级，纷纷发布小区封闭公告，居民生活活动范围受到限制。防疫期间，智慧车行、门禁系统识别、智慧巡检、无人机、紫外线消毒等智能产品得到广泛应用，使得防控期间的监控、人员身份识别、消杀防护等工作更准确、便捷和科学，减少人与人直接接触，减少了传播风险，很大程度上保障员工与业主的生命安全。同时，智能化设备的应用，缓解了人员不足、员工过多暴露的压力和风险。此外，疫情期间，业主隔离在家，一方面受到疫情持续的恐慌，另一方面，生活资源获取困难。于是，部分物业服务企业在牢守防疫一线的同时，迅速采取行动疏导业主情绪，为客户提供“代跑腿”解决生活所需，多家物企升级 APP 功能，上线在线问诊、生鲜采买、疫情防控资讯更新等，满足业主需求的同时，也增加了业主对物业的信任、粘性和依赖，并在一定程度上培养了业主的使用习惯。未来业主在物业服务平台消费的可能性得以提升。物业服务企业加速布局“非接触物业服务”，将提升整个行业科技智慧化进程。

七、行业社会价值重塑，企业聚焦“品牌+服务”

业务模式迭代升级，品牌形象重塑焕新。近年来，物业管理服务业务模式持续迭代升级，物业服务的重点由对“物的管理”，逐渐转向“对人的服务”，物企逐渐意识到真正好的物业是要深挖业主需求和特点，关注于人，增加居民的居住体验和生活品质。物业服务企业积极推进企业品牌的焕新，聚焦更改企业名称，突出服务本质，发布公司品牌或细分物业品牌，以此重塑企业外部形象，推动企业业务模式的升级迭代，明确自身的定位及建立竞争优势（表 16）。

2019—2020 年 8 月部分企业典型品牌升级事件　　表 16

企业简称	时间	品牌升级事件及动态
新城悦服务	2019 年 4 月 1 日	公司名称由“新城悦控股有限公司”更改为“新城悦服务集团有限公司”，以更好地反映其目前的业务发展及其未来发展方向
碧桂园服务	2019 年 5 月 13 日	“碧桂园服务更名为碧桂园智慧物业服务集团”
旭辉永升服务	2019 年 6 月 21 日	简称由“永升物业”变更为“永升服务”，聚焦对人的服务，提升服务品质
	2020 年 6 月 2 日	“永升服务”更名为“旭辉永升服务”，实行“旭辉+永升”品牌协同发展
建业新生活	2019 年 6 月 6 日	建业集团发布“建业+”服务体系，同步推出“建业+”APP
	2019 年 8 月 8 日	建业新生活商业品牌发布 发力拓展商业领域
	2019 年 12 月 10 日	建业新生活举办智慧升级发布会

续表

企业简称	时间	品牌升级事件及动态
保利物业	2019 年 6 月 29 日	保利物业高端物业——东方礼遇品牌升级，打造高端物管理念与服务标准，稳固高端物管领域差异化竞争优势
佳兆业美好	2019 年 7 月 12 日	佳兆业物业更名“佳兆业美好”，力求打造美好人居体验，帮助更多客户体验更美好的生活
世茂服务	2019 年 8 月 5 日	世茂物业正式焕新升级为“世茂服务”，发布行业首个针对“用户生活服务”研发的生态系统——“Ocean X 世茂深蓝服务系统”，构建生活服务智慧蓝海生态
融创服务	2019 年	品牌升级，融创物业更名为“融创服务”
绿城服务	2019 年 9 月 17 日	正式宣布推出“绿城云享”独立品牌，并加入 BOMA 白金会员，助力高端服务品质
招商积余	2019 年 12 月 16 日	招商积余重组更名完成，并正式复牌上市
万科物业	2019 年 12 月 12 日	与戴德梁行联手，打造大中华区商业物业管理龙头
华润物业科技	2020 年 4 月 26 日	迭代升级战略品牌——“悦＋”，同时发布社区公益便民服务品牌“悦＋守护”及首个社区主题活动 “悦＋ JO 游记”
康桥悦生活	2020 年 7 月 29 日	康桥悦生活服务战略重磅发布，康桥物业正式更名为“康桥悦生活服务集团”
保利物业	2020 年 7 月 30 日	“保利物业发展股份有限公司”更名为“保利物业服务股份有限公司”
雅生活服务	2020 年 7 月 30 日	拟将公司中文名称由“雅居乐雅生活服务股份有限公司”更改为“雅生活智慧城市服务股份有限公司”

疫情期间物企社会地位提升，价值得以重塑。2020 年突如其来的疫情，给人们居住生活的方方面面均带来巨大的冲击。在各级物业管理协会和相关部门的积极号召下，物业服务企业纷纷响应，迅速启动紧急预案，成立防疫小组、编制防疫防控工作指引、开展防疫培训、对外来人员严格管控，强化员工管理，并加大公共区域消杀频次等。物业服务企业在特殊时期的付出和坚守，使得提供高品质物业服务的企业脱颖而出，赢得社会和业主的广泛认同，竞争力增强。物业服务企业通过联动街道、社区落地疫情防控工作，承担了大量超越其服务合同范围和法律责任边界的工作，彰显了行业的担当和社会责任感。

同时，物业管理行业在爱心捐款、捐赠物资、提供专业服务驰援火神山、雷神山医院等方面发挥了积极正面效应，企业的品牌影响力和社会形象增强。

此外，疫情的特殊期间，物业服务人员以其坚守和专业化服务，安抚业主情绪，并为业主提供“代购”“跑腿”等多项优质和贴心服务，加深了业主与物业员工之间的情感互动，业主的体验感增强，满意度提升，业主物业费缴费意愿增强。

疫情成为区分优质服务和普通服务的分水岭，历经疫情的考验，提供优质物业服务的物企品牌形象和品牌价值得以提升，价值得以重新认知，物业管理行业或将迎来价值重塑。

规模竞争终将转向品牌竞争、品质竞争。当前，物业管理行业的集中度仍不高，物业服务企业加快规模扩张步伐，积极跑马圈地，在开展基础物业服务的基础上，向多元化的增值服务方向拓展。物企的管理重点逐渐由“物”向“人”转变，物业服务的重要性逐渐显现。特别是经历疫情，物业在疫情防控，乃至构建美好生活具有重要的作用和地位。因此，在规模扩张的同时，物业服务企业也更加重视起企业品牌的建设和服务品质的把控。物业管理的优质服务成为业主着重考虑的主要因素，物业服务“质价相符”理念赢得一定的舆论基础，物业品牌价值得以显现。总的来看，规模扩张是企业立足之本，建立服务品牌和提升品牌影响力是企业走得更高更远的动力。企业品牌影响力、高品质物业服务将形成良性循环，成为物业服务企业综合实力的真正堡垒。

附表 1　各地区各业态物业服务费标准及收缴情况

		总的情况			住宅物业			写字楼物业		
序号	省市	样本数（个）	物业服务费[元/(月·m²)]	收缴率	样本数（个）	物业服务费[元/(月·m²)]	收缴率	样本数（个）	物业服务费[元/(月·m²)]	收缴率
	全国	75998	3.09	94.93%	37922	2.11	91.38%	17561	6.89	98.49%
1	北京	3627	4.73	94.04%	1790	2.70	89.81%	1051	12.43	98.65%
2	上海	4665	6.01	95.05%	1968	2.88	90.79%	1255	11.42	98.46%
3	天津	1303	3.92	94.04%	631	2.59	91.26%	340	8.73	98.48%
4	重庆	2465	3.38	96.18%	1141	2.42	94.93%	480	6.94	99.39%
5	河北	1557	4.18	94.88%	784	2.08	92.97%	215	11.89	98.80%
6	内蒙古	714	2.90	92.75%	269	2.02	85.30%	300	4.22	99.20%
7	辽宁	1790	3.58	95.10%	1188	2.28	93.79%	346	9.28	99.63%
8	吉林	890	2.31	93.98%	530	1.76	92.86%	167	8.96	97.14%
9	黑龙江	564	2.22	94.55%	248	1.67	90.23%	129	4.51	99.82%
10	山西	527	2.80	94.57%	224	1.85	93.98%	207	5.60	99.81%
11	江苏	7065	2.88	93.04%	3645	1.97	89.91%	1453	5.45	98.09%
12	浙江	6296	2.82	93.53%	3199	2.21	90.39%	1417	5.15	97.08%
13	安徽	5009	2.18	96.65%	2116	1.44	93.56%	1246	4.75	99.53%
14	福建	3088	2.53	93.43%	1575	1.97	90.01%	857	5.43	96.77%
15	江西	1861	2.42	87.48%	1268	1.88	83.29%	257	5.36	98.27%
16	山东	4537	2.79	96.13%	2015	2.05	93.27%	1138	4.88	99.01%
17	河南	2909	2.46	96.06%	1766	1.86	95.00%	364	7.99	98.86%
18	湖北	2171	3.09	93.73%	1047	2.24	90.27%	541	7.09	98.45%
19	湖南	3460	2.55	92.38%	1775	1.90	87.61%	744	4.84	98.23%
20	广东	10555	3.50	95.71%	4595	2.53	93.46%	2699	6.86	99.41%
21	广西	2090	2.89	92.03%	1205	1.72	89.62%	417	8.39	98.15%
22	四川	3458	2.90	94.24%	1979	2.14	92.13%	760	6.63	98.98%
23	云南	807	2.62	95.40%	401	2.06	91.97%	180	4.01	99.72%
24	贵州	848	2.17	92.93%	429	1.83	90.28%	123	4.70	98.42%
25	宁夏	398	2.74	92.00%	182	1.48	90.56%	139	5.02	96.37%
26	陕西	1076	3.01	93.01%	527	2.02	89.35%	266	6.60	97.45%
27	甘肃	908	2.21	92.11%	566	1.37	88.50%	201	6.15	99.97%
28	海南	592	3.29	87.98%	399	2.87	86.57%	104	8.18	93.52%
29	青海	75	2.58	88.20%	38	1.51	85.10%	5	12.24	—
30	新疆	307	2.27	91.63%	234	1.58	89.43%	37	8.14	97.34%
31	香港	348	4.99	99.68%	168	4.79	99.48%	117	3.78	99.94%
32	西藏	14	6.60	—	4	—	—	6	14.99	—
33	澳门	24	19.02	99.00%	16	25.97	99.00%			—

续表

序号	省市	商业物业			产业园区物业			医院物业		
		样本数（个）	物业服务费[元/(月·m²)]	收缴率	样本数（个）	物业服务费[元/(月·m²)]	收缴率	样本数（个）	物业服务费[元/(月·m²)]	收缴率
	全国	6168	5.86	94.36%	2896	2.96	99.05%	2397	6.19	99.40%
1	北京	226	7.42	97.84%	66	5.21	96.08%	134	6.13	99.70%
2	上海	341	9.57	95.94%	150	6.61	98.24%	214	8.15	99.88%
3	天津	108	7.90	94.42%	46	2.99	97.93%	44	9.70	100.00%
4	重庆	236	7.45	95.28%	303	2.47	99.33%	52	7.78	99.95%
5	河北	178	16.59	97.12%	204	2.22	99.83%	56	6.58	99.29%
6	内蒙古	23	3.83	91.87%	29	3.98	98.45%	26	6.88	90.77%
7	辽宁	118	7.87	96.24%	32	2.79	99.00%	29	8.18	100.00%
8	吉林	109	4.47	94.57%	13	3.22	99.19%	8	—	—
9	黑龙江	69	2.76	96.17%	11	2.40	100.00%	21	4.89	100.00%
10	山西	34	4.73	95.31%	9	—	—	29	9.25	100.00%
11	江苏	691	4.68	93.31%	265	3.60	99.46%	176	7.14	99.49%
12	浙江	720	4.14	94.39%	160	2.96	98.37%	149	6.80	98.19%
13	安徽	432	3.67	95.84%	216	2.08	99.69%	222	5.53	99.51%
14	福建	174	4.58	94.34%	85	2.78	99.37%	67	6.68	100.00%
15	江西	136	3.25	92.41%	32	5.12	97.57%	59	6.87	100.00%
16	山东	308	4.42	95.53%	228	3.11	99.57%	283	4.55	99.21%
17	河南	350	4.17	95.90%	150	2.05	99.65%	82	5.41	98.76%
18	湖北	214	7.04	93.95%	94	2.48	97.71%	26	4.01	99.99%
19	湖南	281	4.27	93.40%	124	2.28	96.82%	90	4.23	99.75%
20	广东	498	7.50	94.74%	383	3.58	99.17%	356	7.40	99.65%
21	广西	152	3.96	85.23%	35	3.06	96.96%	54	3.47	99.22%
22	四川	320	5.55	92.79%	91	4.61	98.32%	99	5.80	99.59%
23	云南	78	5.69	95.66%	60	1.74	100.00%	24	6.77	100.00%
24	贵州	145	2.78	91.02%	28	3.65	99.82%	12	4.34	99.23%
25	宁夏	15	8.30	93.23%	3	—	—	21	5.38	100.00%
26	陕西	89	5.72	95.63%	50	5.36	99.82%	19	5.48	98.96%
27	甘肃	23	4.85	95.49%	4	—	—	21	2.33	100.00%
28	海南	51	4.82	95.60%	8	—	—	9	—	—
29	青海	3	—	—	4	—	—	8	—	—
30	新疆	19	6.33	97.57%	8	—	—	6	—	—
31	香港	27	5.47	99.70%	5	—	—	1	—	—
32	西藏	—	—	—	—	—	—	—	—	—
33	澳门	—	—	—	—	—	—	—	—	—

续表

		公共场馆物业			学校物业			其他物业		
序号	省市	样本数（个）	物业服务费[元/(月·m²)]	收缴率	样本数（个）	物业服务费[元/(月·m²)]	收缴率	样本数（个）	物业服务费[元/(月·m²)]	收缴率
	全国	1410	4.38	98.88%	4627	3.20	99.47%	3017	4.24	97.22%
1	北京	69	7.22	100.00%	157	4.94	99.28%	134	5.01	97.18%
2	上海	146	8.38	98.85%	431	6.14	99.89%	160	11.68	98.38%
3	天津	20	8.04	98.02%	89	3.20	98.66%	25	4.13	94.42%
4	重庆	55	6.34	97.81%	88	2.51	98.83%	110	3.66	98.88%
5	河北	21	13.91	99.14%	49	7.49	99.72%	50	5.22	99.82%
6	内蒙古	26	4.60	98.46%	27	2.19	99.00%	14	2.49	93.56%
7	辽宁	15	2.88	99.73%	39	3.36	99.59%	23	6.13	99.39%
8	吉林	13	3.96	100.00%	39	2.79	99.59%	11	2.16	99.56%
9	黑龙江	30	2.37	98.92%	46	2.07	98.71%	10	2.47	98.72%
10	山西	2	—	—	7	—	—	15	1.14	100.00%
11	江苏	129	5.31	98.39%	261	3.31	89.31%	445	4.96	97.08%
12	浙江	99	5.91	98.58%	255	3.24	99.75%	297	2.95	95.44%
13	安徽	120	3.92	99.89%	485	2.71	99.63%	172	2.25	99.59%
14	福建	48	1.33	97.45%	218	2.54	99.64%	64	4.79	98.02%
15	江西	19	3.04	99.84%	52	2.75	99.18%	38	2.18	94.40%
16	山东	108	2.93	99.31%	292	3.08	99.37%	165	3.19	96.88%
17	河南	17	3.44	99.50%	112	2.03	99.21%	68	1.85	97.90%
18	湖北	59	3.51	97.74%	130	2.73	99.33%	60	4.20	96.79%
19	湖南	43	4.05	99.51%	250	2.28	99.44%	153	4.74	98.62%
20	广东	233	5.81	99.58%	1196	3.68	91.99%	595	4.08	99.65%
21	广西	39	4.42	96.56%	114	4.43	99.18%	74	3.11	94.54%
22	四川	38	4.06	99.37%	47	2.33	97.84%	124	4.56	96.69%
23	云南	10	4.49	100.00%	25	1.88	99.68%	29	2.92	99.38%
24	贵州	18	6.67	99.28%	63	2.11	99.38%	30	3.58	99.76%
25	宁夏	8	—	—	13	3.31	100.00%	17	2.98	99.53%
26	陕西	11	6.37	99.56%	71	3.00	96.15%	43	4.04	99.85%
27	甘肃	7	—	—	48	2.32	99.97%	38	2.84	99.71%
28	海南	4	—	—	11	2.44	89.59%	6	—	—
29	青海	1	—	—	6	—	—	10	3.87	100.00%
30	新疆	1	—	—	—	—	—	2	—	—
31	香港	1	—	—	3	—	—	26	11.54	99.00%
32	西藏	—	—	—	2	—	—	2	—	—
33	澳门	—	—	—	1	—	—	7	—	—

附表 2　各地区住宅物业项目业主委员会成立情况

		总体情况			住宅物业		
序号	省市	样本数	已成立业委会样本数	业委会项目占比	样本数	已成立业委会样本数	业委会项目占比
	全国	75998	11070	14.57%	37922	7928	20.91%
1	北京	3627	297	8.19%	1790	234	13.07%
2	上海	4665	1192	25.55%	1968	917	46.60%
3	天津	1303	226	17.34%	631	85	13.47%
4	重庆	2465	378	15.33%	1141	312	27.34%
5	河北	1557	40	2.57%	784	30	3.83%
6	内蒙古	714	152	21.29%	269	43	15.99%
7	辽宁	1790	273	15.25%	1188	171	14.39%
8	吉林	890	47	5.28%	530	34	6.42%
9	黑龙江	564	31	5.50%	248	27	10.89%
10	山西	527	15	2.85%	224	7	3.13%
11	江苏	7065	1100	15.57%	3645	799	21.92%
12	浙江	6296	1270	20.17%	3199	1023	31.98%
13	安徽	5009	1100	21.96%	2116	541	25.57%
14	福建	3088	467	15.12%	1575	397	25.21%
15	江西	1861	223	11.98%	1268	190	14.98%
16	山东	4535	317	6.99%	2015	231	11.46%
17	河南	2909	121	4.16%	1766	85	4.81%
18	湖北	2171	407	18.75%	1047	313	29.89%
19	湖南	3460	585	16.91%	1775	436	24.56%
20	广东	10557	1258	11.92%	4595	957	20.83%
21	广西	2090	227	10.86%	1205	201	16.68%
22	四川	3458	708	20.47%	1979	525	26.53%
23	云南	807	112	13.88%	401	74	18.45%
24	贵州	848	102	12.03%	429	66	15.38%
25	宁夏	398	30	7.54%	182	21	11.54%
26	陕西	1076	54	5.02%	527	32	6.07%
27	甘肃	908	37	4.07%	566	27	4.77%
28	海南	592	43	7.26%	399	36	9.02%
29	青海	75	0	0.00%	38	0	0.00%
30	新疆	307	30	9.77%	234	18	7.69%
31	香港	343	227	66.18%	168	96	57.14%
32	澳门	24	0	0.00%	16	0	0.00%
33	西藏	19	1	5.26%	4	0	0.00%

物业服务企业上市公司报告

第一部分　分析

一、核心观点

多家物企竞相追逐，碧桂园服务荣登榜首。2019 年物业服务企业上市热情高涨，多家优秀物企登陆资本市场，物业服务企业上市公司十强角逐激烈。榜单显示，2019 年榜首易位，碧桂园服务荣登首位，绿城服务紧随其后。2019 年新上市的央企优秀物企保利物业一跃成为第三名。

资本市场出现分化。从市值方面来看，截至 2019 年底，24 家上市物企市值总额 2355.9 亿元，是其上市首日的 1.9 倍；截至 2020 年 5 月 13 日，碧桂园服务成为首家市值超过千亿港元的上市物企，碧桂园服务以 934.50 亿元（1021.94 亿港元）的高市值，位居上市物企榜首。同时，与上市房地产企业市值相比亦不逊色，在上市物企和上市房企最新市值的混排中，碧桂园服务总市值位列第 11 位，超过众多房地产企业。背靠实力雄厚房企的物企，势如破竹，市值位于前列。独立第三方及关联房企表现一般的物企，逐渐出现掉队的趋势。

上市物企股价整体看涨，跑赢大盘。截至 2019 年底，24 家上市物企全年股价综合看涨，全年股价涨幅平均值为 63.8%，高于同期恒生指数 9.1% 的涨幅。2020 年 1 月，新冠疫情发生以来，物业板块整体表现好于恒生指数。截至 4 月 30 日，相较 2019 年末收盘价，物管板块平均涨幅为 26.3%，同期恒生指数下跌 12.6%。

多业务组合结构逐渐完善，营收增长提速，企业分化加剧。2016 年至 2019 年，上市物企营收规模逐年上升，营业收入总额 628.13 亿元，较 2018 年 458.97 亿元净增 169.16 亿元或 36.9%，均值 24.16 亿元。2016 年至 2019 年年复合增长率 32.4%。上市物企营收规模位列前五的企业总营业收入达到 353.99 亿元，占上市物企营收总规模的 56.36%，近两成的上市物企贡献了近六成的营业收入，营收规模向头部企业集中。服务扩容，物企深层价值得以挖掘。上市物企中，基础物业管理服务仍是主要的收入来源，占总收入的比例在 40% ～ 80%，物业管理服务收入占总收入的比例均值为 60.8%。同时，物业管理行业拥有得天独厚的入口资源优势和业主交互能力，能够迅速地感知业主和居民多元化的服务需求，上市物企不断挖掘物业管理服务的附加值和边际效应，服务领域不断延伸。明确营收结构的 15 家物企，其基础物业管理服务、社区增值服务、非业主增值服务收入总值分别为 275.54 亿元、65.26 亿元、88.73 亿元，分别同比增长 40.2%、66.4% 和

48.5%，占总收入的 61.2%、14.5% 和 19.7%。

前 7 家上市物企在管面积集中了近八成的管理规模，管理规模分化逐渐显现。23 家公布在管面积的上市物企，在管面积总量达到 21.41 亿平方米，较 2018 年同期增长 30.1%，平均在管面积达 9306.8 万平方米。2019 年，26 家上市物企合约管理面积超过 37.23 亿平方米，其中，公布合约面积的 22 家上市物企达 33.97 亿平方米，合约面积均值为 1.54 亿平方米。

目前，规模较大的物业服务企业呈现三个特点。一是背靠关联房地产企业且房地产开发能力较强的物业服务企业，在获取管理项目时更具优势；二是理性的收并购，能够最快地实现企业管理规模的扩张，且可以弥补企业在地理区域以及业态上的空白；三是注重多业态物业管理组合的协同发展，将极大地丰富企业的管理业态和管理体量。

资本助力行业整合，企业实现管理规模的扩张。21 家港股中有超八成的企业将 50% 以上的募集资金用于收并购，从而促进企业规模战略扩张。据不完全统计，2019 年全年上市物企收并购典型事件超 20 例，收购对价超 60 亿元。

多因素优化业务结构，盈利能力平稳改善。26 家上市物企毛利和净利润总值分别为 166.28 亿元和 76.63 亿元，分别同比增加 36.7% 和 32.4%。毛利率和净利率近 4 年出现首次下降，均微降 0.4 个百分点至 29.4% 和 12.1%；此外，2019 年净资产收益率均值为 22.7%，较 2018 年下降 13.6 个百分点，近 3 年净资产收益率均值持续下降，首次低于 30%，净资产收益率水平差异较大。

造成上市物企之间毛利率相差较大的原因，除企业所管理项目收费模式中包干制和酬金制所占比例的差异以及项目的接管时间外，企业增值服务的占比以及经营能力也成为影响企业毛利率差异的主要因素。从业务开展的情况来看，增值服务的毛利率远高于基础物业管理服务，且社区增值服务的毛利率高于非业主增值服务。

运营稳健风险可控，企业话语权增强。从长期偿债能力上看，2016 年至 2019 年，26 家上市物企资产负债率整体上逐年下降，均值持续回落，2019 年资产负债率均值相较 2018 年下降 8.6 个百分点至 49.2%；从短期偿债能力上看，上市物企的流动比率逐年攀升，由 2016 年的 1.47 增长至 1.92，逐渐趋于较为合理的 2 左右。此外，19 家上市物企合同负债总额达到 67.0 亿元，较 2018 年大幅增长 47.4%，均值 3.5 亿元。

增长率指标持续上扬，企业发展空间广阔。2016 年至 2019 年，26 家上市物企营业收入持续攀升，复合增长率达 32.4%。2016 年至 2018 年上市物企营业收入总值分别占物业管理行业经营总收入的 4.1%、4.3% 和 5.1%，预计 2019 年占比达 5.9%，上市物企占比持续提升。21 家上市物企在管面积持续扩充，复合增长率达 30.5%。2016 年至 2018 年，21 家上市物企在管面积总值分别占物业管理行业管理规模的 4.0%、4.6% 和 5.4%，预计 2019 年占比达 6.6%，上市物企在管面积集中度进一步提升。

科技赋能企业发展，运营效率显著提升。借助资金优势，上市物企加大对高新技术的投入。16 家物企中超过四成的企业将 20% 以上的资金用于高新技术方面的投入，均值达到 18%，该项仅次于物企用于收并购的投入，成为物企第二大战略用途。各物业服务企业智慧化建设、应用、投入和动作频频。新技术聚集，资本市场服务科技创新能力进一步增强，物企的运营效率不断提升，单位面积创收能力、人均管理面积、人均产出和人均净利润均表现出色，均值分别为 35.2 元 / 平方米、7661.9 平方米 / 人、24.6 万元 / 人和 3.2 万元 / 人，均高于行业平均水平。

纳税、精准扶贫与防疫，彰显企业责任与担当。26 家上市物企纳税总额达到 23.93 亿元，解决近 35 万人就业问题。扶贫、防疫冲锋在一线，展现上市物企良好社会形象。

资本现状：新三板市场热度下降，物企更爱赴港上市。2019 年延续上一年的上市热度，年内 12 家物业服务企业以 IPO、重组或借壳等方式登陆资本市场，与过去 5 年主板物业股的总数相当，超越 2018 年，成为上市物企数量最多的一年。据不完全统计，目前在港交所等待上市的物业服务企业达 6 家。此外，2020 年世茂集团、金科股份、华润置地、阳光城、禹洲地产、佳源国际、合景泰富和荣盛发展等企业亦纷纷表示拟分拆物业上市。

新三板：新三板挂牌数量下降，摘牌企业过半。资本市场表现各异，美的物业、智善生活、银中物业、建投实业、新日月和新鸿运 6 家物业服务企业符合港股上市基本要求。

结论：规模扩张多业态互补，非住宅物业成最佳赛道；持续开展多元化服务，引领行业服务提质扩容；企业分化进一步加剧，市场集中度持续提升；科技为行业发展赋能，数字化及智能化应用前景广阔。

二、企业分析

1. 入榜企业分析：多家物企竞相追逐，碧桂园服务荣登榜首

本次测评中心对上市物企进行了客观、公正、专业和科学的测评研究，形成了 2020 物业服务企业上市公司测评报告。从核心测评指标来看，2019 年 26 家上市物企营业收入均值 24.16 亿元，同比上升 36.9%；毛利和净利润均值分别为 6.40 亿元和 2.95 亿元，分别同比上升 36.7% 和 32.4%；毛利率和净利率分别为 29.4% 和 12.1%，均同比下降 0.4 个百分点；总资产持续增长，至 2019 年达 35.61 亿元，同比增长 41.6%（表 1）。

2016—2019 年物业服务企业上市公司部分核心指标均值比较（单位：亿元）　　表 1

指标	2016 年均值	2017 年均值	2018 年均值	2019 年均值
营业收入	0.41	12.91	17.65	24.16
毛利	2.55	3.33	4.68	6.40
净利润	0.83	1.19	2.23	2.95
毛利率	28.0%	29.8%	29.7%	29.4%
净利率	9.9%	12.1%	12.5%	12.1%
总资产	18.16	19.64	25.15	35.61

数据来源：企业年报，CRIC，中国房地产测评中心，中物研协

2019 年物业服务企业上市热情高涨，多家优秀物企登陆资本市场，物业服务企业上市公司十强角逐激烈。榜单显示， 2019 年榜首易位，碧桂园服务荣登首位，绿城服务紧随其后，2019 年新上市的央企优秀物企保利物业一跃成为第三名。

2019 年，碧桂园服务在管面积持续高速增长，平均物业费水平稳中有增，业务结构更趋多元化，增值服务突飞猛进，共同驱动收入高速增长。年内，碧桂园服务实现营业收入 96.45 亿元，同比增长 106.3%。毛利同比增长 73.3% 至 30.52 亿元；净利润达 17.18 亿元，同比增长 83.9%。2019 年“三供一业”业务开始贡献收入，占总收入的 15.7%，成为公司第二大收入来源，预计后续该业务会持续释放盈利。碧桂园服务收费管理面积约 2.76 亿平方米，较 2018 年增长 52.1%。同时，碧桂园服务“城市共生计划”初见成效，持续推动城市大物业模式，实现全域覆盖愿景。此外，公司创新性地提出碧桂园服务高速服务区“美好＋”战

略构想，致力于打造中国专业的高速公路服务品牌，同时有效启动高速服务区的资产价值。

绿城服务凭借高品质服务和口碑，赢得了市场和业主的认可，企业展现出强劲的第三方拓展能力，管理规模稳定增长。2019 年在管面积达 2.12 亿平方米，同比提升 24.6%，储备面积 / 在管面积比为 1.1 倍，为规模扩张带来较强的保障。同时，绿城服务为社区增值服务的先行者，持续聚焦业务能力建设，并在园区服务方面形成核心竞争力，巩固行业领先地位。年内，绿城服务营业收入实现 85.82 亿元，同比增长 27.9%。物业管理服务、咨询服务和园区服务分别为 54.52 亿元、12.17 亿元和 19.12 亿元，分别占总收入的 63.5%、14.2% 和 22.3%。同时，2019 年绿城服务毛利为 15.47 亿元，同比增长 29.2%，毛利率 18.0%，较上年上涨 0.2 个百分点。

保利物业作为央企控股的物企，同时也是规模最大的国资股，企业的发展具有得天独厚的优势。年内，保利物业实现营收 59.67 亿元，同比增长 41.1%。各业务板块均实现良好的增长态势，其中社区增值服务收入达 11.54 亿元，同比增长 85%，占营业收入总值的 19.4%，首次超越非业主增值服务，社区增值服务发展较快，未来有望进一步提高。同时，保利物业坚定推进大物业战略，针对公共及其他物业，打造了振兴中国物业服务品牌，积极布局多业态公共服务，项目拓展效果显著，实现高校及教研物业、城镇景区、政府办公楼、城市公共设施、轨道及交通物业等业态的全面覆盖，奠定了在公共服务领域的领先优势。截至 2019 年底，公司在管面积达 2.87 亿平方米，其中公建业态在管面积 1.40 亿平方米，首次超越住宅物业业态的 1.38 亿平方米。此外，保利物业持续开拓创新，年内，成功举办了第二届中国社会治理与协同创新镇长论坛，并首次进入军产物管领域。

此外，雅生活服务、招商积余、中海物业、彩生活、新城悦服务、蓝光嘉宝服务、永升生活服务、奥园健康和佳兆业美好也因其各项指标表现出色，运营能力强劲，综合实力突出，成为 2020 物业服务企业上市公司十强企业。

2. 资本市场表现：各项指标向好呈分化，马太效应逐渐显现

自 2014 年首家物业服务企业登陆港股市场，随后两三年，物企上市数量逐渐增加。至 2018 年，物业管理行业进一步加强与资本市场的联系，进入增长和上升通道，物业服务企业在资本市场逐渐展示出其优势，赢得资本市场的青睐。2019 年延续上年的上市热度，年内 12 家物业服务企业以 IPO、重组或借壳等方式登陆资本市场，与过去五年主板物业股的总数相当，超越上年，成为物企上市数量最多的一年。过去一年，物企与资本市场的联系更加紧密，不同企业之间的分化逐渐显现，优势上市物企大步向前，部分企业逐渐掉队。

2. 1 市值、市盈率整体向好，优势向头部企业聚集

上市以来，物企在资本市场表现良好。从市值方面看，截至 2019 年底，24 家上市物企市值总额 2355.9 亿元，是其上市首日的 1.9 倍。其中，碧桂园服务总市值稳居榜首，市值达到 637.4 亿元。雅生活服务、保利物业和招商积余紧随其后，总市值分别为 321.3 亿元、223.3 亿元和 215.1 亿元，此外，绿城服务总市值为 212.6 亿元，高于其关联房地产企业（186.1 亿元）。

从市盈率角度看，物业服务企业市盈率多超过 20 倍，而房地产企业市盈率低于 10 倍，物业服务企业拥有较高的估值（表 2）。

物企为资本市场看重，部分企业表现较房企亦不逊色。截至 2020 年 5 月 13 日，碧桂园服务成为首家市值超过千亿港元的上市物企，碧桂园服务以 934.50 亿元（1021.94 亿港元）的高市值，位居上市物企榜首。同时，与上市房地产企业市值相比亦不逊色，在上市物企和上市房企最新市值的混排中，碧桂园服务总市值

位列第 11 位，超过众多房地产企业。此外，雅生活服务、保利物业、招商积余、绿城服务和中海物业排名均位于 50 名之前，处于较靠前的水平。永升生活服务、新城悦服务、宝龙商业、蓝光嘉宝服务、新大正、时代邻里、奥园健康和彩生活亦在百名之内。值得一提的是，雅生活服务、绿城服务和鑫苑服务的最新市值排名第 18 名、第 33 名和第 117 名，均高于其关联房地产企业（第 30 名、第 58 名和第 119 名）（表 3）。

上市物企与其关联房企市值、市盈率对比[①] 表 2

物企简称	上市首日市值（亿元）	总市值（2019-12-31）（亿元）	市值涨跌幅	市盈率（PE,TTM）（2019-12-31）	关联房企简称	总市值（2019-12-31）（亿元）	市盈率（PE,TTM）（2019-12-31）
碧桂园服务	204.6	637.4	211.6%	50.0	碧桂园	2442.1	6.5
雅生活服务	101.9	321.3	215.2%	31.6	雅居乐集团	411.2	4.9
保利物业	217.4	223.3	2.7%	51.3	保利地产	1930.7	8.7
招商积余	204.2	215.1	5.3%	131.0	招商蛇口	1573.0	13.0
绿城服务	52.7	212.6	303.2%	43.5	绿城中国	186.1	29.1
中海物业	28.6	144.3	404.6%	37.5	中国海外发展	2978.7	7.1
新城悦服务	21.2	89.3	320.4%	41.5	新城控股	873.8	7.9
蓝光嘉宝服务	65.8	79.3	20.4%	20.6	蓝光发展	222.0	6.3
永升生活服务	23.5	72.7	208.6%	48.1	旭辉控股集团	466.2	9.1
彩生活	36.5	54.8	50.1%	10.4	花样年控股	74.9	10.1
宝龙商业	54.1	52.8	-2.4%	32.7	宝龙地产	193.0	5.8
新大正	27.6	49.4	79.0%	47.3	—	—	—
时代邻里	39.9	39.5	-1.0%	50.3	时代中国控股	270.3	5.6
奥园健康	26.6	38.1	43.2%	28.5	中国奥园	306.1	8.8
南都物业	18.6	28.5	53.5%	25.3	—	—	—
佳兆业美好	11.4	26.3	131.9%	21.5	佳兆业集团	202.8	5.2
华金国际资本	15.9	22.0	38.3%	88.3	华发股份	165.8	6.9
滨江服务	16.7	17.8	6.7%	21.3	滨江集团	153.1	11.2
浦江中国	5.4	7.1	31.8%	32.4	—	—	—
鑫苑服务	13.3	6.4	-52.2%	9.5	鑫苑置业	14.2	3.0
祈福生活服务	5.4	5.2	-4.4%	6.6	—	—	—
和泓服务	6.0	4.7	-21.7%	49.8	—	—	—
中奥到家	12.3	4.2	-65.5%	4.2	—	—	—
银城生活服务	6.0	3.6	-39.5%	13.0	银城国际控股	30.2	16.7
总计	1215.9	2355.9	—	—	—	12494.2	—

数据来源：企业年报，CRIC，中国房地产测评中心，中物研协

① 为方便比较和计算，币种统一换算为人民币，1 港币 =0.896 元人民币，下同。
招商积余上市首日市值为重组当日（2019 年 12 月 16 日）数据。
华金国际资本上市首日市值为与华发物业母公司签订股份买卖协议当日（2019 年 12 月 20 日）数据。

上市物企与2019年上市房企百强最新市值（5月13日）排名分布[①] 表3

市值排序	企业简称	市值(亿元)	市值排序	企业简称	市值(亿元)	市值排序	企业简称	市值(亿元)
1	万科A	2930.65	35	中海物业	273.51	69	南京高科	113.46
2	中国海外发展	2554.79	36	新湖中宝	264.00	70	信达地产	112.65
3	碧桂园	2016.16	37	中华企业	251.77	71	建业地产	111.13
4	华润置地	2011.67	38	建发股份	244.68	72	泰禾集团	109.51
5	龙湖集团	1975.98	39	时代中国控股	224.80	73	苏宁环球	104.69
6	保利地产	1872.24	40	中国奥园	222.20	74	瑞安房地产	100.26
7	中国恒大	1860.11	41	大悦城	221.17	75	嘉华国际	100.05
8	融创中国	1432.01	42	美的置业	215.83	76	北辰实业	92.26
9	招商蛇口	1315.67	43	张江高科	204.89	77	保利置业集团	89.73
10	世茂房地产	996.38	44	越秀地产	203.87	78	鲁商发展	85.58
11	碧桂园服务	934.50	45	大名城	200.25	79	宝龙商业	80.93
12	新城控股	722.60	46	金融街	197.27	80	花样年控股	79.65
13	华夏幸福	691.85	47	深圳控股	194.67	81	路劲	79.62
14	绿地控股	689.93	48	正荣地产	190.52	82	南山控股	78.53
15	龙光地产	600.82	49	海航基础	184.83	83	弘阳地产	75.29
16	中国金茂	590.10	50	合生创展集团	180.11	84	蓝光嘉宝服务	72.39
17	金地集团	586.90	51	佳兆业集团	175.19	85	绿地香港	71.23
18	雅生活服务	526.72	52	宝龙地产	174.29	86	首创置业	69.42
19	华侨城A	508.56	53	永升生活服务	173.09	87	迪马股份	68.94
20	陆家嘴	458.69	54	禹洲地产	164.73	88	新大正	66.87
21	金科股份	433.05	55	蓝光发展	164.38	89	时代邻里	65.64
22	保利物业	430.09	56	首开股份	163.03	90	光明地产	64.63
23	上海临港	426.51	57	外高桥	160.42	91	中洲控股	63.96
24	旭辉控股集团	419.00	58	绿城中国	159.41	92	奥园健康	60.37
25	金隅集团	353.43	59	新城悦服务	156.73	93	苏州高新	59.75
26	荣盛发展	345.68	60	华发股份	141.85	94	华远地产	52.79
27	招商积余	345.14	61	SOHO中国	141.21	95	亿达中国	51.27
28	合景泰富集团	338.14	62	远洋集团	135.11	96	福星股份	50.91
29	雅戈尔	331.93	63	滨江集团	133.17	97	新华联	50.64
30	雅居乐集团	317.71	64	中骏集团控股	132.32	98	国瑞置业	49.58
31	中南建设	304.46	65	广宇发展	121.62	99	云南城投	48.17
32	富力地产	303.65	66	城建发展	120.72	100	彩生活	45.54
33	绿城服务	293.81	67	力高集团	117.24			
34	阳光城	280.08	68	融信中国	115.24			

数据来源：企业年报，CRIC，中国房地产测评中心，中物研协

① 市值数据截至2020年5月13日。

对比上市物企和关联房地产企业市值，上市物企出现分化。背靠实力雄厚房企的物企，势如破竹，市值位于前列；独立第三方及关联房企表现一般的物企，逐渐出现掉队的趋势。此外，雅生活服务、绿城服务和鑫苑服务的最新市值（5 月 13 日）分别为 526.72 亿元、293.81 亿元和 11.06 亿元，均高于其关联房地产企业（317.71 亿元、159.41 亿元和 9.36 亿元）（表 4）。

上市物企与其关联房企市值（5 月 13 日）综合排名对比[①] 表 4

上市物企简称	市值（亿元）	市值排名	关联房企简称	市值（亿元）	市值排名
碧桂园服务	934.50	11	碧桂园	2016.16	3
雅生活服务	526.72	18	雅居乐集团	317.71	30
保利物业	430.09	22	保利地产	1872.24	6
招商积余	345.14	27	招商蛇口	1315.67	9
绿城服务	293.81	33	绿城中国	159.41	58
中海物业	273.51	35	中国海外发展	2554.79	2
永升生活服务	173.09	53	旭辉控股集团	419.00	24
新城悦服务	156.73	59	新城控股	722.60	12
宝龙商业	80.93	79	宝龙地产	174.29	52
蓝光嘉宝服务	72.39	84	蓝光发展	164.38	55
新大正	66.87	88	—	—	—
时代邻里	65.64	89	时代中国控股	224.80	39
奥园健康	60.37	92	中国奥园	222.20	40
彩生活	45.54	100	花样年控股	79.65	80
佳兆业美好	42.63	102	佳兆业集团	175.19	51
滨江服务	30.58	111	滨江集团	133.17	63
南都物业	30.15	113	—	—	—
华金国际资本	15.27	116	华发股份	142.07	60
鑫苑服务	11.06	117	鑫苑置业	9.36	119
银城生活服务	5.45	120	银城国际控股	31.23	109
浦江中国	5.18	121	—	—	—
祈福生活服务	5.01	122	—	—	—
和泓服务	4.97	123	—	—	—
烨星集团	4.93	124	鸿坤集团	—	—
兴业物联	4.76	125	正商实业	32.01	106
中奥到家	4.41	127	—	—	—

数据来源：企业年报，CRIC，中国房地产测评中心，中物研协

2. 2 上市物企股价整体看涨，跑赢大盘

截至 2019 年底，24 家上市物企全年股价综合看涨，全年股价涨幅平均值为 63.8%，高于同期恒生指数 9.1% 的涨幅。其中，新城悦服务股价涨幅最大（216.4%）（图 1）。

① 市值数据截至 2020 年 5 月 13 日。

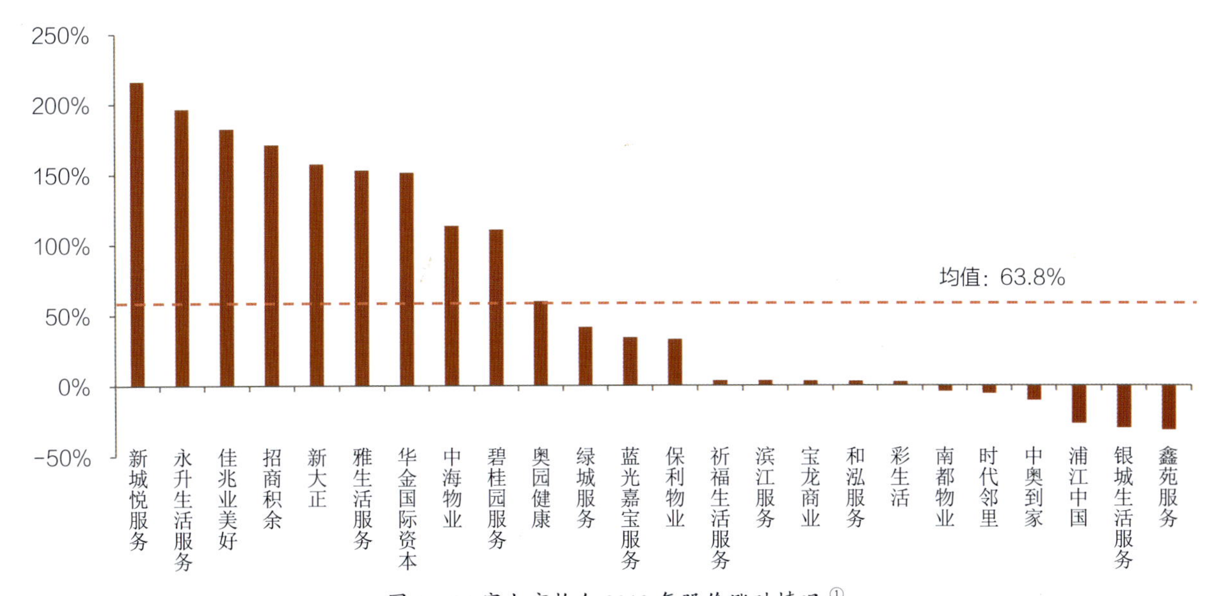

图 1　24 家上市物企 2019 年股价涨跌情况[①]

数据来源：企业年报，CRIC，中国房地产测评中心，中物研协

此外，从每股收益上看，2019 年蓝光嘉宝服务每股收益最高，达 3.10 元。新大正、保利物业、佳兆业美好每股收益亦超过 1 元（图 2）。

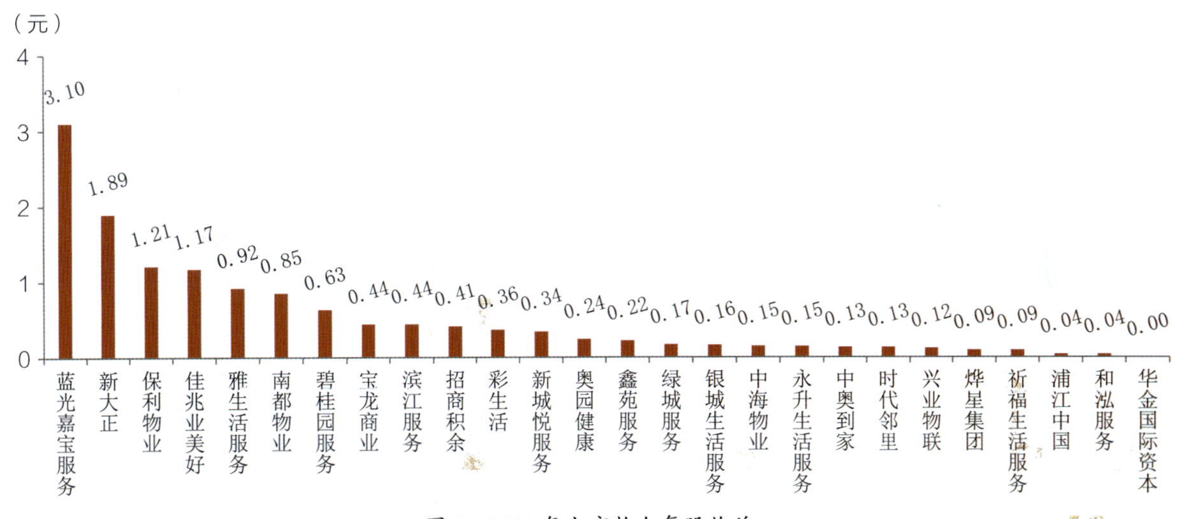

图 2　2019 年上市物企每股收益

数据来源：企业年报，CRIC，中国房地产测评中心，中物研协

2. 3　疫情消极影响之下，物管板块仍逆势突围

2020 伊始，猝不及防的疫情对物业管理行业带来巨大的冲击。疫情在全球蔓延，全球金融市场均出现大幅波动，3 月 9 日—19 日，美股在 9 个交易日上演了四次熔断。物业服务企业纷纷启动应急预案，发挥重要积极作用。在资本市场整体低迷的情况下，因业务防守性强，现金流稳定等特点，物业管理行业受到的负面影响得到一定的对冲。从国内来看，2020 年 1 月新冠疫情发生以来，物管板块整体表现好于恒生指数。截至 4 月 30 日，相较 2019 年末收盘价，物管板块平均涨幅为 26.3%，同期恒生指数跌了 12.6%（图 3）。

---

① 滨江服务、奥园健康、和泓服务、鑫苑服务、蓝光嘉宝服务、银城生活服务、时代邻里、保利物业、宝龙商业和新大正等企业 2019 年初尚未上市，其股价涨跌幅用其 2019 年末收盘价相较其发行价格的涨跌情况来表示。2020 年新上市的烨星集团和兴业物联不包含在内。

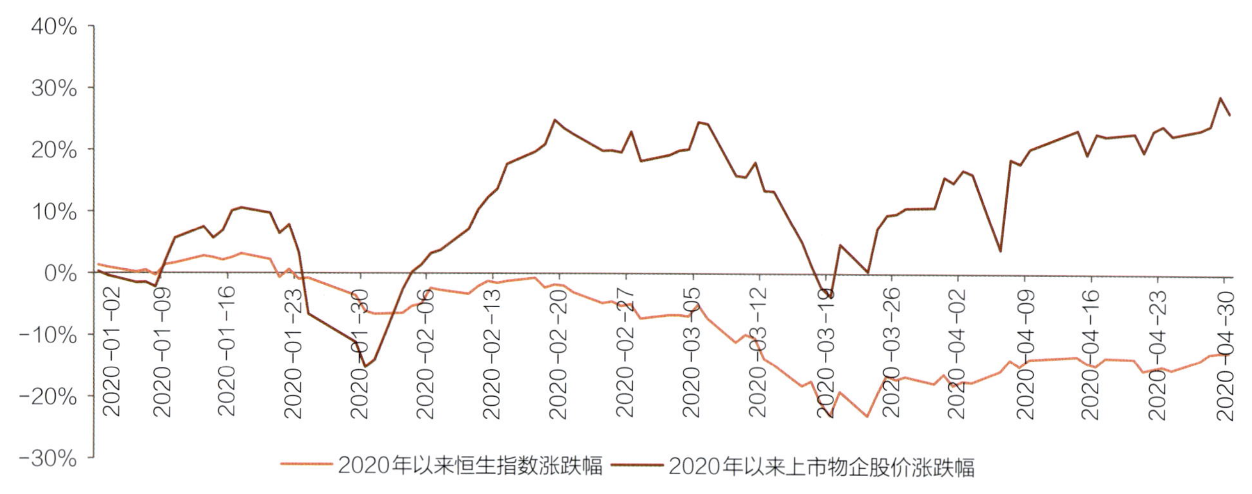

图 3　2020 年以来上市物企股价涨跌情况和恒生指数的表现对比[①]

数据来源：企业年报，CRIC，中国房地产测评中心，中物研协

3. 运营规模分析：收入面积协同提速，上市物企分化加剧

2019 年，上市物企营收规模均值 24.16 亿元，同比提升 36.9%，标准差 26.15 亿元；总资产均值 35.61 亿元，较 2018 年增加 41.6%，标准差 42.22 亿元；总的来看，26 家上市物企运营规模均加速提升，集中度进一步提升，各等级企业之间的分化加剧（图 4）。

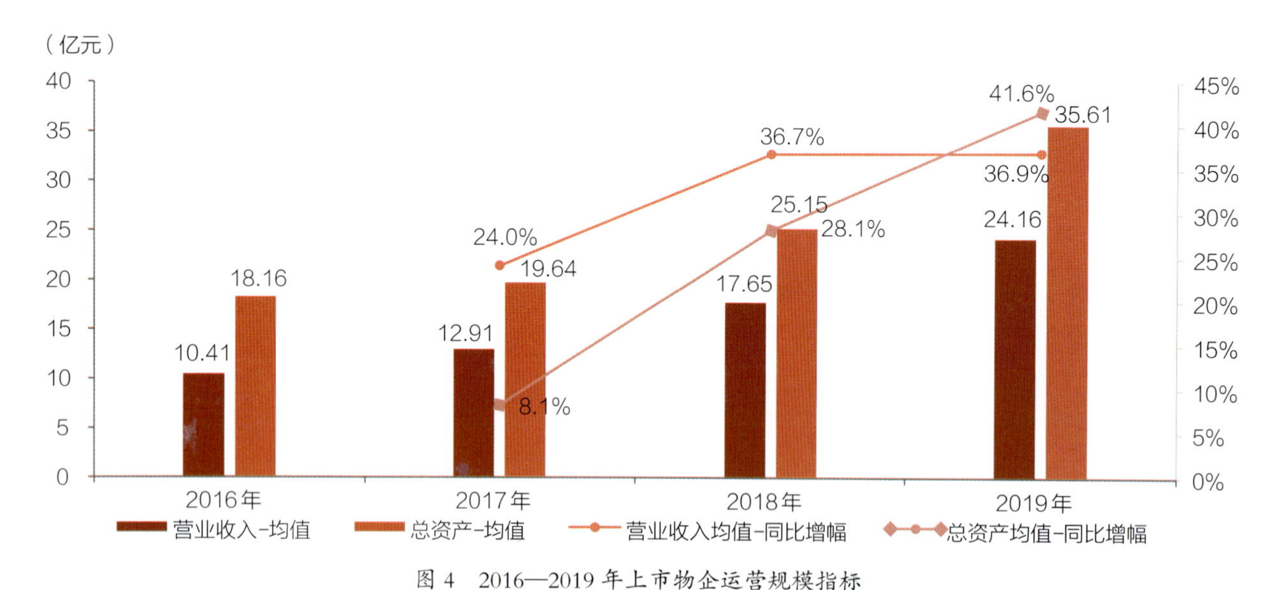

图 4　2016—2019 年上市物企运营规模指标

数据来源：企业年报，CRIC，中国房地产测评中心，中物研协

3. 1　营收规模：多业务组合结构逐渐完善，营收增长提速

2016 年至 2019 年，上市物企营收规模逐年上升，2019 年营业收入总额达 628.13 亿元，较 2018 年 458.97 亿元净增 169.16 亿元或 36.9%，均值 24.16 亿元。上市物企营收规模呈现大幅增长态势，2016—2019 年年复合增长率 32.4%。

（1）优势集聚，近两成的上市物企贡献了近六成的营业收入

从 26 家上市物企的营业收入上看，各家物企逐渐形成梯队，优势物企遥遥领先，头部企业集中了大部

① 不包括 2020 年 3 月新上市的兴业物联和烨星集团。

分的营收。营收规模位列前五的上市物企总营业收入达到 353.99 亿元，占上市物企营收总规模的 56.36%，近两成的上市物企贡献了近六成的营业收入，营收规模向头部企业集中。具体来看：

2019 年，碧桂园服务营业收入近百亿元（96.45 亿元），位居上市物企之首，同比增长 106.3%。从收入结构来看，更趋多元化，公司各业务板块并驾齐驱，均实现显著增长。其中，“三供一业”贡献 15.2 亿元，将其剔除以后的营收增速仍高达 73.9%。

绿城服务、招商积余、保利物业和雅生活服务营业收入在 50 亿元以上收入量级，营业收入分别为 85.82 亿元、60.78 亿元、59.67 亿元和 51.27 亿元，分别同比增长 27.9%、下降 8.7%、增长 41.1% 和 51.8%。

奥园健康、滨江服务、银城生活服务、鑫苑服务等 10 家上市物企营业收入尚不足 10 亿元（图 5）。

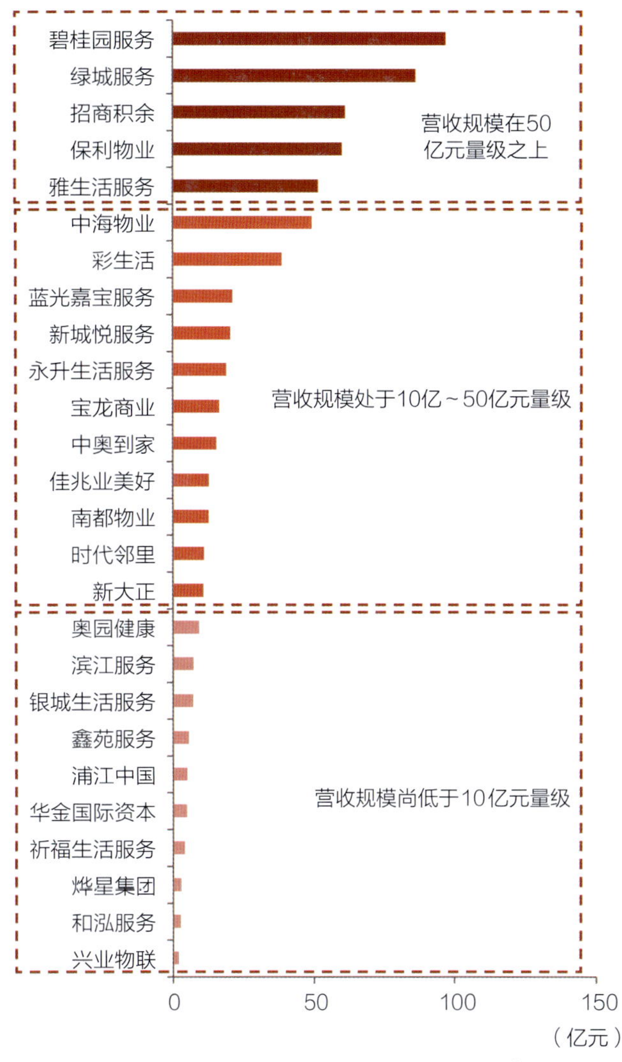

图 5　2019 年上市物企营业收入分布[①]

数据来源：企业年报，CRIC，中国房地产测评中心，中物研协

（2）服务扩容，物企深层价值得以挖掘

物业服务企业营业收入总体上涨，从各企业营收结构出发进行解析，可以发现，企业服务呈现多元化发展态势，服务扩容。从明确营收结构构成的 15 家物企来看，基础物业管理服务仍为其基本的收入来源，占总收入的比例在 40% ～ 80%，物业管理服务收入占总收入的比例均值为 60.8%。同时，物业管理行业拥有得天独厚的入口资源优势和业主交互能力，能够迅速地感知业主和居民多元化的服务需求，上市物企不断挖掘物业管理服务的附加值和边际效应，服务领域不断延伸（图 6）。

● 基础物业管理服务：实现收入稳步增长

2019 年，15 家上市物企物业管理服务收入总值 275.54 亿元，均值达 18.37 亿元，较上年的 13.10 亿元增长 40.2%，占 15 家上市物企营业收入总值的 61.2%。

碧桂园服务物业管理服务收入最高，达到 58.17 亿元，同比增长 68.8%；其中，来自碧桂园系的物业管理服务 43.49 亿元，同比增长 42.4%，来自第三方物业的物业管理收入 14.67 亿元，同比大幅提升 275.2%，占比 25.2%，较 2018 年提升 13.9 个百分点。碧桂园服务品牌认可度提升，第三方拓展成效明显。

此外，绿城服务物业管理服务收入 54.52 亿元，位于第二。保利物业、中海物业和雅生活服务物业管理收入均高于均值（表 5、图 7）。

① 中海物业、华金国际资本数据按 1 港币 = 0.896 元人民币进行换算，下同。

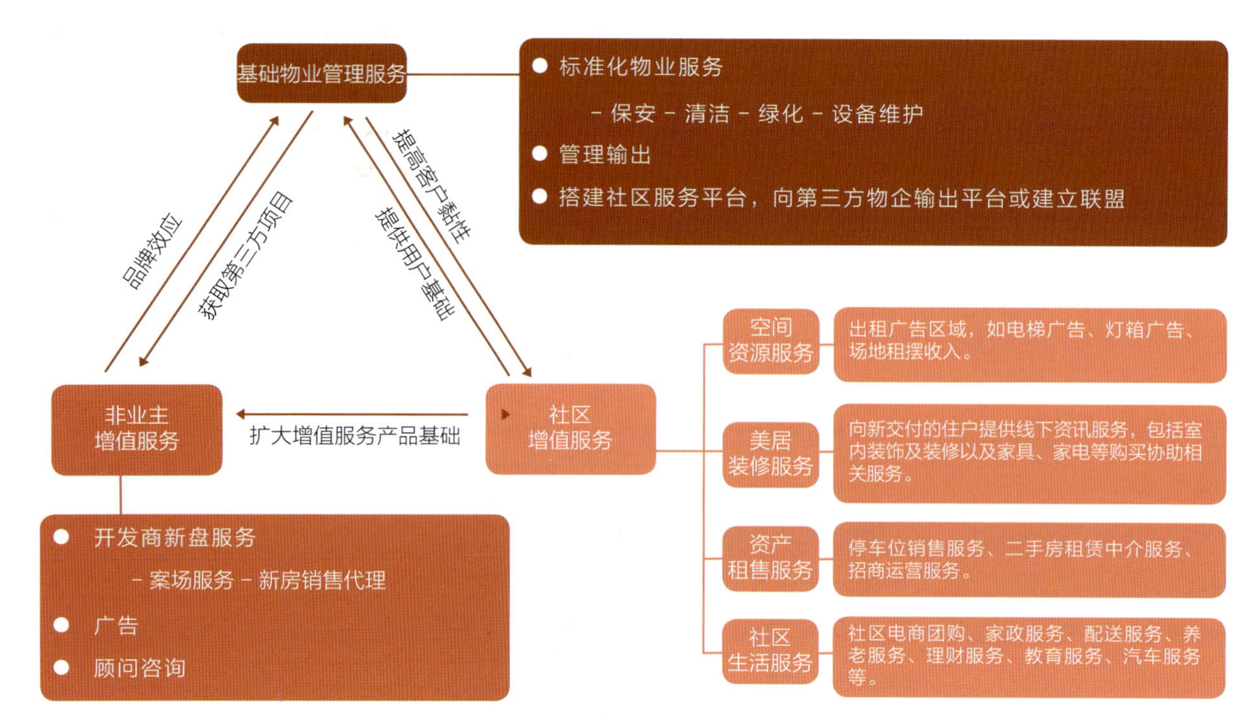

图 6 物业服务企业业务构成分布

来源：中物研协整理

2019 年部分上市物企营收构成占总营收的比例 表 5

企业简称	物业管理服务	非业主增值服务	社区增值服务	其他
新城悦服务	41.9%	32.0%	8.7%	17.4%
佳兆业美好	44.3%	37.0%	9.6%	9.0%
蓝光嘉宝服务	54.3%	24.4%	21.4%	0.0%
雅生活服务	55.2%	35.3%	9.5%	0.0%
永升生活服务	57.0%	17.3%	25.7%	0.0%
滨江服务	58.6%	31.9%	9.4%	0.0%
鑫苑服务	58.8%	17.0%	24.2%	0.0%
碧桂园服务	60.3%	14.7%	9.0%	16.0%
时代邻里	62.7%	25.5%	7.3%	4.5%
绿城服务	63.5%	14.2%	22.3%	0.0%
保利物业	64.4%	16.2%	19.3%	0.0%
和泓服务	67.8%	10.4%	21.8%	0.0%
烨星集团	69.1%	23.3%	7.5%	0.0%
中海物业	75.2%	16.8%	7.9%	0.2%
银城生活服务	79.5%	0.0%	20.5%	0.0%

数据来源：企业年报，CRIC，中国房地产测评中心，中物研协

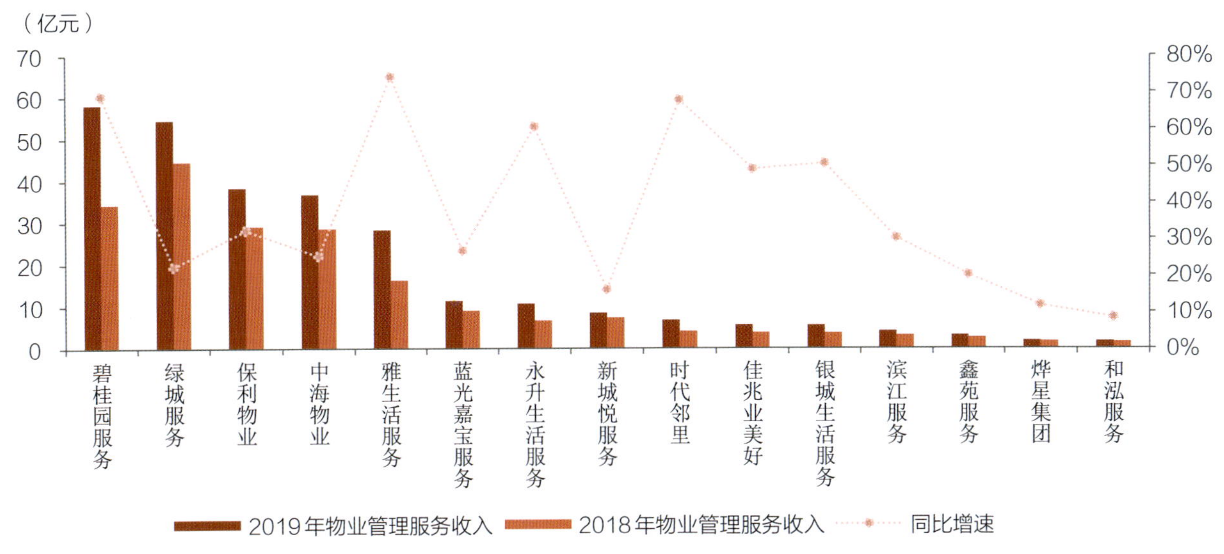

图7 2018—2019年部分上市物企物业管理服务收入及同比增速

数据来源：企业年报，CRIC，中国房地产测评中心，中物研协

● 社区增值服务：社区宝藏“守矿人”，业务多元增长空间大

随着物业管理规模的扩张和业主覆盖面的增长，物业服务企业结合企业特点和业主需求，进一步通过服务创新、对外合作、加大渗透、创建品牌等方式构建自身多元化的社区增值服务体系。此外，社区增值服务的商业模式日益成熟且具有延展性，增值服务的内容和品类不断丰富，各物企向社区多维度深度挖掘。总的来看，社区增值服务主要围绕着“人”“房”“空间”三个维度开展业务。包括满足业主各方面生活所需开展的多种便民服务，例如电商零售、家政服务、社区团购、社区教育、社区康养、社区金融等；为业主就其物业资产提供全方位的管理服务，例如拎包入住、房屋经纪、老旧房屋更新等围绕业主需求和保值增值等方面的业务延伸。围绕着空间，例如社区广告、场地租赁、停车场管理服务等社区资源服务。2019年，15家上市物企社区增值服务收入总值为65.26亿元，均值4.35亿元，较2018年上涨66.4%，占15家营业收入总值的14.5%（图8）。

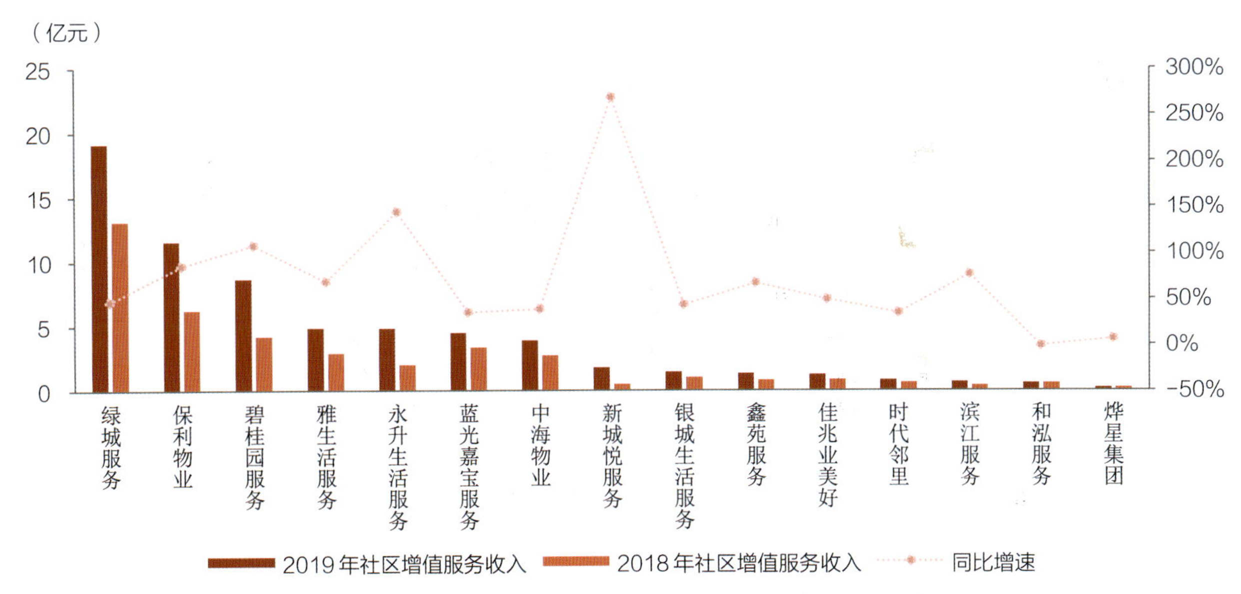

图8 2018—2019年部分上市物企社区增值服务收入及增速

数据来源：企业年报，CRIC，中国房地产测评中心，中物研协

年内，绿城服务在社区增值服务中（园区服务）中取得46.0%的增长至19.13亿元，为上市物企社区增值服务收入绝对值的首位。其中在园区产品服务方面探索“生鲜店＋前置仓＋社区闪送”业务模式，在文化教育服务方面得益于收购澳洲教育品牌MAG及“奇妙园”满园率改善，两者服务均实现大幅增长。园区产品及服务、居家生活服务、园区空间服务、物业资产管理服务和文化教育服务收入分别同比增长123.9%、37.7%、下降10.9%、增长19.5%和436.3%，分别占比28.3%、6.1%、10.7%、44.9%和10.0%。

保利物业社区增值服务收入紧随其后，为11.54亿元，较2018年6.23亿元提升85.2%；社区增值服务为新城悦服务重点培育板块，年内面向社区业主的服务品类和服务深度进行强化，得到显著的效果，社区生活服务收入同比大幅增长267.7%至1.76亿元；永升生活服务基于社区场景和服务目标群体的需求研究，构建了完整的永升UP生活服务体系，并创新拓展服务内容，收入较2018年增长143.5%至4.83亿元；此外，碧桂园服务社区增值服务营收增速107.4%，主要由于其家政服务和社区传媒业务放量，增速均超过200%，目前其业主增值服务六大板块分布较为均匀（图9）。

● 非业主增值服务：受上游房地产业务影响较大

非业主增值服务主要包括对房地产开发商提供交付前服务，如开荒清洁、案场服务、协销服务、交付检验等，以及向房地产企业或中小物业服务企业提供咨询服务等。这部分业务受上游房地产业务的影响较大，拥有较强关联房企背景的物企，往往更容易获得该业务的提升。2019年，15家上市物企非业主增值服务收入总值88.73亿元，均值6.34亿元，较2018年增长48.5%，占15家上市物企营业收入总值的19.7%（图10）。

具体来看，雅生活服务外延增值服务收入18.12亿元，较2018年增长23.9%，占总收入的35.3%。其中，由于向第三方物业开发商提供的案场服务增加，雅生活服务案场物业管理服务收入增长3.9%至7.02亿元，此外，受雅居乐集团竣工交付面积及对房屋交付质量和科技赋能要求提高的影响，雅生活服务物业营销代理服务、房屋检验服务等其他外延增值服务收入，较2018年显著增长40.9%至11.1亿元。

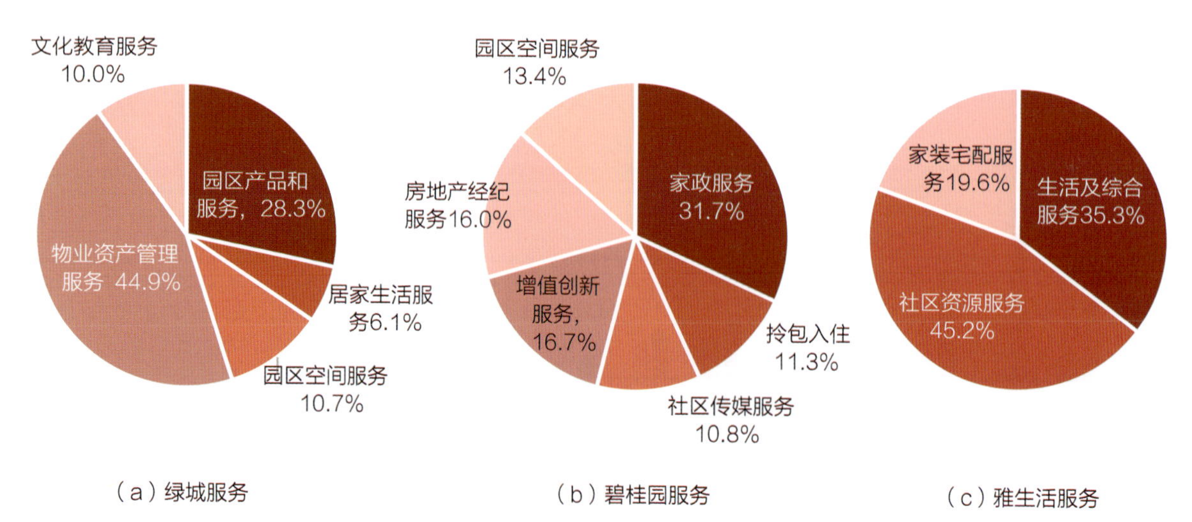

图9　部分上市物企2019年度社区增值服务收入占比分布（一）

数据来源：企业年报，CRIC，中国房地产测评中心，中物研协

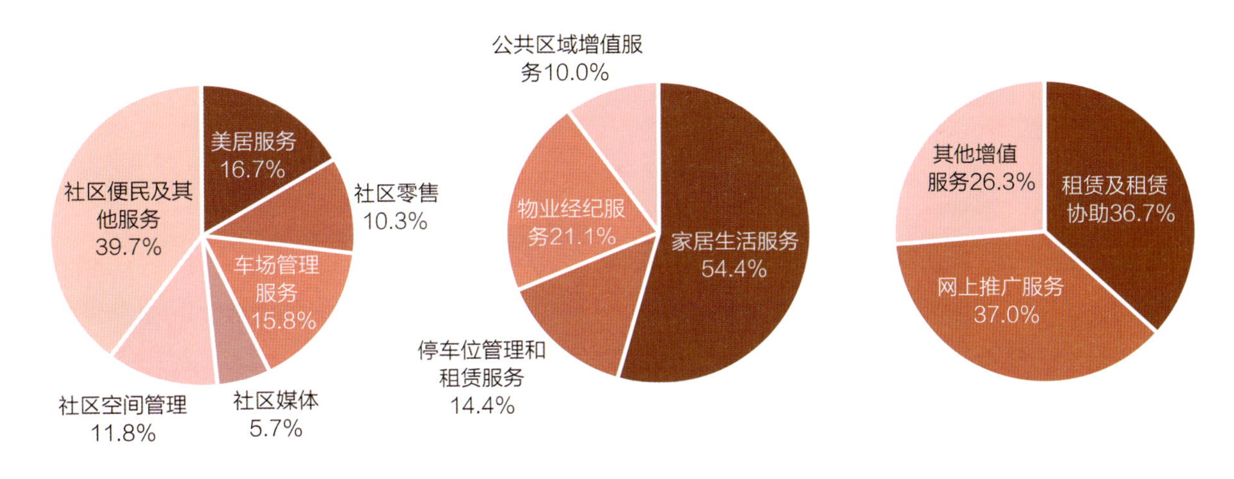

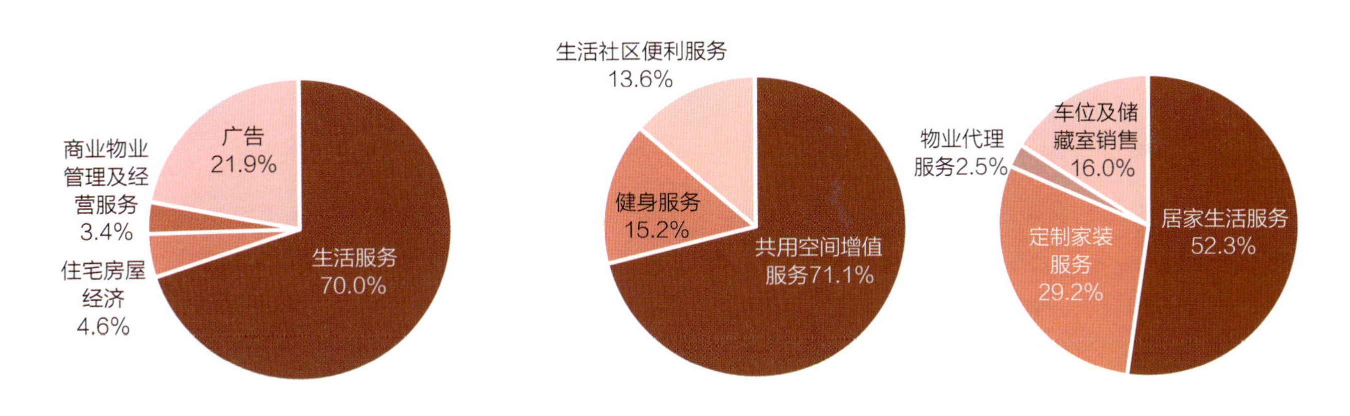

图 9 部分上市物企 2019 年度社区增值服务收入占比分布（二）

数据来源：企业年报，CRIC，中国房地产测评中心，中物研协

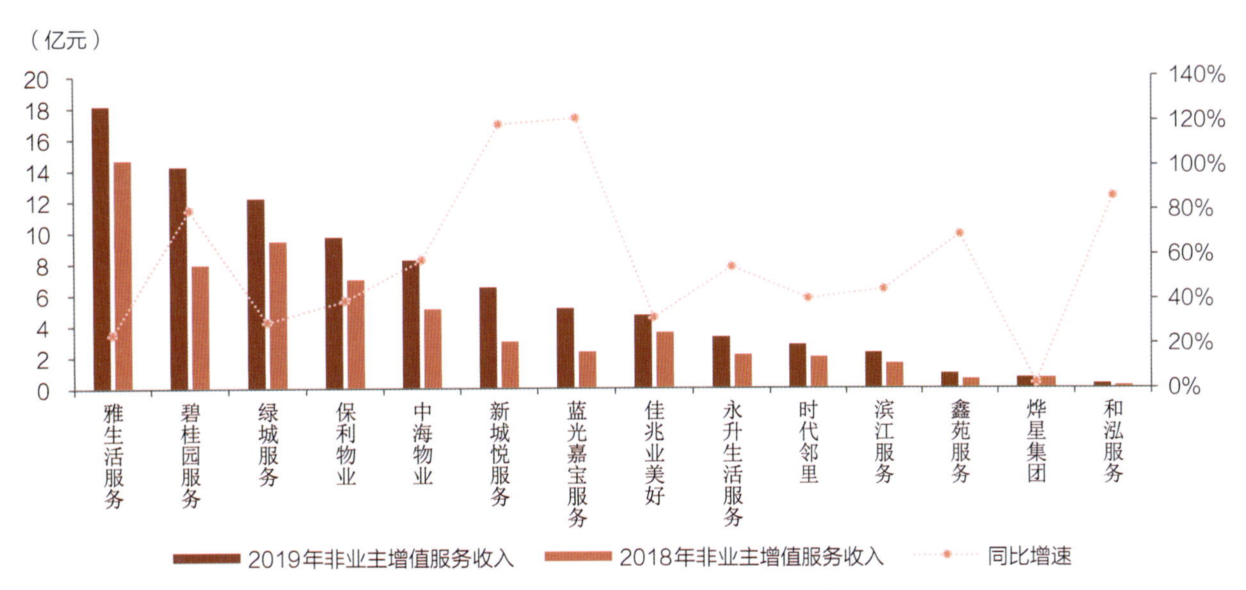

图 10 2018—2019 年部分上市物企非业主增值服务收入及增速

数据来源：企业年报，CRIC，中国房地产测评中心，中物研协

碧桂园服务、绿城服务非业主增值服务收入也均超过 10 亿元，分别同比增长 79.8% 和 29.6%；蓝光嘉宝服务和新城悦服务同比增速均超过 100%，分别为 121.0% 和 118.3%（图 11）。

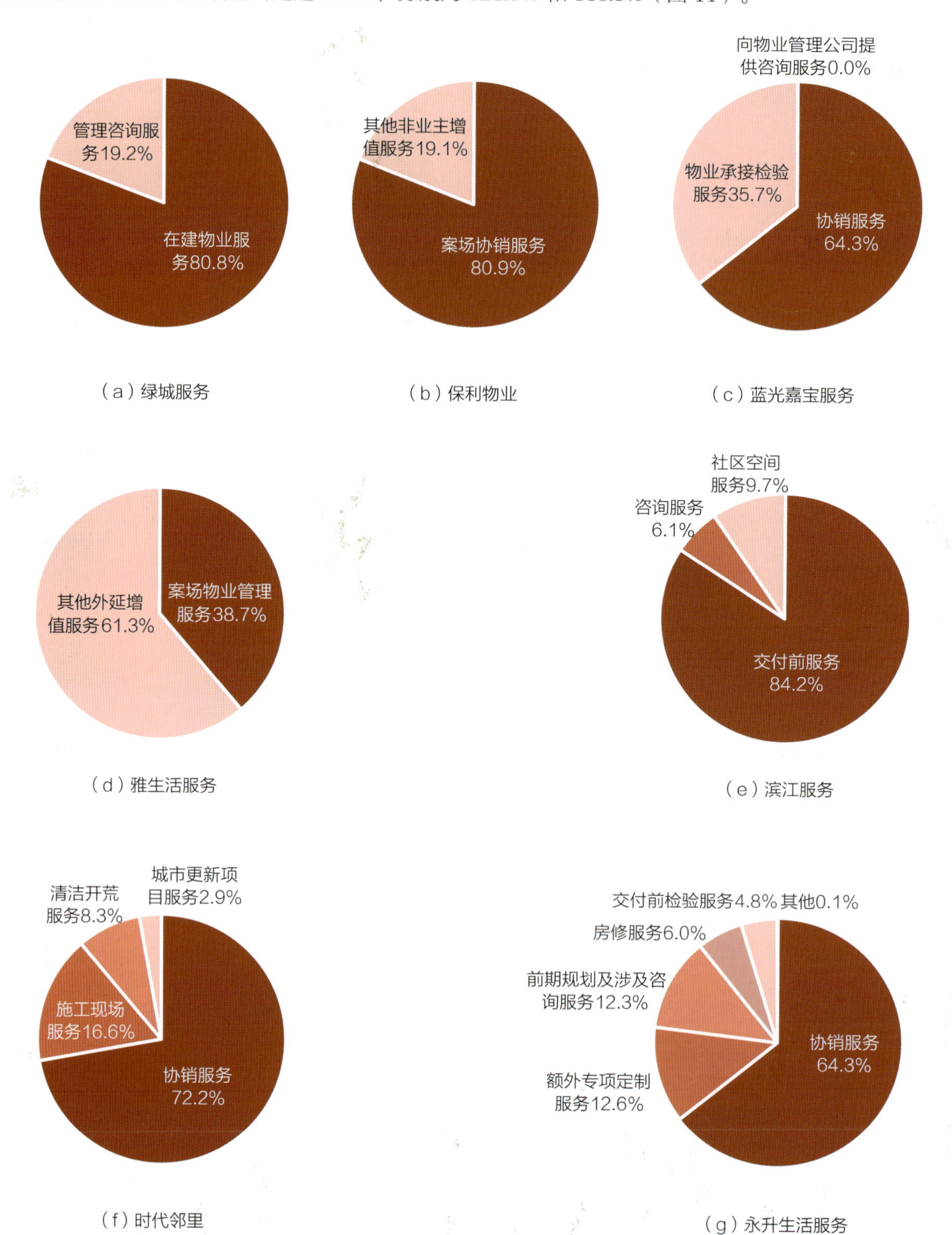

图 11　2019 年度部分上市物企非业主增值服务收入占比分布

数据来源：企业年报，CRIC，中国房地产测评中心，中物研协

3.2 管理规模分析：多渠道助推在管面积增长，合约面积保障未来增量

在激烈的市场环境下，物业管理行业的集中度进一步提升，物企要想在竞争愈演愈烈的市场环境下站得更稳、走得更远，扩规模仍是物业服务企业的主基调。上市物企利用资本优势，并在政策、市场等优势资源的加持下，依托关联房地产企业、收并购、市场化拓展等方式，广开门路，深化战略布局，管理区域和业态不断扩张。

（1）在管面积：规模稳健增长，分化逐渐显现

2019年公布在管面积的23家上市物企在管面积总量达到21.41亿平方米，较2018年同期增长30.1%，平均在管面积达9306.8万平方米，标准差1.06亿平方米。7家上市物企在管面积超过1亿平方米；12家上市企业在管面积在千万平方米的量级；另有4家企业在管面积较少，仅为百万平米量级。

其中，前7家上市物企在管面积总值为16.73亿平方米，占23家在管面积总值的78.2%，集中了近八成的管理规模。后4家上市物企在管面积总值2056万平方米，在23家在管面积中占比不足1%，管理规模分化逐渐显现。

彩生活在管面积仍为上市物企最高，达3.60亿平方米，在管面积较2018年减少350万平方米或下降1.0%。

保利物业、碧桂园服务、雅生活服务、绿城服务4家企业在管面积均超过2亿平方米。其中，保利物业在管面积达2.87亿平方米，公建业态管理面积1.40亿平方米，同比增长105%，住宅业态在管面积1.38亿平方米，公共业态在管面积首次超越住宅业态。保利物业坚定推进“大物业”战略，未来规模的成长性佳。

碧桂园服务市场拓展成效明显，物业管理服务多元化，以住宅社区为重点，发掘新的盈利增长点，新增医院、工业园、商用、学校等非住宅物业管理服务面积，持续推进企业规模化发展，提供专业的综合的城市运营服务。年内，除“三供一业”业务，碧桂园服务在管面积2.76亿平方米，较2018年增幅高达52.1%，在管面积持续高速增长。

雅生活服务在管面积较2018年增加9586.6万平方米至2.34亿平方米，同比增长69.4%。其中，新增在管面积来自雅居乐集团、绿地控股和第三方物业开发商的分别为563.4万平方米、383万平方米和8640.2万平方米，收并购推动公司面积大幅增长。

绿城服务凭借高品质服务和口碑，展现出强劲的第三方拓展能力，实现规模的稳步增长，年内，在管面积2.12亿平方米，同比增长24.6%。此外，招商积余、中海物业亦超过1亿平方米。

时代邻里在管面积增速最快，达104.7%，年内，时代邻里通过内生扩展以及战略性的收并购和投资机会增加其业务规模和市场份额，物业管理服务组合呈现多元化，同时，公司继续深耕粤港澳大湾区并积极拓展到其他区域，公司在管面积实现显著增长。佳兆业美好、银城生活服务、永升生活服务等上市企业在管面积也取得显著的增长，涨幅均在50%以上。

此外，兴业物联成为上市物企中在管面积最少的企业，在管面积仅240万平方米。彩生活成为唯一一家在管面积减少的上市物企（图12、图13）。

（2）合约面积：集中度进一步提升 增速明显

2019年26家上市物企合约管理面积超过37.23亿平方米，其中，公布合约面积的22家上市物企达33.97亿平方米，合约面积均值为1.54亿平方米，标准差为2.03亿平方米。其中，有5家上市物企合约面积超3亿平方米，总值为25.47亿平方米，占22家上市物企75.0%的管理规模（图14）。

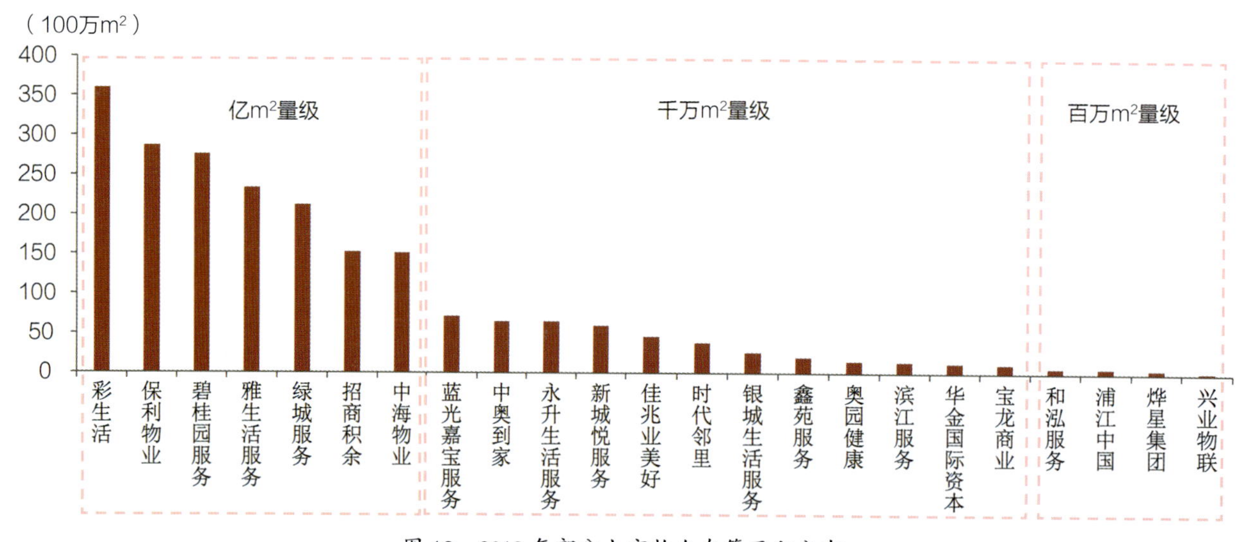

图 12　2019 年部分上市物企在管面积分布

数据来源：企业年报，CRIC，中国房地产测评中心，中物研协

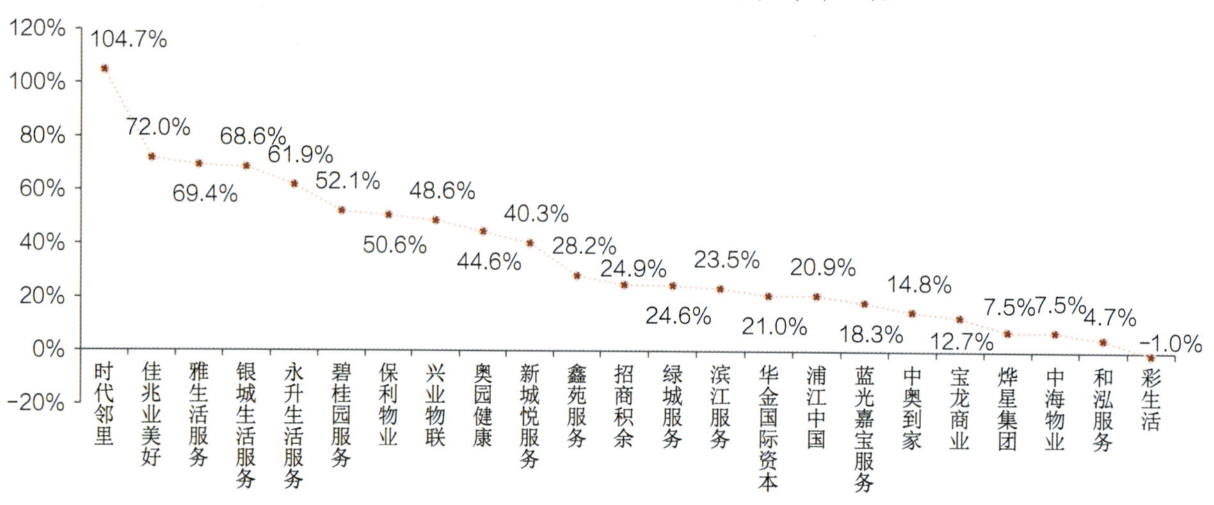

图 13　2019 年部分上市物企在管面积同比增速

数据来源：企业年报，CRIC，中国房地产测评中心，中物研协

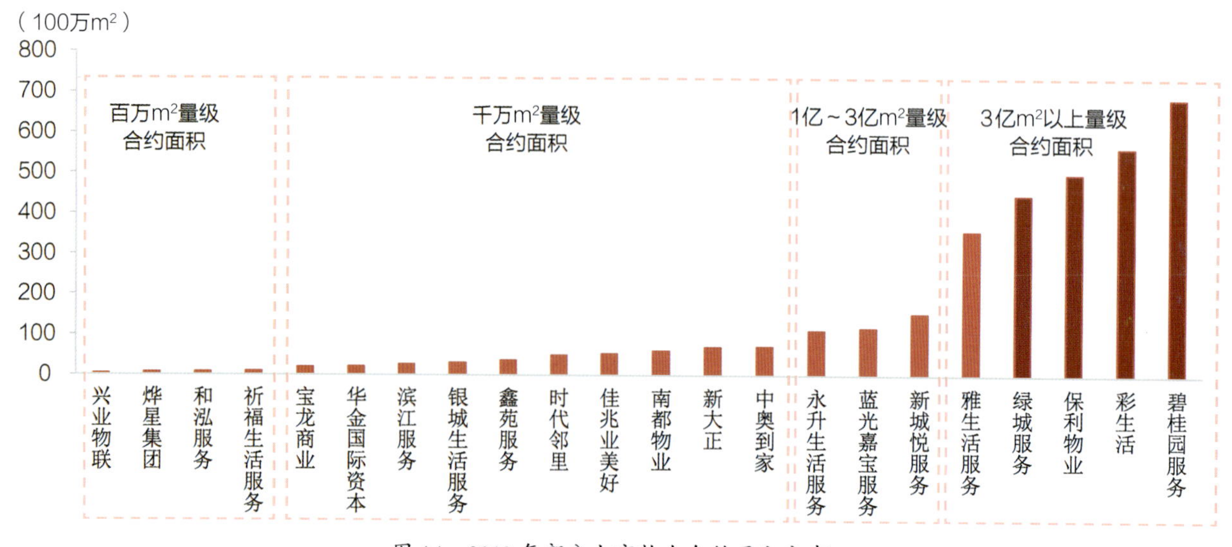

图 14　2019 年部分上市物企合约面积分布

数据来源：企业年报，CRIC，中国房地产测评中心，中物研协

具体来看，碧桂园服务物业管理组合规模庞大，截至 2019 年底，除“三供一业”业务外，公司合约管理面积最高，高达 6.85 亿平方米，为上市物企中合约面积之最。

彩生活、保利物业和绿城服务均超 4 亿平方米的量级。年内，彩生活合约面积为 5.62 亿平方米，位于上市物企合约面积的第二位，较 2018 年净增加 830 万平方米，增幅仅 1.5%，这主要由于彩生活策略转变，着重梳理和复盘现有项目，放缓对新项目的拓展速度；保利物业在 3.62 亿平方米的量级上仍实现 37.8% 的涨幅，2019 年合约面积达 4.98 亿平方米。其中，来自第三方的住宅合同管理面积不断扩大，由 2016 年底的约 870 万平方米增加到 2019 年底的约 6770 万平方米，年复合增长率达约 98.2%；绿城服务持续保持稳定增长态势，年内同比增长 22.9% 至 4.46 亿平方米。同时，雅生活服务超 3 亿平方米。

此外，年内，时代邻里合约面积增速最快，除了 810 万平方米的市政环卫项目，时代邻里合约管理面积增长 77.9% 至 4929.3 万平方米。时代邻里继续深耕粤港澳大湾区并积极拓展到其他区域，并在获取优质第三方项目方面取得较好的效果，管理规模增长显著。永升生活服务、佳兆业美好合约面积增速亦在 60% 以上，实现明显增长（图 15）。

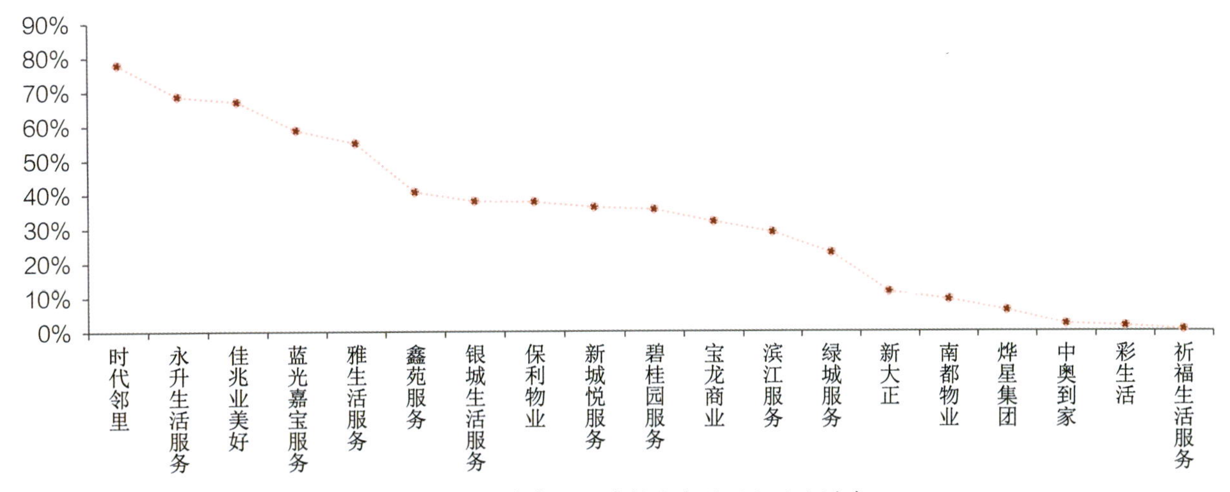

图 15　2019 年部分上市物企合约面积同比增速

数据来源：企业年报，CRIC，中国房地产测评中心，中物研协

（3）储备面积：为未来企业在管面积的增加提供加持力

2019 年 19 家上市物企储备面积总值 14.42 亿平方米，均值 7590.6 万平方米，标准差 1.09 亿平方米。其中储备面积前 5 的上市物企储备面积超过 1 亿平方米，占上市物企总储备面积的 81.4%。作为在管面积的主要来源，储备面积为未来企业在管面积的增加提供加持力。

年内，碧桂园服务储备面积最高，达 4.09 亿平方米，同比增长 26.3%。绿城服务储备面积 2.33 亿平方米，在年内达到新高，这是集团连续第六年储备面积高于在管面积，为集团未来的稳定增长提供了坚实基础。年内，保利物业储备面积为 2.11 亿平方米，合约面积与在管面积比例处于高位，已锁定待转入在管项目规模可观。此外，彩生活储备面积在 2 亿平方米以上，雅生活服务储备面积亦超过 1 亿平方米的量级。

从增长率上看，蓝光嘉宝服务储备面积实现跨越式的增长，涨幅高达 248.3%。此外，永升生活服务、宝龙商业储备面积增速均超过 75%，鑫苑服务增速近 60%（图 16、图 17）。

（4）从项目来源上看：外拓能力强劲，业态多元

目前，规模较大的物业服务企业呈现三个特点：一是背靠关联房企且房地产开发能力较强的物业服务企业，在获取管理项目时更具优势；二是理性的收并购，能够最快地实现物企管理规模的扩张，且可以弥补企

业在地理区域以及业态上的空白；三是注重多业态物业管理组合的协同发展，将极大地丰富企业的管理业态和管理体量。

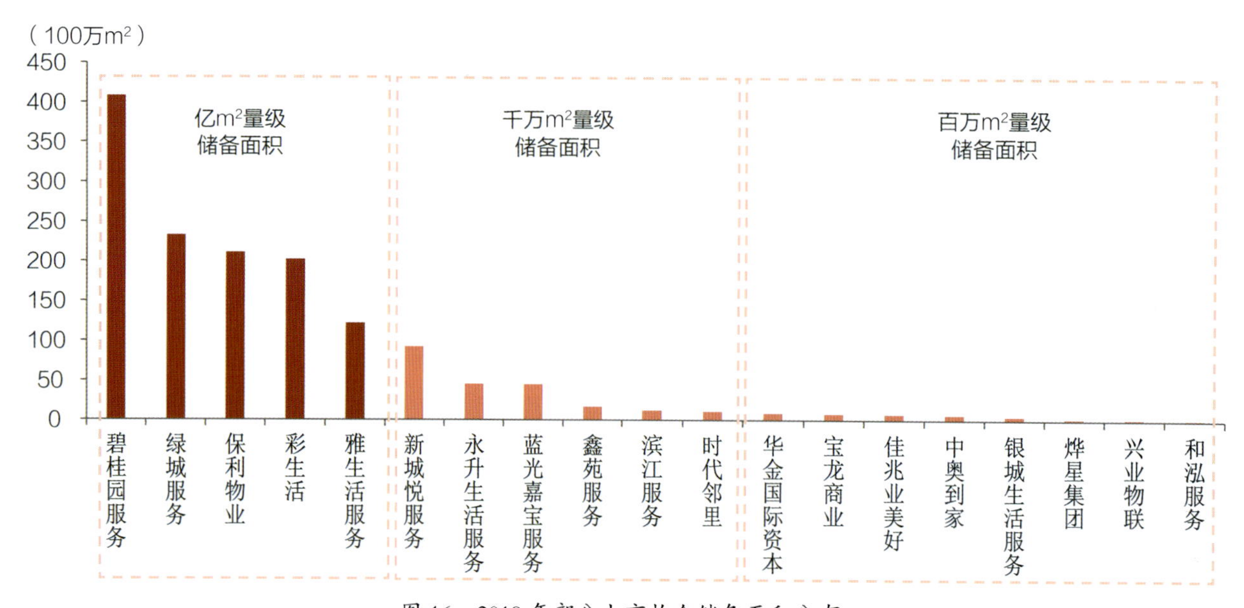

图 16　2019 年部分上市物企储备面积分布

数据来源：企业年报，CRIC，中国房地产测评中心，中物研协

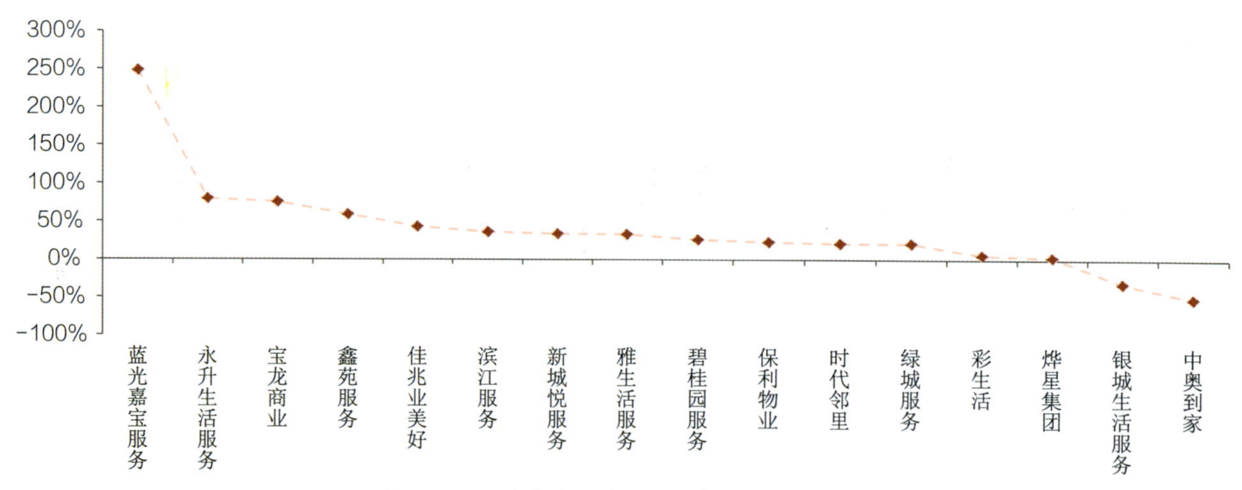

图 17　2019 年部分上市物企储备面积同比增速

数据来源：企业年报，CRIC，中国房地产测评中心，中物研协

● 外拓力度强劲，助力管理规模扩张

物业服务企业管理规模，一方面背靠优势关联房地产，借助集团项目优势，实现管理规模的快速增长。另一方面，亦可以通过第三方市场拓展及兼并收购，实现规模扩张。

对公布在管面积来源的 12 家上市物企分析，不同物企的来源占比具有明显的差异。其中，银城生活服务、雅生活服务和永升生活服务市场外拓能力显著，2019 年在管面积来源于第三方的规模占比超过七成。此外，烨星集团、奥园健康超九成在管面积来源于关联房地产企业，新城悦服务来源于关联房地产企业的在管面积超七成，对关联房地产企业依赖较明显。

2019 年，上市物企第三方外拓力度加大，增长显著。年内，雅生活服务来源于第三方的在管面积达 1.72 亿平方米，为详细披露在管面积来源的上市物企中第三方面积最高，同比提升 101.4%。同时，保利物业凭借集团在物业管理领域的深耕，良好的品牌形象及扎实的服务品质，通过与多家地方城投平台、央企国企、园区型开发商建立战略联盟，大力推进市场化拓展，年内，保利物业来自第三方的物业管理达 1.58 亿元，较 2018 年提升 94.9%。

从上市物企源自第三方在管面积的增速上看，佳兆业美好增速达到 401.9%，增速最快；时代邻里紧随其后，同比增长 289.0%。此外，奥园健康、雅生活服务增速均高于 100%（图 18、图 19）。

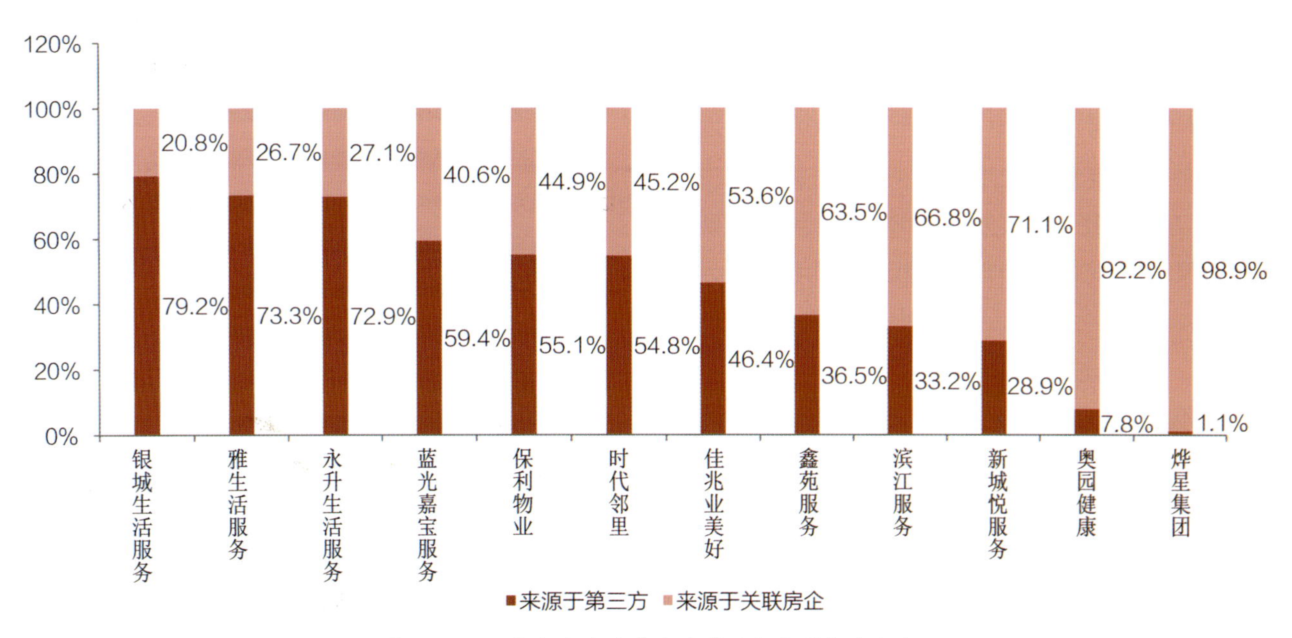

图 18　2019 年部分上市物企在管面积来源占比分布

数据来源：企业年报，CRIC，中国房地产测评中心，中物研协

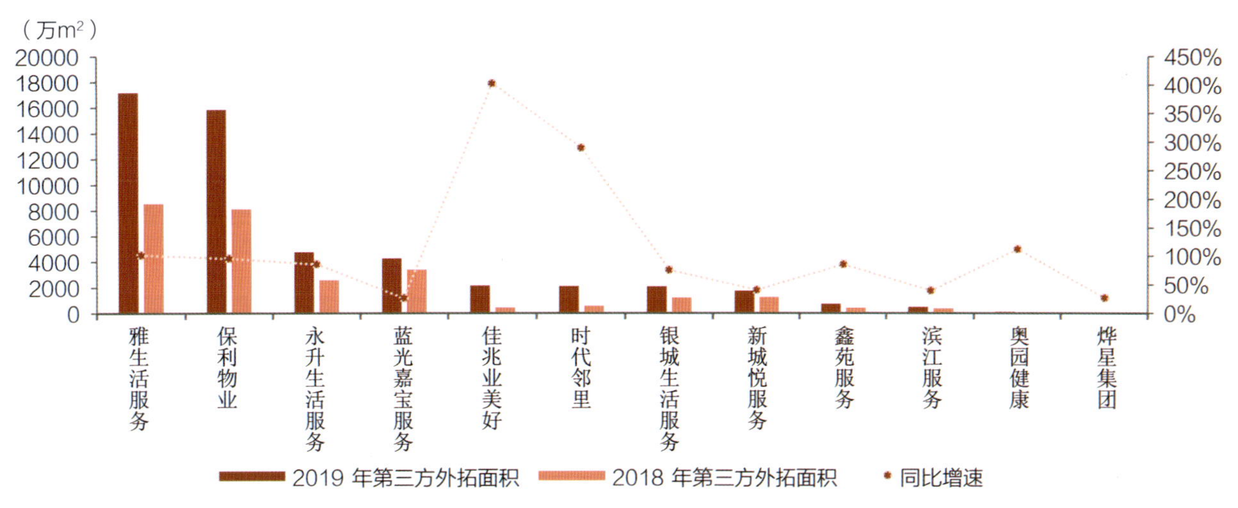

图 19　2018—2019 年 12 家上市物企第三方外拓面积及增速

数据来源：企业年报，CRIC，中国房地产测评中心，中物研协

● 资本助力行业整合，企业实现管理规模的扩张

兼并收购是市场化外拓方式的重要途径，有助于物企在短时间内实现管理规模的扩张、地理区域和管理业态的补充，可以有效地提高物业管理的广度和深度。

从物企募集资金用途上看，上市物企呈现高度一致，均对物业管理规模的扩张高度重视。其中，21 家港股中有超八成的企业将 50% 以上的募集资金用于收并购，从而促进企业规模战略扩张。其中，雅生活服务将85%（招股书为65%，2019年8月15日公司发布更改全球发售所得款项用途公告，调整为85%）的募集资金用于扩大规模，此外，蓝光嘉宝服务、兴业物联和碧桂园服务用于扩大规模的募集资金亦超过70%（图20）。

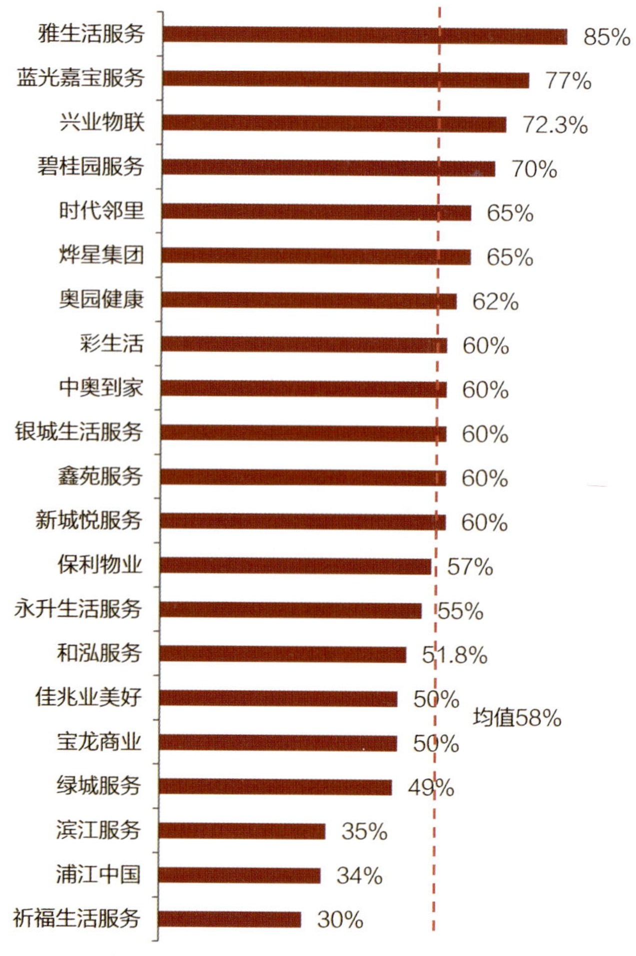

图20 部分上市物企募集资金用于规模扩张的占比分布
数据来源：企业年报，CRIC，中国房地产测评中心，中物研协

据不完全统计，2019年全年上市物企收并购典型事件超20例，收购对价超60亿元。

碧桂园服务在2019年发起5次收并购，为上市物企最多。雅生活服务实现4起收并购，其中，2019年9月，雅生活服务以20.6亿元的对价收购中民物业及新中民物业60%的股权，成为行业最大的并购案，预计可为雅生活服务增加约2亿平方米的管理面积，极大地扩大了企业的在管规模。

鑫苑服务、和泓服务、蓝光嘉宝服务等企业均在上市后迅速实现首项收并购，依托资本力量实现管理规模的迅速扩张。

此外，招商蛇口与中航善达资产重组，两大央企物业整合，管理规模一跃向前（表6）。

3.3 资产规模：资产规模持续扩大，企业成长性较好

2019年，26家上市物企资产总计为925.77亿元，较2018年653.86亿元，增长41.6%，均值35.61亿元，标准差42.22亿元。上市物企经营规模扩张速度加快，总资产增长持续走高。

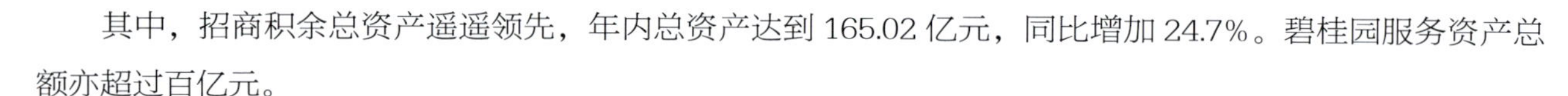

其中，招商积余总资产遥遥领先，年内总资产达到165.02亿元，同比增加24.7%。碧桂园服务资产总额亦超过百亿元。

保利物业总资产增速最快，达到196.6%。此外，奥园健康、蓝光嘉宝服务、碧桂园服务和滨江服务总资产涨幅均超过100%（图21）。

2019年度部分上市物企收并购概况　　表6

企业名称	公布收购时间	收购标的	收购对价（千万元）	收购股权比例（%）
招商蛇口	2019年4月	中航善达	233.4	22.35
碧桂园服务	2019年3月	北京盛世物业服务	9	30
	2019年7月	港联不动产	37.5	100
	2019年7月	嘉凯城集团物业	19	100
	2019年1月	元海资产物业	10	100
	2019年1月	联源物业	13.6	100
雅生活服务	2019年9月	中民物业/新中民物业	206	60
	2019年1月	青岛华仁物业股份有限公司	13.4	89.66

续表

企业名称	公布收购时间	收购标的	收购对价（千万元）	收购股权比例（%）
雅生活服务	2019 年 3 月	广州粤华物业	19.5	51
	2019 年 1 月	哈尔滨景阳物业	11.4	60
永升生活服务	2019 年 6 月	青岛雅园	46.2	55
	2020 年 2 月	青岛银泰盛物业	0.9	50
佳兆业美好	2019 年 4 月	嘉兴大树物业管理有限公司	3.7	60
	2019 年 10 月	江苏恒源物业管理有限公司	3.4	51
浦江中国	2019 年 7 月	上海新市北企业管理服务有限公司	2.8	27.50
	2019 年 9 月	蚌埠市置信物业有限公司	0.1	8
新城悦服务	2019 年 5 月	上海数渊信息技术有限公司	3	100
蓝光嘉宝服务	2019 年 12 月	浙江中能物业服务有限公司	4.8	60
	2019 年 11 月	常发物业	—	100
中奥到家	2019 年 2 月	建屋物业	0	66
中海物业	2019 年 8 月	中建捷诚物业	0.5	100
和泓服务	2019 年 10 月	上海同进物业	2.5	70

信息来源：中物研协整理

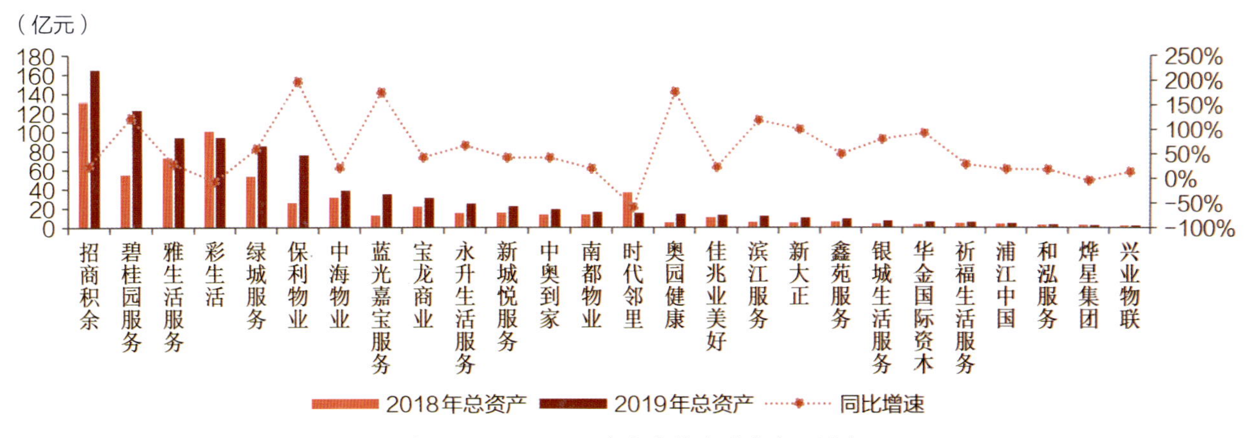

图 21 2018—2019 年上市物企总资产及增速

数据来源：企业年报，CRIC，中国房地产测评中心，中物研协

4. 盈利能力分析：多因素优化业务结构，盈利水平平稳改善

2019 年 26 家上市物企毛利和净利润总值分别为 166.28 亿元和 76.63 亿元，毛利均值由 2018 年的 4.68 亿元，净增加 1.72 亿元或 36.7% 至 6.40 亿元，标准差 6.90 亿元；净利润均值同比上升 32.4% 至 2.95 亿元，标准差 3.90 亿元。同时，毛利率和净利率近四年出现首次下降，均微降 0.4 个百分点至 29.4% 和 12.1%；此外，2019 年净资产收益率均值为 22.7%，较 2018 年下降 13.6 个百分点，近三年净资产收益率均值持续下降，净资产收益率首次低于 30%，标准差 10.2%，离散程度均较大，净资产收益率水平差异较大（图 22）。

4. 1 聚焦社区生活需求，布局新的盈利增长点

2019 年，26 家上市物企毛利总值 166.28 亿元，均值 6.40 亿元，同比增长 36.7%，毛利率均值 29.4%，较 2018 年回落 0.4 个百分点。26 家上市物业的毛利和毛利率相差较大（图 23）。

碧桂园服务毛利与营业收入协同上涨，较上年大幅上涨 73.3% 至 30.52 亿元，居上市物企的首位。雅生

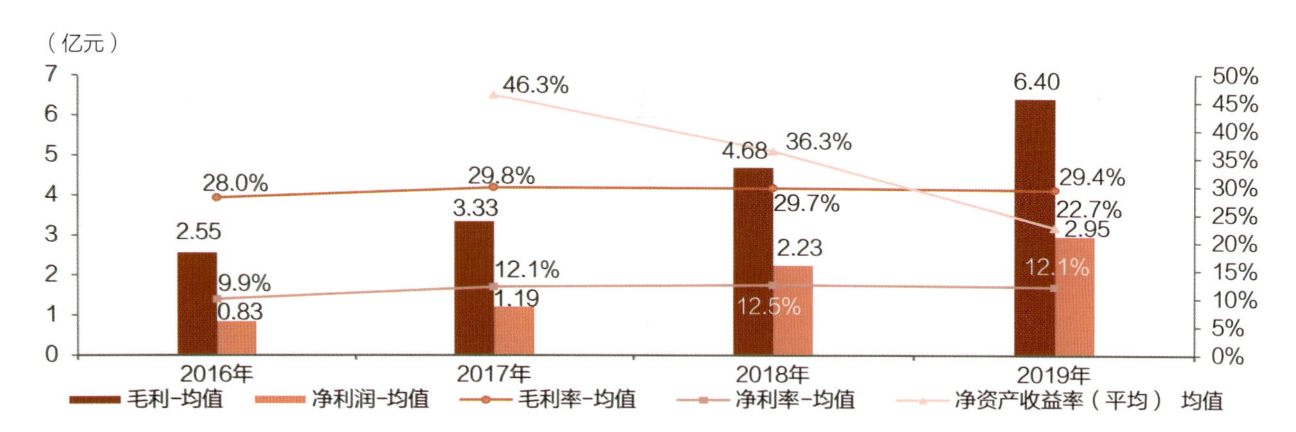

图 22　2016—2019 年上市物企盈利能力指标

数据来源：企业年报，CRIC，中国房地产测评中心，中物研协

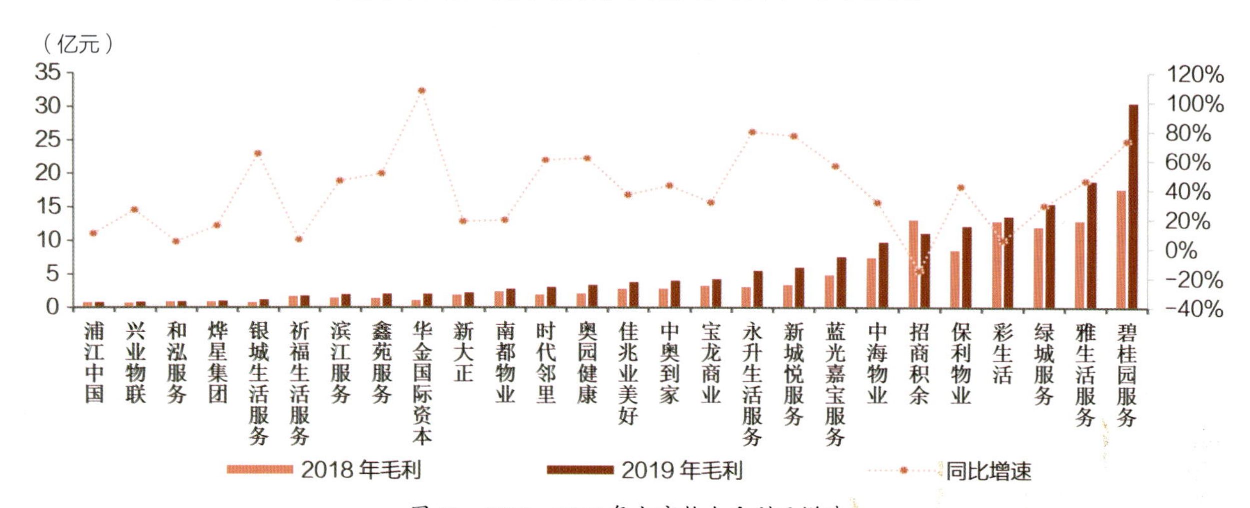

图 23　2018—2019 年上市物企毛利及增速

数据来源：企业年报，CRIC，中国房地产测评中心，中物研协

活服务、绿城服务、彩生活、保利物业和招商积余毛利均高于 10 亿元，除招商积余较上年下降 15.1% 外，其他几家分别上涨 46.0%、29.2%、5.7% 和 42.2%。浦江中国、兴业物联、和泓服务和烨星集团毛利则均低于亿元量级。

从毛利增速上看，华金国际资本毛利增速最快，为 102.8%。此外，永升生活服务、新城悦服务、碧桂园服务增速均超过 70%。

通过对比 26 家上市物企的毛利率，我们可以发现，26 家上市物企的毛利率均值为 29.4%，标准差 8.5%。毛利率最高的祈福生活服务达 44.4%，是毛利率最低的浦江中国（15.4%）的 2.9 倍。造成上市物企之间毛利率相差较大的原因，除企业所管理项目收费模式中包干制和酬金制所占比例的差异以及项目的接管时间外，企业增值服务的占比以及经营能力也成为影响企业毛利率差异的主要因素（图 24）。

从收费模式上看，包干制和酬金制对营业收入和营业成本的核算模式不同，从而影响企业的毛利率水平。以包干制收费的项目是将物业费收入全部计入营业收入，所产生的成本计入公司营业成本，相应的毛利率水平较低。酬金制的项目则将与业委会约定的比例以酬金计入营业收入，理论上无营业成本，毛利率较高。

从项目交付的时间来看，新交付项目因收入端增长受限，成本上升，因此存量项目利润率下降。同时，新房在管项目前期入住率低，维护成本相对较少，且新房的定价较高，从而带动基础服务毛利率的上升。而二手物管项目，在新接手的前两三年需要较多的资源投入和维修维护，会对企业的毛利率产生影响，但待其成熟期后，这部分业务的增长和长期提升也有望为企业带来正面影响。

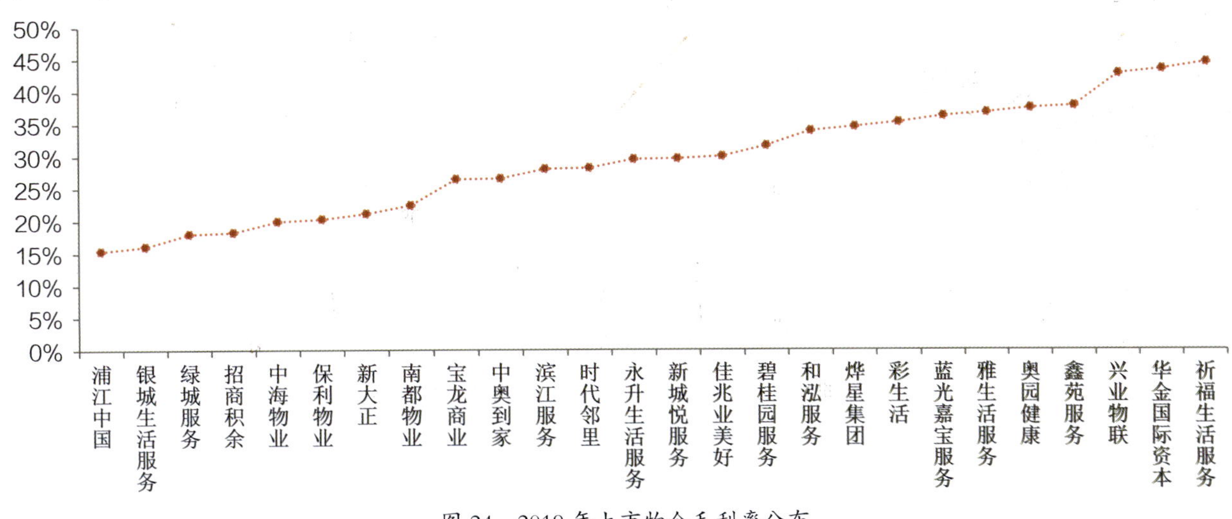

图 24　2019 年上市物企毛利率分布

数据来源：企业年报，CRIC，中国房地产测评中心，中物研协

从业务开展的情况来看，增值服务的毛利率远高于基础物业管理服务，且社区增值服务的毛利率高于非业主增值服务。

（1）增值服务的毛利率远高于基础物业管理服务

物业管理行业属于劳动密集型行业，基础物业管理服务需要投入大量的人力，致使成本端增加。而增值服务在一定程度上可以减少人员投入，其利润率普遍会高于基础物业管理服务。对 2019 年详细披露毛利和毛利率的 13 家上市物企进行分析，可以发现，13 家上市物企的物业管理服务毛利率范围在 11.4% ～ 30. 2%，而增值服务的毛利率则在 29.6% ～ 60.9%。增值服务的毛利率远高于物业管理服务（图 25）。

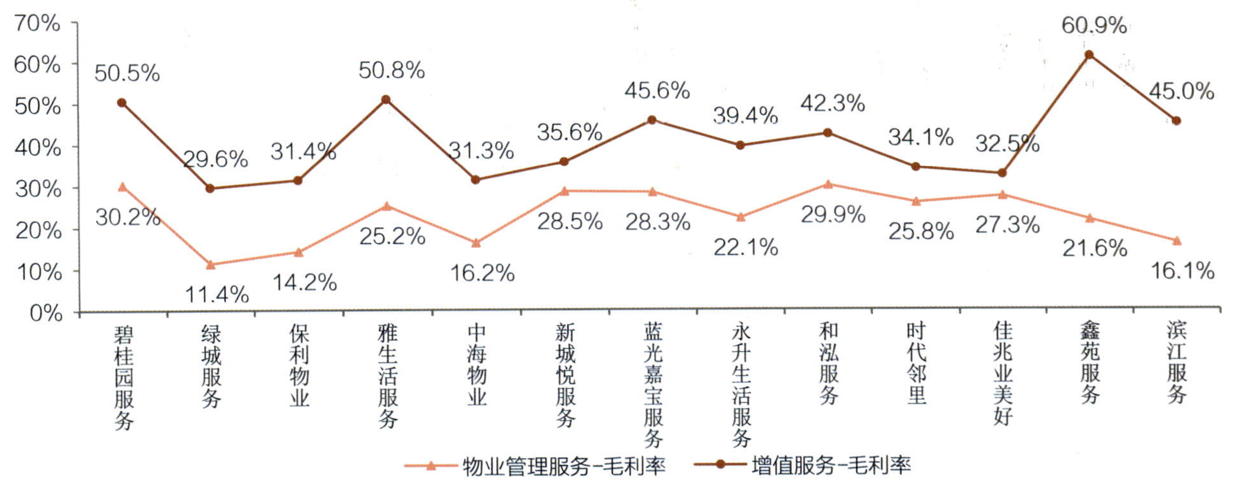

图 25　2019 年部分上市物企物业管理服务和增值服务毛利率分布

数据来源：企业年报，CRIC，中国房地产测评中心，中物研协

（2）社区增值服务的毛利率高于非业主增值服务

此外，对 13 家上市物企的社区增值服务和非业主增值服务毛利率进行分析，可以发现，社区增值服务的毛利率分布在 27.1% ～ 68.9% 的范围内，非业主增值服务毛利率在 16.0% ～ 53.9% 范围内，由于社区增值服务对人的依赖相较更低，因此社区增值服务的毛利率普遍高于非业主增值服务（图 26）。

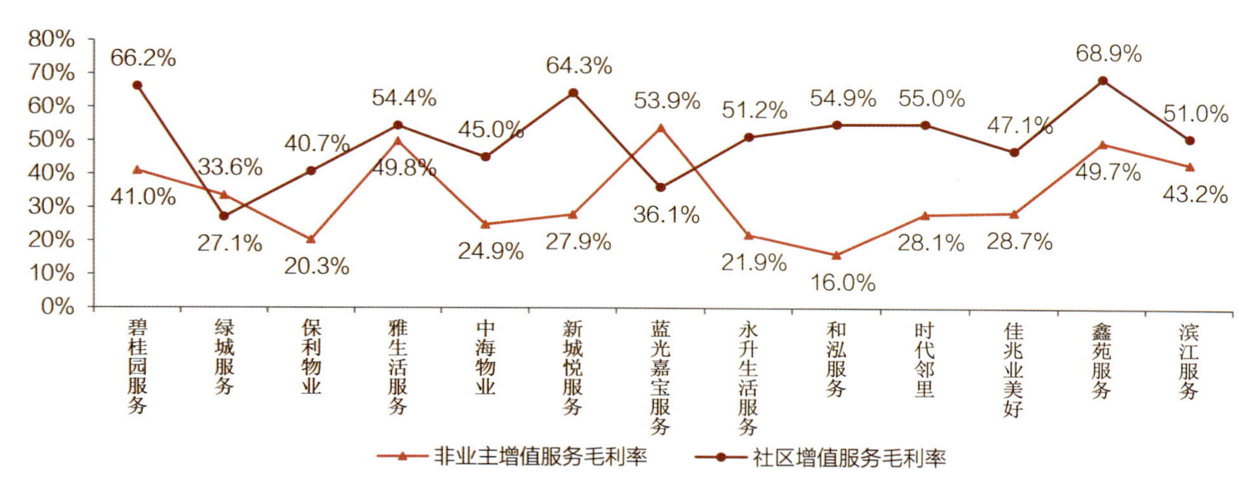

图 26　2019 年部分上市物企社区增值服务和非业主增值服务毛利率分布

数据来源：企业年报，CRIC，中国房地产测评中心，中物研协

4. 2　净利润总值达 76.63 亿元，净利率略有回落

2019 年，26 家上市物企的净利润总值 76.63 亿元，均值 2.95 亿元，同比增长 32.4%。净利率均值为 12.1%，较 2018 年回落 0.4 个百分点（图 27）。

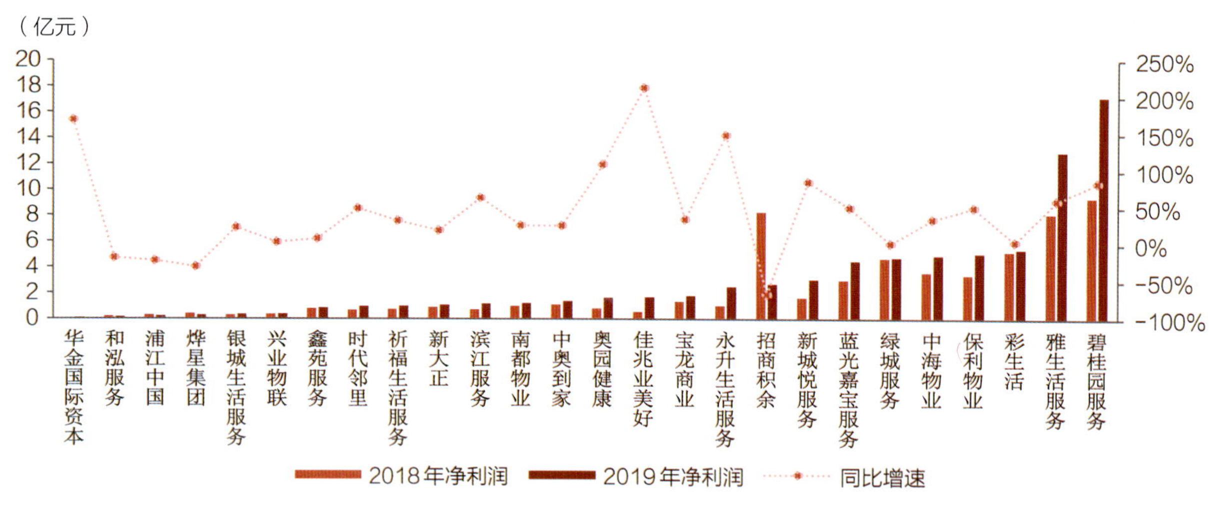

图 27　2018—2019 年上市物企净利润及增速

数据来源：企业年报，CRIC，中国房地产测评中心，中物研协

上市物企净利润整体呈增长态势。其中，碧桂园服务最会“赚钱”，年内净利润高达 17.18 亿元，同比大幅增加 83.9%。主要在于其业务生态逐渐完善，各业务模块收入均实现大幅上升，其中，物业管理服务、社区增值服务和非业主增值服务收入涨幅分别达到 68.8%、107.4% 和 79.8%。此外，“三供一业”业务亦首次贡献收入 15.2 亿元。雅生活服务净利润亦首次突破 10 亿元，同比增长 59.3% 至 12.92 亿元。

此外，26 家上市物企 2019 年净利润增速均值高达 44.1%。其中，佳兆业美好净利润增速最快，高达 212.2% 至 1.67 亿元；此外，华金国际资本、永升生活服务和奥园健康增速亦高达 100% 以上（图 28）。

通过分析 26 家上市物企的净利率，我们可以发现，26 家上市物企的净利率均值为 12.1%，标准差 6.2%。上市物企之间的净利率分化程度较大，其中，雅生活服务净利率居首位，达 25.2%，是净利率最低的华金国际资本（1.1%）的 22.0 倍。此外，祈福生活服务和蓝光嘉宝服务净利率较高，均超过 20%，另有 11 家企业净利率低于 10%。

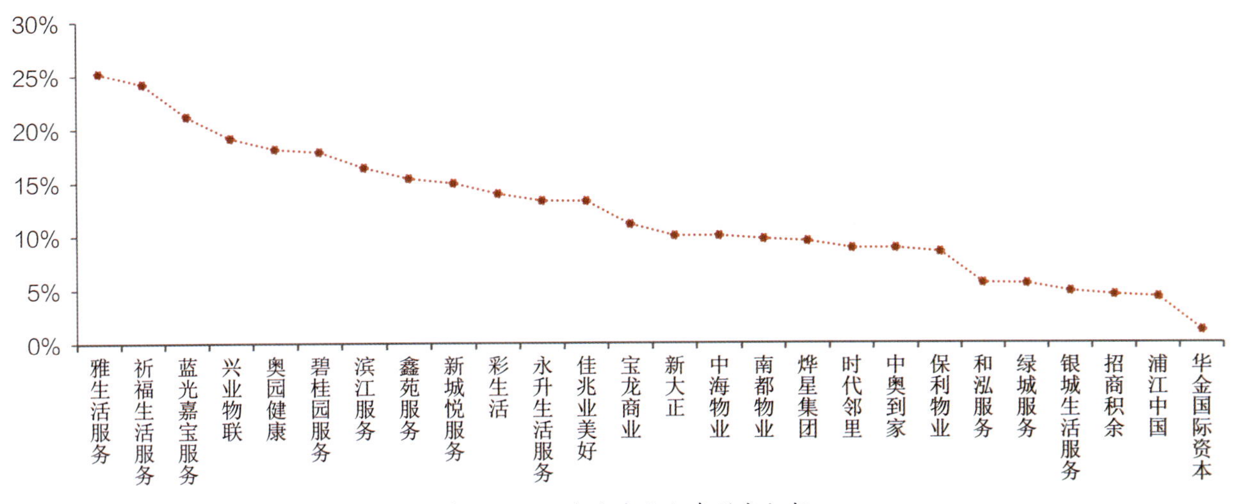

图 28　2019 年上市物企净利率分布

数据来源：企业年报，CRIC，中国房地产测评中心，中物研协

4. 3　净资产收益率分化明显，短期内总体回落

2017 年至 2019 年，26 家上市物企净资产收益率均值分别为 46.3%、36.3% 和 22.7%，连续 3 年下滑，而相较于 2017—2019 年上市房企净资产收益率的 9.29%、9.80% 和 9.50%，上市物企整体净资产收益率较房地产企业明显偏高。

2019 年 26 家上市物企的净资产收益率处于 1.9% ～ 43.8% 的范围，离散程度较大，仅两成（23.1%）的企业净资产收益率同比上升。其中，碧桂园服务和中海物业净资产收益率分别为 43.8% 和 40.8%，处于较高的水平，盈利能力较强；华金国际资本、招商积余和浦江中国则均低于 10%。时代邻里和宝龙商业变化幅度最大，分别减少 69.4 个百分点和 62.1 个百分点至 19.3% 和 19.7%（图 29）。

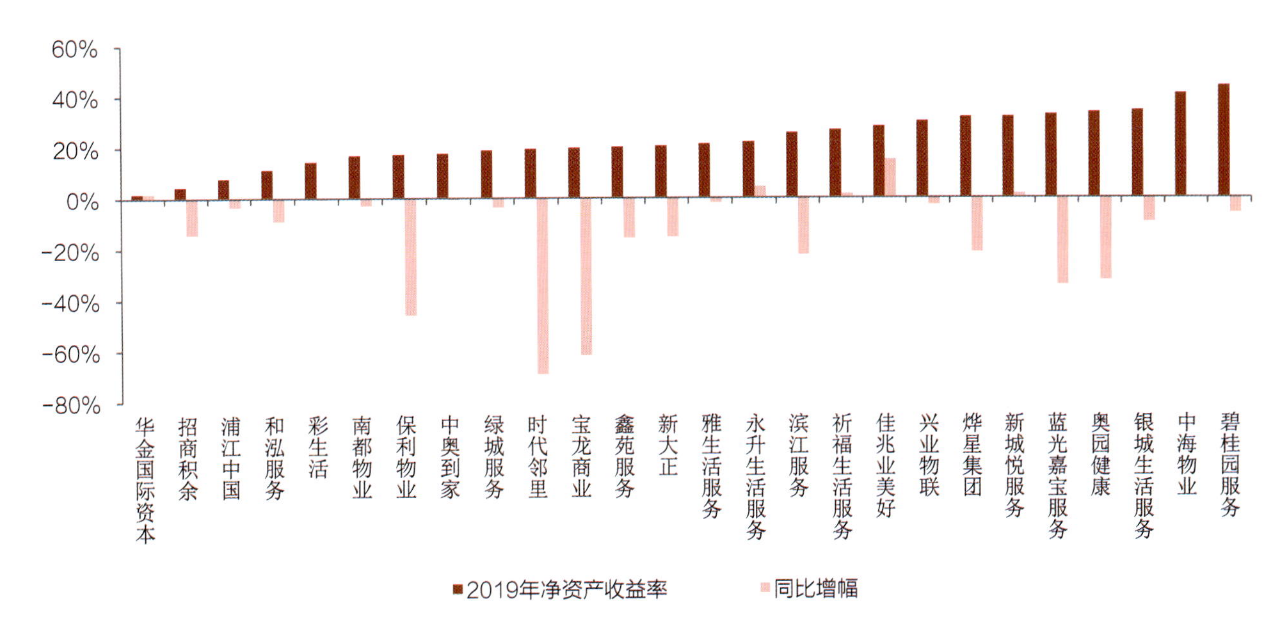

图 29　2019 年上市物企净资产收益率和增幅

数据来源：企业年报，CRIC，中国房地产测评中心，中物研协

上市物企净资产收益率的变化受企业净利润和净资产的影响。一方面，物业管理行业的盈利模式和水平在短时间内很难实现明显的提升，另一方面，借助资本优势，企业加速对管理规模扩张和整合，总资产得以

持续积累，企业净资产得到快速的提升。因此，短时间内会引起净资产收益率的回落。

5. 抗风险能力分析：运营稳健风险可控，企业话语权增强

净资产负债率逐年下降，行业抗风险能力较强，整体来看风险可控。从长期偿债能力上看，2016 年至 2019 年 26 家上市物企资产负债率整体逐年下降，均值持续回落，2019 年资产负债率均值相较 2018 年下降 8.6 个百分点至 49.2%；从短期偿债能力上看，上市物企的流动比率逐年攀升，由 2016 年的 1.47 增长至 1.92，逐渐趋于较为合理的 2 左右。流动比率代表企业流动性较强的资产对流动负债的覆盖情况，表明上市企业阶段性的资产变现能力较强，债务到期前，可用于变现偿债的能力亦较强（图 30）。

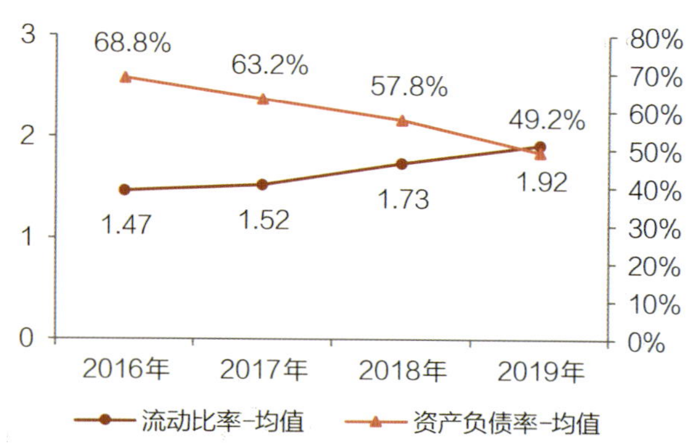

图 30　2016—2019 年上市物企抗风险能力指标分布

数据来源：企业年报，CRIC，中国房地产测评中心，中物研协

5. 1　债务情况：资产负债率基本可控

2019 年，26 家上市物企资产负债率均高于 20%，均值为 49.2%。其中，有 12 家上市物企资产负债率处于 40% ～ 60% 这个较为合适的范围，资产负债率总体可控。相对而言，银城生活服务的资产负债率达 82.5%，相较行业平均水平过高（图 31）。

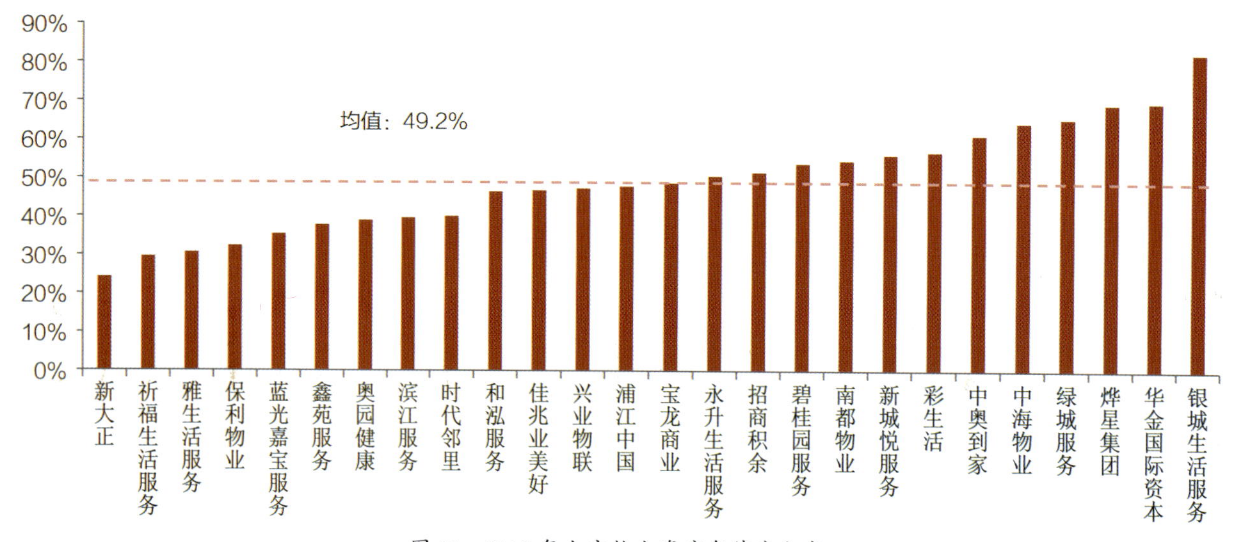

图 31　2019 年上市物企资产负债率分布

数据来源：企业年报，CRIC，中国房地产测评中心，中物研协

5. 2　偿付能力：流动比率上升，变现能力增强

从短期偿付能力上看，2019 年，26 家上市物企的流动比率均高于 1，主要处于 1.12 ～ 3.56 范围内，平均值为 1.92。近半数的上市物企流动比率接近或超过 2，其中，新大正、祈福生活服务和保利物业流动比率分别为 3.56、3.47 和 3.01，均超过 3，处于上市物企较高水平。总的来看，上市物企资产变现能力整体较强，现有货币资金足以覆盖短期债务，短期偿债能力提升（图 32）。

5. 3　合同负债明显上升，企业话语权增强

2019 年，19 家上市物企合同负债总额达到 67.0 亿元，较 2018 年大幅增长 47.4%，均值 3.5 亿元，标准差 4.1 亿元。

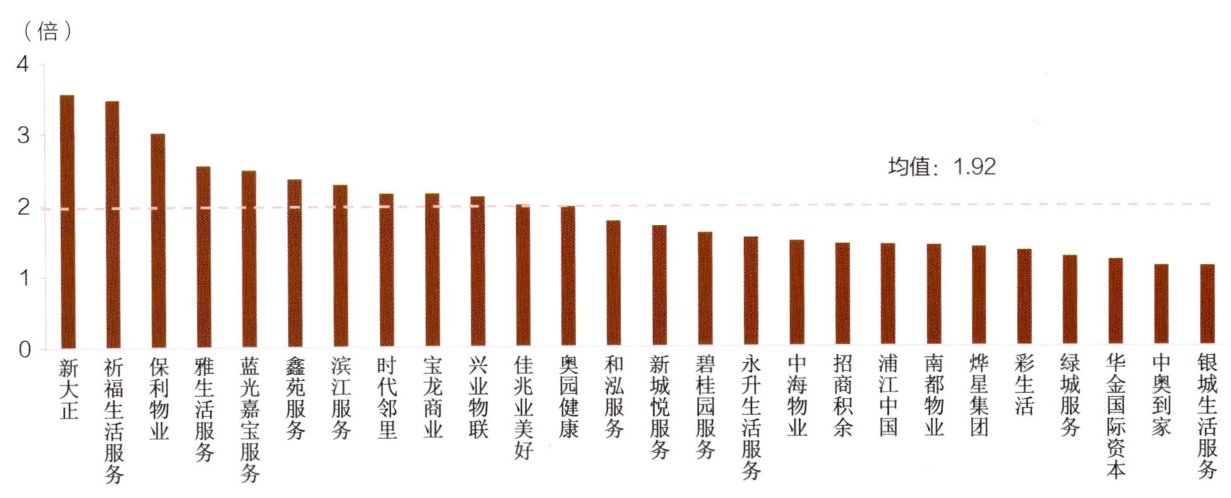

图 32　2019 年上市物企流动比率分布

数据来源：企业年报，CRIC，中国房地产测评中心，中物研协

其中，主要受“三供一业”业务的影响，碧桂园服务合同负债规模增长明显，较 2018 年增长 61.8% 至 16.2 亿元，为上市物企中最高。绿城服务和保利物业均超过 9 亿元；此外，时代邻里大幅增长 254.2%。宝龙商业、永升生活服务、佳兆业美好增幅也均超过 80%。合同负债主要为物业管理服务的客户预付款，体现了物业对业务上下游的话语权和对业主物业费提前收缴的情况，也在一定程度上体现了企业的物业服务能力、满意度和抗风险能力（图 33）。

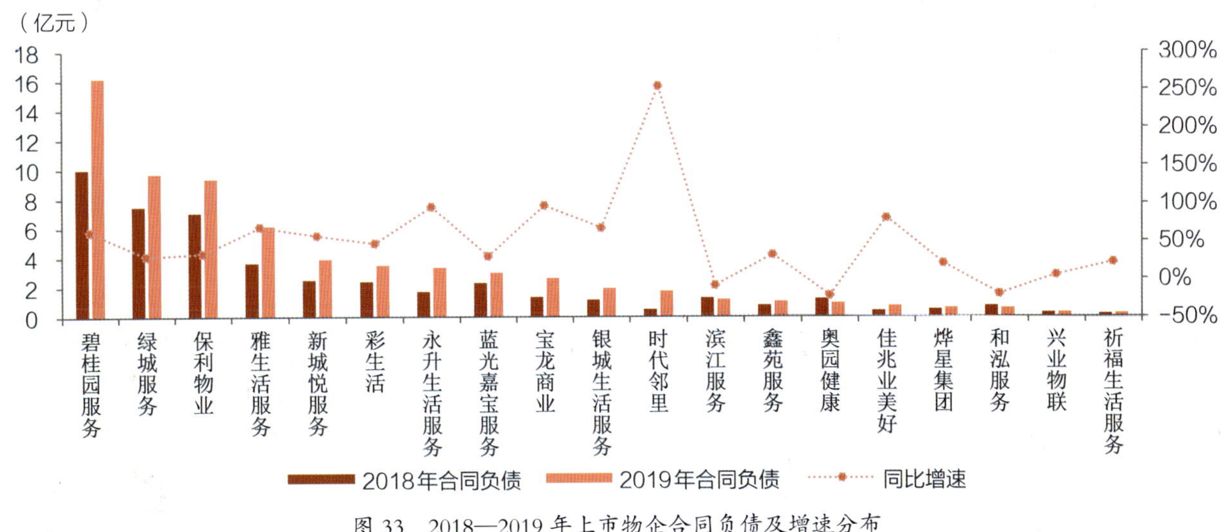

图 33　2018—2019 年上市物企合同负债及增速分布

数据来源：企业年报，CRIC，中国房地产测评中心，中物研协

6. 成长潜力分析：增长率指标持续上扬，企业发展空间广阔

6. 1　营收、利润同步提升，预计未来持续增加

2016 年至 2019 年，26 家上市物企营业收入持续攀升，营业收入总值较上年增长 36.9% 至 628.13 亿元，净增 169.16 亿元，呈现持续高速增长的态势，2016 至 2019 年营业收入复合增长率达 32.4%（图 34）。

26 家上市物企营收能力持续增强。《2019 中国物业管理行业年鉴》数据显示，2016 年至 2018 年物业管理行业经营总收入分别为 6584.3 亿元、7732.5 亿元和 9066.1 亿元，则 26 家上市物企营业收入总值分别占物业管理行业经营总收入的 4.1%、4.3% 和 5.1%，上市物企占比持续提升。预计

2019年物业管理行业经营总收入将超万亿，2019年26家上市物企营业收入总值占行业经营总收入的比例将有望达到5.9%。上市物企聚集了行业优秀代表，26家上市物企在行业经营总收入占比即已超过5%，且持续提升，在一定程度上反映了发展优势向头部企业聚集，头部优秀企业具有领先优势（图35）。

同时，26家上市物企净利润亦实现大幅增长。2016年至2019年26家上市物企的净利润总值由21.54亿元大幅增加55.09亿元至76.63亿元，复合增长率达52.7%。其中，2016年至2018年增速显著，2018年同比增速高达86.6%。2019年，上市物企净利润在57.89亿元的量级上仍有32.4%的增量，净利润持续上扬（图36）。

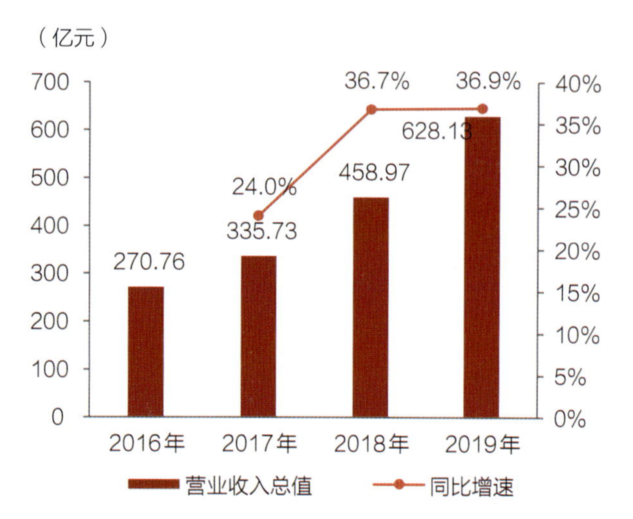

图34 2016—2019年上市物企营业收入总值及增速

数据来源：企业年报，CRIC，中国房地产测评中心，中物研协

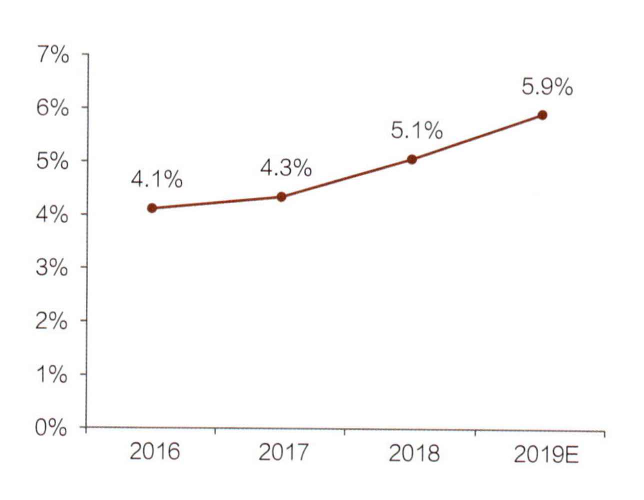

图35 2016—2019年26家上市物企营收总值[①]在物业管理行业经营总收入中占比

数据来源：企业年报，CRIC，中国房地产测评中心，中物研协

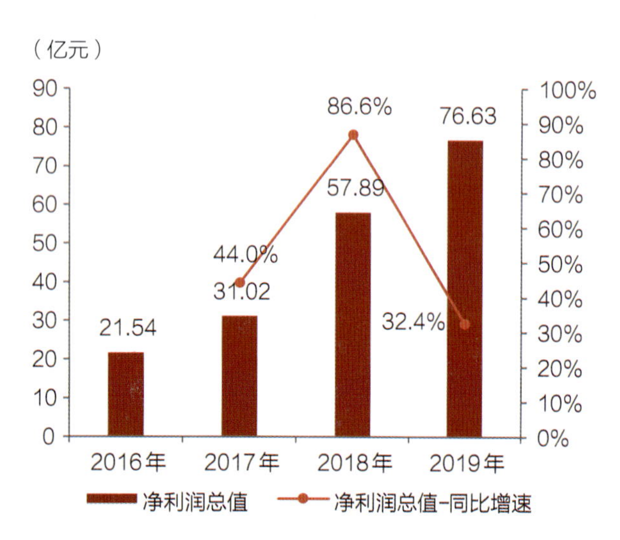

图36 2016—2019年26家上市物企净利润总值及增速

数据来源：企业年报，CRIC，中国房地产测评中心，中物研协

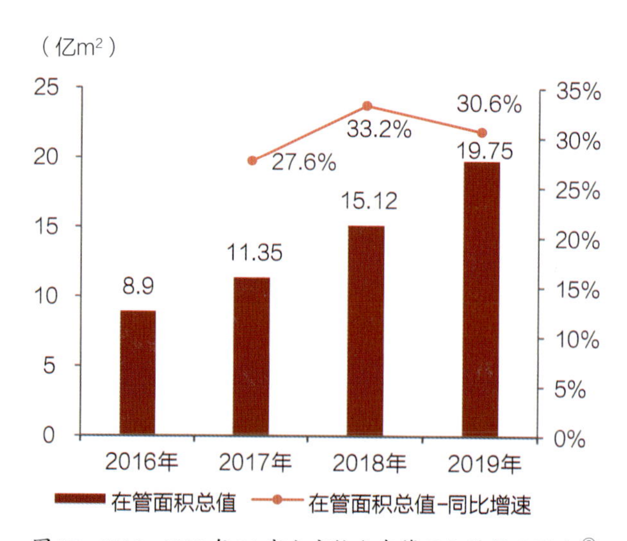

图37 2016—2019年21家上市物企在管面积总值及增速[②]

数据来源：企业年报，CRIC，中国房地产测评中心，中物研协

① 其中2019年数据为预测。

② 不包括南都物业、招商积余、新大正、祈福生活服务、华金国际资本5家企业的在管面积。

6. 2 在管面积持续增长，集中度预计达 6.6%

2016 年至 2019 年，21 家上市物企在管面积持续扩充 ,2019 年在管面积总值较上年增长 30.6% 至 19.75 亿平方米，净增 4.63 亿平方米，呈现持续高速增长的态势，2016 至 2019 年在管面积复合增长率达 30.5%，与营业收入的增速和年复合增长率协同增长，态势相同（图 37）。

同时，上市物企在管面积集中度进一步提升。《2019 中国物业管理行业年鉴》数据显示，2016 年至 2018 年物业管理行业管理规模分别为 221.9 亿平方米、246.7 亿平方米和 279.3 亿平方米，则这 21 家上市物企在管面积总值分别占物业管理行业管理规模的 4.0%、4.6% 和 5.4%。按照“供给 - 需求拟合模型”对 2019 年物业管理行业管理规模进行预测，预计 2019 年物业管理行业管理规模近 300 亿平方米，由此，21 家上市企业 2019 年在管面积在行业中的集中度将有望达到 6.6%，管理规模进一步扩大，集中度持续提升（图 38）。

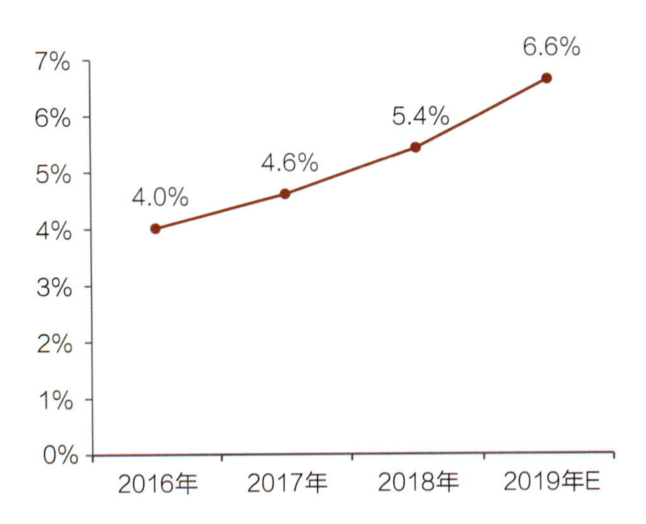

图 38　2016—2019 年 21 家上市物企在管面积集中度[①]

数据来源：企业年报，CRIC，中国房地产测评中心，中物研协

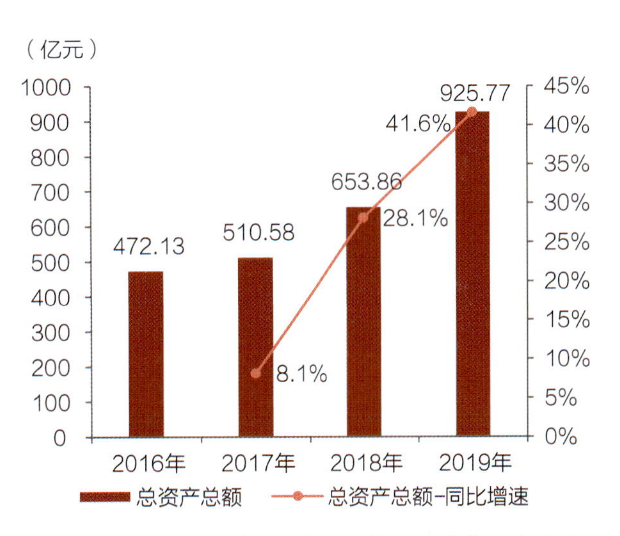

图 39　2016—2019 年 26 家上市物企总资产及其增速

数据来源：企业年报，CRIC，中国房地产测评中心，中物研协

6. 3 总资产积累提速，龙头优势聚集

2019 年，26 家上市物企总资产合计达 925.77 亿元，连续 3 年增长率保持高速增长，2019 年增长率高达 41.6%。2016 年至 2019 年总资产复合增长率达 25.2%，26 家上市物企高度重视管理规模的扩张，管理规模持续扩容，从而促进企业总资产的增加，总资产与物业管理规模类似，集中度向头部企业聚集，行业分化现象渐显（图 39）。

7. 创新能力分析：科技赋能企业发展，运营效率显著提升

物业管理行业作为劳动密集型行业，为不断上涨的人工成本和短期内物业费提价难所负累，为提高企业的运营效率和及时反映业主需求，提高物业服务品质和水平，物业管理行业积极拥抱智慧科技，逐渐加强对信息化、数字化、智能化等高新技术的应用，强化管理模式的探索、建设和应用，从而抓住自身以及业主服务的痛点，将物业管理服务从线下延伸到线上，构筑全面全新的生活方式和场景，并提高物业管理的效率和强化应对突发状况的能力。企业智慧化建设不仅能够提高运营效率，也能进一步挖掘业主的潜在需求，从而提供多样化的服务，增加企业的收益能力，智慧化建设成为物业服务企业的重要发展模块。

---

① 2019 年集中度为预测。

7. 1　借助资金优势，上市物企加大对高新技术的投入

从物企募集资金用途上看，各上市物企加大对智慧科技高新技术应用的重视，在内部管理和外部服务中双管投入，主要包括投入先进的互联网、物联网、AI 技术等高新技术，推进智慧社区的建设，同时加强内部管理系统的构建，创新和升级数字化和智能化管理技术和系统，升级在管物业的设施和设备等多方面，从而提升内部管理的标准化和效率，优化物业管理流程和提升业主体验，提高物业服务质量和满意度。其中，16 家企业中超过四成的企业将 20% 以上的资金用于高新技术方面的投入，均值亦达到 18%，该项仅次于企业用于收并购的投入，成为企业第二大战略用途（图 40）。

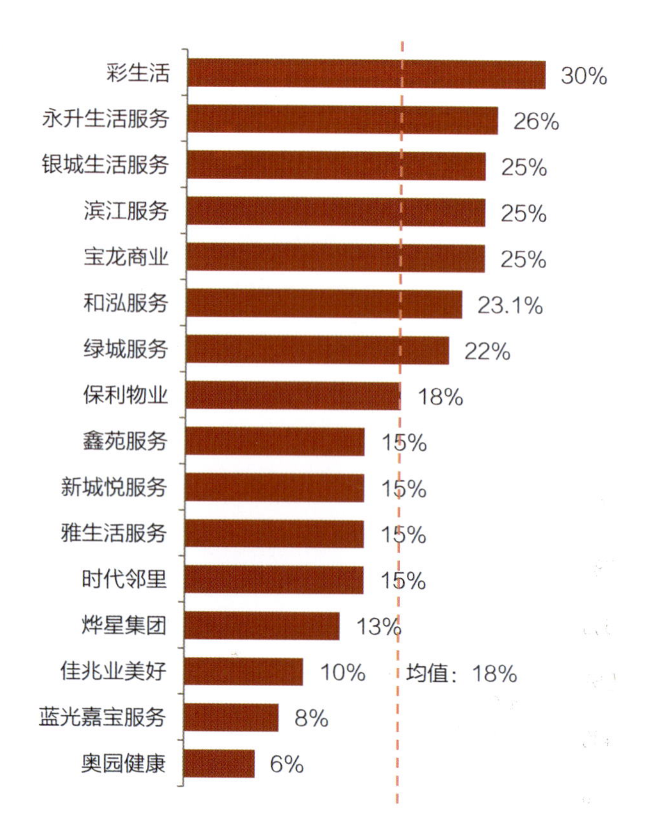

图 40　部分上市物企募集资金用于高新技术的比例分布

数据来源：企业年报，CRIC，中国房地产测评中心，中物研协

7. 2　新技术聚集，资本市场服务科技创新能力进一步增强

各物业服务企业智慧化建设、应用、投入和动作频频。碧桂园服务推出行业内首个基于“AI ＋物联”的人工智能全线解决方案产品体系，同时深化与腾讯、阿里云、百度、海康威视、博智林机器人等优势联盟伙伴的战略合作，实现更多“AI ＋小区”的落地，赋能中小型物企，有效提高物业管理效能和服务效率，让更多的业主享受更有温度的质量服务体系；年内绿城服务扎实布局绿城生鲜，升级绿城生活 APP。此外，绿城服务加强智慧化社区方面的科研合作及运用，并积极参与浙江省未来社区建设。并与商汤科技、阿里云、海康威视等达成战略合作，在不同方面共同探索智慧社区建设；中海物业在 5G 建设上，携手客户群，打造全国首个 5G 小区“臻如府”，共建智能园区行业标杆；彩生活分别与京东、360.com 达成战略合作，共同探索“小区＋”战略等。此外，保利物业、招商积余、新城悦服务、鑫苑服务、永升生活服务、奥园健康、佳兆业美好、宝龙商业、浦江中国和新大正等上市物企均积极拥抱物联网、大数据等智慧科技，赋能企业发展（表 7）。

部分上市物企在智慧科技方面的主要动态和内容　　表 7

企业简称	在智慧科技方面主要的动态和内容
碧桂园服务	推出行业内首个基于“AI ＋物联”的人工智能全栈解决方案产品体系；深化与腾讯、阿里云、百度、海康威视、博智林机器人等优势联盟伙伴的战略合作，实现更多“AI ＋社区”的落地，赋能中小型物企
绿城服务	扎实布局“绿橙生鲜”，并与世纪联华合作；升级了服务 APP——“绿城生活 APP”；加强在智慧社区方面的科研合作及应用，并积极参与浙江省未来社区建设；与商汤科技联手，共同研究基于图形识别的智慧社区解决方案；与阿里云签署合作协议，共同探索“平台＋管家”业务模式；与海康威视达成战略合作，组建物联网联合实验室，共同规划建设智慧消防、智慧安防等产品与服务，紧密落地社区场景服务
保利物业	积极推进物联网、智慧社区等信息化智慧化手段在社区的应用实践，提升项目管理的效率和精细度，增强业主交互和居住体验；积极开展智能家居服务，并运用智慧停车系统和智能社区，减少人员，降本增效

续表

企业简称	在智慧科技方面主要的动态和内容
招商积余	公司拥有智慧物业π平台及招商通两大智慧系统，智能化应用已覆盖公司全部在管项目；开展智慧安防AI视频分析技术的研发和试点；进行智慧停车在管项目数据接入和周边商业活动数字信息共享的研发，推动业务拓展；在医院、高校细化业态着力建设智慧医辅系统和智慧校园系统，提升在细化业态市场的竞争力
中海物业	紧跟科技发展趋势，充分利用5G、物联网、人工智能等技术，携手各行业巨头，签署战略合作，共同研发建筑物联网平台，抢占市场先机，打造行业标杆；在产品打造上，推出“兴海云”产品体系，提供基于物联网平台的全价值链服务方案；在模式升级上，在全国六大城市落成城市指挥调度中心，通过“城市中心+项目”的方式让建筑管理运行得到全面升级；在5G建设上，携手客户群，打造全国首个5G小区“臻如府”；联合战略合作伙伴创立并发起绿色全光网络技术联盟大会，制定行业标准，推动智能园区5G网络建设；在科研创新上，旗下兴海物联为国家及深圳市双高新企业，申请中及已授权的创新成果及知识产权50余项，其中软件著作权22项，发明专利17项
彩生活	2019年，继续对所管理的项目持续进行基于互联网技术的智慧社区改造；与京东、360.com达成战略合作，共同探索“社区+”战略
新城悦服务	重视在智能工程施工方面的大力开拓，智能工程施工业务范围已经从住宅项目拓展到了大型智能商场项目。2019年，一共完工了14个大型智能商场项目；2019年收购的上海数渊信息科技有限公司（上海数渊）旗下的停车管理系统，全年一共完工21个停车场项目；智慧家居业务
鑫苑服务	致力于信息化及智能化建设，朝着“智慧社区”整体规划，围绕智能安防、智慧出行、智慧物业、生活服务、智能家居、设施设备等六大维度搭建智慧体验场景，以科技赋能形成了载体和支撑；规划了定义社区数字化场景、发展社区数字化场景和引领社区数字化场景三步走的发展战略，围绕运营可视化、服务数字化、场景在线构建科技赋能MSP模型
永升生活服务	重视在智慧社区营运方面的投资与发展，设立智慧营运部门；计划进一步投资升级内部管理系统、建立大数据信息共享平台及建立集中指挥中心以远程监控运营、开展数据分析、减少中间物流及提升管理精确度及效率
奥园健康	提升原有在线线下平台，努力优化业务模式并改善服务质量，借助互联网、AIOT等技术，成立两大科技公司（奥智云科技和奥佳科技）；与广州智安天使科技有限公司签订战略合作协议，双方已在云服务、大数据、物联网、人工智能等领域建立全面战略合作关系；于2017年6月推出“奥悦家”移动应用程序，并于2019年10月升级至“奥悦家”移动应用程序3.0版本
佳兆业美好	与第三方承包商及该公司智能解决方案服务供应商佳科智能（其专门提供电子智能解决方案服务）合作，向物业开发商提供智能解决方案服务
宝龙商业	2019年5月宝龙商业与腾闻战略合作设立合资公司上海宝申数字科技有限公司（宝申科技），进一步推进商业管理运营的数字化
浦江中国	基于物联网、互联网、3D技术、大数据技术，以物业管理作为先导业务，围绕建筑的基础状态数据自主开发了开放性的智能楼宇系统“动态物业模型”（DBM），为楼宇的拥有者、使用者、管理者、监管者等相关方提供数据信息、展开专业服务。在2019年上半年有335万m^2建筑面积的项目不同程度部署了该系统的基础上，下半年总结经验、精益求精，优化系统、开始SaaS化升级
新大正	将集成打造智慧安保系统、智慧清洁系统、智慧工程系统、智慧客服管理系统等智慧物业管理运作方式，拓展物业管理的边界和内涵；将智慧化运用于实地服务场景，“智慧卫生间”“能源管理系统”“学校慧服务”等一系列业务智慧化措施助力更新服务，并在具有大型机具使用场景的公建场所大力推广“人机替换”；与华为、金蝶、用友、新加坡荣腾、德国FAME等公司合作，不断升级重建公司管理信息化系统；专研客户业务信息化管理需求，优化学校及航空业务系统

数据来源：企业年报，CRIC，中国房地产测评中心，中物研协

7.3 科技赋能物企发展，企业实现提质增效

2019年，上市物企重视科技与业务和内部管理系统的有机结合，持续扩大业务规模和市场份额，

为业主和客户提供多元化的服务。上市物企管理规模、业绩水平均取得显著的提升，同时，受益于科技赋能，物企的运营效率不断提升，单位面积创收能力、人均管理面积、人均产出和人均净利润均表现出色。

从单位面积创收能力来看，26家上市物企单位面积营收均值为35.2元/平方米，较2018年同期增长3.5%，近七成上市物企单位面积营收实现增长。其中，兴业物联单位面积创收能力最强，达到76.7元/平方米。兴业物联专注发展中高端非住宅物业，持续升级信息技术系统以提升物业管理业务的运营能力，运营效率提升。浦江中国作为非住宅物业管理服务领先的服务商，同时持续打造工程技术的核心竞争力，并基于物联网、互联网、3D技术、大数据技术，以物业管理为先导业务，自主开发开放性的智慧楼宇系统，逐步实现科技投入的产出效应。年内，单位面积创收能力为73.0元/平方米，紧随兴业物联之后。此外，奥园健康、烨星集团、滨江服务等创收能力均较强（图41）。

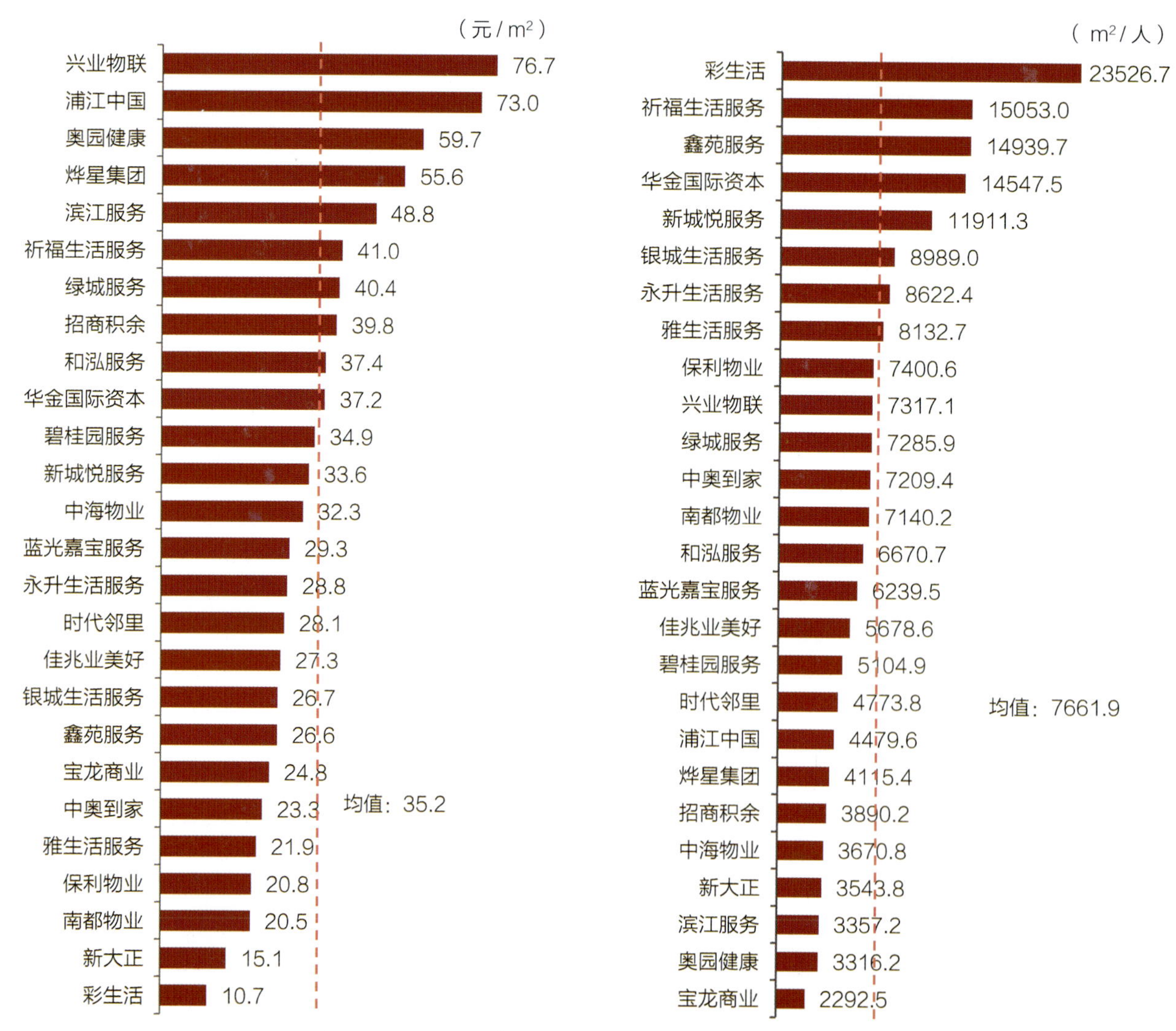

图41 2019年上市物企单位面积创收能力[①]
数据来源：企业年报，CRIC，中国房地产测评中心，中物研协

图42 2019年上市物企人均管理面积
数据来源：企业年报，CRIC，中国房地产测评中心，中物研协

① 宝龙商业的营收、在管面积：指的是其住宅物业管理服务产生的收入及住宅物业在管面积。
新大正、祈福生活服务和南都物业未公布在管面积，图中面积为合约面积，其单位面积创收能力偏小。

此外，26家上市物企人均管理面积、人均产出和人均净利润分别为7661.9平方米/人、24.6万元/人和3.2万元/人，均高于行业平均水平，运营效率提升（图42～图44）。

近六成的上市物企人均管理面积高于6000平方米/人。其中，彩生活人均管理面积最大，为2.35万平方米/人。公司专注于通过口碑与品牌进行内生式新委聘扩张，年内，公司服务质量和市场扩张等核心指标表现明显，规模效应显现。同时，祈福生活服务、鑫苑服务、华金国际资本和新城悦服务人均管理面积均超过万平方米，人均效能均处于行业较高水平。

从业绩和净利润的效能上看，近半数（46.2%）的上市物企人均产出高于20万元/人，超半数（53.8%）的上市物企人均净利润高于2万元/人。其中，祈福生活服务人均产出和人均净利润均最高，分别达61.8万元/人和14.9万元/人。年内，公司业务进一步拓展，物业管理服务、校外培训服务、资讯科技服务及配套生活服务等收入均取得稳定增长，人均产出和人均净利润较高。同时，兴业物联、华金国际资本和新城悦服务人均产出均超40万元/人。兴业物联人均净利润超10万元。

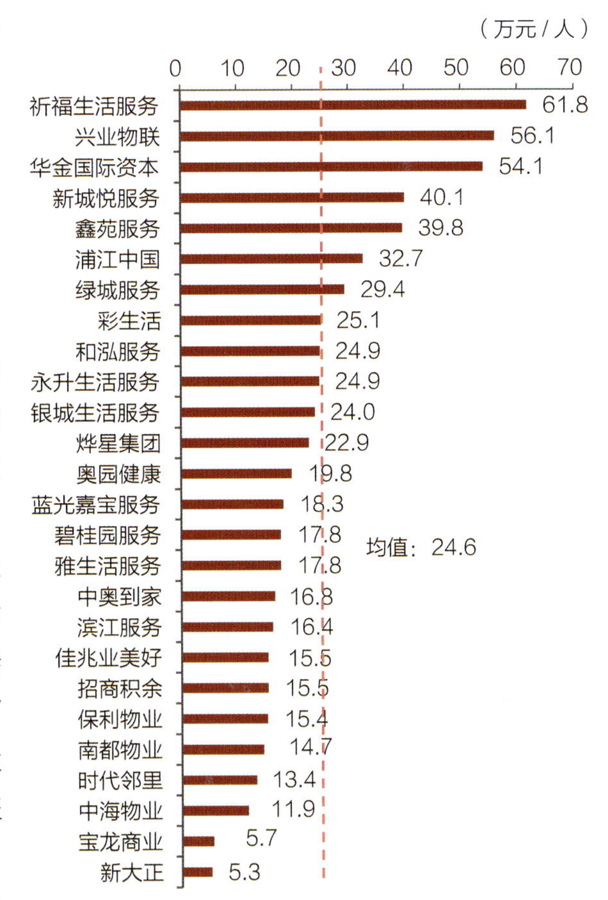

图43 2019年上市物企人均产出
数据来源：企业年报，CRIC，中国房地产测评中心，中物研协

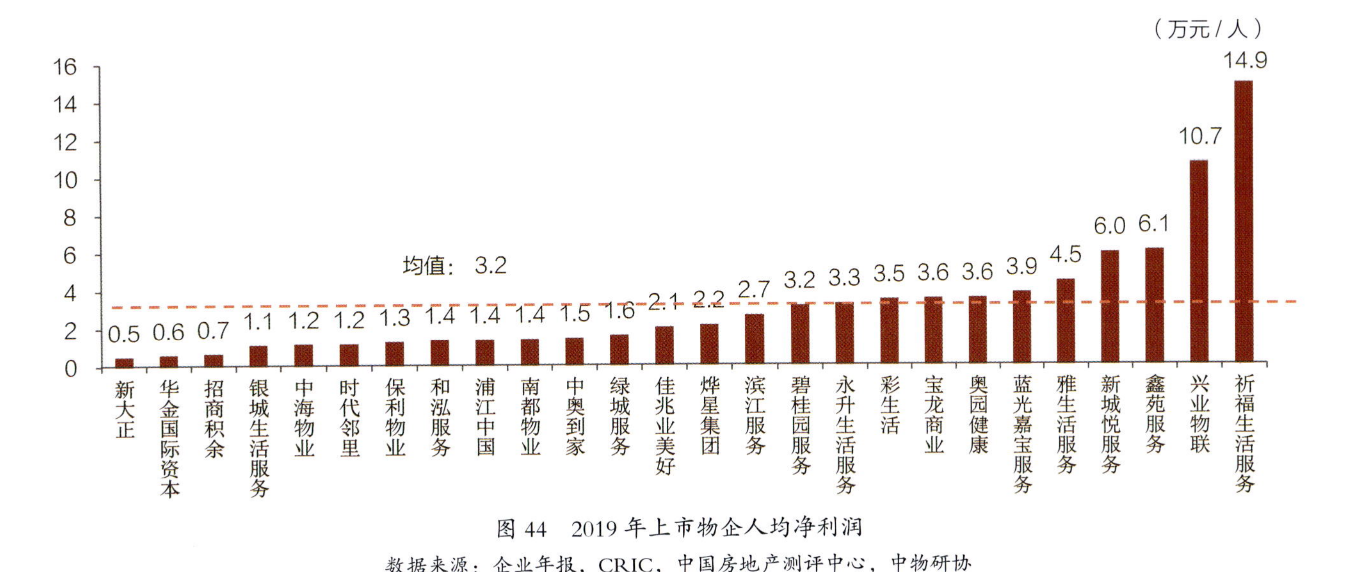

图44 2019年上市物企人均净利润
数据来源：企业年报，CRIC，中国房地产测评中心，中物研协

8. 社会责任分析：纳税、扶贫与防疫，彰显企业责任与担当

8.1 积极履行纳税义务，解决近35万人就业问题

企业在快速发展的同时，积极承担纳税的责任和义务，这是企业社会价值的重要体现，也是优秀企业发展战略的核心组成部分。近些年，物业服务企业的纳税额逐年递增，2019年26家上市物企纳税总额达

到23.93亿元，平均每家贡献纳税额近1亿元，同比增长24.7%。其中，雅生活服务纳税额达4.03亿元，同比增长52.3%；碧桂园服务纳税额紧随其后，大幅增长164.6%至3.58亿元（图45）。

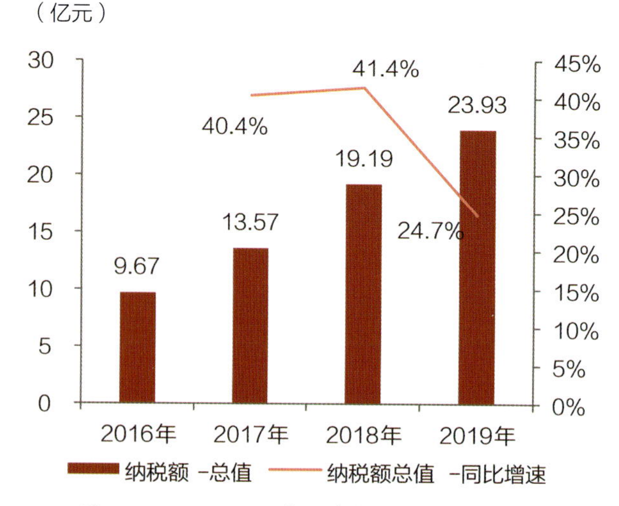

图45 2016—2019年上市物企纳税额及增速
数据来源：企业年报，CRIC，中国房地产测评中心，中物研协

此外，2019年，26家上市物企从业人员总量达到了34.8万人，为解决社会就业、缓冲社会基层矛盾做出了积极的贡献。

8.2 扶贫、防疫冲锋在一线，展现上市物企良好社会形象

作为物业管理行业的标杆企业，上市物企积极响应中国物业管理协会号召，在各地方物协的动员组织下，纷纷参与到“社区的力量”行动中来。2019年“一斤市集”助农扶贫专项活动相继在石家庄、重庆、成都、上海、深圳、杭州、郑州等多地启动，各上市物企加强专项行动的推进，结合线上线下等多种形式，多方调动和引导社区居民参与其中，聚合社区的力量助力消费扶贫，创新服务助力扶贫，助力打赢脱贫攻坚战。

其中，2019年7月28日，碧桂园服务在“社区的力量”消费扶贫攻坚战专项行动·碧桂园社区启动会上与易居乐农正式签署了贡献100万斤的“消费扶贫贡献值”的合作备忘录。并与“社区的力量”平台实现互联互通。目前，碧桂园服务线上微信商城凤凰汇已完成与社区的力量战报系统的链接；绿城服务自2018年11月，便联手易居乐农帮扶山西省代县的农副产品区，并与代县人社局达成用工扶贫合约开启“造血式”扶贫模式，积极响应中国物业管理协会的号召，聚拢旗下服务的600个社区，都参与到“社区的力量”消费扶贫攻坚战专项行动中；截至2019年11月底，蓝光嘉宝服务已实现了近19000斤的兜底销售量；保利物业、新城悦服务等多家企业亦全面展开“社区的力量”消费扶贫攻坚战专项行动，主动承担社会责任，展现了行业在脱贫攻坚战中的凝聚力和行动力，彰显了企业的品牌影响力、公信力和社会形象，以及企业的社会责任感和社会担当。

此外，2020年，面对突如其来的疫情，社区是外防输入、内防扩散最有效的防线。在相关部门的统筹协调下，物业管理行业与街道、社区联动，通过严格执行出入口人员信息登记、体温检测、住户排查、车辆记录、体温测量、重点人群防控、增加公共区域消杀频次，加强业主宣传引导等不同方式融入“联防联控”工作，为建立群防群治的防控大格局，筑起基层社区疫情防控的严密防线。物业服务企业始终坚守在社区疫情防控的一线，在维护公共秩序、协助基层管理方面贡献了重要的力量，承担了大量的超过其合同和责任边界的责任，很大程度地弥补基层社区公共卫生供给和应急管理力量的不足。

同时，自2月2日以来，碧桂园服务发起采购扶贫农产品支援疫区的行动，分两批驰援武汉市、湖北省多个地级市，累计超400t，涵盖米面、果蔬等40多款农副产品，并发起“保供给，防滞销”采购专项行动，在全国8省16县采购扶贫农产品，千里驰援湖北，首批采购农产品达240t，链接贫困户1800多户；绿城服务电商平台“绿橙生鲜”基于线上下单，在绿城服务的众多小区中，设置了前置仓，自有供应链，将生鲜蔬菜，经过分拣，净菜送入前置菜柜，业主零接触自取；蓝光嘉宝服务、奥园物业等会员单位积极响应中国物业管理协会倡议，防疫、扶贫两不误，出资购买滞销农户产品，开展“菜你所想，蔬送爱心”等专项活动，为业主送上爱心助农蔬菜，让业主在疫情期间也能吃上健康的农产品，建立起农户与社区的“绿色爱

心桥梁”。比如，蓝光嘉宝服务向农户购买 4000 斤莲花白，回馈广大业主；奥园物业累计为将近 50000 户业主送上了爱心助农蔬菜，购置贫困农户滞销农产品约 4.8 万斤，助农金额近 40 万元。疫情的特殊时期，物业服务企业抗疫、扶贫两手抓，惠及农户、业主和社会，彰显企业责任与担当。

三、资本展望

1. 资本现状：新三板市场热度下降，物企更爱赴港上市

1.1 新三板挂牌数量下降，摘牌企业过半

物业服务企业自 2014 年开始相继在新三板市场登陆，新三板一度是诸多物业服务企业出击资本市场的首选，挂牌数量于 2014 年至 2017 年逐年攀升，至 2017 年达到挂牌高峰，共 27 家企业亮相新三板。受限于新三板流动性差，导致企业融资不畅，自 2017 年起，新三板挂牌数量逐年递减，且出现企业密集摘牌现象。截至 2020 年 4 月份，新三板累计挂牌数量 79 家，其中 40 家物企摘牌，数量过半（图 46）。

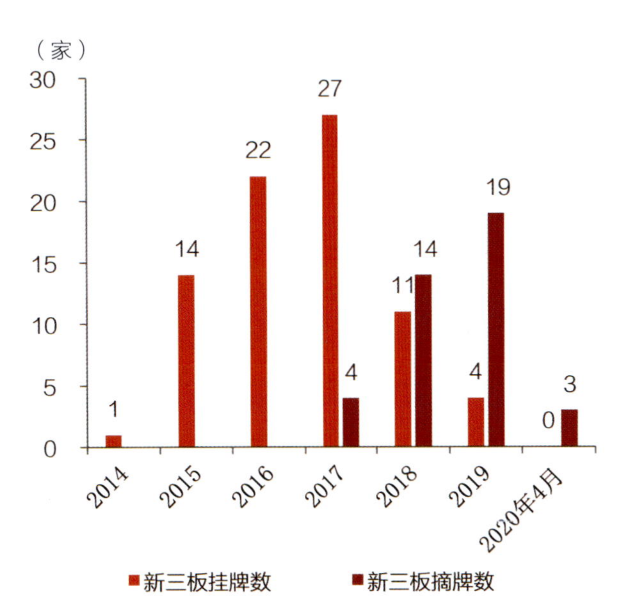

图 46　2014—2020 年 4 月物业服务企业[①]新三板挂牌和摘牌数量分布

数据来源：CRIC，中国房地产测评中心，中物研协

对诸多物业服务企业来说，新三板是其进入资本市场的第一步，成为其进一步资本动作的跳板，部分物业服务企业在新三板摘牌后转向估值较高的港股或 A 股上市。对摘牌的 40 家物企跟踪，可以发现，其中有 9 家物企成功赴港或在 A 股上市（表 8）。

新三板摘牌物企摘牌后资本市场最新动态　　表 8

新三板简称	挂牌时间	退市时间	历时（月）	最新简称	上市时间	上市类型
永升物业	2017.4.14	2018.3.9	10	永升生活服务	2018.12.17	港股
泓升股份	2016.1.5	2018.4.17	27	和泓服务	2019.7.12	港股
鑫苑股份	2017.3.16	2019.1.24	22	鑫苑服务	2019.10.11	港股
嘉宝股份	2015.12.17	2018.7.26	31	蓝光嘉宝服务	2019.10.18	港股
银城物业	2016.4.21	2018.4.24	24	银城生活服务	2019.11.6	港股
新大正	2017.2.17	2017.8.18	6	新大正	2019.12.3	A 股
保利物业	2017.8.29	2019.4.11	20	保利物业	2019.12.19	港股
兴业物联	2017.9.25	2019.1.21	17	兴业物联	2020.3.9	港股
鸿坤物业	2018.8.1	2018.12.19	4	烨星集团	2020.3.13	港股

数据来源：CRIC，中国房地产测评中心，中物研协

① 数据截至 2020 年 4 月 30 日

1.2 分拆上市，赴港上市热度持续提升

彩生活于 2014 年成为首家在港上市的物业服务企业，彩生活上市后，仅用 3 个交易日便在市值上反超其关联地产公司花样年集团。以此为起点，物业服务企业开启了赴港上市的征程。特别是 2018 年以来，物业服务企业赴港上市热情高涨，南都物业在 A 股市场的登陆，亦成为刺激物企上市的一个重要因素。

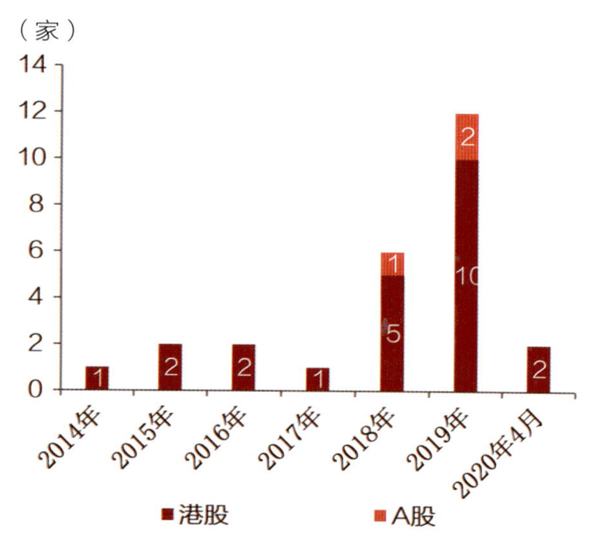

图 47 2014—2020 年 4 月物业服务企业上市分布

数据来源：CRIC，中国房地产测评中心，中物研协

从港股和 A 股上市的物企数量上看，2018 年港股和 A 股上市物企数量共 6 家，与 2014 年至 2017 年上市总数量相当。2019 年，物业服务企业延续 2018 年的上市热度，年内， 滨江服务、奥园健康、和泓服务、鑫苑服务、蓝光嘉宝服务、保利物业、时代邻里和宝龙商业相继赴港上市；招商物业与中航物业重组上市，中航善达更名为“招商积余”，首例“A 股分拆 A 股上市＋ A 股收购 A 股”的交易案尘埃落定，强强联合，全新启程；华发物业母公司与华金国际资本签订股份买卖协议，借壳上市成功（图 47）。

总的来看，2019 年 12 家物业服务企业以 IPO、重组或借壳等方式登陆资本市场，与过去五年主板物业股的总数相当。2020 年，受疫情影响，资本市场整体低迷，物业管理行业以业务防守性强、现金流稳定等特点，逆势赢得资本市场的青睐，3 月 9 日，兴业物联成为 2020 年首家登陆资本市场的物企，并以超额认购 1414.1 倍，成为当时港股的“超购王”。烨星集团紧随其后成为今年第二家上市物企，并再次打破物企上市超额认购记录，以 1948.6 倍超额认购，成为港股新晋“超购王”。截至 4 月 30 日，共有 26 家物业服务企业上市，其中 23 家登陆港股，3 家进入 A 股。

1.3 多家物业服务企业递交上市申请，新一轮上市潮开启

进入 2020 年，除了目前已上市的烨星集团，正荣服务、星盛商业、金融街物业、宋都服务 4 家企业均于 1 月份递交上市申请，弘阳服务亦于 3 月份递交上市申请。5 月 15 日建业新生活正式在港交所上市。据不完全统计，截至 4 月底，在港交所等待上市的物业服务企业达 6 家。此外，2020 年世茂集团、金科股份、华润置地、阳光城、禹洲地产、佳源国际、合景泰富和荣盛发展等企业亦纷纷表示拟分拆物业上市。物业服务企业上市热情不减，物业管理行业赢得资本市场青睐（表 9、表 10）。

在港股排队的物业服务企业上市进程 表 9

拟上市物企简称	上市进程
建业新生活	2019 年 11 月 01 日向港交所递交 IPO 招股书； 2020 年 5 月 5 日通过上市聆讯，5 月 15 日正式上市
正荣物业	2020 年 1 月 2 日向港交所递交 IPO 招股书
星盛商业	2020 年 1 月 17 日向港交所递交 IPO 招股书
宋都物业	2020 年 1 月 24 日向港交所递交 IPO 招股书
金融街物业	2020 年 1 月 24 日向港交所递交 IPO 招股书
弘阳服务	2020 年 3 月 23 日向港交所递交 IPO 招股书

数据来源：企业公告，中物研协整理

计划分拆物企上市企业及动态　　表10

企业简称	计划分拆物业上市企业的主要动态
佳源国际	3月10日下午，佳源国际(02768)在2019年年度业绩媒体电话会议上表示，近期物业公司赴港上市比较火热，给予市场很大的想象空间。鉴于目前物管市场的想象空间及对地产主业的助力作用，佳源正在内部讨论推进物管分拆的上市计划
华润置地	3月26日下午，华润置地有限公司举行了2019年业绩发布会，华润置地董事局主席王祥明在回答物业上市问题时透露，华润置地针对物业上市大的方向和策略已经基本形成，并正在深化当中，今年将会加快物业上市进程
禹洲地产	3月31日，禹洲地产股份有限公司举行业绩发布会，创始人及董事局主席林龙安称“物业将力争今年年底分拆上市，最迟明年一季度”
合景泰富	3月26日，合景泰富在线上召开2019年全年业绩发布会。针对外界关心的物管分拆上市计划，孔健岷再次表态称，确实有物管上市这个打算，但是目前暂无明确计划
世茂集团	4月21日，世茂房地产发布公告称，该集团正考虑分拆旗下的物业管理服务及相关增值服务业务公司在香港联交所独立上市
阳光城	4月24日，阳光城执行董事长朱荣斌在2019年度业绩会表示，公司在内部正规划将物业单独分拆上市。并表示，如何让物业板块形成有特色、具备可持续性的单独公司，目前仍处于研究阶段，还未进入实际操作推进阶段
金科股份	金科股份(000656)4月29日早间公告，公司4月28日召开的董事会审议通过了关于公司拟分拆所属金科物业服务集团有限公司(简称“金科服务”)到境外上市的相关议案。公司拟分拆所属金科服务到香港联交所主板上市，拟委托金科服务在本次发行前或上市后择机向中国证监会申请“全流通”
荣盛发展	5月10日晚间，荣盛发展公司公告称，公司于2020年5月8日召开了公司第六届董事会第三十三次会议，审议通过了关于公司拟分拆所属荣万家生活服务股份有限公司到境外上市的相关议案，上市地点为香港联交所

数据来源：企业公告，中物研协整理

2. 新三板市场：资本市场表现各异，六家符合港股上市基本要求

2.1 各项指标分化，企业之间差距较大

对截至2019年底有过交易的18家新三板物业服务企业进行分析，可以看到，2019年底，美的物业股价最高，为49.4元；从股价涨幅上看，金发股份、美的物业和中楚物业股价较2018年底均大幅增长超过1倍，其中金发股份涨幅最大，接近3倍。

从市值来看，截至2019年底，美的物业市值最高，达到25.31亿元，同时，索克物业、乐生活、文达通等10家企业市值也均超过1亿元。

从市盈率来看，企业之间的差距较大，其中9家物企市盈率高于10，另有两家企业业绩出现亏损，市盈率为负（表11）。

截至2019年底有过交易的18家新三板物业服务企业资本市场表现　　表11

证券名称	总市值(2019-12-31)(亿元)	收盘价(2019-12-31)(元)	股价涨跌幅	市盈率(PE,TTM)2019-12-31
客都股份	1.08	4.2	80.0%	280.5
文达通	2.71	3.5	0.0%	178.6
索克物业	4.37	7.6	10.2%	29.5
美的物业	25.31	49.4	181.9%	27.2
兴湃至美	0.12	1.5	14.5%	22.3
万联生活	2.39	4.6	-8.3%	18.8

续表

证券名称	总市值（2019-12-31）（亿元）	收盘价（2019-12-31）（元）	股价涨跌幅	市盈率（PE,TTM）2019-12-31
福强股份	0.08	1.1	-44.5%	17.9
兴业源	1.95	2.8	-1.8%	13.9
乐生活	2.83	5.2	-5.5%	13.1
东光股份	0.66	1.3	-2.3%	9.8
银中物业	2.43	15.2	1.3%	9.3
金发股份	1.60	8.0	292.2%	8.9
新鸿运	1.56	4.9	-60.9%	8.8
华仁物业	0.85	1.8	-9.5%	6.0
雅荷科技	0.29	3.0	0.0%	3.7
中楚物业	0.75	7.5	126.7%	3.5
中都物业	0.35	5.2	0.0%	-40.4
花千墅	1.87	7.5	-3.5%	-312.4

数据来源：CRIC，中国房地产测评中心，中物研协

2.2 营收、净利润持续提升，六家符合港股上市要求

对新三板挂牌物业服务企业已摘牌退市和未披露年报企业剔除后，现对剩余 34 家新三板物企进行分析可以看到，2016 年至 2019 年营业收入和净利润均值均实现稳步上升。其中，2019 年营业收入均值为 2.03 亿元，较 2018 年增长 20.4%，2016 年至 2019 年复合增长率 20.4%。2019 年净利润均值 0.13 亿元，同比增长 28.4%，2016 年至 2019 年复合增长率达 27.2%（图 48）。

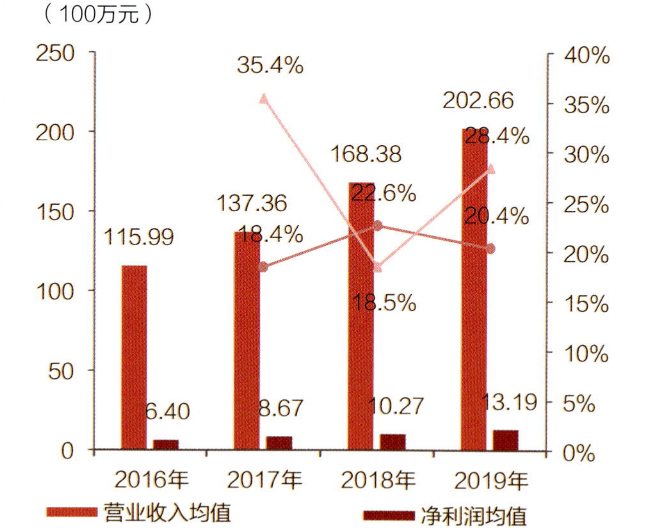

图 48　2016—2019 年 34 家新三板物业服务[①]企业营业收入、净利润均值及其增速

数据来源：企业年报，CRIC，中国房地产测评中心，中物研协

2019 年 34 家挂牌新三板的物业服务企业营业收入超过 1 亿元的有 19 家，占比近六成。其中，建投实业营收最高，首次突破 10 亿元，同比增长 6.4% 至 10.31 亿元；美的物业较 2018 年大幅增长 41.2% 至 9.15 亿元，位于营收规模的第二位。此外，营业收入在 5 千万至 1 亿元量级的企业有 9 家，营业收入低于 5 千万的企业 6 家（图 49）。

从净利润方面看，2019 年 34 家挂牌新三板的物业服务企业净利润均低于 1 亿元。其中，美的物业净利润水平最高，同比提升 4.95% 至 0.92 亿元，是新三板物企净利润均值 0.13 亿元的 6.97 倍。除接近亿元量级的美的物业，另有 16 家企业净利润在千万量级水平，12 家企业处于百万量级，1 家企业在十万量级，3 家企业亏损（图 50）。

根据香港上市的基本要求，企业上市需要符合上市规则的最低标准，在盈利测试方面需要满足：一是上

① 截至本报告结稿乐生活、中楚物业、好生活、中都物业、未来物业年报仍未披露，故不在数据分析是不在统计范围。

市前 1 年盈利应大于或等于 2000 万港元；二是上市前 2 ～ 3 年累积盈利大于等于 3000 万港元；三是预计上市时市值大于等于 5 亿港元。以此作为标准，对现仍挂牌新三板的物业服务企业净利润进行分析，发现美的物业、智善生活、银中物业、建投实业、新日月和新鸿运 6 家物业服务企业符合港股上市基本要求（表 12）。

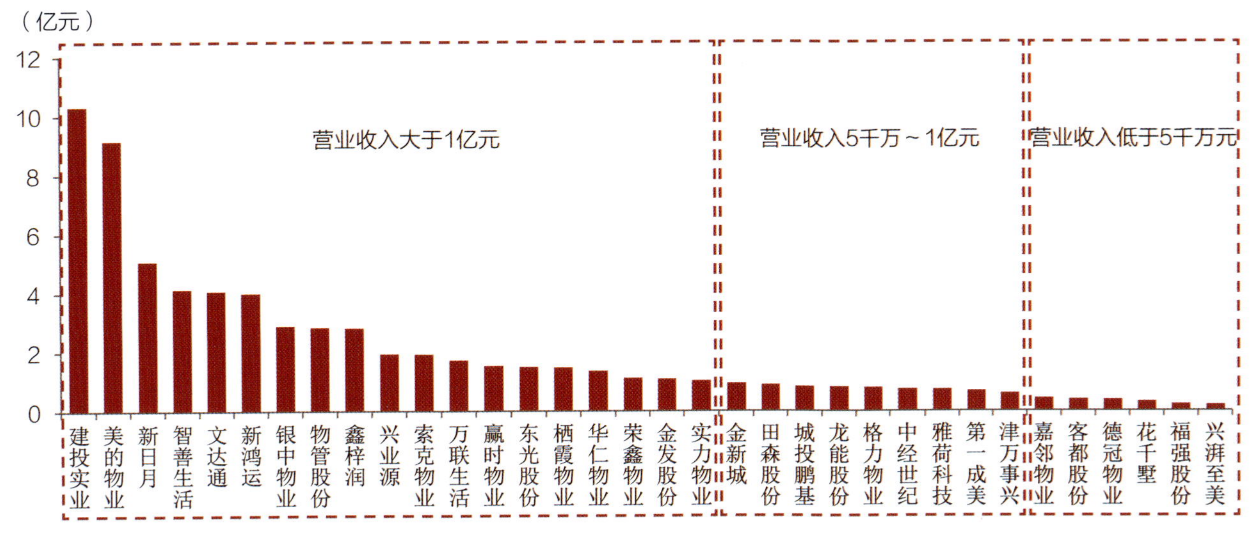

图 49　2019 年新三板挂牌的物业服务企业营业收入分布

数据来源：企业年报，CRIC，中国房地产测评中心，中物研协

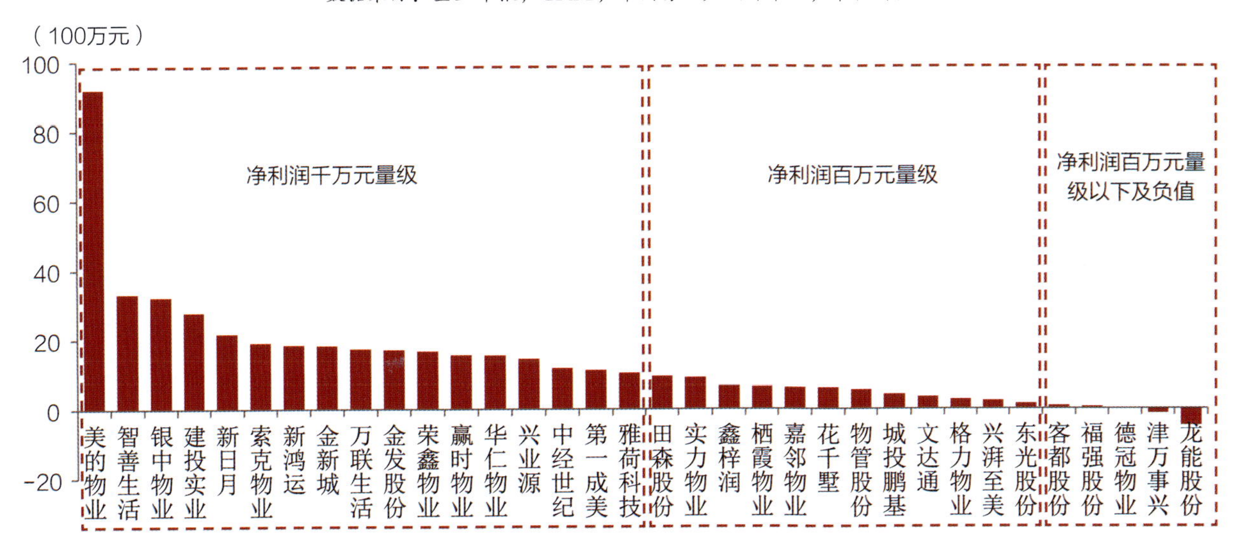

图 50　2019 年新三板挂牌的物业服务企业净利润分布

数据来源：企业年报，CRIC，中国房地产测评中心，中物研协

新三板中符合港股上市基本要求的物业服务企业　　表 12

企业简称	2019 年净利润（万元）	2018—2019 年（万元）	2017—2019 年（万元）
美的物业	9195.93	17958.54	23598.39
智善生活	3300.06	5523.28	6681.01
银中物业	3207.42	5890.88	8997.12
建投实业	2771.34	6182.58	9212.01
新日月	2154.18	3574.25	4577.33
新鸿运	1835.08	3670.25	5494.74

数据来源：CRIC，中国房地产测评中心，中物研协

3. 潜力独角兽企业：抓住机遇持续储备能量，企业发展未来可期

现阶段，物业管理行业处于发展的上升期，扩规模、覆盖多业态、增业绩，物业服务企业的发展备受关注。本次，测评中心通过长期跟踪行业和企业的发展轨迹，发掘一批持续增长、综合实力强、具有发展潜力的优秀物业服务企业。此类物业服务企业抓住行业发展的机遇和挑战，持续储备力量，加速拓展管理规模，开展多元业务，为增值服务和业务开展打下空间基础。在立足基础物业管理服务的基础上，物业服务企业积极寻求新的营收和盈利增长点，抓住行业发展机遇，积极筹备，冲击资本市场，以获取资金反哺自身，实现长期可持续发展。预计此类发展潜力大，较有市场活力的优秀物业服务企业正在筹备或未来几年上市。

目前，正荣服务、弘阳服务分别于 2020 年 1 月份和 3 月份向港交所递交 IPO 招股书，华润置地、世茂集团等房地产企业表示拟分拆其物业上市。同时，根据企业近三年的数据，诚信行物业、合生活科技集团、幸福基业物业、开元物业等 19 家物业服务企业的业绩均得到较大幅度的增长，且在业务的拓展、服务模式和管理模式创新等方面不断提升，并强化服务能力，发展态势向好，预计未来两三年将在资本市场上有重大突破。

华润物业科技定位于“平台型泛社区经济服务商”，形成了集品质物业服务、资产托管运营、智慧物联管理、科技平台创新为一体的业务模式，为业主提供全方位专业服务。在“引领智慧服务，营造美好生活”的使命驱动下，华润物业科技多年来不断发力，秉承华润置地高品质服务，紧扣“智慧服务生活”的品牌理念为业主提供悉心服务，在业内建立起广泛的影响力。截至 2019 年底，华润物业科技管理物业项目 900 余个，遍布北京、上海、深圳、成都、沈阳等 84 个城市，下设 11 家中心城市公司，拥有员工 2.5 万余名，服务面积超 1.76 亿平方米，业态涵盖住宅、商业、写字楼、大型公建等多个领域。

依托企业发展战略“深蓝战略”，世茂服务构建起“OCEAN OS 深蓝管理系统”与“OCEAN X 深蓝服务系统”，始终秉承“美好生活智造者”的品牌理念，不断深化企业管理、服务品质与多元业务的全面数字化专业服务，逐步由物业管理公司升级迭代为美好生活服务提供商。世茂服务创造性打造的“0-2 KM 社区生活服务新生态”，重点布局不动产全维度增值、社区新生活消费、社区教育与健康服务，首创“线上平台＋线下空间”相融合的服务模式，构建链接用户、家庭、社区、城市的服务生态圈，让世茂深蓝社区成为中国城市未来发展的活力源泉。以数字智慧驱动中国社区服务新未来为愿景，世茂服务致力于不断优化服务产业全链条价值与政府、行业、合作伙伴、业务与用户、员工携手，推动服务行业数字智慧化发展，引领中国社区生活方式新未来。

诚信行物业源于中国，根植中国大陆与香港，深耕亚太，服务全球，融综合一体化物业管理、资产运营为基础的家族财富管理与传承，以物业管理为核心的适度关联多元化为产业方向，是一家综合性资产增值服务集成供应商。集团业务遍及全球 20 多个国家和地区，全球拥有近百家分子公司，业务重点涵盖政府办公楼、写字楼、城市综合体、高档住宅小区、产业园、学校等类型。诚信行物业具有全球视野，通过整合自身、行业及周边国际化资源，在行业内率先提出“做全球物业管理平台的联通者”的服务定位，致力于将全球优质资源进行整合，并聚焦于“全球资产配置平台的联通者、全球医疗健康平台的联通者、全球教育平台的联通者”的三类产品定位，通过物业管理同行及产业上下游，应用于中国市场和海外市场，让物业管理更有温度。

合生活科技集团是一家集物业管理、科技服务、资产运营及社区商业全场景运营为一体的国内领先型社区科技综合运营商。作为合生集团重点打造的项目，合生活从产品规划、设计、研发到推广应用，多维度布局社区产业链发展，形成以康景物业为核心的“战略大本营”，深耕社区发展的同时打磨合生活专属的“社区经营战略”，帮助物业公司降本增效，持续为其创造多元化经营收入，同时助力政府推进城市、社区的智

慧化进程。目前，合生活管理项目已覆盖 30 余座城市，服务 130 余个项目，物业管理面积逾 6000 万平方米，总收入、总利润及拓展面积较 2018 年均实现翻倍增长；为超 60 万户家庭提供贴心服务，其自主开发的合生活 APP 用户量高达 100 万，服务满意度创历史新高。

幸福基业紧随华夏幸福产业新城运营商的定位，深入探索研究城市物业服务模式，从城市角度对内外部客户提供基础生活、综合保障、公建设施等服务，致力于成为全球产业新城服务的引领者，助力中国城镇化发展与物业管理行业转型升级，同时，为更好支撑集团业务发展，幸福基业积极尝试将科技融入服务，依托移动互联、大数据、云计算等全新技术，整合城市运营资源， 建立起集城市生产、城市运营、城市决策三位一体的城市智能管理运营平台，开创“智能化、可视化、数字化”的物业服务新模式，为城市管理者提供直观、全面、高效的管理工具。

开元物业遵循“立足杭州、充实浙江、发力长三角、放眼全中国”的发展战略。公司签约项目分布于浙江、上海、江苏、广东、河南、山东、辽宁、吉林、湖北、安徽、江西、陕西等地，拥有委托管理、技术顾问、企业合作、品牌输出等众多业务，服务类型涵盖住宅、医院、园区、小镇、商业、办公楼、场馆、银行、学校、景区、轨道交通、高速公路服务区、销售中心、酒店等。公司拥有先进的管理模式和创新的祺服务体系，以“营造中国品质，创造快乐生活”为企业使命，以“持续追求价值领先的城市运营服务商”为产业战略，以“开元酒店式服务”为特色，坚持“人性关爱、精心倾情、至善尽美、和谐发展”的管理哲学，倡导“争先、勤奋、严谨、关爱”的行为准则，注重履行社会责任。推崇并追求东方文化与国际标准完美融合的价值观，致力于创造“贴心、安全、好客、体面”的开元式美好生活环境，把开元酒店式五星级服务推广到所有的物业管理服务当中，务求使业主能体验始终如一的开元品质，尽享殷切贴心的开元关怀。

远洋亿家成立于 1999 年，是远洋集团旗下全资物业服务企业，主要面向中高端住宅、高端写字楼、商业综合体、公建设施和产业园区等业态，围绕物业服务、专业服务、智慧服务和市场合作等服务内容，为用户提供“便捷、可靠、优质”的全业态、全周期、全维度服务。远洋亿家加快全国布局步伐，并整合优质第三方资源，依托品牌影响力，加大市场占有率，向周边潜力城市辐射。同时由于营运能力的提升及与主业的协同效应，远洋亿家经营业绩持续保持稳步增长。

在市场外拓的同时，东原物业集团服务模式不断革新，不满足于传统社区服务，东原物业集团一直以客户需求为核心，围绕全生命周期服务维度，打造品质化、规范化服务体系，将“为幸福多做一点”的服务理念始终牢记在心，探求业主深层次生活需求，让业主住得更加安心、舒心。2019 年，东原物业集团市场化进程加快，现已完成了从开拓到成功布局云南、贵州、四川、广西等城市多项目专业服务的良好局面，管理业态涵盖高层、多层、别墅洋房、高端写字楼、商场、城市综合体、政府办公楼、工业园区、医院等多种业态，以项目全委、技术输出、顾问咨询、股权合作等多种方式进行外部服务合作，赢得了西南市场的良好口碑。

越秀物业一直积极吸收先进的物业管理经验，进一步加强与完善对物业服务的精细化管理，为广大业户开创了有温度的“越式服务”。经过 28 年的积淀与发展，越秀物业形成了集物业管理、智能科技、清洁绿化及餐饮管理为一体的专业化服务体系，服务领域逐步延伸到商业物业、公众物业、园区物业等多个领域，在全国已有百余个在管项目，管理面积近 3000 万平方米，服务十余万户客户、近 50 万人口。管控区域已遍及广州市所有区域与珠三角地区，更将业务拓展至杭州、武汉、长沙、郑州、成都、襄阳、烟台、青岛、沈阳、苏州等城市，形成以珠三角为核心，以长三角、环渤海、中部地区为重点的全国性布局。

自 2017 年起，新力物业坚定走市场化道路，深耕江西，布局全国，以高起点、高品质作为企业目标，致力于成为全产业链·产城综合服务商。通过多年专注打造品质服务和客户满意度，新力物业在江西拥有了区域品牌绝对优势。目前新力物业形成了南昌城区超百盘，江西省内近200盘，内外盘近1：3比例的业务布局形态。多年来，新力物业潜心打造极致服务产品，打造高标准的服务体系和精细化服务细节。同时，新力物业积极发展多元化业务，匠造多领域优质服务产品。服务范围涵盖住宅产业与新商业产业两大板块。

中建东孚物业是中国建筑下属中建八局旗下从事住宅物业、商写物业、城市综合体、开发商、资产等服务的专业公司，公司借助中建系统内部优势资源，融汇现代物业服务的先进理念，运用创新性的思维不断探寻物业服务新模式，通过高品质物业服务提升业主居住的舒适度和物业附加值，致力于打造具有影响力的物业品牌。截至2019年底，公司已先后在上海、杭州、苏州、南京、泰州、济南、青岛、西安、天津等区域设立了分支机构，所服务的项目涉及高端住宅、保障房、商业及城市综合体、销售案场等。公司以服务为根本，紧跟地产发展，持续完善服务业态，多元化发展，多体系运行，着力打造集客户体验、物业管理、产业配套为基础的“大服务”体系，实现由传统“物业服务商”向“城市综合服务商”的转变。

弘阳服务是一家深耕长三角地区、增长迅速的综合社区服务供应商，在住宅及商业物业管理方面具有均衡的物业管理能力，公司通过“业务一体化＋智慧物联”打造的弘阳小镇一体化平台提升运营效率，优化整体客户体验，并且有利于降低运营成本，改善盈利能力，凭借标准化运营及质量管控体系，使其物业服务广受客户及行业认可。

海伦堡物业，二十年砥砺前行，秉承全国布局、区域深耕的战略，深耕珠三角地区、长三角地区、京津冀地区、华中地区及华西地区五大核心城市群，现已布局全国50余座城市，管理面积3000余万平方米，管理业态涵盖高端住宅、产业园区、购物中心、写字楼等多种类型，服务近20万家庭和企业客户，拥有近6000名员工。海伦堡物业积极运用现代科技和跨界融合等手段，优化管理理念，创新服务模式，探索智能化升级，将品质、管理、经营、服务等全面贯彻于品牌价值体系中，致力于打造成为国内一流的美好生活服务商和值得信赖与尊重的卓越企业。

上实服务是上实集团整合旗下优势资源，以传统物业服务升级为契机，逐步向上下游服务及产业覆盖，延展到FM设施管理、空间规划管理、智慧能源、社区服务、健康养老等城市生活服务的各个领域的综合性品牌。截至2019年，公司在管项目274个，总合同服务面积2550万平方米，物业类型包括办公、公众、商业、院校、园区、住宅等，兼营与业主需求相关的城市服务。同时，上实服务加大了智慧服务开发力度，在传统物业服务中注入智慧赋能。经过多年探索与实践，上实物业推出的“上实服务智慧服务平台”，并在部分项目中试点，开通了设施设备管理、视频监控管理、智慧办公、智慧物业、智慧建筑和智慧运营等几大平台功能。此外，上实服务积极推行《卓越绩效评价准则》GB/T 19580、《企业现场管理准则》GB/T 29590，为公司管理品质的提升做出了坚持不懈的努力，取得了骄人的成绩。

康桥物业深化以优质服务为主体，以“社区＋”“互联网＋”为两翼的发展战略，以国家城市群发展战略为导向，坚持全国化布局之路。目前，康桥物业立足中原，布局全国，创新发展，多业并举，服务业态涵盖住宅、商业、写字楼、产业园、高校等，覆盖26座城市，在管项目百余个，管理面积逾4700万平方米。除了承接康桥自有开发项目外，康桥物业外拓加速，在实现服务边界扩展的同时管理规模持续扩大，彰显出强劲的品牌实力。同时，康桥物业在夯实物业管理服务品质的基础上，基于客户和资产两大维度，以客户为导向，自主研发出康云优家APP，满足康桥家人们不同维度的增值需求。此外，康桥物业先后与郑大一附院、许鲜生活等知名平台达成战略合作，在医疗、生鲜采购等维度为家人们提供便捷的居住体验，建立康桥社区服务生态圈。

朗诗物业成立于 2005 年，物业类型包括大型科技住宅小区、写字楼、公寓、酒店、医院、学校、产业园区等多线业务，服务项目涵盖长三角及长江中上游。自 2016 年开始，朗诗绿色生活开启全面市场化，积极拓展非住宅项目，先后拿下了酒店式公寓、医院等多种业态的物业管理。2019 年，朗诗物业正式打造推出了仓站一体化服务，通过打造“体验店＋前置仓＋快配送”模式来建立社区新零售＋新社交的全新业态，结合大数据分析、末端供应链整合以及线下门店体验、物业人员配送等方面的优势，形成完整的社区新零售服务方案，将社区与物业资源全面整合，实现 B2C 的无缝衔接，通过规模优势和聚集效应打造让业主生活更惬意的新社区业态。

景瑞物业 1996 年成立，品牌建立已有 23 年。经过多年发展，景瑞物业的经营规模逐步扩大，立足上海，深耕长三角，布局全中国，先后在天津、重庆、浙江、江苏、合肥等地区设立分公司，入驻国内 8 个省份，34 个城市，承接了包括花园别墅、高档公寓、商业广场、政府行政办公楼、学校、医院等多种物业类型的物业服务工作。

亚新物业管理业态丰富，涉及综合商业广场、大型写字楼、别墅洋房、高层住宅等，未来还将布局地铁上盖物业及站点物业，致力于为客户提供物业服务、智慧服务、文化服务、社区教育、出行服务、餐饮服务等。创新实施“365”工作机制，打造红色物业。同时拥有独具特色的“小管家”服务品牌及 “七彩芯”智慧社区平台，为业主提供智慧化、人性化的全生命周期服务。目前，亚新物业服务面积已近 600 万平方米，服务人群 20 余万。亚新物业始终秉承“真诚服务，时时处处”的服务理念，迈出市场化发展的步伐，为更多客户创造美好生活。

第二部分　结论

一、行业发展预判

1. 规模扩张多业态互补，非住宅物业成最佳赛道

在政策支持、资本市场青睐，物业管理行业快速发展的快通道中，物业管理行业的市场竞争日益激烈，居民消费升级、品牌意识加强，持续提升品质和扩大规模，是物业服务企业奠定和巩固行业地位，增强竞争力的有力方式。

上市物企利用上市平台优势，深化战略布局，持续多渠道作战和多元化服务，实现由资本驱动外延式增长到市场主导内生式发展的转化，进一步巩固和扩大市场占有率。拥有房企背景的物企，依托强势房企可带来优质服务项目的持续稳定增加，并通过兼并收购、市场化运作等多种方式实现规模的扩张。独立第三方企业，则以品牌优势赢得市场认可，取得规模的扩张。过去一年，上市物企在管面积实现了快速高质量的增长，近半数的上市物企增速在 40% 以上。

在持续扩大管理规模的同时，上市物企亦大力拓展物业服务类型的多元类型，完善在管项目组合的多样化。浦江中国和新大正均在早期便专注于非住宅物业领域，聚焦非住宅物业优质管理赛道。诸多上市物企亦逐渐从住宅物业领域向写字楼、商业、工业园区、医院、学校、公建等非住宅领域延伸，住宅和多种非住宅细分领域相互协调，物企管理业态和范围进一步扩大，服务领域得以延展。

例如，碧桂园服务的城市共生计划。碧桂园服务以高速公路为突破口，进驻广东南粤高速、山东高速等，

计划以高速公路为纽带，结合 “城市共生计划”，构建城市“宜居宜业宜游宜养”。同时“三供一业”业务的开展，也极大地丰富了管理业态和范围。收购港联不动产服务、嘉凯城物业，布局商写、酒店、产业园及公建业态。

年内，保利物业首次进入军产物管领域，新增在管包括国家司法办公楼、辽宁省东港市孤山镇、湖南工商大学、长沙市隆平水稻博物馆等公共及其他物业。

雅生活服务积极参与国企混改，探索物业服务混合所有制发展模式，并通过收并购拓展到高端商业、写字楼和公建领域。其中，2019 年收购广州粤华，收购完成后，集团形成以广州粤华为主体组建第四大产业板块——公建类服务板块，向日益开放且规模巨大的中国公建类物业服务蓝海市场进行横向拓展和发力，打造本集团在公建类市场的旗舰品牌。且依托收并购企业的丰富经验、专业服务及突出口碑，年内增长势头强劲，接连获取多个标杆性大型项目，进一步巩固了细分市场影响力。此外，高端商业及写字楼物业方面，年内中标杭州之门等城市标杆超高端写字楼项目，并实现第三方项目突破。

中海物业打造商业物业品牌“海纳万商”，中标多个城市地标性建筑项目，在城市服务、养老服务、政府服务，民航系统、高铁系统、军队服务均获得进展和突破。

永升生活服务在非住宅领域进入高速公路、地铁、景区等更为细分的领域，收购青岛雅园，成为高端商办板块的有力补充。2019 年新增在管建筑面积的约 19.9% 属于非住宅物业。

招商积余新签项目涵盖了企业总部、政府、商业、写字楼、园区、高校、场馆、医院、公共交通等众多机构特色业态，更在城市服务项目取得突破。

彩生活携手长沙市，搭建星城园丁 APP，用于长沙市的群防群治；时代邻里业务拓展到市政环卫服务领域；佳兆业美好收购江苏恒源物业，布局政府、医院物业；银城生活服务于 2020 年 3 月，通过收购一个医院物业管理服务商 51% 之股权，成功进军医院物业管理领域（表 13）。

上市物企业态布局主要动态　　表 13

企业名称	业态多元化布局重要内容
碧桂园服务	公司以高速公路为突破口，进驻广东南粤高速、山东高速等，计划以高速公路为纽带，结合“城市共生计划”，构建城市“宜居宜业宜游宜养”；助力国有企业“三供一业”改革，扩充第三方外拓面积；收购港联不动产服务、嘉凯城物业，布局商写、酒店、产业园及公建业态
保利物业	年内，新增在管的公共及其他物业项目包括国家司法部办公楼、辽宁省东港市孤山镇、湖南工商大学、长沙市隆平水稻博物馆等；首次进入军产物管领域
中海物业	打造商业物业品牌“海纳万商”；军民融合取得突破，吸纳退转军人创新高，签约干部休养所、海军舰艇基地等军队项目，入库军队采购网，取得里程碑式的突破；面向市场化拓展踏出了坚实的步伐，港澳地区高质量多元发展，服务业态增至十个类别，新获写字楼、学校、医院、国宾馆、旅游景点等项目合约；在城市服务、养老服务、政府服务，民航系统、高铁系统、军队服务均获得进展和突破
彩生活	不断拓宽其在线平台技术的使用场景。例如，彩生活帮助长沙市公安局搭建“星城园丁”APP，用于长沙市的“群防群治”
永升生活服务	年内，业务拓展到高速公路服务站、轨道交通及轮渡码头，景区旅游点以及其他专项优质的定制服务等更为细分的板块。2019 年新增在管建筑面积的约 19.9% 属于非住宅物业；收购青岛雅园，成为高端商办板块的有力补充
招商积余	重点围绕机构物业开展市场拓展，2019 年新签项目涵盖了企业总部、政府、商业写字楼、园区、高校、场馆、医院、公共交通等众多机构特色业态，更在城市服务项目取得突破； 此外，通过创新市场发展模式，发力战略合作，2019 年与成都城投置地（集团）有限公司、山东铁路综合开发有限公司、济南铁路房产建设集团有限公司等达成战略合作

续表

企业名称	业态多元化布局重要内容
雅生活服务	积极参与国企混改，探索物业服务混合所有制发展模式，携手兰州兰石集团有限公司成立了甘肃省首家实施混合所有制改革的国有物业服务企业——兰州兰石雅生活物业服务有限公司，并被列为甘肃省综合改革示范工程项目；收购广州粤华，弥补了在华南区域公共建筑市场的业务空白，进一步丰富业态覆盖；收购中民、新中民物业，收购标的广泛覆盖公共建筑、商业办公等多种业态，旗下拥有多个细分市场龙头品牌，与集团现有业态、区域形成有效互补，增加协同效应
佳兆业美好	收购江苏恒源物业，布局政府、医院物业
时代邻里	收购广州东康丰富了集团专业服务资质，业务拓展至市政环卫服务领域，开始为公建类业态提供服务；致力于不断丰富物业服务在管业态，成功进驻港珠澳大桥站口岸、佛山西站、东莞鸦片战争博物馆等项目，实现了在管项目业态的全新突破，扩宽了本集团的服务维度及营运收益来源，逐步成为面向城市服务的综合物业管理服务提供者
银城生活服务	2020 年 3 月，通过收购一个医院物业管理服务商 51% 之股权，成功进军医院物业管理领域

数据来源：企业公告，中物研协整理

2. 持续开展多元化服务，引领行业服务提质扩容

物业管理行业与居民密切联系，深入居民日常生活，拥有得天独厚的资源优势和业主交互能力，能够及时敏锐地洞悉社区居民的需求点。与基础物业管理服务相比，增值服务，特别是社区增值服务拥有更高的盈利空间，成为企业新的核心业务和增长点。经过多年的探索和实践，物业管理行业的价值被发现和不断挖掘，社区增值服务也已经由简单的流量入口模式，向专业化、可持续化方向转变。物业管理行业不断探索并逐步实现物业管理与日常消费、零售、家装等相关产业的跨界融合，为业主的社区生活服务规划打造社区一站式居家服务平台，一站式解决入住问题，持续提供多元化和差异化的社区增值服务。此外，在业主增值服务领域，加强对物业前介服务、协销、房屋检验、房修、咨询等全产业链的覆盖，为开发商提供多元化的增值服务。

此外，在其他专业服务方面，围绕着专业化服务新兴市场和物业专业细分市场进行业务布局和延伸，例如，彩生活在工程服务业务方面的探索。在工程服务方面范围，彩生活推动所服务小区的整体智能化变革，为落地北斗七星战略奠定了硬件基础。为社区的升降机、防火设备及排水系统等各种楼宇硬件维修及保养服务并为其所管理或提供顾问服务的小区提供自动化及其他设备升级服务。

浦江中国作为非住宅物业管理服务行业的领先服务提供商，持续打造工程技术的核心竞争力。目前正通过上海外滩科浦打造在线线下的一体化工程设备设施运维能力和专业化资源协同机制，实现工程技术领域的创新发展。

时代邻里在智慧化、电梯、环保等业务上锻造核心能力；兴业物联将募集资金的 7.2% 用于提升其物业工程服务。

总的来看，以坚守基础物业管理服务的高品质服务为基础，以工程、设备等细分创新领域作为补充，加大具有较强盈利能力的社区增值服务和非业主增值服务业务的开展，物业服务企业将有望实现多业务协同发展，不断扩充物业管理的深度和广度。

3. 企业分化进一步加剧，市场集中度持续提升

3.1 营业收入和规模分化加剧，向头部集中

在行业发展的上升通道，物业服务企业借助资本优势，高速发展，市场集中度进一步提升。2019 年，

上市物企在关联地产公司、收并购和市场化拓展等多种方式的助力下，管理规模以超过 30% 速度增长，加上在多业态的布局和创新业务的发展，诸多物业服务企业，特别是拥有强地产背景或高品质口碑的物企实现显著的增长。

其中，营业规模位列前五的上市物企占上市物企营收总规模的比例为 56.36%，即近两成的上市物企贡献了近六成的营业收入，营收规模主要集中在头部企业。此外，在管面积前七的上市物企占 23 家公布在管面积企业面积总值的 78.2%，集中了近八成的管理规模。上市物企的营业收入和在管面积均向头部企业集中，行业的集中度进一步加剧。

3. 2　上市物企估值分化，强劲房企正向促进物企估值

从不同维度看上市首日的市盈率，可以发现：一方面，物业服务企业为资本市场日益看重。重视度不仅表现在每年上市企业的日益增多，亦表现在，不同年份上市的物业服务企业的估值也呈现出上升的趋势。特别是最近两年，上市企业分别为 6 家和 12 家（其中招商积余于 2019 年 12 月重组上市，华发物业母公司与华金国际资本达成合作，借壳上市），上市首日市盈率均值分别为 33.9 倍和 43.2 倍，物企日益获资本认市场认可（图 51）。

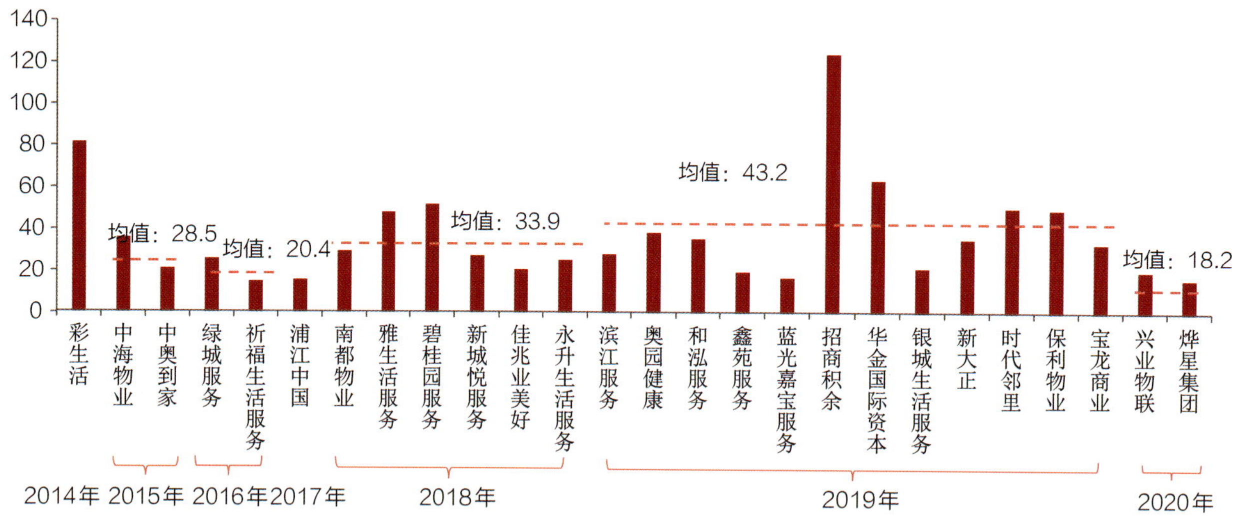

图 51　2014—2020 年 4 月上市物企上市首日市盈率及年内市盈率均值

数据来源：CRIC，中国房地产测评中心，中物研协

另一方面，有实力较强关联房企支持的物企估值相对更高。截至目前，26 家上市物企中 20 家有关联房企支持，占比 76.9%。其中，根据上海易居研究院中国房地产测评中心的 2020 中国房地产企业综合实力最新排名，20 家关联房企中有 4 家排名在前十。从市盈率上看，关联房地产企业在前十的物业服务企业上市首日市盈率均超过 25 倍，均值达到 41.3 倍；关联房地产企业在第 11 名至 50 名的物业服务企业上市首日市盈率除蓝光嘉宝服务外，均高于 20 倍，均值为 30.6 倍；关联房地产企业在第 50 名之后的物业服务企业上市首日市盈率均值为 38.5 倍。除极值彩生活市盈率外，其他五家企业上市首日市盈率为 30.0 倍（表 14）。

3. 3　上市物企出现分化，背靠实力雄厚房企的企业表现突出

上市以来，物企在资本市场表现良好。截至 4 月 30 日，26 家物业服务企业股价综合来看上涨，上市至今股价涨跌幅的均值为 128.3%，半数企业涨幅在 30% 以上，8 家企业涨幅超过 100%，中海物业涨幅最高，达 800.9%。仍有近半数（11 家）企业股价较上市首日下跌。

20家上市物企上市首日市盈率及其关联房企排名[①] 表14

证券名称	市盈率（PE,TTM）上市首日	关联房企	500强排名	证券名称	市盈率（PE,TTM）上市首日	关联房企	500强排名
碧桂园服务	52.0	碧桂园	2	佳兆业美好	20.7	佳兆业集团	30
中海物业	35.9	中国海外发展	5	时代邻里	50.6	时代中国控股	35
保利物业	49.8	保利地产	6	宝龙商业	33.5	宝龙地产	38
新城悦服务	27.4	新城控股	8	兴业物联	20.1	正商集团	46
永升生活服务	25.4	旭辉控股集团	14	华金国际资本	63.7	华发股份	52
招商积余	26.0	招商蛇口	17	鑫苑服务	19.8	鑫苑置业	68
雅生活服务	48.2	雅居乐集团	23	烨星集团	16.3	鸿坤集团	69
奥园健康	38.7	中国奥园	24	彩生活	81.5	花样年控股	71
绿城服务	25.9	绿城中国	26	银城生活服务	21.5	银城国际控股	141
蓝光嘉宝服务	17.0	蓝光发展	28	滨江服务	28.4	滨江集团	180

数据来源：CRIC，中国房地产测评中心，中物研协

上市物企出现分化，实力强、操盘面积大的关联房地产企业的支持，为物企提供持续且坚实的增长力。碧桂园服务、中海物业、保利物业、招商积余、新城悦服务、雅生活服务等企业依托实力雄厚房企，且其关联房企操盘面积排名较靠前，上市后资本市场表现突出。而部分独立第三方及关联房企操盘面积略靠后的物企，逐渐出现掉队的趋势（表15）。

上市以来物业服务企业股价涨幅与关联房企销售面积分布 表15

物企简称	收盘价（元）2020-4-30	股价涨跌幅	关联房企简称	2019年房企操盘面积排名	2019年操盘面积（万m²）	2018年操盘面积（万m²）	2017年操盘面积（万m²）	2017—2019年操盘面积总计（万m²）
中海物业	7.8	800.9%	中国海外发展	9	1699.4	1630.7	1475.4	4805.5
永升生活服务	10.0	536.9%	旭辉控股集团	19	1097.1	1029.3	621.8	2748.2
新城悦服务	16.3	513.8%	新城控股	7	2046.9	1791.2	896.2	4734.3
雅生活服务	39.0	409.5%	雅居乐集团	31	687.6	796.1	718.4	2202.1
绿城服务	9.4	394.9%	绿城中国	20	1062.5	813.6	818.5	2694.6
碧桂园服务	32.8	301.3%	碧桂园	1	8143.9	7730	6016.2	21890.1
佳兆业美好	25.4	212.6%	佳兆业集团	32	611.3	543.2	290.1	1444.6
招商积余	26.2	110.4%	招商蛇口	28	791.1	815.3	554.6	2161
奥园健康	7.2	89.7%	中国奥园	21	1023.9	818.9	448.8	2291.6
保利物业	74.9	83.8%	保利地产	6	2550.4	2715.3	2287.7	7553.4
滨江服务	10.5	67.8%	滨江集团	62	287.6	202.8	195.1	685.5
新大正	56.3	46.1%	—	—	—	—	—	—
时代邻里	6.0	37.4%	时代中国控股	35	515.9	393.7	291.39	1200.99
宝龙商业	11.5	27.7%	宝龙地产	59	316.5	279.4	165.2	761.1
蓝光嘉宝服务	38.4	0.1%	蓝光发展	25	903.7	1025.6	713.1	2642.4

① 2019年12月16日，招商物业与中航物业重组上市，中航善达更名为招商积余。招商积余市盈率为重组上市日的市盈率。华金国际资本市盈率为华发物业母公司签订股份买卖协议当日（2019年12月20日）数据

续表

物企简称	收盘价（元）2020-4-30	股价涨跌幅	关联房企简称	2019年房企操盘面积排名	2019年操盘面积（万 m^2）	2018年操盘面积（万 m^2）	2017年操盘面积（万 m^2）	2017—2019年操盘面积总计（万 m^2）
彩生活	3.4	-7.8%	花样年控股	61	309.3	269.9	144.1	723.3
浦江中国	1.2	-9.2%	—	—	—	—	—	—
祈福生活服务	0.5	-10.8%	—	—	—	—	—	0
银城生活服务	2.0	-12.6%	银城国际控股	154	72.8	52.8	—	125.6
南都物业	20.0	-14.5%	—	—	—	—	—	—
和泓服务	1.2	-17.8%	—	—	—	—	—	—
烨星集团	1.2	-19.3%	鸿坤集团	117	123	135.8	131.4	390.2
鑫苑服务	2.1	-19.8%	鑫苑置业	83	193.3	268.4	172.1	633.8
兴业物联	1.3	-28.9%	正商集团	39	442.6	423.6	263.6	1129.8
中奥到家	0.5	-65.7%	—	—	—	—	—	—
华金国际资本	0.2	-89.8%	华发股份	56	340.7	480.3	305.9	1126.9

数据来源：CRIC，中国房地产测评中心，中物研协

4. 科技为行业发展赋能，数字化及智能化应用前景广阔

“互联网＋”作为新时代的风向标，带领物业管理行业探索转型与升级之路。物联网、云计算、移动互联网等新一代信息技术的集成应用，为物业管理行业的发展带来新的发展机遇，诸多物业服务企业纷纷涉足智慧社区领域，试图开辟一条新的生存和发展路径。

2018 年 12 月，国家发展改革委发布的新版《新型智慧城市评价指标（2018）》中新增了智慧社区的指标，用于评价实施“互联网＋社区”、推进城乡社区生活智慧化情况。2019 年政府工作报告中多次提到智慧城市建设及推动数据经济发展等方面内容，按照国家住房城乡建设部要求，我国要在 2020 年实现智慧社区 50% 的覆盖。在“互联网＋”大潮的推动下，智慧社区作为发展国家智慧城市的关键内容之一，成为当下物业服务企业重点建设领域。

同时，5G 技术的应用带来服务成长的重构。2019 年 6 月首张 5G 商用牌照的下发，标志着我国正式进入到 5G 时代。5G 技术将便民、出行、健康、养老等服务内容与 5G 网络、物联网、大数据、云计算、人工智能、区块链等新技术的有机互联，将赋予智慧社区应用更大的想象空间。社区管理将从过去的粗放型向精细化转变，业务模块也会从单一作战、单向传输转变为联合协同、双向传输，真正实现以人为本的人居新体验。

此外，科技的运用可以提升用户体验，增强物业的口碑和品牌竞争力。一方面，科技赋能更多物业服务场景，能够及时反馈业主需求，深层次优化和改善社区与商业、医疗、教育等应用场景，重构社区物业服务与业主之间的联系，满足业主多样化需求。

另一方面，疫情对社区网格化管理、智慧社区建设和线上服务起到推动作用。疫情期间多地发布小区封闭公告，业主需要在家进行隔离，在此过程中，智慧物业发挥了重要的作用。此次防疫过程中，线上宣发、智慧车行、门禁系统识别、智慧巡检、无人机、紫外线消毒等智能产品的应用，不仅在人员监控与识别工作方面更准确、服务资源调配更科学，也降低了员工与业主接触中传播的风险。面对突发事件，智能化建设较好的小区则更能抵抗住人员不足、员工暴露风险高等现实压力。另外，业主隔离在家，生活资源获取困难，部分物业服务企业迅速进行了 APP 升级，上线了生鲜购买、在线问诊等模块，为业主增加了获取社区服务

的新渠道。未来业主在物业服务平台消费的可能性得以提升。物业服务企业加速布局“非接触物业服务”，将提升整个行业科技智慧化进程。

二、业绩横向比较

本次测评，测评中心根据物业服务企业上市公司测评指标体系，将 26 家物业服务企业的运营规模、盈利能力、抗风险能力、成长潜力、资本市场表现和创新能力与社会责任六个方面进行综合分析，利用雷达图方式更清晰地展示各物业服务企业的各项指标及其综合表现情况（图 52）。

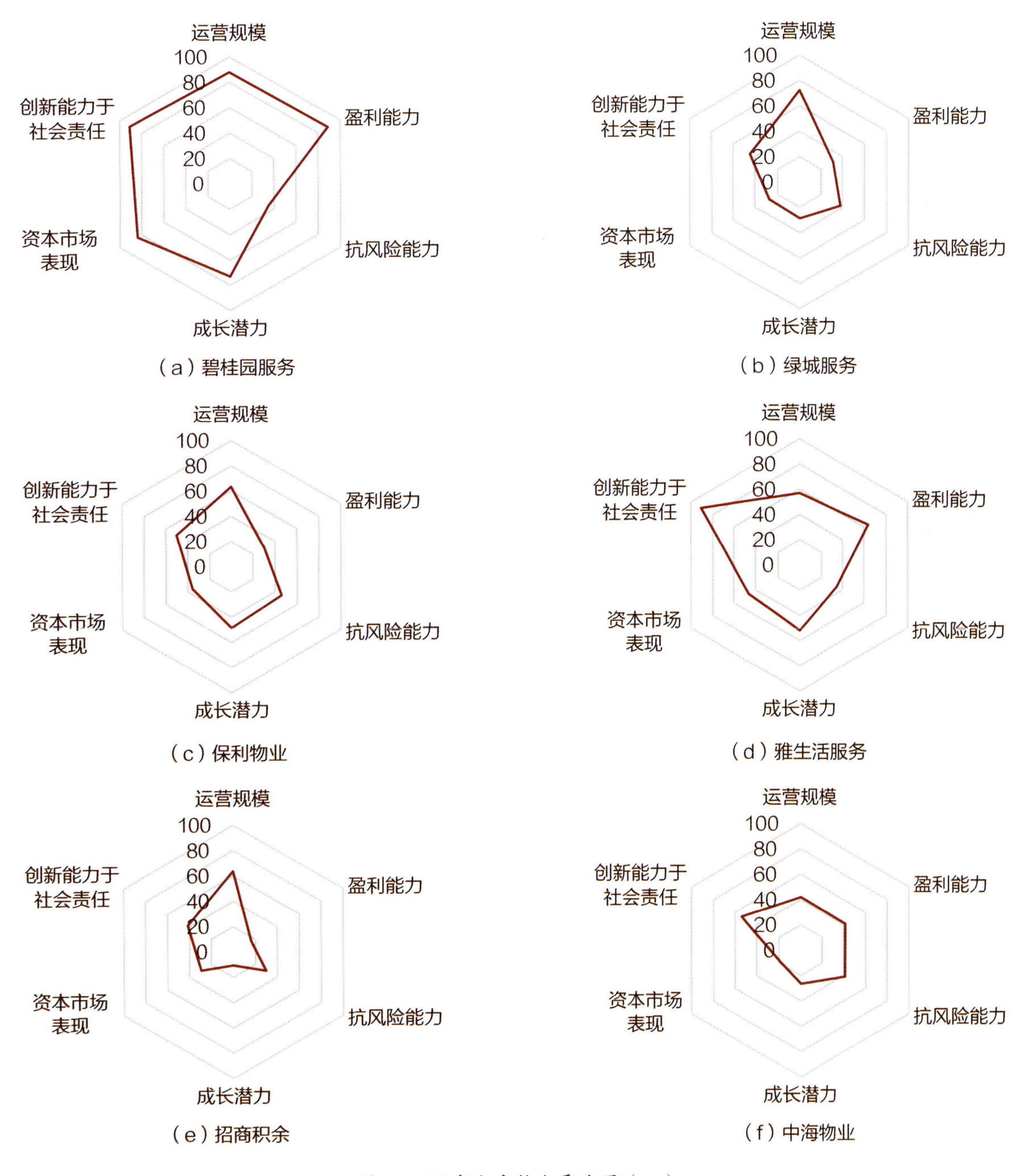

图 52　26 家上市物企雷达图（一）

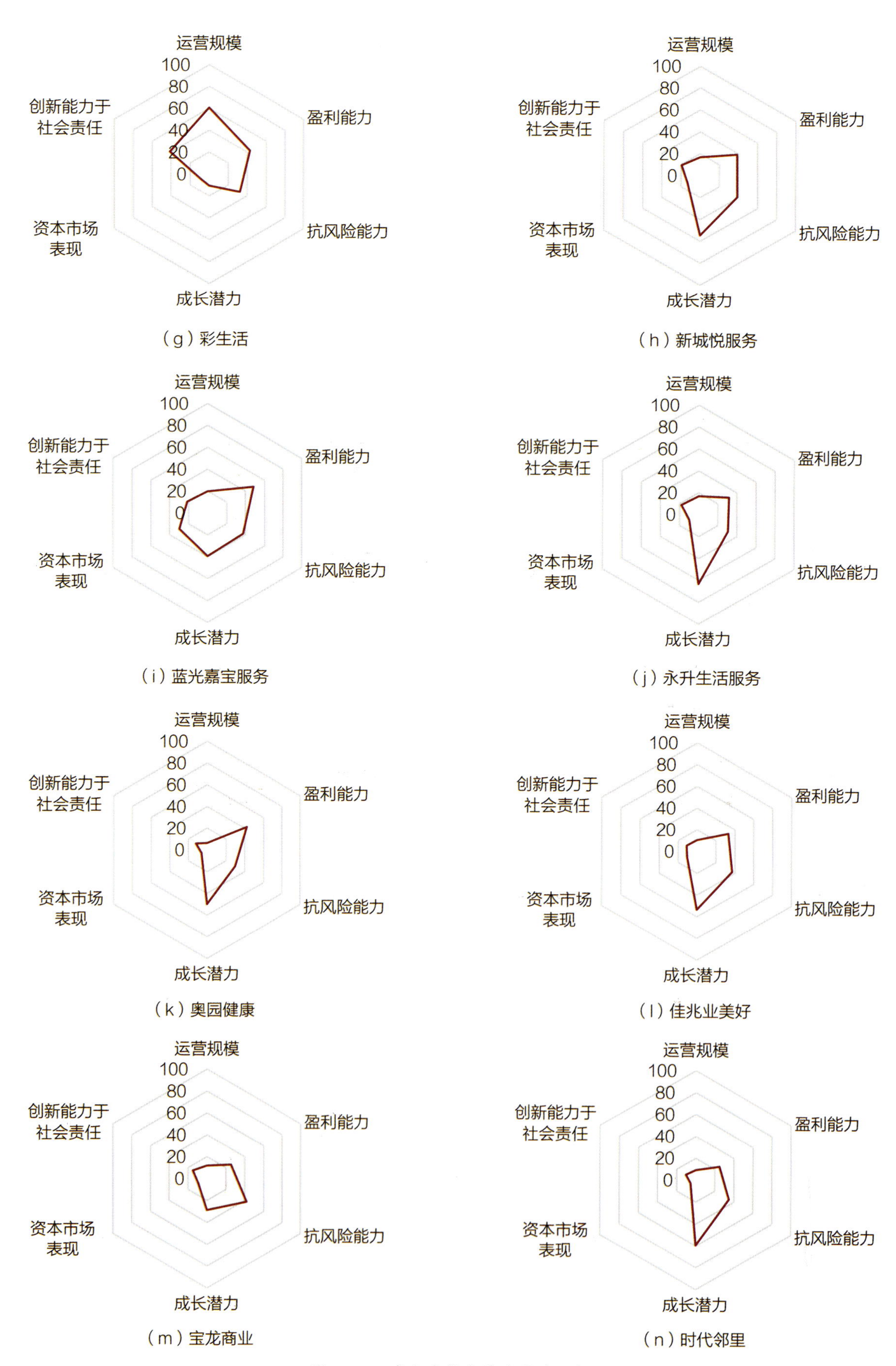

图 52　26 家上市物企雷达图（二）

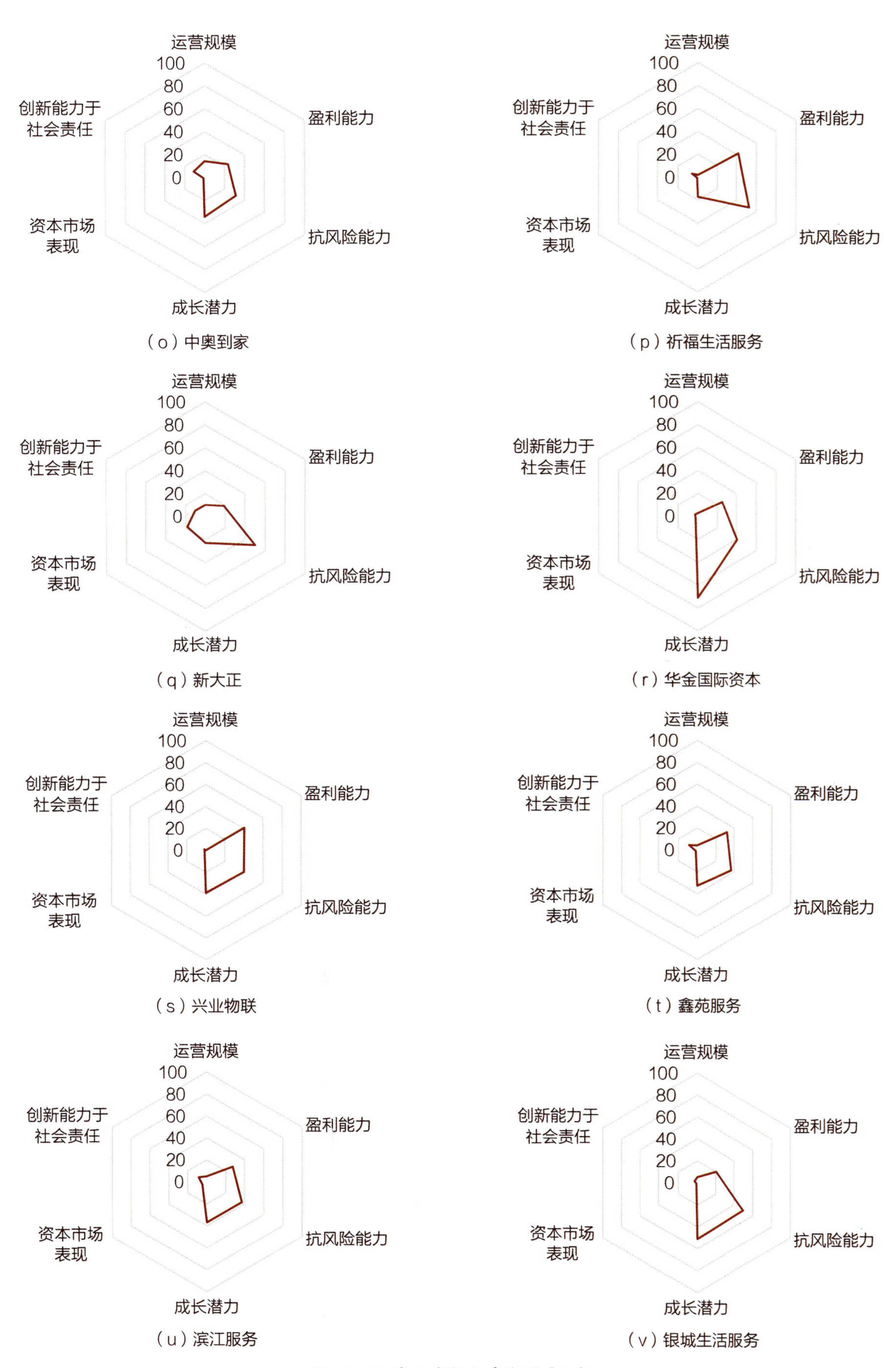

图52　26家上市物企雷达图（三）

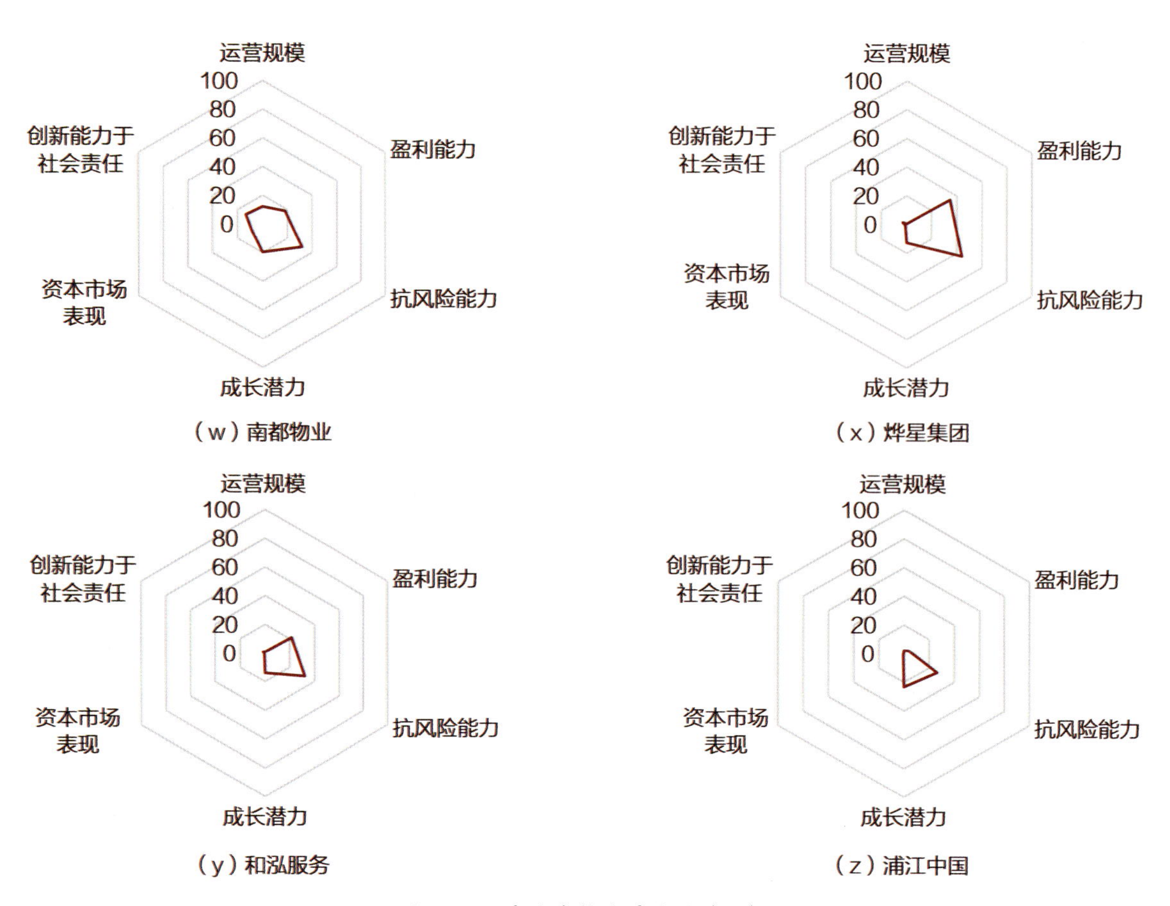

图 52　26 家上市物企雷达图（四）

物业服务企业品牌价值报告

第一部分　分析

一、企业分析

1. 品牌助推价值提升，企业加速拓展布局

本次测评对物业服务企业进行了客观、公正、专业和科学的研究，形成了2020物业服务企业品牌价值测评报告，同时出具物业服务企业品牌价值榜单。其中，有百家物业服务企业凭借良好的口碑、较强的品牌影响力、强劲的品牌竞争力及品牌溢价为其带来超过行业平均利润的收益能力，强势入选2020物业服务企业品牌价值百强榜单。

数据显示，2019年物业服务企业品牌价值百强企业在管项目均值422个，管理面积均值为8570.12万平方米，营业总收入均值为20.94亿元，营业利润均值为3.11亿元，均处于较高的水平（图1）。

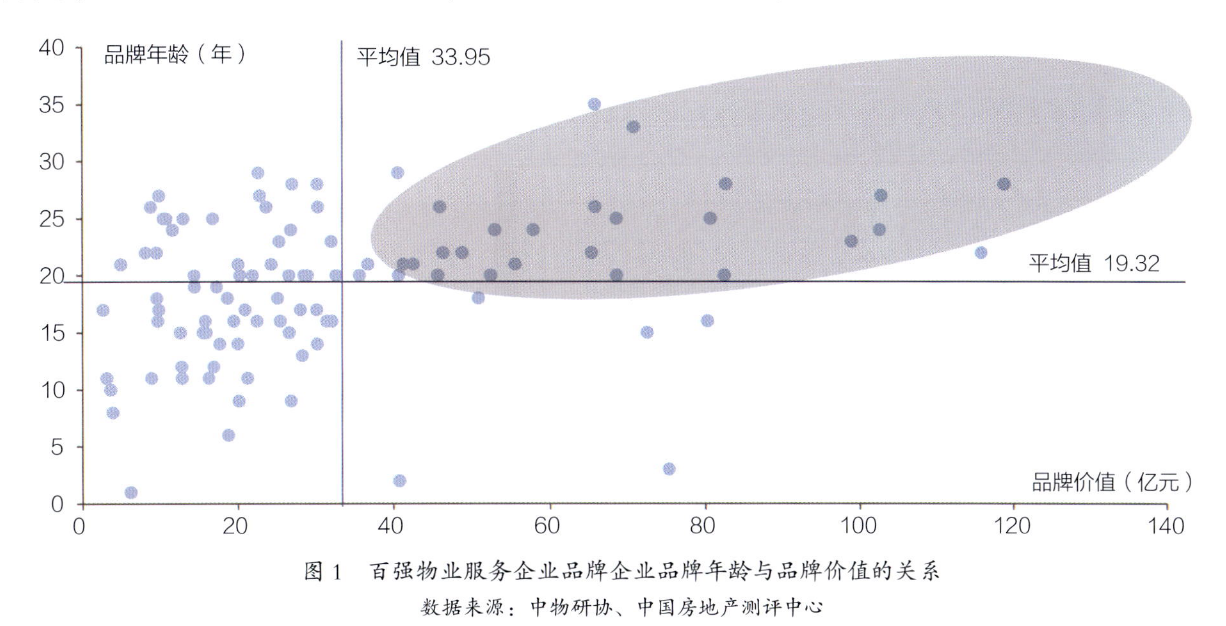

图1　百强物业服务企业品牌企业品牌年龄与品牌价值的关系

数据来源：中物研协、中国房地产测评中心

同时，在市场化竞争逐渐激烈的今天，品牌物业服务企业也逐渐增强对品牌的塑造和提升，企业品牌效应显著，资源聚集。品牌物企加快开拓市场，在实现规模快速扩张的同时，企业的品牌价值和综合实力均得

到提升，经营规模增长显著，市场占有率增大，品牌效应不断深化。优秀的品牌一般都要经历企业长久的打造和塑造，物业服务企业的品牌价值随着企业的规模扩张、经验积累、管理流程优化和新技术应用而不断地提升。同时，率先进入市场的物业服务企业一般拥有先发优势，历经多年发展和口碑积累，拥有更多的客户群。百强品牌物企平均品牌年龄为 19.32 年，品牌年龄高于均值的企业占比近六成，品牌价值均值为 33.95 亿元。具体来看，具有强房地产背景的品牌物企，凭借关联房企支持，规模扩张具有确定性，例如，碧桂园服务、绿城服务、龙湖智慧服务、保利物业等企业与关联房企协同发展，品牌价值领先，品牌影响力较强。同时，强房企有利于品牌物企迅速打开市场，加快品牌物企规模的扩张，改善和提高品牌认知度、美誉度和忠诚度，也将正向促进关联房企的销售和品牌知名度提升。

2. 优势向区域集聚，入榜企业集结多家上市物企

受全国各区域城镇化水平、经济发展状况以及居民生活水平和服务意识差异的影响，物业管理行业市场发展程度有所分化。从区域分布上看，物业服务企业品牌价值百强企业主要分布在华东和华南，两地总和占比近八成。此外，在西南、华中地区均超过 10 家，华北地区 8 家，东北和西北地区的企业最少，分别为 2 家和 1 家（图 2）。品牌企业区域分布侧面反映出发展经济状况越好的地区，物业服务意识越强，物业服务企业更注重对企业综合实力的提升和品牌形象的塑造。

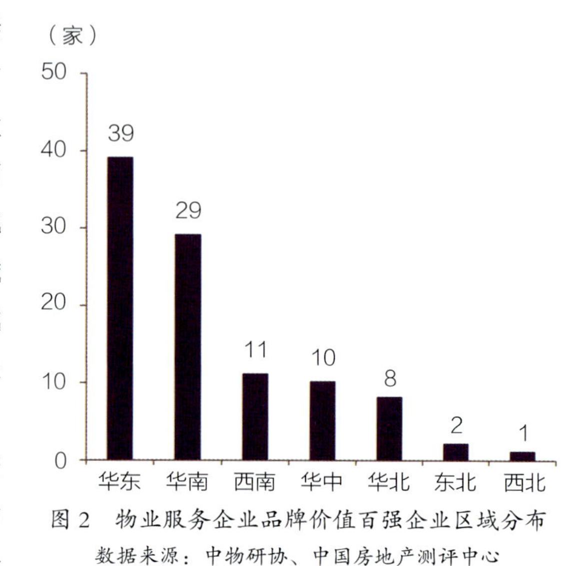

图 2　物业服务企业品牌价值百强企业区域分布
数据来源：中物研协、中国房地产测评中心

从品牌价值百强企业省市分布情况看，广东、上海、安徽、河南、浙江和北京六个省市企业分布最多，总和超过七成。其中广东省的品牌物企主要集中在深圳和广州两市，分别为 19 家和 9 家，安徽省有 7 家分布在合肥市，河南和浙江省的品牌物企均集在其省会城市，品牌物企向经济发展水平的区域聚集（图 3、图 4）。

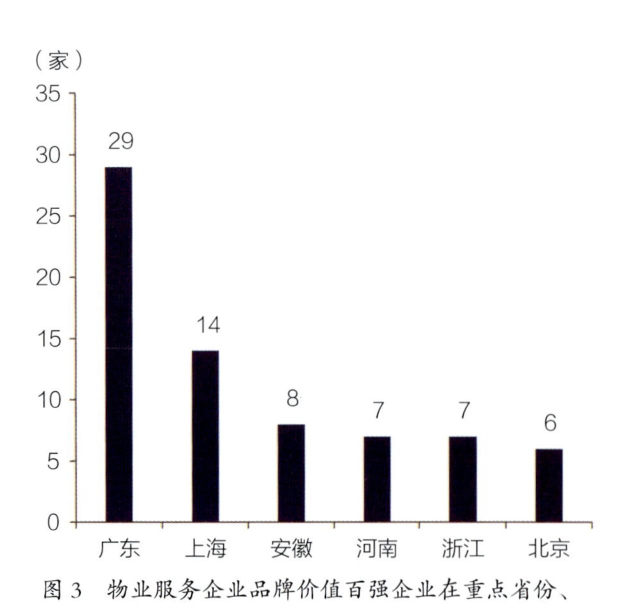

图 3　物业服务企业品牌价值百强企业在重点省份、直辖市数量分布
数据来源：中物研协、中国房地产测评中心

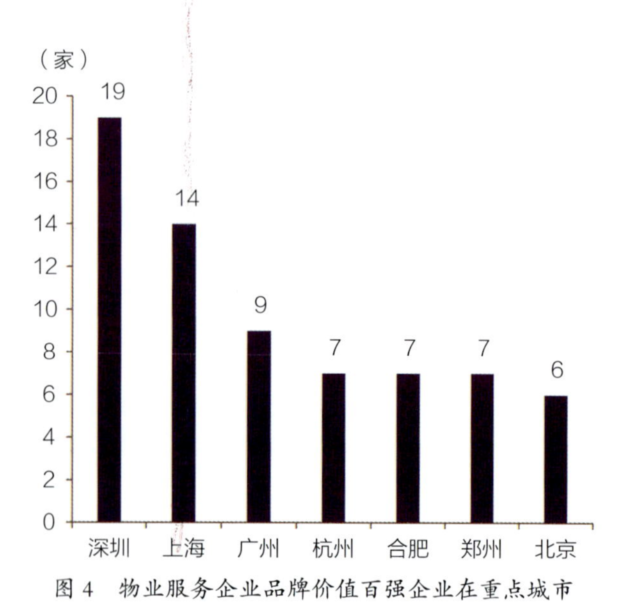

图 4　物业服务企业品牌价值百强企业在重点城市数量分布
数据来源：中物研协、中国房地产测评中心

此外，物业服务企业因其抗周期、抗风险能力较强，具有较强的发展预期，赢得资本市场的青睐。截至2020 年 8 月 26 日，物业管理行业上市企业共 30 家，其中 3 家 A 股和 27 家港股。本次测评中，入榜物业服务企业品牌价值百强榜单的企业，包括南都物业、招商积余、新大正 3 家 A 股企业，以及碧桂园服务、绿城服务等 17 家港股物业服务企业，品牌上市物企占上市物企总数的 66.67%。另有世茂服务、金科智慧服务、荣万家生活服务、合景悠活、卓越商企服务、华润万象生活和远洋服务控股 7 家企业已提交上市申请（表 1）。资本市场可以为物业服务企业提供资金支持，助力企业实现规模扩张、开展多元业务和实现软硬件设备升级，并能够提升企业的品牌影响力、强化企业品牌价值。此外，龙湖智慧服务、华夏幸福基业和金地物业等非上市物业服务企业深耕区域，精进服务品质，在区域内打下良好的品牌基础和良好的口碑，并在广泛的规模布局中，不断扩大品牌影响力，强势入榜物业服务企业品牌价值百强。

部分物业服务品牌企业资本市场动态　　表 1

企业简称	上市板块 / 动态	时间	企业简称	上市板块 / 动态	时间
南都物业	A 股	2018-2-1	保利物业	港股	2019-12-19
招商积余	A 股	2019-12-16 重组上市	时代邻里	港股	2019-12-19
新大正	A 股	2019-12-3	烨星集团	港股	2020-3-13
彩生活	港股	2014-6-30	建业新生活	港股	2020-5-15
中海物业	港股	2015-10-23	弘阳服务	港股	2020-7-7
绿城服务	港股	2016-7-12	正荣物业	港股	2020-7-10
雅生活服务	港股	2018-2-9	卓越商企服务	递表	2020-5-31
碧桂园服务	港股	2018-6-19	合景悠活	递表	2020-6-24
新城悦服务	港股	2018-11-6	荣万家生活服务	递表	2020-6-24
佳兆业美好	港股	2018-12-6	金科智慧服务	递表	2020-6-29
旭辉永升服务	港股	2018-12-17	世茂服务	递表	2020-6-29
奥园健康	港股	2019-3-18	华润万象生活	递表	2020-8-31
鑫苑服务	港股	2019-10-11	远洋服务控股	递表	2020-9-7
蓝光嘉宝服务	港股	2019-10-18			

数据来源：中物研协、中国房地产测评中心

3．品牌协同效应显著，强者恒强态势明显

房地产企业的综合实力和发展战略对其物业服务企业产生深远的影响，两者具有较强的联动性。综合实力较强的房地产企业具有雄厚的资金实力、丰厚的资源、先进的运营管理能力和先进技术，能够在区域布局、管理规模、业态分布、管理经验和技术等领域对其物业服务企业提供支撑和支持，房地产企业的品牌影响力将推动物业服务企业的发展。同时，物业服务企业品牌知名度的提高，也将有利于房地产企业销售和品牌知名度的提升，两者之间具有正向促进作用。本次测评，有 66 家入榜品牌价值榜单的物业服务企业背靠房地产企业，且其关联房地产企业在 2020 中国房地产测评中心 500 强测评榜单中取得较靠前的名次。其中房地产企业排名前 50 的企业中有 33 家旗下物业服务企业入榜物业服务企业百强品牌价值榜单，且其物业服务企业在资本市场中表现优异，涵盖了物业管理行业半数的上市企业，其中，包括 1 家已上市的 A 股物企，14 家登陆港股市场的物企和已在港交所递表的 7 家拟上市物企（表 2）。

部分物业服务品牌企业及其关联房地产企业综合排名分布　　表2

2020房企排名	2020百强房企	旗下物企	2020物企500强排名	物企状态
2	碧桂园控股	碧桂园服务	1	港股
5	中国海外发展	中海物业	10	港股
6	保利发展控股	保利物业	3	港股
7	龙湖集团控股	龙湖智慧服务	6	—
8	新城控股集团	新城悦服务	15	港股
9	华润置地	华润万象生活	11	递表
11	世茂房地产	世茂服务	12	递表
12	华夏幸福基业	华夏幸福基业物业	20	—
14	旭辉集团	旭辉永升服务	16	港股
16	金地集团	金地物业	7	—
17	招商局蛇口	招商积余	5	A股
19	正荣地产	正荣物业	31	港股
21	荣盛发展	荣万家生活服务	—	递表
22	金科地产	金科智慧服务	9	递表
23	雅居乐地产	雅生活服务	4	港股
24	奥园集团	奥园物业	—	港股
25	龙光地产	龙光集团物业	—	—
26	绿城中国	绿城服务	2	港股
27	祥生地产	祥生物业	39	—
28	四川蓝光发展	蓝光嘉宝服务	14	港股
29	远洋集团	远洋服务控股	—	递表
29	万达商业	万象美	—	—
30	佳兆业集团	佳兆业美好	21	港股
34	上海中建东孚	中建东孚物业	49	—
35	时代中国	时代邻里	19	港股
38	新力地产	新力物业	48	—
40	合景泰富集团	合景悠活	—	递表
43	卓越置业	卓越商企服务	33	递表
44	东原集团	新东原物业	46	—
45	俊发集团	俊发物业	—	—
47	弘阳地产	弘阳服务	47	港股
48	建业集团	建业新生活	17	港股
50	海伦堡中国	海伦堡物业	71	—

数据来源：中物研协、中国房地产测评中心

二、品牌特征分析

1. 多因素奠定品牌建设基础，品牌意识普遍增强

近年来，物业管理行业逐渐进入大家视野，引起了各界人士的关注和重视。政策层面，物业费调价及管

理机制等持续完善，行业发展利好政策持续加码。其中，2020 年 5 月，全国两会期间提到的减税降费政策、新型城镇化建设等与物业管理行业发展息息相关，同时，打造智慧社区、完善物业费定价、调价机制等，行业自主性逐渐增强，推动物业管理行业发展；老旧小区改造，支持加装电梯、发展用餐、保洁等多样社区服务也将为物业管理市场带来增量的需求，拓宽了物业服务边界。此外，我国经济运行平稳，2019 年我国城镇化率为 60.60%，较 2000 年的 36.22%，增加 23.78 个百分点，平均每年提高 1.28 个百分点。城镇化的稳步推进带动居民消费需求，2019 年全国居民人均可支配收入和人均消费支出分别迈过 3 万元和 2 万元大关，分别较 2013 年增长 67.84% 和 63.08%，达到 30733 元和 21559 元。我国城镇化进程不断推进，居民生活水平提高，人均可支配收入和人均消费支出稳步提升，居民消费结构优化升级，享受型消费需求增加，促进居民对高品质物业管理服务的消费意愿增强，消费潜力释放，驱动物业管理行业向高质量方向发展。

2020 年突如其来的新冠疫情，给人民生产生活带来巨大的冲击和挑战，疫情期间的消杀、安全管制、日常生活服务等管理服务成为检验物业服务的试金石，同时也促使居民认识到物业，特别是具有较高服务品质物业的重要性和价值。

总的来看，随着政策支持、城镇化持续推进、居民收入水平和消费能力提高以及消费意愿增强，物业管理行业迎来了良好的发展环境，居民的品牌意识加强。特别是疫情期间物业服务企业的优异表现，刷新居民对物业管理的固有认知，纷纷意识到高品质物业服务的重要性。种种利好因素都促进物业服务企业的发展，同时企业也加强自身品牌建设，深入居民生活各个方面，打造专业化的品牌或服务，标准化的管理、优质的物业服务助推企业品牌效应增强，为行业赋能。

2. 品牌定位逐渐明晰，精进服务推出线上平台

物业管理行业处于转型升级的关键时期，行业受到前所未有的关注和重视，物业服务企业加快发展步伐，企业数量增多，市场竞争加大。为应对激烈的市场竞争环境，品牌物企重视服务拓展的广度和深度，夯实物业服务本质，扩大物业管理业态和服务范围，加强服务品质的提升，从而提高业主满意度，增加企业品牌美誉度、信任度和忠诚度。同时，品牌物企结合自身的优势资源，丰富的物业管理渠道，有意识的建立自己的品牌，打造自身独特的品牌形象，并取得一定的成效。此外，行业中出现一系列知名度美誉度高、具有鲜明特色的企业，并逐渐形成各自的品牌定位。

在品牌定位方面，品牌物企注重服务品质，将品牌定位回归物业服务本质，致力于为业主提供社区美好生活，物业服务更贴合业主需求。同时，品牌物企逐渐从人文、美好生活等维度提升品牌沉淀。例如，保利物业将品牌定位于“城市人文与美好生活服务商”；海伦堡物业品牌定位为“美好生活服务商”；康桥悦生活品牌定位于“人文和公益”；新城悦服务品牌定位为“幸福社区的卓越成就者”等，企业践行人文理念和关怀，推进物企品牌的可持续性和持久性。同时，品牌物企在品牌定位上更加注重标签化和细分化，例如，在品牌定位上，蓝光嘉宝服务聚焦在住宅物业领域，定位于“做中国住宅物业细分市场的冠军，打造住宅物业服务第一品牌”；楷林物业根据行业市场和新市场拓展规划确定了“中国高端写字楼专业服务商”的品牌定位，致力于做细分领域的引领者；明华物业定位于“成为公众物业的领航者”，大力实施品牌和标准化战略；奥园健康依托母公司奥园健康生活健康以商业运营和物业管理两大核心业务和产业布局优势，积极推出健康管家等相关服务，为社区业主身心健康保驾护航，定位成为“一家懂健康的生活服务商”。此外，品牌物企利用智慧化手段，持续为企业赋能，提升服务品质和效率。例如，鑫苑服务定位于“创享智慧城市生活”，践行“创享智慧城市家园”的企业使命，致力于打造“高性价比、高满意度、高服务体验”三大服务 IP，从服务细节出发，为客户提供专业化、智慧化、精细化的服务，为城市带来居民生活幸福、商务环境舒适智

能、公共空间管理现代化、智慧化等方面的提升，让城市更美好；南都物业定位为“城市空间运营商和智慧场景服务商”，合生活致力于成为“中国领先的社区科技综合运营商”等（表3）。

部分物业服务品牌企业品牌定位 表3

企业简称	品牌定位	企业简称	品牌定位
保利物业	城市人文与美好生活服务商	海伦堡物业	美好生活服务商
金地物业	全业态覆盖的综合服务运营商	康桥悦生活服务	人文、公益
奥园健康	一家懂健康的生活服务商	悦华置地物业	服务客户大产业，创造价值新标准
世茂服务	中国领先的综合物业管理及社区生活服务提供商	楷林物业	中国高端写字楼专业服务商
新城悦服务	幸福社区的卓越成就者	朗诗物业	全生命周期绿色生活服务商
鑫苑服务	创享智慧城市生活	华侨城物业	提供优质生活的创想家
旭辉永升服务	客户首选的智慧城市服务品牌	明华物业	成为公众物业的领航者
建业新生活	新型生活方式服务商	晟邦物业	区域性物业管理行业精细化管理标杆企业
南都物业	城市空间运营商和智慧场景服务商	深圳城铁物业	中国优秀的机构物业综合服务商
合生活科技	致力于成为“中国领先的社区科技综合运营商”	正美物业	打造行业领先的社区服务与资产运营平台
雅生活服务	要成为一家全区域覆盖、全业态经营、全产业链发展的智慧城市服务企业	中节能物业	绿色建筑全生命周期综合服务运营商
蓝光嘉宝服务	做中国住宅物业细分市场的冠军，打造住宅物业服务第一品牌	诚信行物业	世界一流的资产增值服务集成供应商、幸福文化建设者、全球物业管理大数据平台的联通

资料来源：中物研协整理

此外，品牌物企保持创新服务意识，顺应科技发展，利用物联网、智能化等高新技术升级基础物业服务设施，优化管理服务流程，整合各种优质资源，将缴费、在线报修、在线投诉、通知公告等基本运营管理功能，以及社区安防、节能监控、智能家居、社区商城等模块有机结合起来，打造线上一站式服务平台，为业主提供便捷、开放的服务，提升业主物业服务体验（表4）。

部分物业服务品牌企业信息化平台 表4

企业简称	平台	企业简称	平台
绿城服务	绿联盟	幸福基业	智慧城市系统
彩生活	彩之云	苏宁银河物业	悦居会
金地物业	享家	上海保利酒店	保利悠悦会 APP
华润物业科技	悦+	中天城投	中天 · 服务家 APP
长城物业	一应云	科瑞物业	瑞管家信息化平台
天健物业	蜜生活平台	中楚物业	中楚云 智慧物业生态系统

资料来源：中物研协整理

3. 探索物业服务本质，重视服务品质和体验

随着物业管理行业发展，物业管理的概念不断延伸，理念持续更迭，物业服务的管理体系也发生了改变。

从业务模式上看，品牌物业服务企业由传统物业服务中主要对“物”的管理，转向对“人”的服务，由“物”及“人”，重视服务和体验。品牌物企坚守物业服务本质，重视标准化建设，通过科技和优化物业流程，加大对内部管理系统的构建，升级软硬件设备，缩短物业管理流程，提高响应速度和运营效率，从根本上提升企业内部管理和服务水平。

同时，品牌物企通过整合线上线下优质资源，深入挖掘业主的个性化服务需求，并为其提供差异化的物业服务，打造丰富和完善的社区增值服务平台，从而增加与业主的互动，提升居民生活体验感、物业服务品质和服务温度，增强企业品牌影响力和用户粘性。例如，时代邻里根据不同业态的项目建立富有时代邻里特色的服务标准，如在成熟楼盘，根据客户差异化需求建立了“金百合高端定制服务”“向日葵客户专属服务”“郁金香客户基础服务”，为业主量身定制美好生活解决方案；根据销售案场不同客群的需求，建立“邻·煦”“邻·悦”“邻·臻”三种服务模式，通过标准化、精细化物业服务打造和呈现，创造营销价值；开元物业加强“祺服务”品牌建设，不断丰富“祺服务”品牌内涵，深化“开元酒店式服务”差异化特色，并适时推出“祺服务”体系升级版；浙江大家物业品牌定位于智慧服务＋生活服务＋品质服务，浙江大家物业以管家服务和酒店服务为基础建立了高端物业的服务体系—“白金世家”物业服务体系。针对普通住宅客户推出“家人温情服务”，针对商写客户，提出“悦商务服务”，以五星级服务营造尊崇商务办公空间，此外，针对案场客户，提出“一杯咖啡文化、礼宾三部曲”等（表5）。

部分物业服务品牌企业针对不同服务领域推出差异化特色服务　　表5

企业简称	服务领域	特色服务
时代邻里	成熟楼盘，客户差异化需求	金百合高端定制服务
		向日葵客户专属服务
		郁金香客户基础服务
	销售案场不同客群的需求	邻·煦
		邻·悦
		邻·臻
开元物业	酒店式特色服务品牌	祺服务
浙江大家物业	针对高端住宅客户	白金世家服务
	针对普通住宅客户	家人温情服务
	针对商写客户	悦商务服务
	针对案场客户	一杯咖啡文化、礼宾三部曲

资料来源：中物研协整理

此外，随着物业管理行业的发展、居民生活方式和思想观念的转变，居民逐渐由被动接受向主动寻求物业服务的方向转变，物业服务需求得到激活，双方的互动性增多。同时，疫情期间，物业服务企业的服务模式也由后端迈向前端，从被动等待式服务向主动提供服务模式转变。根据业主的服务需求，物业服务企业主动提供代购、跑腿、送菜上门等便民服务，一定程度上打通物业与业主之间的联系，提升了业主的物业服务体验，增强社区居民对物业管理服务的认可和满足业主对优质物业服务的诉求，激发了业主的潜在需求，催生了如家庭消杀等物业管理服务新增需求，提升了物业服务品质和业主服务体验。

三、品牌效应分析

1. 品牌溢价效应释放，助推企业规模扩张

城镇化水平的推进和消费结构的升级，驱动物业管理行业迈向更广阔的发展空间。目前，物业管理行业的集中度仍较低，尚未形成行业龙头企业，在此背景下，扩规模仍是行业的主旋律。2019 年，部分品牌物业服务企业通过强有力关联房企的支持实现在管规模快速扩张，增加确定性。同时，品牌物企通过提升物业服品质，塑造品牌形象，扩大影响力，在市场化拓展中以品牌和服务赢得更多市场外拓机会。此外，在资本市场的加持下，品牌上市物企募集资金并进行兼并收购，促使企业管理规模快速扩张。

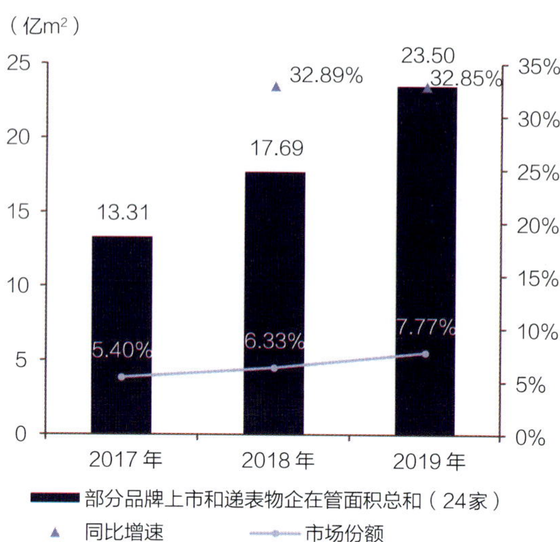

图 5 部分品牌上市企业和即将上市物企 2017—2019 年管理规模、增速及市场份额

数据来源：中物研协、中国房地产测评中心、企业年报

2019 年，品牌物企依托品牌优势和服务品质，在激烈的市场竞争中保持竞争优势，实现管理规模的快速提升。其中，24 家[①] 上市或即将上市的品牌物企均有关联房企的支持，且利用品牌影响力，管理面积持续走高，集中度提升。2019 年 24 家品牌物企管理规模达 23.50 亿平方米，同比增长 32.85%，管理规模持续扩大。同时，24 家品牌物企市场份额由 2017 年的 5.40% 增加 2.37 个百分点至 2019 年的 7.77%，品牌物企物业管理面积集中度持续提升（图 5）。

同时，品牌物企在规模拓展时，紧抓自身优势及行业发展的特点和趋势，将物业管理服务的业态由住宅物业向商业、写字楼、产业园区、学校、医院、场馆等细分业态领域拓展。头部品牌物企利用品牌优势和物业管理经验，从传统物业服务中突围，切入城市服务，延伸物业服务边界。此外，品牌物企通过战略合作、收并购和招投标等方式迈入非住宅物业领域，加大在非住宅物业领域的拓展力度，非住宅物业管理面积占比增加，品牌物企管理业态逐渐丰富（图 6、表 6）。

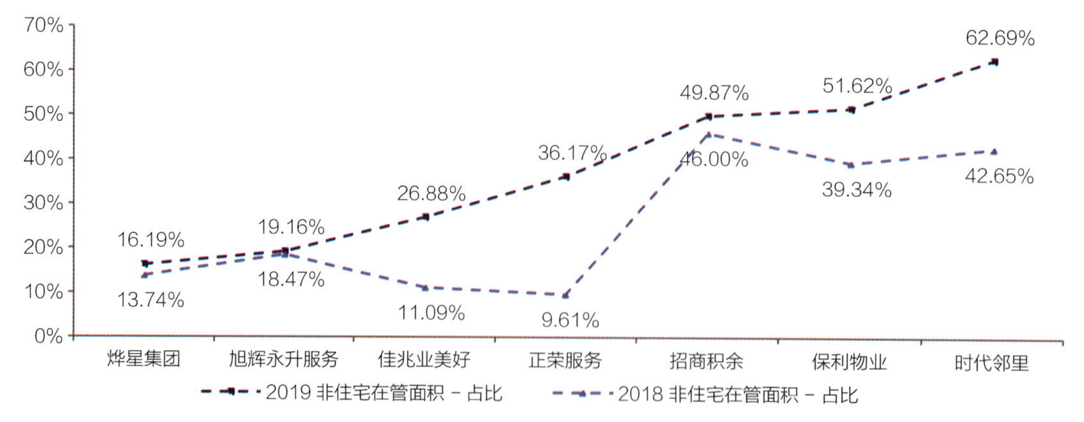

图 6 2018—2019 年部分品牌上市物企非住宅物业管理面积占比分布

数据来源：中物研协、中国房地产测评中心、企业年报

① 包括已经上市的 17 家物企，包括，碧桂园服务、绿城服务、保利物业、中海物业、雅生活服务、彩生活、奥园健康、新城悦服务、鑫苑服务、蓝光嘉宝服务、旭辉永升服务、建业新生活、时代邻里、佳兆业美好、正荣服务、弘阳服务和烨星集团；以及金科智慧服务、世茂服务、荣万家生活服务、卓越商企、合景悠活、华润万象生活和远洋服务控股等 7 家递表企业。

部分品牌上市物业服企业在细分业业态方面的收并购事项　　表6

企业简称	收购时间	收购标的	收购对价（千万元）	收购股权比例	标的企业基本信息
雅生活服务	2019/1/23	青岛华仁物业	13.4	89.66%	收购标的物业管理项目类型主要包括高端公寓楼、高端商业写字楼、精品住宅小区、政府工程、工业园区等多种物业类型
	2019/9/25	中民、新中民物业	206	60%	收购标的广泛覆盖公共建筑、商业办公等多种业态，旗下拥有多个细分市场龙头品牌，与集团现有业态、区域形成有效互补，增加协同效应
永升生活服务	2019/6/18	青岛雅园	46.2	55%	收购标的全部项目均为具有优势管理的高端物业管理项目，物业组合主要包括商业及办公大楼，大部分的收益来自于商业物业管理项目。本次收购成为收购企业高端商办板块的有力补充，改善集团业务架构，并为商业物业提供增值服务，进一步提高集团在商办市场物业管理服务的能力
碧桂园服务	2019/7/10	港联不动产	37.5	100%	收购标的是以商业物业为主的公司，可以进一步强化收购企业在商业综合体、写字楼等高端物业业态的占比
时代邻里	2020/5/11	广州市耀城物业	1.48681	100%	其服务对象主要为供电系统单位及相关政府机关等，约94%的在管面积为供电系统单位
新城悦服务	2020/5/7	成都诚悦时代物业	10.46	61.50%	主要提供以住宅、商业、写字楼、产业园区为主的综合性物业服务，在管标杆项目如成都市春熙路商圈的地标性写字楼项目——成都时代广场。本次收购将进一步提升其在商业写字楼的管理能力，并在探索非住宅领域中创造更多商机

资料来源：中物研协整理

此外，鉴于物业管理行业具有抗周期、抗风险性等特点，资本市场对物业管理行业倍加青睐。近几年，物业服务企业上市热度持续走高，资本力量有效推动品牌物企的发展，同时物企上市所带来的现金流，也将助推品牌物企加大市场拓展和收并购力度，在短时间内实现管理规模的扩张，地理区域及管理业态的补充，有效地提高了物业管理的广度和深度。

2. 企业优势积累沉淀，品牌与资本协同并进

品牌价值的提升助推物业服务企业登陆资本市场，同时资本拉动品牌物企价值提升。良好的口碑是企业宝贵的无形资产，是企业品牌实力和品牌影响力的综合体现。强势品牌物企拥有广泛的用户基础、先进的管理模式和规范化的运营管理，想象空间较大，更容易获得资本市场的青睐。进军资本市场，也将有助于品牌物企聚合更多资源，打造全生命周期的高品质服务，赢得更高的市场认可度，助推品牌的巩固。2020年品牌价值百强的物业服务企业中，有27家品牌物企登陆或即将登陆资本市场，其中，有3家企业为A股、17家企业为港股、7家企业已提交上市申请，品牌上市物企占上市物企总数（截至2020年8月31日）的66.67%。

品牌物企备受资本青睐，上市表现优于非品牌物企。截至2019年12月31日，16家[①]品牌上市物企

① 16家物业服企业为2019年及之前已经上市的品牌企业，包括；碧桂园服务、雅生活服务、保利物业、招商积余、绿城服务、中海物业、新城悦服务、蓝光嘉宝服务、旭辉永升服务、彩生活、新大正、时代邻里、奥园健康、佳兆业美好、鑫苑服务和南都物业。

总市值均值为 139.90 亿元，较上市首日总市值均值 68.37 亿元，增长 104.61%。其余 8 家[①]非品牌上市物企 2019 年底总市值均值为 14.69 亿元，较上市首日总市值均值 15.24 亿元，减少 3.58%。品牌上市物企的总市值及增长率均得到显著增长，非品牌上市物企市值较上市首日市值普遍减少，增长下降（图 7）。

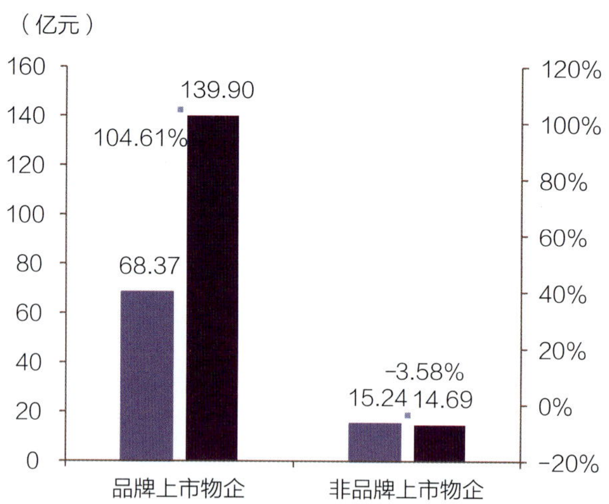

图 7　品牌上市物企与非品牌上市物企总市值均值及增速

数据来源：中物研协、中国房地产测评中心、choice

从市盈率来看，品牌上市物企在资本市场中的表现优于上市房企及非品牌上市物企。一方面品牌上市物企的市盈率普遍高于 30 倍，而其关联房企市盈率普遍低于 10 倍，品牌上市物企的市盈率远高于上市房企。另一方面，16 家品牌上市物企市盈率均值为 40.48，高于 8 家非品牌上市物企均值（30.04）。品牌上市物企优异的市场表现，表明了资本市场对物企服务企业的青睐，驱动物业服务企业品牌价值的提升，同时，也体现了市场和投资者对物业管理行业和物业服务企业的发展具有较强的信心，品牌上市物企发展潜力可期（表 7、表 8）。

品牌上市物企及其关联房企市盈率及均值（截至 2019 年 12 月 31 日）　　表 7

物企简称	市盈（PE，TTM）2019-12-31	关联房企简称	市盈（PE，TTM）2019-12-31
碧桂园服务	49.99	碧桂园	6.50
雅生活服务	31.59	雅居乐集团	4.86
保利物业	51.29	保利地产	8.71
招商积余	130.96	招商蛇口	13.05
绿城服务	43.47	绿城中国	29.07
中海物业	37.48	中国海外发展	7.13
新城悦服务	41.47	新城控股	7.87
蓝光嘉宝服务	20.55	蓝光发展	6.27
旭辉永升服务	48.07	旭辉控股集团	9.05
彩生活	10.35	花样年控股	10.13
新大正	47.26	—	—
时代邻里	50.28	时代中国控股	5.56
奥园健康	28.55	中国奥园	8.78
佳兆业美好	21.54	佳兆业集团	5.21
鑫苑服务	9.54	鑫苑置业	2.98
南都物业	25.34	—	—
均值	40.48	—	8.94

数据来源：中物研协、中国房地产测评中心、choice

① 8 家物业服务企业为 2019 年及之前已经上市的非品牌企业，包括：宝龙商业、华金国际资本、滨江服务、浦江中国、祈福生活服务、和泓服务、中奥到家和银城生活服务。

非品牌上市物企及其关联房企市盈率及均值（截至2019年12月31日） 表8

物企简称	市盈（PE，TTM）2019-12-31	关联房企简称	市盈（PE，TTM）2019-12-31
宝龙商业	32.66	宝龙地产	5.8
华金国际资本	88.35	华发股份	6.9
滨江服务	21.31	滨江集团	11.2
浦江中国	32.36	—	—
祈福生活服务	6.64	—	—
和泓服务	49.82	—	—
中奥到家	4.19	—	—
银城生活服务	13.02	银城国际控股	16.7
均值	31.04		10.15

数据来源：中物研协、中国房地产测评中心、choice

品牌物企赢得资本市场认可，融资能力更强。上市后，品牌物业服务企业以其良好的口碑，以及抗风险性和抗周期性强等优势，赢得资本市场对品牌物企的信赖，融资渠道增多。特别是2020年6月以来，物业管理行业迎来配股潮，绿城服务、碧桂园服务、旭辉永升服务、佳兆业美好、鑫苑服务和时代邻里等多家物企通过配股融资，以实现资金的迅速到位，助推其战略投资和规模拓展。

总的来看，品牌物业服务企业以良好的口碑、优异的业绩和高品质服务等优势，顺利登陆资本市场，而物业服务企业的高估值，也体现了资本市场对品牌物企的认可和青睐。同时，资本市场的加持，稳定的现金流助推品牌物企规模扩张以及丰富业态组合和顺利开展管理业务，助推企业品牌价值和品牌影响力提升。

3. 社会价值重塑，业务模式迭代升级

物业管理行业历经近40年的发展，在政策、信息技术、资本市场等多种因素的助推和引领下，逐渐由劳动密集型向专业化、集约化、智慧化方向发展。品牌物业服务企业作为行业的标杆企业，在服务模式、经营理念、业务模式等多方面进行迭代升级。物业管理服务由对物的管理转向对人的服务，更加强调以人为本，重视服务品质和服务体验。物业经营也由传统基础物业服务向社区生活服务平台转变，通过整合线上线下优质资源，为居民提供便捷、及时的物业服务。同时，品牌物业服务企业也纷纷整合资源链接上下游产业链，挖掘多层次的需求，以拓展多元服务，触达社区养老、新零售、租赁、美居等多个板块，贴合业主需求，着力打造相关服务品牌，开展多元化服务。

此外，物业服务企业与社区居民具有天然的距离优势，品牌物业服务企业建立起与业主的互信，彰显物企的品牌价值。2020年初突如其来的疫情，给居民的生产生活带来巨大的考验和挑战，同时，对物业管理行业来说，也成为检验服务质量的试金石。在防疫过程中，响应速度快、作战能力持久、资源调配能力强、注重员工管理以及与业主关系紧密的物业服务企业脱颖而出。部分在管项目疫情防控不到位的企业也将加大与业主之间的矛盾和隔阂，在市场化竞争环境中逐渐被淘汰和摒弃。这次危机也让政府、社会、居民意识到物业服务的价值和重要性，成为物业管理行业二次价值发现的重大机遇，品牌物业服务企业将迎来新的发展空间。

四、品牌策略分析

1. 回归服务本质，构建多元品牌集群

（1）品牌升级，更名频频

随着新技术、新理念、新模式引入物业管理行业，物业管理行业迎来转型升级的新时期，为紧跟行业发展步伐，物业服务企业开始调整自己的发展方向，推进物企更名、品牌焕新和服务升级。据不完全统计，自2017年以来，至少有12家物业服务企业更名，企业更名后常包含“服务”“美好”“科技”“智慧”等词汇，暗含其实际运营方向的调整和策略的转变。

强调回归服务本质，物业服务内涵不断发展变化。物业服务企业服务领域延伸，物业服务企业倾向于突出服务本质，在名称中淡化物业色彩，替换为“服务”“美好”等词语。例如，新城悦更名为“新城悦服务”，世茂物业更名为“世茂服务”，融创物业更名为“融创服务”，康桥物业更名为“康桥悦生活服务”，佳兆业物业更名为“佳兆业美好”等。

拥抱科技和新方向，赋能企业提升服务质量。新技术带给物业服务企业更广阔的发展空间，品牌物企在名字中即点明未来的布局重点，例如，碧桂园服务更名为“碧桂园智慧服务”、华润物业更名为“华润物业科技”、龙湖物业更名为“龙湖智慧服务”、金科服务更名为“金科智慧服务”等，彰显服务＋科技的发展模式，实现企业的转型升级。此外，雅生活服务拟将公司中文名称由“雅居乐雅生活服务股份有限公司”更改为“雅生活智慧城市服务股份有限公司”，此次更名反映了公司在智慧方向的发展，并反映出未来业务的发展方向将更加突出集团战略布局的第五大产业板块——城市服务。

借力关联房企品牌影响力，精进企业发展。强实力背景关联房企能够为物业服务企业带来稳定优质的管理项目，同时借助房企的品牌影响力，可以增加物企的外拓资源和合作机会。例如，蓝光嘉宝服务，在港交所上市之前企业名称由嘉宝股份更改为“蓝光嘉宝服务”，强化与母公司的关联；旭辉永升服务，先后经历了由永升物业更名为“永升服务”，聚焦对人的服务，提升服务品质，到2020年6月再次更名为“旭辉永升服务”，实行“旭辉＋永升”双品牌协同发展模式，双方品牌的打通将助力物企得到更多的外拓资源和第三方认可，物企高品质的服务也将反向促进房企销售，从而达到双赢（表9）。

2019—2020年7月物业服务品牌企业更名事件　　表9

企业简称	时间	更名动态
新城悦服务	2019年4月1日	公司名称由“新城悦控股有限公司”更改为“新城悦服务集团有限公司”，以更好地反映其目前的业务发展及其未来发展方向
碧桂园服务	2019年5月13日	广东碧桂园物业服务更名为“碧桂园智慧物业服务集团”
旭辉永升服务	2019年6月21日	简称由“永升物业”变更为“永升服务”，聚焦对人的服务，提升服务品质
	2020年6月2日	“永升服务”更名为“旭辉永升服务”，实行“旭辉＋永升”品牌协同发展
佳兆业美好	2019年7月12日	佳兆业物业更名“佳兆业美好”，力求打造美好人居体验，帮助更多客户体验更美好的生活
世茂服务	2019年8月5日	世茂物业正式焕新升级为“世茂服务”，发布行业首个针对“用户生活服务”研发的生态系统——“Ocean X世茂深蓝服务系统”，构建生活服务智慧蓝海生态
融创服务	2019年	品牌升级，融创物业更名为“融创服务”
康桥悦生活服务	2020年7月29日	康桥悦生活服务战略重磅发布，康桥物业正式更名为“康桥悦生活服务集团”

续表

企业简称	时间	更名动态
保利物业	2020 年 7 月 30 日	保利物业发展更名为“保利物业服务”
雅生活服务	2020 年 7 月 30 日	拟将公司中文名称由“雅居乐雅生活服务股份有限公司”更改为“雅生活智慧城市服务股份有限公司”

资料来源：中物研协整理

（2）打造独立细分品牌，构建多元品牌服务集群

随着物业管理行业转型升级，物业服务企业的服务品质和业务模式同步更新迭代。品牌物企积极把握市场发展趋势，精进服务品质，以多年丰富的运营经验和庞大的客户为基础，发挥品牌优势，将业务服务领域由传统住宅物业向商业、写字楼等细分领域延伸，整合细分业态领域的管理资源和专业能力，建业专业化的细分业态领域品牌，加快客户认知，构建品牌壁垒，满足业主多元化的物业需求。例如，在成熟的商写物业领域，绿城服务、保利物业、中海物业、奥园健康和金地物业等品牌物企均推出专注于该业态的独立品牌，在战略上加大对商写物业的重视。此外，保利物业提出“服务产品化，产品品牌化”，针对不同业态类型打造专属特色物业服务品牌。住宅物业方面，推出“亲情和院”服务品牌；针对高端住宅客户，推出“东方礼遇”品牌；针对公共服务推出了“镇兴中国”品牌；在商办物业方面推出“星云企服”品牌。开元物业通过对“开元棠棣”“开元雅望”“开元州忆”“开元锦上”“开元医养家”等子品牌的打造，逐步在各个细分领域建立强势品牌，扩大市场规模。中楚物业深入感知客户需求，通过物理层面的现场体验与精神层次的情感链接，以专业定制的管家服务为纽带，根据高校物业、公众物业及环卫特性，打造出“精楚校园”“楚帮洁”“楚留香”三大物业服务品牌，110 多项专属服务，构建全价值生态圈。厦门国贸物业以各子品牌独特的产品类型为基础，已经初步形成涉及绿化园林、智慧工程、企业服务和产业园区等服务领域子品牌的品牌体系，各类产品和服务相互区别、相互融合，共同传递国贸物业的品牌价值。明德物业融入中国产品的“德”文化，塑造出有中国传统文化特色的“明德物业”品牌，并打造“学苑管家”服务品牌、“大道明德”文化品牌等（表 10）。

部分物业服务品牌企业在各细分领域专业化子品牌构建情况　　表 10

企业简称	服务领域	品牌	企业简称	服务领域	品牌
绿城服务	商写物业	绿城云享	奥园健康	商写物业	奥悦商写
中海物业	商写物业	海纳万商	金地物业	商写物业	金地商服
保利物业	住宅物业	亲情和院	中楚物业	高校物业	精楚校园
	高端住宅客户	东方礼遇		公众物业	楚帮洁
	公共服务	镇兴中国		环卫领域	楚留香
	商办物业	星云企服	厦门国贸物业	产业园区管理	国贸大管家
开元物业	高端住宅	开元棠棣		企业服务	国贸嘉和
	园区小镇	开元雅望		智慧工程	国贸闽光
	会展公建	开元州忆		绿化园林	国贸园林
	商写综合体	开元锦上	明德物业	服务品牌	学苑管家
	医院颐养园	开元医养家		文化品牌	大道明德

资料来源：中物研协整理

同时，在扩规模的基础上，品牌物企加大物业服务业务模式转变，品牌物企以多元化发展为驱动力，致力于企业在业务服务的全生命周期的品牌塑造。在基础物业服务的基础上，品牌物企将服务领域拓展到多元增值服务领域，根据企业发展战略，对传统服务纵向延伸及创新业务横向拓展，聚焦业主生活需求，在多种经营服务方面打造租售服务、零售服务、生活服务等多个业务服务子品牌，形成品牌集群，以满足客户差异化的需求。例如，保利物业围绕业主增值服务的“盈和生态”以及非业主增值服务品牌等；上实服务在其多种经营服务领域打造“尚实优享”品牌；诚信行基于增值服务体系的需要，诞生了诚信行旗下“益高健身”“百事无忧家政”“惠和仁德养老”“精彩影城”“爱克森科技”等增值服务品牌，进一步完善了产品产业链，与诚信行物业共同构筑诚信行幸福生活典范；中天物业品牌支撑体系由“4 大服务平台＋ 2 个体系”构成，利用“线上＋线下”形式，通过中天・服务家驿站落地实现。目前，中天城投物业拥有“中天立馨”“中天・生活家”“中天・衣管家”“中天服务家”“中天・智管家”及“中天・蜜管家”等多个子品牌；天健蜜生活平台旗下已建立“蜜园”“亲蜜家”“蜜乐购”“蜜生活馆”“清蜜生活”“蜜仓”“缮修”等多个子品牌。未来天健物业将利用“多品牌效应”、跨领域资源整合，来打造更加智能高效的社区生活、更加周到细致的物业服务、更加和谐友善的邻里环境，满足人民群众日益增长的对美好生活的需求，打造令人尊敬的城市服务商（表 11）。

部分物业服务品牌企业在不同服务领域的子品牌及特色服务　　表 11

企业简称	服务领域	特色服务 / 品牌
保利物业	业主增值服务	盈和生态
上实服务	多种经营领域	尚实优享
诚信行	增值服务品牌	益高健身、百事无忧家政、惠和仁德养老、精彩影城、爱克森科技
中天城投	租售业务平台	中天立馨
	生活服务平台	中天・生活家
	洗衣业务平台	中天・衣管家
	科技物业平台	中天・服务家
	智慧管理平台	中天・智管家
	管家服务体系	中天・蜜管家
天健物业	天健蜜生活服务平台旗下品牌	蜜园、蜜乐购、蜜生活馆、清蜜生活、蜜仓、缮修等多个子品牌

资料来源：中物研协整理

此外，物业管理行业的集中度进一步提升，战略合作及收并购延伸至头部品牌物企之间。例如，2019 年 3 月，绿城服务作为基石投资者，参与滨江服务上市发行；4 月招商物业与中航物业并购整合，并于 12 月更名为招商积余重组上市；12 月，龙湖集团通过购买已发行股票和认购新股的方式投资绿城服务等。品牌物企强强联合，整合双方管理经验和品牌优势，加速管理规模拓展和获得更高的品牌知名度，从而达到双赢。

2. 科技＋标准化＋人才，打造企业核心竞争力

（1）科技引领，助推企业服务升级

近年来，我国信息技术蓬勃发展，互联网＋、云计算、人工智能、物联网、区块链和 5G 等均有突破性进展。新技术的应用为行业带来新的发展机遇，推动行业转型与升级。诸多品牌物企以高新技术为基点，不断

优化企业内部管理流程和业务，打通社区多个应用场景，实现企业的降本增效。上市物企高度重视高新技术在企业内部管理和优化服务方面的应用，从物企募集资金用途上看，上市物企在数字化建设方面投入的募集资金仅次于用于规模扩张和收并购，成为企业募集资金的第二大战略用途。各上市物企加大对智慧科技、高新技术应用的重视，在内部管理和外部服务中双管投入，主要包括投入先进的互联网、物联网、AI 技术等高新技术，推进智慧社区的建设，同时加强内部管理系统的构建，创新和升级数字化和智能化管理技术和系统，升级在管物业的设施和设备等多方面，从而提升内部管理的标准化和效率，优化物业管理流程和提升业主体验，提高物业服务质量和满意度。

同时，品牌物企积极拥抱科技，探索企业发展新路径，并与腾讯、阿里巴巴、360 等互联网公司合作，或通过收购相关科技公司，开展跨界合作。品牌物企依靠技术整合业务优势，应用智能化设备和新科技技术，打造创新性物业服务，助推智慧社区建设。例如，碧桂园服务推出行业内首个基于“AI ＋物联”的人工智能全线解决方案产品体系，同时深化与腾讯、阿里云、百度、海康威视、博智林机器人等优势联盟伙伴的战略合作，实现更多“AI ＋小区”的落地，赋能中小型物企，有效提高物业管理效能和服务效率，让更多的业主享受更有温度的质量服务体系；彩生活携手京东、360 尝试提供更多元化的智慧社区服务，夯实企业的核心竞争力；时代邻里与阿里巴巴、广州移动合作成立“5G ＋未来社会联合实验室”，2020 年上半年已完成 70 个项目的智慧车场远端管控改造和 30 个项目的全国智慧管控接入等。新城悦服务收购上海数渊信息科技有限公司旗下停车能力系统及智慧家居业务，以加强智慧社区建设等。

此外，疫情期间，品牌物企采用的智慧车行、门禁识别、智慧巡检、紫外线消毒等手段和应用，在一定程度上弥补了企业人员不足及员工暴露的风险。同时，部分品牌物企升级其线上平台，增加了生鲜购买、在线问诊等模块，品牌物企加速“非接触物业服务”，拉近了品牌物企与业主之间的距离，培养了用户的线上消费习惯，并提升了行业科技智慧化进程。数字化转型成为品牌物企发展的新趋势，特别是疫情之后，企业线上线下进一步融合，未来具有较大的发展潜力和空间。

（2）实施标准化战略，打造企业核心竞争力

标准化是构建行业互联互通最基础的必要性条件，也是企业规模化、模块化、平台化发展，建立现代化管理的重要技术依据，更是促进价值创新的重要引擎。党的十九大报告也指出 “标准化决定质量，有什么样的标准就有什么样的质量，只有高标准才有高质量”，深刻阐述了高标准高质量的重要性和紧迫性。随着物业管理行业与资本、新技术的深度融合、行业的集中度不断提升，企业协作沟通深化，服务逐渐多元化，物业管理行业迫切需要构建标准化体系。中国物业管理协会将 2019 年定位为行业的“标准建设年”，从战略层面加强对标准化制度的重视，希望行业内形成对标准化价值与作用的共识，完善行业标准体系，强化标准实施落地，发挥标准对服务质量的支撑作用，解决行业的规范发展、创新发展和规模化发展的一些问题，促进行业高质量发展和产业升级。做好标准化，有利于企业形成品牌影响力和竞争力，以及促进企业规模扩张、创新发展、提高服务质量和管理效率，在激烈的市场竞争中占据优势。

目前，众多品牌物业服务企业在发展过程中，逐渐在管理流程、运营模式、人才管理和品牌建设等方面加大运营的标准化，以增加企业标识和规范，提升企业服务质量，并提高企业运营效率和品牌影响力。品牌物企坚持服务创新，推进品牌升级，构建多元化服务，坚持标准化保证品牌三度（认知度、美誉度和忠诚度），领航品牌物企向前发展。例如，雅生活服务在品牌管理体系制度方面制定了雅生活集团品牌宣传管理、品牌宣传材料、品牌拍摄服务流程、品牌宣传素材归档流程、公众号管理、品牌标准化管理等；海伦堡物业主要从《危机防疫处理办法》《媒体管理办法》《海伦堡物业品牌宣传管理制度》《海伦堡物业自媒体运营管理

办法》《海伦堡物业 VI 标准化管理制度》等多方面开展品牌建设方面的制度安排；晟邦物业始终高度重视标准化建设工作，为了全面实现标准化管理、提升服务品质，2012 年度公司引入并顺利通过质量管理体系、环境管理体系、职业健康安全管理体系三标一体管理标准认证。并以此标准为基础，进一步细化服务标准、优化服务流程，先后签批执行了《服务中心系列文件》《会所系列文件》《案场系列文件》《餐厅系列文件》《管理公司系列文件》《业主俱乐部系列文件》《商街系列文件》《品质管控标准》等。

此外，完备的标准化制度，使得企业在面对突发事件时能够迅速反应，在早期便介入管理，能够促进企业工作正常推进，及时稳定员工情绪，最大限度地降低企业损失。2020 年初，新冠疫情发生，众多品牌物业第一时间响应，启动紧急预案，紧急调动资源，在清洁消杀、人员管理、管理流程和管理服务等角度制定科学、专业的防疫预案，推进企业防疫的专业、规范化，从而稳定居民情绪，并使得服务工作能够在短时间内走向正轨。例如，在疫情应对中，彩生活快速制定统一标准的防疫行动方案，并在全国项目同步执行，其所管社区没有发生群体性疫情失控情况。

（3）重视人才梯队建设，掌握企业创新发展命脉

随着物业管理行业集中度的持续增加，行业竞争加剧，业务向纵深方向发展，行业管理革新，服务边界延伸，服务内容多元，行业亟需高素质人才加入。同时，新技术、新理念的迭代，品牌物企更加强调对资源的整合能力的提升，人才成为企业能力整合和提升的基础。此外，客户对物业服务的需求不断升级，对物业服务的技术、理念等也发生转变，与时俱进的人才也成为企业转型升级的重点。

当前，品牌物企逐步重视高素质人才的引入和培养，通过建立人才培养体系和管理模式，聚焦资源，有的放矢地加速行业专业人才的引进和培养，并在人才引入企业后，利用一系列的保障机制，激励人、留住人，强化人才发展氛围，为企业创造更多的价值。例如，华保盛秉持“以人为本”的人才理念，积极营造尊重、理解、诚实守信、友好的氛围，为人才提供成长平台，使得人才成为企业持续发展的有力支撑，企业和人才共同成长，共同发展。不断完善和创新人才培养机制，把理论与实践相结合，建立人才培养体系，建立起符合公司企业环境的人才培养新模式；中楚物业注重人才培养，确立了人才引领发展的战略地位，员工满意度与业主满意度并举，启动“菁英计划”为企业的可持续发展做好人才梯队建设，为员工打造成长共赢的平台，实现所有员工“文化＋专业＋综合素质”全方位提升，并邀请专家进行员工培训，不断提升物业人员的专业素养和服务水平；2020 年 8 月 28 日，正荣集团发布了全新的雇主品牌核心理念，“幸福奋斗事业家”，进一步升级人才战略，持续与员工共享发展成果。

3. 积极构建媒体矩阵，实现高效传播

物业服务品牌企业在品牌体系构建上，实施差异化的竞争策略，根据自身优势和实际发展情况，加强品牌创新，结合品牌活动与社区活动，丰富传播内容，并通过多样化的品牌宣传渠道，针对性地与行业媒体、大众媒体和专业媒体开展合作，利用媒体资源实现企业品牌发声，打通品牌宣传渠道，打造立体式传播矩阵，建立品牌维护长效机制，从而提升品牌曝光度，提高企业品牌知名度。例如，碧桂园服务每年打造 N 个品牌传播案例、10000 ＋场社区活动，彰显品牌影响力。包括，智能物联多元形式传播、“城市共生计划”开展一周年、“社区焕新计划”、“金桐奖”评选和社区养老服务等特色服务传播；“守护者联盟”安全感品牌战役、官微业主互动栏目“社区茶话会”和官微业主互动活动“首席内容官”等业主互动传播；以及“社区的力量”消费扶贫等品牌公益传播（表 12）。同时，品牌物企利用企业网站，微信平台等搭建自媒体传播平台，开辟多元化的品牌传播途径，依托新媒体个性化，主动性等特点，及时推送，增加品牌的影响力，并加大对品牌建设的投入，2020 物业服务企业品牌价值百强企业 2019 年在品牌建设方面的投入均值达到 829.27 万元。

碧桂园服务品牌传播优秀案例　　表 12

类别	主题	主要内容
特色服务传播	智能物联多元形式传播	2019 年，集中打造智能物联产品品牌，通过行业峰会发声、品牌跨界合作、专家团考察等多元传播形式，打造智能物联在业内的领先地位
	城市共生计划一周年	2019 年 12 月，在碧桂园服务“城市共生计划”开展一周年之际，围绕城市服务在开原、沈阳的创新模式、开展成果展开宣传，沉淀服务口碑
	社区焕新计划	2019 年 10 月，有着“中国第一维权标本”之称的深圳景洲大厦，自 2018 年迎来碧桂园服务进驻，业主们告别过往轰轰烈烈的维权斗争，开启温馨融洽的美好社区生活，满意度高达 98%；“中国第一业主”现身说法，形成口碑传播
	“金桐奖”评选	2019 年 10-12 月，面向全国业主开展管家、物管评选，植入服务故事，打造物业服务人员评选品牌“金桐奖”，宣传碧桂园服务管家及物管服务的品质度、先进性
	社区养老服务	2019 年 6 月 5-18 日，碧桂园服务全国社区发起碧桂园・凤凰到家助老公益活动，以此传播碧桂园服务布局社区养老的意义与前景
业主互动传播	“守护者联盟”安全感品牌战役	2019 年 5 月启动“守护者联盟”安全感品牌战役，通过情感营销、线上线下联动的方式，制造传播话题，收集业主需求感知，引导品质提升“安全”服务
	官微业主互动栏目“社区茶话会”	围绕“社区品质生活提供者”的定位，公众号的运营策略聚焦：“强内容＋强互动＋强商业”的运营策略，将内容、活动、服务与业主需求多环相扣，打造满足业主社区需求的线上平台
	官微业主互动活动“首席内容官”	2019 年 9-11 月，官微“碧桂园生活”发起“首席内容官”大型互动，为官微引入业主、专业写手、KOL 等，共创优质社区生活内容，围绕亲子、教育、健身、旅行、美食、技能 6 大话题，打造业主品质生活线上平台
品牌公益传播	“社区的力量”消费扶贫	2019 年 7 月 28 日，碧桂园服务联合碧桂园集团、国强公益基金会，承办中国物协发起的消费扶贫攻坚战专项行动・碧桂园社区启动会

资料来源：中物研协整理

同时，品牌物企根据服务业态和服务人群的特点，开展多元化的品牌活动，塑造品牌企业文化，增加服务温度，缩小企业与社区居民的距离，增强邻里互助和社区居民的服务体验，营造人文社区环境、传递家庭居住的幸福感和归属感，从而提升居民对品牌的认可度和依赖度。社区主题活动的影响力也从社区传播到社会，进一步加深了社会对企业品牌的了解和认知。例如，海伦堡物业为融洽社区邻里关系，增进邻里友谊，丰富业主精神文化生活，2019 年 10 月，海伦堡物业联动全国社区开展大型中秋佳节共贺活动，参与活动人次逾 4 万，获得一致好评。

此外，品牌物业服务企业除了积极践行服务社区、服务业主的责任外，亦反哺社会，积极承担起服务社会的责任，在开展社区公益活动、助力精准扶贫、紧急抢险救灾以及乡村振兴和垃圾分类等多方面并发挥了突出作用。而在 2020 年新冠疫情发生后，品牌物业服务企业迅速响应，启动紧急预案，积极参与社区防疫工作，为政府分忧，为业主安全护航。在社区出入管控、公区消杀、联防联控、协调管控和维护公共秩序等方面，物业服务企业承担大量社区防疫和公共管理的工作，提供了大量超越合同和法律确定的责任边界的工作，极大地弥补了基层社区防疫工作人手以及公共卫生供给和应急管理力量不足、信息不畅等问题，有效融合了政府防疫防控统一体系，并展现了品牌物业服务企业的社会责任感和担当；此外，疫情期间，金地物业等多家品牌物企提供专业服务在驰援火神山、雷神山医院等方面发挥了积极正面效应，增强企业的品牌影响力，树立了良好的社会形象。

五、品牌趋势分析

1. 行业价值重塑，品牌物企迎来新的发展契机

作为社会基层管理的“毛细血管”，物业管理发挥着重要的作用，物业管理行业时刻保持危机意识，始终将居民生命安全放在首位。2020年新冠疫情发生初期，便引起了物业管理行业上下高度重视。在各级物业管理协会和相关部门的积极号召下，物业服企业纷纷响应，启动紧急预案，全面联动政府相关部门、社区、街道，积极融入“联防联控”工作，并配合政府部门把区域治理、社区治理、单位治理有机结合起来，构筑起了联防联控的防护网络。物业管理行业和企业坚守社区防疫，承担了大量的社会责任。物业管理行业的服务模式也由后端迈向前端，从提供被动等待服务向主动提供服务模式转变，一定程度上打通了物业与业主之间的联系，切实地感受到物业服务体验，颠覆了社会和业主对物业管理的固有认知，增强了社区居民对物业管理行业认可，彰显物业管理行业的服务价值。

随着疫情防控进入常态化，物业管理行业在疫情期间的正面影响持续，受疫情防控中物业管理优异表现的影响，物业服务企业，特别是品牌物企在疫情防控中得到多项提升，主要表现在应急管理意识提升、专业服务能力增强、业主信任度提升和社会价值得以体现等多个方面。

（1）应急管理意识提升

突发事件考验了物业服务企业的应对能力，对物业服务的好坏进行了明显的区分。优质的品牌物企凭借先进的管理经验、标准化的管理流程和全面的应急管理方案，在疫情发生之初便及时反应并投入疫情防控之中，在社区、写字楼、商场、学校、产业园区、医院、交通枢纽等区域采取多项防疫措施，严防疫情输入和扩散，铸就疫情防控的坚实屏障。品牌物企优秀的应急表现给物业服务企业提供了发展的范本，经此一疫，品牌物企意识到标准化、规范化应急管理体系建设的重要性。品牌物企将有望在接下来的发展中，加强物业应急管理体系建设，合理编制和完善应急预案，增强企业应对突发事件的能力，明确应急预案类别，增强各级责任人对紧急事件的处理和应变能力。

（2）专业服务能力增强

疫情防控期间，物业服务企业与政府、街道和社区协调配合，严格执行出入口人员和车辆信息登记、体温测量、住户排查及组织社区疫情上报，同时，社区封闭期间，品牌物业服务企业迅速进行了APP升级，整合物资配送、线上医疗等资源，上线了生鲜购买、在线问诊等模块，为业主增加了获取社区服务的新渠道。随着疫情进入常态化，各行各业复工复产复学，部分品牌物企的防控范围从社区拓展到写字楼、商场、产业园区、学校和交通枢纽等业态，以丰富的管理经验和专业服务能力成为疫情防控的主力军。

（3）业主信任度提升

疫情期间，物业服务企业与业主进行了高频率的互动，从疫情防控的宣传、专业的消杀保障安全，安抚业主情绪，到在生活中为业主提供“代购”“跑腿”等多项优质贴心服务，诸多方面均加深了业主与物业服务企业之间的情感互动，业主的体验感增强。响应速度快、作战能力持久，资源调配能力强和专业服务能力强的品牌物企赢得了业主的信任度。

（4）社会价值得以体现

疫情防控期间，物业服务企业扎实开展联防联控，坚守在疫情防疫一线，同时，20多家物业服务企业近千名员工为武汉火神山、雷神山医院和方舱医院提供后勤保障，物业管理的价值和作用得到前所未有的重视，社会各界对物业管理的价值进行了重新认识和定义，成为企业价值重塑以及与业主关系重建的良好契机，

彰显了物业管理行业在社区治理中的价值和作用，物业服务企业有望融入基层治理的工作中，展现物业服务企业的专业性和新价值。

2. 规模化专业化同步推进，企业发展空间增大

随着我国政策及城镇化进程的推进，新技术的应用、居民消费能力和消费水平的提升，物业服务企业进入快速发展时期。物业管理行业的集中度逐渐提升，市场竞争激烈，物业服务企业通过关联房企的支持、市场化拓展和收并购等方式实现管理规模的拓展。同时，凭借品牌优势，物业服务企业将服务的范围拓展到多种管理业态，管理项目也逐渐由传统的住宅物业领域向更为广阔的非住宅物业领域拓展，物业管理的广度和深度上均取得一定的突破。此外，非住宅物业目前的市场占有率仍较低，多为单一大业主，拥有较强的定价能力，其物业费调价相较住宅物业较为简单，物业服务满意度和物业费收缴率相对较高，逐渐引起品牌物企的关注，目前市场上仍有大量的存量非住宅物业需要专业化的品牌物企提供管理服务，非住宅物业发展空间广阔，逐步成为品牌物企拓展的重点。

市场空间广阔，更多物业类型纳入物业管理范围。如＂三供一业＂从国有企业分离移交、市政服务从政府向市场化公司转移、机关事业单位后勤社会化改革、全面推行军队营区物业管理社会化保障工作等，均将助力物业服务企业拓宽服务边界。其中，为推进城市精细化的管理、提高城市治理水平和适应政府机构市场化改革，物业服务企业从传统的物业服务中突围，切入城市服务。特别是 2020 年以来，除较早涉足该领域的碧桂园服务、保利物业、万科物业、龙湖智慧服务，近期绿城服务、招商积余、佳兆业美好等品牌物业服务企业也开启了探索城市服务之路，出圈探索城市服务领域。此外，雅生活服务拟将公司中文名称由“雅居乐雅生活服务股份有限公司”更改为“雅生活智慧城市服务股份有限公司”，亦表明未来业务将向其战略布局的第五大产业板块——城市服务迈进。多家品牌物企出圈城市服务，城市服务有望进一步打开物业管理行业新的发展空间。

在扩规模同时，物业服务企业亦加大对专业化服务的重视。物业服务企业与居民生活具有密切的联系，拥有庞大的客户基础。特别是品牌物业服务企业，在社区居民中拥有良好的口碑和品牌信赖度，有助于其深入挖掘客户潜在服务需求。部分品牌物企借助品牌优势，整合线上线下优质资源，匹配业主的需求，构建社区服务平台，为业主提供多元的服务业务。同时，一些规模大、综合实力和品牌影响力较强的品牌物企，逐步涉足房屋租赁、美居、新零售、社区养老等领域并打造相关的专业化服务品牌。相信未来，品牌物企借助规模效应，项目间形成业务联动，将有望及时地把握业主消费需求的转变，并逐步开展更加精细化、专业化和细分化的服务，达到企业服务与业主需求的精准匹配和预测推荐。此外，疫情期间，中国物业管理协会牵头编写的系列操作指南，中航物业、中海物业、明德物业、南都物业等部品牌物企根据自身实际情况制定的企业版操作手册，均对行业和企业自身的防疫工作提供了全方位专业指导和帮助，带动和凝聚行业疫情防控专业力量，共同抗击疫情。历经疫情，物业服务企业更加深刻地意识到专业服务的作用和价值。

品牌物企一手重视扩规模，一手强化专业化服务能力提升，双手相握，将在业务和服务的广度和深度上进一步深化，拓展物业服务企业管理和服务空间，企业发展空间广阔。

3. 重视及升级新技术应用，加速行业科技智慧化进程

近些年，物联网、云计算、人工智能以及 5G、区块链等新技术的发展为物业管理行业带来新的变化和发展机遇，引领物业管理行业转型升级。科技的应用拉伸了物业管理的广度，品牌企业通过技术应用深入挖掘客户消费需求，打通社区多个应用场景，搭建一站式的物业服务平台，构建满足客户个性化需求的社区生态圈，提升了物业客户的服务体验，企业的品牌价值得以体现。同时，新技术的应用提升了物业管理行业的

智慧化水平，智能科技使得物业管理更加便捷、智能和更有价值。品牌物企以新技术为基点，升级内部物业管理系统，优化管理流程，助力企业管理服务提质增效，在一定程度上缓解了人工成本对企业利润的挤压，提高了企业的竞争能力。

此外，疫情对社区网格化管理、智慧社区建设和线上服务起到推动作用。疫情期间多地发布小区封闭公告，业主需要在家进行隔离，在此过程中，智慧物业发挥了重要的作用。物业服务企业利用智能化管理系统和信息平台，实时监控疫情防控情况并深入业主的生活中去，为其提供便捷的服务。具体来看，物业服务企业通过线上宣发、智慧车行、门禁系统识别、智慧巡检、无人机、紫外线消毒等智能产品的应用，更加准确地完成了人员监控和识别工作，服务资源调配更科学，同时降低了物业工作人员与业主接触中的传播风险，在很大程度上抵消了疫情防控中人员不足、员工暴露风险较高的压力。此外，多地实施小区封闭式管理期间，居民生活资源获取困难，物业服务企业迅速进行 APP 升级，开展了多项便民生活服务和增值服务，提高了居民的生活便利度，也推进物业管理的信息化进程。

第二部分　结论

在物业管理行业备受关注的当下，物业服务企业加速规模扩张，在管项目数量增多，业态和业务多元，头部物业服务企业凭借发展优势，逐渐成长为提供全生命周期服务的综合性物业服务企业，物业服务的广度和深度均得以加深。物业管理行业的集中度日益提升，行业逐渐向标准化、规范化方向发展，市场竞争加剧。品牌物企抓住发展的机遇期，整合多渠道优质资源，优化管理模式，构建多元品牌集群，并通过技术优势和资本红利提升运营效率，用品质改善客户关系，赢得客户认可，推进品牌价值提升。同时，品牌物企积极构建品牌体系，通过更名、建立各服务业态和各服务领域特色专业品牌，以及注入新技术、强化标准化、加大人才引进和培养等品牌策略实现服务升级、品牌升级，并利用媒体矩阵实现品牌的广泛传播，多角度、多途径增强品牌影响力，增强品牌竞争力。相信在转型升级的关键时期，物业服务企业抓住发展机遇，利用高新技术的升级以及服务品质的精进和客户需求的深入挖掘，物业服务企业将有更广阔的发展空间。

智慧物业管理调研报告

2020年，一场猝不及防的疫情，让物业管理站在了疫情防控的一线，与2003年“赤膊上阵”抗击“非典”不同，应用了AI、大数据、无人机等技术的智慧物业崭露头角，引起社会的广泛关注。

这似乎暗合了今年的“新基建”热点以及智慧城市的加速推进，也印证了全社会对智慧物业建设和数字化转型的热切期待。

可以说，随着5G商用牌照发放，中国正式迎来5G时代。5G作为最新一代的无线通信技术，其超高速率、超低时延、超大连接特性将对智慧城市建设产生巨大的影响。以其为基础的泛在传感网络将实现智慧城市万物互联，人、机、物深度融合发展；同时，与以物联网、云计算、大数据、人工智能等为代表的新一代信息技术的深度融合，将催生出众多新兴的城市应用场景和创新管理模式，为智慧城市的建设带来更多可能性。

那么，对于物业管理来说，是否意味着智慧物业或将迎来新的发展契机？

2020年4–7月，在中国物业管理协会的领导下，《中国物业管理》杂志社开展了“2020智慧物业管理调研”活动，先后深入碧桂园服务、长城物业等20家企业调研采访，并向业内200余家物业服务企业和科技公司发起了问卷调查，征集智慧物业典型案例，发掘最有价值的解决方案，并通过对标学习、对话研讨、课题研究等方式，编撰了《2020智慧物业管理调研报告》。

党的十九大报告在论述加快建设创新型国家时，提出了“智慧社会”这一让人耳目一新的概念，这是对“智慧城市”概念的发展，对于深入推进社会经济发展、实现美好生活中国梦具有重要现实意义——这无疑也为智慧物业未来发展指明了方向。美好生活，是智慧物业的不变初心和价值归宿。

一、智慧物业的发展与创新

“智慧物业”是未来“物业服务”的代名词，是现在“数字服务”建设的将来时，也是物业管理行业“中国梦”的重要载体和表现形式，彰显的是物业管理行业智慧化发展的道路自信。

1. 智慧物业在疫情防控中发力

如同我们了解到的，智慧科技在此次疫情的救治和防控中发挥了重要的作用——依托华为技术支撑的5G远程会诊应用在了武汉火神山、金银潭以及协和医院，有效提高了医救效率，减轻了一线医护压力；而阿里巴巴达摩院联合阿里云针对新冠肺炎临床诊断研发的一套AI诊断技术，则可以在20秒内对新冠肺炎疑似案例CT影像做出判读，大大提高了医生的诊断效率。

同样，智慧物业在防控疫情中的亮眼表现也引发了诸多关注：大型企业通过智慧物业平台，线上指挥和协调全国数万员工在各城市开展防疫工作；智能机器人在易污染区代替人工自主作业，完成清洁或运输物品工作任务；红外智能测温安检门，无须人员接触即可完成测温、安检等工作任务……

一是智慧物业在医院物业服务中发挥了重要作用。疫情发生以来，服务于全国3.3万余家医院的物业人，特别是服务于全国3041家集中收治定点医院、23家新（改）建定点医院、2588家集中收治隔离点的物业服务企业，一方面发挥智慧服务平台科技优势，对所服务区域的人员、物资、车辆、医废物品等进行严密管控，对应数据纳入管理平台大数据库，可跟踪追溯、备查备用；另一方面，具备条件的医院则启用了智能机器人服务，或在隔离区、污染区提供清洁类服务，或“奔走”于病房与药房之间运送药物，或在人流密集的接诊大厅专门为病患提供咨询服务。可以说，在这样的特殊时期，智慧物业发挥了重要作用，也是对近些年医院物业服务在智慧物业方面探索成果的一次检验。

二是以智慧物业平台为技术支撑的“非接触服务”在社区防疫中发挥了重要作用。万科物业启动了大数据和AI技术进行防疫，其在智慧物业平台基础上开发的疫情大数据平台，有效解决了突发情况下数据采集、打通及统计分析等痛点；绿城服务通过其智慧园区服务平台，对1000余个小区启动了“封闭式”管理，“园区住户行程收集”线上调查工具累计收集近两万份反馈问卷，有效助力一线服务人员的排查工作，确保了其数万名在岗员工零感染；碧桂园服务借助智能安防监控云平台、智能门岗系统、物业信息化管理系统、业主App等新应用，自动监控社区防疫消毒数据；龙湖智慧服务通过“U享家”App、400热线以及管家微信等工具，让其全国业主实现线上报事、咨询、缴费等，并通过App线上订购新鲜蔬果；恒大金碧物业同时与全国近200家蔬菜供应商合作，线上为近75万户业主提供新鲜蔬菜瓜果订购，为疫情期间业主的生活提供了极大地便利。

三是智慧物业为全国复工复产提供了有力支撑。面对写字楼宇内熙熙攘攘的上班族，物业服务提供的红外测温安检门、无人值守停车管理、智能机器人服务等发挥重要作用。红外测温安检门集热成像、测温、人脸智能检测与识别等多项核心技术于一体，与人脸识别、AI分析、门禁等多系统进行联动，实现了对人流密集出入口的体温快速检测，当遇到体温异常的人员时，系统将自动报警并显示人员标签，协助工作人员实现快速筛查。在一些写字楼，楼宇配送机器人也成为亮点，它能自动礼貌地乘坐电梯，搭配AI配送系统自主规划路线，自动呼叫用户，同步短信通知并定点迎候。

犹记得，2003年的“非典”让互联网兴起。而今，新冠肺炎疫情之下，智能科技、智慧管理、智慧服务崭露头角。对于物业管理来说，这意味着智慧物业或将迎来新的发展契机。

2. 一年来智慧物业的探索与演进

作为数字经济的发展基石，以及社会经济转型升级的重要支撑，新型基础设施建设（以下简称“新基建”）已成为中国谋求高质量发展的关键要素，被赋予实现国家生态化、数字化、智能化、高速化、新旧动能转换与经济结构对称态，以及建立现代化经济体系的重要使命。

在此大背景之下，2020年，各行各业正在加快布局5G通信，以及大数据、区块链、物联网、人工智能等应用，并由此推动智慧产业发展和商业模式的变革。这一年，物业管理的触角已经延伸至城市服务的各个方面，城市运营伴随物业管理的融合逐步转型升级，各大物业服务企业日渐成为城市运营服务商，为智慧城市提供强力支撑。

2019年12月，蓝光嘉宝服务携手知名的人工智能平台公司商汤科技，在图像及视频智能分析、物业特定场景AI算法训练等方面进行落地和提升，共同助力蓝光嘉宝服务向科技智慧数字化转型，开启“AI＋物业”

的创新合作模式。未来，蓝光嘉宝服务将联手商汤科技在包括不限于智慧社区、老旧小区等多场景应用中逐步开展更加充分、更多领域的合作，加速提升蓝光嘉宝服务的管理效能和用户服务体验。

2020 年 5 月，万科物业与厦门思明市政园林管理有限公司、厦门市思环保洁服务有限公司共同成立厦门市思明城市资源经营管理有限公司，为鼓浪屿全岛提供整合运营服务，涵盖物业管理、市政、园林、市容、环卫等服务。这也意味着，继珠海横琴、河北雄安之后，万科“物业城市”的新型空间管理版图进一步扩大。万科物业的“物业城市”运用市场机制，通过“专业服务＋智慧平台＋行政力量”相融合的方式，对城市公共空间、公共资源、公共项目实行全流程“管理＋服务＋运营”，包含市政养护、物业管理、市民生活服务等多元化、多领域业务。

2020 年 6 月，重庆新大正物业与青岛融源影视文化旅游产业发展有限公司深入合作，双方携手就青岛李沧区基础设施建设、智慧城市建设及运营管理进行深入合作。李沧区是青岛市三大主城区之一，作为青岛市城区发展的重点区域，是青岛智慧城市建设的重要承接区域。从“城市建设”到“城市改造”再到“城市更新”，李沧城区在全力推进“智慧城市、智慧社区、智慧街区”建设的过程中，采用政府引导市场主体模式，积极引进更多的企业参与，形成了融合创新发展的良好局面。

此外，龙湖智慧服务宣布，将与岳阳城陵矶临港经营管理有限公司合作，对城陵矶新港区规划占地面积 100 平方公里的区域，进行运营管理服务，以城陵矶新港区为起点，聚焦“港产城”积极探索智慧服务创新模式；碧桂园服务与陕西省韩城市合作的城市服务新模式，以及之后推出的“城市共生计划”，均对智慧物业进行了更为深入的探索。2020 年其推出的天石物业云平台，围绕六大社区管理服务场景，打造数字化方案；绿城服务基于其智慧园区平台针对疫情防控推出的“一码通”，率先实现了与杭州城市大脑“健康码”的数据联通，可以实时监测业主和员工的健康状况，发现红黄码还能主动预警，在一线疫情防控工作中发挥了极大地作用。可以说，一年来，业内企业的丰富多彩的实践，极大地延展了智慧物业服务的内涵与外延。

3. 智慧物业专题调研与课题研究

面对智慧物业的蓬勃发展与精彩纷呈的实践，2020 年 5-7 月，《中国物业管理》杂志社启动了“2020 年度智慧物业专题调研”活动，面向全行业开展了问卷调查，收集有效问卷 200 余份。

自 2020 年 4 月起，经对回收问卷分析和筛选，《中国物业管理》杂志记者先后深入北京、重庆、广州、深圳、苏州、郑州、成都、西安、厦门和乌鲁木齐等 10 多个城市，对部分物业服务企业和科技企业进行了调研，进行了现场采访和实地体验（因疫情防控政策要求不方便走访的，采取线上采访形式）。

从本次调研结果来看，智慧物业发展的内在逻辑越来越清晰：

一是系统集成化，智慧物业的建设，正在从信息孤岛向信息集成方向发展，进而达到信息共享；

二是网络化，借助互联网和物联网技术，特别是 5G 时代来临，智慧物业正在实现真正的线上线下服务融合；

三是设备智能化，随着智能科技的不断发展，设施设备正在向智能化方向发展，这也是智慧物业的基础支撑。

从互联网视角来看，智慧物业利用互联网、大数据、物联网等先进信息技术手段，通过统一的大数据云平台将物业服务各个要素单位紧密连接起来，实现了数据融合，并且对融合数据进行分析和挖掘，打通了各要素单位之间的沟通壁垒，建立起高效的联动机制，线上线下交互提供服务，这也正是智慧物业的底层逻辑和核心价值。

二、技术应用分析与思考

2020 开年，中央政府大力号召部署“新基建”，各地政府也加紧落实部署，推动了各行各业加快基础设施向数字化、网络化、智能化转型。由此，带动了包括物业管理行业在内的各行业技术创新、产业创新和商业模式创新，促进了新业态、新模式的发展，成为拉动新一轮经济增长的新动能和带动产业升级的新增长点。

1. 5G

5G 是本次调研过程中被各地企业反复提及的一个高频词汇。众多观点认为，5G 的商用落地意义重大，特别是其与物联网、人工智能、大数据、云计算等新一代信息技术的结合，将重构人、事、物与社区的关系，实现社区邻里的互帮互助、群体交流，实现管理服务的无处不在、实时感知，打造可持续的场景智慧化、服务零距离、万物全在线的社区生态圈，为社区家庭提供美好生活解决方案。

在本次调研的企业中，不少企业开始布局 5G 应用，提升社区智能终端的部署与联动，如电脑 / 手机 / PAD、智能摄像头、智能机器人、智慧路灯、智能井盖、智能门禁、智能灯具、智能家电等各类智能传感器及设备，全面连接社区内人、机、物，将未来社区打造成为万物互联的社区。

2. 大数据

大数据是本次调研过程中的又一个高频词汇。不少受访者认为，大数据在社区中的应用具有重要的战略意义。比如，只要积累的数据量足够庞大，通过数据分析，就可以较为准确地把握社区中的人、事、物的发展变化等复杂问题，并通过数据模型建立最佳的解决方案。在 2020 年疫情防控中，大数据技术就很好地支撑了部分物业服务企业运用大数据技术手段，通过对人员信息的溯源和监测，对疫情防控部署以及对社区流动人员进行监测统计，有效支撑社区对疫情的提前防范、精准施策。

在本次调研的企业中，部分企业开始着手大数据工程，正在建立自己的各类服务和信息数据库，并开始研发数据分析模型，及时发现需求热点，为业主提供更加智能化的服务，改变以往的被动服务，转而主动向业主提供服务。另外，大数据对业主需求的多维度多层次细分，对需求细节的感知，使物业服务更精准、更个性化。有受访者预测，未来，大数据通过影响社区的治理结构，将实现企业、政府、居民（业主）的良性互动和协调发展，真正建成一个健康的、成熟的互联社区。

3. 物联网

物联网是本次调研过程中的第三个高频词汇。借助物联网，结合智能楼宇、智能家居、智慧物业、智能医院、智慧交通等智慧城市服务的多种载体，可以助力物业管理实现物业服务的信息化、数字化、智能化，提高管理和服务的效能和质量。本次调研中多家企业谈到了“智慧家居”，这是未来的场景，它融合了家庭控制网络和多媒体信息网络，形成一个家庭信息化网络平台。家庭控制网络通过家庭网关，实现电子信息设备、家用电器、照明设备等的控制与设备间协同，而智慧物业则利用视频监控、传感器网络及小区宽带构成物联网系统，实现智慧的保安消防、停车场管理、设备检修与维护、电梯管理等智能化服务，为智慧家居提供保障和支撑。

疫情期间，社区人员位置、健康状态等信息采集工作以及非接触式社区服务变得十分重要。部分受访企业为了解决人力参与度高、交叉感染风险大等难题，尝试应用物联网非接触式技术用于疫情防控，有效发挥了“技防”优势。比如，通过在小区出入口部署非接触式热成像人体测温、人脸识别门禁、智能门锁等设备，实现高效安全的封闭式管理，以及通过在小区部署“智能物流柜”“智能外卖柜”和“无人超市”等非接触式新零售设备和服务，为业主提供服务。

4. 人工智能

人工智能是本次调研过程中的第四个高频词汇。随着人工智能的不断创新发展，各项智能技术也在各行各业得以应用。此次受访企业中，部分头部企业已经在管理和服务中应用智能机器人。目前，应用较多的是清洁服务、运送服务、客户咨询服务类，其中最具代表性的是碧桂园服务，其背后的碧桂园集团已宣布将进军智能机器人制造领域，目前正在筹建碧桂园机器人学院。

本次调研中有部分项目开始试点 AI 人脸识别技术，通过这一技术应用，无论业主、访客或其他特定人员在社区的活动轨迹都可以被精确跟踪、回溯，从而能实施有效管理服务，出现问题也能及时处理。

5. 区块链

区块链是本次调研过程中的第五个高频词汇。区块链技术因为具有分布式、难篡改、可溯源三大特点，因而其可以为数据透明和信任建立提供技术支撑，从而实现跨地域、跨机构的信任协同，打破信息孤岛，降低数据共享的安全风险。在当下的智慧物业探索实践中，区块链技术正在尝试应用于车牌识别、监控系统等业务，通过与公安部门联网，实现真实数据互通共享。

本次调研的受访者普遍认为，未来区块链技术将普遍应用于房屋管理、档案管理等业务。比如，业主的房屋信息一旦上链，就可以实现对房屋信息的安全监管，这些信息可以贯通物业公司、热力公司、住房城乡建设部门等相关单位，对社区房屋进行全方位的监督管理。

5G、人工智能、大数据、物联网、区块链等高新技术，被认为是物业管理行业未来发展可凭借的新红利。例如，过去的几年，行业头部企业碧桂园服务、绿城服务、长城物业等企业的管理规模大都增长超过了500%，但是员工的数量却未相应比例增加，依赖科技的力量，这些企业的管理效率得到了极大地提高。

再如，智慧物业小区的设备都安装了传感器，所有的电梯、路灯等公共设施上面都会有一个对应的二维码。当某个公共设施出现损坏或者故障，工作人员只要扫描该二维码，就能够看到该设施的所有信息以及故障处理步骤，同时通过这些二维码，可以将物理的小区进行数字化，为大数据分析提供样本。

事实上，智能科技浪潮对物业管理的影响远远不止于此，其对传统物业服务来说，将再造物业服务的作业流程，极大地提升工作效率，优化业主和客户的体验。

三、未来发展瞻望

数字化、智能化的智慧物业将日益成为物业管理产业变革的核心驱动力，它将重新定义物业管理的外延和内涵，而新基建将会带来新一轮的技术革命，对于智慧物业而言，将迎来新一轮红利期。

1. 智慧城市

智慧城市是智慧物业绕不开的话题。

当前，新一轮科技革命和产业变革方兴未艾。在移动互联网、大数据、超级计算、传感网、脑科学等新理论、新技术驱动下，智慧城市建设正在迅速触发各领域的巨大改变，对经济发展、社会进步、全球治理等方面产生重大而深远的影响。

2020 年 3 月 4 日，中共中央政治局常务委员会召开会议，研究当前新冠肺炎疫情防控和稳定经济社会运行重点工作。会议强调要加快推进国家规划已明确的重大工程和基础设施建设，加大公共卫生服务、应急物资保障领域投入，加快 5G 网络、数据中心等新型基础设施建设进度。恒大研究院首席经济学家任泽平就此认为，应对疫情最简单有效的办法就是“新基建”，即包括5G、人工智能、数据中心、互联网等科技创新领域基础设施，以及教育、医疗、社保等民生消费升级领域基础设施。就此意义上来看，借助“新基建”战略规划，特别是社区数字化的升级，未来智慧物业有更大的发展空间和资源优势。

近期，国务院办公厅印发的《关于全面推进城镇老旧小区改造工作的指导意见》也明确提出加强社区智慧化改造，丰富社区服务供给、提升居民生活品质；中共北京市委办公厅、北京市人民政府办公厅印发的《关于加强北京市物业管理工作提升物业服务水平三年行动计划（2020—2022年）》提出鼓励物业服务企业多样化、多元化经营，采用现代信息技术手段，大力发展智慧物业；重庆市印发的《重庆市全面推进城镇老旧小区改造和社区服务提升专项行动方案》提出，结合智慧社区建设，构建涵盖基层群众自治、公共教育、医疗卫生、公共文化体育、养老服务、残疾人服务等方面的社区基本公共服务设施。

在社区建设及老旧小区改造中，政府逐渐开始考虑将智慧化基础设施纳入前期规划和考量，提前布局社区基础设施建设数字化，智慧物业建设的新一波红利已经来临。

2. 绿色物业管理

绿色建筑是未来发展趋势。

未来，通过推行新技术、新材料、新工艺，绿色建筑将主要采用装配式建筑和室内装修集成工业化技术，代替过去传统的钢混结构和装修技术，并大量使用以IoT、BIM、云计算等新技术，创建社区信息模型平台，打造未来数字社区。

未来的社区将结合5G、IoT、BIM建模技术，构建社区环境智能感知系统，实现对社区内社区、楼宇、车库、园林、水域、垃圾、温湿度、PM2.5、井盖、路灯、消防设施、公共健身器械等环境要素一体化感知监测、全面感知和分析，完成环境、物联网、人、业务系统4个维度全覆盖智能应用。在5G等网络的帮助下，可实现对社区用水、用电、用气、用热的监测、计量，将绿色低碳出行减少碳排放的数量，环保减废、垃圾分类纳入评估体系，建设绿色宜居社区。

由此看来，绿色物业管理成为必然选项。当下，业内不少物业服务企业将构建绿色物业服务能力作为重要的战略方向，积极应用智能技术，建立智慧能源管理系统，实现水、电、气、热的智能监测，并依托IoT和云计算，获取基础设施运行情况、故障情况、能耗大数据、行为习惯分析、异常用能等重要数据，减轻抄表人工工作量，避免了跑冒滴漏、能源损耗等现象，实现社区能源智能管理和精准用能服务。

近期，全国各地都在推行垃圾分类，其归根结底意在打造真正的绿色生态宜居社区。一些物业服务企业开始构建智能垃圾处理系统，通过物联网、云计算、AI等带来的万物互联、智慧应用场景，将政策宣贯、前端分类收集、中端运输、后端处理、商业运转有机整合起来，实现精细化和智能化管理。

3. 未来社区

2019年，浙江省两会将“未来社区”首次写入《政府工作报告》，同年4月省政府正式印发《浙江省未来社区建设试点工作方案》，勾勒出浙江未来社区建设的九大场景，并提出“139”顶层设计。具体来说，就是以人民美好生活向往为中心，聚焦人本化、生态化、数字化三维价值坐标，以和睦共治、绿色集约、智慧共享为内涵特征，突出高品质生活主轴，构建以未来邻里、教育、健康、创业、建筑、交通、低碳、服务和治理等九大场景创新为重点的集成系统，打造有归属感、舒适感和未来感的新型城市功能单元，促进人的全面发展和社会进步。

换句话说，未来社区就是城市居住社区的升级版，将赋予城市居住社区更多元的功能，居住者将享受更全面、便捷的服务。由此，就诞生了高度人工智能化的家居——未来家居。未来家居是每个家庭的未来时和理想状态，围绕以人为中心的理念，结合智能技术将与家居生活有关的设施集成，提升家居的安全性、便利性、舒适性、艺术性。

可以说，这是未来物业服务必须面对的课题和主要场景。对物业服务提供者来说，一方面是要基于智能家居大数据的分析，找出业主和客户的行为轨迹，对其进行研究和分析，建立用户画像，针对不同的客户提供个性化智能服务；另一方面，基于大数据分析，可以获取业主和客户的家庭组成、产品使用习惯、饮食喜好、消费习惯、兴趣爱好等大数据，定向推荐适合家庭需要的商品和服务，获取物业服务之外的社区经济红利。

四、关于智慧物业工作的建议

一直以来，中国物业管理协会非常重视智慧物业建设工作，指导《中国物业管理》杂志自2013年起就关注“智慧社区”“智慧物业”等话题，组织相关课题调研，并将杂志社多次年会主题设置为“智慧物业”。

2019年，在中国物业管理协会领导下，杂志社组织开展了物业管理行业首届智慧物业大赛，并于2019年5月在杭州召开了首届人工智能与智慧物业高峰论坛。

至2020年4-7月，在中国物业管理协会的领导下，杂志社再次开展了“2020智慧物业调研”活动。

回顾和总结这些年就智慧物业开展的工作，特别是近两年开展的调研和论坛，经过对大量企业的实地调研和走访，深深为行业奋不顾身探索在智慧物业一线的企业和物业人感动。本着学习和交流的目标，本报告特别整理采访调研中的几条工作建议，以飨同业，并为智慧物业发展呐喊助力。

一是智慧物业要从头部企业为主的单个企业，发展到头部企业为中心的企业集群。

2020年这一次疫情防控中物业服务企业展示的智慧物业，不论是“智能机器人”“无人机”“智能安防”，还是“App”等，都是基于一套完整的物业智慧化平台，或者说是一个相对完整的系统生态。其核心是基于物业服务企业在业务管理中的需求，底层有统一的数据库，各业务系统形成有效链接，基于系统链接后形成统一系统中台，结合物业管理、业主服务场景，设计前端应用。目前，这样逻辑完整的智慧物业平台，大都来自于上市企业或有资本支持的企业。

显而易见的是，通过智慧物业的建设为企业科技赋能，拥有了开疆拓土提供更多服务的可能。由此，在过去的几年，特别是彩生活上市以来的六七年中，资本加速了智慧物业的进程，也让部分企业以并购、股权合作、业务联盟等方式，形成不同的企业集群。如长城物业，截至2019年底，已有近1800余家物业服务企业加入其一应云联盟，联盟覆盖管理项目达到8300余个；千丁互联的千丁云则有1610家合作物业服务企业，覆盖城市超过54个。在未来，包括万科物业、绿城服务、碧桂园服务、彩生活、雅生活服务，合生活等都将以不同方式形成一个个企业集群，这些集群将共享其集群内的智慧物业，形成规模效益。

二是智慧物业要从企业自用平台，发展为一个面向全行业开放的、共享的行业平台。

从物业管理行业的角度来看，这次疫情带来的其实不仅仅是数字化的应用场景，还有对物业管理行业未来发展的思考。比如，在智慧物业建设方面，目前往往只有行业头部企业或极少数有实力的企业可以独立开发建设。这是因为，一方面，系统的设计、开发、维护、实施都需要巨额的资金支持；另一方面，智慧物业平台还需要有足够规模的物业面积、员工人数、业主需求等应用来支撑。

但是，在头部企业之外，行业20多万家中小微物业服务企业如何搭乘智能科技的快车呢？更重要的是，疫情期间催生出的“零接触”生态，可能不仅仅是疫情之下的权宜之计，更有可能成为未来的新服务、新模式。那么，在未来物业管理行业亟需通过共享方式，基于一个行业性的智慧物业平台，让物业服务场景线上化，运营流程线上化，进而实现线下与线上融合。事实上，从科技发展的角度来看，越来越多的成熟技术正在被免费共享，相信不太遥远的将来，会有基于行业的、开放的、共享的智慧物业平台，让全行业的企业接入和使用。

三是要充分借助智慧城市、智慧社区的发展，搭乘“新基建”战略快车，逐步实现数字化、智慧化。

从国家战略层面看，智慧物业正在迎来发展的新风口。3月4日，中共中央政治局常务委员会召开会议，研究当前新冠肺炎疫情防控和稳定经济社会运行重点工作。会议强调要加快推进国家规划已明确的重大工程和基础设施建设，要加大公共卫生服务、应急物资保障领域投入，加快5G网络、数据中心等新型基础设施建设进度。

早在2019年全国“两会”期间，中央全面深化改革委员会第七次会议审议通过的《关于促进人工智能和实体经济深度融合的指导意见》，提出要构建数据驱动、人机协同、跨界融合、共创分享的智能经济形态。而今，“新基建”红利之下，特别是华为、阿里巴巴、腾讯等科技企业巨头携智能科技进入物业管理行业，无疑将加速物业管理的数字化进程。

未来已来，智慧物业准备好了吗？

（《中国物业管理》杂志社）

住宅物业管理发展报告

概述

我国的物业管理行业起始于住宅物业服务，1981 年，我国第一家物业服务企业成立，标志着中国物业管理行业的诞生。经过 38 年的发展历程，我国诞生了大量优质的物业服务企业，现阶段住宅物业仍是大多数物企的主要服务业态，也是主要收入来源。随着居民消费能力的提高，社区经济崛起，住宅服务已经在传统的“四保”服务基础上，衍生出更多的服务场景，如社区医疗、社区养老、社区教育等。本报告基于 2020 物业服务企业发展指数测评数据，对住宅物业服务的内容、特征、驱动因素等方面进行解析，探讨住宅物业服务未来的发展前景和方向。

一、住宅物业主要服务内容和特征

中国内地的物业管理起始于住宅物业管理，1981 年 3 月，深圳经济特区房地产公司成立了内地第一家物业服务企业——深圳市物业管理有限公司，对深圳经济特区房地产公司开发的东湖丽苑小区进行专业化管理和提供全方位服务，包括保安、保洁、绿化、维修等，东湖丽苑也成为中国内地第一个实行市场化物业管理的小区。

1994 年发布的《深圳经济特区住宅区物业管理条例》，首次出现了“住宅区”物业管理的释义：住宅区，是指以住宅为主，并有相应配套公用设施及非住宅房屋的居住区；物业，是指住宅区内各类房屋及相配套的公用设施、设备及公共场地。物业管理公司在住宅区范围内就下列事项进行管理：房屋的使用、维修、养护；消防、电梯、机电设备、路灯、连廊、自行车房（棚）、园林绿化地、沟、渠、池、井、道路、停车场等公用设施的使用、维修、养护和管理；清洁卫生；车辆行驶及停泊；公共秩序。以上服务即常说的“四保”服务。

目前的住宅物业服务发展伴随着多元化趋势，服务范围早就超过了基础的“四保”服务，增加了多种增值服务。增值服务又可分为业主增值服务和非业主增值服务，业主增值服务为业主提供社区生活相关的全方位服务，社区金融、社区教育、社区养老、房屋租赁代理等，非业主增值服务为开发商提供从项目开发设计到楼盘交付后物业销售的全周期服务，主要包括案场协销、咨询服务、代理销售、房屋检验和工程服务等。

二、住宅物业市场空间及驱动因素分析

（一）城镇化快速发展，催生更多物管市场需求

中国的城镇化发展自20世纪80年代起进入了快速发展阶段，1980年的城镇化率仅为19.39%，2009年城镇化率达到48.34%，2019年我国城镇化水平越过了60%的门槛。城镇化的快速发展带来日益增长的住房需求，我国的房地产行业在过去的黄金时代实现高速发展，住宅商品房销售面积在近20年里大规模扩增，从2000年的1.66亿平方米增长至2019年的15.01亿平方米。自2017年开始楼市遇冷，住宅销售面积增速放缓，但仍处于低速增长阶段。不断增长的住宅销售面积带来更多的物业服务需求，为物业管理行业拓展基本业务提供巨大的空间（图1）。

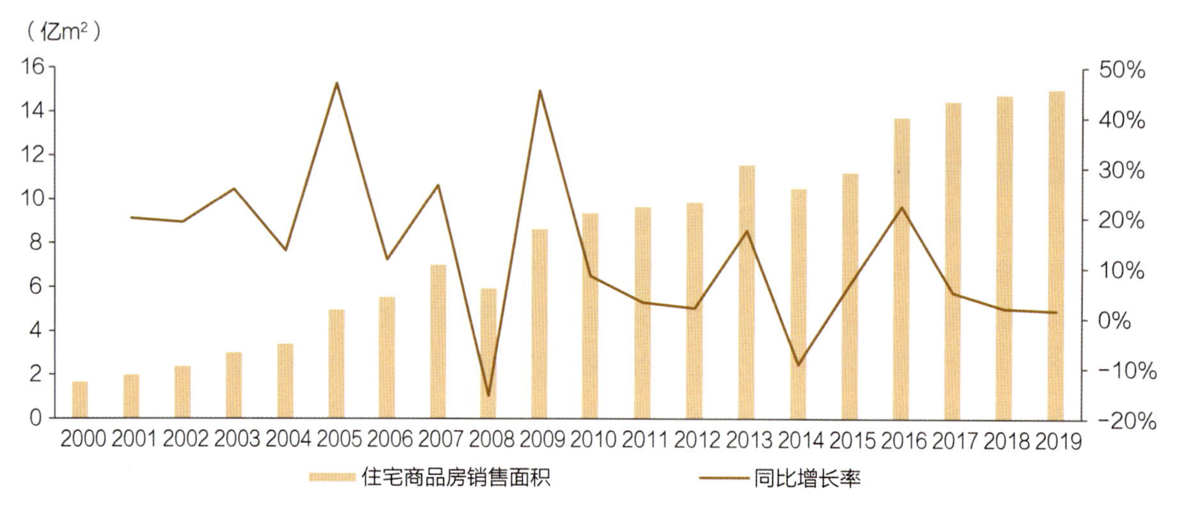

图1　2000—2019年全国住宅商品房销售面积及同比增速

数据来源：国家统计局

未来我国城镇化率将继续提升，根据《国家人口发展规划（2016—2030年）》，预计到2030年，我国城镇化率将达到70%。未来物业管理行业将继续享受城镇化进程持续推进带来的市场需求红利，享受可观的市场拓展空间。

（二）社区经济兴起，业主增值服务成为新的盈利增长点

经济增长带动我国城镇居民收入持续增长，近10年我国人均居民可支配收入年均复合增长率为9.25%，2019年首次突破4万元，达到42359元，同比增长7.9%。居民收入提高，购买力增强，带动消费升级，居民更愿意为有品质的服务付钱。

疫情催化了社区经济的崛起，城镇居民对“家门口”的服务需求日渐增多。目前中国社区有大约3.5亿家庭，这些家庭涉及的社区服务产业形成了万亿级的消费市场。而现阶段大部分居民的社区服务需求还未得到满足，物业服务企业占据着社区入口，具有先天优势，发展社区增值服务动力十足。2019年500强企业主要发力社区电商服务、社区房屋经纪等社区增值服务，收入达315.4亿元，同比增长66.8%。增值服务具有更强的盈利能力，可以成为行业新的利润增长点。

（三）老旧小区改造，提升物管企业渗透率

现阶段国内的住房市场已经从增量市场转向存量市场，大量老旧小区需要改造。根据住房城乡建设部

2019 年披露数据，全国共有老旧小区近 16 万个，涉及居民超 4200 万户。2020 年由于疫情的影响，国家计划加大对老旧小区改造的资金投入，2020 年计划全国各地新开工改造城镇老旧小区 3.9 万个。大量老旧小区缺乏规范的物业管理，改造内容之一就是要在物业管理方面进行改造提升，还要引导发展社区养老、托育、医疗、助餐、保洁等服务，推动建立小区后续长效管理机制。老旧小区的改造，可提升物管企业渗透率，业务拓展空间增大，具有良好品牌形象、外拓能力强的物企将迎来新的发展机遇。

三、基于样本的住宅物业服务市场数据分析

（一）2019 年住宅物业发展指数为 673.4

物业服务企业发展指数（Property Management Development Index，简称 PMDI ）是以企业年度数据为基础，根据物业服务企业发展指数的测评体系，从物业服务企业经营情况、管理规模、服务质量等方面，对物业服务企业发展的基础状况和发展规律进行量化评价，测算出物业服务企业的发展指数，衡量企业发展的总体水平。物业服务企业发展指数横向上体现出各企业发展状况的对比情况；纵向上体现不同时期各企业的表现，并通过选取一定数量的头部样本企业反映行业发展趋势。

住宅物业发展指数是根据测评体系选取物业管理行业头部企业为样本，进行数据分析，衡量企业该业态经营状况、管理规模、服务质量等整体发展情况，确定反映该业态发展状况和发展走势的综合指数。

城镇化发展与房地产市场的扩张，诞生了庞大的存量物业市场。2010—2019 年全国住宅商品房销售面积为 120.17 亿平方米，历年来累计的存量物业将成为住宅物业管理行业快速发展的基础动力。

2019 年，PMDI100 住宅物业发展指数为 476.1，比 2015 年增加 276.1 个点，复合增长率为 24.22%。PMDI500 住宅物业发展指数为 673.4，同比增长 10.52%，近两年住宅物业服务发展指数增速较快（图 2）。

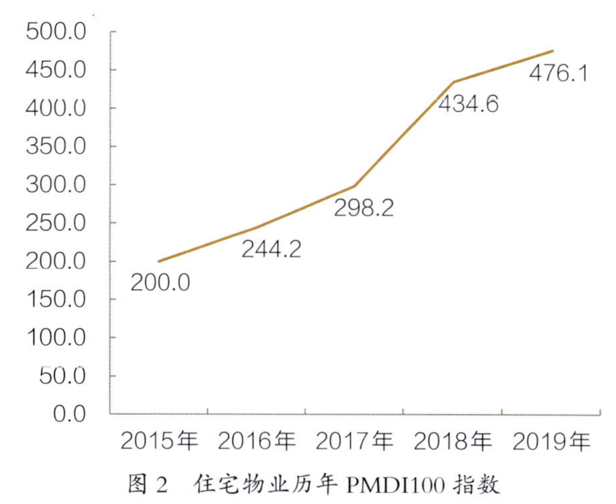

图 2　住宅物业历年 PMDI100 指数

（二）住宅物业管理规模分析

1. 500 强企业住宅物业管理项目情况

2019 年，500 强企业中有 477 家企业布局住宅物业业态，住宅物业管理项目总数为 38323 个，同比增长 12.00%；企业平均管理项目数量为 80.34 个；单项目贡献面积为 20.93 万平方米，同比下降 8.83%（表 1）。

2019 年度 500 强企业住宅物业管理项目情况　　表 1

项目	数值
管理项目总数	38323 个
平均管理项目数量	80.34 个
单项目贡献面积	20.93 万 m^2

从城市角度看，500 强企业住宅物业服务项目中，一线城市项目数量为 6080 个，占比 15.87%；二线城市项目数量为 17023 个，占比 44.42%；三四线城市项目数量为 14948 个，占比 39.01%，海外城市项目数量为 272 个，占比 0.71%，该结构与管理面积的各城市分级分布基本相符（图 3）。

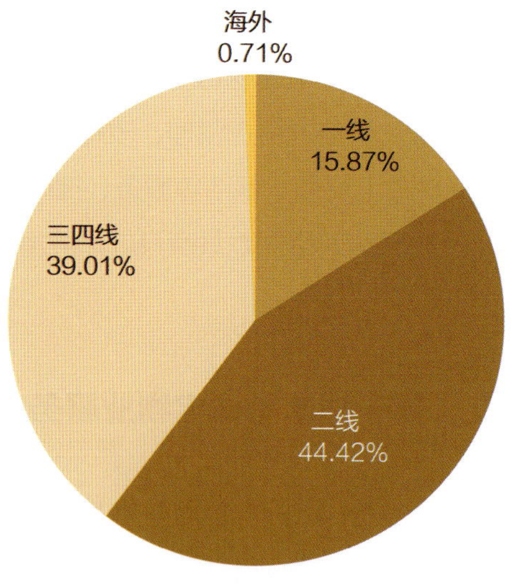

图 3　2019 年度 500 强企业住宅物业管理项目城市分布

2. 百强企业住宅物业管理项目情况

2019 年，百强企业布局住宅物业比例为 99%，同比增长 1 个百分点。2010—2019 年度，该比例均保持在 95% 以上（图 4）。

2019 年，百强企业布局住宅业态的物业服务企业达 99 个，管理项目总数为 25116 个，同比增长 8.53%；2010 年至 2019 年的复合增长率为 21.67%。百强企业管理的项目占 500 强企业总住宅物业管理项目的比例为 65.54%。

同时，百强企业住宅物业服务企业平均管理项目数量从 2010 年的 43.89 个增长至 2019 年的 253.70 个，单项目贡献面积持续增长，从 2010 年的 17.09 万平方米增至 2019 年的 22.96 万平方米（图 5）。

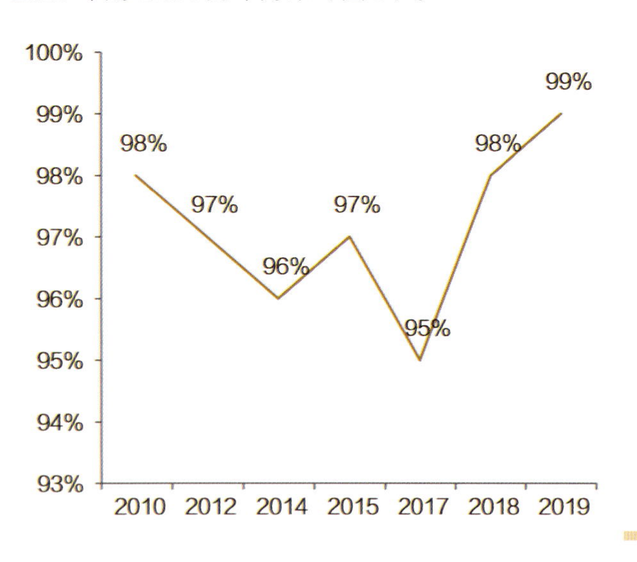

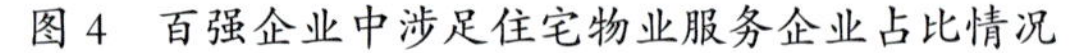

图 4　百强企业中涉足住宅物业服务企业占比情况

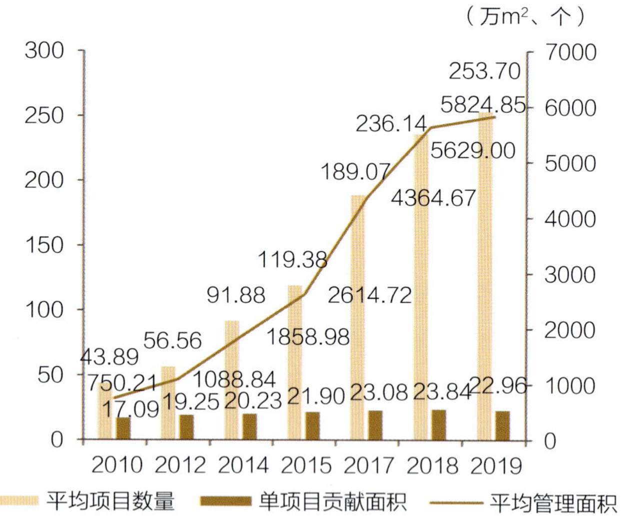

图 5　百强企业住宅物业服务企业平均管理面积情况

3. 500 强企业住宅物业管理面积

2019 年，500 强企业住宅物业总管理面积达 80.22 亿平方米，占 500 强企业总管理面积比例为 59.97%，占行业总管理面积的比例为 25.88%（表 2）。

500 强企业住宅物业管理面积情况　　表 2

项目	数值
总管理面积	80.22 亿 m^2
占 500 强企业总管理面积	59.97%
占行业总管理面积比例	25.88%

从服务住宅类型来看，500强企业住宅物业服务规模最大的是高层住宅，约占500强企业住宅物业服务总规模的76.45%，其次是多层住宅和独立式住宅，分别占了20.87%和2.67%（图6）。

从企业角度看，500强企业平均管理面积为1681.72① 万平方米，同比增长6.53%；有70.86%的企业住宅管理面积在1000万平方米以下，同比减少1.52个百分点；5000万平方米以上管理面积的企业仅占5.87%，同比增加0.85个百分点；其中3.35%的企业管理规模大于1亿平方米，同比增加1.05个百分点。该业态整体管理面积较大，但是中小型企业依旧占比较高（图7、表3）。

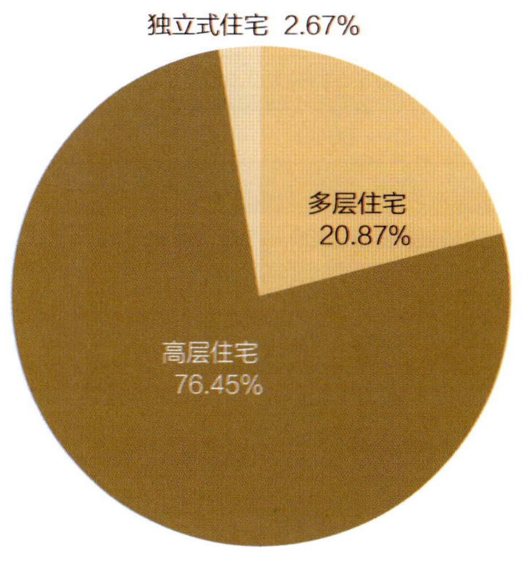

图6　2019年度500强企业住宅服务类型分布

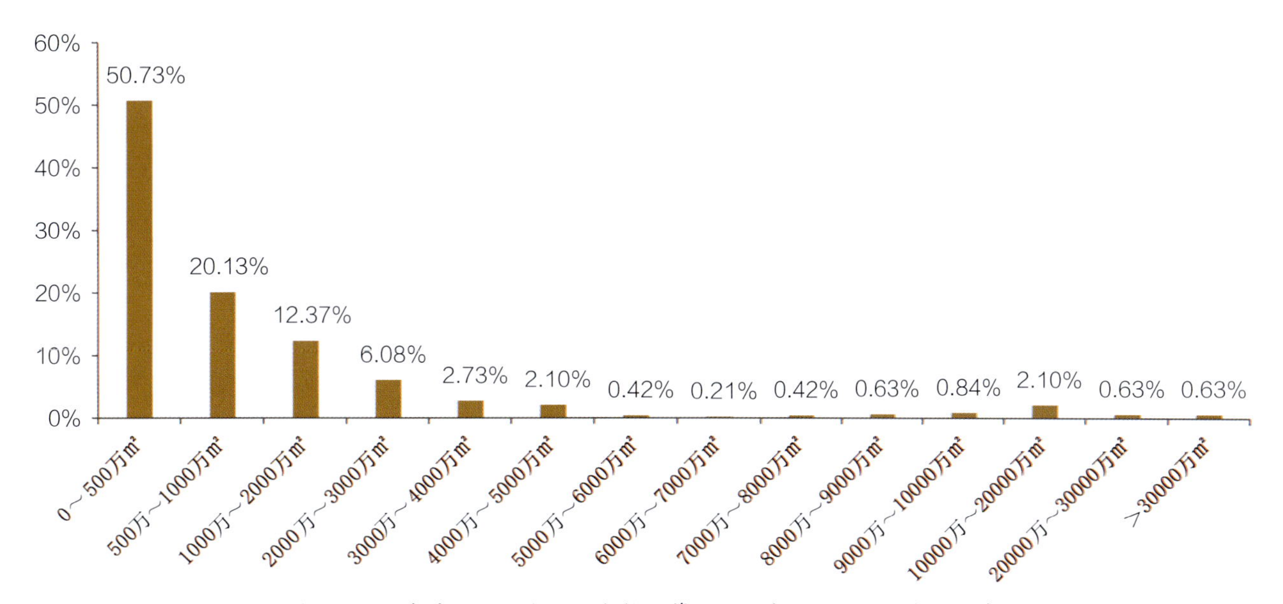

图7　2019年度500强企业住宅物业管理面积各区间段企业占比分布

2019年度500强企业住宅物业管理面积各区间段企业分布　　表3

区间段（万 m²）	企业数量（个）	区间段（万 m²）	企业数量（个）	占比
0 ~ 500	242	0 ~ 500	242	50.73%
0 ~ 1000	338	500 ~ 1000	96	20.13%
0 ~ 2000	397	1000 ~ 2000	59	12.37%
0 ~ 3000	426	2000 ~ 3000	29	6.08%
0 ~ 4000	439	3000 ~ 4000	13	2.73%
0 ~ 5000	449	4000 ~ 5000	10	2.10%
0 ~ 6000	451	5000 ~ 6000	2	0.42%
0 ~ 7000	452	6000 ~ 7000	1	0.21%
0 ~ 8000	454	7000 ~ 8000	2	0.42%

① 本报告涉及均值类计算均以500强企业中涉及该业态的企业部分进行计算，下同

续表

区间段（万 m²）	企业数量（个）	区间段（万 m²）	企业数量（个）	占比
0 ~ 9000	457	8000 ~ 9000	3	0.63%
0 ~ 10000	461	9000 ~ 10000	4	0.84%
0 ~ 20000	471	10000 ~ 20000	10	2.10%
0 ~ 30000	474	20000 ~ 30000	3	0.63%
总计	477	＞30000	3	0.63%

从城市分布看，500强企业住宅物业服务面积中，一线城市总量为9.38亿平方米，占比11.69%；二线城市总量为36.99亿平方米，占比46.11%；三四线城市总量为33.44亿平方米，占比41.69%，海外城市总量0.41亿平方米，占比0.51%（图8）。

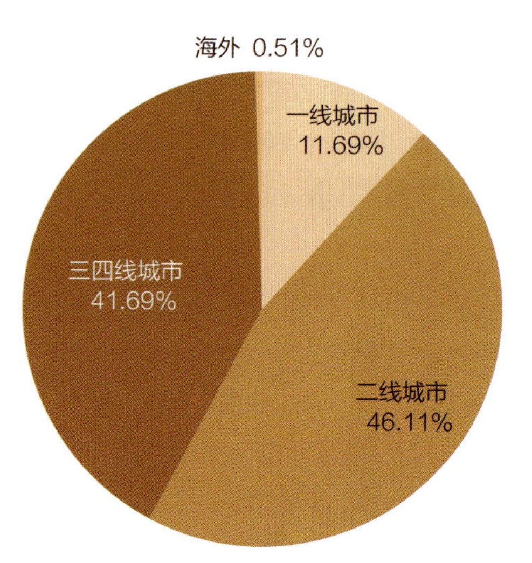

图8　2019年度500强企业住宅物业管理面积各城市分级分布

4. 百强企业住宅物业管理面积

2019年，百强企业住宅物业服务总管理面积为57.67亿平方米，同比增长4.54%。而百强企业住宅物业管理面积占百强企业总管理面积比例为63.80%，2012年到2019年，百强企业住宅物业管理面积占百强企业总管理面积比例约维持在七成左右。

2019年，百强企业住宅物业管理面积占500强企业总住宅服务面积比重为71.89%，证明头部企业占据了市场较大份额。与此同时，百强企业住宅物业管理总面积占整个行业的市场份额由2010年的5.43%提升至2019年的18.60%（图9），百强企业住宅物业服务集中度快速提升。

2019年，百强企业住宅物业的平均管理面积从2010年的750.21万平方米增至2019年的5824.85万平方米，年均增长563.85万平方米，2010年至2019年的平均管理面积复合增长率为25.57%（图10）。

图9　百强企业住宅物业管理面积情况

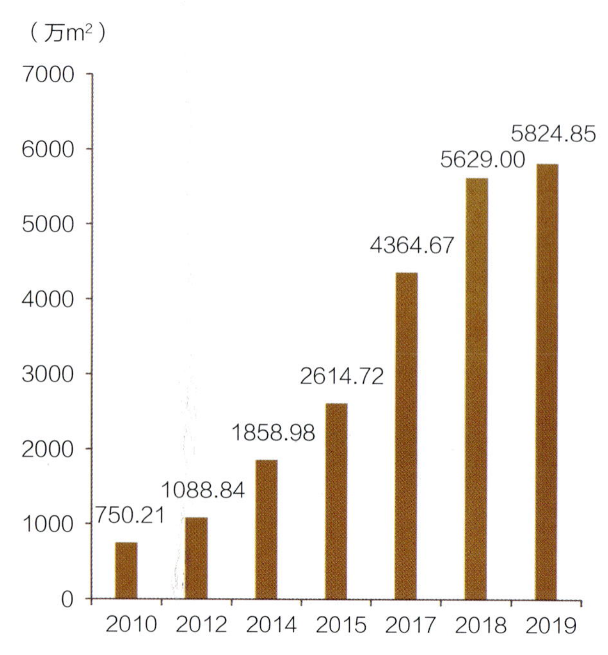

图10　百强企业住宅物业服务企业平均管理面积情况

（三）住宅物业经营绩效分析

1. 500 强企业住宅物业服务收入情况

2019 年，500 强企业住宅物业服务总物业费收入达 1218.14 亿元，占 500 强企业总物业费收入比例为 45.79%（表 4）。

2019 年 500 强企业住宅物业服务收入情况　　表 4

项目	数值
物业费总收入	1218.14 亿元
企业物业费收入均值	2.55 亿元
占 500 强企业物业费总收入比例	45.79%

从企业角度上看，500 强企业住宅物业物业费收入均值为 2.55 亿元。500 强企业涉足住宅物业服务企业中，有 74.42% 的企业住宅物业物业费收入在 2 亿元以下，有 4.19% 的企业住宅物业物业费收入在 10 亿元以上。住宅物业服务收入马太效应明显，头部企业收入较高，但是仍然存在大量中小型企业（表 5、图 11）。

2019 年度 500 强企业住宅物业服务收入各区间段企业分布　　表 5

区间段（万元）	企业数量（个）	区间段（万元）	企业数量（个）	占比
0 ~ 5000	158	0 ~ 5000	158	33.12%
0 ~ 10000	265	5000 ~ 10000	107	22.43%
0 ~ 20000	355	10000 ~ 20000	90	18.87%
0 ~ 30000	390	20000 ~ 30000	35	7.34%
0 ~ 40000	412	30000 ~ 40000	22	4.61%
0 ~ 50000	424	40000 ~ 50000	12	2.52%
0 ~ 60000	433	50000 ~ 60000	9	1.89%
0 ~ 70000	442	60000 ~ 70000	9	1.89%
0 ~ 80000	449	70000 ~ 80000	7	1.47%
0 ~ 90000	455	80000 ~ 90000	6	1.26%
0 ~ 100000	457	90000 ~ 100000	2	0.42%
总计	477	＞ 100000	20	4.19%

2. 百强企业住宅物业服务收入情况

2019 年，百强企业住宅物业费收入总值为 851.23 亿元，同比增长 12.88%。2015 年到 2019 年复合增长率为 24.77%。百强企业住宅物业物业费收入占 500 强企业住宅物业的物业费收入比例为 69.88%，占百强企业总物业费收入比例为 51.82%，较 2018 年减少 2.80 个百分点（图 12）。

2015 年到 2019 年，百强企业住宅物业费收入均值由 3.62 亿元增长至 8.60 亿元，年均复合增长率为 24.32%。

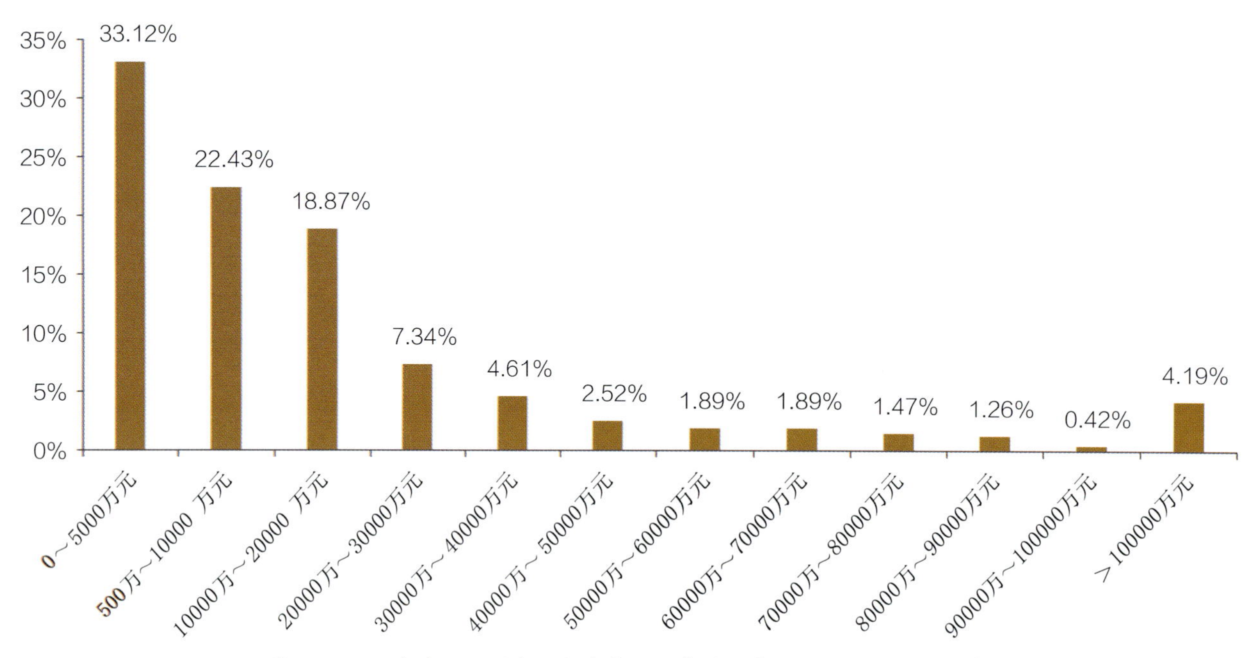

图 11　2019 年度 500 强企业住宅物业服务收入各区间段企业占比分布

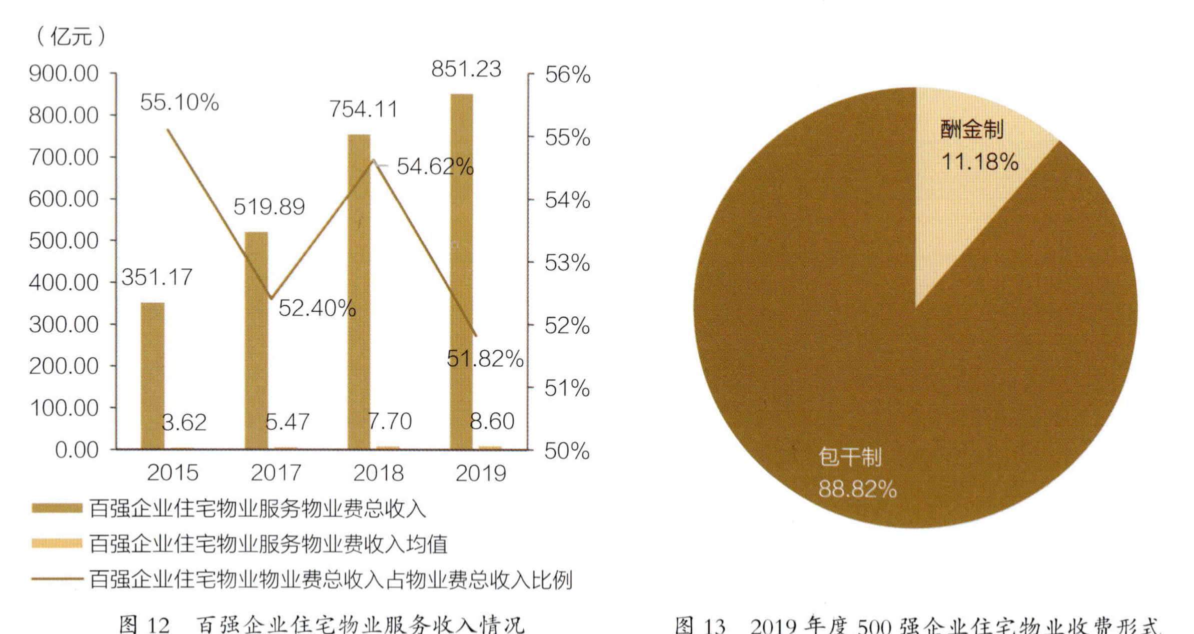

图 12　百强企业住宅物业服务收入情况

图 13　2019 年度 500 强企业住宅物业收费形式

3. 500 强企业住宅物业物业费水平

2019 年，500 强企业住宅服务项目中，酬金制项目仅占 11.18%，包干制的项目占比 88.82%（图 13）。

2019 年，500 强企业住宅物业服务平均物业费为 2.11 元 /（平方米·月），其中，包干制项目平均物业费 2.10 元 /（平方米·月），酬金制项目平均物业费 2.21 元 /（平方米·月），包干制项目的平均物业费要低于酬金制项目平均物业费（图 14）。

从城市角度上看，2019 年 500 强企业住宅物业服务项目中，一线城市平均物业费为 2.80 元 /（平方米·月）；二线城市平均物业费为 2.15 元 /（平方米·月）；三四线城市平均物业费为 1.88 元 /（平方米·月）（图 15）。

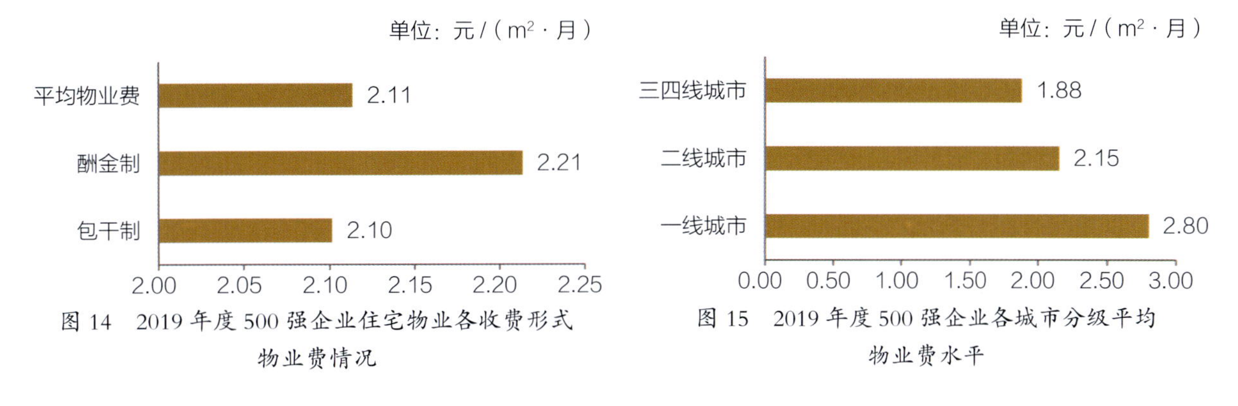

图14　2019年度500强企业住宅物业各收费形式物业费情况

图15　2019年度500强企业各城市分级平均物业费水平

4. 500强企业住宅物业服务社区服务收入情况

2019年500强企业住宅物业服务社区服务收入情况　表6

项目	数值
社区服务总收入	315.37 亿元
企业社区收入均值	1.07 亿元
社区服务总收入占总收入比例	9.26%

500强企业涉及社区服务的有296家，占比59.2%，同比增长43家，社区服务总收入达315.37亿元，同比增长66.81%，占500强企业总收入比例为9.26%（表6）。

从业务分类来看，社区电商收入为62.82亿元，约占19.92%，占比最多；其次为社区房屋经纪收入61.91亿元，占19.63%（图16）。

从企业角度上看，500强企业社区服务收入均值为1.07亿元。500强企业涉及社区服务企业中，有56.00%的企业社区服务收入在3000万元以下，同比下降4.50个百分点；有23.00%的企业社区服务收入在1亿元以上，同比增长6.00个百分点（表7、图17）。

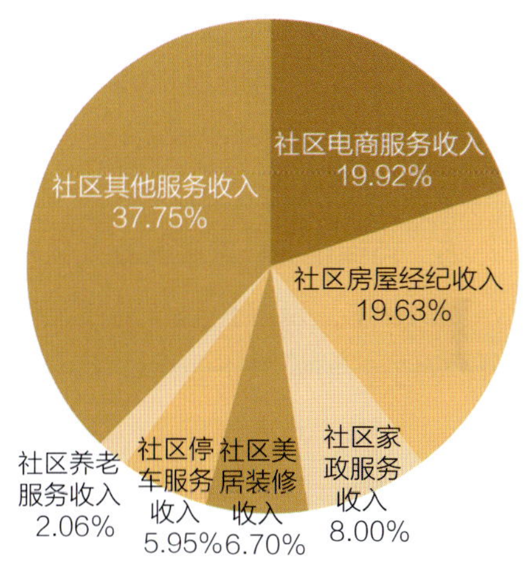

图16　500强企业社区服务收入类型

2019年度500强企业社区服务收入各区间段企业分布　表7

区间段（万元）	企业数量（个）	区间段（万元）	企业数量（个）	占比
0～1000	112	0～1000	112	37.33%
0～2000	146	1000～2000	34	11.33%
0～3000	168	2000～3000	22	7.33%
0～4000	188	3000～4000	20	6.67%
0～5000	205	4000～5000	17	5.67%
0～6000	212	5000～6000	7	2.33%
0～7000	218	6000～7000	6	2.00%
0～8000	224	7000～8000	6	2.00%
0～9000	227	8000～9000	3	1.00%

续表

区间段（万元）	企业数量（个）	区间段（万元）	企业数量（个）	占比
0 ~ 10000	231	9000 ~ 10000	4	1.33%
0 ~ 100000	291	10000 ~ 100000	60	20.00%
总计	300	> 100000	9	3.00%

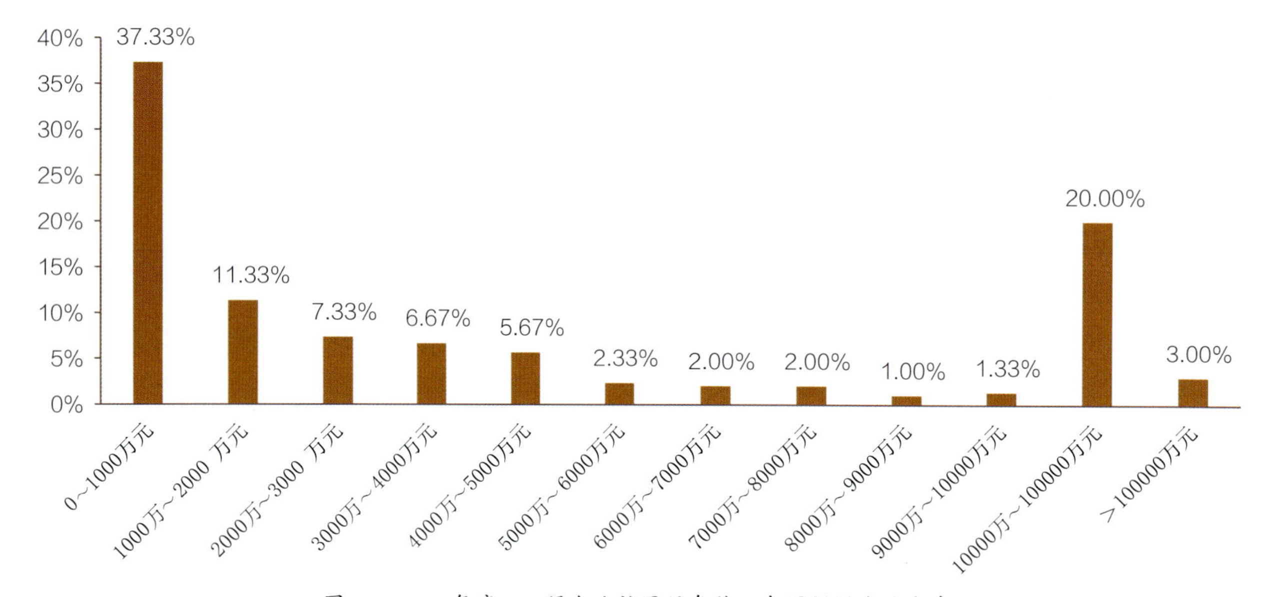

图 17　2019 年度 500 强企业社区服务收入各区间段企业分布

5. 百强企业社区服务收入情况

2019 年，百强企业布局社区服务企业比例为 80%，同比增长 2 个百分点。2015—2019 年度，百强企业均有超过 60% 的企业布局了社区服务（图 18）。

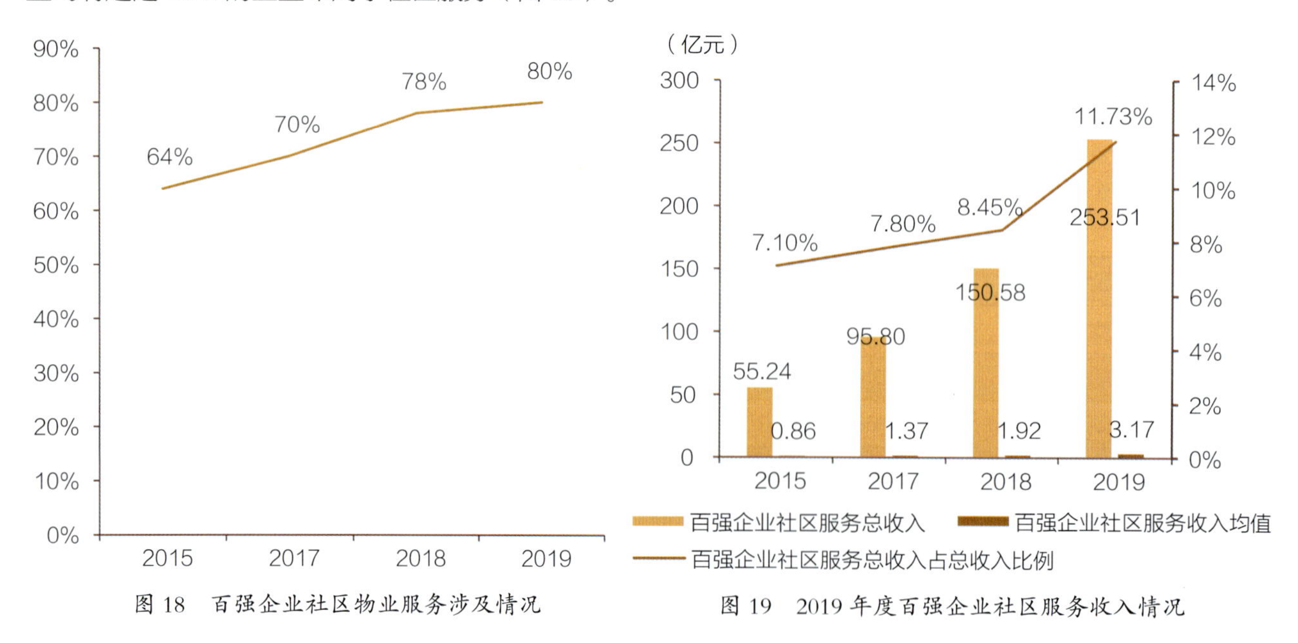

图 18　百强企业社区物业服务涉及情况

图 19　2019 年度百强企业社区服务收入情况

2019 年，百强企业社区收入总值为 253.51 亿元，同比增长 68.36%。2015 年到 2019 年复合增长率为 46.37%，未来发展市场较为广阔。2019 年，百强企业社区服务收入占 500 强企业社区服务收入比例为

80.39%，头部企业几乎占据了大部分市场；百强企业社区服务收入占百强企业总收入比例为11.73%，2015年到2019年一直在稳步增长中。2015年到2019年，百强企业社区收入均值由8630.9万元增长至3.17亿元，复合增长率为38.42%（图19）。

四、住宅物业管理行业动态

（一）收并购事件频发，物企加速规模扩张

2019年物管行业无论上市还是并购活动的火热，都在2020年得到延续，2019年共有12家物企完成上市，截至2020年7月10日，又有6家物企完成在港上市。通过上市企业的招股说明书可以发现，并购是企业IPO募集资金的主要用途，上市潮的兴起促进了并购潮的崛起。并购可以帮助物企在短时间内快速扩张管理面积以及丰富管理业态。收并购促使物业管理行业的集中度提升、资源整合加剧，是行业内目前及未来较长阶段内的重大趋势。

2019年—2020年6月，住宅物业业态发生的收并购事件如表8所示。

住宅物业典型收并购事件　　表8

物业服务企业	时间	被收购方	收购比例
雅生活服务	2019年1月	哈尔滨景阳物业	分两次收购哈尔滨景阳物业92%股权
佳兆业美好	2019年4月	嘉兴大树物业	3658万元收购嘉兴大树物业60%股权
蓝光嘉宝	2019年11月	江苏常发物业	收购常发物业100%股权
永升生活服务	2020年2月	青岛银盛泰物业	以864.4万元收购银盛泰物业50%股权
世茂服务	2020年3月	福晟物业	收购福晟物业51%股权
奥园健康	2020年5月	宏建物业	以3700万元收购宏建物业65%股权

2019年1月23日，雅生活服务宣布将分两次收购目标公司哈尔滨景阳物业合计不超过92%的股权。景阳物业致力于为黑龙江省内的中高端住宅物业、商业物业、办公楼物业等项目提供物业管理服务。截至2018年12月31日，景阳物业在管项目为56个，总在管面积约978万平方米，而合约项目约60个，合约面积约1100万平方米，以住宅类项目为主（单价1.5～1.6元）。

2019年4月，佳兆业美好宣布收购嘉兴大树物业管理有限公司60%股权，代价为人民币3658万元。大树物业主要提供物业管理业务，包括住宅社区、办公楼及商业大楼、政府建筑物以及其他非住宅项目。截至2018年12月31日，其在管项目包括38个住宅社区及42个非住宅项目，在管总建筑面积达约790万平方米，均位于浙江省嘉兴市。

2019年11月29日，四川蓝光嘉宝服务集团股份有限公司（2606.HK）与江苏常发物业服务有限公司签署股权转让协议，获取江苏常发物业100%股权。此次签约达成后，意味着江苏常发物业将成为蓝光嘉宝服务的全资附属公司，为蓝光嘉宝服务带来近270万平方米在管建筑面积。

2020年2月，永升生活服务集团有限公司以864.4万元收购青岛银盛泰物业服务有限公司50%股权，银盛泰物业成立于2003年，主要业务为在山东省青岛、济南、临沂及潍坊等城市提供住宅及商业物业管理服务。

2020年3月，世茂服务宣布已完成收购福晟物业51%股权，收购涉及物业项目约90多个，签约面积超过1500万平方米。福晟生活服务集团是福晟集团下属的、独立运营的市场化物业集团，管理区域包括福建、广东、上海、天津、江苏、湖南、河南等10省18市。

2020年5月，奥园健康以人民币3700万元收购宁波宏建物业服务65%股权，宏建物业主要从事于向住宅物业及商用物业提供物业管理服务业务，现专注于浙江省宁波市的业务发展，宏建物业在管项目合计有34个，总合约建筑面积约为241.3万平方米，此次收购将进一步拓展集团于华东地区的物业管理组合。

（二）住宅物业管理代表企业和典型管理模式

住宅物业在我国发展的时间最长，积累的服务经验最多，一直以来都是大多数物业服务企业的主要服务业态。各物业服务企业也在长期的发展过程中形成了独有的住宅物业管理模式。

1. 从业主需求出发，打造优质特色服务

住宅物业服务企业服务于广大业主，以服务为本，从客户的需求出发，提供贴心服务，形成了自己的特色。碧桂园服务提倡一线服务人员“微创新”，打造贴心“小而美”服务，年均组织5000场“贴心一号”便民活动，每年提供长者服务超1000000人次，打造社区“小红帽”服务等；康桥物业推出“心服务心生活”创新服务体系；联发物业连续10年举办母亲节真诚感恩行动、连续14年举办中秋博饼文化节；蓝光嘉宝服务构建了以幸福居文化为核心、四套差异化金牌服务模式为基础、智慧生活服务为载体的嘉宝生活家服务体系。鑫苑物业创建了“鑫服务”品牌服务体系，并已升级到3.0。

2. 积极布局增值服务，赋能美好生活

随着“社区经济”的崛起，物业服务企业在传统的物业服务基础上，不断突破服务边界，拓展服务范围，为业主提供更具价值的服务。碧桂园服务为业主提供全方位的社区生活服务，包括家政服务、拎包入住服务、社区传媒服务、增值创新服务、房地产经纪服务等。合生活科技形成了集物业管理、科技服务、资产运营及社区商业全场景运营为一体的国内社区科技综合运营商；联发物业提出五个家衍生服务体系之“房管家、帮到家、宅配家、玩享家、公益家”；锦宏物业每一个物业服务项目都成立了“学雷锋志愿服务队”，深入社区、家庭定期开展义务服务活动。

3. 加强标准化服务体系建设，提高物业管理水平

2019年被中国物业管理协会确定为“标准建设年”，标准化建设成为物业服务企业的工作重点之一，以标准化提升服务品质，夯实管理基础，更好地满足客户需求。碧桂园服务完成英国标准协会（BSI）三大认证，建立完善和精益化的物业管理和服务体系；康桥物业编制了《住宅业态内控管理与服务运营手册》，颁布了《服务标准图文手册》； 鑫苑物业已建立起一套特色的全生命周期运营体系，通过细化66个一级节点、145个二级节点的管理规范，形成全过程标准化管理体系。

4. 积极建设智慧物业，引领服务转型升级

智慧物业管理系统能够解决传统物业服务存在的信息封闭问题，实行集成物业管理，以更加便捷的方式提供物业通知、报修、访客、生活缴费等服务，提升居民的幸福感，营造舒适的社区生活。随着大数据、物联网、云计算等新一代信息技术的集成应用，智慧物业管理作为新型的物业管理形态，在社区中的渗透率正在不断上升。

碧桂园服务通过AI全栈解决方案、社区机器人、智能客服、智能安放和巡检、移动APP等，为业主构建安全便捷的智能社区生活体验；康桥物业通过物业管理系统、呼叫中心、康云优家、天眼系统等建立守

望相助的新型邻里关系，致力于为业主们打造温馨的掌上生活家；联发物业的“智慧门禁”“鹰眼平台”“智慧停车”三大系统则在安全和便捷方面，大幅提升业主居住体验。绿清集团投入数千万元自主研发了一款专业化、多样化、多功能的“智慧绿清”服务系统，业主通过移动智能终端随时、随地一键享受缴费、报修、投诉、购物、金融等多种与生活密切相关的服务；蓝光嘉宝服务通过构建、深化统一的业务服务、企业服务、AIoT、大数据等四大平台，助推企业数字化、科技智慧化转型；鑫苑物业以物业业务支持系统（BS）、管理支持系统（MS）、战略支持系统（SS）、社区服务系统（CS）为核心，将传统物业服务与资本、技术高度融合，将区块链、AI、物联网等在物业服务和社区服务过程中深度应用，形成独具特色的智慧物业发展模式。

（三）承担防疫重任，重塑行业价值

2020 年春节期间，疫情在全国多地蔓延，多个地区和城市实行社区封闭管理，部分地区政府直接提出要求物业承担小区的疫情防控主体责任，小区物业成了住宅小区防控主力军，负责了小区封闭管理期间疫情防范的主要工作（表 9）。

疫情下小区物业承担的防控责任　表 9

防控责任	防控工作	具体措施
小区出入管理	小区封闭管理	只留 1-2 个出入口，封闭其他所有小区入口
	人员信息登记	小区内人员出入须出示出入证，外来人员进出小区须进行信息登记
	体温测量	出入人员须进行体温测量，不符合条件的不能放行，并上报有关部门
	快递、外卖物品管理	设置外卖、快递存放点，限制高暴露职业人员进出社区
	规劝佩戴口罩	对未佩戴口罩进出人员进行规劝
公共区域防控	公共区域消毒	对电梯、大堂、楼道、垃圾回收点、绿化带等室内外公共区域实施高频次的消杀
	垃圾处理	设置废弃口罩专用回收垃圾桶，生活垃圾及时处理
	车辆核查登记	排查小区内车辆近期是否前往疫区
疫情防控宣传	政府防疫通知张贴	在公告栏、电梯口、社区出入口等张贴政府防疫通知
	疫情防控科普宣传	利用微信群、朋友圈、公众号等渠道，向业主进行疫情防控科普宣传
配合政府其他工作	协助上门排查	重点关注疫区籍贯人员和疫区归来人员
	向政府报送信息表格	将每天记录信息及时报送街道或其他主管部门

1. 落实疫情防控，承担公共服务

与日常的物业服务内容相比，物业在疫情期间额外承担了一定公共服务责任：

一是小区的出入管理，是疫情防控工作的关键。对小区实施封闭式管理，只留 1 ～ 2 个出入口；对进出人员进行信息登记和体温测量，规劝人员佩戴口罩，不符合标准不能放行并上报有关部门；限制快递和外卖等高暴露职业人员进出社区，设置快递和外卖存放点。

二是公共区域防控。对电梯、大堂、楼道、小区等室内外公共区域实施高频次的消杀；对小区内停放的车辆进行排查，重点关注疫区牌照车辆；设置口罩专用回收垃圾桶，及时进行垃圾处理。

三是疫情的防控宣传。在公告栏、电梯口、社区出入口等张贴政府防疫通知，以及利用微信群、朋友圈、公众号等渠道，向业主进行疫情防控科普宣传。

四是配合政府其他工作。协助街道、居委会等进行上门排查，关注疫区籍贯人员和疫区归来人员，将每天记录的信息报送给街道、居委会。

2. 贴心服务，彰显“最后一公里”价值

除了基础物业服务和防疫工作，一些品质物业公司还根据自身情况为业主提供尽可能多的贴心服务，彰显物业服务企业“最后一公里”的服务价值。

一是生活贴心服务。为隔离业主提供饮用水、粮食、水果、蔬菜以及药品的代购服务，或者联系农户、超市等为业主提供采购渠道；为学生提供打印服务，为教师业主解决摄像头问题，为业主代缴费等；对孤寡老人等弱势群体进行关爱帮扶，提供上门消杀服务等。

二是“非接触”服务。无接触的电梯，电梯按键贴保鲜膜、放置纸巾、牙签和一次性手套等，通过二维码扫描操作电梯开门和升降；智慧通行，小区入口处扫码进出和登记，以及智能体温检测；无接触物业服务，开通线上缴费、报修等功能；采用智能机器人巡视园区、宣传播报防疫资讯；以无人机对园区进行消杀。

三是防疫物资保障。在公共区域为业主提供免费的洗手液、消毒酒精，向业主发放口罩，协助登记业主采购口罩、消毒液等防疫物资。

四是防疫能力服务。为小区居民提供线上会诊，举办防疫讲座培训，为业主提供心理健康咨询，APP上线智能疫情查询服务。

3. 彰显品牌价值，行业地位提升

物业管理在疫情之中发挥的作用引起各方关注，政府和社会各界都重新认识了物业管理行业的价值。首先，各地政府也纷纷出台了专门针对物业服务企业的“硬核”补贴鼓励政策，缓解物业服务企业面临的人力和物资压力；其次，优质的服务企业以贴心的服务提升了业主对物业服务企业的认可度，品牌价值得以彰显，市场竞争力得到提升。

五、住宅物业管理的发展前景和趋势

（一）政策支持，行业市场化趋势加强

近年来，我国政策以促进物业管理行业的市场化发展为主要方向。2014年国家发展改革委就下发了《关于放开部分服务价格意见的通知》，指导放开非保障性住房物业服务、住宅小区停车服务等服务的价格。而全国各地也积极响应，如天津2019年发布了《关于放开普通住宅小区前期物业服务收费意见的通知（征求意见稿）》，要求放开普通住宅小区前期物业服务收费，实行市场调节价。

而近年来，各地的物业管理条例也在不同程度的推进建立业主大会、业主委员会，促进物业管理行业尤其是住宅业态的物业服务收费市场化。2019年3月上海出台了《上海市住宅物业管理规定》，加强对业主大会、业主委员会的筹备、培训等工作，提出物业服务收费市场化等内容。2020年3月北京《物业管理条例》通过，要求物业服务收费实行市场调节价并动态调整，规定了针对欠缴物业费人员的惩罚性措施，并降低了业主大会、业主委员会成立门槛。2020年6月，广州发布《广州市物业管理条例（草案二次审议稿·征求意见稿）》，将“业主共同决定事项”修改为“业主大会决定事项”，并增加了“调整物业服务费标准”一项内容。

现阶段政府对物业管理行业的重视程度越来越高，未来或将加大力度推动行业市场化发展。物业服务市场将变得更加灵活、自由，物业服务企业也将面临更加广阔的市场空间。

（二）社区增值服务成为新的增长点

增值服务包括两类，一类是非业主增值服务，服务于开发商，一般是母公司，与房地产行业的周期波动关联性较强；另一类是业主增值服务，也叫社区增值服务，在社区内布局电商、养老、家政、教育、金融、大健康等产业。目前 APP 和小程序是物业服务企业向业主提供社区增值服务的主要手段之一，各类商家入驻线上商城，居民通过线上购买服务、商品，线下享受保洁、维修等生活服务。相比传统业务，增值服务的利润空间更为可观，2019 年 500 强企业增值服务收入占总收入比重为 21.9%，净利润占比 36.1%，盈利能力强于传统业务。

现阶段物业管理行业还在朝着市场化发展，物业费提价较难实现，物业服务企业实现收入规模扩张主要是通过拓展新的管理面积，而新的物业管理面积主要来自商品房销售，因而物业管理行业与房地产行业关联度较高。社区增值服务与非业主增值服务相比，与房地产关联度较低，可以对抗房地产周期性对物管行业产生的影响。我国房地产正在进入存量时代，管理面积的增长会渐渐到达边界，而社区增值服务更加长久持续，将成为物业服务企业新的业务增长点。

综上，社区增值服务与房地产行业关联度低，能够长久持续的发展，盈利能力也强于基础物业服务，对于物业服务企业来说，发展社区增值服务以拓展业务增长渠道，已成为一种必然趋势。

（三）智慧社区成重要趋势，引领物业服务转型升级

智慧社区是智慧城市的重要组成部分，其核心是利用前沿科技为社区居民提供一个安全、便利的生活环境，为物业提供更加科学、便捷的社区管理环境。智慧物业是判断一个社区是否达到智慧社区的关键标准之一，要构建智慧社区，智慧物业不可或缺。

随着人均收入水平的提高，业主们越来越注重物业服务品质，物业服务企业借助互联网、物联网、大数据等新科技，可以帮助物业服务企业实现服务品质的提升、管理效率的提高和利润增加。智慧科技的应用场景如门禁、停车场也越来越多。尤其是疫情期间，物企的科技应用在抗疫中得到充分发挥，除了智慧门禁和智能停车，应用最多的是各大物业公司自行研发的 APP 和小程序，可以帮助业主在线上完成缴费、报修等功能，也可以享受餐饮、购物、问诊等便利服务。疫情加速了智慧科技在社区的渗透，而较早布局智慧社区的物业服务企业在疫情中彰显了自身的服务优势，品牌价值得以提升。

智慧社区的建设未艾方兴，尚有很多可以挖掘的新应用场景，教育、养老、大健康等产业将迎来快速发展，这些产业和社区之间有很多结合点，社区将承担除了居住以外的更多功能。AI、5G、LOT 等新科技将带来万物互联时代，以智慧化战略引领服务转型升级是每一个物业服务企业要面对的问题。

写字楼物业管理发展报告

概述

我国写字楼的专业物业服务起步稍晚，从香港以及国外传入的服务理念对写字楼物业服务影响深远。与住宅物业相比，写字楼物业面向单一或少量业主，具有人员复杂、存在人流潮汐现象、对基础设施运行正常率要求高等特点。现阶段出现不少在写字楼业态积累了一定品牌影响力的优质物业服务商，本报告基于2020 物业服务企业发展指数测评数据及专项案例调研，对写字楼物业服务领域的当下现状进行“切片”，以期对快速发展的写字楼服务市场进行认知，探讨写字楼物业服务未来的发展方向。

一、写字楼物业主要服务内容和特征

写字楼是指提供各种政府机构的行政管理人员和企事业单位的职员办理行政事务和从事商业经营活动的建筑。写字楼又分为行政办公楼和商业写字楼两种，行政办公楼指机关、事业单位等用于行政办公需要的业务用房，写字楼就是专业商业办公用楼的别称。

写字楼物业管理是一项因写字楼的存在而产生的一种特定的管理服务交易，服务内容主要包括房屋的维修与管理、设施设备的维修与管理、清洁卫生管理、内部会议与来访接待的服务管理、治安保卫与消防的管理。

写字楼物业管理水平对于写字楼运营具有十分重要的影响，专业的物业管理公司，能够为住户营造良好的办公体验环境和商务仪式感，建立先进的服务标准，提高写字楼的品质，促使写字楼的出租率和租金标准得到提升。

相比住宅物业管理，写字楼物业管理有着更高的要求：

首先，设备管理要求高。写字楼的设备自动化程度更高，维修难度高，且对于写字楼的运转十分重要，因此对物业管理人员的专业技术水平提出了更高的要求。

其次，服务水平高。写字楼不仅要服务业主，还要接待访客，除了基础的保洁、保安、设备管理服务，还要提供访客接待、会议服务等，因此安全管理、清洁服务、接待水平等服务的水平要高于住宅物业管理。

再次，机密性要求高。写字楼物业管理服务于机关、企事业单位等，涉及文件收发、会议服务、活动安排等，带有一定机密性，安全及保密管理工作非常重要。

最后，应急能力要求高。写字楼在维持公共秩序、消防安全管理等方面工作压力较大，需要物管公司具备较强的突发情况应变处置能力。

二、写字楼物业市场空间及驱动因素分析

存量持续走高，写字楼物业服务市场广阔

根据国家统计局数据，2000 年以来，我国写字楼竣工面积规模总体呈上升趋势，2019 年全国写字楼竣工面积为 3923.39 万平方米。2015—2019 年五年间写字楼竣工面积 1.89 亿平方米。持续竣工的新增面积提供了源源不断的写字楼管理面积，增速近两年有所放缓，但写字楼物管市场已经形成较大规模存量，为写字楼物业服务企业提供广阔的市场空间（图 1）。

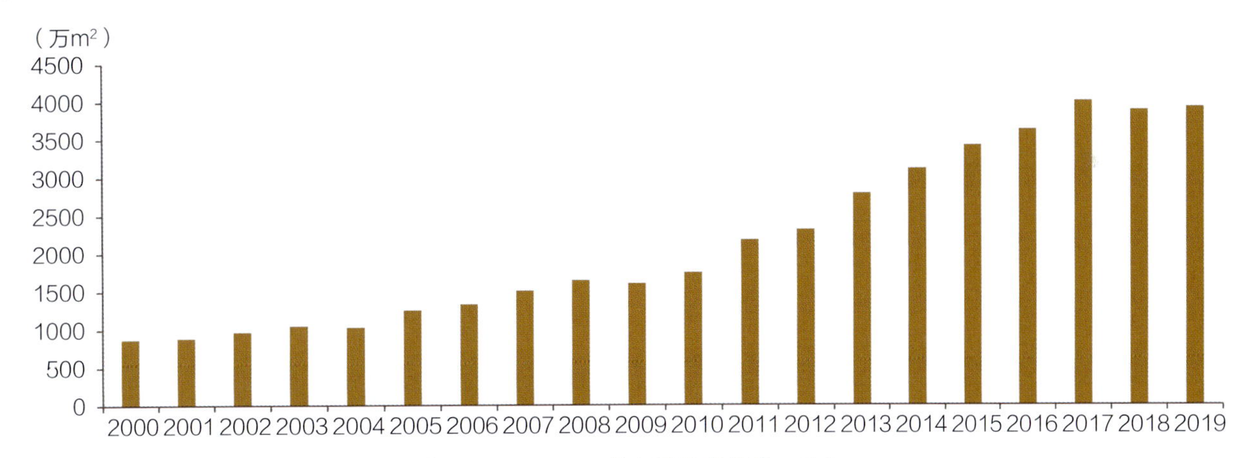

图 1 2000—2019 年全国写字楼竣工面积

数据来源：国家统计局，中物研协

根据 CRIC 数据，在主要一、二线城市，写字楼存量走高，同时，主要一、二线城市 2019—2021 年增量供应快速上升，以北、上、广、深为代表的四大城市以接近 5% 的速率增长。一些二线城市增长更加迅猛，如杭州、武汉等，一、二线城市增量物业为优质企业拓展新项目提供机遇。

2000—2019 年，写字楼累计竣工面积达 4.32 亿平方米，不断增加的竣工面积将为写字楼物业服务市场提供更加广阔的市场空间。

三、基于样本的写字楼物业服务市场数据分析

（一）2019 年度写字楼物业发展指数 228.7

物业服务企业发展指数（Property Management Development Index，简称 PMDI）是以企业年度数据为基础，根据物业服务企业发展指数的测评体系，从物业服务企业经营情况、管理规模、服务质量等方面，对物业服务企业发展的基础状况和发展规律进行量化评价，测算出物业服务企业的发展指数，衡量企业发展的总体水平。物业服务企业发展指数横向上体现出各企业发展状况的对比情况；纵向上体现不同时期各企业的表现，并通过选取一定数量的头部样本企业反映行业发展趋势。

写字楼物业发展指数是根据测评体系选取物业管理行业头部企业为样本，进行数据分析，衡量企业该业态经营状况、管理规模、服务质量等整体发展情况，确定反映该业态发展状况和发展走势的综合指数。

近年来，物业管理行业受到的关注愈发强烈，因居住和工作是现代人们生活的两大核心“场景”，作为工作主要空间载体的写字楼物业更受瞩目。从服务特点、盈利能力、挖掘潜力等角度考虑，不少原有的专业服务企业更加笃定地聚焦该业态，来自原本住宅物业服务板块的企业亦加速进入写字楼服务领域，推动该领域快速发展。

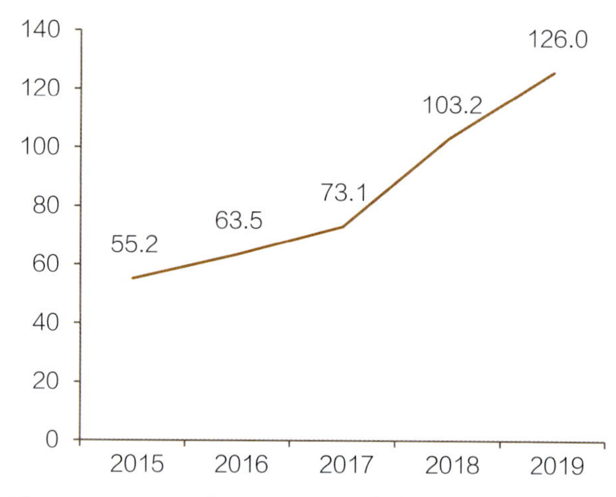

图 2　2015—2019 年 PMDI100 写字楼物业发展指数走势

2019 年，PMDI100 写字楼物业发展指数为 126.0，比 2015 年增加 70.8 个点，复合增长率为 22.91%。PMDI500 为 228.7，同比增长 19.52%，近两年写字楼物业服务发展指数呈现加速上升态势（图 2）。

（二）写字楼物业管理规模分析

1. 500 强企业写字楼物业管理面积情况

2019 年，500 强企业中有 474 家企业涉足写字楼服务，占比 94.8%，同比增加 1.8 个百分点。500 强企业写字楼物业总管理面积达 13.74 亿平方米，占 500 强企业总管理面积比例为 10.27%，占行业总管理面积的比例为 4.43%，同比增加 0.50 个百分点（表 1）。

2019 年度 500 强企业写字楼物业管理面积情况　表 1

项目	数值
总管理面积	13.74 亿 m^2
占 500 强企业总管理面积比例	10.27%
占行业总管理面积的比例	4.43%

2019 年度 500 强企业写字楼物业管理面积各区间段企业分布　表 2

区间段（万 m^2）	企业数量（个）	区间段（万 m^2）	企业数量（个）	占比
0 ~ 100	243	0 ~ 100	243	51.27%
0 ~ 200	322	100 ~ 200	79	16.67%
0 ~ 300	369	200 ~ 300	47	9.92%
0 ~ 400	397	300 ~ 400	28	5.91%
0 ~ 500	412	400 ~ 500	15	3.16%
0 ~ 600	421	500 ~ 600	9	1.90%
0 ~ 700	433	600 ~ 700	12	2.53%
0 ~ 800	443	700 ~ 800	10	2.11%
0 ~ 900	447	800 ~ 900	4	0.84%
0 ~ 1000	451	900 ~ 1000	4	0.84%
总计	474	＞ 1000	23	4.85%

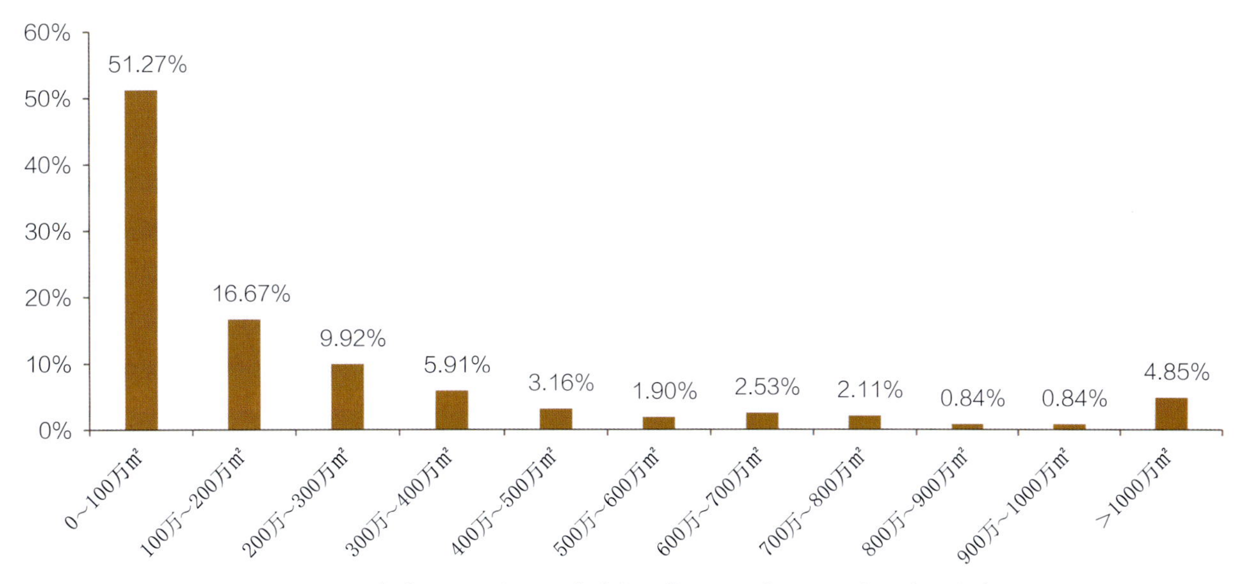

图 3　2019 年度 500 强企业写字楼物业管理面积各区间段企业占比分布

从企业角度看，写字楼物业服务企业的平均管理面积为 289.77 万平方米，同比增长 22.74%。有 51.27% 的企业写字楼管理面积在 100 万平方米以下，有 13.07% 的企业管理面积大于 500 万平方米，仅有 4.85% 的企业管理面积大于 1000 万平方米。该业态中小型企业比例较高（表 2、图 3）。

从城市分布看，500 强企业写字楼物业服务面积中，一线城市总量为 3.08 亿平方米，占比 22.41%；二线城市总量为 7.20 亿平方米，占比 52.45%；三四线城市总量为 3.44 亿平方米，占比 25.04%；海外城市总量 138.84 万平方米，占比 0.10%。可以看出，500 强企业写字楼物业的市场相对集中在一二线城市，其占比达到 74.86%（图 4）。

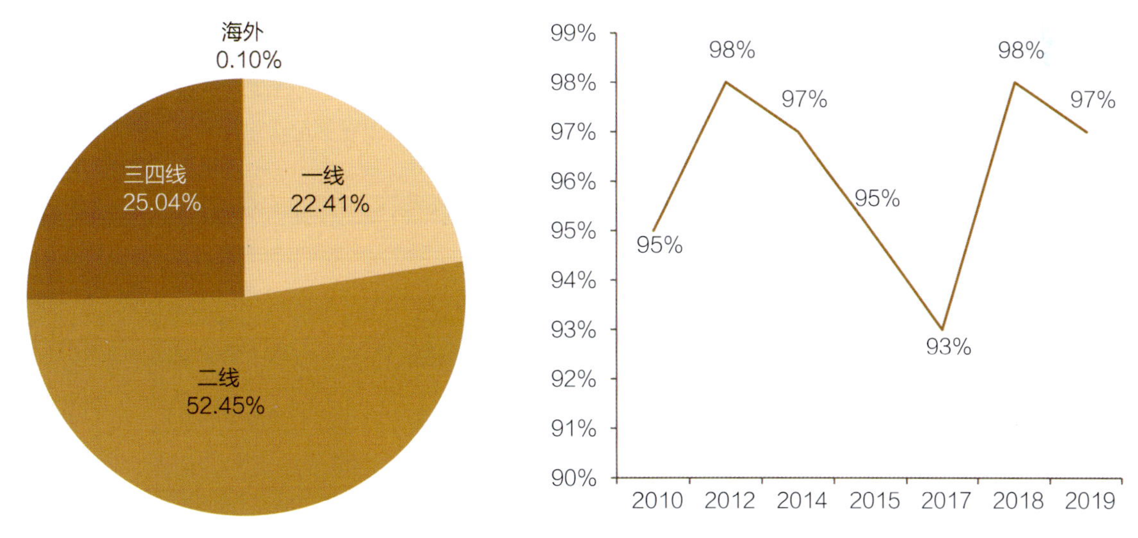

图 4　2019 年度 500 强企业写字楼物业管理面积各城市分级分布

图 5　百强企业中涉足写字楼物业服务企业占比情况

2. 百强企业写字楼物业管理面积情况

2019 年，百强企业布局写字楼物业的比例为 97%，同比下降 1 个百分点。201—2019 年度，该比例均保持在 90% 以上。由于近年来，不少物业服务企业积极涉足写字楼物业服务，百强企业中布局写字楼服务的企业呈上升趋势（图 5）。

2019年，百强企业写字楼物业服务总管理面积为8.29亿平方米，同比增长32.23%，增速大幅高于行业整体规模增速。而百强企业写字楼物业管理面积占百强企业总管理面积比例为9.18%，同比增长1.35个百分点。

2019年，百强企业写字楼物业管理面积占500强企业写字楼服务总面积的比重增至60.39%，同比增加3.25个百分点，证明该领域领先企业市场份额较大。与此同时，百强企业写字楼物业管理总面积占整个行业的市场份额由2012年的1.13%提升至2019年的2.68%，表明百强企业写字楼物业服务的集中度在提升（图6）。

2019年，百强企业写字楼物业的平均管理面积从2010年的152.46万平方米增至2019年的855.08万平方米，年均增长78.07万平方米，2015年至2019年的平均管理面积复合增长率为27.96%，而2017—2019年该增速达33.16%，表明近两年百强企业写字楼服务企业的拓展力度在加大（图7）。

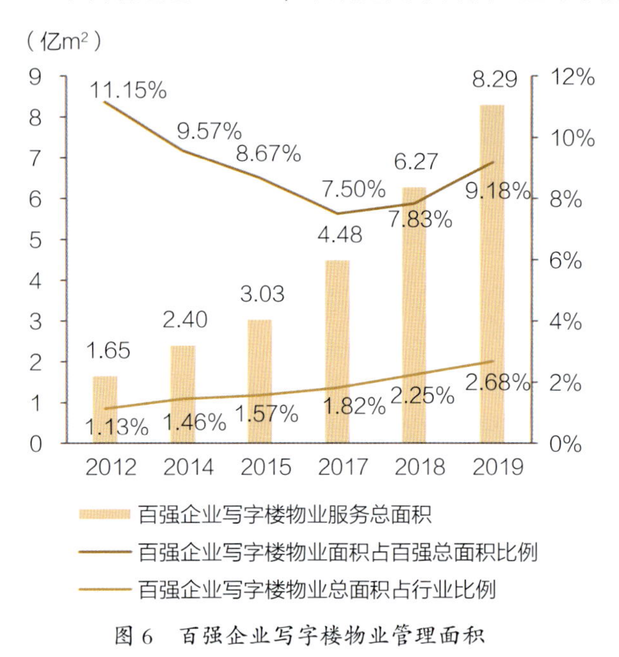

图6　百强企业写字楼物业管理面积

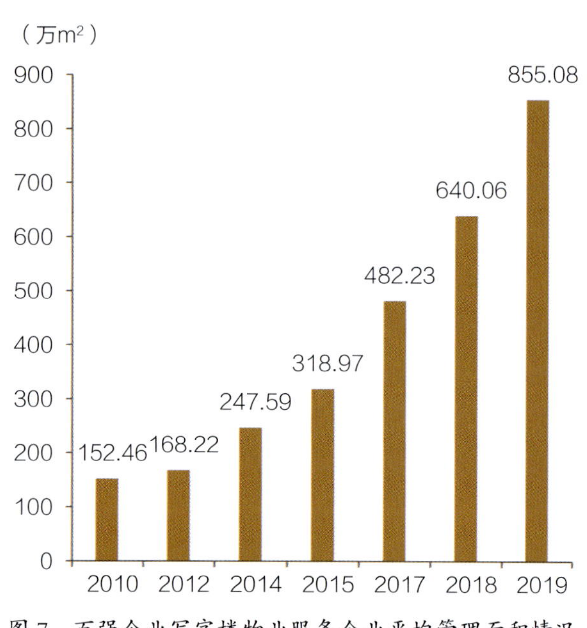

图7　百强企业写字楼物业服务企业平均管理面积情况

3. 500强企业写字楼物业管理项目情况

500强企业写字楼物业管理项目情况　　表3

项目	数值
管理项目总量	19114个
平均管理项目数量	40.32个
单项目贡献面积	7.19万m^2

2019年，500强企业布局写字楼物业服务企业管理项目总数为19114个，同比增长18.51%；企业平均管理项目数量为40.32个，单项目贡献面积为7.19万平方米（表3）。

从城市角度看，500强企业写字楼物业管理项目中，一线城市项目数量为4557个，占比23.84%；二线城市项目数量为9121个，占比47.72%；三四线城市项目数量为5423个，占比28.37%，海

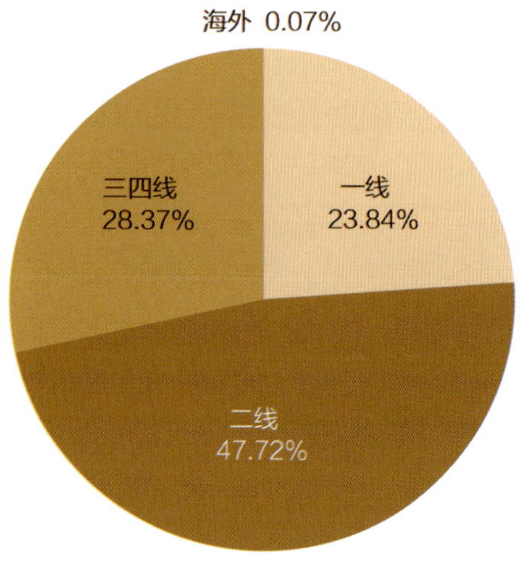

图8　2019年度500强企业写字楼物业管理项目各城市分级分布

外城市项目数量为 13 个，占比 0.07%，该结构与管理面积的各城市分级分布相符（图 8）。

4. 百强企业写字楼物业管理项目情况

2019 年，百强企业布局写字楼物业服务企业管理项目总数 9459 个，同比增长 21.50%；2012 年至 2019 年的复合增长率为 12.23%，项目增长相对平稳。百强企业管理的项目占 500 强企业总写字楼物业管理项目的比例为 49.49%。

同时百强企业写字楼物业服务企业平均管理项目数量从 2010 年的 37.56 个增长至 2019 年的 97.52 个，单项目贡献面积持续增长，从 2010 年的 4.06 万平方米增至 2019 年的 8.77 万平方米。由此可见，百强企业在保持项目增长稳步提升时，新拓展写字楼物业项目的规模在不断扩大（图 9）。

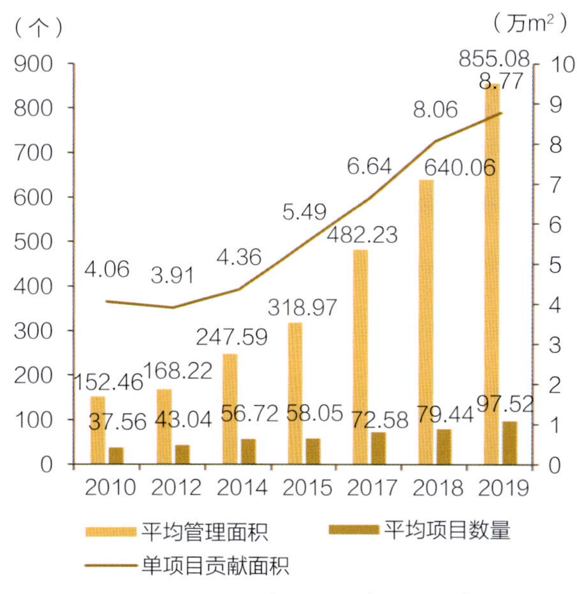

图 9　百强企业写字楼物业管理项目情况

（三）写字楼物业经营绩效分析

1. 500 强企业写字楼物业服务收入情况

2019 年，500 强企业写字楼物业总物业费收入达 575.71 亿元，占 500 强企业总物业费收入比例为 21.64%，以 10.27% 的面积占比贡献了 21.64% 的收入占比（表 4）。

500 强企业写字楼物业服务收入情况　　表 4

项目	数值
物业费总收入	575.71 亿元
企业物业费收入均值	1.21 亿元
占 500 强企业物业费总收入比例	21.64%

2019 年度 500 强企业写字楼物业服务收入各区间段企业分布　　表 5

区间段（万元）	企业数量（个）	区间段（万元）	企业数量（个）	占比
0 ~ 5000	244	0 ~ 5000	224	51.48%
0 ~ 10000	335	5000 ~ 10000	91	19.20%
0 ~ 15000	375	10000 ~ 15000	40	8.44%
0 ~ 20000	395	15000 ~ 20000	20	4.22%
0 ~ 25000	415	20000 ~ 25000	20	4.22%
0 ~ 30000	427	25000 ~ 30000	12	2.53%
0 ~ 35000	439	30000 ~ 35000	12	2.53%
0 ~ 40000	444	35000 ~ 40000	5	1.05%
0 ~ 45000	448	40000 ~ 45000	4	0.84%
0 ~ 50000	452	45000 ~ 50000	4	0.84%
总计	474	＞50000	22	4.64%

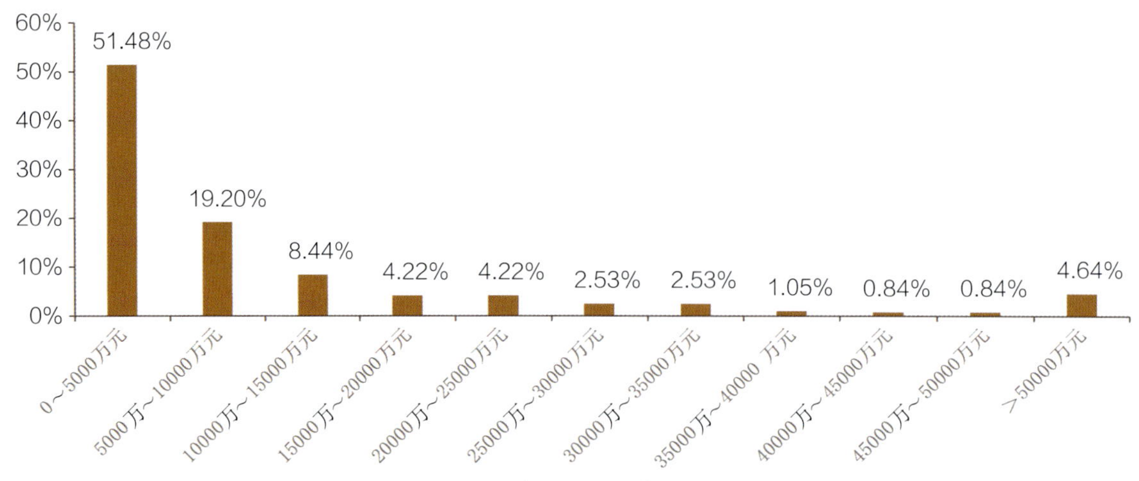

图 10　2019 年度 500 强企业写字楼物业服务收入各区间段企业占比分布

从企业角度上看，500 强企业写字楼物业物业费收入均值为 1.21 亿元。500 强企业写字楼服务企业中，有 79.11% 的写字楼物业物业费收入在 1.5 亿元以下，有 4.64% 在 5 亿元以上。写字楼物业领域大量企业的规模仍然较小，但头部企业的收入水平已经较高（表5、图 10）。

在 474 家涉足写字楼服务的企业中，有 38 家写字楼物业管理面积占其总管理面积的比重超过 50%，有 77 家写字楼物业物业费收入占其总物业费收入的比重超过 50%，以收入为标准，可以看出有 77 家企业以写字楼物业服务为主导发展，占 500 强企业比例为 15.4%。

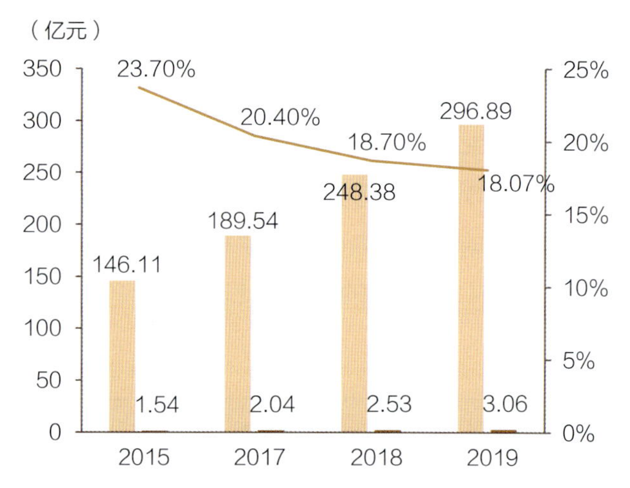

图 11　百强企业写字楼物业服务收入情况

2. 百强企业写字楼物业服务收入情况

2019 年，百强企业写字楼物业费收入总值为 296.89 亿元，同比增长 15.30%。与 2015 年的 146.11 亿元相比，增长了 150.78 亿元，复合增长率为 19.40%（图 11）。

2019 年，百强企业写字楼物业物业费收入占 500 强企业写字楼物业的物业费收入比例 51.57%，头部集中度较高；占百强企业总物业费收入比例为 18.07%，较 2018 年减少 0.58 个百分点。百强企业中，写字楼物业以9.18% 的管理面积，贡献了 18.07% 的物业费收入。

此外，百强企业写字楼物业费收入均值从 2015 年的 1.54 亿元增长至 2019 年的 3.06 亿元，复合增长率 18.77%；与平均管理面积变化相比，写字楼物业费收入增速（18.77%）不及写字楼平均管理面积的增速（27.96%），或因样本企业中部分大型写字楼项目单平方米收益降低所致。

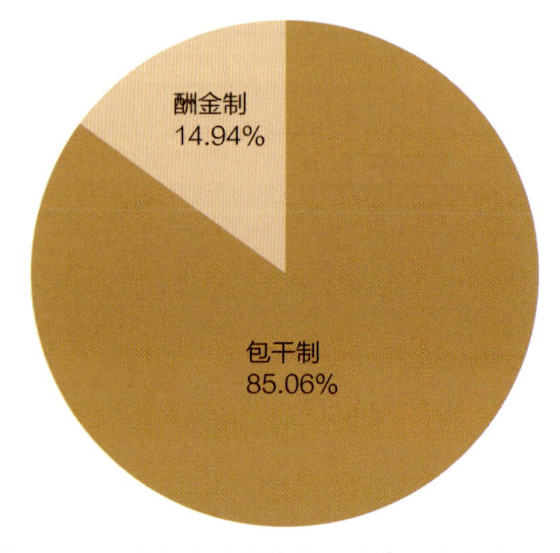

图 12　500 强企业写字楼物业收费形式分布

3. 500 强企业写字楼物业物业费水平

2019 年，500 强企业写字楼服务项目中，以酬金制形式服务的项目占比 14.94%，包干制形式服务的项目占比 85.06%；包干制仍为主流方式（图 12）。

2019 年，500 强企业写字楼物业平均物业费为 6.89 元 /（平方米·月），其中，包干制项目平均物业费为 6.43 元 /（平方米·月），酬金制项目平均物业费为 9.42 元 /（平方米·月）。500 强企业市场竞争力高，管理优质项目较多，其平均物业费水平高于行业平均水平（图 13）。

从城市角度上看，500 强企业写字楼物业服务项目中，一线城市平均物业费为 9.89 元 /（平方米·月）；二线城市写字楼物业平均物业费为 6.25 元 /（平方米·月）；三四线城市写字楼物业平均物业费为 5.42 元 /（平方米·月）。一线城市写字楼物业费收入明显高于二、三四线城市（图 14）。

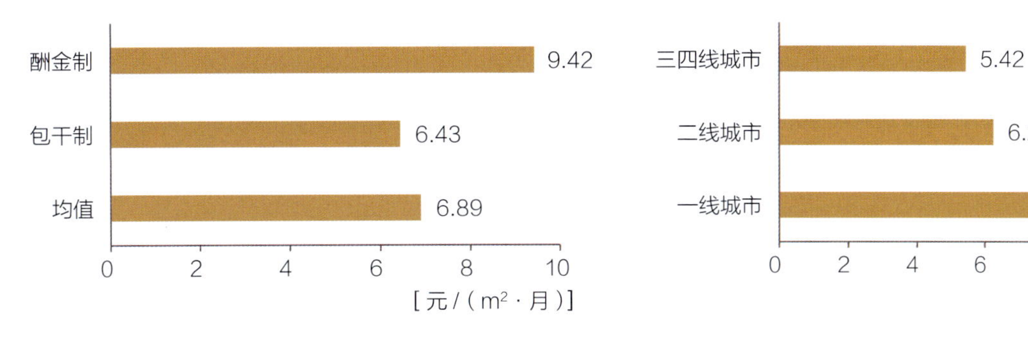

图 13　500 强企业写字楼物业各收费形式物业费情况　　图 14　500 强企业写字楼物业各城市分级平均物业费水平

四、写字楼物业管理行业动态

（一）物企加速跑马圈地，行业迎来并购潮

物管行业集中度目前阶段处于较低水平，各物业服务企业都在施展多种手段跑马圈地，进行规模扩张，而收并购是物业公司外延式扩张的主要方式之一。2017 年是物管行业收并购的转折点，收并购数量开始明显提升。2018 年开始，物管行业并购潮初显，2019 年—2020 年 6 月，物管行业收并购事件则更加频繁发生，据不完全统计，2019 年，物管行业发生并购事件超过 20 起，2020 年即使疫情期间收并购工作几乎停滞，但仅上半年的收并购事件就多达 22 起。对于物业服务企业，收并购除了能够扩张规模，还能在短期内快速进入一个新业态，达到拓展业务边界的效果。

2019 年—2020 年 6 月，写字楼物业业态发生的收购事件如表 6 所示。

2019—2020 年 6 月写字楼物业收并购事件　　表 6

物业服务企业	时间	被收购方	收购比例
雅生活服务	2019 年 1 月	青岛华仁物业	1.34 亿元收购青岛华仁物业 89.66% 股权
中航善达	2019 年 9 月	招商物业	中航善达向招商蛇口及其子公司发行股份购买招商物业 100% 股权
碧桂园服务	2019 年 7 月	港联不动产	3.75 亿收购港联不动产 100% 股权
时代邻里	2020 年 5 月	广东耀城物业	1486.81 万元收购耀城物业 100% 股权
新城悦服务	2020 年 5 月	成都诚悦时代物业	1.0455 亿元收购成都诚悦时代物业 61.5% 股权

雅生活服务 2019 年 1 月 1.34 亿元收购青岛华仁物业 89.66% 股权，青岛华仁物业成立于 1994 年，是

山东省首家新三板成功挂牌的物业服务企业，管理项目涉及高端写字楼、高档商务楼、精品住宅小区、政府工程、高校园区、工业园区等物业项目。服务范围和业务主要分布在山东省，在管写字楼项目包括凯悦中心、华仁国际大厦、保时捷中心、凯悦中心、阳光大厦、财富地带、金都花园、新城国际等。截至 2018 年底，青岛华仁物业在管项目为 38 个，在管面积约 570 万平方米，合约面积约 600 万平方米，2018 年的扣非净利润约 1300 万元，净利率为 12%，毛利率 25%。根据雅生活服务发布的公告，青岛华仁物业 2019 年的经营目标已达成。

2019 年，中航善达向招商蛇口及其子公司发行股份购买招商物业 100% 股权，公司控股股东变更为招商蛇口，实际控制人变更为招商局集团，公司证券简称由"中航善达"变更为"招商积余"，证券代码变更为"001914.SZ"。中航善达定位于机构物业服务商，聚焦于政府、公共及企业总部物业，已进驻中国人民银行总行、国家司法部等一系列大型机构类标杆项目。而招商物业拥有招商系大量的商办物业——公司管理总面积达 7082 万平方米，住宅、非住宅面积占比已经优化为 65.1% 和 34.9%。

2019 年 7 月，碧桂园服务全资附属公司集裕以及碧桂园智慧物业服务集团股份有限公司，与港联不动产达成 100% 股权合作，本次与港联不动产的股权合作，将进一步强化碧桂园服务的高端住宅、商业综合体、写字楼等高端物业业态的占比。以广州为例，港联不动产的标杆项目包括广州邦华环球广场、环球贸易中心等 CBD 门户地标。

2020 年 5 月，时代邻里以人民币 1486.81 万元收购广州市耀城物业管理有限公司的 100% 股权，耀城物业于 2003 年成立，主要从事提供物业管理及园林绿化维护等综合性物业管理服务。其服务对象主要为供电系统单位及相关政府机关等。截至 2019 年 12 月 31 日，目标公司有在管项目 27 个，在管面积大约 243 万平方米，其中约 94% 的在管面积为供电系统单位，收购事项将有助于扩大时代邻里在行政写字楼业态的服务规模。

2020 年 5 月，新城悦服务以 1.0455 亿元的价格收购成都诚悦时代物业服务有限公司 61.5% 股权，成都诚悦时代物业服务有限公司主要向住宅、商业、写字楼、产业园区提供综合性物业服务。截至 2019 年底，该公司的总建筑面积约为 522 万平方米，在管项目有成都市春熙路商圈的地标性写字楼项目、成都时代广场。新城悦服务在公告中表示，本次收购将进一步提升其在商业写字楼的管理能力，并在非住宅领域中创造更多商机。

（二）行政办公楼典型管理模式

行政办公业态物业服务具有政治性、保密性、安全性、专业性等特点，各物业公司在长期的服务过程中总结经验，多管齐下，以党建引领，提供针对性的专业化服务，建设智慧物业，加强服务标准化体系建设，形成适用于行政写字楼业态的特色管理模式。

1. 专业化服务

行政写字楼具有一些明显不同于其他物业业态的管理特点，行政物业服务企业在长期的服务过程中形成了一些具有针对性的专业化服务。

政府办公物业具有机要性和特殊性等特点，嘉诚新悦在员工入职前充分做好员工无犯罪记录的调查及严格政审，同时签订《保密协议》，接受由业主方及保密管理委员会的监督；安徽长城物业总结出属于自己特色的管理体系——服务流程标准化、服务礼仪规范化、物料使用定量化、会务摆台模块化、技术保障专业化，促进楼宇管理的节能降耗，实现全方位管理；阡陌物业针对行政办公业态物业使用人群特点，独创"业主点将制”“首问责任制”等；锦峰物业不断完善服务品质、持续改进创新工作，逐步形成“行政办公类”业态的专属物业服务模式；莲花物业为行政办公项目“度身定制”优质物业管理模式——360° 温情守护服务；天健物业针对行政办公楼业主群体的特殊需求——如更安静的办公环境、更高效的资产管理等，为客户提供个性化的便民服务，促进传统办公理念和现代办公方式的高度共融；万怡物业针对不同的行政办公楼提供个性化管理和专业化服务，其中包括基础物业管理、会务服务、食堂管理、停车场管理、园林绿化等综合配套服务；万吉物业持续完善 ISO9001 质量管理体系、ISO14001 环境管理体系和 OHSAS18001 职业健康管理体系三位一体的内部管理体系、5S 工作环境管理、PBC 绩效评估体系以及企业文化四大体系；中土物业形成了“三全模式”（全天候、全过程、全岗位），“三心模式”（责任心、耐心、细心），“三比模式”（比技能、比精神面貌、比满意度），“三精化模式”（精细化管理、精细化作业、精细化服务）的标准化基本理念和管理模式；政文外滩物业建立“7S 管理体系”，倡导绿色与节能的管理理念，打造“资产保值增值、节能低碳环保、专业化工程管理”的竞争优势，对承接项目设备设施施行全生命周期管理；上海新世纪在管的高级人民法院项目是上海所有法院的标杆对标项目，项目建立了特保维稳队伍，制定了一套针对安全维稳、重大接待、重大庭审的服务及安全保卫方案，为全市法院提供参考借鉴；助友创美物业基于行政办公物业的需求特定性、特殊性，面向多类办公机构，提供综合一体化的后勤服务，具体包括公共保洁服务、园林绿化养护、公共秩序维护、配套食堂管理、公共设施设备维护等。

2. 党建引领服务

政府机关的党建工作十分重要，服务于政府办公物业的物企也十分重视党建，积极进行党组织建设与党建工作双覆盖，以党建引领服务。安徽长城物业以党员为核心组建服务团队，通过党建引领强服务团队素质、树服务人员形象；嘉诚新悦设立党员服务模范岗，通过党员服务窗口的建立，拉近与业主方、政务办公人员、人民群众的距离；阡陌物业在在管项目成立多个党小组，坚持以党建引领企业发展，以党建促进和甲方单位、所辖社区的共建； 万怡物业在行政办公楼推进“红色物业＋物业管理”服务新模式，强化“红色引领”，繁荣“红色文化”。

3. 智慧物业建设

随着物联网、大数据、云计算等各种新技术的发展和普及，智慧物业建设已经渗透在各个物业业态，行政办公楼物业也积极引入智慧科技，实现服务升级。

安徽长城物业投入如人脸识别、智慧停车、机械清洁作业、线上报修等智能化服务手段； 嘉诚新悦以移动互联网、IOT、AI 技术赋能，构建线上线下高度融合的“嘉好生活”服务体系，加速向现代服务业转型升级；天健物业引用自主研发的天健蜜生活平台，线上提供“智慧维修”“智慧停车”“智慧缴费”等一系列智慧化服务；中土物业融合“互联网＋”思维、“智慧物业服务”等理念，从业主服务智慧化、内部管理信息化、员工培训智能化等方面着手，逐步完善已搭建的“信息化管理平台”； 洪泉物业将智能化管理技术运用于实地服务场景，实施“智慧云平台”“新能源管理系统”“智能化门禁系统”等一系列业务智慧化措施。

4. 标准化建设

2019 年被中国物协定义为“标准建设年”，行政写字楼物业服务企业将实际工作中能够体现自身品牌特色和管理优势的服务流程形成标准，形成基础性操作性文件，能够推动物业服务质量得到提升。如政文外滩物业以客户服务、安全管理、工程管理、美化环境四个要素为切入点，编制了《政文外滩物业办公楼物业管理标准》。

（三）商业写字楼典型管理模式

1. 定位高端，提供多功能特色服务

为商业写字楼提供物业服务的企业通常定位于高端服务商，为业主提供更高品质的特色服务，以保持和提升写字楼物业价值。如上海保利物业将人文理念和星级酒店服务品质注入办公楼的管理中；诚信行为业主的业务保值增值及未来投资提供优质资源，如益高健身、百事无忧家政、信通智能泊车、新能源汽车租赁等；楷林物业实施“高端物业、资产管理、咨询服务、智慧生态圈”四轮驱动式平台发展，创推“楷服务”写字楼价值运营体系；华润物业科技试点推行了“设施6S管理”和“三平台”智慧运营体系；龙湖智慧服务提供专属定制级超白金一站式服务解决方案，提供前期介入、承接筹备、优化提升、交付使用等多维度的专业服务，为写字楼体系服务提供全面的解决方案；科瑞物业组建和健全专职消防安全队伍，成为紫峰大厦的管理亮点之一。

2. 加强服务标准化体系建设

从建立具有自身特色的服务标准化体系，到参与行业标准的编写和制定，商业写字楼物业一直积极探索商业写字楼物业服务领域的标准化建设工作。诚信行先后成立“诚信行物业管理集团标准化领导组”“诚信行物业管理集团标准化办公室”和“诚信行物业管理集团标准化工作组”，专项负责推进标准化建设重点的各阶段管理和深化应用工作；楷林物业是《商务写字楼等级评价标准》和《物业管理指南——写字楼物业》两个标准的唯一一家双标准参加单位；华润物业科技发布《华科物业科技写字楼分级服务标准》；安徽新亚物业公司制定了《写字楼管理服务标准》《写字楼管理质量检查标准》《写字楼物业管理的安全应急预防》等，还参与起草了安徽省地方服务标准。

3. 引入智慧科技，提升服务品质

智慧科技在写字楼物业拥有着大量的可应用场景，一方面能够提升物业管理效率，另一方面能够为客户提供更加便捷和高品质的服务，各个服务于写字楼的物业服务企业也在不断加速布局智慧物业建设。如公诚设备推广和应用“慧云”系统；华侨城物业全面上线“四格互联”系统，无纸化办公，全流程优化各项业务，运用科技赋能，实现统一管控，提高服务质量和效率；华润物业科技构建“线上＋线下”的设施设备“三平台”智慧运维体系，即BIM运维平台、智慧运营管理平台、能耗监测平台；安徽新亚物业运用“极致APP系统”等科技，涵盖了物业基础服务、财务管理、收费管理、客户服务等多个板块。

（四）坚守防疫一线，守护业主安心复工

2月10日，全国范围内企业单位普遍正式迎来首个工作日。复工带来的密集人流，让写字楼开始加入重点关注行列，写字楼物业服务企业也加入到防疫一线。中国物业管理协会又发布了《写字楼物业管理区域新型冠状病毒肺炎疫情防控工作操作指引（试行）》，从基本保障、员工上岗、防控操作和沟通配合等方面提供指引，旨在帮助物业服务企业全力做好疫情防控工作。

在协会和政府的号召下，各物业服务企业根据写字楼的特点安排了具体防疫措施，加强消杀工作，严格把控人员出入，做好进出测温和登记工作。如金融街物业强调全覆盖零死角消毒，对楼宇内大堂、电梯、地下车库和大堂、电梯等公共区域和卫生死角进行重点清洁和消毒；中航物业将写字楼的入口重新规划，在主要出入口设置4个体温测量区；华润科技物业的餐厅及饭堂采用分餐进食，避免人员密集；餐厅每日消毒1次，餐桌椅使用后进行消毒，餐具用品须高温消毒。

五、写字楼物业管理的发展前景和趋势

（一）标准化建设加强，提升服务品质

目前以写字楼物业为主要业态的物业服务企业占比较小，住宅物业规模大于写字楼物业的占多数，专业从事写字楼物业管理的企业数量有限。而在写字楼物业领域中，不同物业服务企业提供的服务深度差异大，物业费标准统一度低，因此写字楼物业服务领域的标准化程度还需要进一步加深。

一些写字楼业态内的专业物业服务企业开始推动服务标准的初步建立，并已取得了一些成果。楷林物业至今已参与 3 部国家级标准的编制，2016 年参与编制国家级标准《物业管理指南 – 写字楼物业》，2018 年主导编撰《写字楼能源管理指南》，2020 年参与编制《写字楼物业疫情防控操作指引》。

华润物业科技根据写字楼项目的产品定位、区位配置、设备标准、客户等级等建立了三级四档的分级服务体系，以满足不同档次楼宇的客户需求，同时也形成了每一级别的服务标准，对不同级别的基础服务和智能化应用采取不同的运营管理方式。

随着写字楼物业服务市场规模的逐步扩张，在专业的写字楼物业服务企业的探索和推动下，写字楼物业管理领域的行业标准体系将更加完善，促进服务品质的提升。

（二）科技赋能，加快智慧化服务布局

互联网、物联网、云计算、大数据、人工智能等科技的普及程度正在逐渐加深，整个物业管理行业也随之朝着智能化方向发展。而写字楼物业在智慧科技的应用方面具有较多的应用场景，如智慧前台、智能门禁、智慧停车、智能楼宇监控等。

将智慧科技引入写字楼物业管理流程中，可以转变传统的物业服务方式，提升物业服务效率，达到降本增效的效果，同时还能增强用户服务体验。目前，已有众多大型物业服务企业积极实践智慧科技，建设智慧楼宇。2020 年初的疫情已经催生了更多智慧科技应用的新场景，加速了各大物业服务企业的智慧服务布局。

绿城服务于 2019 年 11 月开始全面推广云助 APP 客户端，利用物联网、大数据、云计算等手段，整合生活服务、行政后勤、产业服务、物业服务、终端应用等内容，搭建一站式智慧园区服务平台。疫情发生后，在“防控防疫”＋“复工复产”的双核心需求下，绿城服务又率先推出“园区楼宇疫情管控应急平台”和“智慧通行码”等智慧服务。

楷林物业在疫情期间率先研发出二维码防疫技术，推出 O ＋小程序二维码，早于政府上线使用，得到政府认可并借鉴推广。

由于应用场景的不断更新和复杂性，现阶段仅少部分大型物企对智慧科技在写字楼领域的应用进行探索。随着 5G 技术的产生，人工智能、物联网的进一步发展和变革，越来越多的物业服务企业认识到科技对于物业服务能力的巨大影响力，写字楼物业管理领域的智慧服务布局将进一步加深。

（三）增值服务多元化，加强客户黏性

相对于住宅物业，写字楼物业管理的服务对象较复杂：首先，面对企业客户，企业来自不同行业、规模大小不同，具有多样的办公场景需求；其次还要面对业主、员工、访客等个人客户。因此写字楼除了基础的保洁、保安、设备管理等服务，还要满足客户大量的多样化服务需求，给物业服务企业带来大量的增值服务和创新机会。

加大服务创新力度，提供多样化的增值服务，能够满足企业复杂的、个性化的服务诉求，可以为客户提供更加便捷的服务，优化客户的服务体验，增加客户的黏性。同时也能进一步挖掘更多的物业服务价值，完善服务能力，提升企业竞争力。

（四）加强重视安全管理，倡导绿色可持续性发展

2020年初疫情的发生对写字楼物业提出了更高的安全管理要求，不少写字楼物业在疫情期间提升了安全防护设施等级，一方面是增加对空调系统和公共区域的消毒设施，如空调紫外线消毒模块、茶水间和卫生间的厨卫消毒设备等；另一方面是以热扫描仪、智能门禁系统等对办公人员与员工实现非接触式的监控。未来写字楼的住户会更加关注物业的安全管理能力，健康安全的管理和应对突发公共事件的能力将成为写字楼物业服务企业的核心竞争力之一。

2016年，住房城乡建设部出台《建筑节能与绿色建筑发展“十三五”规划》，提出“在建筑运行环节推广绿色运营模式，发展绿色物业”，绿色物业管理已成为必然趋势，具有可持续性和健康特性的建筑将会迎来长期的需求。一是对于写字楼的设备管理，提出节能、环保要求，采用新技术降低耗电和用水量，实现节能；二是营造绿色健康的办公环境，改善住户的办公体验。

（五）转向运营思维，物管和资产管理呈现一体化发展

中国的写字楼正在步入存量时代，现阶段写字楼的空置率在20%左右。大量空置的写字楼，需要物业服务企业具有较强的保值增值能力。对于写字楼的使用者来说，需要物业提供高端优质的服务；对于写字楼的持有者，则希望能够实现资产的保值和增值。存量时代，物业服务将承载更多的运营价值。

现阶段大部分写字楼物业服务企业提供的内容以基础物业服务为主，资产管理的服务内容要远大于物业管理，是物业管理的升级模式，从基础的物业管理走向物业资产管理一体化，这是一个非常大的机会和趋势。转向运营思维，构建物业服务全生命周期，形成智慧服务、资产经营、客户的全息服务闭环，物管资产管理一体化发展，提升资产价值，是物业管理行业实现服务升级的通道。

（六）品牌价值更加凸显

相比住宅物业，写字楼的业主数量少，但要求高，更加关注办公服务体验，对写字楼物业服务企业的品牌形象更加看重。品牌物业服务企业竞争实力强，拥有持续创新能力，能够提供优质服务的品牌企业，更加受客户欢迎。现阶段我国物业管理行业已经涌现了一大批品牌物业服务企业如碧桂园服务、万科物业、绿城服务等，但大多数以住宅物业管理为主，而写字楼领域的专业品牌物企数量相对较少，品牌建设对于写字楼物企尤为重要。

物业品牌的创建依托于企业的核心竞争力，它是企业品牌的关键组成成分。物业服务企业需要整合自身资源，从形成核心竞争力，进而建立自身的品牌形象，争抢更多的市场份额，提升企业业绩，实现规模扩张。反过来，企业业绩提升，规模增加，能够促进品牌价值的稳定增长。

未来写字楼物管企业聚焦提供优质服务，进一步加强品牌管理。品牌实力将形成优质写字楼物业服务商的坚实竞争壁垒。

产业园区物业管理发展报告

概述

随着中国经济发展，诞生了产业园区这一新兴业态，自1984年诞生以来发展迅速，服务内容相比其他业态也更加丰富。目前产业园区物业服务正呈现出日益明显的市场化特征，涉足产业园区物业服务的企业类型越来越多，其中存在不少优质物业服务企业，本报告基于2020年物业服务企业发展指数测评数据的分析以及专项案例调研，对产业园区物业管理领域的服务内容、特征、管理模式等多个角度进行解剖，探讨产业园区物业服务未来的发展趋势。

一、产业园区物业主要服务内容和特征

产业园区是指由政府集中统一规划制定区域，并给予进驻的企业一定的优惠政策，区域内规定特定行业、形态的企业进驻，并由产业园管委会或产业园开发商进行统一管理，向园区内企业提供多方面的软、硬件服务。产业园区涵盖了高新区、开发区、科技园、工业区、产业基地、特色产业园等多种形态。

1984年，招商局集团物业公司承接了深圳蛇口工业园区的物业管理与服务，产业园区物业管理作为物业管理的重要形态自此诞生。一方面，产业园区物业管理丰富了我国物业管理行业的形式，并较早的介入智能化楼宇、能源中心、节能建筑等管理。另一方面，产业园区物业管理担负了优化产业园区投资环境、推动产业发展的独特使命，呈现出服务于园区经济的鲜明特征，赋予了物业管理行业新的价值和愿景。

产业园区是随着中国经济发展出现的新兴业态，入驻企业类型丰富，覆盖了厂房、仓库、码头、综合体、写字楼等多种业态，业主对物业服务的需求呈现多元化，现阶段的产业园区物业服务除了提供传统的“四保”服务，还将业务范围拓展至能源管理、餐饮管理、金融租赁、物流、咨询、创投等多种增值服务。产业园区物业服务需提前介入园区长期发展计划和政策制定，需要对产业全周期运营保持关注，以提供优质的物业服务。产业园区的物业服务正在摆脱传统物业管理行业所具有的劳动密集型特征，逐渐呈现现代服务业的特征。

二、产业园区物业市场空间及驱动因素分析

（一）园区经济价值凸显，产业园区蓬勃发展

改革开放以来，由于国家的政策支持和经济、产业、技术和人才等要素的集聚优势，全国各地的工业园区、经济技术开发区、现代农业示范区、高新技术产业开发区等不同具有产业类型、不同地域特色、不同发展层次的园区在全国各地实现迅速发展。按照级别，产业园区可分为国家级、省级和地市级，1984 年，我国设立了首批国家级经济技术开发区，根据 2018 年版《中国开发区审核公告目录》，2018 年我国已有 552 家国家级产业园区，其中经济技术开发区数量最多，达 219 家。省级开发区有 1991 家，全国 31 个省级行政区均有产业园区坐落。近 10 年来，园区经济在我国国民经济中的价值凸显，国家级产业园区的 GDP 占比已超过 20%，产业园区对区域和城市经济发展的贡献度较高，园区经济已经成为我国经济发展的重要引擎。

（二）工业用地年度供应过十亿，园区仍有较大发展空间

近十年，全国工业用地成交总建筑面积达到了 127.89 亿平方米，每年都保持着十亿级的成交供应量。其中，2010—2011 年几乎实现了翻番的成交量，从 5.38 亿平方米增长到 11.65 亿平方米，此后一直到 2019 年，每年的工业用地成交建筑面积都在 10 亿平方米以上，而 2019 年 500 强企业中涉及产业园区物业服务的企业占比为 58%，总在管面积仅为 9.61 亿平方米，对于产业园区这个业态来说，未来还有很大的发展空间。工业用地一直是作为产业园区发展的首要资源要素，在工业用地供应增长的基础上，全国各地积极推出相关支持政策，如进一步放宽工业用地出让年期，提高工业用地容积率等。产业园区业态蕴含着巨大的发展空间，未来将会吸引更多的物业服务企业进入（图 1）。

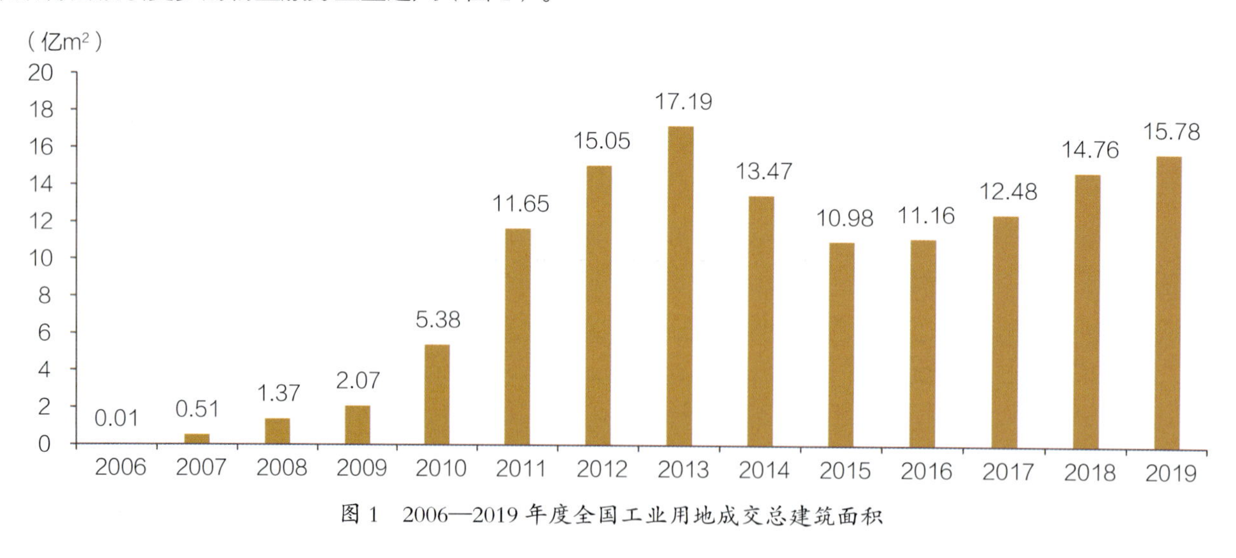

图 1　2006—2019 年度全国工业用地成交总建筑面积

（三）市场规模达 6000 亿元

根据 2018 年的《中国开发区审核公告目录》，我国国家级开发区核准面积 55.5 万公顷，省级开发区核准面积 126.5 万公顷，省级以上园区面积共 182 万公顷。按照 2019 年产业园区物业收费平均水平 2.96 元/（平方米·月），以及自然资源部披露的国家级开发区综合容积率 0.96 测算，我国产业园区物管市场规模已超 6000 亿元，市场空间十分可观。

三、基于样本的产业园区物业服务市场数据分析

（一）2019 年产业园区物业发展指数 82.3

物业服务企业发展指数（Property Management Development Index，简称 PMDI）是以企业年度数据为基础，根据物业服务企业发展指数的测评体系，从物业服务企业经营情况、管理规模、服务质量等方面，对物业服务企业发展的基础状况和发展规律进行量化评价，测算出物业服务企业的发展指数，衡量企业发展的总体水平。

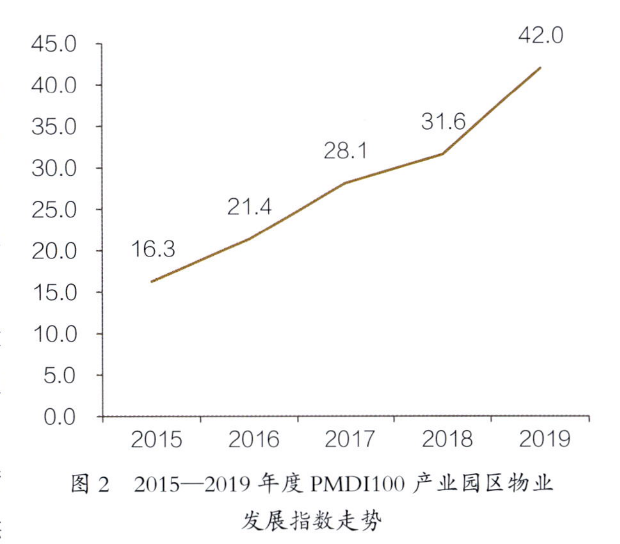

图 2 2015—2019 年度 PMDI100 产业园区物业发展指数走势

物业服务企业发展指数横向上体现出各企业发展状况的对比情况；纵向上体现不同时期各企业的表现，并通过选取一定数量的头部样本企业反映行业发展趋势。

产业园区物业发展指数是根据测评体系选取物业管理行业头部企业为样本，进行数据分析，衡量企业该业态经营状况、管理规模、服务质量等整体发展情况，确定反映该业态发展状况和发展走势的综合指数。

产业园区作为反映中国经济模式变化的一面镜子，从 20 世纪单一的工业园区模式变化至现今的复合型综合园区，整个产业园区的生命周期也随之延长，而产业园区物业作为后期运营的重要组成部分，也受到了越来越多的关注。

2019 年，PMDI500 产业园区物业发展指数为 82.3，同比增加 16.4 个点。PMDI100 产业园区物业发展指数为 42.0，相比 2015 年年均增长率为 26.74%（图 2）。

（二）产业园区物业管理规模分析

1. 500 强企业产业园区物业管理面积情况

2019 年，500 强企业中有 290 家涉足产业园区服务，占比 58%，同比增长 3.6 个百分点（表 1）。

2019 年度 500 强企业产业园区物业管理面积情况　表 1

项目	数值
总管理面积	9.61 亿 m^2
占 500 强企业总管理面积比例	7.18%
占行业总管理面积比例	3.10%

2019 年度 500 强企业产业园区物业管理面积各区间段企业分布　表 2

区间段（万 m^2）	企业数量（个）	区间段（万 m^2）	企业数量（个）	占比
0 ~ 100	155	0 ~ 100	155	53.45%
0 ~ 200	203	100 ~ 200	48	16.55%
0 ~ 300	220	200 ~ 300	17	5.86%
0 ~ 400	237	300 ~ 400	17	5.86%
0 ~ 500	245	400 ~ 500	8	2.76%

续表

区间段（万 m^2）	企业数量（个）	区间段（万 m^2）	企业数量（个）	占比
0 ~ 600	254	500 ~ 600	9	3.10%
0 ~ 700	259	600 ~ 700	5	1.72%
0 ~ 800	263	700 ~ 800	4	1.38%
0 ~ 900	271	800 ~ 900	8	2.76%
0 ~ 1000	273	900 ~ 1000	2	0.69%
总计	290	＞1000	17	5.86%

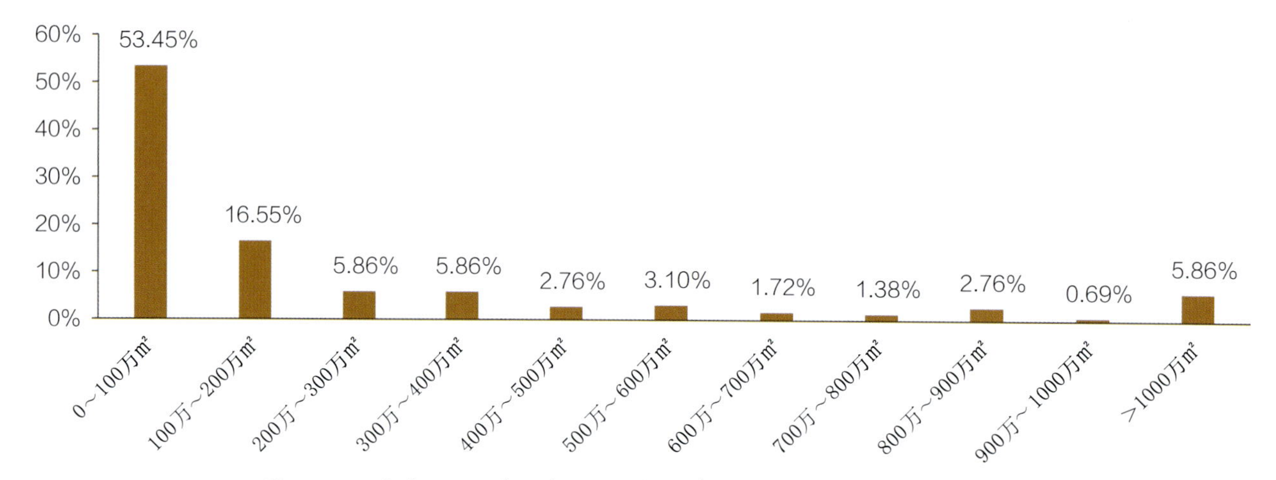

图 3　2019 年度 500 强企业产业园区物业管理面积各区间段企业占比分布

从企业角度看，涉足产业园区物业服务企业的平均管理面积为 331.25 万平方米，同比增长 21.97%。有 53.45% 的企业产业园区管理面积在 100 万平方米以下，有 15.52% 的企业管理面积大于 500 万平方米，仅有 5.86% 的企业管理面积大于 1000 万平方米。由此可以看出，产业园区物业业态整体量级都偏小，企业管理规模都还有上升空间（表 2、图 3）。

从城市分布看，500 强企业产业园区物业服务面积中，一线城市总量为 9181.36 万平方米，占比 9.56%；二线城市总量为 3.81 亿平方米，占比 39.65%；三四线城市总量为 4.88 亿平方米，占比 50.79%。可以看出，500 强企业产业园区物业的市场相对集中在三四线城市，其占比超过了 50%（图 4）。

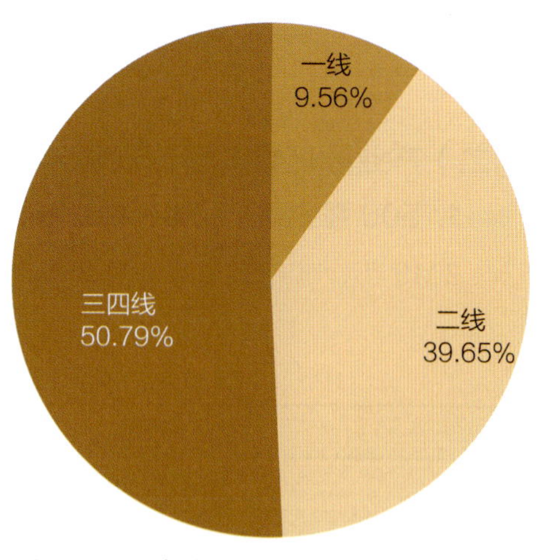

图 4　2019 年度 500 强企业产业园区物业管理面积各城市分级分布

2. 百强企业产业园区物业管理规模情况

2019 年，百强企业布局产业园区物业的企业比例为 76%，同比增加了 6 个百分点。2010—2015 年度，该比例均保持在 50% 以上，2017—2019 年度，约 70% 的百强企业都布局了产业园区物业（图 5）。

2019 年，百强企业产业园区物业服务总规模为 5.41 亿平方米，同比增长 27.25%，增速高于行业整体规模增速。2010—2019 年度，产业园区物业服务总规模复合增长率为 30.71%。

百强企业产业园区物业服务规模占百强企业总服务规模比例为 5.98%。2019 年，百强企业产业园区物业管理面积占 500 强企业总产业园区管理面积比重为 56.27%，该业态管理面积的集中度较高。

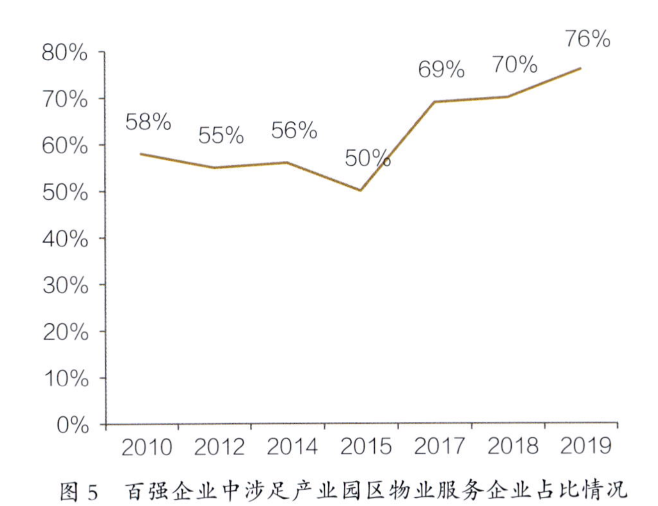

图 5　百强企业中涉足产业园区物业服务企业占比情况

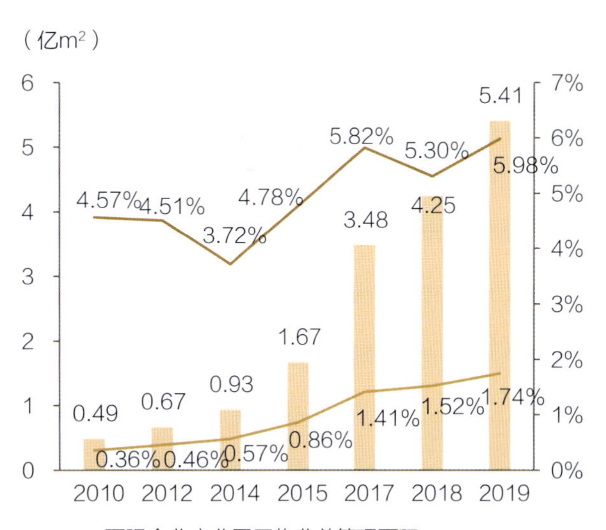

图 6　百强企业产业园区物业管理面积情况

2010—2019 年度，百强企业产业园区物业管理总面积占物业管理行业总面积的比例由 0.36% 增加至 1.74%，表明百强企业产业园区物业服务规模在逐渐扩张（图 6）。

2019 年，百强企业产业园区物业的平均管理面积从 2010 年的 83.67 万平方米增至 2019 年的 711.21 万平方米，年均增长 69.73 万平方米，2010—2019 年度平均管理面积复合增长率为 26.84%（图 7）。

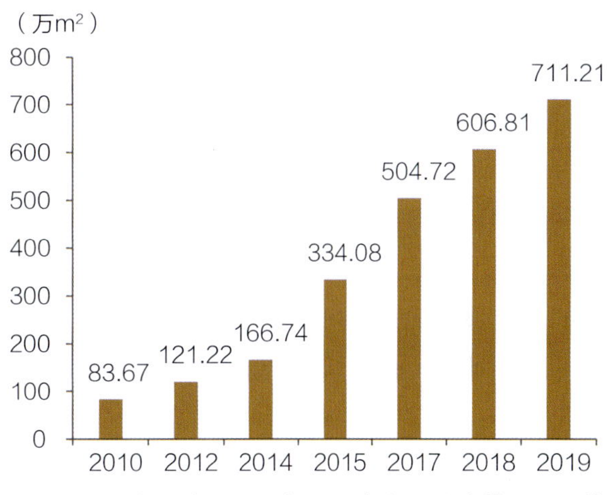

图 7　百强企业产业园区物业服务企业平均管理面积情况

3. 500 强企业产业园区物业管理项目情况

2019 年，500 强企业布局产业园区物业服务企业管理项目总数为 3804 个，同比增长 16.05%；企业平均管理项目数量为 13.11 个，同比增长 8.84%；单项目贡献面积为 25.25 万平方米，同比增长 12.07%（表 3）。

2019 年度 500 强企业产业园区物业管理项目情况　表 3

项目	数值
管理项目总量	3804 个
平均管理项目数量	13.11 个
单项目贡献面积	25.25 万 m²

从城市角度看，500 强企业产业园区物业服务项目中，一线城市项目数量为 562 个，占比 14.77%；二线城市项目数量为 1713 个，占比 45.03%；三四线城市项目数量为 1527 个，占比 40.14%。由此可以看出，产业园区物业在二线城市管理项目多为中小型项目，面积偏小，在三四线城市管理的项目较大（图 8）。

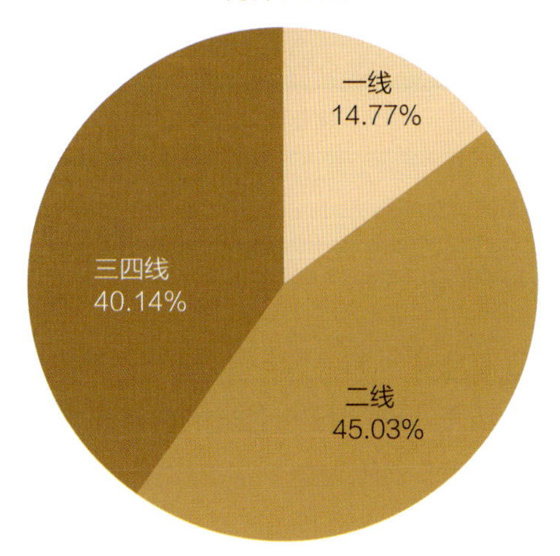

图 8　2019 年度 500 强企业产业园区物业管理项目各城市分级分布

4. 百强企业产业园区物业管理项目情况

2019 年，百强企业布局产业园区物业管理项目总数为 2068 个，同比增长 28.93%；2010 年至 2019 年的复合增长率为 20.53%。百强企业管理项目占 500 强企业总产业园区物业管理项目比例为 54.36%。

2010—2019 年度，百强企业产业园区物业服务企业平均管理项目数量保持稳步增长，由 6.64 个增加至 27.21 个。单项目贡献面积由 12.60 万平方米增加至 26.14 万平方米，但是在 2014—2015 年度出现了下降，这是由当年百强企业项目增速大于面积增速导致（图 9）。

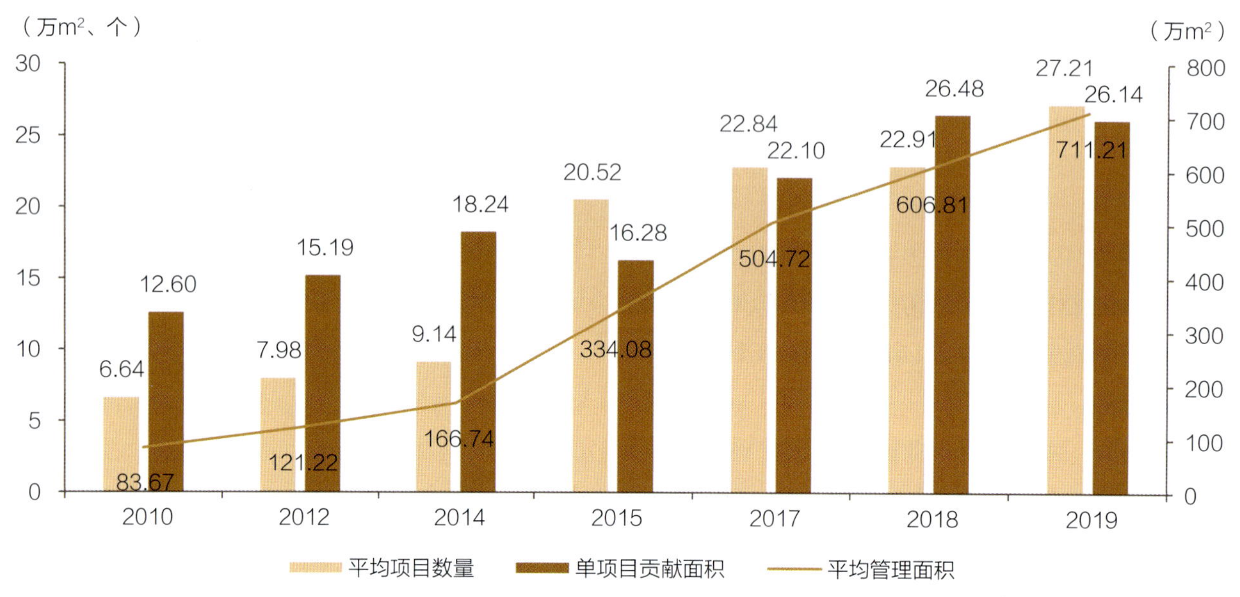

图 9 百强企业产业园区物业管理项目情况

（三）产业园区物业经营绩效分析

1. 500 强企业产业园区物业服务收入情况

2019 年，500 强企业产业园区物业总物业费收入达 152.18 亿元，同比增长 21.35%，占 500 强企业总物业费收入比例为 5.72%（表 4）。

500 强企业产业园区物业服务收入情况 表 4

项目	数值
物业费总收入	152.18 亿元
企业物业费收入均值	5247.63 万元
占 500 强企业物业费总收入比例	5.72%

从企业角度上看，500 强企业产业园区物业物业费收入均值为 5247.63 万元，同比增长 13.82%。500 强企业涉及产业园区服务企业中，有 56.55% 的企业产业园区物业费收入在 2000 万以下，有 15.86% 的企业产业园区物业费收入在 1 亿元以上。说明产业园区物业头部企业已经可以达到较高的收入水平，但是大部分企业仍然规模较小（图 10、表 5）。

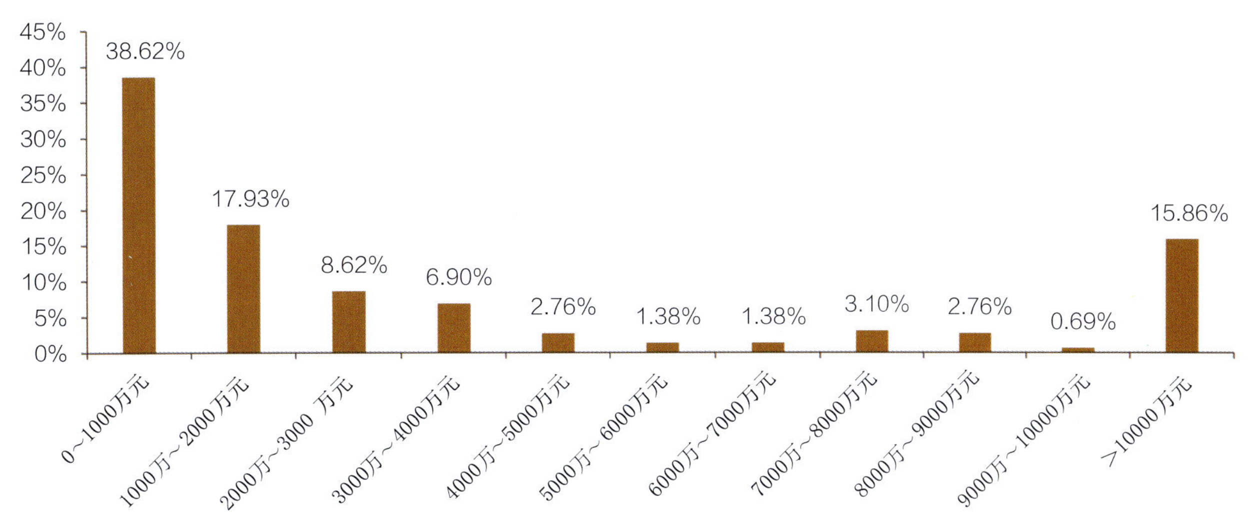

图 10　2019 年度 500 强企业产业园区服务收入各区间段企业占比分布

2019 年度 500 强企业产业园区服务收入各区间段企业分布　　表 5

区间段（万元）	企业数量（个）	区间段（万元）	企业数量（个）	占比
0 ~ 1000	112	0 ~ 1000	112	38.62%
0 ~ 2000	164	1000 ~ 2000	52	17.93%
0 ~ 3000	189	2000 ~ 3000	25	8.62%
0 ~ 4000	209	3000 ~ 4000	20	6.90%
0 ~ 5000	217	4000 ~ 5000	8	2.76%
0 ~ 6000	221	5000 ~ 6000	4	1.38%
0 ~ 7000	225	6000 ~ 7000	4	1.38%
0 ~ 8000	234	7000 ~ 8000	9	3.10%
0 ~ 9000	242	8000 ~ 9000	8	2.76%
0 ~ 10000	244	9000 ~ 10000	2	0.69%
总计	290	> 10000	46	15.86%

2. 百强企业产业园区物业服务收入情况

2019 年，百强企业产业园区物业费收入总值为 71.27 亿元，与 2015 年的 31.37 亿元相比，增长了 39.90 亿元，复合增长率为 22.77%。百强企业产业园区物业费收入占 500 强企业产业园区物业费收入比例为 46.83%；占百强企业总物业费收入比例为 4.34%（图 11）。

此外，百强企业产业园区物业费收入均值从 2015 年的 6373.70 万元增长至 2019 年的 9256.25 万元，复合增长率为 9.78%。

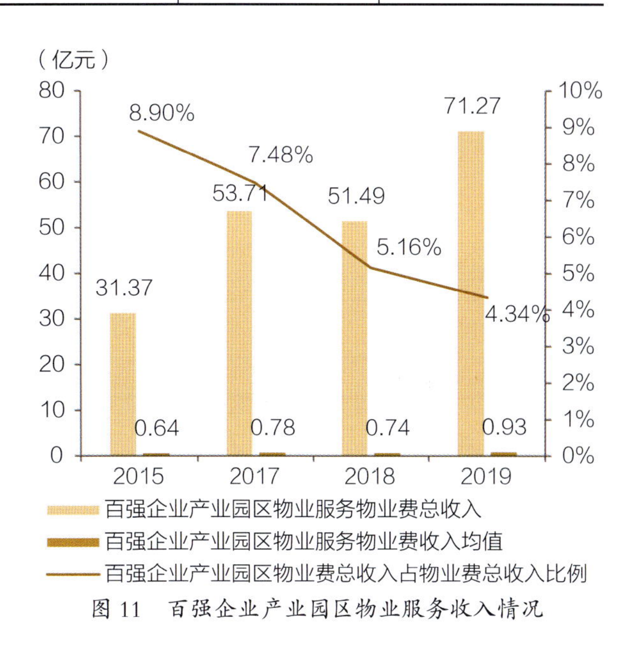

图 11　百强企业产业园区物业服务收入情况

3. 500 强企业产业园区物业物业费水平

2019 年，500 强企业产业园区服务项目中，以酬金制形式服务的项目占比 17.01%，包干制形式服务的项目占比 82.99%，包干制仍为主流方式（图 12）。

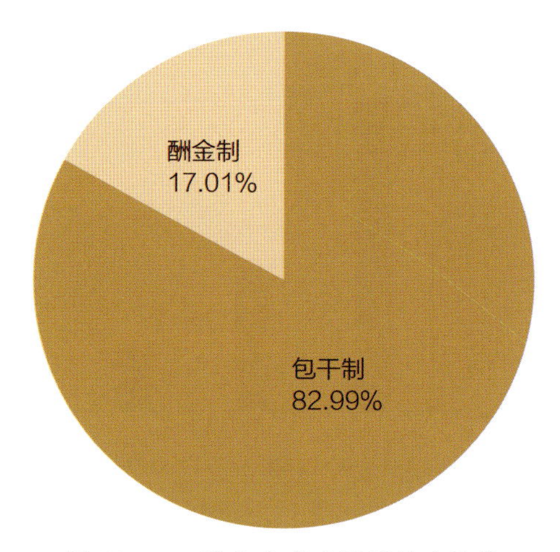

图 12　500 强企业产业园区物业收费形式分布

2019 年，500 强企业产业园区物业服务平均物业费为 2.96 元 /（平方米・月），其中，包干制项目平均物业费 3.10 元 /（平方米・月），酬金制项目平均物业费 2.65 元 /（平方米・月）（图 13）。

从城市角度上看，500 强企业产业园区物业服务项目中，一线城市平均物业费为 4.42 元 /（平方米・月）；二线城市平均物业费为 2.74 元 /（平方米・月）；三四线城市平均物业费为 2.73 元 /（平方米・月）。二、三四线城市产业园物业费收入水平相当，显著低于一线（图 14）。

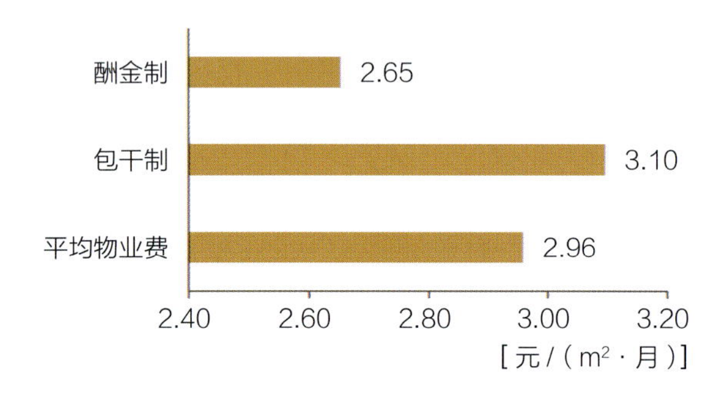

图 13　500 强企业产业园区物业各收费形式物业费情况

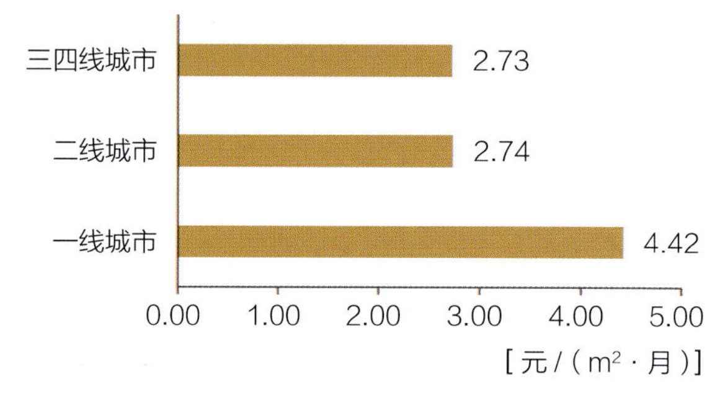

图 14　500 强企业产业园区物业各城市分级平均物业费水平

四、产业园区物业管理行业动态

（一）产业园区物业相关的收并购和合作案例

2019 年物业管理行业的收并购市场火热，并在 2020 年上半年得到了延续，物业服务企业通过收并购扩大物业管理组合，进入新的领域和区域，扩大管理规模。

2019 年—2020 年 6 月 30 日，涉及产业园区业态的行业并购事件如表 6 所示。

产业园区物业业态典型收并购事件　　表 6

物业服务企业	时间	被收购方	收购比例
中奥到家	2019 年 2 月	建屋物业	收购建屋物业 66% 股权
碧桂园服务	2019 年 3 月	元海物业	收购元海物业 100% 股权
深物业	2019 年 11 月	投控物业	收购投控物业 100% 股权
时代邻里	2020 年 6 月	科箭物业	收购科箭物业 51% 股权

中奥到家 2019 年 2 月向苏州工业园区建屋物业有限公司注资总计 5630 万元，其中，2135.29 万元将

用于增加注册资本，而余下 3494.71 万元将作为资本公积金投入目标公司。建屋物业是苏州工业园区建屋发展集团有限公司旗下的全资子公司，建屋物业的管理面积达 500 万平方米，管理物业类型涵盖住宅、办公楼、工业厂房、商业广场等。完成后，中奥到家持有建屋物业 66% 的股份。

2019 年碧桂园服务与元海集团旗下元海物业签订股权战略合作协议，收购元海物业 100% 股权，双方达成战略合作，充分发挥产业＋配套的叠加优势，驱动产办类物业服务升级和完善产业配套，合力开创园区运营服务新时代。广东元海集团成立于 2002 年，具有运营管理产业园区的丰富经验，服务佛山本土近 70 个项目、近一千万平方米的运营管理体量。

2019 年 11 月 27 日，深圳市物业发展（集团）股份有限公司发布公告，公司以 3000 万元收购深圳市投控物业管理有限公司 100% 股权。投控物业是深投控的全资子公司，主营业务包括房地产项目开发、物业管理服务和自有物业出租经营，其中物业服务主要由下属的产业园分公司及高新区分公司承担，在管的产业园区面积约 360 万平方米，项目主要有深圳软件产业基地、深圳湾科技生态园、深圳湾创业投资大厦、深投控创智天地大厦、深圳市高新技术工业村等一批产业园区管理项目。

2020 年 6 月 28 日，时代邻里收购上海科箭物业服务有限公司 51% 股权。科箭物业成立于 2009 年，总部位于上海，为工业物流地产物业管理领域的标杆企业。截至 2019 年末，该公司在管项目 217 个，在管面积约 1600 万平方米，分布于 18 个省和直辖市，约 70% 在管项目位于江浙沪等区域，服务对象多为国内外物流地产行业知名企业。

（二）产业园区物业管理代表企业和典型管理模式

产业园区的物业服务模式与传统的物业服务差异较大，表现为内容更多元、服务企业类型更丰富。产业园区业态的物业服务企业也一直在努力探索，为客户提供更加优质的服务，逐渐形成了独有的管理模式。

1. 一体化管理，提供全方位服务

产业园区物业服务企业运营整个园区，管理办公楼、厂区、员工餐厅、宿舍，实行园区一体化管理，提供一揽子综合后勤服务。如宏声物业，除了提供基础物业管理、配套工业的公寓、厂区车间和员工生活的服务，还兼顾照明设施维护、污水处理等服务。

2. 科技赋能，打造智慧园区

随着科技的大力发展，产业园区进入智慧数字化发展阶段，园区物业将智慧化科技应用到更多的服务场景当中，利用新科技提高服务品质，增强物企竞争力。宏声物管在具有大型机具使用场景的公建场所大力推广“人机替换”，并运用“智慧卫生间”“能源管理系统”“工业智慧服务”等一系列业务智慧化措施，更新升级服务。

3. 服务多元化，打造产业服务集成商

不同于其他业态，产业园区物企服务内容在提供传统物业服务基础上，还提供多种产业配套服务，满足不同企业的个性需求。如综保物业除了提供客户服务、安全服务、工程服务、环境服务、市政服务等基础物业服务管理外，还致力于打造多种经营服务管理模式，包括机构餐饮服务、服务供应链管理、礼宾服务及会议管理、能源管理等，致力于成为优秀的产业配套服务集成商。

4. 聚焦专业领域，成就服务特色

产业园区中的企业通常按照产业类型聚集，每一产业中的企业具有各自的特点和不同的服务需求，一些园区物业服务商聚焦特定产业领域，提供专业的、配套的、量身打造的物业服务，形成强大的专业竞争力来

源。如均豪不动产聚焦高科技产业制造集聚区，为上海张江、北京中关村科技园、武汉光谷、苏州普洛斯等一批国家级重点高新区、经开区、科技园、工业园、产业基地等提供国际标准化的园区设施管理服务，服务过的产业园区类型包括物流园、生命科学园、软件园、制造园、孵化器、加速器、生物医药、总部基地、危险品仓库、数据中心、特色产业园以及产业新城、科技新城等。

（三）疫情下，筑起园区防疫墙

2 月 10 日，全国多地正式迎来春节后的首个工作日。写字楼、产业园区等业态的物业服务企业也和住宅物业一样，加入防控一线。和其他业态相比，产业园区具有不同的特点：多种用途的建筑物，防控重点多；上下班、就餐时段公共区域人员密集流动，生产型产业园区货运车辆多，管控压力大；节后返工人员集中，疫情防控配合性工作多。

为了园区企业顺利复工，各物业服务企业根据产业园区的特点和防疫侧重点，有针对性地安排了具体防疫措施，主要体现在以下方面：

一是做好出入管控，园区物业是园区防控的第一道关口，把控好人员出入对疫情防控非常重要，漕河泾物业严格做好园区出入口管控、人员测温登记；中土物业对来往的每一位人员测温、登记。

二是加强公共区域消杀，返工潮来临，园区人员流动性增大，各园区物业都加大了消杀力度，幸福基业物业每日对大堂、电梯厅、卫生间、走廊等公共区域进行两次全面消毒，其中电梯按键、电梯轿厢、道闸等敏感部位每两小时消毒一次，并及时张贴消毒提示。

三是帮助企业对接、申报政策，帮助企业减少疫情造成的损失。金隅智造工场积极推进中小微企业租金减免政策的落实工作，通过与相关企业客户沟通联系，耐心细致解读政策，安排专人配合企业客户做好申报材料的组织填报和收集整理，确保租金减免合规、及时、准确。

四是保障防疫物资，如均豪园区很早就建立的分供商机制发挥了重要作用。他们充分利用均豪集中采购平台，发挥众多供应商资源优势，为应急支援小组提供充足、专业的防疫装备及物资。金隅投资物业将海淀区政府赠送园区的 2000 个口罩分发给复工企业，并向客户赠送消毒液、酒精、免洗洗手液等防疫物资。

五是采取一些防疫小妙招，更好地助力疫情防控，如均豪不动产做了许多严密有效的防控措施，如分流复工、雾化车消毒、取消指纹打卡、隔离餐厅等，借助甲方、政府、入园企业的力量等开展园区防疫工作，极大地保障了园区企业的顺利复工。

五、产业园区物业管理的发展前景和趋势

（一）市场化特征日益凸显，业态竞争加剧

产业园区的兴起以国家战略为依托，以国家级和省级开发区为核心，因此园区的物业服务一般由具有国资背景的产业园区开发商设立的配套企业提供。随着产业园区的日益发展，逐渐呈现现代化、市场化和国际化特征，一些具有国际背景的物业管理服务企业如五大行，以及市场化的物业服务企业如天骄爱生活、均豪不动产等逐渐在产业园区物业服务领域占据一席之地。多种类型的物业服务企业正在进入产业园区领域，不同背景、不同发展阶段、不同定位的物业服务企业共存于产业园区业态，产业园区物业服务市场日益呈现市场化特征。为了维持和争夺更多的市场份额，物业服务企业将致力提升服务能力，提供更加优质的服务，产

业园区业态的市场竞争将愈加激烈。

（二）服务链条不断延伸，逐渐覆盖园区全生命周期

由于所服务客户的特殊性，产业园区物业管理高度重视传统的“四保”服务，在此基础上不断丰富服务内容，提供包括政府主管部门对接、园区餐饮、园区住宿、设施管理、设备租赁多种服务。除此外，服务已经渗透到产业流程并还在不断延伸，为入驻企业提供咨询、创投、金融租赁、物流支持、财务、人力资源、呼叫中心、服务外包等多项增值服务。产业园区物业服务多元化特征明显，不断向下游延伸，为物业服务企业挖掘到更多的盈利点。

产业园区的物业管理在园区前期开发阶段积极介入具有十分重要的意义，产业园区多处于城市郊区，配套设施不够完善，容易出现停车位稀缺、没有配套商业服务的问题，容易造成产业园区的人才流失问题。物业服务企业在服务客户过程中积累的足够的专业经验和人才储备，在前期开发时积极介入，提供园区规划设计等咨询服务，能够向上游的企业园区项目输出管理方案、标准和模型，能够提前解决园区后期运营的痛点和难题。

产业园区物业管理承担了服务园区经济的使命，已经成为产业园区服务体系中的一个重要环节。产业园区物业服务企业能够打通园区上下游服务链条，提供全覆盖生命周期的完善服务，能够增强自身的市场竞争力。

（三）智慧化引领未来发展方向

O2O体验式服务、物联网、大数据等科技的到来，催生了智慧园区、智慧城市等一系列新概念，产业园区物业管理必将进入基于人与人、人与物通过线上软件和线下硬件相结合的智慧园区服务时代。智慧园区可以帮助物业实现智慧门禁、智慧报修、智慧管理等新服务方式，提高服务质量和管理效率。随着5G技术的快速应用，未来智慧园区建设必将进一步提速。园区物业管理迫切需要和现代化的管理技术和手段结合，以实现物业管理服务的转型和升级。

目前我国部分产业园区物业服务企业在智慧建设方面已经取得了一定的成就，如均豪不动产建立了集支撑网图站点服务、智能安防、智慧保洁等服务功能于一体的集控中心平台，强电、消防、安防、燃气、给水、空调、采暖、电梯、停车场等设备信息均能接入平台，全面提升产业园区的安保等级、运营效率以及服务质量。亿达服务借助易达云图这一智慧园区全场景解决方案，连接空间、企业与服务，基于大数据分析与物联网技术，建立集楼宇资源管理、客户管理、合约管理、财务管理为一体的园区管控体系，并组建专业团队打造一站式无忧服务，有效提升园区运营管理效率与园区综合竞争力。

学校物业管理发展报告

概述

自20世纪80年代，我国开始推行高校后勤社会化，到1999年国务院办公厅召开第一次全国高校后勤社会化改革工作会议，我国高校后勤工作进入了发展的快车道，市场机制在后勤资源配置中的作用逐渐增强，高校后勤保障能力、运行效率和服务质量显著提高，为我国高校教育事业的发展保驾护航。

近年来，我国学校物业政策法规逐渐完善，学校后勤保障工作日益深入。社会化将成为学校物业的发展方向，学校物业的发展空间广阔。鉴于我国国情和学校物业服务对象的特殊性，学校物业在推进社会性的同时，与公益性双向渗透，最大限度地提升服务质量的提升和服务成本的下降。同时，教育工作的向精细化方向发展，学校物业同步发展，校内师生的需求得到挖掘和显现，企业提供的服务向多元化拓展。此外，在行业发展飞速的大背景下，学校物业也成为物业服务企业布局的重要方向，专业赛道逐渐成型，多家企业获得学校和社会的认可，市场份额得到进一步的扩大。

回顾过去的一年，学校物业在政策、资本市场、高新技术、教育精深化和行业飞速发展的大背景下，迎来的新的发展契机。学校物业对专业复合型人才的需求强烈，专业服务能力将有望得到进一步提升，同时，高新技术的应用，将赋能学校物业，推进智慧校园建设。而2020年初，突如其来的疫情对学校物业带来冲击的同时，也为学校物业带来警醒和启示，未来，学校物业也将加大对应急机制和标准化建设的重视，业态发展迈向专业化、市场化和规范化，管理模式向一站式服务、一体化平台、大物业方向发展。

一、学校物业主要服务内容和特征

（一）公益性与社会化双向渗透，促进物业服务新发展

学校后勤工作在学校建设之初便已存在，物业管理服务支持着学校教学工作的顺利开展，往往伴随着学校的发展而不断变革，在学校后勤工作中扮演着重要的角色。从服务特点上看，学校物业承担着育人的责任，致力于为师生营造良好的教学、科研氛围，提供安全的校园环境和高品质的服务，并对提高教学服务质量、维护教学秩序具有基础性和保障性的作用。从经营和收费模式上看，学校物业费收费标准需要由政府物价部门审批，并通过成本加成法定价，并不是完全按照市场化方式进行核算，部分物业服务的收费是低于市场水平的，例如学校的住宿、餐厅、班车等。学校物业服务于师生生活管理，并不能以利润最大化作为其工作重

点，学校物业具有公益属性。

随着学校办学规模的不断扩张，教育工作向内涵式、高水平方向发展，传统体制下的学校后勤服务显现出不适性和滞后性。传统的“小机关、多实体”的学校后勤管理模式，制约和拖累学校的发展。在学校后勤社会化改革的推进下，学校工作从包办后勤的重负中剥离出来。学校将工作重点放在促进教学思想、观念、办学模式的转变和高校办学规模的扩大，高等教育的稳定可持续发展等方面。学校物业服务也逐渐追随教育工作的脚步，逐步向市场化、专业化方向迈进。

物业管理行业发展的上升通道，从未来趋势上看，社会化是学校物业长期可持续发展的重要发展方向。根据我国国情以及学校物业服务对象的特殊性，学校物业的发展并不能摒弃公益属性。学校物业管理模式应在公益性的前提下，开放校内市场，引进竞争机制，从而选择综合实力强、品牌影响力大、口碑良好、能为师生提供高品质服务的社会化物业服务企业。学校物业的公益性与社会化属性双向渗透，共同治理于提升学校物业服务质量和管理水平的大幅提升，降低成本，实现企业的提质增效，并致力于提供优质的物业服务，提升师生满意度，保障学校的可持续发展和校园稳定。

（二）服务需求意识增强，物业服务向多元化拓展

随着学校后勤社会化改革向纵深方向发展，学校物业管理工作取得明显的进展。学校物业服务主要是向教师和学生提供服务，相对人员层次和来源较为复杂的住宅物业、办公物业、写字楼物业、公众物业等，学校物业的服务对象相对较为单一，更利于提供个性化的特色服务。同时，学校物业的服务重点和目的是保障师生安全和满足教学的需求，物业管理理念应更符合学校教育属性，并随着学校需求的变化，提升服务质量。

校园中的物业类型涵盖了教学楼、办公室、教学实验室、体育文化场馆、学生公寓、家属区、图书馆、餐厅、操场等多种物业类型，同时，学校服务重点围绕学校育人的根本属性提供服务，坚持以师生为主体，提升服务的体验感和满意度。此外，学校物业服务对象的服务需求具有周期性、突发性和差异化服务的特点，因此，在提供卫生保洁、安全保卫、绿化养护和学校水电冷暖设备管理、消防设备、电梯等设施设备的保养和维修的基础上，结合教学、行政办公、科研实验、校园活动、餐饮、住宿等全周期的不同需求，物业服务不断向专项物业服务、教务辅助服务、资产运营管理等方面延伸，物业管理服务亦涵盖了商务服务、行政会务服务、个性化的维修服务、生活服务以及其他个性化定制服务（图1）。

基础物业服务

- 学校安全保卫、消防安全
- 绿化养护
- 日常设施设备、教学设备保养维修及维护
- 各类楼宇、场馆、室外道路及周边环境的卫生保洁管理

- **商务服务：**提供打印、复印、传真、装订、票务、物业管理档案资料管理服务等
- **行政会务服务：**针对学校行政办公、学术交流等会议功能，提供会务接待、绿植摆放等会务支持
- **维修服务：**为师生提供电脑、空调、小家电的维修服务
- **个性化生活服务：**为师生提供洗衣、送餐、保洁、快递等个性化支持服务
- **其他服务：**班车服务、活动策划、协助消防开展校园特色文化活动等

多元化增值服务

图1　学校物业管理服务业务开展情况

总的来看，服务育人、管理育人始终是高校后勤的重要职责，为保障教学和学习生活的顺利开展，发挥了重大作用。通过对服务需求的深入挖掘，物业服务企业在做好基础物业服务的基础上，将业务服务深入师生生活中，物业服务的范围向多元化方向拓展。

（三）管理模式转型重塑，专业赛道逐渐成型

在政策支持、资本市场加持、新技术迭代等多种因素的助力，物业管理行业迎来发展的机遇期，物企抓住发展机会采用多种方式拓展规模，同时更多的行业头部企业加大多业态布局，多板块协同发展。随着后勤服务社会化进程推进，学校物业管理服务由粗放型向管理精细化、服务专业化、流程规范化方向发展，从服务主体到服务对象都对物业服务的品质有了新的要求，重视度加强，成为教育事业中不可或缺的重要组成部分。

目前，国外高校后勤管理模式已经较为成熟，包括的类型主要为，一是学校直接参与模式，以英美高校为代表，学校往往设有专门的后勤管理部门，直接参与和独立提供一切学校后勤服务；二是机构提供服务模式，主要为德、法高校为代表，即在国家层面建立大学生服务中心，向国内高校统一后勤管理服务；三是联合经营模式，以日本高校为代表，即学校与社会机构共同承担高校后勤管理工作，为师生提供生活服务。

近些年在学校后勤社会化的推进下，我国学校物业不断探索，寻找适合自身发展的路径，学校物业服务得到长足的发展。从管理规模上看，物业管理面积不断扩充，其广阔的发展空间吸引了更多的企业入局，行业竞争加剧。根据学校不同的情况和特点，学校物业的改革探索呈现出阶梯性分布，管理模型也由最初的学校后勤部门自管，向引进专业物管公司，推进后勤管理市场化方向发展。从活跃在头部的学校物业服务企业来看，目前布局学校物业的企业主要分为三类。

第一类由学校后勤管理集团转型为专注于学校物业服务的企业。该类物企脱胎于传统教育后勤服务部门，经过市场化推进，逐渐转化为独立的物业管理公司。这类企业与学校的联系更为紧密，对服务对象的需求敏感度更高，与学校的业务协作和配合更为契合。例如东吴物业、浙大新宇物业和浙大求是物业等。

第二类是独立第三方的物业服务企业，通过市场化拓展在学校物业领域发展深化，该细分业态逐渐发展为其重点发展，企业积累了丰富的业态管理经验，并建立了成熟的业务体系。例如新大正、山东明德物业、丹田物业等。

第三种深耕住宅物业的行业头部企业在学校物业领域开拓新的服务业务。该类企业注重多元化的发展需求，具有多业态的管理服务经验，是在早期便率先切入学校物业领域，具有良好的市场声誉和品牌影响力，例如招商积余（主要是中航物业），该类企业具有细分壁垒和业态先发优势，在学校物业管理服务方面具有品牌影响力和声誉，在细分业态的拓展和管理成为企业新的竞争赛道。

从整体的管理情况上看，目前我国学校后勤社会化程度仍有不足。得益于政策、资本市场、新技术以及行业的飞速发展，学校物业也迎来新的发展契机，物企结合自身的特点和学校实际情况，逐渐走出适合自身发展的管理模式和路径，学校物业领域的专业赛道逐渐成型，行业竞争逐渐加剧。

二、学校物业市场空间及驱动因素分析

（一）政策法规逐步完善，高校后勤保障化日益深入

学校后勤工作是我国教育事业的重要组成部分，对于高校来说，后勤工作，是其教学科研等一切活动顺

利开展的基础和保障，直接影响着高校人才培养、科学研究、社会服务和文化传承创新功能的质量和成效。自 20 世纪 80 年代，我国开始推行高校后勤社会化，旨在将高校后勤的经营活动从学校行政事业管理体系中分离出来，消除教育发展的瓶颈和问题，推进教育事业的健康可持续发展。

1985 年中共中央会议上通过了《中共中央关于教育体制改革的决定》，首次提出高等学校后勤服务工作的改革方向是社会化，强调后勤服务的社会化改革对于保证教育改革的顺利进行极其重要。1993 年中国教育出版社出版的《中国教育改革和发展纲要》提出学校的后勤工作，应通过改革逐步实现社会化；1998 年，教育部发布的《面向 21 世纪教育振兴行动计划》第 35 条明确指出“要大力推进高等学校内部管理体制改革。加速学校后勤工作社会化改革，精简分流富余人员。高等学校招生计划的扩大要同学校后勤工作社会化的进度挂钩”。“争取 3 ～ 5 年内，大部分地区实现高校后勤社会化”。1999 年 6 月 15 日第三次全国教育工作会议上，朱镕基总理又提出了“要把后勤从学校剥离出来，实行后勤服务社会化，鼓励社会力量为学校提供后勤服务”。教育部印发的《关于深化高校后勤社会化改革的若干意见》提出，稳步开放校内后勤服务市场，逐步剥离高校后勤服务经营职能，将后勤社会化改革成效、管理水平、保障能力纳入衡量学校办学水平的评价指标。1999 年 11 月，国务院办公厅在上海召开了第一次全国高校后勤社会化改革工作会议，对改革进行了全面动员和部署，提出了用 3 年左右的时间基本完成高校后勤社会化改革的目标，有力地推进了全国高校后勤社会化改革。上海会议后，教育局、国家计委、财政部、建设部、国家税务总局、中国人民银行等六部门等多部委发布《关于进一步加快高等学校后勤社会化改革的意见》（1999 年 12 月 14 日），进一步明确了高校后勤社会化改革的指导思想、原则、目标、步骤、政策、重点、办法和要求。此后，2000 年 12 月和 2001 年 12 月，分别于武汉和西安召开了第二、第二次高校后勤社会化改革工作会议。2010 年 7 月，中共中央、国务院发布《国家中长期教育改革和发展规划纲要（2010—2020 年）》，提出要扩大社会合作，推进高校后勤社会化改革（表 1）。

学校后勤社会化改革相关政策文件　　表 1

发布时间	发文机构	文件名称	主要相关内容
1985/05/27	中共中央	《中共中央关于教育体制改革的决定》	高等学校后勤服务工作的改革，对于保证教育改革的顺利进行，极为重要。改革的方向是实行社会化
1993/03/01	中国教育出版社	《中国教育改革和发展纲要》	学校的后勤工作，应通过改革逐步实现社会化
1998/12/24	教育部	《面向 21 世纪教育振兴行动计划》	加速学校后勤工作社会化改革，精简分流富余人员。高等学校招生计划的扩大要同学校后勤工作社会化的进度挂钩。选择若干条件较好的城市组建企业化经营管理的高校后勤生活服务集团公司，从事学生公寓物业管理以及学校后勤生活服务。争取 3 ~ 5 年内，大部分地区实现高校后勤工作社会化
1999/06/13	中共中央国务院	《中共中央国务院关于深化教育改革全面推进素质教育的决定》	加大学校后勤改革力度，逐步剥离学校后勤系统，推动后勤工作社会化，鼓励社会力量为学校提供后勤服务，发展教育产业
1999/12/14	教育部、国家计委、财政部等六部门	《关于进一步加快高校后勤社会化改革的意见》	学校后勤社会化改革的总体目标是：从 2000 年起，用 3 年左右的时间，在全国绝大部分地区基本实现高等学校后勤社会化，建立起有中国特色、符合高等教育特点与需要的新型高等学校后勤保障体系
2010/07/29	中共中央、国务院	《国家中长期教育改革和发展规划纲要（2010—2020 年）》	扩大社会合作，推进高校后勤社会化改革

同时，政府主管部门多次发布文件，在税收、公寓、学生食堂建设等方面进行规范，鼓励高校后勤走社会化发展道路。2000年财政部、国家税务总局印发了《关于高校后勤社会化改革有关税收政策的通知》，对高校后勤服务实体在剥离和转制过程中有关税收政策提出了优惠办法。2001年2月12日教育部印发了《关于大学生公寓建设标准问题的若干意见》的通知，对以社会化方式建设学生公寓进行了全面规划，引导和鼓励社会资金投入学生公寓建设，大力推进以社会化方式建设学生公寓。自此，将高校后勤服务纳入社会主义市场机制，建立由政府主导、社会承担为主，适合高校办学需要的法人化、市场化后勤服务体系成为校园改革的方向和重点。此外，教育部加快推进高校后勤社会化改革，持续出台了相应的政策措施。2011年，国家五部委印发《关于进一步加强高等学校学生食堂工作的意见》，从学生食堂管理专业化、规范化方向就推进高校后勤社会化改革。2014年中央编办、教育部、财政部联合印发《关于统一城乡中小学教职工编制标准的通知》要求，各地要按照中央改进政府提供公共服务方式、加大购买服务力度有关要求，继续深化中小学校后勤服务社会化改革，逐步压缩非教学人员编制。2015年10月，国务院印发《统筹推进世界一流大学和一流学科建设总体方案》，推进我国高等教育进入内涵式发展的实质性阶段。作为后勤保障部门，学校物业服务企业亦顺势而为，建立起适应高校发展的新型后勤服务保障体系，为建设“双一流”高校保驾护航。2018年1月，教育部机关服务中心党委书记、主任葛振江指出，要充分认识和发挥市场在资源配置中的决定性作用，按照推进实现后勤服务社会化的总体要求，积极探索机关后勤服务社会化保障模式（表2）。

学校后勤社会化改革推进过程中各项相关政策文件　　表2

发布时间	发文机构	文件名称	主要相关内容
2000/01/01	财政部 国家税务总局	《关于高校后勤社会化改革有关税收政策的通知》	对高校后勤社会化改革过程中有关的税收政策提出优惠办法，包括各类租金和服务性收入的税收优惠
2001/02/12	教育部	《关于大学生公寓建设标准问题的若干意见》	对以社会化方式建设学生公寓进行了全面规划，出台了相应的政策措施，引导和鼓励社会资金投入学生公寓建设
2002/02/22	教育部	《教育部关于进一步加强高等学校学生公寓管理的若干意见》	把改进和加强学生公寓管理作为高等学校后勤社会化改革过程中的一项重要任务，积极探索，大胆实践，努力完善管理机制，不断提高学生公寓的管理水平
2011/08/30	教育部等五部门	《关于进一步加强高等学校学生食堂工作的意见》	充分发挥行业组织的作用，要尽快系统地建立学生食堂的相关规章制度、规范、标准等，并做好监督落实工作。加强民办高校学生食堂的管理等

此外，中央在国家政策层面上高度关注高校后勤管理社会化改革，大力推行变革措施，成为高校后勤社会化改革的关键，并得到各地政府主管部门的积极响应。北京、广东、湖北、安徽等地先后出台相关政策，推动改革的落地。

总的来看，高校后勤社会化改革具有改革高校后勤管理体制和补充高校后勤资源的双重目的，最终目标是建立起“市场提供服务，学校自主选择，政府宏观调控，行业自律管理，职能部门监管”的新型高校后勤保障体系。在国家政策的支持和激励下，高校物业服务逐步迈向了专业化、市场化道路，这为物业服务企业提供了潜力巨大的市场。

（二）前景广阔，2025年仅物业费收入有望突破2千亿元

随着学校后勤社会化的推进、全国学校数量和管理面积的扩大，学校物业的市场空间也呈逐年上升态势。

根据教育部数据，全国各级各类学校的数量维持高位，近几年持续提升，特别是高等院校数量持续增加。全国各级各类学校建筑面积自 2012 年至 2018 年均以超过 4% 的增速增加。总的来看，截至 2019 年底我国各级各类学校共 53.01 万所，较 2018 年提升 2.2%。其中高等教育学校（包括普通高等学校和成人教育学校）数量除 2013 年减少 2 所以外，2009 年至 2019 年高等教育学校数量整体增加，至 2019 年达 2956 所，增加 16 所，提升 0.54%（图 2）。

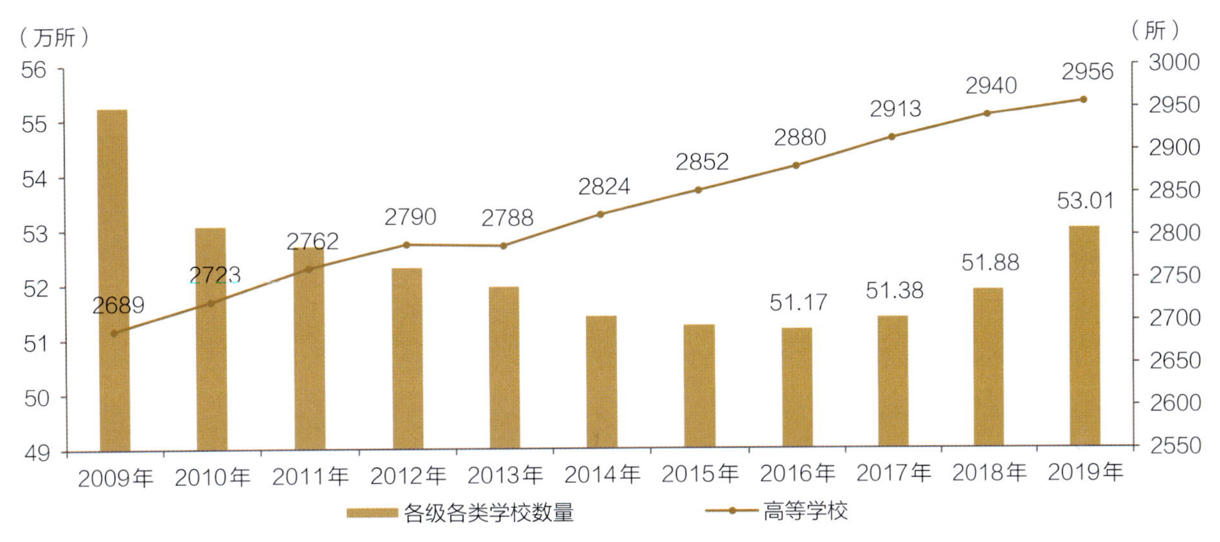

图 2　2009—2019 年全国各级各类学校及高等学校数量

数据来源：教育部发展统计公报

截至 2018 年底，全国各级各类学校共拥有校舍建筑面积达 35.73 亿平方米，较 2017 年增加 1.54 亿平方米，增长 4.5%（图 3）。根据公开数据显示，当前全国仅有 18%～28% 的学校将后勤业务全部向社会开放，校园物业的覆盖面尚少。随着全国后勤社会化改革的进一步推进，学校数量和管理面积增加等多因素助推学校物业发展，学校物业服务市场有望拥有较大的上升空间。

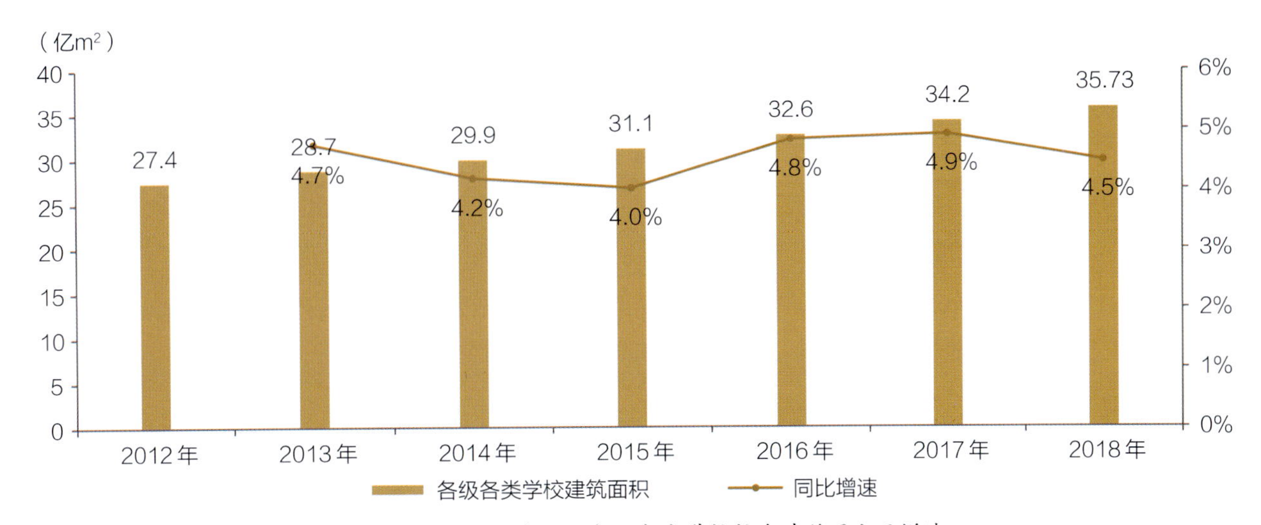

图 3　2012—2018 年全国各级各类学校校舍建筑面积及增速

数据来源：教育部发展统计公报

学校物业向市场化方向拓展，市场前景广阔。根据《2020 物业服务企业综合实力测评报告》，2019 年 500 强企业学校物业费平均水平为 3.20 元 /（平方米・月），根据该数据，可以估算 2019 年全国各级各类学校仅基础物业费的收入规模达到 1434.10 亿元。同时，学校物业管理规模和服务费平均水平呈上升趋势，预计至 2025 年学校物业仅基础物业费收入规模将突破 2000 亿元。

三、基于样本的学校物业服务市场数据分析

（一）学校物业发展指数走高，业态发展态势向好

随着学校后勤社会化改革的持续推进，以及学校物业税收政策、宿舍管理、餐饮管理等各管理层面的利好政策的逐渐出台和完善，学校物业的市场空间逐步释放。一方面，率先布局且专注于学校物业的服务企业，以先发优势和品牌影响力，迅速地在区域内获得快速扩张。另一方面，更多的物业服务企业加强对学校物业的关注和布局，促进学校物业向专业化、市场化方向推进，学校物业管理工作取得显著的进展。

从物业服务企业发展指数上看，2019 年，PMDI100 学校物业发展指数为 43.3，较 2015 年增加 34.6 个点，复合增长率为 49.25%，学校物业发展指数稳步提升。同时，更多的物业服务企业在学校物业领域发力布局，其中，500 强企业布局学校物业的企业数量、管理规模和营业收入均取得进一步的提升，PMDI500 学校物业发展指数也加速走高。2019 年，PMDI500 学校物业发展指数为 72.8，较 2018 年增加 15.1 个点，增速达 26.09%（图 4）。

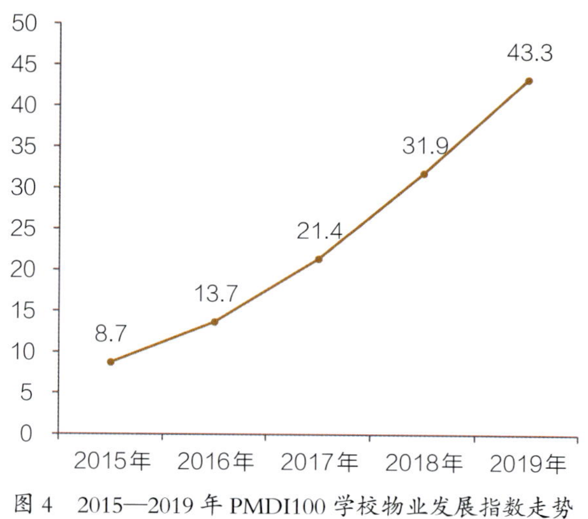

图 4　2015—2019 年 PMDI100 学校物业发展指数走势

（二）管理规模分析：积极布局扩规模，市场份额逐步提升

1. 管理规模持续扩张，市场集中度有待进一步提升

2019 年 500 强企业中有 328 家布局学校物业管理服务，占比 65.6%，较 2018 年增加 14 家。500 强企业学校物业管理项目 5297 个，平均管理项目数 16 个，均值较 2018 年增加一个。管理面积 7.70 亿平方米，同比增加 22.40%，平均管理面积 234.88 万平方米，较 2018 年增加 17.17%，单项目贡献面积 14.54 万平方米。此外，2019 年，500 强企业学校物业管理面积占 500 强企业管理面积总值的 5.76%，较 2018 年增加 0.46 个百分点，占行业物业管理规模的 2.49%，较 2018 年增加 0.23 个百分点（表 3）。

2018—2019 年 500 强企业学校物业管理规模关键指标　　表 3

	2019 年	2018 年	变化幅度
管理面积（亿 m^2）	7.70	6.29	22.40%
管理项目数（个）	5297	4645	14.04%
管理面积 – 均值（万 m^2）	234.88	200.45	17.17%
管理项目数 – 均值（个）	16	15	9.17%

续表

	2019 年	2018 年	变化幅度
布局的企业数（家）	328	314	4.46%
单位项目贡献面积（万 m^2）	14.54	13.55	7.33%
占 500 强物企总面积的比例	5.76%	5.30%	增加 0.46 pct.
占行业总管理面积的比例	2.49%	2.25%	增加 0.23pct.

竞争格局分散，大多数企业学校物业管理规模仍主要集中在百万平方米以内。其中，500 强布局学校物业的企业中 60.67% 学校物业管理规模低于 100 万平方米，较上年减少 3.34 个百分点。仅 4.88% 的涉足学校物业的企业其学校物业管理规模高于 1000 万平方米，较 2018 年增加 0.42 个百分点，集中度有待进一步提升（图 5）。

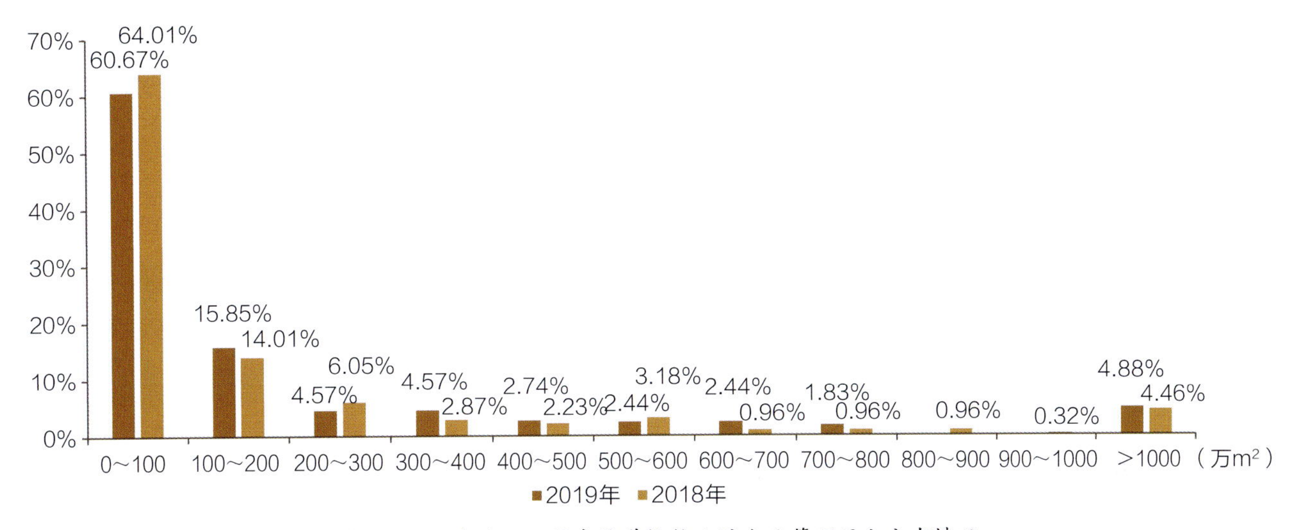

图 5　2019 年度 500 强布局学校物业的企业管理面积分布情况

2. 抓住发展机遇扩规模，500 强企业项目布局广泛

2019 年，500 强企业学校物业管理项目 5297 个，项目布局广泛，除台湾省外，学校物业项目分布在其他 33 个省、自治区、直辖市和特别行政区，近 300 个城镇，以及马来西亚等海外城市。从城市能级分布上看，500 强企业管理的学校物业项目中，分布在一线城市的管理面积为 1.10 亿平方米，占学校物业总管理面积的 14.33%；二线、三四线城市管理面积分别 4.04 亿平方米和 2.56 亿平方米，占比为 52.39% 和 33.27%。学校物业在海外城市布局的项目为 9.41 万平方米，占比 0.01%（图 6）。与 2018 年相比，500 强企业学校物业管理面积及占比在一线城市略有减少，在二线城市、三四线城市管理面积及占比均有增加，海外城市管理面积及占比与上年持平。

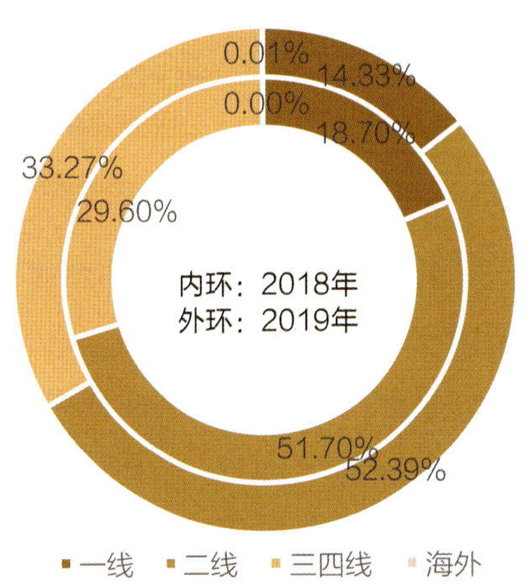

图 6　2018—2019 年度 500 强企业学校物业不同城市级别管理面积占比

3. 百强企业积极布局，学校物业成重点布局领域之一

物业管理行业发展空间广阔，2019 年以来，非住宅物业领域成为物业服务企业关注的重点方向，更多物业服务企业加大对非住宅物业布局。其中，学校物业领域，布局的企业数量逐渐增加，成为物业服务企业更

点布局的细分领域之一。2019 年，百强企业中有 84 家布局学校物业，占比 84%，较 2018 年增加 4 家（图 7）。

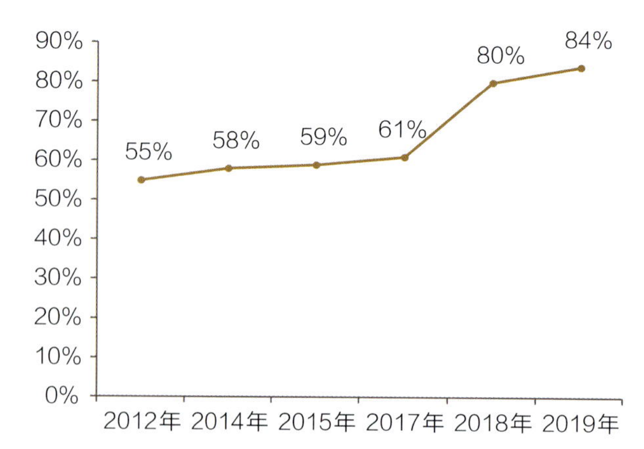

图 7　2012—2019 年百强企业布局学校物业服务企业数量占比

物业服务企业积极布局，拓展力度加大。近几年，百强企业积极布局学校物业管理服务，2019 年百强企业学校物业管理面积为 4.78 亿平方米，同比增长 33.39%，管理面积均值 569.40 万平方米，同比增长 27.03%。管理项目 2800 个，同比增长 26.93%，布局学校物业的企业平均管理 33 个项目，较 2018 年每家企业平均增加 5 个（图 8）。

同时，百强企业学校物业的市场份额进一步加大。2019 年，百强企业学校物业在百强企业总管理规模中的占比达到 5.29%，较 2018 年提升 0.81 个百分点，在行业总管理面积中占比 1.54%，较 2018 年增加 0.26 个百分点（图 9）。

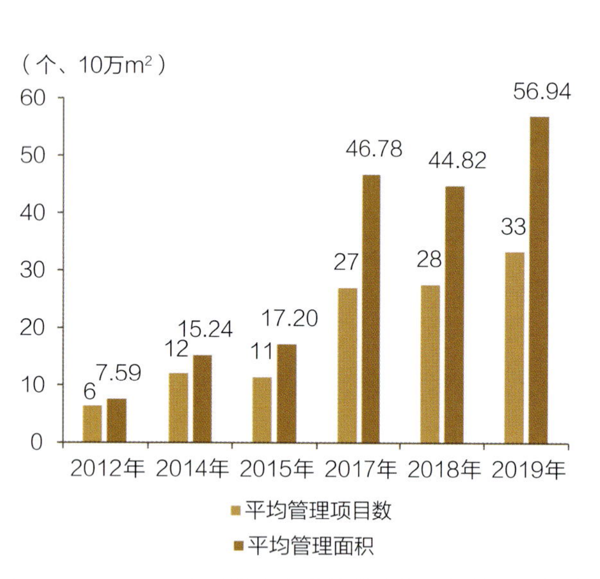

图 8　2012—2019 年百强企业学校物业管理规模均值分布

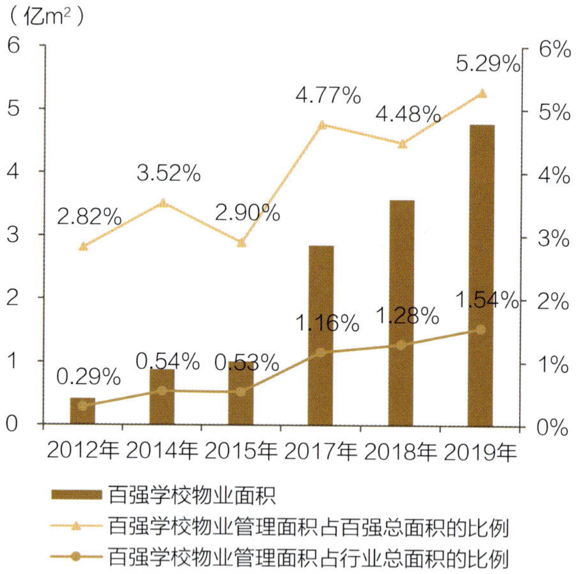

图 9　2012—2019 年百强学校物业管理面积及其市场份额

此外，优势集中在头部企业，500 强企业学校物业管理面积超六成集中在百强企业。2019 年，百强企业学校物业管理面积和 500 强企业学校物业分别为 4.78 亿平方米和 7.70 亿平方米，百强学校物业管理面积在 500 强学校物业管理面积中占比达到 62.08%，较上年增加 5.11 个百分点（图 10）。

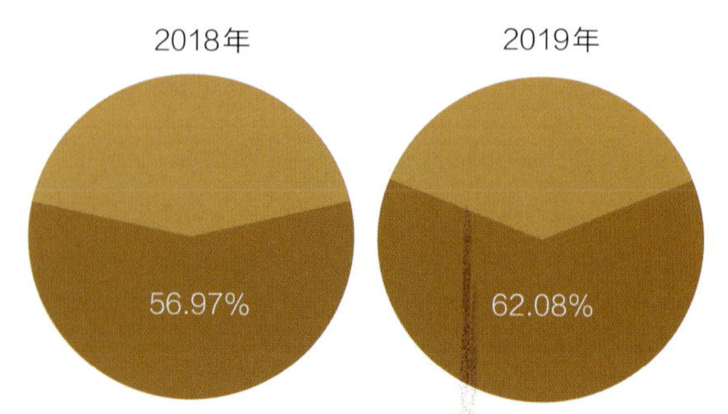

图 10　2018—2019 年百强企业学校物业管理面积在 500 强企业学校物业管理面积中的占比

在运营效率方面，百强企业单个项目贡献面积提升，企业向大盘运营方向转变。2019 年，百强企业学校物业单位项目贡献面积达 17.08 万平方米，同比增长 5.09%，高于 500 强企业学校物业单位项目贡献面积（14.54 万平方米）（图 11）。

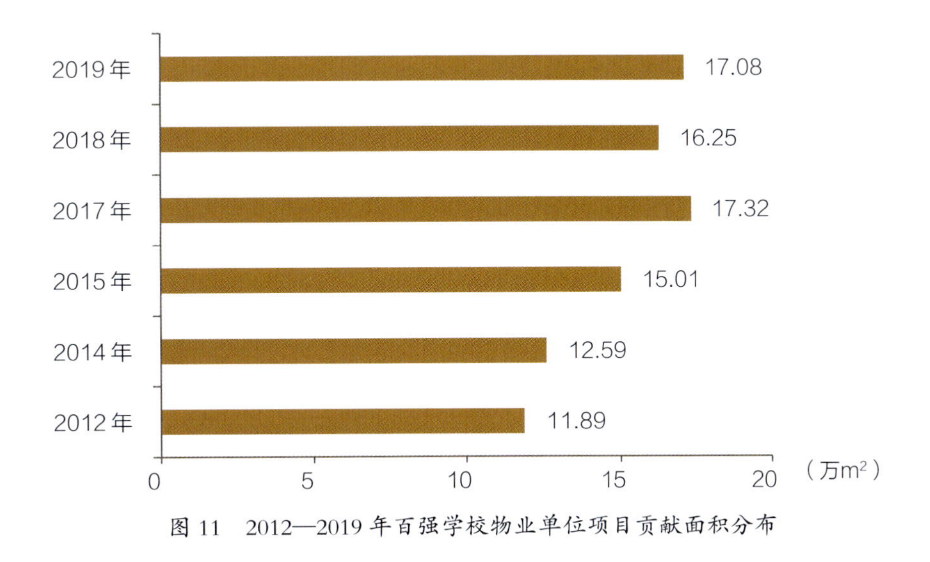

图 11 2012—2019 年百强学校物业单位项目贡献面积分布

（三）经营绩效分析：经营业绩稳健提升，企业管理效率提高

1. 经营业绩稳健提升，竞争格局仍较为分散

学校物业管理服务专业性强，服务品质佳，市场空间广阔。物业服务企业学校物业领域管理规模稳步扩张，业务向多元化方向拓展，带动学校物业服务费收入增加。2019 年，500 强企业学校物业费收入 144.00 亿元，同比增加 28.54%，均值为 4390.31 万元，同比增加 23.06%。同时，500 强企业学校物业服务收入在 500 强企业物业服务总收入和物业管理行业总收入中占比分别 5.41% 和 1.37%，较 2018 年增长 0.45 个百分点和 0.13 个百分点，市场份额逐渐增大。此外，从运营效率上看，500 强企业学校物业单位项目创收能力和单位面积创收能力均显著增加，其中，2019 年，两者分别达到 271.86 万元和 28.15 元，分别同比增加 10.09% 和 14.96%，运营效率提升（表 4）。

2018—2019 年 500 强学校物业经营绩效关键指标　　表 4

项目指标	2019 年	2018 年	变化幅度
学校物业费收入（亿元）	144.00	112.03	28.54%
学校物业费收入均值（万元）	4390.31	3567.73	23.06%
单个项目创收能力（万元）	271.86	241.18	12.72%
单位面积创收能力（元）	18.69	17.80	5.02%
占 500 强物业服务总收入比例	5.41%	4.96%	增加 0.45pct.
在物业管理行业总收入占比	1.37%	1.24%	增加 0.13pct.

从学校物业费收入层次分布上看，布局学校物业的 500 强企业物业费收入超过均值的企业不足两成。具体来看，81.10% 布局学校物业的企业学校物业费收入在 5000 万元以下，较上年减少 0.66 个百分点。学校物业费收入超过亿元的企业占比 10.98%，较 2018 年增加 3.01 个百分点，其中，学校物业费收入超过 5 亿元的企业占比 0.91%，较 2018 年增加 0.27 个百分点（图 12）。部分企业加大对学校物业的重视，该业态逐渐成为企业营收主力之一。

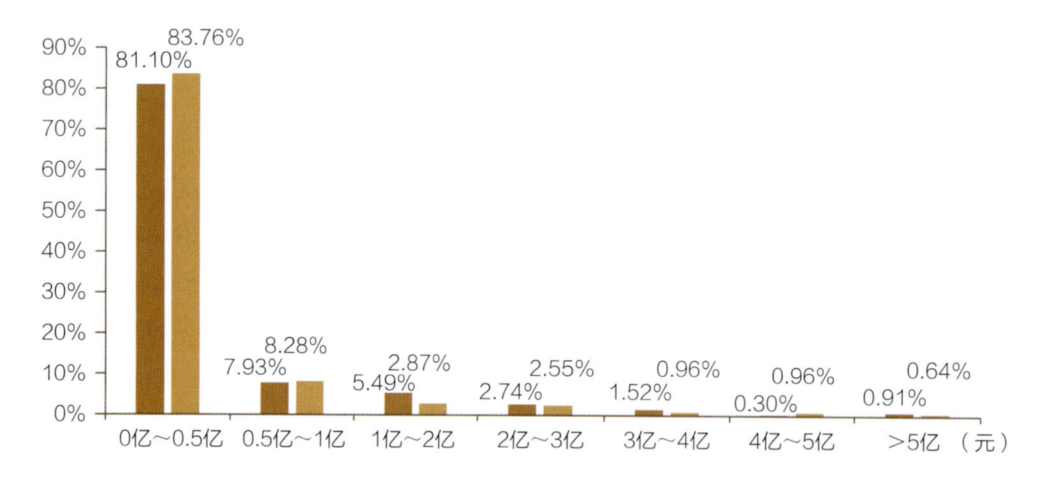

图 12 2018—2019 年 500 强布局学校物业的企业各收入层级企业数量占比

2. 500 强企业学校物业费均值为 3.20 元 /（平方米 · 月）

学校物业管理服务注重服务品质，目前，物业管理规范尚弱，仍在持续加强。从业委会的建设情况看，2019 年，500 强企业学校物业管理的项目中超过九成的项目尚未成立业委会，业委会已成立和筹备中项目分别占比 6.68% 和 0.93%，业委会的建设情况目前尚弱（图 13）。

同时， 2019 年布局学校物业的 500 强企业所管理项目中包干制和酬金制收费模式的项目分别占比 93.52 % 和 6.48%，学校物业收费模式仍是以包干制为主（图 14）。学校物业项目的收缴率为 99.47%，为行业各业态之最。

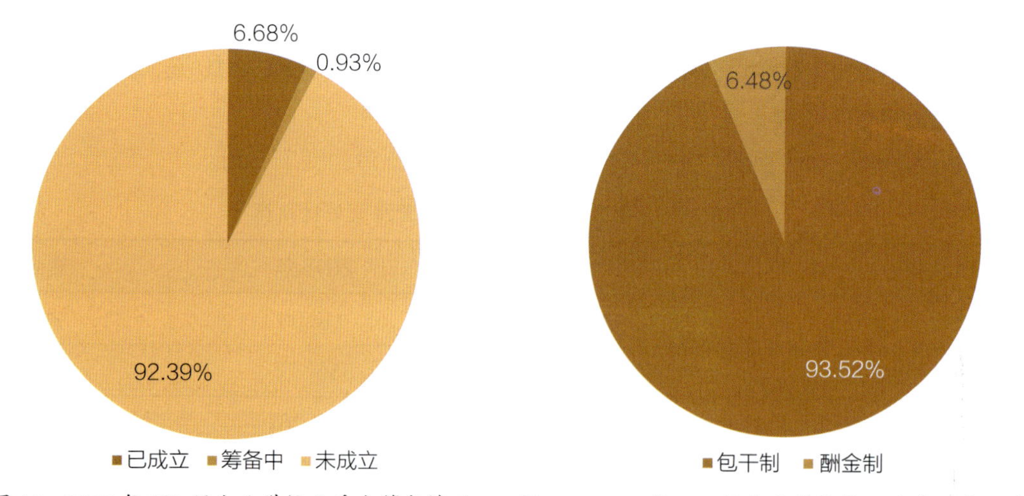

图 13 2019 年 500 强企业学校业委会筹备情况　　图 14 2019 年 500 强企业学校物业收费模式分布

收费模式的不同，影响物业费收费水平。2019 年，500 强企业学校物业费平均水平为 3.20 元 /（平方米·月）。其中，包干制收费项目物业费平均水平为 3.03 元 /（平方米·月），酬金制收费项目物业费水平为 5.78 元 /（平方米 · 月）（图 15）。

不同城市级别的物业费水平也有明显的差异。2019 年，500 强企业学校物业项目在一线城市的物业费平均水平为 4.46 元 /（平方米 · 月），二线城市为 2.75 元 /（平方米 · 月），以及三四线城市为 2.57 元 /（平方米 · 月）。二线和三四线城市均低于物业费平均水平，一线城市物业费水平远高于二线和三四线城市（图 16）。

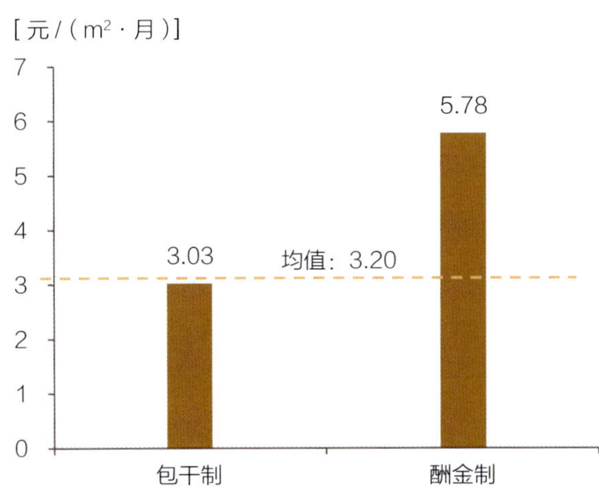

图 15 2019 年 500 强企业学校物业不同收费形式的物业费情况

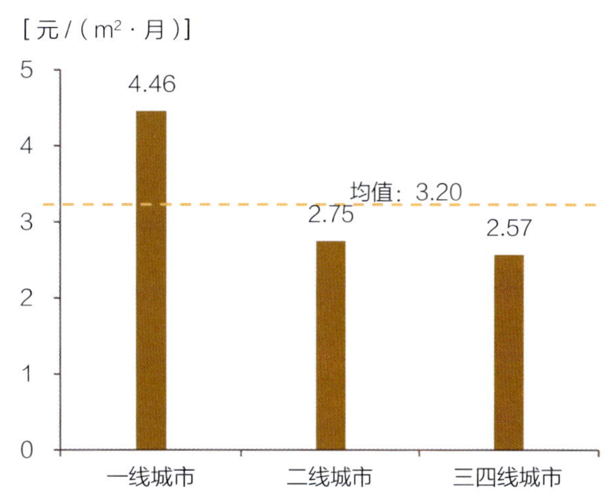

图 16 2019 年 500 强企业学校物业在各城市等级物业费平均水平

3. 百强学校业态收入贡献比提升，运营管理提质增效

百强企业加大对学校物业拓展力度，加上物业费水平的提升和收缴率的增加，带动学校物业费收入的提升。2019 年，百强企业学校物业费收入为 83.44 亿元，同比增加 37.77%，均值为 9933.57 万元，同比增长 31.21%。同时，百强学校物业费在百强物业费总收入中的占比逐年提升，贡献度增大。2019 年百强学校物业费在百强物业费总收入中占比达到 5.08%，较 2018 年增加 0.69 个百分点。此外，2019 年百强学校物业集中了 500 强企业学校物业费的近六成（57.94%）的收入，较 2018 年增加 3.88 个百分点（图 17）。

从运营收益上看，近三年百强企业学校物业单位项目创收能力和单位面积创收能力均逐渐增强，其中，2019 年百强企业学校物业单位项目创收能力由 2017 年的 234.70 万元增长至 298.01 万元，年复合增长率为 12.68%。单位面积创收能力由 2017 年的 13.55 元增长至 17.45 元，年复合增长率 13.45%（图 18）。

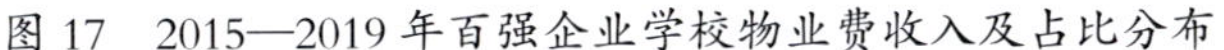

图 17 2015—2019 年百强企业学校物业费收入及占比分布

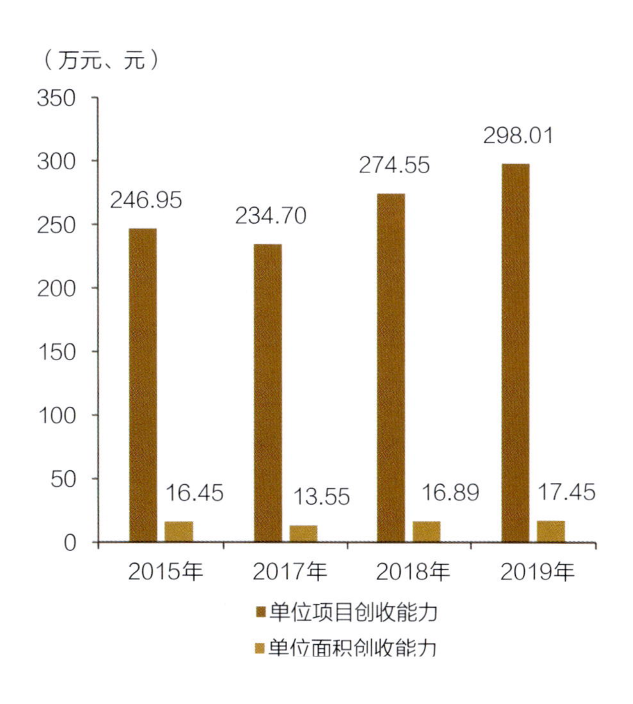

图 18 2015—2019 年百强学校物业运营收益指标分布

四、学校物业管理代表模式

（一）细分赛道崭露头角，多家企业获学校和社会认可

目前，学校物业管理服务市场化程度仍较低，仍有大量的市场空间有待释放。随着物业管理行业发展的上升时期以及学校后勤社会化的持续推进，不少物企加大在非住宅物业领域的拓展，其中在学校物业领域亦有不少的优秀入局者。学校物业归功物业服务的准入性门槛较高，对服务专业性和服务品质有较高的要求。经过多年的发展，多家企业持续深耕物业服务，并加大业态布局，协调发展，在学校物业这一细分赛道上崭露头角。例如，苏州东吴物业、浙大求是物业、浙大新宇物业、新大正、山东明德物业、丹田物业、招商积余、保利天创等。

其中，苏州东吴物业、浙大求是物业和浙大新宇物业，均脱胎于学校后勤部门，顺应社会化改革的政策，逐渐转变为物业服务企业，并开始承接第三方项目，在业务布局范围上，三家企业均主要专注于长三角地区物业服务。鉴于其兼具高校后勤背景，与学校使命高度契合、企业遵循教育发展的规律，紧贴师生需求，服务育人，管理育人。

新大正、明德物业和丹田物业等企业在早期便涉足高校后勤专业化管理的企业。历经多年高校后勤社会化改革的锤炼和洗礼，企业在高校后勤服务领域积累了丰富的业态管理经验，在服务领域具有先发优势，专业化程度较高，业务也由单一的专项服务项校园绿化、保安、保洁、设备维护等综合服务以及校园新零售、洗衣、快递等校园增值服务板块拓展。该类物企在该业态的具有高品质的物业管理模式和品牌影响力，项目布局广泛。其中，新大正在学校领域形成领先优势，围绕“让学校专注教育”的服务理念，努力实现“三全育人”设计学校的师生生活服务、教学辅助管理、学生公寓管理等服务模式；项目布局重庆、四川、贵州、云南、湖南、湖北、陕西、广西、江西等多个省市，66 个服务项目，其中 2019 年新签约项目 19 个，新进场项目 10 个，主营业务收入占 22.35%，业绩保持稳定增长。明德物业立足山东，面向全国，走向世界，物业服务项目包括吉林大学、华中科技大学、山东大学等近 200 所高校。

以招商积余为代表行业头部企业，综合实力较强，拥有多业态管理经验，具有较强的品牌影响力和口碑，较早布局学校物业领域，在业态发展中，具有一定的市场声誉。2019 年招商积余新增学校物业包括西安交通大学中国西部创新港、上海应用技术大学、大连理工大学陵水校区、山东第一医科大学、火箭军工程大学、深圳荟同国际学校等。

此外，布局学校物业的物企布局较为分散，行业集中度相对较低，有明显的区域性。如，新大正学校物业主要集中在重庆，保利天创在湖南地区高校中占据优势，苏州东吴物业、浙大求是物业和浙大新宇物业主要集中在长三角地区，丹田物业亦为区域性公司，规模偏小。

（二）项目拓展频频，学校物业市场竞争加剧

在政策支持、资本市场青睐、居民消费升级和品牌意识加强的背景下，行业迎来高速发展时期。现阶段，扩规模和多业态布局协同并举，仍是企业的主旋律。综合类行业头部企业以及“专而美”的细分赛道的头部企业在行业发展的浪潮中占据有利地位。随着国家大力提倡后勤社会化，学校物业逐渐迈向市场化投标之路，布局学校物业的企业数量增多，企业也不断地扩张学校物业管理服务的数量和范围，中标学校物业的项目增多，行业竞争加剧。由于学校物业的专业性强、门槛高，在专业能力、品牌实力上的要求较高。对于率先布局学校物业的企业，具有先发优势，其积累的经验将助力企业在激烈的竞争中站稳及脱颖而出。公司具有更

大的拓展空间（表 5）。

2019—2020 年 6 月部分物业服务企业学校物业典型中标、项目拓展　　表 5

中标时间 / 披露时间	企业	中标项目	占地面积
2019 年 5 月	中航物业	中国西部科技创新港西安交通大学新校区	建筑面积 46.86 万 m^2，管理面积 31.43 万 m^2
2019 年 6 月	中海物业	澳门大学大型综合物业管理服务	服务面积达 25.5 万 m^2，包括 1 栋宾馆和 19 栋楼宇在内，共 2501 个宿舍单位和 740 个车位
2019 年 6 月	新宇集团	绍兴文理学院	校园占地面积 1488.97 亩，另有水域使用面积 36.78 亩，校舍总建筑面积 63.82 万 m^2
2019 年 6 月	安徽长城物业	中标河南经贸职业学院校园物业服务项目	占地 843 亩，建筑面积 54 万 m^2
2019 年 7 月	安徽长城物业	再次中标河南信息统计职业学院物业服务项目	占地面积 373 亩，建筑面积 22.8 万 m^2
2019 年 8 月	丹田股份	湖南工业职业技术学院	占地 1031 亩，建筑面积 38 万 m^2
2019 年 8 月	冠深物业	中标中共福建省委省直机关工委党校	占地面积约 7 亩，校舍建筑面积 9000 多 m^2
2019 年 8 月	冠深物业	福州三中滨海校区	校园总建筑面积 159861.79m^2，用地面积 158554m^2
2019 年 10 月	安徽长城物业	河南警察学院（开封校区）	占地近 400 亩，总建筑面积 10.1 万 m^2
2019 年 11 月	中海物业	澳门理工学院综合管理服务	—
2019 年 11 月	中航物业	清华大学双清公寓	总建筑面积约 45000m^2
2020 年 1 月中旬	明德物业	天津商业大学	—
2020 年 1 月	旭辉永升服务	三河市第三中学	—
2020 年 2 月	中航物业	深圳广播电视大学	占地面积 6500m^2，使用面积 2.5 万 m^2
2020 年 3 月	招商物业	荟同国际学校	建筑面积约 57000m^2
2020 年 3 月	明德物业	进驻莆田学院	—
2020 年第一季度	中航物业	山东第一医科大学	服务面积合计约 132 万 m^2
2020 年第一季度	中航物业	上海应用技术大学徐汇校区及奉贤校区新教师公寓	建筑面积合计 88523m^2
2020 年第一季度	中航物业	河北医科大学临床学院	占地面积 20.52 万 m^2，建筑面积 14.58 万 m^2
2020 年第一季度	中航物业	中国人民解放军海军勤务学院	—
2020 年 4 月	新力物业	进驻南昌京师实验学校	—
2020 年 4 月	雅生活服务	兰石雅生活成功中标甘肃能源化工职业学院物业服务项目	—
2020 年 4 月	明德物业	广东省贸易职业技术学校天河、花都两校区，并于 6 月 1 日进驻	—
2020 年 5 月	明德物业	曲靖医学高等专科学校	—
2020 年 5 月	世邦泰和物业	泉州市剑影实验学校	占地 25 亩，建筑面积 12.5 万 m^2
2020 年 5 月	中航物业	中山市委党校项目	占地 100 亩，建筑面积约 4.1 万 m^2
2020 年 5 月	新大正	广西大学	—
2020 年 5 月	丹田股份	东北大学浑南校区运营保障于服务托管项目	占地面积 89 万 m^2，规划建筑总面积 97 万 m^2，目前投入使用建筑面积 36 万 m^2
2020 年 5 月	丹田股份	中国民航大学物业服务项目	—

（三）积极探索物业服务新模式，迈向专业特色化发展路径

当前，物业管理行业处于快速发展的时期，高校后勤社会化也进入了快通道，众多物业服务企业深化与学校教学工作相适应，不断进行自我突破和改进，创新物业服务的新模式。物企通过自身的特点和优势，结合学校的发展情况，逐渐摸索出一套具有自身特色的服务模式，以拓展物业管理的广度和深度，提升物业服务的品质，增加师生的满意度，提高企业品牌影响力，向学校物业管理的专业化、特色化方向迈进。

例如，针对深度实施物业社会化的高校，宏泰物业集中公司优势资源，根据不同学校实际情况“量身定做”服务解决方案，打造服务于学校的“4F网格一体化服务模式”，倾力打造标杆项目。

自2006年宏泰物业开启高校物业管理服务的征程，经过探索、筑基、整合创新阶段，一直致力于提升物业服务品质，转型提高服务能力。鉴于高校项目涵盖教学楼、办公楼、学生公寓、场馆、道路、绿化等多种建筑类型，各类型物业服务标准差异较大。且服务于需求不一的广大师生。为整合资源，建立高效运作系统，宏泰物业量身打造出一整套适合高校现场且服务师生需求的物业服务体系——4F网络一体化服务模式，即“全天候服务（Full Weather）、全过程服务（Full Process）、全系统服务（Full System）、全方位服务（Full Service）”（图19）。通过对学校区域进行划分，进行网格化管理，实现运营的一体化，从而更好地为高校类项目提供师生需求的服务。

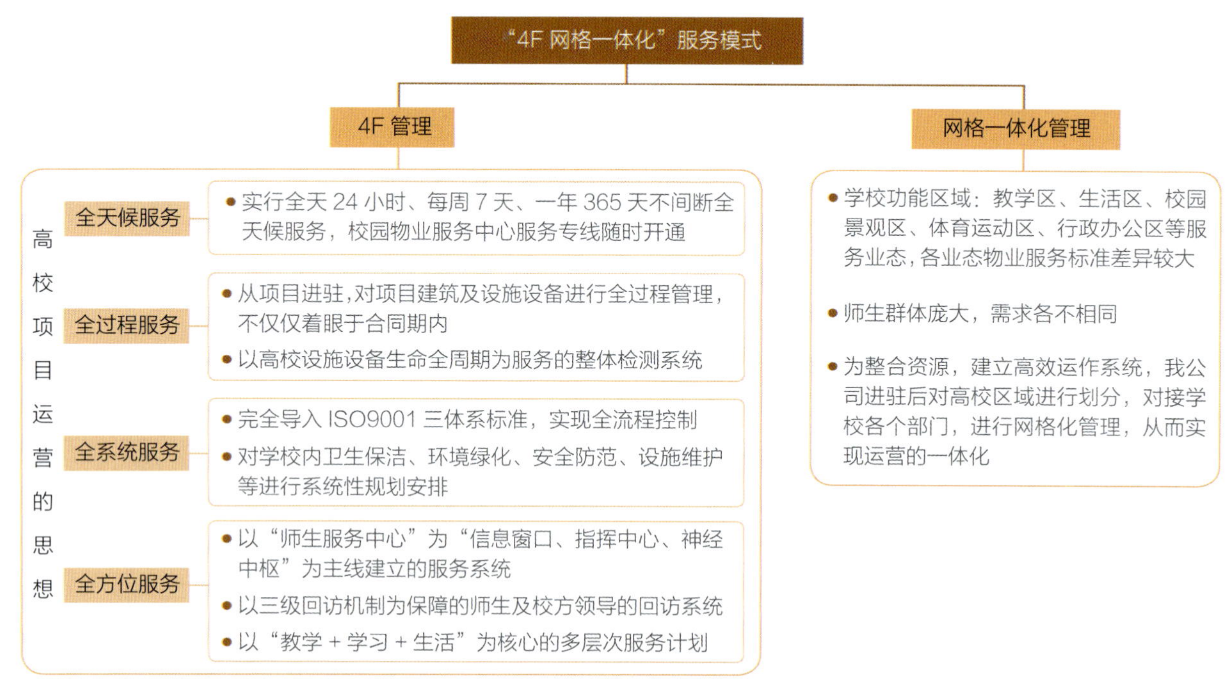

图19 宏泰物业“4F网络一体化服务模式”物业服务体系

来源：宏泰物业

五、学校物业管理的发展前景和趋势

（一）疫情冲击企业发展，亟需提升应急机制和标准化建设

2020年突如其来的疫情，对我国各行各业正常生产生活秩序造成巨大冲击，极大地考验了企业对危机的应急治理体系和治理能力。不可否认的是，疫情发生以来，物业人一直坚守在疫情防控第一线，物业服务

企业加强联防联控、多措并举，严防疫情输入、扩散，铸就疫情防控的坚实屏障。例如，疫情初期，中国物业管理协会迅速组织专家编写了《高校物业管理区域新型冠状病毒肺炎疫情防控工作操作指引（试行）》，为疫情期间高校物业管理提供全方位专业指导和帮助，为企业带来实践性的指导性意义。然而，反思本次疫情防控工作开展的情况，疫情初始阶段部分企业暴露出应急管理意识薄弱、缺乏初期科学防范预案、防控知识和紧急事件处理能力薄弱的问题，给疫情防控初期带来不利的影响，给行业和企业以警醒。

建立专业化、标准化的服务和管理流程，对企业面对突发事件具有重要的价值，对规范市场秩序、提高服务品质和服务水平具有重要的作用。在标准化的探索上，物业服务企业在学校物业领域持续推进。2019 年是物业管理行业“标准建设年”，在行业层面，物业管理行业陆续发布物业管理服务标准和规范。同时，在众多行业学校物业头部企业的布局和推动下，学校物业服务标准化开始起步，并逐渐建立。2017 年，中国教育后勤协会成立了标准化技术委员会，致力于开展教育后勤行业团体标准的相关工作，先后出台了《校园快递服务站建设与服务规范》《高等学校清真食堂管理办法（试行）》《全国高校标准化学生公寓创建指导标准》《高校物业服务管理指南》《高校后勤信息化建设标准》等，对高校后勤工作提出标准化要求。同时，伴随学校物业社会化改革和新型管理模式的探索，物企将积累的管理服务经验和服务模式引入学校物业，应用于管理的项目中，赋能管理质量提升。例如山东宏泰物业在公司成立初始，全面引入香港地区管理服务的领先经验，率先通过了 ISO 9001/ISO 14001/ISO 18001 体系认证，并参与起草制定了《山东省物业管理条例》《山东省物业服务规范》等山东省物业管理行业标准化文件；华保盛集团根据不同地域、类别的学校及不同的需求，制定了学校物业管理专业一体化综合服务作业指导书，推行标准化管理体系和服务标准，从安全服务、环境服务、工程服务、宿舍服务、重大活动组织保障等实现精细规范管理，通过精准物业服务、文化物业、智慧物业建设，打造平安校园、整洁校园、智慧校园，为学校领导、师生创造一个良好的教学环境，助力提升学校的整体实力，为学生发展，学生成才，解决后顾之忧；明德集团始终致力于服务标准化和工作流程标准化的研究，注重服务标准，在总结企业实践经验的基础上，明德物业推出多项服务标准。目前明德物业服务企业标准已经发展到 3.0 版本，涵盖服务的各岗位和全流程；上海生乐物业上海师大管理服务部率先在校园物业管理中引入三大体系标准管理，并在上海高校学生公寓六 T 管理中表现不俗；2019 年，苏宁银河物业发布《高校校园生活服务支持体系》，围绕基础服务运营、基础服务提升、特色服务延展、智慧运营植入、多元服务运营，打造懂生活、会生活、爱生活服务支持体系；重庆翰悦结合学校服务需求，不断修改、完善和创新服务管理制度，促进学校物业服务精细化、规范化、专业化和标准化，建立凸显公司优势，体现校本意识，具有文化特色学校服务的制度文化。

上述标准的制定均助推学校物业管理制度日趋完善，专业化程度逐步提升。然而，从整体上来看，我国学校物业领域的标准化建设仍不完善，尚未形成系统的、通用的标准化制度。因此，接来下很长一段时间，学校物业仍需将制定管理标准化、完善突发事件应急预案作为发展重点。学校物业应在做好“安防管理、设备设施管理、清洁卫生”等基本管理标准化作业的基础上，重点加强学生公寓防火、用电安全管理，切实做好预防措施、加强重视校园餐厅食品安全、校内交通安全、水电暖设施设备安全等方面的制度建设和达标，以及在学校物业信息化管理和节能减耗改造等方面引进标准化，探索服务学校服务需求的标准化、规范化的管理模式，形成涵盖学校物业管理全流程的管理标准化体系。

（二）专业服务能力逐渐提升，专业复合型人才仍需补给

随着学校后勤社会化的推进，我国学校物业的市场化、专业化得到阶段性的提升。竞争机制的引入以及

更多社会化物企对学校物业的布局，加剧学校物业的竞争。传统的基础物业服务已经无法满足校园物业服务的需求，学校物业的服务向横向的多元化和纵深的专业化方向发展，以适应校园教育的发展以及师生个性化的服务需求，在此过程中需要专业人才提供高质量的服务。

然而物业管理行业作为劳动密集性的行业，其从业人员普遍存在着知识结构层次不高、服务水平参差不齐，人员流动大的特点，高素质人才较为匮乏。特别是对于学校物业，其服务的对象主要为具有高素质的人才，并承担着育人的责任，因此学校物业对物业服务人员综合素质要求较高。加上市场化的竞争以及高新技术的应用，都亟需涉猎较广、专业素养过硬的专业复合型人才，学校物业对专业高素质人才的需求更加强烈。

因此，学校物业在改革和创新发展的过程中，应加强专业复合型人才的补给和培养，以在专业能力上、服务水平、学习能力上得到最快的提升，加大对新理念、新技术的应用和落地，全面提升学校物业服务的广度和深度。

（三）高新技术融入学校后勤服务，推进智慧校园构建

受惠于互联网＋、物联网、大数据、人工智能、云计算等高新技术的普及，以及区块链、5G 技术等的突破性进展和逐步落地应用，物业管理行业得到长足发展。学校物业在管理和服务过程中逐渐引入高新技术和软硬件管理系统，新技术的融合、渗透和应用，助推学校物业管理效率与服务质量的提升，保障教学科研水平和教育工作的开展，推进智慧校园构建。

2019 年 2 月 23 日，中共中央、国务院印发了《中国教育现代化 2035》，聚焦教育发展的突出问题和薄弱环节，立足当前，着眼长远，重点部署了面向教育现代化的十大战略任务。其中，提到要加快信息化时代教育变革，建设智能化校园，统筹建设一体化智能化教学、管理与服务平台。与适应和加快智能化校园建设，学校物业应加强挖掘师生需求，用智慧化的工具、手段和方法，助推学校智慧校园的建设，匹配智慧校园的整体营运与服务，让学校从繁杂的后勤保障事务中解脱出来，专注科研与教学。同时进一步加强与新技术的融合发展，不断优化服务流程和服务质量，在智能巡检系统、校园能耗平台、安防综合平台、冷热源群控系统、建筑设备监控系统、室内智能照明、室外路灯智能控制等方面达到学校物业服务的信息化、智慧化，为师生提供便捷的服务。在出入口安装智能门禁系统，通过人脸识别保障校园安全；通过智能化手段提前预约和预订，提高餐厅排队效率、实现刷脸支付等；学校大型设施设备的增加智能化管控体系，减少能耗等。校园信息化与学校物业信息化深度融合，共同推进学设备智能化、管理数字化、运营互联化、服务综合化方向发展，推动智慧校园构建。例如，鹏徽集团将智慧化运用于实地服务场景，“物业开放平台＋ APP 业主端＋物管端”智慧三端管理系统，通过基础数据运营管理、APP 内容运营管理、增值服务运营管理、智慧硬件互联、费用管理、会员管理、各应用数据报表管理等功能，降本提效，实现多业态物业现场服务的“品质”与“绩效”综合管理。通过校园刚需服务、办公、生活、消费四大功能应用，提供设备巡查、报修随手拍、投诉建议、智慧门禁、物业商城等栏目，让物业服务透明化，实现满意度、完成率、及时率实时监控，提高物业现场运行效率。同时，搭建被服务方与服务方的沟通平台，降低了师生的生活成本，更好地服务于师生校园生活，提高服务质量和效率；中楚物业开发物业服务 APP 平台，利用现代信息技术，引入通信信息管理平台、数据收集与分析运用系统、OA、一站式服务平台，对师生的需求实行网上办马上办，沟通平台＋专业联动，搭建“立体式”服务网络，做到“线上”一见秒回，“线下”流转迅速，提高服务效率，完善校园安全管理规范，不断推动校园物业管理的健康发展。

（四）打造一站式服务，构建一体化平台

学校后勤社会化改革进入快车道，专业化分工趋势加剧，具有先进服务理念和高水平服务品质的物业服务企业才能在众多企业中脱颖而出。目前，传统的物业服务已经无法满足学校管理服务的需求。学校物业管理也由最初的保洁、保安等传统“四保服务”的外包，深入到学生公寓管理、工程综合维修、设备运营、综合服务和餐饮服务等更专业的层面，这也对校园物业服务企业管理服务的综合实力、服务质量和服务深度等方面提出更高的要求。学校物业围绕师生学习生活实际需求，积极探索，紧跟新技术发展趋势，将企业服务模式和优势进行融合，并借助新技术，打造智能化运营平台，为师生打造一站式综合服务平台，解决其在校园中学习、科研、饮食、住宿、报修、投诉等多种问题，打造一体化学校运营服务平台，提供一站式全方位服务，学校物业的管理模式和理念逐步融入校园社会化发展的大趋势中，学校物业的发展空间广阔。

医院物业管理发展报告

概述

我国最早于1992年提出后勤社会化概念，90年代后期医院后勤服务市场开始兴起，医院物业管理市场也随之快速发展。我国的医疗机构众多并处于增长阶段，政策驱动和广阔的市场空间，为医院物业管理提供了良好的发展机遇。市场上目前已经存在一些优质的医院后勤服务商，但医院物业管理市场相比其他业态还存着较大空白。本报告基于2020年物业服务企业发展指数测评数据的分析以及专项案例调研，对医院物业管理领域的服务内容、特征、管理模式等多个角度进行解剖，探讨医院物业服务未来的发展趋势。

一、医院物业主要服务内容和特征

医院物业管理是为医疗机构各部门提供全方位、多层次的统一管理与服务的活动，是医院日常管理活动的主要组成部分。

医院物业管理服务内容远超传统意义上的物业管理，除了传统的“四保”业务，还包含了：医疗辅助服务，如导医、护工、专业陪护等；医疗卫生，如医疗垃圾处理、医疗消毒、工具消毒以及医护人员工作服、病人服、床上用品的清洗；物资配送，如跑单取药、送检验标本等。

医疗机构因其功能定位具有特殊性，与其他机构有本质区别，因此，医院后勤外包服务与传统物业服务也存在明显差异。

1. 专业性

医院物业存在多种安全风险因素，如医疗垃圾携带有毒物质或致病细菌、医院容易发生交叉感染和群体事件等，因此医院物业对环境安全管理的要求极高，医院物业需制定严格的管理规定，并配备具有专业的管理人员，保障医疗环境。

2. 连续性

医院是救治病人的场所，24小时连续运行，要求物业管理服务也不能间断。一是安防管理，包括对进出的人流和停放车辆要24小时不间断进行秩序管理；二是设施设备管理，需要24小时不间断地供应以及做好备用电源管理。

3．技术性

医院新建楼宇规模庞大、建筑复杂、设备设施先进，需要物业服务企业具有较强的资源整合能力与管控能力。医疗设施的管理需要医院物业制定相应的技术规范和管理规章，加强专业技术团队建设和物业管理人员能力培训。

4．计划性

医院面积大、来往人员多而复杂、突发事件较多，因此物业管理需要有较强的计划性。

二、医院物业市场空间及驱动因素分析

（一）政策驱动：后勤服务社会化改革不断深入，医院物业管理面临政策机遇

长期计划经济体制下，医院多由事业单位负责运营管理，存在物业管理成本高、效率低的问题。后勤服务社会化是指学校、医院、政府机关、交通枢纽等城市公共建筑和公共空间转变后勤服务模式，从原先自己成立后勤部门或公司，转变为外包给市场化运作的公司，从而发挥专业化分工降本增效、转移运营风险的作用。我国早在 1992 年就提出后勤服务社会化的概念，此后在医院领域也出台了较多相关政策。

后勤社会化建设改革了旧有的管理模式和业务流程，能够提高工作效率，提升后勤服务水平。2018 年第四届全国医院后勤改革发展大会暨中国卫生产业企业创新发展论坛召开，国家卫生健康委主任、党组书记马晓伟对大会做出批示，要求推进医院后勤服务社会化，努力实现效益与效率的有机统一。进行社会化改革，推进机关及企事业单位后勤服务市场化已经是大势所趋，随着改革的不断深入，医院物业服务市场面临较大的政策机遇（表 1）。

医院后勤服务社会化相关政策　　表 1

政策名称	相关部门	发布时间	文件要点
《关于深化卫生医疗体制改革的几点意见》	国务院	1992.9	鼓励推行后勤工作和某些技术装备社会化服务
《关于卫生改革与发展的约定》	国务院	1997.1	在坚持市场化的基础上改革卫生管理体制
《关于城镇医药卫生体制改革的指导意见》	国务院体改办	2000.2	明确提出了医院后勤管理社会化
《关于医疗卫生机构后勤服务社会化改革的指导意见（试行）》	国务院卫生部	2000.12	为医院后勤服务社会化改革提供了具体的实施方法
《关于城市公立医院综合改革试点的指导意见》	国务院办公厅	2015.5	再次提出了“推进公立医院后勤服务社会化”的要求
《关于建立现代医院管理制度的指导意见》	国务院办公厅	2017.7	探索医院“后勤一站式”服务模式，推进医院后勤服务社会化

（二）市场驱动：市场潜力将继续释放，医院物业服务企业迎来成长机遇

我国医疗机构众多且还在不断增加，截至 2019 年末全国共有医疗卫生机构 101.4 万个，相比 2018 年末增长了 1.66%。其中医院 3.4 万个，在医院中有公立医院 1.2 万个，民营医院 2.2 万个。数量庞大的医疗

机构为医院物业服务的市场发展奠定了基础。根据医管家医院后勤服务研发中心推算结果，2020 年全国医院后勤服务市场规模将达到 1287.72 亿元。

历经 30 多年，公立医院的后勤保障社会化改革顺利推进，目前一、二线城市的医院物业服务基本全部外包，三、四线城市仍有 30% ～ 40% 的医院物业服务未完成外包。根据医管家调研，各项医院物业服务的满意度较高，医院环境的满意度（仅非常满意）最高，超过 60%；医院秩序维护、医院护工和餐饮管理的满意度（仅非常满意）均超过 50%。较高的满意度为更多医院将物业服务外包打下基础。未来我国的医院物业服务市场空间将继续释放。

2019 年发展指数 500 强企业的医院物业服务总收入 143.4 亿元，和千亿的行业规模相比，医院物业管理领域还有很大发展空间。较为知名的国天物业、斯马特物业等企业，在整个医院物业服务市场中所占份额也不高，医院物业领域存在明显的碎片化现象，整个医院物业服务市场还存在巨大空白，医院业态内的物业服务企业面临着广阔的成长机遇。

三、基于样本的医院物业服务市场数据分析

（一）2019 年度医院物业服务企业发展指数 55.7

物业服务企业发展指数（Property Management Development Index，简称 PMDI）是以企业年度数据为基础，根据物业服务企业发展指数的测评体系，从物业服务企业经营情况、管理规模、服务质量等方面，对物业服务企业发展的基础状况和发展规律进行量化评价，测算出物业服务企业的发展指数，衡量企业发展的总体水平。物业服务企业发展指数横向上体现出各企业发展状况的对比情况；纵向上体现不同时期各企业的表现，并通过选取一定数量的头部样本企业反映行业发展趋势。

医院物业发展指数是根据测评体系选取物业管理行业头部企业为样本，进行数据分析，衡量该业态经营状况、管理规模、服务质量等整体发展情况，确定反映该业态发展状况和发展走势的综合指数。

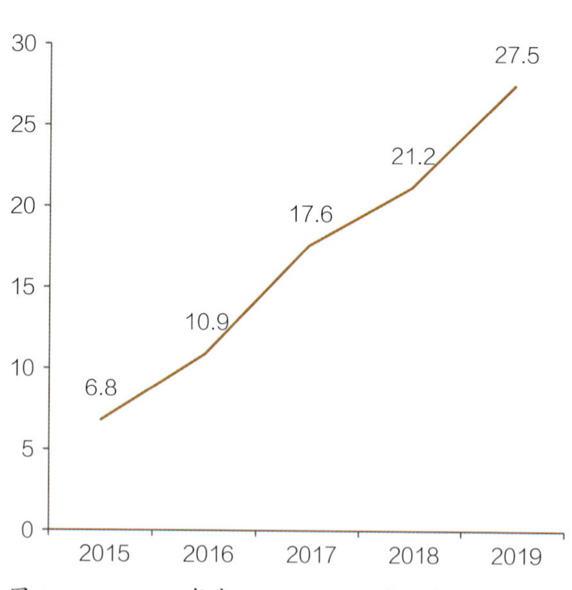

图 1　2015—2019 年度 PMDI100 医院物业发展指数走势

伴随着医疗机构后勤社会化改革，医院物业服务近 20 年得到了长足的发展。医院物业服务市场快速扩大，物业服务企业迅速成长，已经成长起一批专业的医院物业服务企业。伴随着行业的蓬勃发展，物业服务企业开启多元布局，更多其他领域的优质服务企业也开始进入医院物业，共同推进医院物业服务市场的繁荣。

2019 年，PMDI100 医院物业发展指数 27.5，比 2015 年增加了 20.7 个点，复合增长率为 41.90%。2019 年 PMDI500 医院物业发展指数为 55.7，同比增长 12.3 个点，近两年医院物业服务发展指数呈现加速上升态势（图 1）。

（二）医院物业管理规模分析

1. 500 强企业医院物业管理面积情况

2019 年，500 强企业中有 222 家企业涉足医院服务，占比 44.4%，500 强企业医院物业总管理面积达 2.60 亿平方米，占 500 强企业总管理面积比例为 1.94%，占行业总管理面积的比例为 0.84%，同比增加 0.13 个百分点（表 2）。

2019 年 500 强企业医院物业管理面积情况　　表 2

项目	数值
总管理面积	2.60 亿 m^2
占 500 强企业总管理面积比例	1.94%
占行业总管理面积的比例	0.84%

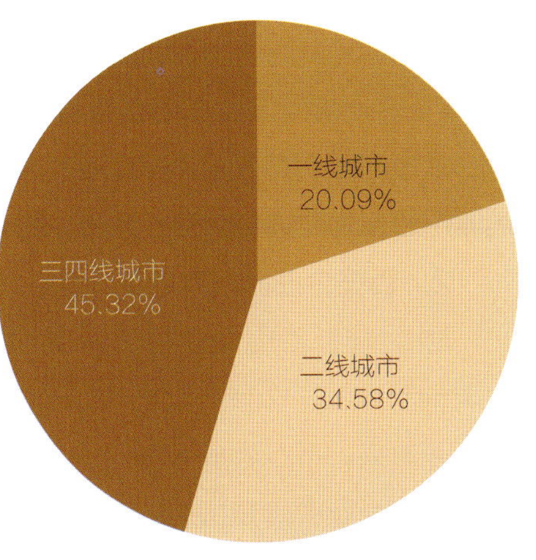

图 2　2019 年度 500 强企业医院物业服务面积各城市分级分布

2019 年度 500 强企业医院物业管理面积各区间段企业分布　　表 3

区间段（万 m^2）	企业数量（个）	区间段（万 m^2）	企业数量（个）	占比
0 ~ 100	176	0 ~ 100	176	79.28%
0 ~ 200	189	100 ~ 200	13	5.86%
0 ~ 300	201	200 ~ 300	12	5.41%
0 ~ 400	206	300 ~ 400	5	2.25%
0 ~ 500	209	400 ~ 500	3	1.35%
0 ~ 600	211	500 ~ 600	2	0.90%
0 ~ 700	212	600 ~ 700	1	0.45%
0 ~ 800	213	700 ~ 800	1	0.45%
0 ~ 900	213	800 ~ 900	0	0.00%
0 ~ 1000	214	900 ~ 1000	1	0.45%
总计	222	>1000	8	3.60%

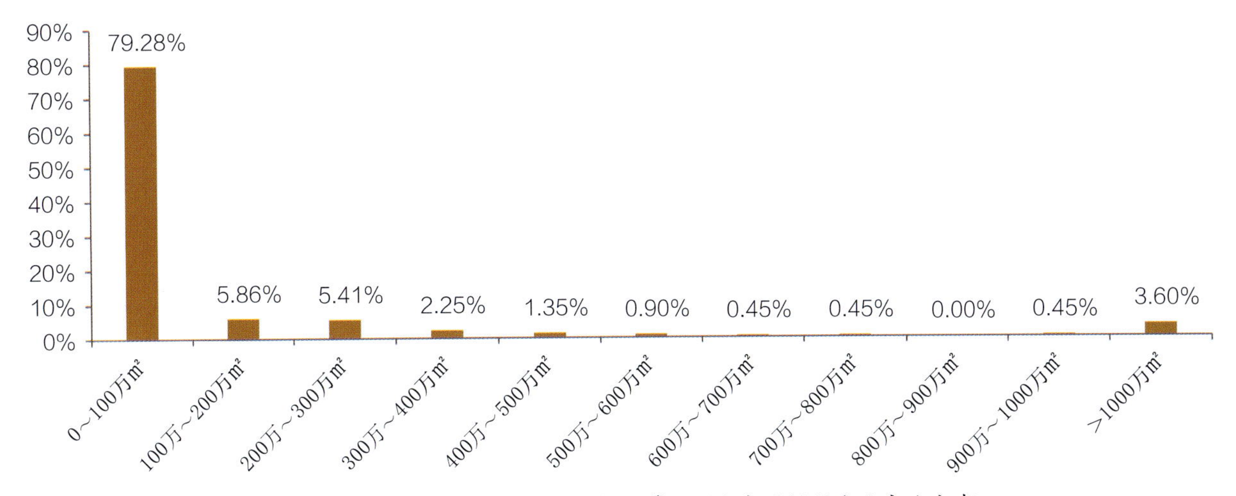

图 3　2019 年度 500 强企业医院物业管理面积各区间段企业占比分布

从企业角度看，涉足医院物业服务的企业平均管理规模为117.03万平方米。有79.28%的企业医院服务规模在100万平方米以下，有5.86%的企业管理规模大于500万平方米，有3.60%的企业管理规模大于1000万平方米。该业态中小型企业比例较高（表3、图3）。

从城市分布看，500强企业医院物业服务面积中，一线城市总量为5220.22万平方米，占比20.09%；二线城市总量为8984.87万平方米，占比34.58%；三四线城市总量为11775.69万平方米，占比45.32%（图2）。

2. 百强企业医院物业管理面积情况

2019年，百强企业布局医院物业服务企业比例为70%。2012—2019年度，复合增长率为13.99%。由于近年来，不少物业服务企业积极涉足医院物业服务，百强企业中涉足医院服务的企业数量呈上升趋势（图4）。

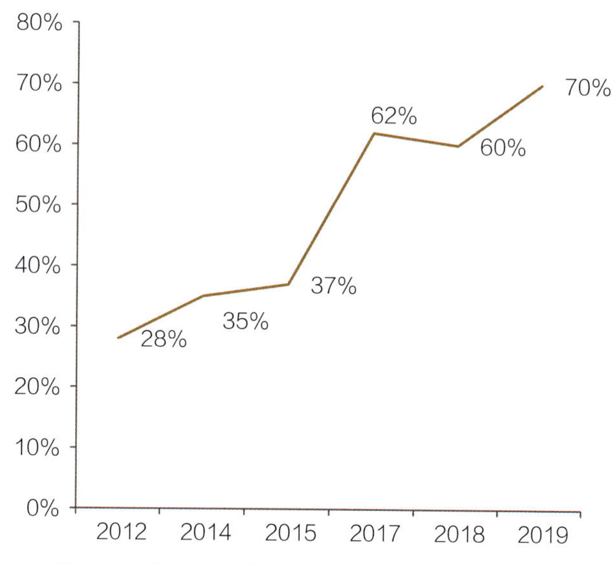

图4 百强企业中涉及医院物业服务企业占比情况

2019年，百强企业医院物业总管理面积为1.29亿平方米，同比增长40.11%，增速高于行业整体规模增速。而百强企业医院物业管理面积占百强企业总管理面积比例为1.43%，同比略有上升。

2019年，百强企业医院物业管理面积占500强企业总医院服务面积的比重增至49.66%，证明该领域领先企业市场份额较大。与此同时，百强企业医院物业管理总面积占整个行业的市场份额由2012年的0.09%提升至2019年的0.42%，表明百强企业医院物业服务的集中度在缓步提升（图5）。

2019年，百强企业医院物业的平均管理面积从2012年的48.3万平方米增至2019年的184.30万平方米，年均增长19.43万平方米，2017年—2019年的平均管理面积复合增长率为22.00%，近三年百强企业涉足医院服务企业的医院物业管理面积在快速增加（图6）。

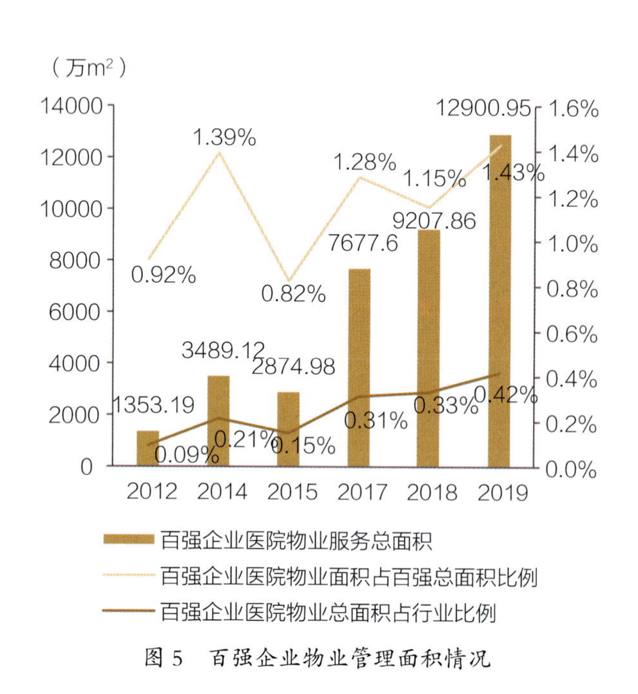

图5 百强企业物业管理面积情况

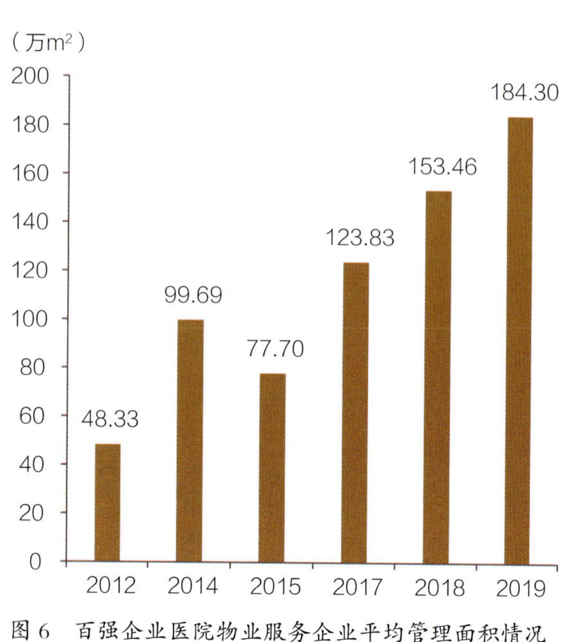

图6 百强企业医院物业服务企业平均管理面积情况

3. 500 强企业医院物业管理项目情况

2019 年，500 强企业布局医院物业服务企业管理项目总数为 2599 个，企业平均管理项目数量为 11.71 个，单项目贡献面积为 10.00 万平方米（表 4）。

2019 年度 500 强企业医院物业管理项目情况　　表 4

项目	数值
管理项目总量	2599 个
平均管理项目数量	11.71 个
单项目贡献面积	10.00 万 m^2

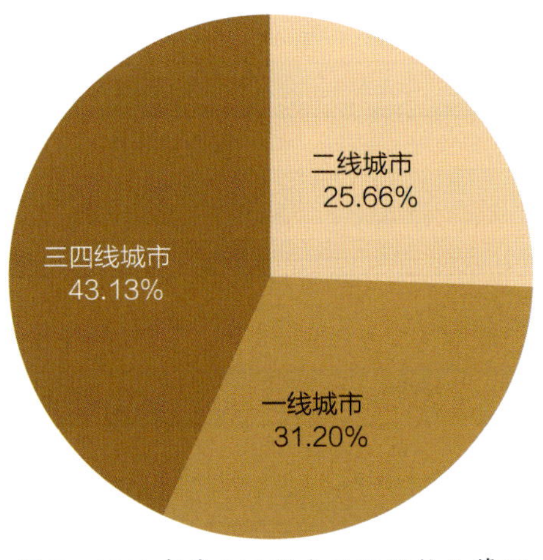

图 7　2019 年度 500 强企业医院物业管理项目各城市分级分布

从城市角度看，500 强企业医院物业服务项目中，一线城市项目数量为 811 个，占比 31.20%；二线城市项目数量为 667 个，占比 25.66%；三四线城市项目数量为 1121 个，占比 43.13%，该结构与管理面积的各城市分级分布相符（图 7）。

4. 百强企业医院物业管理项目情况

2019 年，百强企业布局医院物业服务企业管理项目总数为 1229 个，同比增长 29.64%；2012 年至 2019 年的复合增长率为 33.22%，项目增长快速。百强企业管理的项目占 500 强企业总医院物业管理项目的比例为 47.29%。

同时，百强企业医院物业服务企业平均管理项目数量从 2012 年的 5.89 个增长至 2019 年的 17.56 个，单项目贡献面积持续增长，从 2012 年的 8.20 万平方米增至 2019 年的 10.50 万平方米。由此可见，百强企业在保持项目增长稳步提升时，新拓展医院物业项目的规模也有所扩大（图 8）。

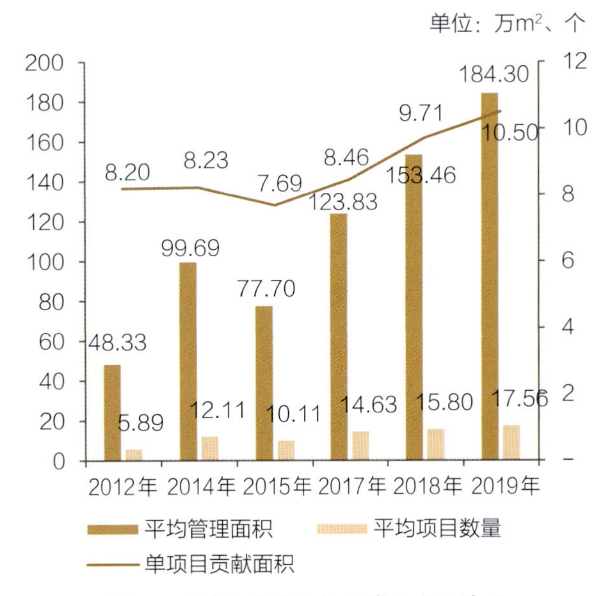

图 8　百强企业医院物业管理项目情况

（三）医院物业经营绩效分析

1. 500 强企业医院物业服务收入情况

2019 年，500 强企业医院物业服务总物业费收入达 143.38 亿元，占 500 强企业总物业费收入比例为 5.39%，以 1.94% 的面积占比贡献了 5.39% 的收入占比（表 5）。

从企业角度上看，500 强企业医院物业物业费收入均值为 6458.67 万元。500 强企业涉足医院服务的企业中，有 92.34% 的企业医院物业物业费收入在 1.5 亿元以下，有 4.95% 的企业医院物业物业费收入在 3 亿元以上。医院物业领域大量企业的规模仍然较小，但头部企业的收入水平已经较高（表 6、图 9）。

在 222 家涉足医院服务的企业中，有 8 家企业医院物业管理面积占比超过 50%，有 14 家企业医院物业物业费收入占比超过 50%，以收入为标准，可以看出有 14 家企业为以医院物业服务为主导发展，占 500 强企业比例为 2.80%。

2019 年度 500 强企业医院物业服务收入情况　　表 5

项目	数值
物业费总收入	143.38 亿元
企业物业费收入均值	6458.67 万元
占 500 强企业物业费总收入比例	5.39%

2019 年度 500 强企业医院物业服务收入各区间段企业分布　　表 6

区间段（万元）	企业数量（个）	区间段（万元）	企业数量（个）	占比
0 ~ 5000	185	0 ~ 5000	185	83.33%
0 ~ 10000	195	5000 ~ 10000	10	4.50%
0 ~ 15000	203	10000 ~ 15000	8	3.60%
0 ~ 20000	205	15000 ~ 20000	2	0.90%
0 ~ 25000	210	20000 ~ 25000	5	2.25%
0 ~ 30000	211	25000 ~ 30000	1	0.45%
总计	222	> 30000	11	4.95%

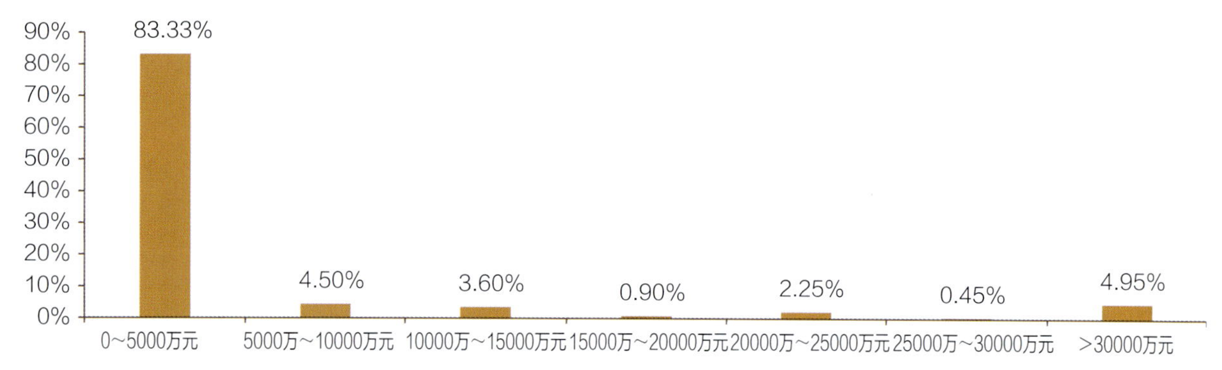

图 9　2019 年度 500 强企业医院物业服务收入各区间段企业分布

2. 百强企业医院物业服务收入情况

2019 年，百强企业医院物业费收入总值为 70.18 亿元，同比增长 22.62%。与 2015 年的 18.46 亿元相比，增长了 51.72 亿元，复合增长率为 39.63%。

2019 年，百强企业医院物业物业费收入占 500 强企业医院物业的物业费收入比例为 48.94%，头部集中度较高；占百强企业总物业费收入比例为 4.27%。百强企业中，医院物业以 1.43% 的管理面积，贡献了 4.27% 的物业费收入。

此外，百强企业医院物业费收入均值从 2017 年的 0.80 亿元增长至 2019 年的 1.00 亿元，复合增长率为 11.77%；与平均管理面积变化相比，医院物业费收入增速（11.77%）不及医院平均管理面积的增速（22.03%）（图 10）。

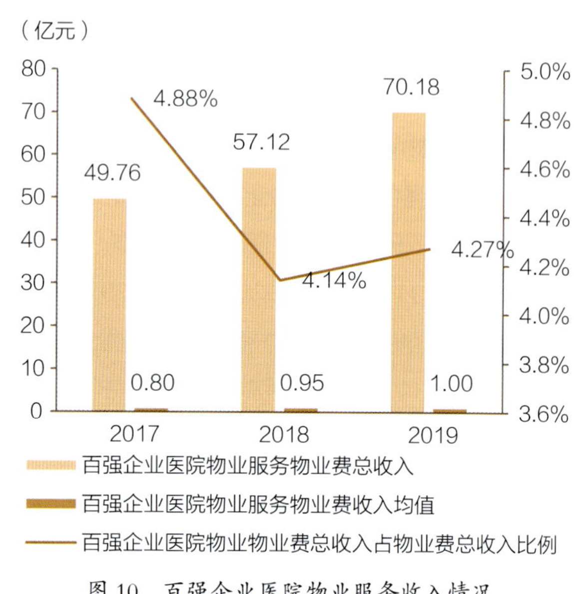

图 10　百强企业医院物业服务收入情况

3. 500 强企业医院物业物业费水平

2019 年，500 强企业医院服务项目中，以酬金制形式服务的项目占比 11.66%，包干制形式服务的项目占比 88.34%；包干制仍为主流方式（图 11）。

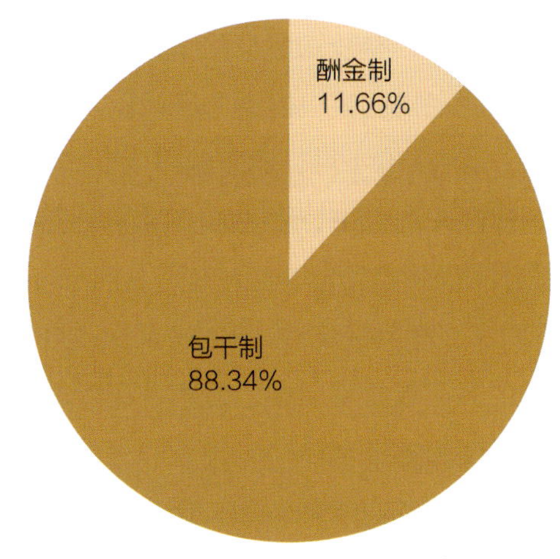

图 11　500 强企业医院物业收费形式分布情况

2019 年，500 强企业医院物业服务平均物业费为 6.19 元 /（平方米・月），其中包干制项目均物业费 6.03 元 /（平方米・月），酬金制项目平均物业费 8.17 元 /（平方米・月）。500 强企业市场竞争力高，管理优质项目较多，其平均物业费水平高于行业平均水平（图 12）。

从城市角度上看，500 强企业医院物业服务项目中，一线城市平均物业费为 7.69 元 /（平方米・月）；二线城市平均物业费为 6.12 元 /（平方米・月）；三四线城市平均物业费为 5.62 元 /（平方米・月）（图 13）。

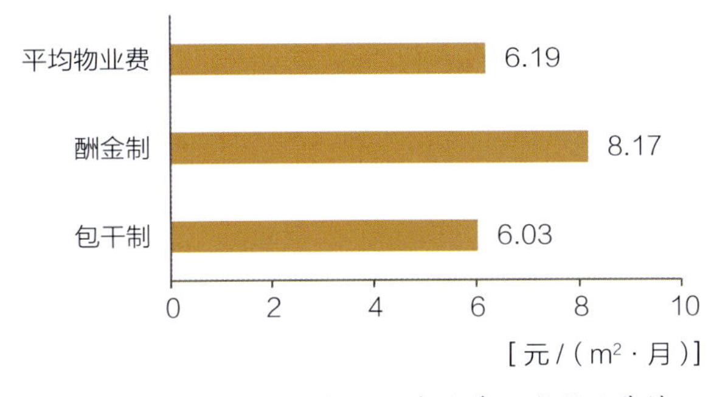

图 12　500 强企业医院物业服务收费形式物业费情况

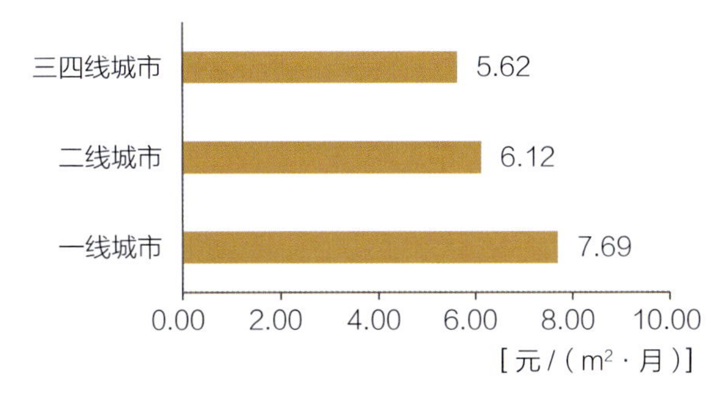

图 13　500 强企业医院物业各城市分级平均物业费水平

四、医院物业管理行业动态

（一）布局医院物业新赛道，收并购突破行业壁垒

目前专业从事医院物业服务的物企在规模和数量上要远远少于其他业态，但是后勤服务市场的巨大潜力已经被一些物企注意到，开始成为这些物企新的发力点。而医院后勤服务对专业性标准要求较高，因此医院物业服务具有很高的专业壁垒，对于新进入医院物业业态的企业来说，收购已经具有相当经验的医院物业服务企业，或者与专业的医院物业服务企业合作是突破壁垒的重要手段（表 7）。

2019 年 12 月 27 日，龙湖智慧服务与浙江康禧控股（集团）及旗下康禧服务在杭州签订三方战略合作协议，未来三方将在医疗后勤及健康服务领域强强联合。此次合作龙湖智慧服务将与康禧共同探索和优化公共后勤服务领域的服务产品，实现服务价值的不断提升；而康禧在医疗看护、营养配餐等方面的既有经验，也能进一步服务于龙湖的社区系统，特别是养老、健康产业方面的资源共享，将进一步深化双方在更多业务领域合作。同时，龙湖与康禧也将合力推进医疗后勤服务业态在浙江乃至全国的业务市场拓展。

2020 年 3 月 16 日，银城生活服务以 4590 万元收购南京汇仁恒安物业管理有限公司 51% 股权。完成后，南京汇仁恒安物业将成为公司的间接非全资附属公司，其财务业绩将并入集团的综合财务报表。南京汇仁恒安物业将继续从事向医院提供物业管理服务。南京汇仁恒安物业在向医院提供物业管理服务方面具有悠久的营运历史、专业知识及网络，可能有助集团于未来吸引更多此类客户；收购事项可让集团提供物业管理服务的非住宅物业客户群更为多元化及扩展集团于中国南京及江苏省的投资组合。

2020 年 4 月，奥园健康生活集团以人民币 2.479 亿元收购乐生活智慧社区服务集团 80% 权益。乐生活管理位于北京市、河北省、河南省、天津市、重庆市及四川省的 208 个项目，物业总建筑面积达 2263 万平方米。2018 年乐生活全年收入约为人民币 4.17 亿元，归母净利润 1934 万元。2019 年半年报显示，营业收入增速 8.71%，净利润增速 10.74%。此次并表收购乐生活之后，奥园健康的管理规模提升约 1.5 倍。从业态上看，乐生活在商业写字楼、公建、医院、学校等机构物业领域的布局极大地丰富了当前奥园健康以住宅物业为主的管理服务组合。

2020 年 6 月 30 日，佳兆业美好与宁波朗通物业股权合作签约仪式在宁波举行，佳兆业美好将以 2700 万元收购宁波朗通 60%的股权。宁波朗通 2013 年在慈溪成立，立足长三角地区，辐射天津、湖南、湖北、山东、安徽等省市，服务业态涵盖产业园区、城市综合体、汽车 4S 店、商住、文旅、医院、学校等，为机关、企事业单位等提供有效的全面解决方案及整合资源管理服务。拥有物业管理项目 48 个，在管面积超 401.5 万平方米。佳兆业美好拟依托宁波朗通在市政、学校、医院等业态方面的优势，进一步提升了佳兆业美好非住宅业态的占比，优化了长三角区域的非住宅业态管理组合。

2019—2020 年 6 月医院物业收并购事件　　表 7

物业服务企业	时间	被收购方	收购比例
龙湖智慧服务	2019 年	康禧服务	达成战略合作
银城生活服务	2020 年 3 月	南京汇仁恒安	4590 万元收购南京汇仁恒安 51% 股权
奥园健康	2020 年 4 月	乐生活智慧服务	2.479 亿元收购乐生活 80% 权益
佳兆业美好	2020 年 6 月	宁波朗通	2700 万元收购宁波朗通 60%的股权

（二）医院物业管理代表企业和典型管理模式

1. 专业经验铸就服务品质

医院物业服务不同于其他业态，对专业性要求较高。医院物业服务企业通过长期经验的积累，形成了专业化的医院后勤服务模式，保证医院物业服务品质。安徽创源物业通过几年的摸索，与所服务的医院创造了一个比较可行的共管模式；庆德物业积累了 18 年的医院陪护服务经验，能够承接各类型医疗卫生机构的病人陪护和助理护士服务；新东升物业率先倡导实行互动式物业管理模式，并积极探讨“五位一体、一业为主”全方位的综合服务的物业管理模式；斯马特物业致力于通过智能化、“品管圈”管理形式、引进国外先进理念，加强企业文化建设等手段，从劳动密集型往知识密集型转变；合肥美而特物业建立了一套“三化、四定、五制、六个一”科学高效的运营机制。

2. 科技赋能实现服务升级

随着医疗行业的智慧化建设的不断推进，对医院物业服务也提出了智慧化转型要求。医院物业服务企业日益重视智慧物业建设，引入智慧科技，积极向智慧化物业转型升级。铱佳物业采取“智慧卫生间”“能源管理系统”“医院慧服务”等一系列业务智慧化措施助力更新服务；庆德物业引入“雪松巡航系统（品质管控系统）”以及“雪松互联＋雪松 BPM ＋雪松家园（内部一体化工作系统）”，搭建起全行业生命链后勤服务智慧平台；新东升物业取得了“医院中央运送信息智能管理系统”“智慧医疗后勤移动运送系统”“陪护床控制管理系统”“医院家属陪护管控系统”计算机软件著作权。吉晨卫生自主研发了“吉晨后勤信息化管理系统”，“吉晨后勤信息化管理系统 V4.0”已取得《计算机软件著作权登记证书》。国天物业先后定制研发了“国天物业智慧管理平台”、“国天云”在线工单调度系统、“国天爱生活”等软件 APP。

3. 加强标准化服务体系建设

医院对物业服务的标准相比其他业态具有更高的专业性要求，制定医院物业服务标准，能够保障医院物业服务的质量，促使医院物业服务企业健康发展，提升行业整体水平。具有丰富专业经验的医院物业服务企业一直致力于探索服务标准化建设。

庆德物业服务的广州市妇女儿童医疗中心于 2015 年通过国际医疗机构评审联合委员会（国际部）JCI 复审；新东升物业参与了中国物业管理协会编辑的《物业管理指南丛书——医院物业》《物业管理指南丛书——基础》等系列行业规范书籍的编撰，还参与广东省物业管理行业协会标准化工作委员会的行业标准制定；康禧物业率先在国内提出医院 JCI 后勤服务理念并建立实施 JCI 后勤物业管理体系；吉晨卫生参与制定了《上海医院物业管理服务规范》《非居住物业管理服务规范》《医疗卫生机构安全生产标准化规范》《医院生活垃圾分类及收集服务标准》《医院厕所服务标准》等行业标准及团体标准；嘉诚物业 2019 年参与深圳物业（医院类）地方标准制定。

（三）抗疫疫情，凸显医院后勤服务价值

2020 年春节疫情发生，医院物业服务企业和医护人员一同投入疫情防控工作，向奋战在一线的医院提供物业服务，为医院做好一系列后勤保障工作。

1. 投身一线，做好医院后勤保障工作

疫情紧急，医院物业服务人员在疫情发生后，春节期间就回到工作岗位，为医院做好后勤保障。医院物业服务人员直接接触病患的高度隔离区，在具有较强风险性的情况下，为医院提供内容包括但不限于医辅、保洁、安保、工程等。具体工作有：高度隔离区的保洁、初步的防控处理（包括医院出入口测体温，疏导发热病人直接去发热门诊）、医废处理；非高度隔离区的保洁、保安、标本运输、杀菌清洁；一系列医院的后勤保障工作（包括不限于配餐、工程维修）；围绕病人所需的一系列辅助工作。

2. 抗击疫情，专业服务凸显医院物业服务价值

疫情期间，医院对于物业服务提出了更高的要求，物业服务人员积极响应，采取措施，帮助医院有效防控，凸显了医院物业服务的专业价值。

消毒是传染病防控最关键的措施，疫情期间绝大多数医院要求提高消毒强度，医院物业采取措施，加强消杀，有效防控。如医管家为发热门诊和各科室安装了 60 盏紫外线消毒灯，他们还创造性地制作了 20 盏可移动的紫外线消毒灯，配合医院解决了消毒难题。

疫情期间，医院需要加强人员流动管理，对隔离区进出的人员管控尤其严格。雪松庆德项目团队应医院要求，协助医院进行病区改造，在隔离病区唯一出入口设置 24 小时安保执勤和运送服务，严格按规定管控出入人员，对病属耐心劝导，并负责运送标本和病人私人物品等。

疫情期间，标本运送量加大，物业服务人员 24 小时不打烊，不间断接受、运送医院送来的标本到疾控中心，广州市润通物业的标本运送组承担着运送广州市第八人民医院新型冠状病毒感染的肺炎检测标本重任。

五、医院物业管理的发展前景和趋势

（一）行业标准化建设亟需推进，准入门槛逐渐提高

我国的医院物业服务属于新兴的服务产业，现阶段医院物业还没有行业标准、地方标准乃至统一的全国性行业标准，准入资格、业务范围、服务标准、招标投标定价等没有统一可依据的标准。而医院物业服务是一项有特别要求、技术性强、有一定风险和专业性强的工作，提供医院后勤服务的物业公司必须有专业性保障，才能确保服务质量。

在很长一段时间内，由于缺乏可依据的标准，医院在后勤服务公司的选择上，没有意识到医院物业服务的价值和重要性，更多的是考虑成本因素，而忽略了服务的品质和专业性，行业准入门槛低，导致了市场的无序竞争和低价竞争。随着医院物业服务市场逐步发展，后勤服务的价值正在被市场所认知，越来越多的医院在遴选物业服务公司时，考虑因素逐步多元化。根据医管家的市场调研结果，目前医院在遴选医院物业服务商时，最主要的考虑因素是专业服务水平，然后才是投标价格，此外还包括公司品牌、客户口碑、持续稳定的合作关系和服务创新等多方面因素。2018 年，国家取消了最低价中标、综合评分法中价格权重的规定，价格对于医院物业服务商的遴选的影响正在减弱，专业性和品质成为越来越重要的考察因素。

我国的医院物业服务市场还未成熟，迫切需要制定行业标准、地方标准和国家标准，以规范医院后勤服务行为，提升行业准入门槛，推动行业的有序竞争和市场化发展。

（二）综合服务能力和专业化水平成为核心竞争力

医疗机构的特殊性决定了其对后勤服务的专业性要求要高于其他业态，随着医疗结构的现代化水平不断提升，医疗设施越来越先进，对医院后勤服务的专业性要求还在不断增加。具有综合服务能力的物业服务企业能够提供一揽子后勤服务解决方案，增加服务附加值，综合利用劳动力成本，能够为客户节省人力物力，达到降本增效的目的。医院后勤服务领域内的竞争将逐渐集中于专业化水平和综合服务能力。

医院后勤服务对专业化水平和综合服务能力的需求带来了新的机遇和挑战，能提供专业的一揽子医院后勤服务的后勤服务商将更具竞争优势。专业的医院物业服务企业可以找准定位，有效整合资源，深耕医院物业领域，提升专业化水平和综合服务能力，加强市场竞争力。非医院物业服务企业想要进入医院后勤服务市场，可通过收购专业的医院物业服务企业等手段，培养自己在医院物业领域的专业服务实力。

（三）后疫情时代，智慧化发展趋势更明显

云计算、物联网、移动终端等信息技术不断发展，对医疗和物业管理行业也产生了颠覆性的影响。医疗行业的智慧化建设不断推进，医院物业也日益重视科技赋能，通过智慧化手段升级物业服务能力。现阶段医院物业服务企业已经取得一定的智慧化建设成就，2020 年的疫情让智慧物业的优势更加凸显，在对抗疫情过程中发挥了特殊作用。

如国天物业 2016 年上线的国天云 APP，包含监管端、调度端、医护端、员工端和患者端五大端口，其中患者端将是这套系统未来开发与服务的重点。国天云围绕患者需求，已逐步增加了跑腿、陪护、订餐等服务，为公司在物业服务费以外又新增了部分收益。医废模块实现了医疗垃圾收集、运输、处理等等全过程的闭环管理，在对抗疫情过程中发挥了重要作用。

斯马特物业设立一站式服务中心——智慧斯马特，秩序管理服务、布草管理、保洁服务、配套服务、运

送服务、陪护服务、能耗管理、备件耗材管理、医废管理、设施设备管理、后勤外包管理、设备维保工程服务等均可一站式解决；医院家智能系统经过十几年的发展已经升级到4.0版，以人性化、专业化为核心，融合现代数字技术和智能技术，实现滴滴抢单、服务质量监控追溯、医院新风系统自动调节等功能，再造医院后勤服务流程，赋能员工、赋能医院、赋能生态，提供高效、精准、便捷和绿色服务。

医疗行业的智慧化发展趋势下，医院设施更新换代，对医院后勤服务企业提出了智慧化建设要求，推动了智慧物业概念在医院物业领域的普及。目前相比医疗行业自身的智慧化建设程度，医院物业还有较大差距，为医院物业服务企业进行智慧化建设提供了较大的发展空间。深入了解医院后勤发展需求，以智慧化手段实现节能控制、现场安全监控、服务流程监管等功能，提供成本低、服务优质的一体化解决方案将成为医院物业服务企业的主要发展方向。

（四）行业服务内容日益丰富，业务拓展空间大

最早期的医院后勤服务主要以保洁、运送和保安等内容为主，服务范围狭窄，属于劳动密集型的作业方式，对专业能力要求不高。随着经济发展，医疗机构对后勤服务的需求渐渐多元化，医院后勤服务包含内容也逐渐增多，对后勤服务企业的专业性要求也越来越高。如近些年国家对节能减排加大了管理力度，公立医院因此产生了节能减排的后勤服务需求，能够建立能源管理平台、提供能耗分析和预警功能、帮助医院实现节能减排的物业服务企业自然更受医疗机构青睐。

现阶段的医院物业服务内容还包含医疗垃圾处理、医疗垃圾消毒、能源管理、救护车管理、停车场管理、洗衣房管理、护工服务、餐饮服务等基本服务内容，以及无人便利店、充电桩等增值服务。医院作为一种特殊的物业服务场景，对物业服务企业来说，转变思维仍然有大量新的盈利点可以挖掘，为医院后勤服务提供广阔的成长空间。物业服务企业可以在做好现有业务的基础上，深挖医疗机构和患者的个性化需求，提供更加多元的、能够展示专业度的医院物业增值服务，或可进一步拓宽服务内容，增加收入来源。

公众场馆物业管理发展报告

概述

公众场馆主要指为公众提供工作、学习、经营、文化、娱乐、体育等活动所使用的建筑物、处所及其附属设施的总称，包括但不限于博物馆、图书馆、影剧院、会展中心等。公众场馆物业服务主要面向前述公众场馆，为其提供基础物业管理和后勤保障一体化服务，主要服务内容除传统“四保”外，还包括文物保护、图书维护、剧院调配、会展接待等专业化服务。

近年来，随着我国经济的快速发展，居民收入水平不断增加，居民消费需求不断升温，进而带动文化、娱乐、交通等公众场馆物业服务的需求逐年增加，加之新基建及城市服务的快速发展，为公众场馆物业服务带来更多的市场空间，未来公众场馆领域将迎来高速发展期。

一、公众场馆物业主要服务内容和特征

公众场馆物业管理是一项因公众场馆物业存在而产生的一种特定的管理服务，主要对已建成并交付使用的公共建筑物及其附属设施进行维护、修缮、整治、管理等活动。公众场馆物业覆盖范围广、种类多，包括公众文化场馆、体育场馆、大型会展场馆、轨道交通等形态，甚至延伸至城市服务领域。相较于其他物业管理，公众场馆具有开放性较高、客流量较大以及专业设施较多等特点，决定了其管理服务具有一定的特殊性。

1. 服务要求更高

公众场馆物业管理不仅涵盖了住宅、办公楼等其他业态的管理内容，还包括各类建筑设施设备的管理、安全保障、会议服务等，服务的核心很大程度围绕着公共服务的满足，与政府和城市的整体形象息息相关，有着与众不同的要求。相较于其他基本以盈利为基础的细分业态物业管理，公众场馆物业管理具有更加明确的服务公众的意识要求，提供的服务必定带有公益性服务的属性，同时还附带一定程度的公益性服务内容。面对的服务人群范围更加广泛，安全性要求更高。除了需要考虑常规因素外，还要着重关注治安安全、消防安全、设备智能化控制等因素，各方面更高的服务要求都将对公众场馆物业管理活动带来巨大的挑战。

2. 社会影响力较大

公共建筑设施作为城市的名片，具有较大的社会关注度，在一定程度上代表着城市的公众形象，是外来人口认识城市文明程度的重要窗口，其环境卫生、设备设施状况、秩序维护等方面直接体现物业服务质量。

事关城市的声誉和形象，顺理成章成为外来人口判断该城市价值的依据之一，因此对于本地人来说，公共建筑物业服务的质量好坏关系到他们日常社会生活的便捷性和使用公共服务的舒适性，而对于外来人口来说，是对城市进行认识定位的重要参考条件。

3. 受体制条件限制更多

公共建筑一般都是由国家财政出资进行建设修建和运营维护，目前国家对于经济建设和国家财政资金使用的程序性和法规性限制比较严格，因此公众场馆物业管理在运作方式的选择、项目的实施、经费的使用、人员的配备等事项上，通常需要经过招标投标等大量繁琐的流程审批和批复手续，并且在我国，公众建筑的上级主管部门或其他相关政府职能部门财政、人事、行政规范等各方面管理要求各异，因此在公众场馆物业管理实施过程中，受体制条件限制更多，加大了物业服务实施难度。

二、公众场馆物业市场空间及驱动因素分析

（一）国家政策利好，为市场准入创造有利条件

近年来随着“公共服务领域鼓励社会资本参与投资和运营”的一系列政策的推出，为物业服务企业参与公共场馆、交通枢纽等公众场馆物业服务创造了更有利的市场环境。2013 年十八届三中全会决定允许社会资本通过特许经营等方式参与城市基础设施投资和运营，2015 年 5 月，财政部、国家发展改革委、中国人民银行三部委在《关于在公共服务领域推广政府和社会资本合作模式指导意见的通知》中提出“广泛采用政府和社会资本合作模式提供公共服务。在能源、交通运输、水利、环境保护、农业、林业、科技、保障性安居工程、医疗、卫生、养老、教育、文化等公共服务领域，鼓励采用政府和社会资本合作模式，吸引社会资本参与公共产品和公共服务项目的投资、运营管理”。自此，公共服务领域鼓励社会资本参与投资和运营的政策频出。社会资本介入公共服务领域，为物业服务企业进入公众场馆物业服务领域创造了更有利的条件，公共服务领域的物业服务外包给社会运营企业是社会专业分工的要求，同时也有助于提升效率（表 1）。

国家鼓励社会资本参与城市基础设施投资和运营政策　　表 1

时间	部门	政策	相关内容
2019.7	国家铁路局	《中华人民共和国铁路法（修订草案）（征求意见稿）》	列入铁路规划的各类项目，除法律法规另有规定外，均向社会资本开放
2017.4	文化部	《文化部“十三五”时期文化发展改革规划》	鼓励社会力量通过政府购买服务、政府和社会资本合作等方式，参与公共文化设施的建设和运营
2017.3	国务院办公厅	《关于进一步激发社会领域投资活力的意见》	引导社会资本以政府和社会资本合作（PPP）模式参与医疗机构、养老服务机构、教育机构、文化设施、体育设施建设运营
2016.11	民航局	《关于鼓励社会资本投资建设运营民用机场的意见》	全面放开机场建设运营，扩大民用机场专业领域从业主体规模……可单独或组成项目联合体全面参与民用机场咨询、设计、建设、运营、维护等业务
2016.7	中共中央、国务院	《关于深化投融资体制改革的意见》	鼓励政府和社会资本合作，鼓励有条件的政府投资项目通过市场化方式进行运营管理
2015.7	国家发展改革委	《关于进一步鼓励和扩大社会资本投资建设铁路的实施意见》	全面开放铁路投资与运营市场

续表

时间	部门	政策	相关内容
2015.5	财政部、发展改革委、人民银行	《关于在公共服务领域推广政府和社会资本合作模式的指导意见》	广泛采用政府和社会资本合作模式提供公共服务…吸引社会资本参与公共服务领域
2014.11	国务院	《关于创新重点领域投融资机制鼓励社会投资的指导意见》	推进市政基础设施投资运营市场化，积极推动社会资本参与市政基础设施建设运营
2013.8	国务院	《关于改革铁路投融资体制加快推进铁路建设的意见》	全面开放铁路建设市场，向地方政府和社会资本放开城际铁路、市域（郊）铁路、资源开发性铁路和支线铁路的所有权、经营权，鼓励社会资本投资建设铁路
2013.3	国家发展改革委	《促进综合交通枢纽发展的指导意见》	鼓励社会资本进入综合交通枢纽的建设和运营，形成多元化的投融资格局

（二）基础设施建设加速升级，释放更多市场空间

近年来，随着我国经济的高速发展，基础设施建设水平大幅提高，各类基础设施数量逐年增长。其中铁路、公路、机场等增速显著。根据民航局数据，截至 2019 年底，我国共有颁证运输机场 238 个，比 2018 年底净增 3 个，航站楼面积 1629 万平方米。2019 年，全行业全年新开工、续建机场项目 126 个，航站楼面积 174.9 万平方米。《2019 年交通运输行业发展统计公报》显示，2019 年末全国铁路营业里程 13.9 万公里，比 2018 年增长 6.1%，其中高铁营业里程达到 3.5 万公里，比上年增长 2.1%。机场数量、航站楼面积以及铁路营业里程的不断增长，带动着相应服务区域如停车场、航站区、候机楼、高速服务区等的发展，服务需求不断增加，进而为物业服务企业涉足公众场馆物业领域带来更广阔的市场空间（图 1、图 2）。

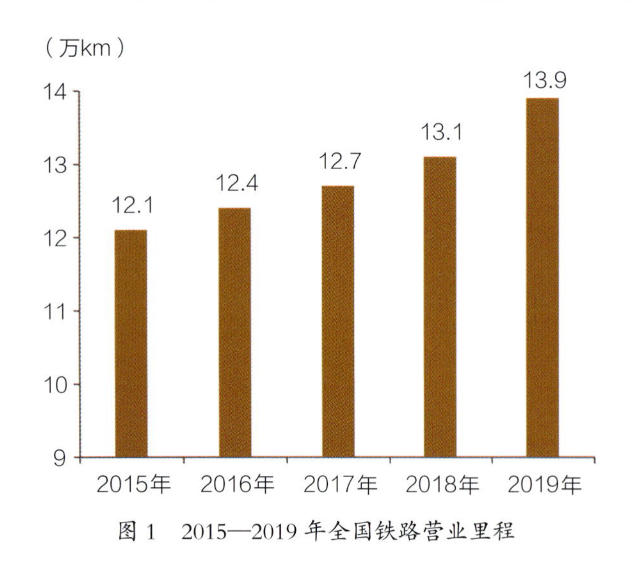

图 1　2015—2019 年全国铁路营业里程

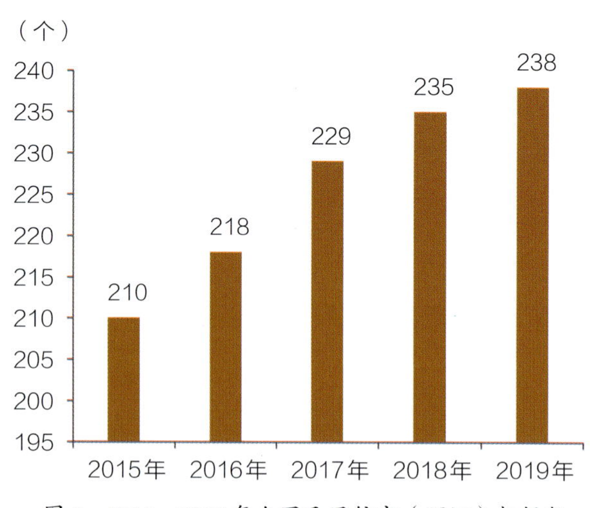

图 2　2015—2019 年全国民用航空（颁证）机场数

2020 年中共中央政治局常委会指出要加快新型基础设施建设（以下简称“新基建”）进度，相较于传统的铁路、公路、机场、港口等基础设施，新基建主要包括特高压、新能源汽车充电桩、5G 基站建设、大数据中心、人工智能、工业互联网、城际高速铁路和城市轨道交通等领域。其中高铁、城轨的加快建设将进一步扩大公众场馆物业的管理面积，伴随着新能源汽车充电桩建设的加速，越来越多的人们选择新能源汽车自驾游，物业服务企业可在高速公路服务中挖掘更多的消费契机，增加更多的服务内容。

此外，随着居民消费水平的日益增长，消费需求不断升温，带动文化、娱乐等公众场馆物业服务的需求逐年增加，各类公共场馆扩增。根据文旅部公开数据，截至 2019 年末，全国共有公共图书馆 3196 个，比

2018 年末增加 20 个；全国公共图书馆实际使用房屋建筑面积 1699.67 万平方米，比 2018 年末增长 6.5%。截至 2019 年底，全国已备案博物馆达 5535 家，比 2018 年增加 181 家。据体育总局数据显示，2018 年，全国体育产业总规模（总产出）为 26579 亿元，增加值为 10078 亿元；体育场地设施建设的增加值为 150 亿元。目前我国公众体育场馆约 170 万个，占地面积达 20 亿平方米，预计到 2025 年体育产业总规模将达到 5 万亿元，总面积将超过 30 亿平方米。截至 2019 年底，全国各类产业园区已超 1.5 万个，市场容量巨大。

三、基于样本的公众场馆物业服务市场数据分析

（一）百强公众场馆物业发展指数为 15.4

物业服务企业发展指数（Property Management Development Index，简称 PMDI）是以企业年度数据为基础，根据物业服务企业发展指数的测评体系，从物业服务企业经营情况、管理规模、服务质量等方面，对物业服务企业发展的基础状况发展规律进行量化评价，测算出物业服务企业的发展指数，衡量企业发展的总体水平。物业服务企业发展指数横向上体现出各企业发展状况的对比情况；纵向上体现不同时期各企业的表现，并通过选取一定数量的头部样本企业反映行业发展趋势。

公众场馆物业发展指数是根据测评体系选取物业管理行业头部企业为样本，进行数据分析，衡量企业该业态经营状况、管理规模、服务质量等整体发展情况，确定反映该业态发展状况和发展走势的综合指数。2019 年，PMDI100 公众场馆物业发展指数 15.4，比 2018 年增加 4.6 个点，2015—2019 年复合增长率分别为 42.82%，公众场馆物业发展指数稳步提升（图 3）。

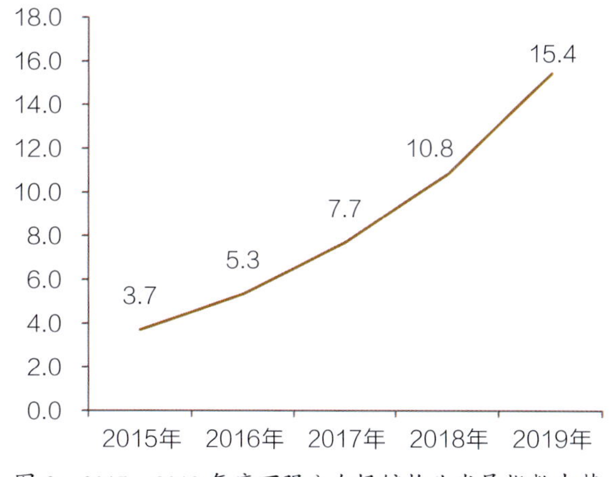

图 3 2015—2019 年度百强公众场馆物业发展指数走势

（二）公众场馆物业管理规模分析

1. 500 强企业公众场馆物业管理面积情况

2019 年，500 强企业中有 268 家企业涉足公众场馆物业服务，占比 53.6%，较 2018 年增长 2.4 个百分点；500 强企业公众场馆物业总管理面积达 2.43 亿平方米，占 500 强企业总管理面积比例为 1.81%，较 2018 年增长 0.3%（表 2）。

2018—2019 年 500 强企业公众场馆物业管理面积情况　　表 2

年份	公众场馆总管理面积	占 500 强企业管理面积比例
2019 年	2.43 亿 m^2	1.81%
2018 年	1.78 亿 m^2	1.57%

从企业角度看，涉及公众场馆物业服务企业的平均管理面积为 90.67 万平方米[①]。有 81.3% 的企业公众场馆物业管理面积在 100 万平方米以下，有 3.8% 的企业管理面积大于 500 万平方米，其中仅有 1.9% 的企

① 本报告涉均值类计算均以 PMDI 500 中涉及该业态的企业部分进行计算，下同。

业管理面积大于 1000 万平方米。可以看出，布局公众场馆物业的企业多为中小型企业（表 3）。

从城市分布看，500 强企业公众场馆物业服务面积中，一线城市总量为 5792.81 万平方米，占比 23.89%；二线城市总量为 11016.86 万平方米，占比 45.43%；三四线城市总量为 7443.07 万平方米，占比 30.69%。可以看出，500 强企业公众场馆物业的市场相对集中在一二线城市，其占比达到 69.32%（图 4）。

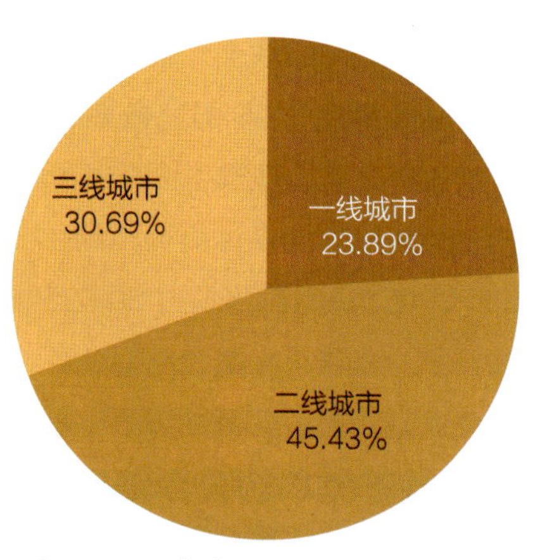

图 4　2019 年度 500 强企业公众场馆物业管理面积各城市分级分布

2. 500 强企业公众场馆物业管理项目情况

2019 年，500 强企业布局公众场馆物业服务企业管理项目总数为 1661 个，较 2018 年增加 277 个；企业平均管理项目数量为 6.20 个，单项目贡献面积为 14.60 万平方米，较 2018 年增长 1.69 万平方米（表 4）。

2019 年度 500 强企业公众场馆物业管理面积各区间段企业分布　　表 3

区间段（万 m^2）	企业数量（个）	区间段（万 m^2）	企业数量（个）	占比
0 ~ 100	218	0 ~ 100	218	81.3%
0 ~ 200	236	100 ~ 200	19	7.1%
0 ~ 300	249	200 ~ 300	13	4.9%
0 ~ 400	254	300 ~ 400	5	1.9%
0 ~ 500	236	400 ~ 500	3	1.1%
0 ~ 600	258	500 ~ 600	1	0.4%
0 ~ 700	261	600 ~ 700	2	0.7%
0 ~ 800	262	700 ~ 800	1	0.4%
0 ~ 900	263	800 ~ 900	1	0.4%
0 ~ 1000	263	900 ~ 1000	0	0.0%
总计	268	> 1000	5	1.9%

500 强企业公众场馆物业管理项目情况　　表 4

项目	数值
管理项目总数	1661 个
平均管理项目数量	6.20 个
单项目贡献面积	14.60 万 m^2

3. 百强企业公众场馆物业服务布局情况

2019 年，百强企业布局公众场馆物业服务企业比例为 74%，同比增长 10 个百分点。2012—2019 年度，复合增长率为 8.06%，整体呈现上升趋势（图 5）。

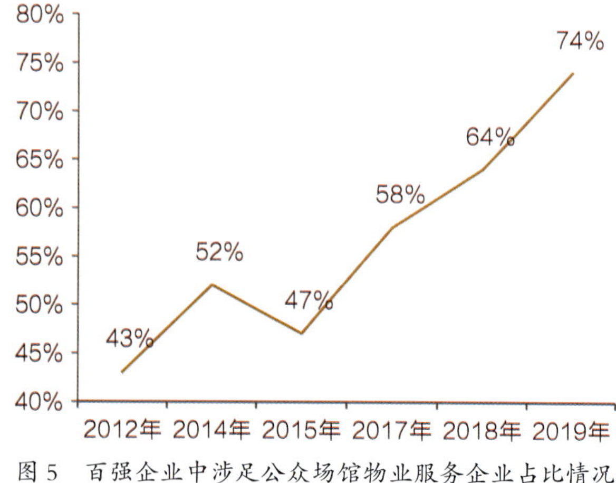

图 5　百强企业中涉足公众场馆物业服务企业占比情况

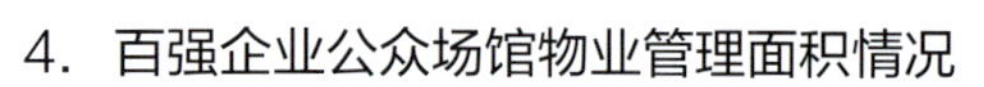

4. 百强企业公众场馆物业管理面积情况

2019 年，百强企业公众场馆物业总管理面积为 15506.51 万平方米，同比增长 56.8%，增速较 2018 年同期大幅上升，相对行业整体管理面积增速较慢。而百强企业公众场馆物业管理面积占百强企业总管理面积比例为1.72%，该比例较2018年小幅增长0.48%（图6）。

2019年，百强企业公众场馆物业管理面积占500强企业总公众场馆管理面积增至63.9%，较2018年增长7.5个百分点，从此可见该领域领先企业市场份额较大，且呈现持续增长态势。与此同时，百强企业公众场馆物业管理总面积占整个行业的市场份额由2012年的0.21%提升至2019年的0.50%，表明百强企业公众场馆物业服务的集中度在提升。

2019年，百强企业公众场馆物业的平均管理面积从2012年的42.3万平方米增至2019年的209.5万平方米，年均增长23.9万平方米，整体呈波动上升趋势。2018—2019年度百强企业公众场馆物业的平均管理面积出现大幅增长，2015—2019年度复合增长率为36.19%，由此可见，近几年百强企业涉足公众场馆物业的企业在该业务领域的拓展力度在不断加大（图7）。

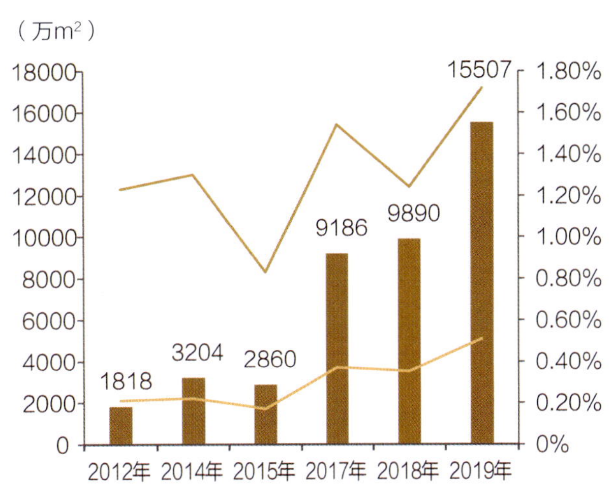

图6 百强企业公众场馆物业管理面积情况

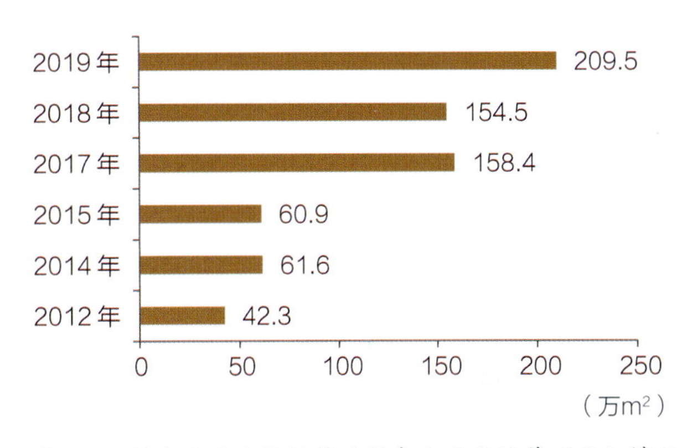

图7 百强企业公众场馆物业服务企业平均管理面积情况

5. 百强企业公众场馆物业管理项目情况

2019年，百强企业布局公众场馆物业的管理项目总数为850个，同比增长23.73%；2012年至2019年的复合增长率为21.8%，服务项目数量增长速度较快。百强企业公众场馆物业管理项目数量占500强企业公众场馆物业总管理项目数的比例为51.17%，较去年增长1.53%。

同时，百强企业公众场馆物业服务企业平均管理项目数量从2012年的5.07个增长至2019年的11.49个，单项目贡献面积持续增长，从2012年的8.34万平方米增至2019年的14.24万平方米。由此可见，百强企业在保持项目增长稳步提升的同时，新拓展公众场馆物业项目的规模在不断扩大（图8）。

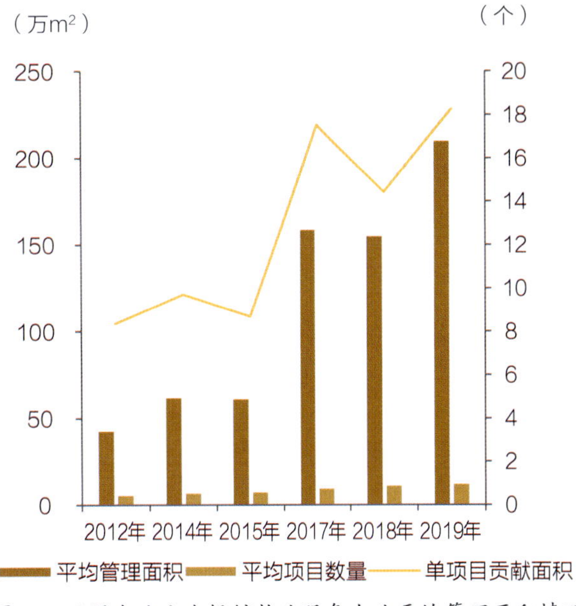

图8 百强企业公众场馆物业服务企业平均管理面积情况

（三）公众场馆物业经营绩效分析

1. 500强企业公众场馆物业服务收入情况

2019年，500强企业公众场馆物业服务总物业费收入达60.5亿元，占500强企业总物业费收入比例为2.3%，较上年增长0.5%，以1.81%的面积占比贡献了2.3%的收入占比（表5）。

从企业角度上看，500强企业公众场馆物业物业费收入均值为2257.3万元。500强涉足公众场馆物业的企业中，有 87.7% 的企业公众场馆物业物业费收入在 5000 万元以下，仅 1.5% 的企业公众场馆物业物业费收入在 2 亿元以上。500 强企业在公众场馆物业的收入占比较小，大部分企业集中在 5000 万元以下（表 6）。

500 强企业公众场馆物业服务收入情况　　表 5

项目	数值
物业费总收入	60.5 亿元
企业物业费收入均值	2257.3 万元
占 500 强企业物业费总收入比例	2.3%

2019 年度 500 强企业公众场馆物业服务收入各区间段企业分布　　表 6

区间段（万元）	企业数量（个）	区间段（万元）	企业数量（个）	占比
0 ~ 5000	235	0 ~ 5000	235	87.7%
0 ~ 10000	249	5000 ~ 10000	14	5.2%
0 ~ 15000	262	10000 ~ 15000	13	4.9%
0 ~ 20000	266	15000 ~ 20000	4	1.5%
总计	268	＞20000	2	1.5%

在 268 家涉足公众场馆服务的企业中，有 5 家企业公众场馆物业费收入占比超过 30%，其中仅有 1 家企业为以公众场馆物业服务为主导发展，其公众场馆物业收入占比达 70.36%，98% 的企业在公众场馆领域的收入占比不足 30%，表明现阶段物业服务企业在公众场馆领域的布局尚浅，未来仍有较大的增长空间。

2. 500 强企业公众场馆物业物业费水平

2019 年，500 强企业公众场馆服务项目中，以酬金制形式服务的项目占比 13.1%，包干制形式服务的项目占比 86.9%，包干制仍为主流方式（图 9）。

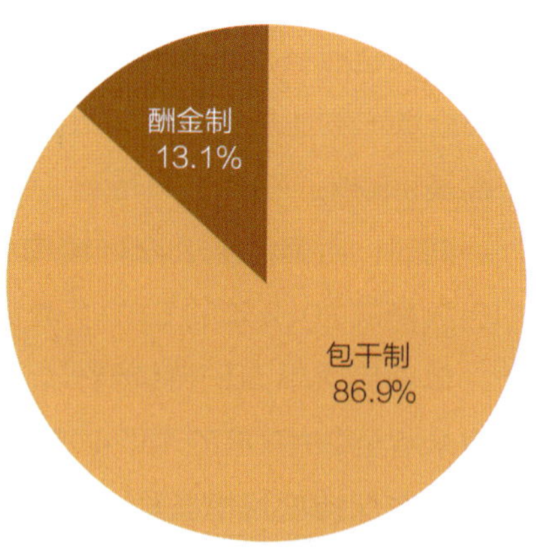

图 9　500 强企业公众场馆物业收费形式分布

2019 年，500 强企业公众场馆物业服务平均物业费为 4.38 元 /（平方米・月），较 2018 年增长 0.65 元 /（平方米・月），其中，包干制项目平均物业费 4.48 元 /（平方米・月），酬金制项目平均物业费 6.02 元 /（平方米・月）（图 10）。

从城市角度上看，500 强企业公众场馆物业服务项目中，一线城市公众场馆物业平均物业费为 6.88 元 /（平方米・月）；二线城市公众场馆物业平均物业费为 3.78 元 /（平方米・月）；三四线城市公众场馆物业平均物业费为 3.70 元 /（平方米・月）。一线城市公众场馆物业费明显高于二线及三四线城市（图 11）。

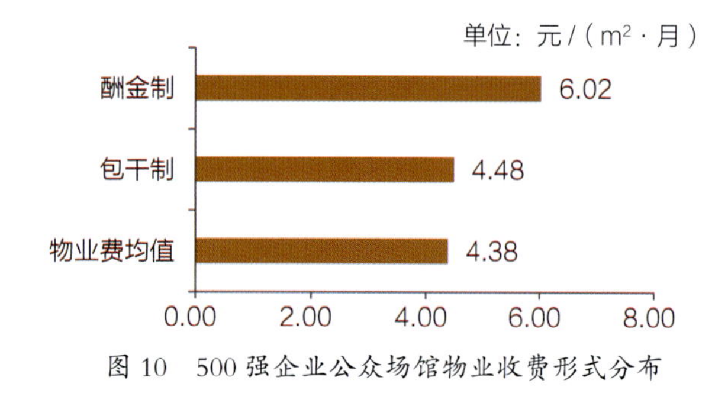

图 10　500 强企业公众场馆物业收费形式分布

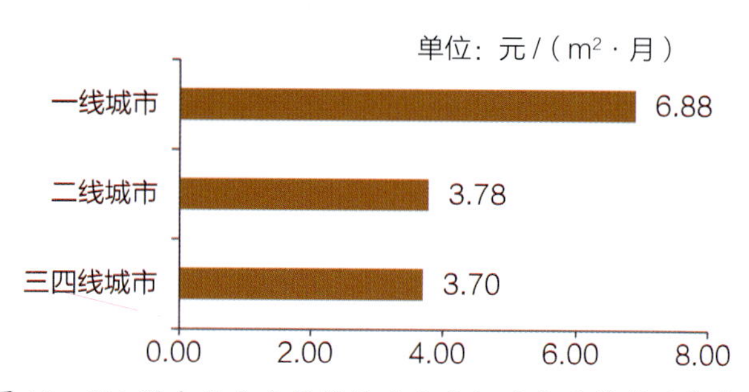

图 11　500 强企业公众场馆物业各分级城市平均物业费水平

3. 百强企业公众场馆物业服务收入情况

2019 年，百强企业公众场馆物业费收入总值为 30.89 亿元，同比增长 36.62%。与 2015 年的 9.39 亿元相比，增长 21.5 亿，复合增长率为 34.67%。

2019 年，百强企业公众场馆物业物业费收入占 500 强企业公众场馆物业的物业费收入比例为 51.06%，头部集中度较高；占百强企业公众场馆物业总物业费收入比例为 1.9%，占比较 2018 年小幅下降。百强企业中，公众场馆物业以 1.7% 的管理面积贡献了 1.9% 的物业费收入，基本处于一个均衡的状态。

此外，百强企业公众场馆物业费收入均值从 2015 年的 1997 万元增长至 2019 年的 4174 万元，复合增长率为 20.24%；与平均管理面积变化相比，公众场馆物业物业费收入增速（20.24%）不及公众场馆物业平均管理面积的增速（36.19%）（图 12）。

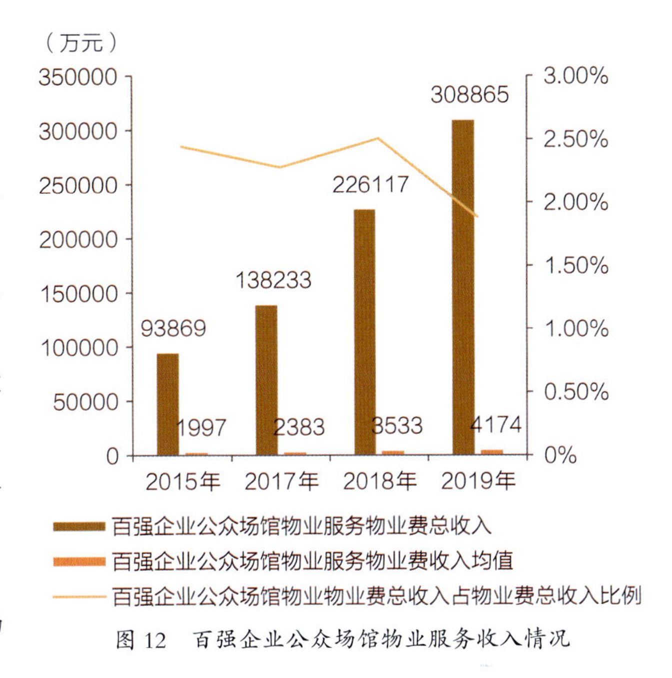

图 12　百强企业公众场馆物业服务收入情况

四、企业在公众场馆物业领域的探索现状

（一）企业布局广泛，市场竞争激烈

部分企业新增中标 / 签约项目　　表 7

企业	时间	中标 / 新签项目
明华物业	2020 年	上海天文馆（上海科技馆分馆）、中国太平洋财产保险股份有限公司桂林路 929 园区、上海票据交易所
保利物业	2020 年	嘉善姚庄镇、西安大唐不夜城
绿升服务	2020 年	浦东机场、慈溪大剧院、艾绿芳香度假区、衢州水亭门历史文化街区等项目
首华物业	2019 年 1 月	北京动物园、北海公园等
	2019 年 12 月	首博博物馆物业综合服务项目、北京人民艺术剧院、菊隐剧场
城铁物业	2019 年	青岛胶东国际机场航站区保洁与手推车服务、深圳南头直升机场绿化养护与卫生清洁服务、南方航空大连分公司飞机外表面清洗服务、上海浦东国际机场东航贵宾厅工程维修服务

近年来，随着我国经济的快速发展，城镇化持续推进，居民消费升级，进而带动文化、娱乐、交通等公众场馆物业服务的需求逐年增加。同时，新基建的发展也推动公共建筑物的建设，各类场馆的数量也在与日俱增。在后勤服务社会化改革进一步加深，政府不断鼓励社会资本参与公共服务领域等政策引导下，越来越多的物业服务企业顺势开拓博物馆、剧院、交通枢纽、机场等公众场馆物业领域。多家物企在各自主管领域业绩保持良好态势下，不断涉足多种公众场馆物业业态。例如明华物业在各类场馆、园区等均有布局，保利物业开始探索公共服务，绿升服务、首华物业新签项目覆盖如机场、剧院、博物馆等多领域，城铁物业在

机场物业管理方面持续发力，中嘉恒通物业在轨道交通物业方面新签约项目达 16 个，万景物业着力布局机场商务区，中楚物业在管项目集中在体育场馆。随着物业服务企业布局公众领域步伐的加速，行业竞争日趋激烈（表 7）。

（二）收并购风起云涌，行业集中度加剧

随着“互联网＋”时代的到来，物业管理市场竞争越来越激烈，传统第三方物业服务企业面临着项目拓展的天花板以及人力成本的刚性上升。物业服务企业只有不断发展壮大，才能在激烈的竞争中存活。而公司发展壮大的有效途径无疑是通过公司收并购，迅速扩展资本规模。近年来，越来越多的物业服务企业借力资本市场实现规模的扩张，并购成为物业服务企业 IPO 及再融资重要募投的方向之一。上市物企通过收并购不仅能实现资本规模的扩大，而且能够开拓更多细分业态，弥补自身的不足。

公众场馆物业适中的毛利吸引着更多优质物业服务企业参与布局，行业收并购正在加速。雅生活集团于 2019 年 9 月收购中民物业板块 60% 股权，中民物业业态布局中公共建筑占比达 50%，其中涵盖多个公共场馆项目，如上海世博会中国馆，雅生活服务此次收购意在进一步加强公共领域布局；美的物业 2019 年 8 月收购北京金颐都物业，助力公司公共场馆在管项目规模的扩张。由此可见，物业服务企业通过收并购加速了行业集中度，但由于行业依然高度分散，未来整合将延续。

（三）城市服务成公众场馆物业“新宠儿”

城市服务，本质上是将公共空间和公共资源当作一个整体，由物业公司进行统筹管理，一般包括市政园林、环境卫生、城管巡查、治安巡查、后勤服务、停车资源运营等众多行业。城市服务涉及范围广阔，管理规模较大，且在服务对象和内容上与物业服务企业有重叠之处，当前越来越多的物业服务企业已从狭义的社区服务拓展到广义的城市服务，如保利物业、金地物业、建业物业等（表 8）。

部分企业涉足城市服务概况　　表 8

企业	服务内容
保利物业	以乡村治理为切入点，先后在嘉善县下属天凝镇、大云镇、陶庄镇、西塘景区以及周边的上海市罗店镇布局，于 2018 年推出“镇兴中国”物业服务品牌，其公共服务涵盖城镇服务、景区服务、农贸市场服务
金地物业	城市服务覆盖公建配套、市政环卫绿化、基础交通设施等方面，与政府共谋共建，整合城市公共空间与资源，实现全流程“管理＋服务＋运营”的城市运营新服务模式
建业物业	成立河南建业城市物业服务有限公司，致力于为市民创造更加优美、整洁、舒适的城市卫生环境。通过智慧手段与专业服务，不断提升城市美好形象与居民幸福生活体验

（四）承担社会责任，构筑疫情第一道防线

在新冠肺炎疫情阻击战中，物业被称为保障社区和居民生活的第一道防线。物业服务企业在防疫过程中发挥着巨大的作用，在公众场馆物业领域，交通枢纽成物业服务企业防疫的一大重要战场。交通枢纽人流密集，防控难度大，安全隐患高，为保障旅客安全，各物业服务企业采用多种严格防控措施，在轨道交通、航空机场、火车站、高速公路等交通枢纽严格防控，全力以赴防输入，防扩散，强化交通枢纽疫情防控的第一道防线。

公众场馆物业管理涉及众多交通枢纽类管理项目，面对疫情，物业服务企业迅速做出一级响应，对在

管交通枢纽、设施设备启动全业态应急预案，统一部署防控措施。在高速出入口设置检测点，统计每台过往车辆出行信息，对全部来往人员及现场工作人员进行体温测量，登记后录入信息化系统。同时，增加消杀频次，保障出行环境卫生。在车站内，物业服务企业特别注重公共设施消杀工作，对站台、站厅、电梯、检售票设施、公共卫生间、公共通道的门把手、开关、按键等加大消毒频次，并张贴消毒记录卡；对地沟、垃圾中转站等卫生死角进行重点清洁和消杀，并根据轨道交通的要求，在特定区域内协助设置了隔离区域，完善了预防处置措施。物业服务企业在这次疫情大考中交付了令人满意的答卷，履行社会责任，彰显了企业担当。

五、公众场馆物业管理的发展前景和趋势

（一）管理更趋标准化，服务更加精细化

公众场馆物业管理的动态性对物业服务企业管理标准提出了更高的要求，需要针对不同类型的公众场馆物业管理，制定科学严谨细致的服务管理方案和细节标准，以能够最大限度地满足公众场馆物业管理的社会需求和服务质量。随着物业资质的取消，物业管理行业门槛降低，吸引了更多的企业加入，行业的不断扩大需要严格的标准来规范企业运作，管理标准升级是大势所趋，物业服务企业将不断借鉴先进的国际管理标准，形成更加标准化、规范化的管理模式，完善企业规章制度。

公共博物馆、体育馆、轨道交通、园林等设施设备众多且复杂，对公众场馆物业的服务要求也不尽相同。与传统物业“四保”的工作分类不同，公众场馆物业更强调精细化、个性化的服务，特别是大型会务、会展、体育赛事活动的保障服务，对企业及其从业人员的专业化能力也提出了更高的要求。未来，公众场馆物业将在管理更趋标准化、服务更加精细化的发展趋势下，不断提升企业服务水平，规范行业发展。

（二）品牌价值创造企业竞争优势

公众场馆物业一个显著的特点是受众面的流动性、短暂性，有时甚至是一次性的服务，要让顾客仅仅在接受一次服务的过程中，就体会到服务的优异，对物业服务企业来说难度巨大。另外业主方对物业管理的要求也越来越高，从基础物业管理到专业设施设备的运维、会展接待、文物保护等，每个环节都更加注重专业化、精细化。公众场馆物业服务企业要同时满足顾客和业主方的需求，唯有不断提升自身管理与服务的能力，创造出企业真正的品牌价值，才能在剧烈的行业竞争中占有一席之地。

依托品牌影响力与宣传推广力度的不断加大，行业品牌企业将优先得到客户的了解与认知，成为客户的重要选择目标。对于业主多为政府部门的公众场馆物业而言，品牌价值显得尤为重要。物业服务企业品牌价值将成为影响客户选择企业的关键因素。

（三）智慧化转型升级是大势所趋

公众场馆物业业态的多元化决定了信息化系统的制定要与各形态物业相匹配，避免大而全，力求专业化和标准化。一方面，企业依托新技术实时远程监控、自动维护及进行节能改造等设备设施，能够有效地降低企业管理、运作及能耗、物耗方面的成本；另一方面，通过高科技手段的引入，使复杂业务和重复性作业变得扁平化、智能化和标准化，企业人员数量和劳动强度以及人工成本得到降低。在有效控制成本费用等情况

下，物业服务企业实现扩大有效管理半径，企业的品牌输出和管理能力得到提升，经营绩效和盈利水平进一步提高。

物联网、云计算、大数据、人工智能等现代信息技术手段的发展为物业服务企业提供了新的发展机遇。同时，新基建凸显大数据、人工智能等新技术领域的建设，在数字化基础设施加速建设下，公众场馆物业管理也将大量引入智能化、信息化设备，促使物业服务企业主动深耕基础服务、升级服务设施。未来，随着信息化、智能化等新技术应用的推广和普及，物业服务企业通过新技术应用对传统物业服务在软硬件方面进行智能化转型升级将成为行业发展的必经之路。

商业物业管理发展报告

概述

随着物业管理行业的快速发展，物业服务领域已由住宅向非住宅物业领域延伸，非住宅物业迎来飞速的发展时期。客户消费能力和消费意愿齐升，为商业物业的发展奠定了经济基础，居民消费结构不断升级，消费领域扩大，激发居民对美好生活的需求。同时，我国商业的存量开发逐渐走向存量运营，存量物业的持续入市，将为商业物业管理面积添砖加瓦，支撑商业物业供给侧的增加。

然而，我国商业物业领域发展的较晚，尚未形成龙头企业，业态的竞争格局分散。且目前提供的业务多为基础物业管理服务，多元化服务仍需拓展。同时，商业物业涉及的大型设施设备较多，业务范围逐渐扩大和深化，对物业服务人员的专业素养和综合素质有较高的要求，当前，我国专业性复合人才缺口较大。

商业物业的物业费水平和收缴率较高，收益稳定，促使更多的物业服务企业加大对商业物业的布局，推出商业物业相关独立品牌，促进业态的发展。加上，政策、资本市场、消费意愿等多种因素，助推商业物业供需结构变革，商业物业成为企业抢滩的重点。受疫情影响，购物中心、商场等运营受到巨大冲击，客流量断崖式下降，品牌商退租，很多商场出现空置率上升的现象，客户消费需求和消费模式转变，现有的传统物业管理服务，并不能适应市场新的变化。预计未来我国商业物业管理服务向管理服务标准化、服务内容深入化方向发展。同时，商业物业的管理服务方式、管理模式也应该变革，逐步贴合客户需求。众多国内物业服务企业借鉴五大行管理经验和企业自身的特点，将业务由基础物业服务向商业物业全产业服务链方向发展，商业物业将着眼于设施管理和资产管理，并为消费者提供多元化的增值服务，满足其消费和服务体验需求。

一、商业物业主要服务内容和特征

（一）竞争格局分散，尚未形成行业龙头

商业物业管理可以为商品流通、销售等开展经济活动的场所提供管理服务，并对所涉及的商业楼宇及设施设备等提供日常运营和维护，从而提高服务体验感并实现物业的保值和增值，是为用于从事各种经营服务活动的大型收益性物业提供服务。商业物业管理涉及的范围小到街区商业、批发市场，大至大型的购物中心、特色商业街、商业中心以及具有地标特性的商业综合体，涉及的业态涵盖商业、餐饮、娱乐、休闲等。商业物业具有客流量大、管理空间大、管理环境复杂、管理点多而分散等特点。商业物业管理一方面要为客户提

供安全、便捷、舒适的消费环境；另一方面也要加大物业整体状况以及设施设备的维修和保养，保障商业物业的保值和增值。因此，商业物业管理服务对人员和消防安全、车辆进出等的协调管理的要求较高，对于塑造整体形象，展示物业管理水平，提升顾客的体验和信任感具有重要的作用。

我国物业管理服务起步较晚，在商业物业领域开展的时间更为靠后。近几年，随着行业的高速发展，我国物业管理行业在住宅物业领域的集中度逐渐增强，优势品牌企业已经显现，企业的管理规模不断扩张。然而，相较成熟的国外市场，我国商业物业领域的发展并不完善，现在仍未出现标杆性的优质龙头企业。五大行进入我国的时间比较早，在商业物业领域具有丰富的经验，形成一定的先发优势和品牌美誉度。在早期，我国商业物业管理服务多掌握在戴德梁行、仲量联行、世邦魏理仕、高力国际、第一太平戴维斯等国际五大行手中。而我国物业管理服务起步于住宅物业，往往是在住宅物业发展到一定的体量，积累到足够的经验后才开始向商业物业管理领域布局，目前，从事商业物业管理的服务企业主要包括“小而美”专注于该业态的物企和布局多元化业态领先的综合性物业服务企业。前者，企业的规模通常偏小，格局分散，尚未形成品牌和规模联动。后者，则是随着物业管理行业的发展，加强业态的多元化布局，将商业物业作为重点发展方向之一，并逐渐在商业领域崭露头角。随着物业管理行业的发展，国内提供商业物业服务企业的聚焦，加上本土化优势，开展商业物业服务的企业，其服务品质逐渐得到市场的认可，国内商业物业服务企业替代五大行提供物业服务的案例屡有发生，国内商业物业品牌企业与五大行物业管理之间差距正在逐渐缩小，企业的市场占有率提升，企业有较大的突破机会和发展空间。而从整体来看，物业服务企业在商业物业领域仍在积极探索，尚未有龙头企业形成。

（二）业务仍较基础，多元化服务仍需拓展

商业物业的管理服务是主动向顾客提供管理服务，所提供的服务较为广泛，包括为业主及商户提供“四保”、消防管理服务、设施设备管理服务以及车辆管理服务等常规性物业管理服务，以及一系列的多样性的增值服务，如招商租赁服务、资产管理服务等，以满足业主的商务需求以及获得自身整体的收益。然而，目前，我国商业物业管理服务还主要以基础的物业管理服务为主，服务的深度和广度有待进一步的拓展。

商业管理服务可以衍生至为商业物业资产的全生命周期运营和物业管理，长期以来，地产开发和商业经营的脱节，前期考虑的不足，会造成随后环节中物业管理的不合理和困境。因此，商业物业管理服务应在早期便切入，参与到商业物业管理的前期设计、建设以及后期的运营中去。前期介入可以为物业服务企业在市场研究和定位上提供参考，使得更加人性化，促进设计与后期运营相适应，平衡企业开发设计与运营的关系。

此外，2020 年初，疫情的发生，也为商业物业在管理过程中造成诸多矛盾，特别是一些中小企业，抗风险能力较差，很多商场面临退租、空租等现象，商家拖欠物业费的情况增多，对商业的较大的负面影响，同时，从成本端来看，防疫工作加大防疫物资的储备和使用，造成企业经营成本快速上升。传统的物业管理模式已经无法满足新的管理要求和应对新的局面。

（三）专业性要求高，人才缺口较大

随着物业管理行业的扩容，物业管理规模扩大，行业也正由传统物业服务向现代化物业服务方向发展，现代商业物业，尤其是大型商场、购物中心，现代化水平较高，拥有大量先进、齐全的设施设备，例如，电梯设备、给水排水系统、中央空调系统、消防系统、智能化管理系统、综合布线系统等。商业物业服务对管理服务、安全的要求，以及对专业性设施设备的运维标准、清洁频次、维护保养等方面均有较高的要求，需

要定时、定期巡查，以便及时发现和解决问题，确保设施设备的正常运行。加上消费者和客户多样化的服务需求，这些都对物业服务人员的专业能力及综合素质提出较高的要求，专业性强、综合素质高、技术能力强的复合型人才缺口较大。同时，物联网、大数据、人工智能等新技术的使用场景较多，服务场景和消费人群需求更新升级，与之相适应的专业性人才供不应求。

此外，随着商业物业供给模式的变化，商业物业管理服务不再局限于基础物业服务，更加注重于商业物业的体验感、保证客流量以及体验的满足，商业物业服务需要同时具备商业物业的全阶段的综合知识，涉及商业物业的前介服务、设计策划、市场研究和定位等前期服务，以及正常运营后的招商、商业运营和提供客户需求的多样性的商务支持服务，这类复合型管理人才的缺口仍然很大。

二、商业物业市场空间及驱动因素分析

（一）存量物业持续入市，支撑商业物业供给

2019 年是我国决胜全面建成小康社会、实现第一个百年奋斗目标的关键之年。在此情形下，我国经济发展进入提质增效的新常态，经济运行总体平稳，经济社会发展成效显著，经济总量迈上新的台阶，我国综合实力、居民消费能力和消费意愿不断增强。在此情形下，商业市场发展向好，商业的现代化水平不断提升，居民对商业消费的体验性服务需求增强，对商业基础服务品质有了新的要求。这些都促进商业物业服务的发展，并为商业物业服务提供了增长空间。商业营业用房的新开工面积、竣工面积和销售面积的供应情况将能够在一定程度上反映商业物业的市场供给情况。

2019 年，我国商业营业用房新开工面积 1.89 亿平方米，较 2018 年下降 5.6 个百分点，连续六年新开工面积呈现负增长，且自 2011 年以来，新开工面积首次低于 2 亿平方米。从商业营业用房竣工面积来看，自 2012 年，商业营业用房竣工面积每年均有超过 1 亿平方米量级的增长，至 2019 年，商业营业用房较 2018 年减少 3.9% 至 1.08 亿平方米（图 1）。新开工面积和竣工面积均呈现收窄趋势，我国房地产市场逐

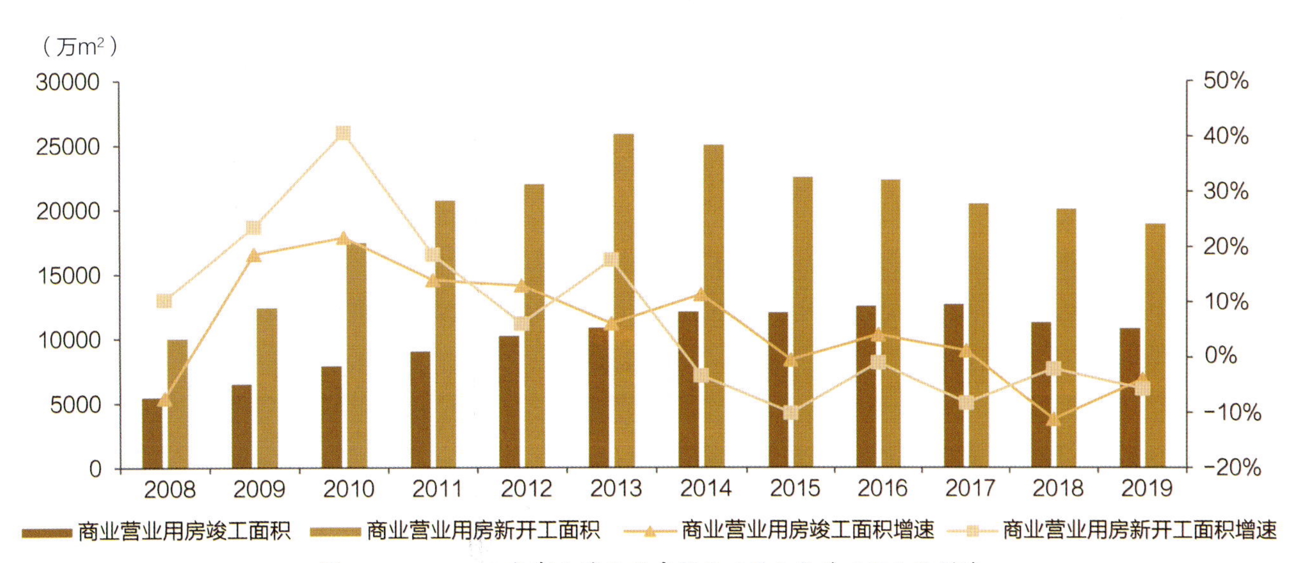

图 1 2008—2019 年商业营业用房新开工面积和竣工面积及增速

数据来源：国家统计局，中物研协整理

渐由增量走向存量时代，物业管理服务迎来了新的市场。此外，一般来说，房地产新开工和竣工之间有1～1.5年的时间差，从每年商业营业用房新开工面积和竣工面积之间的差值来看，未来仍将有大量存量入市。

房地产市场逐步步入存量市场，各业态物业的竣工面积增长放缓。从各业态在总竣工面积中所占比重来看，2008年至2019年，商业营业用房的竣工面积在总竣工面积中占比呈上升态势，自2012年，竣工面积占比均在10%以上的水平，商业物业市场占有保持较高水平（图2）。

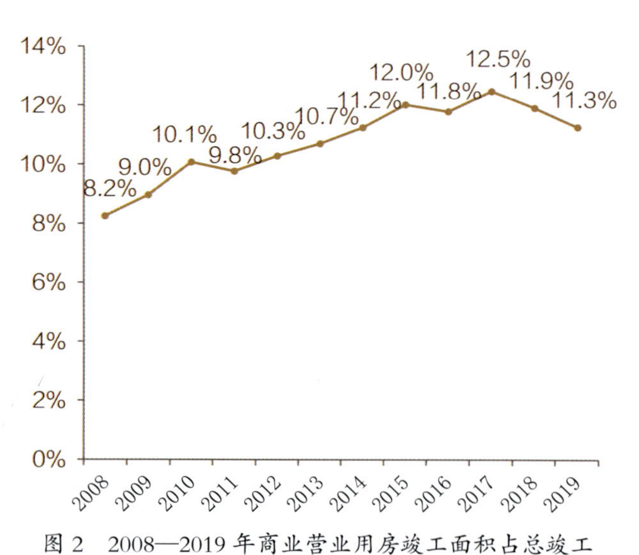

图2 2008—2019年商业营业用房竣工面积占总竣工面积比例

数据来源：国家统计局，中物研协整理

从销售面积上看，2017年商业营业用房销售量最高，达到1.28亿平方米，近两年，销售面积增速减缓，截至2019年底，商业营业用房销售面积较2018年下降14.8%至1.02亿平方米，销售量持续四年处于1亿平方米的量级（图3）。商业项目的物业管理服务对专业性和服务的品质的要求较高，大量商业营业用房的持续入市，为商业物业管理规模的增加提供了空间。

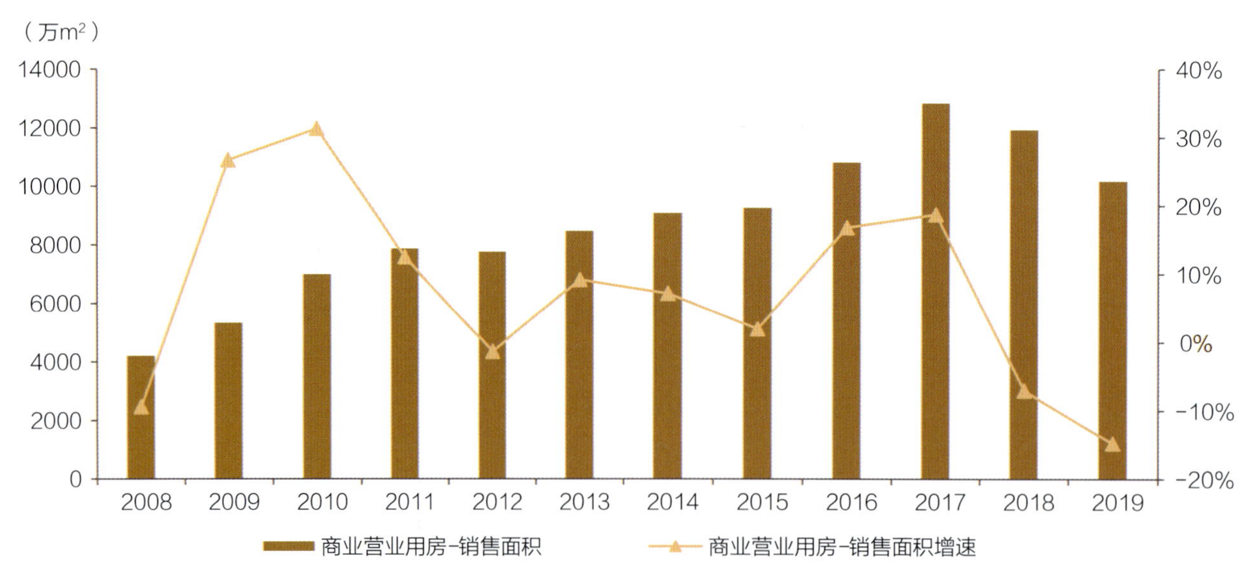

图3 2008—2019年商业营业用房销售面积及增速

数据来源：国家统计局，中物研协整理

此外，根据赢商大数据统计，当前全国购物中心总存量规模达4.74亿平方米，新增规模增幅逐年下降，市场竞争从“规模扩张”转向“品质服务”，对高品质物业服务的需求增加，商业物业管理服务的市场和想象空间广阔。

（二）消费走高升级，激发高品质物业服务需求

党的十九大报告提出，我国经济已经由高速增长阶段转向高质量发展阶段。当前，我国经济增长的质量和效益均稳步提升，产业结构逐步升级。其中2019年，我国GDP总量达到99.1万亿元，接近百万亿，按照年平均汇率折算达到14.4万亿美元，稳居世界第二。其中，第三产业增加值较2018年增长6.9%，占国

内生产总值的比重达 53.9%，较 2018 年上升了 0.6 个百分点，服务业即第三产业逐年提升，商业环境的发展环境良好（图 4）。

从居民消费能力上看，2019 年，人均可支配收入和人均消费支出均稳步提升，居民生活水平提升，消费能力增强。其中，全国居民人均可支配收入 30733 元，较 2018 年增长 8.9%，居民人均消费支出 21559 元，较 2018 年增长 8.6%（图 5）。

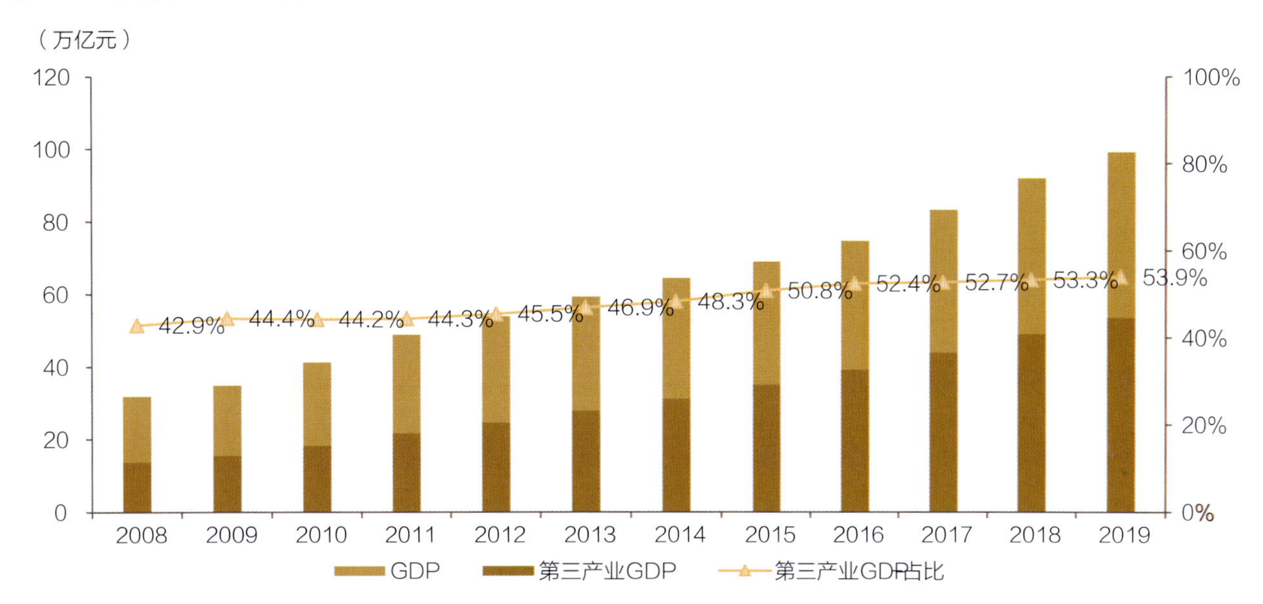

图 4　2008—2019 年国内生产总值（GDP）及第三产业增加值占比

数据来源：国家统计局，中物研协整理

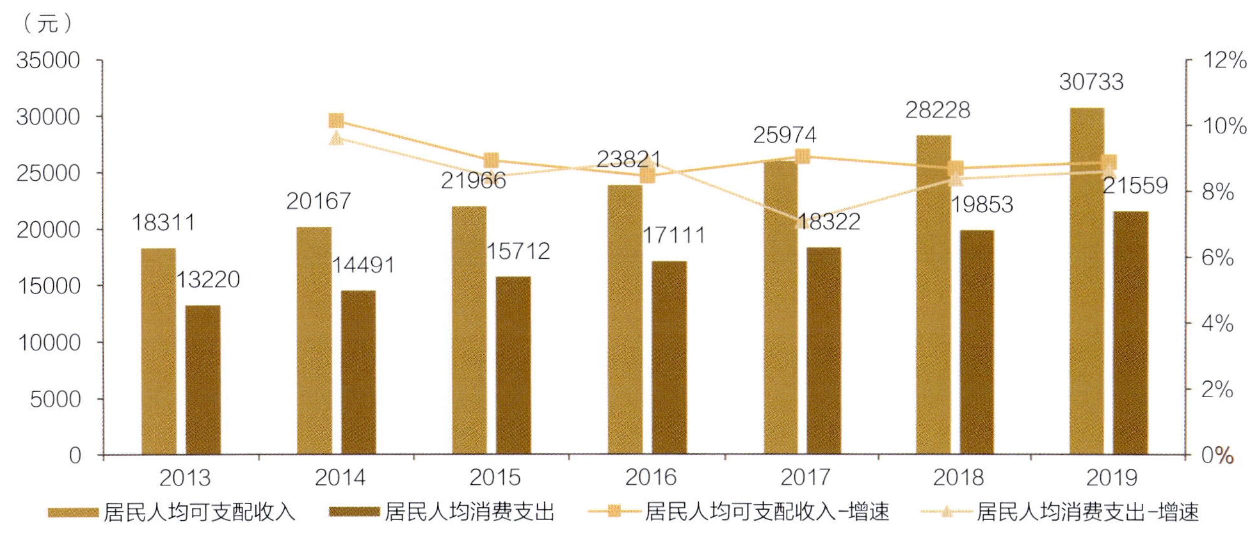

图 5　2013—2019 年全国居民人均可支配收入和人均消费支出分布及增速

数据来源：国家统计局，中物研协整理

2020 年第一季度，受疫情冲击我国经济出现暂时性负面影响。在政府的支持保障以及我国完备的经济体系下，我国经济发展的韧劲、潜力和空间较大，长期来看，经济向好趋势不变。2020 年 5 月，全国“两会”上审议通过的政府报告中明确提出，要推动消费回升，可以通过稳就业促增收保民生，提高居民消费意愿和能力。同时，部分城市推出消费券政策，以扩大当地居民消费，促进市场恢复活跃。从政策层面，推动经济发展方式转变，拉动消费能力和需求，为受到严重冲击的商业行业吃了“定心丸”，商业物业管理服务也将受益于经济能力和消费能力的提升。

（三）消费意愿增强，驱动体验式消费增加

从消费意愿上看，2019 年，社会消费品零售总额 41.16 万亿元，比 2018 年名义增长 8.0%。消费品市场总体上保持平稳增长的态势（图 6）。进入 2020 年，突如其来的新冠肺炎疫情给消费市场带来巨大的冲击，截至 4 月，社会消费品零售总额累计 10.68 万亿元，较 2018 年同期下降 16.84%。为应对疫情危机，中央及地方政府密集出台一系列减税降费、稳就业、促消费等多项政策，以及发放消费券，刺激消费，助推市场回暖。例如，2020 年 2 月 28 日，国家发展改革委、工信部、商务部等 23 个部门联合发布《关于促进消费扩容提质加快形成强大国内市场的实施意见》，聚焦改善消费环境、完善促进消费体制机制，助力形成强大国内市场。

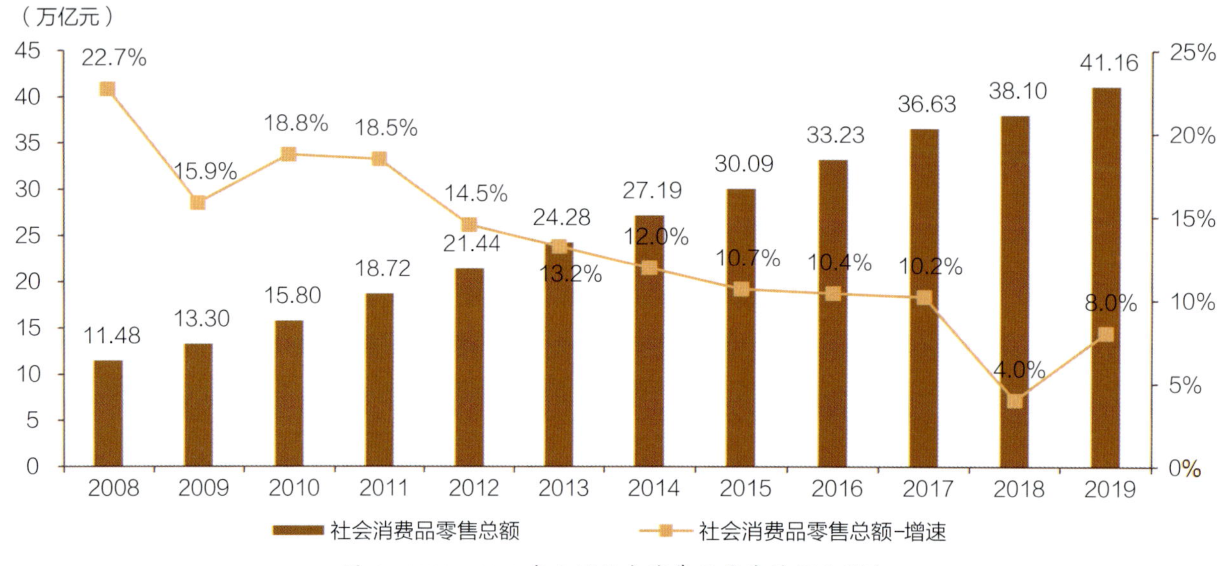

图 6　2008—2019 年全国社会消费品零售总额及增速

数据来源：国家统计局，中物研协整理

随着疫情防控进入常态化，以及各级政府政策的支持，各行各业逐渐复工复产复学，居民生活秩序逐步有序恢复，前期被压抑的部分消费需求有望逐步释放。同时，疫情防控期间多样化的消费模式和行为，也有望促进消费市场的优化升级，助推消费市场的恢复以及长期向好发展。

三、基于样本的商业物业服务市场数据分析

（一）商业物业发展指数稳步提升，业态发展向好

我国经济运行平稳，城镇化进程不断推进，为商业物业的发展营造了良好的市场环境。从供给侧看，商业存量物业持续入市，从需求侧看，居民的消费能力和消费意愿增强，为商业物业带来更广阔的发展空间和机遇。近些年，物业管理行业逐步加大对商业物业的布局，商业物业的物业费水平和收缴率高、盈利能力稳定性佳等特点使得其成为物企抢滩的重点，多家头部物业服务企业加大市场拓展力度和业态布局，不断提升

服务品质，推出商业物业相关独立品牌，并积极探索资本市场新空间，成为部分企业布局的重点。

从物业服务企业发展指数上看，2015 年至 2019 年商业物业发展指数稳步增长。2019 年，PMDI100 商业物业发展指数为 66.1，较 2015 年增加 45.6 个点，复合增长率为 34.04%。分阶段来看，2017 年为商业物业增长的一个小的拐点，2015—2017 年，PMDI100 商业物业发展指数增长 15.5 个点，复合增长率为 32.58%。2017—2019 年，PMDI100 商业物业发展指数增长 30.1 个点，复合增长率为 35.51%，商业物业发展指数增长加快（图 7）。

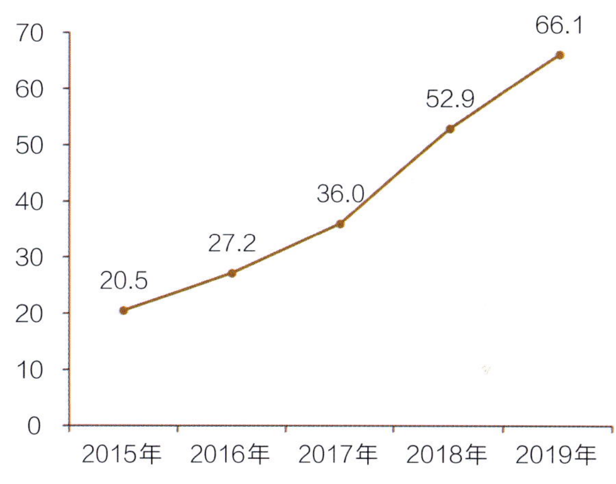

图 7　2015—2019 年 PMDI100 商业物业发展指数走势

同时，更多的企业涉足商业物业管理行业，500 强企业商业物业布局企业数量增多、管理规模增大、营业收入进一步增提高，物企更加注重服务品质，PMDI500 商业物业发展指数也得到了进一步的提升。2019 年 PMDI500 商业物业发展指数为 90.8，较 2018 年增加 2.5 个点，同比增长 15.95%。

（二）管理规模分析：涉足企业增多，格局分散并有望加速集中

1. 商业物业管理面积增大，竞争格局分散

2019 年 500 强物业服务企业中有 379 家布局商业物业管理服务，占比 75.8%，较 2018 年增加 9 家。500 强企业商业物业管理项目 6772 个，平均管理项目数 18 个，均值较 2018 年增加两个。管理面积 7.38 亿平方米，同比增加 6.40%，平均管理面积 194.74 万平方米，较 2018 年增加 3.88%，单项目贡献面积 10.90 万平方米。此外，500 强企业和行业管理规模增长高于 500 强商业物业管理面积，占比较 2018 年微降。2019 年，500 强企业商业物业管理面积占 500 强企业管理规模的 5.52%，较 2018 年减少 0.32 个百分点，为行业物业管理规模的 2.38%，较 2018 年减少 0.10 个百分点（表 1）。

2018—2019 年 500 强企业商业物业管理规模关键指标　　表 1

	2019 年	2018 年	变化幅度
管理面积（亿 m^2）	7.38	6.94	6.40%
管理项目数（个）	6772	6095	11.11%
管理面积 - 均值（万 m^2）	194.74	187.47	3.88%
管理项目数 - 均值（个）	18	16	8.47%
布局的企业数（家）	379	370	2.43%
单位项目贡献面积（万 m^2）	10.90	11.38	-4.23%
占 500 强物企总面积的比例	5.52%	5.84%	减少 0.32 pct.
占行业总管理面积的比例	2.38%	2.48%	减少 0.10 pct.

竞争格局分散，大多数企业商业物业管理面积低于均值。其中，500 强布局商业物业的企业中 66.23% 商业物业管理规模低于 100 万平方米，仅 4.22% 的涉足商业物业的企业商业物业管理规模高于 1000 万平方米，较 2018 年略有提升，竞争格局仍较为分散（图 8）。

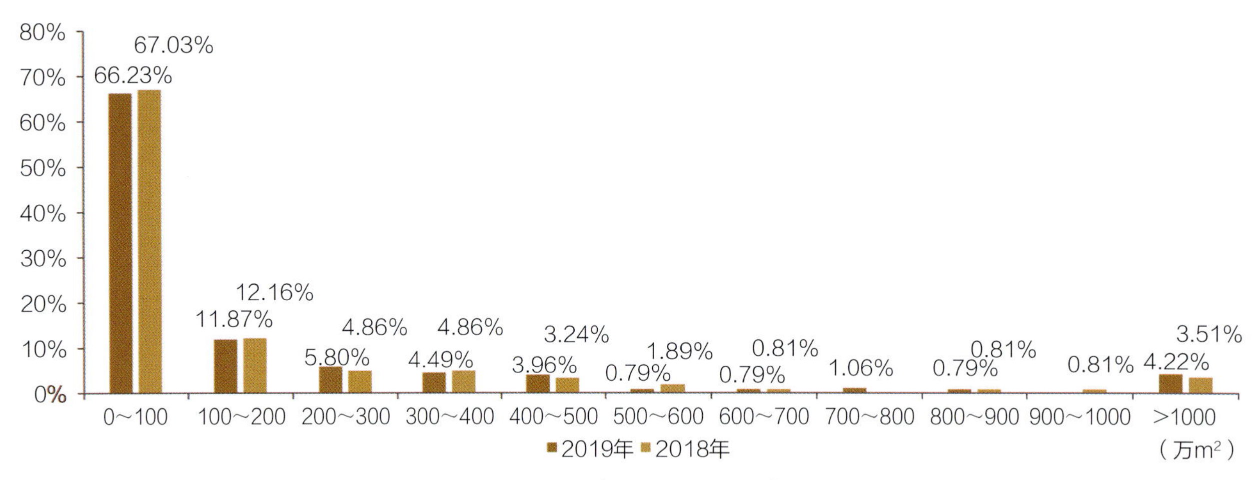

图 8　2019 年度 500 强布局商业物业的企业管理面积分布情况

2. 管理规模稳步拓展，商业物业布局广泛

500 强企业商业物业布局广泛，除台湾、澳门、西藏外，项目分布在我国其他 31 个省、自治区、直辖市和特别行政区，超过 400 个城镇，以及日本、柬埔寨等多个海外国家和城市。从城市能级分布上看，500 强企业管理的商业物业项目中，分布在一线城市的管理面积为 0.88 亿平方米，占商业物业总管理面积的 11.86%；二线、三四线城市管理面积分别 3.48 亿平方米和 3.00 亿平方米，占比为 47.09% 和 40.60%。商业物业在海外城市布局的项目为 329.23 万平方米，占比 0.45%（图 9）。与 2018 年相比，500 强企业除在二线城市商业物业管理面积占比增加，一线城市、三四线管理面积占比微降，海外城市管理面积占比与 2018 年持平。

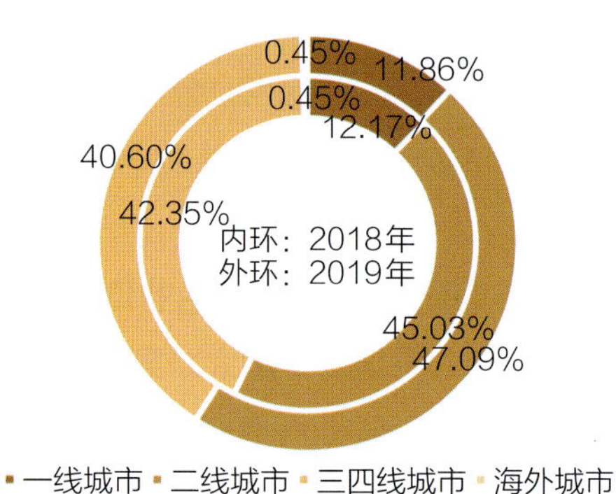

图 9　2018—2015 年度 500 强企业不同城市级别管理面积占比

3. 百强业态布局维持高位，市场份额逐年提升

近几年，百强企业中布局商业物业的企业增多并维持在高位，成为企业重点发展的细分领域之一。2019 年，百强企业中有 95 家布局商业物业，占比 95%，与 2018 年持平（图 10）。

拓展力度日益加大，市场份额逐年提升。近几年，百强企业商业物业管理面积持续增加，至 2019 年百强企业商业物业管理面积为 5.25 亿平方米，管理面积均值 552.29 万平方米，同比增长 14.07%。管理项目 4333 个，同比增长 11.73%，布局商业物业的企业平均管理 46 个项目，较 2018 年每家企业平均增加 5 个（图 11）。

同时，百强企业商业物业在百强企业和行业管理总面积中的占比也得到进一步的提升。2019 年，百强企业商业物业在百强企业总管理规模中的占比达到 5.81%，较 2018 年提升 0.06 个百分点，在行业总管理面积中占比 1.69%，较 2018 年增加 0.04 个百分点（图 12）。

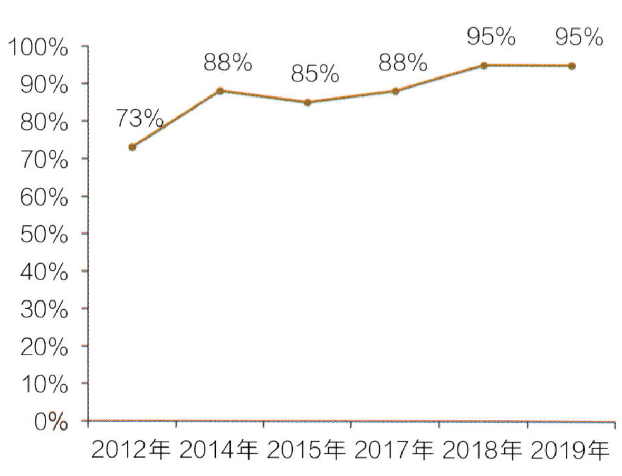

图 10　2012—2019 年百强企业布局商业物业服务企业数量占比

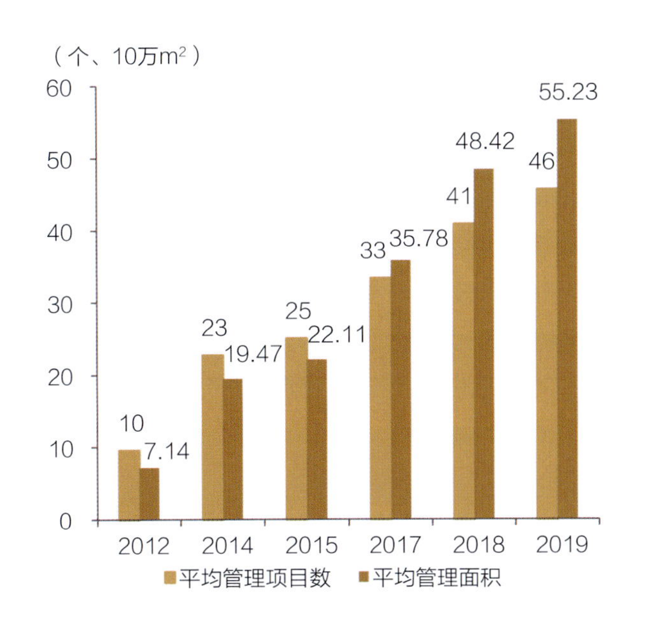

图 11　2012—2019 年百强企业商业物业管理规模均值分布

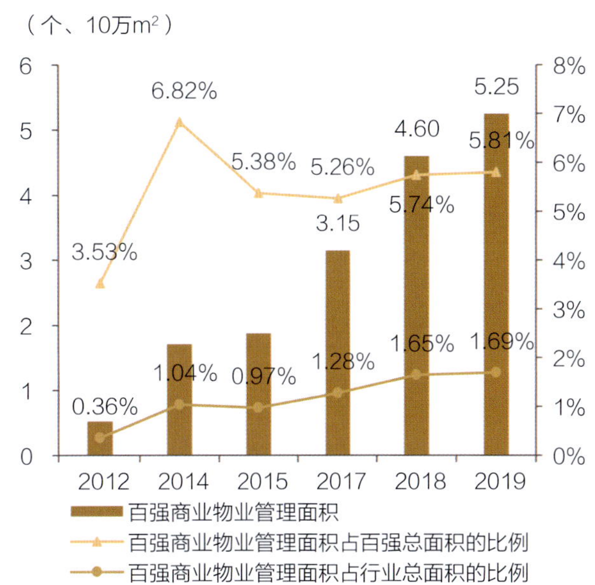

图 12　2012—2019 年百强商业物业管理面积及其市场份额

此外，优势集中在头部企业，百强企业集中了超七成的商业物业管理面积。2019 年，百强企业商业物业管理面积在 500 强企业商业物业中占比达到 71.09%，较 2018 年增加 4.78 个百分点（图 13）。

在运营效率方面，百强企业单个项目贡献面积逐年提升，企业向大盘运营方向转变。2019 年，百强企业商业物业单个项目贡献面积达 12.11 万平方米，同比增长 2.09%，高于 500 强企业商业物业单位项目贡献面积（10.90 万平方米）（图 14）。

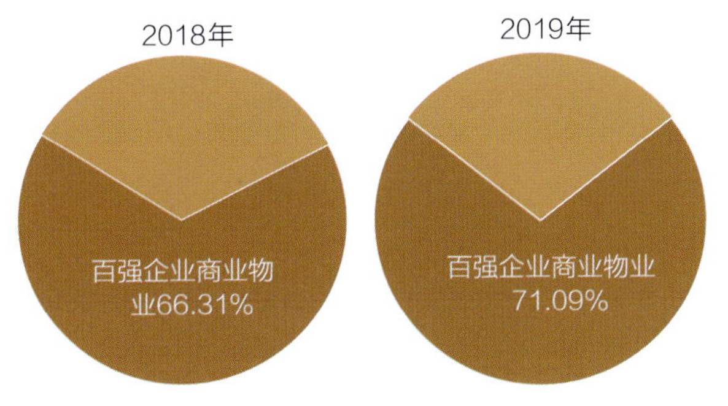

图 13　2018—2019 年百强企业商业物业管理面积在 500 强企业商业物业管理面积中的占比

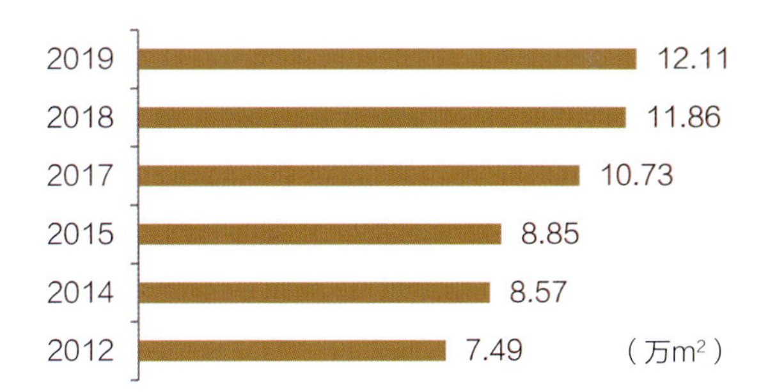

图 14　2012—2019 年百强商业物业单位项目贡献面积分布

（三）经营绩效分析：物业费收入增加，经营效率提升

1. 规模助推收入增长，商业物业费收入涨幅达 22.32%

布局商业物业服务企业数量和管理规模的扩张，以及服务品质、收缴率和物业费水平的提升，带动商业物业费收入的增长。2019 年，商业物业费收入 207.77 亿元，均值 5482.08 万元，同比增长 22.32%。在 500 强企业物业服务总收入和物业管理行业总收入中占比分别为 7.81% 和 1.98%，较 2018 年增长 0.28 个百分点和 0.10 个百分点，市场份额逐渐增大。此外，从运营效率上看，500 强企业商业物业单位项目创收能力和单位面积创收能力均显著增加，其中，2019 年，两者分别达到 306.81 万元和 28.15 元，分别同比增加 10.09% 和 14.96%，运营效率提升（表 2）。

2018—2019 年 500 强商业物业经营绩效关键指标　　表 2

项目指标	2019 年	2018 年	变化幅度
商业物业费收入（亿元）	207.77	169.86	22.32%
商业物业费收入均值（万元）	5482.08	4481.92	22.32%
单个项目创收能力（万元）	306.81	278.70	10.09%
单位面积创收能力（元）	28.15	24.49	14.96%
占 500 强物业服务总收入比例	7.81%	7.53%	增加 0.28 pct.
在物业管理行业总收入占比	1.98%	1.87%	增加 0.10 pct.

从商业物业费收入分布上看，布局商业物业的企业物业费收入超过均值的仅占两成。具体来看，78.36% 布局商业物业的企业商业物业费收入在 5000 万元以下，较 2018 年减少 0.83 个百分点。商业物业费收入超过亿元的企业占比 12.66%，较 2018 年增加 2.40 个百分点，其中，商业物业费收入超过 5 亿元的企业占比 2.37%，较 2018 年增加 1.02 个百分点（图 15）。部分企业加大对商业物业的重视，该业态逐渐成为企业营收主力之一。

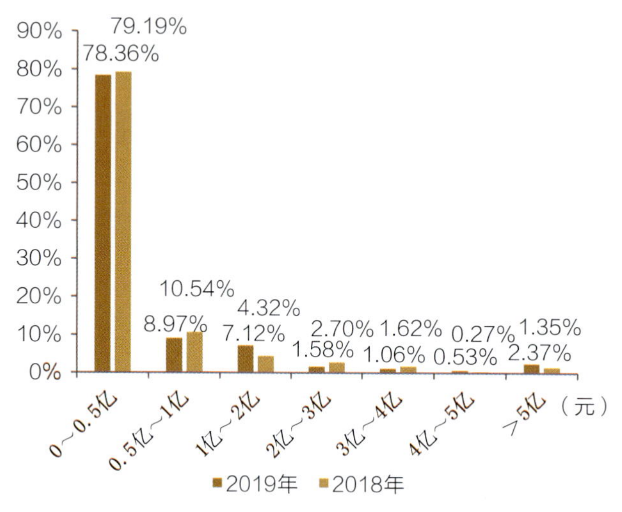

图 15　2018—2019 年 500 强布局商业物业的企业各收入层级企业数量占比

2. 500 强企业商业物业费均值为 5.86 元 /（平方米·月）

商业物业费单价高，并注重服务品质，2019 年 500 强企业商业物业费平均水平为 5.86 元 /（平方米·月），商业物业项目收缴率为 94.36%，在各业态中处于较高的水平。同时，商业物业收费模式仍是以包干制为主，2019 年 500 强企业商业物业管理项目中 87.13% 的企业采用包干制收费模式，12.87% 的项目采用酬金制收费模式。其中，包干制收费项目物业费平均水平为 5.56 元 /（平方米·月），酬金制收费项目物业费水平为 7.89 元 /（平方米·月）（图 16、图 17）。

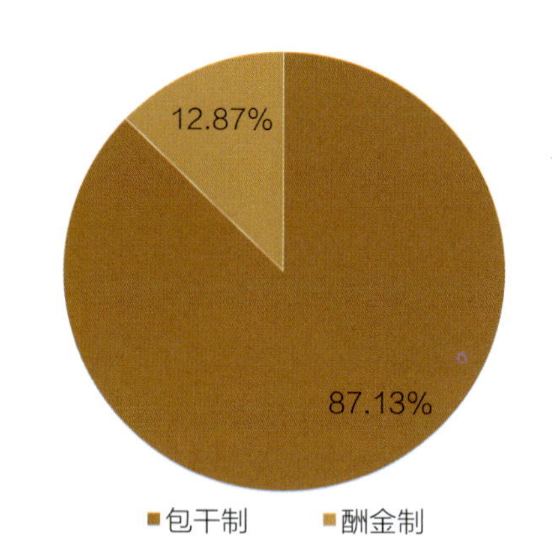

图 16　2019 年 500 强企业商业物业收费形式分布

500 强企业商业物业项目在不同城市级别的物业费水平也有明显的差异。其中，一线城市商业物业费平均水平为 8.92 元 /（平方米·月），二线城市为 6.57 元 /（平方米·月），以及三四线城市为 4.13 元 /（平方米·月）。一线城市物业费水平远高于二线和三四线城市（图 18）。

3. 优势聚集，百强企业商业物业创收能力显著

百强企业在商业物业拓展力度加大，带动物业费收入的增加，商业物业费收入逐年提升。2019 年，百强企业商业物业费收入为 153.59 亿元，均值为 1.62 亿元，同比 32.29%。同时，百强商业物业费在百强物业费总收入中的占比逐年提升，2019 年占比达到 9.35%，较 2018 年增加 0.94 个百分点。此外，2019 年百强商业物业集中了 500 强企业商业物业费的超七成（73.92%）的收入，较 2018 年增加 5.57 个百分点（图 19）。

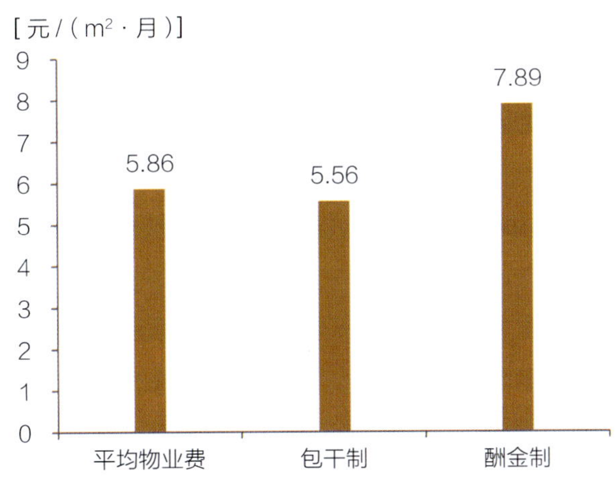

图 17 2019 年 500 强企业商业物业不同收费形式的物业费情况

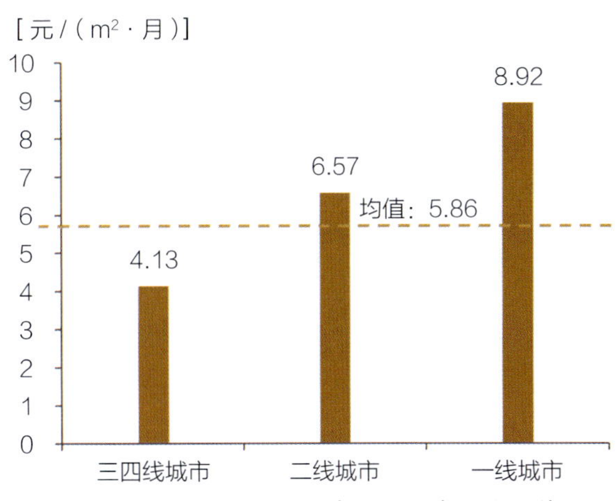

图 18 2019 年 500 强企业商业物业在各城市等级物业费平均水平

图 19 2015—2019 年百强企业商业物业费收入及占比分布

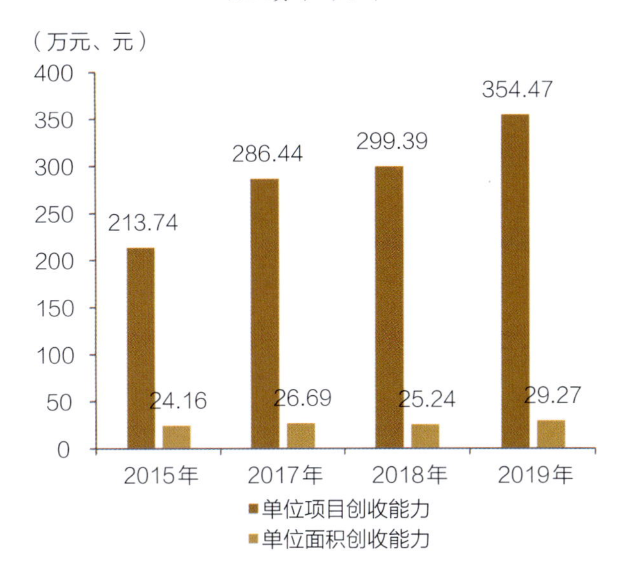

图 20 2015—2019 年百强商业物业运营收益指标分布

从运营收益上看，2015 年至 2019 年百强企业商业物业单位项目创收能力由 213.74 万元增长至 354.47 万元，复合增长率为 13.48%，较 2018 年增长 18.40%，创收能力增强。2019 年百强企业商业物业单位面积创收为 29.27 元，同比增长 15.97%（图 20）。

四、商业物业管理行业动态

（一）打造品牌强化外拓，商业物业成抢滩重点

物业服务企业涉足商业物业管理服务的现象屡有发生，2019 年 500 强企业中有 75.8% 布局商业物业。经过多年发展，多家物业服务企业积极布局商业物业服务，并建立和推出专注于商业物业服务领域的专业品牌，以精进服务品质，构建品牌壁垒。例如，万科物业、绿城服务、保利物业、中海物业、奥园健康和金地物业等企业分别构建商写物业服务品牌“万物商企”“绿城云享”“星云企服”“海纳万商”“奥悦商写”

和“金地商服”，重点服务于商业综合体、购物中心、写字楼、总部办公楼等商业性质的物业，聚焦商业物业资产管理服务。其中，物业服务企业打造的商写物业独立品牌重点服务的业态之一为商业综合体、购物中心等商业物业，相关独立品牌的建立，表明物业服务企业在战略上加大对商业物业的重视。物业服务企业通过整合其在商业物业领域的管理资源和专业能力，加大其在领域内的布局和服务能力，为企业培育新的利润增长点，并提升物业服务企业在商业物业领域的竞争能力，商业物业逐步成为企业重点布局的细分领域之一。

同时，并购整合深入商业物业领域，注重业态补充，物业服务企业管理规模扩张。物企通过收并购，与重点发展商业物业的品牌物企深度合作，可以短期内实现高水平地标物业管理业务的获取，在人才、技术、管理经验等方面得到补充，从而提升企业的综合实力。例如，旭辉永升服务收购青岛雅园 55% 的股份，扩展商业物业；碧桂园服务收购港联不动产，补充其在商业物业领域的短板；宝龙商业收购浙江星汇进一步扩大其商业运营服务板块，以巩固和深化其在零售商业物业运营及管理能力。物业服务企业以商业物业领域的收并购为契机，可进一步丰富企业的物业服务业态，增加其在商业物业领域及行业领域的市场占有率、竞争力和进一步发展机遇（表 3）。

2019—2020 年 8 月涉及商业物业的收并购典型事件　　表 3

企业简称	收购时间	收购标的	收购对价（千万元）	收购股权比例	标的企业基本信息
旭辉永升服务	2019-6-18	青岛雅园	46.2	55%	收购标的全部项目均为具有优势管理的高端物业管理项目，物业组合主要包括商业及办公大楼，大部分的收益来自于商业物业管理项目
碧桂园服务	2019-7-10	港联不动产	37.5	100%	收购标的是以商业物业为主的公司，可以进一步强化收购企业在商业综合体、写字楼等高端物业业态的占比
宝龙商业	2020-7-6	浙江星汇商业管理有限公司	4.06	60%	浙江星汇主要从事零售商业物业运营及管理，于 2020 年 7 月 6 日，共管理 14 个零售商业项目，总建筑面积约为 89 万 m^2（含停车场）

资料来源：公开资料，中物研协整理

此外，物业服务企业项目拓展动作频频，商业物业成新的布局重点。随着业务发展的优化和调整，物企在市场化拓展中加大对市场空间大、物业费较高、盈利能力强、综合实力突出、提价相对容易以及收缴率普遍较高的商业物业的布局，拓展步伐加快，动作频频。例如，金地物业、旭辉永升服务、天骄爱生活、亿达服务、之平管理、佳兆业美好、中海物业、招商物业和保利物业等多家物企加大对商业物业的布局，接管多项重点商业物业管理项目，同时不断优化服务体系，提升服务品质，商业物业逐渐成为行业内发展的重点（表 4）。

部分企业在商业物业领域拓展及动态　　表 4

企业名称	时间	项目拓展 / 主要动态
金地物业	2019 年一二季度	签约进驻台山万达广场、自贡万达广场
	2019 年 9 月 7 日	万达广场 · 泰达城达成战略强强合作
	2019 年 9 月 10 日	成功进驻天津福煦广场

续表

企业名称	时间	项目拓展 / 主要动态
金地物业	2019 年 9 月 28 日	进驻宜昌夷陵万达广场
	2019 年 10 月 7 日	签约集宁万达广场
旭辉永升服务	2019 年 4 月 11 日	与恒太商业，签订战略合作，双方将在项目拓展、商业项目定位、招商策划及商业运营服务展开多维度合作
天骄爱生活	2019 年 4 月 11 日	与张家界鲲豪签订战略合作协议，双方将从商业运营、销售顾问、物业管理等方面展开全方位的深度合作
	2019 年 5 月 24 日	与浙商置业签署战略合作协议
万科物业	2019 年 4 月 29 日	万物商企牵手综合商业项目上生新所
	2019 年 12 月 12 日	与戴德梁行强强联手，打造商业物业管理龙头
亿达服务	2019 年 7 月 30 日	与抚顺浙商合资公司就商业服务领域开启战略合作
之平管理	2019 年 8 月 27 日	接连中标威海万达广场商业街、宏帆凤凰湾、西安交大创新港商业中心
佳兆业美好	2019 年 11 月 7 日	成功签约惠州嘉鸿广场项目
	2019 年 12 月 25 日	成功签约联星文化星城项目物业管理服务项目
中海物业	2020 年 1 月 13 日	中标“澳门南光百货商场”管理合约，实现在澳门商业项目零的突破
招商物业	2020 年 4 月 16 日	中标唯品会（合肥）城市奥莱项目
保利物业	2020 年 4 月 8 日	衡阳市杉杉奥特莱斯购物广场

资料来源：公开资料，中物研协整理

（二）商业物业再发力，探索资本市场新空间

近几年，物业管理行业在资本市场的优势逐渐显现，资本市场给予物业更大的空间，除了规模较大、综合实力强的大型综合类物业服务企业登陆资本市场，更多的专业性强、特色突出的细分领域的专业物企，也开启了探索资本市场的步伐。其中，商业物业进入门槛高，专业性强，物业费水平较高，成为众多物企布局的重点细分领域之一。同时，重点发展商业物业的的企业也开始在资本市场发力。如 2019 年在港交所上市的奥园健康和宝龙商业。奥园健康实行住宅和商管双轮驱动，其中，商业运营及管理服务板块主要针对购物商场项目的管理，提供商场开业前的市场定位及商户招揽服务，以及商场开业后的商业运营及管理服务。受惠于商业物业较高的物业费水平和多元化的专业服务，奥园健康商管服务板块毛利率高达 40%，极大地提升了其盈利能力。截至 2019 年底，奥园健康拥有 17 个在管商业项目，在管面积达 77.5 万平方米，预计 2022 年在管项目规模达 30 ～ 35 个。宝龙商业主营业务为商业运营服务和住宅物业管理服务，其中，商业运营服务主要对购物中心及购物街提供定位、招商、开业、运营及管理等全链条服务。宝龙商业在商业运营服务板块的业务是其收入和利润的主要来源，2019 年该板块对收入和利润的贡献分别达 82.9% 和 91.3%。截至 2020 年 6 月 30 日，宝龙商业有 51 处在管零售商业物业，总在管建筑面积约为 700 万平方米，已签约零售商业物业 85 个，总合约建筑面积为 990 万平方米。

此外，金融街物业、卓越商企等上市物企，以及合景悠活等拟上市物企，在其业务发展中亦将商业物业作为其重点发展的领域之一。物业服务企业专注于发展商业物业的企业，在资本的赛道里发力，将有望迎来更多的发展可能和契机。

（三）全力抓好疫情防控，行业价值进一步提升

2020年伊始，突如其来的疫情打乱了人民正常的生活和工作节奏。疫情就是命令，防控就是责任，物业服务企业作为最接近居民生活和工作的单位之一，在疫情之初，便迅速行动起来，积极发布疫情防控指南，科学防范，严防疫情蔓延，在社区防疫方面构筑起严密防线。疫情给商业物业服务带来巨大的挑战，为应对疫情期间复杂的复工复产环境，服务于商业物业的物企开启防疫的第二阶段，为业主和消费者保驾护航。

为科学有序推进商家复工开业，保障商家、员工和消费者的生命安全，物业服务企业积极组织开展复工防疫工作落实巡检，协助入驻企业做好复工相关准备，并迅速实施应急预案，积极制定和下发商业物业疫情防控标准和工作规范，严格对商场公共区域、电梯等进行多频次、全方位、无死角清洁消杀，在商场出入口设卡值守测温，严控人员、车辆进出，并对垃圾存放点区域实施重点清理和消毒，设置口罩垃圾收集点等多项工作。例如，奥园健康生活集团紧急部署，下发《奥园健康生活集团安全管理中心关于对新型冠状病毒的预警通知》迅速在各商业项目和住宅小区开展防疫应急工作，全面保障员工和业主、顾客的生命安全和身体健康。奥园健康生活集团还专门建立了冠状病毒应急处置办公室，对应急防范、病例处理和信息通报等工作做出具体部署安排。金地物业制定并下发《JDSF-YW-AQ028 金地物业管理集团 < 商业物业 > 新冠肺炎疫情防控标准与工作指导手册》，并根据项目所在城市的疫情情况严重程度建立一、二级防疫防控标准；同时，加强商户消防安全检查，确保疫情期间区域安全，并借助线上平台，倡导线上服务，减少近距离接触和出门购物暴露的风险。例如，疫情期间，在苏宁集团智慧零售全场景布局下，苏宁银河物业聚焦商业细分业态，形成以广场＋百货＋家乐福的服务保障体系，辅助城市复市、复工与复产，助力城市重现往日活力；此外，多家物业服务企业与商户密切沟通，听取商户诉求，了解其复工开业中遇到的问题，与商家共同分析原因，寻求解决途径，共渡难关。

疫情防控期间，物业服务企业服务模式由后端迈向前端，由被动等待提供服务向主动服务模式转变，企业与业主的沟通频率增加，加深了物业与业主之间的交流互动，同时，物业服务企业疫情期间的坚守和专业服务，赢得业主的信任，业主满意度增强，企业的品牌价值和影响力提升，行业价值得以重塑。

五、商业物业管理的发展前景和趋势

（一）加强标准化体系建设，提高物业管理规范

商业物业管理的项目体量大，员工较多，管理难度较大，为保障物业服务的品质达到预期水平，保持项目管理的一致性，管理模式的普适性，以及增加服务的稳定性和降低操作难度，标准化的发展是重要的一环。在管理过程中，从业务服务模块的全流程出发进行标准化建设，特别是劳动力集中的业务，标准化可以增加服务效率和保障服务质量。然而我国商业物业起步较晚，整体服务标准化建设程度较低。为保障业态的高质量快速发展，标准化体系建设势在必行。目前，也有部分头部企业开始重视起对商业物业标准化的重视，例如，建业至尚商业物业从客户商业需求及场景体验出发，打造出独具特色的“T-SERVICE”服务体系。悦华置地针对商业物业服务特制定了严格的3T（Top Image/Top Environment/Top Service）服务标准，根据不同的项目定位，从舒适环境营造、客户触点打造、营销互动场景、星级服务体验、个性服务满足等多维度出发，不断提升物业服务的洞察力，以“卓越形象、卓越环境、卓越服务”为客户提供精准、高效、个性化的优质服务体验，最大程度激活客户活力，保障商业地产的生命力。保利商业物业已建立起一套适用于

商业物业管理的物业管理体系及服务标准体系，截至 2019 年底，保利商业物业完成三体系第一次监督复评、通过“标准化良好行为企业”4A 级认证、能源管理体系认证和资产管理体系认证，成为广东省促进企业投资协会理事单位，正式走上商业物业精细化管理。此外，在疫情初期，中国物业管理协会第一时间组织编订了《疫情期公共建筑空调通风系统运行管理技术指南（试行）》，使得各企业在疫情面前有章可循，推进疫情防控的有序开展。

（二）消费场景发生转变，供需激发服务方式变革

近年来，物企积极跑马圈地，重视规模拓展，物业管理服务的重点不仅在住宅物业，也向细分业态领域拓展，其中商业物业的布局成为众多企业抢滩的重点。随着行业发展的向好，居民消费能力提升和资本市场的关注向细分领域延伸，多家企业纷纷打造商业物业独立品牌，在战略上加强对商业物业的重视，商业物业迎来良好的发展契机，未来的发展空间巨大。

大型商业综合体不断涌现，布局商业物业的企业增多，市场竞争激烈。新技术带来的消费向线上转移，购物中心、百货、超市等商业项目受电商的冲击较大。特别是 2020 年初疫情的发生，对商业物业的发展产生了巨大的冲击和挑战。受行业发展、消费习惯和疫情的影响，消费者的消费模式和消费场景均发生了较大的变化。从需求端看，疫情导致消费者居家隔离，消费由线下向线上转变，线上消费的增长，成为供给的新的一种模式。同时，集中式的商业中心、商业综合体受到的冲击较大，更多消费转移到社区商业来满足基本需求，消费半径缩短。从供给侧来看，疫情导致客流量断崖式下降，正常复工后，商业中心线下客户流量仍较低，此前，预计疫情后报复性消费并没有实现，企业的销售额进一步下降。此外，消费者对商业物业的消费环境和场景有较高的期待，需求向体验式方向转变。

然而，目前我国商业物业的开展还主要以“四保一服”传统物业管理基础服务为主，并不能应对行业供需结构的变化。因此，商业物业应抓住行业发展的上升时期，以基础物业服务为基础，根据消费需求的变化，向围绕客户需求的多元化增值服务方向拓展，为客户提供一站式的服务，从而实现客户的回流，并盘活资源助推商业物业营收结构的变化。例如，苏宁银河物业作为苏宁控股集团成员企业，链接苏宁全产业体系生态资源及社会优质资源，围绕用户“购、住、学、送、吃、娱、财”等服务需求升级，夯实基础服务同时，导入多元资源提供更多增值服务，打造物业服务＋生活服务＋企业服务场景，并以服务满意度为始终诉求，各服务岗位践行安心、放心、暖心、爱心、贴心等五心服务内容与要求，为用户的居住、购物、办公生活、学习等多元场景服务需求提供极致服务体验。

（三）开拓资产管理业务，打造商业全产业服务链

商业物业管理服务处于房地产开发产业链的末端，承担着对房屋及配套设施设备和相关场所进行维护、养护和管理的工作，同时，作为一种经营性服务工作，商业物业管理服务业承担满足消费者在购物中有良好感受的责任。

在商业物业领域中，国际房地产咨询顾问五大行，早期便涉足房地产综合服务，具有丰富的经验、良好的口碑、专业的人才队伍和丰富的客户资源。五大行提供的服务通常并不是传统的基本物业服务，而是通过其产业链的强势业务作为切入点，形成自身的核心发展优势，并通过战略收购和合作，强强联合，整合行业优质资源，推进业务向多元化和国际化方向发展，并最终提供覆盖房地产全产业链的服务，各业务板块之间协同，形成行业竞争壁垒优势。例如，世邦魏理仕经过内生增长和外延并购，整合行业优质资源，不断推进

业务多元化和国际化，并从最初的商业地产经纪和代理业务，发展成为如今的商业地产服务和投资龙头企业，开展的业务涵盖房地产产业链的各个环节。

对国际五大行的发展路径、管理经验和业务开展进行研究，可以发现，五大行的业务是向多元化和深层次方向发展的。一方面，五大行以优势业务为基点，由单一的业务服务向多元化方向发展，最终形成涵盖整个房地产服务链的服务，达到各业务板块之间的协同，开展全套的、贯穿整个房地产生命周期的服务。另一方面，五大行开展的业务向发掘“物”的最大价值以及为 “人”提供最优的服务体验方向发展，增加客户的黏性。

长期以来，房地产开发与商业运营脱节，致使后期物业管理服务工作管理不合理，我国开展商业物业管理服务的企业，业务仍较为基础和单一，尚未形成成熟的业务模式。在行业竞争加剧的今天，仅开展基础的物业管理服务的物企，并不能满足消费者与日俱增的消费需求以及消费体验，不利于企业长期的发展，也无法应对新的局面。因此，开展商业物业管理服务的物企，需要在清晰认识到自身现状和困境的基础上，探索一条利于自身发展的新的路径，开辟新的发展领域。例如，2020 年晟邦物业将开始专业承接全国汽车 4S 店综合物业托管服务，现与路虎、宝马、阿斯马丁等多家中高端品牌 4s 店达成合作，再次开辟增值新领域。

此外，物业服务企业可以借鉴五大行的发展经验，结合我国商业物业管理的现状和特点，物业服务企业可以尝试以商业物业公司为载体，向商业管理和物业服务并重的方向转型。具体来看，商业物业服务企业可以厘清自身具有竞争优势的业务板块为切入点，逐步参与到项目的全过程，将业务范围拓展到商业的前期策划、招商、运营和物业管理等各个板块，逐渐布局租赁、销售、咨询、投资管理、项目开发、估价等多项业务，最终形成以资产管理和设施管理为核心的全产业链的服务，并以商业物业服务为切入点开展多元化的增值服务，打造一站式的服务平台。例如，龙湖智慧服务将商业服务业态作为其多业态服务战略中重要一环，其商业服务体系以商业资产托管业务为基石，以商业资产增值服务为目标，运用前沿的商业理念、精准的市场定位、严谨的实操策略，为资产方提供商业可研咨询、产品规划、工程管理、品牌招商、营销推广、系统化运营等全周期商业资产托经经营业务，助力、推动资产方持有型资产增值及实现商业资产价值最大化。其中商业服务体系还提供商业委托阶段、规划设计阶段、工程建设阶段、招商推广阶段、开业运营阶段 5 个重要阶段的服务，为商业体系服务提供全面的解决方案。天骄爱生活立足于商业全息综合服务体系的沉淀和创新，在逐步探索、淬炼出独具企业品牌特色的商业物业基因——“商业资管一体化”物业资产运营服务模式，打造商业全阶段服务链、跨圈层生态链，形成独具特色的商业项目全生命周期管理经营及咨询能力。

（四）科技助推智慧化进程，商业物业管理效率提升

随着互联网＋、物联网、大数据、人工智能、云计算等高新技术的普及，以及区块链、5G 技术等的突破性进展和逐步落地应用。新技术在物业管理行业中的渗透和应用逐渐深入，延伸到商业物业领域，助推商业物业管理效率的提升，增进客户服务体验。

商业物业管理的项目，涉及购物中心等商业综合体项目，管理的楼宇规模较大，结构复杂，涉及大量的楼宇设备，需要经常性的维修保养，以确保设备的正常运营，且商业物业的水电能耗非常大，拉高企业营业成本。同时，商业物业致力于让开发商获得投资回报、承租者获得营业利润，并让消费者获得良好的购物体验，因此商业物业对资产的保值增值、环境体验和安全管理的要求较高，需要投入大量的人力物力。

商业物业借助互联网、大数据等高新技术，搭建物业管理服务的平台化建设，并加强线上线下融合，实现服务管理的标准化和智能化，实现物业管理的内部运营效率提升，以及合理优化人员和资源优势，推进商

业物业管理服务的智慧化建设。同时，商业物业管理服务借助技术优势，通过前期介入和设备端技术更新逐步实现门禁管理系统、智慧办公、智慧安防管理系统、能耗控制系统、设备监测管理系统、智慧停车管理系统、排水系统、供电系统、电梯管理系统等智慧楼宇的构建，新技术在商业物业中的使用场景增多，实现企业的大盘项目管理的能力和联动多个项目进行管理，提升了企业的运营效率，减少营业成本，并为消费者提供便捷性的服务体验。此外，技术赋能，物业业务模式也发生转变。企业将物业运营管理、招商工作，内部运营管理、楼宇设施的监控、消防、安防等工作延伸到线上，推进运营的数字化管理进程。特别是疫情期间，科技手段发挥显著作用，借助企业智慧化管理系统、智能门禁、智慧停车等技术应用，防疫的效率和安全性提升。例如，保利商业物业顺应全新商务要求，打造"商务·高效""空间·人文""楼宇·智控""企业·赋能""资产·增值"五维价值，让商务品质更高效、办公空间更人文、楼宇运作更智能、企业发展更稳健、资产盘活更有效。辖下商写项目落地人脸识别系统、智慧停车系统等一系列智慧化措施。2020年保利商业在抗击疫情中快速响应，使用热成像体温仪、无接触门禁、智能感应口罩专用垃圾桶、全息投影屏幕电梯按钮等科技，助力疫情防控，并提高了服务效率。中建东孚物业将智慧科技融入商业业态，搭建EFOS智慧设备设施系统，节约人力成本、实现能耗管控。年内，将实现中建广场、中建锦绣广场的智慧运维系统双联动，并在运行过程中实时动态调整，将智慧元素融入商业业态的日常工作中去。天骄爱生活注重大数据分析，运用智慧EBA系统实时掌控项目设备运行情况，进行云端监控、人员管控、能源管理，科技赋能实现服务提效。运用云平台智能化系统，打造天骄商业智能管控平台，实现现场客流统计、数据分析等商业功能。通过后台数据读取、智能分析、专业综合诊断及商运模式运作模拟等方式，构建数智场景化的商业物业管理模式，建立、健全天骄商业营运体系，打造动态、舒心的智慧商业物业。

社区养老服务发展报告

概述

社区养老服务是融合居家养老、医养结合、老年教育、老年文化的综合养老服务模式，具有服务全面、灵活等多种优势，是顺应当前养老需求的创新举措。2019 年底我国距离“老龄社会”仅差 1.4%，人口老龄化加速带来剧增的养老需求，进而为养老服务带来广阔的市场空间。

2019 年国务院办公厅印发《关于推进养老服务发展的意见》，提出将持续完善居家为基础、社区为依托、机构为补充、医养相结合的养老服务体系，指出要探索“物业服务＋养老服务”模式。以政策为支撑，结合自身优势，物业服务企业将在社区养老领域发挥巨大作用。

一、社区养老主要服务内容和特征

社区养老不同于家庭养老，亦不是机构养老，而是将机构养老中的服务内容引入社区，实行社区中的在家养老。它吸收了居家养老和机构养老方式的优点和可操作性，把居家养老和机构养老的最佳结合点集中在社区。

社区养老服务是通过政府扶持、社会参与、市场运作，逐步建立以家庭为核心，以社区为依托，以老人生活照料、家政服务、医疗保健和精神慰藉等为主要服务内容，以上门服务和社区日托为主要形式，并引入养老机构专业化服务方式的养老服务体系。主要服务内容包括举办养老、敬老、托老福利机构；设立老年人服务中心；开设老人餐桌和老人食堂；建立老年医疗保健机构；建立老年活动中心；开办老年学校等。

社区养老服务模式的主要特征是，让老人住在自己家里，在继续得到家人照顾的同时，由社区的有关服务机构和人士为老人提供上门服务或托老服务。同时，相较于其他业态，社区养老服务具有一定的独特性。

1. 服务对象的区域性

社区养老服务主要是针对某一社区中的老人提供相应的养老服务，服务范围的社区性和服务对象的地域性是社区养老服务与传统社会养老服务在空间范围上的主要区别。不同的社区，其面临老人的具体服务需求不同，因此需要社区针对区域老人的具体情况，在养老资源的配置、服务的提供、设施的建立等方面，因地制宜地开展符合本社区老人需求的养老服务。

2. 服务性质的福利性

社区养老服务不以营利为目的，以较低的花费为老人提供较好的服务。不同于商业性机构养老服务，它是为需要帮助的老人家庭提供的养老服务，旨在维护社会公平，增强社会福祉。同时，社区养老服务在一定程度上讲究经济效益，通过提供保本收费服务，追求社会效益和经济效益的统一。

3. 服务功能的互补性

首先，社区养老可以与家庭养老功能互补。随着现代生活节奏的加快，独居老人的增加，居家养老功能已逐渐被弱化，老人无人照料问题凸显，而社区养老服务能弥补独居老人家庭养老功能的不足；其次，社区养老与商业化养老服务功能互补。商业化养老服务对象为社区内全体老人，而社区养老服务主要是商业化服务难以满足其需求的老人，服务内容具有较强的针对性。

二、社区养老服务市场空间及驱动因素分析

（一）“银发浪潮”释放巨大市场空间

伴随着现代化进程与社会进步，人口老龄化在全球成为普遍现象。中国拥有全世界最庞大的老年人群体，“银发浪潮”正以不可阻挡之势到来。截至2019年底，我国60周岁及以上人口约2.54亿，占总人口的18.1%。其中，65周岁及以上人口已达1.76亿，占总人口的12.6%，较2018年（11.9%）新增0.7个百分点（图1）。

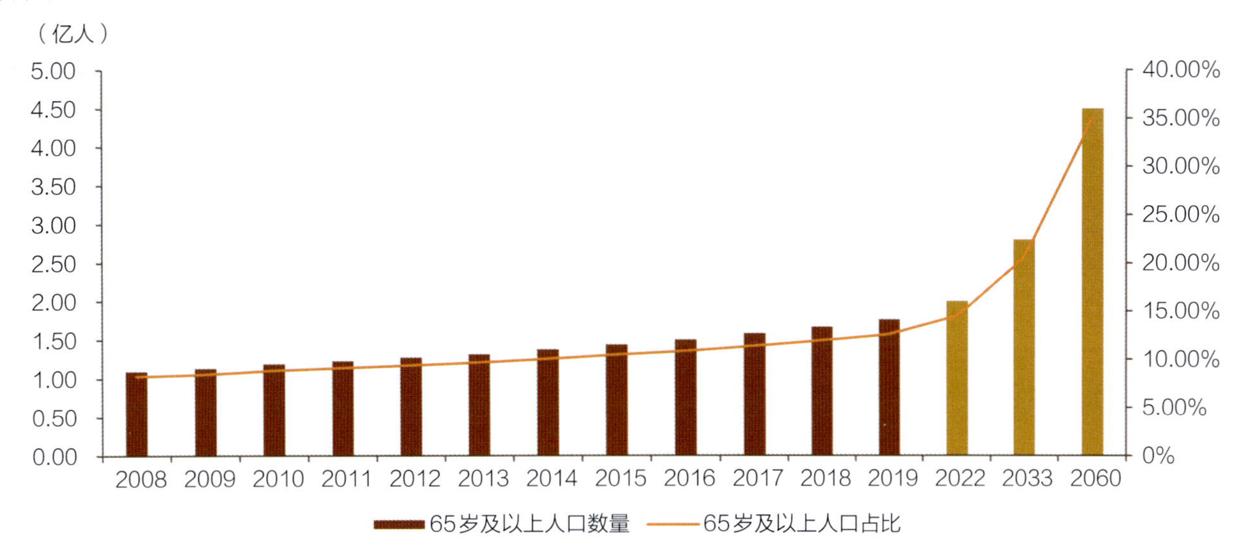

图1　2008—2019年中国65岁以上人口数量及比重

数据来源：国家统计局

按照国际标准，一个国家或地区65周岁以上人口占总人口的比例超过14%，则进入“老龄社会”；比例达20%，则进入“超老龄社会”。以14%为分界线，2019年底我国距离“老龄社会”仅差1.4%，我国步入“老龄社会”已开始倒计时。从发展趋势看，中国人口老龄化速度和规模前所未有，预计2022年将进入占比超过14%的老龄社会，2033年左右进入占比超过20%的超老龄社会，之后持续快速上升至2060年的约35%，成为世界上老龄化最严重的国家之一。

人口老龄化促使养老服务模式向社区养老倾斜。我国传统的养老模式有三种：居家养老、社区养老和机构养老，占比分别为96%、1%和3%。“十三五”规划提出“到2020年，居家为基础、社区为依托、机构为补充、医养相结合的养老服务体系更加健全”，全国多地提出“9073”养老模式发展格局，即居家养老、社区养老和机构养老的比例实现90%、7%和3%。同时由于我国家庭规模日趋小型化，很多子女无法承担长期照顾老人的重任，我国养老模式将从传统家庭养老向社区养老过渡。养老需求的剧增为社区养老服务带来广阔的市场空间。

（二）多维政策助力社区养老服务发展

根据我国“9073”养老模式发展格局，社区养老占比将从1%提升至7%，市场发展空间巨大。近年来国家出台多项政策助力社区养老服务发展，社区养老资源大幅增长，同时地市级政府也积极响应落实。国家的方针导向和地方政策的支持引导为社区养老服务提供了十分有利的社会大环境。

养老产业作为一个政策驱动型产业，离不开政策的顶层设计，也脱不了民间各级力量的参与。可预见的庞大养老需求，加速着政策的进步与产业的发展。在国家层面，纵观历年国家发布的养老产业相关政策，社区养老多次被提及，从“重点支持”到“大力发展”，从“建立补贴制度”到“实施优惠政策”，国家正逐步完善和优化现有的养老服务体系，社区养老服务将成为未来较长一段时期养老服务体系建设的主力兵（表1）。此外，在2020年两会上，多方代表委员针对社区养老提案，包括加大政府对社区养老支持力度、加快社区养老服务设施建设、鼓励和引导社会力量参与社区居家养老服务等。

历年国家出台的涉及社区养老服务的相关政策　表1

时间	部门	政策	主要内容
2020年	民政部	《养老机构管理办法（修订草案征求意见稿）》	鼓励养老机构运营社区养老服务设施，上门为居家老年人提供助餐、助浴、助医、助洁等服务
2019年	民政部	《关于进一步扩大养老服务供给促进养老服务消费的实施意见》	全方位优化养老服务有效供给，主要包括大力发展城市社区养老服务，积极培育居家养老服务，促进机构养老服务提质增效等措施
2019年	国务院	《关于推进养老服务发展的意见》	探索“物业服务＋养老服务”模式，支持物业服务企业开展老年供餐、定期巡访等形式多样的养老服务
2019年	财政部、税务总局等6部门	《关于养老、托育、家政等社区家庭服务业税费优惠政策的公告》	从2019年6月1日到2025年底，对提供社区养老、托育、家政相关服务的收入免征增值税，并减按90%计入所得税应纳税所得额
2017年	国务院	《国务院办公厅关于制定和实施老年人照顾服务项目的意见》	重点任务：全面建立针对经济困难高龄、失能老年人的补贴制度，并做好与长期护理保险的衔接；发展居家养老服务，为居家养老服务企业发展提供政策支持
2017年	国务院	《“十三五”国家老龄事业发展和养老体系建设规划》	目标：以居家为基础、社区为依托、机构为补充、医养相结合的养老服务体系更加健全
2016年	民政部、财政部	《关于中央财政支持开展居家和社区养老服务改革试点工作的通知》	要求充分发挥政府在支持居家和社区养老服务发展方面的主导作用；强调重点支持居家和社区养老服务发展的7个重点领域；中央财政对试点地区绩效考核、资金支持
2016年	国务院	《关于全面放开养老服务市场提升养老服务质量的若干意见》	全面放开养老市场；提升居家社区养老生活品质；全力建设优质养老服务供给体系，推进“互联网＋”养老服务创新，建立医养结合绿色通道，促进老年产品升级，发展适老金融服务

在省市层面，各省市政府部门积极响应国家政策，纷纷出台促进社区养老服务发展的政策及实施方案。以北京市为例，2020年5月22日，北京市印发《关于加快推进养老服务发展的实施方案》(以下简称《方案》)，明确提出，北京将构建完善的居家社区养老服务体系，整合社会资源，推动社会力量建设社区养老服务驿站支持平台。建立养老服务顾问制度，做好服务需求对接，探索实行“物业服务＋养老服务”。同时，北京将支持社会力量运营社区养老服务设施。到2022年底，要建成街道(乡镇)养老照料中心不少于350家、社区养老服务驿站不少于1200家。

此外，《中华人民共和国老年人权益保障法》中明确规定：“发展社区服务，逐步建立适应老年人需要的生活服务、文化体育活动、疾病护理与康复等服务设施和网点”。这不仅从根本上明确了我国老年人权益保障的主要问题，而且也为我国开展和深化社区养老服务提供了充分的法律依据。

三、基于样本的社区养老服务市场数据分析

(一)2019年度500强企业社区养老服务数据分析

1. 500强企业社区养老服务数据概述

根据2019年500强企业数据，涉足社区养老业务的物业服务企业有61个，占比12.2%，较2018年增长2.2%，布局社区养老业务的物业服务企业小幅增长，但是比例依旧不高。其中，社区养老服务收入的平均值为1063.52万元，较2018年增长7.79%，而500强企业社区服务的平均收入为6307.49万元，养老服务收入仅占其社区服务收入的2.06%，较2018年下降0.54个百分点。整体而言，当前社区养老服务收入占比较小，仍不能给物业服务企业的收入带来明显的贡献。

61家涉足社区养老服务的500强企业中，养老服务收入达到1000万以上有13家，其中有1家企业在社区养老服务收入达到了2亿元以上，其养老服务收入占公司社区服务总收入的比例为15.63%。

61家涉足社区养老服务的500强企业中，收入在500万元以上1000万以下的有10家，这10家企业的养老服务收入占社区服务比例参差不齐，其中有7家的占比低于50%，最低占比为0.38%，整体占比较小，说明当前大多数企业尚未深入涉足社区养老服务领域的问题依然存在。但同时可以看到，有3家企业占比均高于65%，最高占比达100%，表明当前已有一批物业服务企业建立了自身的养老服务品牌，并开始逐步探索适合企业自身的发展社区养老业务的模式，未来可期。

2. 500强企业社区养老服务收入情况

2019年，500强企业社区养老服务总收入达6.49亿元，占500强企业社区服务总收入比例为2.06%，61家涉足社区养老服务企业在社区养老取得平均收入为1063.52万元，当前养老业务占物业服务企业社区服务比例较低，对企业总营收的贡献率较低(表2)。

500强企业社区养老服务收入情况　　表2

项目	数值
500强企业社区养老服务总收入	6.49亿元
500强企业社区养老服务收入均值	1063.52万元
社区养老服务占社区服务收入比例	2.06%

从500强企业在社区服务的整体布局来看，当前物业服务企业在社区养老的布局依旧处于初级阶段，在物业服务企业当前主要布局的几块社区服务业务中，社区电商服务的收入占比最高，占比19.92%，其次是社区房屋经纪，占比19.63%，社区家政服务位列第三，占比8.00%，社区养老服务收入占社区服务总收入的2.06%，在除社区美居、停车、金融、旅游、教育之外的几个主要社区服务业务中占比最小（图2）。

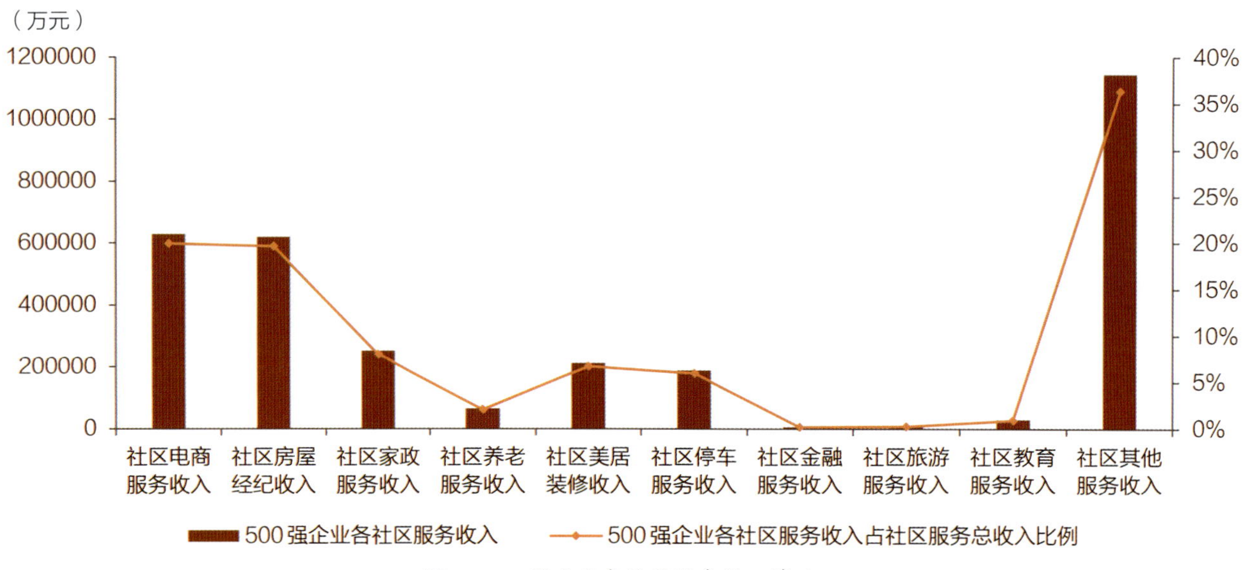

图2　500强企业各社区服务收入情况

3. 500强企业社区养老服务布局程度

从500强企业中布局社区养老服务的61家企业来看，52%的企业其社区养老服务收入仅占其社区服务收入的10%以内，26%的企业社区养老服务收入仅占其社区服务收入的10%～20%，近八成企业在社区养老领域的布局尚浅。整体来看，当前物业服务企业对于社区养老服务的布局程度仍处于初级阶段。随着国家社区养老服务发展扶持政策的出台，物业服务企业应加快布局社区养老服务领域（表3）。

社区养老服务收入占社区服务比例各区间段企业数量　　表3

社区养老服务收入占社区服务比例	企业数量	社区养老服务收入占社区服务比例	企业数量	占比
0 ~ 10%	32	0 ~ 10%	32	52%
0 ~ 20%	48	10% ~ 20%	16	26%
0 ~ 30%	53	20% ~ 30%	5	8%
0 ~ 40%	54	30% ~ 40%	1	2%
0 ~ 50%	56	40% ~ 50%	2	3%
0 ~ 60%	57	50% ~ 60%	1	2%
0 ~ 70%	58	60% ~ 70%	1	2%
0 ~ 80%	58	70% ~ 80%	0	0%
0 ~ 90%	58	80% ~ 90%	0	0%
0 ~ 100%	61	90% ~ 100%	3	5%
总计	61		61	100%

（二）2015—2019 年度百强企业社区养老服务分析

1. 百强企业社区养老服务布局情况

2019 年，百强企业布局社区养老服务的比例为 24%，较 2018 年增长 4 个百分点。2015—2019 年度，该比例整体维持在 22% 左右，尚无明显增长趋势。百强企业在社区养老服务的布局依旧有限，当前物业服务企业深入社区养老服务还未出现明显的发展趋势（图 3）。

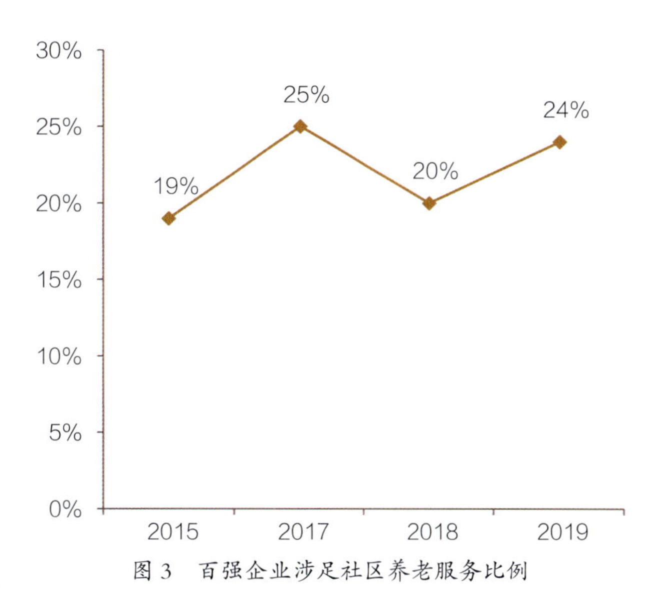

图 3 百强企业涉足社区养老服务比例

2. 百强企业社区养老服务收入情况

2019 年，百强企业社区养老服务收入总值为 3.89 亿元，较 2018 年增长 5.1%。与 2015 年的 8871.78 万元相比，增长了 3.01 亿元，年复合增长率 44.7%。百强企业社区养老服务收入均值从 2015 年的 466.94 万元增长至 2019 年的 1620.71 万元，复合增长率为 41.1%。

2019 年，百强企业社区养老服务收入占 500 强企业社区养老服务收入比例为 59.96%，可以看出，目前涉足社区养老服务的物业服务企业近六成集中在行业头部企业。2019 年百强企业社区养老服务收入占社区服务总收入比例为 1.53%，较 2018 年的 2.46% 减少 0.93 个百分点，可以看出，企业整体涉足社区养老服务的程度有所减弱，社区养老服务仍有很大市场空间待挖掘（图 4）。

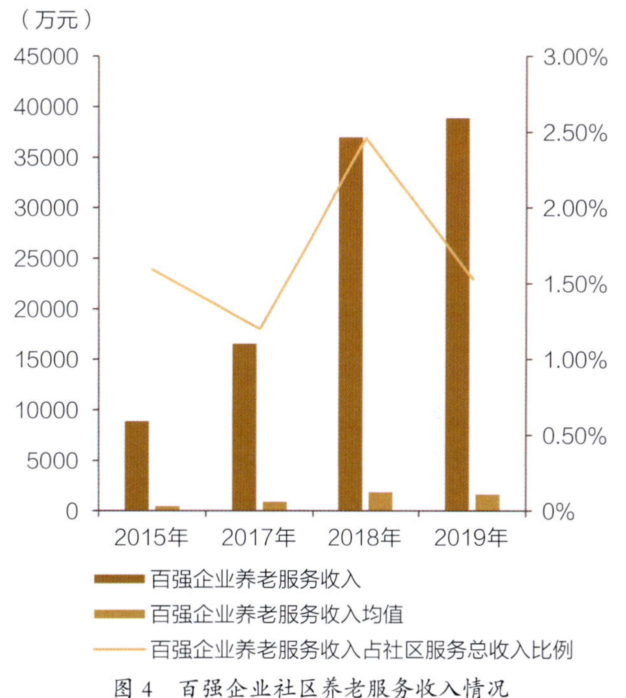

图 4 百强企业社区养老服务收入情况

四、企业在社区养老服务领域的探索

人口老龄化的加剧，使得养老服务需求凸显，一系列社区养老政策、实施方案的落地，加速了“物业＋养老”服务模式的发展。近年来，不少物业服务企业采取多种措施，探索为业主提供养老、助老服务，为实施“物业＋养老”打下了良好基础。

社区嵌入式养老是目前物业服务企业提供养老服务的主要类型，例如绿城服务、保利物业、长城物业等。其中，绿城服务通过涵盖“养老服务、适老化建造、老年病医院、健康管理、老年教育、园区理想生活”等六大板块的绿城长者服务体系较早涉足养老领域，产品涉及学院式养老社区、社区嵌入式养老机构、居家式养老、候鸟式养老、公建民营项目及 PPP 养老项目。

保利物业母公司保利地产以产业链的全局视角来布局养老产业的发展，提出“养老产业全产业链培育”的发展战略，打造“以居家为基础、社区为依托、机构为核心”的三位一体健康养老模式。2018 年 3 月，保利社区居家养老服务平台公司——“保利和悦健康养老服务有限公司”挂牌，以健康养老为方向，重点发展保利社区居家养老服务。

长城物业2013年携手美国HISC在中国以“护明德居家养老”品牌以特许经营加盟的方式在我国开展居家养老业务。目前长城物业以社区嵌入式养老服务和居家养老服务作为社区养老重点服务领域，提供社区嵌入式、高端颐养服务。

而奥园健康则是以提供上门服务、适老化体验为主，倾力打造“物业服务＋养老服务”社区康养品牌——“奥悦之家”，让奥园业主在家门口就能享受到优质养老服务。奥悦之家致力于构建A3居家养老体系（“A”代表奥园AOYUAN，“3”代表健康Health、安全Safety和关爱Care），提供“五悦”服务（悦学习、悦健康、悦智慧、悦文旅、悦安居），打造线上线下相融合的智慧健康养老服务及老年用品专业集成供应商，为老人提供全方位、智慧化、适老化的健康养老产品和服务，其中包括中医保健、健康管理、康复理疗等项目。

开元物业成立专业的养老机构——开元养老，针对有一定经济基础的70岁以上人群，通过离家型机构养老、近家型日照中心、在家型居家服务三大版块，由专业护理师，专业生活照料师、专业老年营养师、专业医师等专家队伍为客户提供生活照料、专业护理、专属住所、老人餐饮、健康体检、名医诊疗、康复理疗、休闲娱乐产品服务。

整体来看，当前物业服务企业在社区养老领域的布局仍处于前期的布局阶段，大部分企业的探索主要是专业门槛相对较低的环节。受制于政策、产业等的不完善，养老产业盈利难的问题仍未破解，物业服务企业也仍未找到合适的商业模式，但是长远来看，社区养老产业具有广阔的发展前景。

五、社区养老服务的发展前景和趋势

（一）“物业＋养老”将成为社区养老服务主模式

社区养老兼顾了居家养老和机构养老的优势，老年人居住在自己家中的同时也可以享受社区服务机构提供的各类服务。社区养老要想行稳致远，离不开专业化的机构、人员和资源作保障，而社区的力量毕竟有限，在居家养老能力日趋下降、社会养老机构总体供不应求的情况下，依托物业服务企业打造“物业＋养老”服务模式，是丰富和完善我国养老服务体系的大势所趋，具有重要的现实意义。

物业服务企业作为居家养老的老年人接触最密切也是最熟悉的服务提供者，具有先天的地理优势，拥有丰富的社区服务资源，并能及时掌握业主的家庭信息。同时在物业服务方面，拥有更专业化的队伍。如果由他们统筹社区内资源，力所能及地提供一些入户服务，将能实现“无死角”地照顾到社区每一位需要帮助的老人，确保更多的老年人能及时享受到急需的各项服务。

此外，在政策层面国家对“物业＋养老”服务模式已初步开始顶层设计，国务院办公厅于2019年印发《关于推进养老服务发展的意见》，提出探索“物业服务＋养老服务”模式，支持物业服务企业开展老年供餐、定期巡访等形式多样的养老服务。以政策为支撑，结合自身优势，物业服务企业将在社区养老领域发挥巨大作用。在居家为基础、社区为依托、机构为补充、医养结合的养老服务体系中，“物业＋养老”或将发展成为社区养老服务的主要模式。

（二）老旧小区改造为物企探索社区养老带来新机遇

多数老旧小区存在房屋老化、未安装电梯、缺乏养老服务、没有物业管理等问题，为老年人的生活带来不便。一直以来，加快改造城镇老旧小区，都是我国的重大民生工程和发展工程。2020 年国务院常务会议确定加大城镇老旧小区改造力度，重点改造完善小区配套和市政基础设施，提升社区养老、托育、医疗等公共服务水平。由此可见，我国对于老旧小区的改造已由过去的单项改造向综合改造转变。

从改造数量上看，今年各地计划改造城镇老旧小区 3.9 万个，涉及居民近 700 万户，比去年增加一倍，并且多地指出实施综合改造的老旧小区原则上应实行专业化物业管理，老旧小区改造应与物业管理同步。可见未来城镇老旧小区改造力度和政府支持力度之大，物业服务企业作为其中参与者之一应加大关注度，充分发挥自身的服务经验优势以及对社区终端的把控能力，抓住社区养老新机遇。

（三）发展社区养老服务，软件硬件都要硬

社区养老作为我国养老模式的新趋势，在不断取得新进展的同时，一些问题也逐渐显现，如社区基础设施较差、服务水平较低、专业服务人员缺乏、资金不足等，这一系列问题都是社区养老服务发展路上的绊脚石。而最接近社区的物业服务企业在社区养老领域的布局还在摸索中，尽管国家鼓励社会力量参与社区养老，但由于多方因素的制约，社区养老短期内发展不会有大幅提升，社区养老路阻且长。

要实现社区养老服务大规模的发展，离不开社区软硬件设施的完善。在硬件上，应加强社区养老设施建设，全面推动社区配套设施建设，例如设立家政、医疗、文体等多功能服务中心，不仅要考虑老年人的基本生活需求，而且要顾及其精神文化需要，同时引入智能家居、5G 等技术在养老照护、远程医疗方面的普及。在软件上，应加强社区专业服务人员队伍建设。根据调查，专业养老机构都表示很难招到愿意长期从事养老服务的年轻人，专业的养老机构尚且如此，社区养老服务中心的专业人员更是稀缺。这就需要政府加大对养老护理人才的重视，加强人才教育培训，建立完善的薪酬福利制度，从而吸引更多年轻人加入养老产业。软件硬件两手抓，两手都要硬，才能更好地助力社区养老服务发展。

电梯行业发展报告

一、我国电梯行业发展现状及特点

（一）我国是世界最大电梯制造和销售国

我国是名副其实的电梯生产和使用大国，电梯保有量、年增量、年产量连续多年位居世界前列。近年来，随着我国城镇化进程加快推进，以及人们对便捷生活要求的提高，电梯得到越来越广泛的使用，电梯行业取得快速发展。

1. 电梯市场规模大、使用广泛

目前，我国无论是在电梯整机还是配件产品的产销量方面均居世界第一，其中电梯整机产量居世界总产量一半以上。中国电梯协会最新数据显示，2019 年全行业共生产电梯（包括自动扶梯、自动人行道）98 万台，比 2018 年增长 15.3%；其中出口 8.5 万台。2019 年底国内电梯注册总量达到 709.75 万台（图 1）。

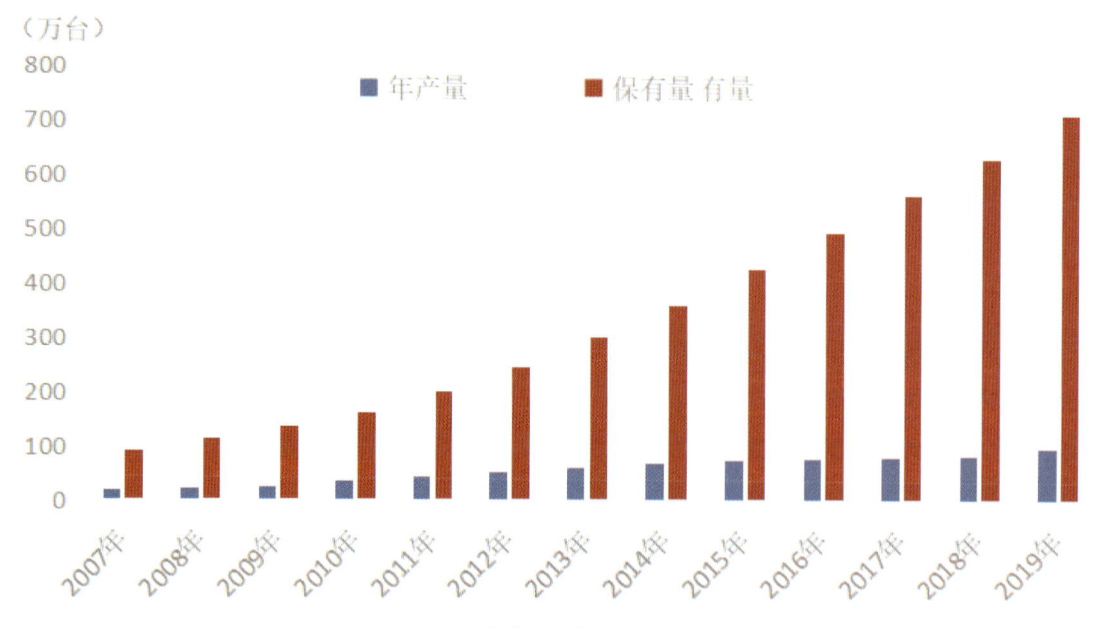

图 1　2007 年以来我国电梯年产量和保有量情况

数据来源：新华财经 中国电梯协会

我国电梯市场规模较大与单位面积人口数量多、城市用地紧张的基本国情密切相关，这为高层建筑的建造和电梯使用创造了条件。在需求方面，目前我国仍在深入推进高质量新型城镇化，住宅建设、商业地

产及地铁、机场等城市公共基础设施建设和更新改造方面的投资整体还将保持较高水平，对电梯的需求量较大。

另外，随着我国特种设备制造能力的快速提升，电梯制造在全球的市场竞争力取得较大突破，推动了我国电梯的出口。中国海关总署数据显示，2019 年中国电梯进口数量为 0.23 万台，其中载客电梯进口数量为 2335 台，自动梯及自动人行道进口数量为 3 台；电梯出口数量为 8.74 万台，其中载客电梯出口数量为 68892 台，自动梯及自动人行道出口数量为 18464 台。

2. 外资品牌占据主导，民族品牌快速崛起

电梯行业是我国最早引进外资的行业之一。目前，我国电梯行业形成了由外资品牌占据主导，本土民族品牌快速发展的竞争格局。大致可以分为四大梯队：第一梯队为三家合资企业包括奥的斯、上海三菱和广州日立，其中，上海三菱、广州日立的产品主要定位于中高端产品，而奥的斯主要定位中低端产品；第二梯队是以迅达、通力、蒂森克虏伯、东芝、富士达等为主的纯外资企业；第三梯队是以康力、江南嘉捷、远大智能、广日电梯、申龙电梯、梅轮电梯、快意电梯、西继迅达、东南电梯等为代表的有一定国际影响力的国内本土大型电梯企业；第四梯队则是其他数量众多的中小型民营企业。

随着我国电梯行业的飞速发展，近年来外资品牌和民族品牌电梯制造企业在品牌、目标市场定位方面逐渐呈现差异化发展。外资品牌电梯企业由于掌握着部分高端电梯制造技术，其品牌和目标市场定位主要聚焦于高端电梯市场，在高端市场具有很高的市场占有率。在中低端电梯市场，较高的性价比优势使得国内本土电梯企业具有较强竞争力。不过，部分电梯厂家既没有产品技术研发能力，也不注重电梯部件的配套质量，主要追求产品低价、仅面向部分一味追求低价的用户群体，低劣的产品质量带来的安全隐患不容乐观。

（二）我国电梯市场呈现五大特征

1. 产业集中度提升，区域聚集效应明显

从产业布局看，我国电梯整机及零部件的制造产业基本集中在长三角、珠三角和京津冀地区。其中，长三角地区电梯生产量占全国的60% 以上，已经形成高效运行的电梯产业分工、合作体系，产业聚集效应明显。以浙江省湖州市南浔区为例，该辖区内拥有电梯整机制造企业 40 家，配套件生产加工企业 300 多家，从业人员 2.5 万人，形成了整机制造、配套件生产、安装维保等完整的产业链。2019 年各类电梯年产量超过 7.5 万台，年产值 100.04 亿元，整机产销量约占浙江的 50%、全国的 10% 左右。随着我国电梯产业集中度进一步提高，产业发展格局将呈现强者更强的局面。

2. 电梯安全形势明显好转，监管不断创新

我国电梯保有量大，确保电梯运行安全至关重要。国家监管部门对电梯的质量和安全管理高度重视，2011 年以来，我国电梯万台死亡人数趋于平稳下降，保持总体平稳的安全态势。根据《国务院办公厅关于加强电梯质量安全工作的意见》（国办发〔2018〕8 号）的文件精神，在提升电梯质量安全水平上，要开展电梯质量提升行动，加强产品型式试验和一致性核查，强化安装监督检验，提升电梯产业集聚区整体质量发展水平和新装电梯质量安全水平。

随着我国电梯监管工作的不断创新探索，尤其是大力推进电梯安全责任保险，探索电梯保险新模式，当前我国电梯安全共治初见成效。截至 2019 年底，全国各类电梯责任保险共覆盖电梯 273.16 万台，占在用电梯数量的 38.49%。同时，2019 年国家市场监管总局不断加强特种设备信息化建设，在部分省市开展电梯质

量安全追溯信息平台试点应用；组织开展电梯安全宣传，制作安全乘梯宣传片及公益广告，被媒体广泛转载传播，取得良好宣传效果。

3. 行业发展政策和标准规范不断完善

我国对电梯等楼宇配套的设施设备实行规范化专业管理，对电梯的设计、生产、安装、交付、使用、维护、修理、更新改造、专业监管都纳入法律法规层面，从而保证电梯和使用人的安全与权益。中国物业管理协会在2008年成立了设施设备技术委员会，先后推出《物业设施设备管理指南》《物业承接查验操作指南》等规范文件，推动全国物业管理行业设施设备管理水平的提升。从电梯行业标准化推进工作来看，根据全国标准信息公共服务平台的统计数据，截至2019年底，除团体标准、企业标准以外，我国现行电梯（含自动扶梯、自动人行道）标准共有317项，其中国家标准54项、行业标准27项、地方标准236项。

4. 技术创新步伐加快，国际竞争力不断提升

我国电梯技术标准和安全规范直接与国际接轨，消除了国产电梯进入国际市场的技术障碍。国产电梯在技术、质量、管理、服务上快速步入了国际化行列。与此同时，强劲的国内市场需求让一批中国电梯企业快速崛起，在产品、核心技术、品牌等方面加快转型升级。我国电梯企业在无机房电梯技术、永磁同步技术、乘客识别系统、指纹识别系统、别墅家用生活电梯技术研发创新上取得较大突破。电梯行业的高速增长还带动并提高了电梯配套零部件的研发水平，近年来部分本土电梯企业的电梯零部件技术、质量水平已经处于世界领先地位，特别是在中低速电梯零部件领域，我国企业已基本可以实现自主生产。

5. 既有建筑加装电梯工作稳步推进

随着我国老龄人口比重的加大，对既有建筑物加装电梯的需求逐年攀升。2016年12月，《既有住宅建筑功能改造技术规范》行业标准开始实施，使老旧住宅加装电梯有章可循。2018年政府工作报告明确指出，鼓励有条件的加装电梯；2019年政府工作报告强调，支持加装电梯；2020年政府工作报告提出，新开工改造城镇老旧小区3.9万个，支持加装电梯。

在地方层面，北京、上海和广州等多地出台政策支持加装电梯。从2018年开始，我国加装电梯规模快速增长，但与实际需求量相比仍相去甚远。今年4月，住房城乡建设部相关负责人表示，需要改造的2000年以前建成的老旧小区约30亿平方米，2000年之后建成的一些小区也有改造需要。业内预计全国老旧楼需要加装电梯数量在200万台以上，旧楼加装电梯市场至少有10～15年的发展空间，将带动全产业链的发展。随着政策和技术法规的不断完善，我国加装电梯市场发展前景广阔。

二、新时期我国电梯行业发展迎来重大机遇期

当前，在城市化进程快速推进以及人口老龄化等因素推动下，我国电梯行业仍有较大的发展空间。未来将加速向服务型制造市场转型，高速、智能、环保等也将成为电梯行业产品的发展潮流。

（一）市场尚未饱和，多重因素将推动行业空间继续扩容

虽然我国已成为世界上电梯保有量最大的国家，但人均电梯保有量只有世界平均水平的1/3。截至2019年底，我国单台电梯的服务人数为197人，相较于2009年单台电梯服务人数974人有显著改善，但与发达国家相比还有很大差距，约为日本和欧洲平均水平的1/2左右。由此可见，我国电梯市场远未

饱和。

在未来 3 ～ 5 年内，新梯市场主要依靠保障房建设、棚户区改造、城市轨道交通、公共基础建设等方面。其中，一个重要的层面是旧楼加装电梯。2019 年的政府工作报告中明确指出，城镇老旧小区量大面广，要大力进行改造提升，更新水电路气等配套设施，支持加装电梯和无障碍环境建设。这为我国未来电梯市场发展提供了较大的发展空间。

（二）企业将加速向服务型制造转型，维保市场成新增长点

随着我国电梯行业的迅速发展，电梯保有量大幅增长并日趋饱和，并将逐步进入电梯更新高峰期，原有电梯的维修及更换将成为我国电梯市场发展的坚实基础，未来电梯行业后端服务将成为电梯市场竞争的重要战场，以维护保养、修理、改造更新为代表的后市场业务将成为电梯企业逐力的焦点。

事实上，近年来维保市场正成为电梯企业的第二增长点，电梯维保收入占比也在逐步提升。近年来跨国企业 40% ～ 55% 的收入来自维保，国内电梯企业的维保收入仍与国际水平有较大差距。目前众多电梯企业开始调整企业经营策略，寻找新的增长点。部分企业已经提前布局“后电梯市场”，加速向“服务型制造”企业转型。

值得注意的是，为了更好满足市场需求，已有不少优势电梯企业搭建起客户支持平台，涉及销售、电梯空间设计、物业评估、土建工程、成本核算、维保等各环节，为客户提供全面的建筑运载系统解决方案。因此，向用户提供安装、维保、改造等全方位服务体系的整机制造企业将具备更好的发展前景。

（三）新技术不断突破，高速智能环保成未来电梯新方向

业内人士表示，新材料（如石墨烯）、新能源（核裂变）、生命科学（基因工程）、人工智能（AI）、量子（通信）五大领域是当今世界科技的发展方向，这些新科学新技术必将带动电梯技术同步发展，高速、信息化、智能化和绿色环保电梯将成为电梯产品发展的新潮流。

在新材料应用方面，未来电梯行业会开发新型应用材料。如在电梯最外部可以有效运用外复合裹塑钢丝绳对其进行牵引，这样能够相应的节省空间。此外，电梯智能化的发展需要智能控制系统的准确运用以及自动化系统的有效配合，这样能最大限度保证电梯智能化的发展。未来，自动化生产线、AI 机器人、数控激光切割设备、智能加工中心等将在电梯整机制造企业中得到越来越广泛的使用。比如通过红外线感应器和激光扫描等传感设备的应用，并与互联网相连，从而进行信息交换，能够让电梯系统进行自动识别、定位和追踪等。

出于节能减排的需要，市场对绿色环保电梯的需求也越来越旺盛，要求电梯节能、减少油污染、电磁兼容性强、噪声低、长寿命、采用绿色装潢材料、与建筑物协调等，甚至有人设想在大楼顶部的机房利用太阳能作为电梯驱动补充能源。

三、我国电梯行业发展存在的突出问题和挑战

总体来看，近年来我国我国电梯质量水平稳步提升，安全形势稳定向好，有力支撑了经济社会发展。但是，我国电梯产业在快速发展的同时，在生产、使用、管理等环节也面临诸多“成长中的问题”。

（一）生产布局结构性失衡，同质化低价竞争加剧

目前，我国电梯行业中低端产品同质化竞争、产能结构性过剩问题突出。据业内专家介绍，国内年产量不到2000台的电梯制造企业数量占比超过了70%。低端产能过剩，不仅引发低价竞争，导致企业以价格竞争作为争抢市场的主要手段，而且大量低质、低价电梯进入市场给后期电梯运行带来了较大的安全隐患。此外，在产能已经出现结构性过剩的情况下，一些电梯企业仍然在进行规模扩张，还有部分工程机械行业甚至房地产行业的企业也在计划进入电梯市场，这都将进一步加剧电梯市场的竞争和低端产能过剩问题。

除了高中低端产品品质的结构性失衡，电梯生产还面临区域布局不平衡的问题。电梯设备的体积和重量较大，需要将零部件运输到建筑工地后进行现场安装。随着城市发展和高层建筑的增加，中西部地区对于电梯的需求量越来越大，但电梯的产能主要集中在东部地区，很多电梯关键部品部件在中西部地区没有配套建厂，区域分布不均衡导致运输成本增加。

（二）自主创新水平较低，“大而不强”格局待转变

中小电梯企业数量多，但竞争能力不强，整体处于产业链中低端。特别是关键零部件对外资企业的依赖度高，企业掌握的核心技术少，重大创新产品和关键技术仍“受制于人”，自主创新能力仍待提高。大多数企业规模偏小、管理理念相对落后、生产效率较低、技术力量较为薄弱、市场占有率较低。据业内专家介绍，外资企业和合资企业占据了国内电梯行业60%以上的市场份额、80%以上的利润。

（三）维保养护市场乱象待规范，责任落实难

多位业内人士指出，电梯维保行业存在维保企业恶性竞价、维保工人超负荷运转等乱象。在近年来人力成本大幅上涨的情况下，电梯企业维保费价格与20世纪90年代的水平相比变化不大，甚至“不升反降”。一些地方的电梯维护市场价一年不到1500元，比政府收取的年检费用还低，根本谈不上按时保养，更换磨损部件也会一拖再拖，形成恶性循环。

电梯维保市场的低价无序竞争必然导致维保质量难以保证。一个合格的维保员工资支出，加上设备上的耗材、企业的内部运转等成本属于“硬性成本”，维保企业必然要通过其他手段来获取利润。其中就包括在电梯使用单位缺乏监督的地方“动手脚”，人为制造设备配件的更换。同时，低价竞争会造成维保人员承接的电梯维保数量增加，在工作强度加大的情况下，维保的质量往往事倍功半。这些都会影响电梯的正常安全使用，严重威胁电梯使用者的生命财产安全。

（四）安全隐患较大，安全运行形势仍不容忽视

虽然近年来电梯安全运行情况得到明显好转，但随着电梯保有量持续增长，老旧电梯逐年增多，且加之维修保养缺失，电梯困人、停运等故障仍时有发生，影响人民群众出行安全，也为电梯运行安全隐患。

国家市场监管总局发布的《关于2019年全国特种设备安全状况的通告》显示，2019年，电梯事故发生33起、死亡29人，分别占全年特种设备事故和死亡人数的25.4%、24.4%，仅次于场（厂）内专用机动车辆事故。从已经结案事故的材料进行分析，造成电梯事故的原因中，违章作业或操作不当9起，无证操作1起，设备缺陷和安全部件失效或保护装置失灵等原因4起，应急救援（自救）不当2起，安全管理、维护保养不到位8起。

中国电梯协会理事长李守林指出，我国电梯普遍存在配置数量不足，而造成的大客流、高负荷等使用情况，加之使用管理和维保不到位、作业人员素质低、乘客自身安全意识淡薄等，安全形势仍然严峻。

（五）老旧小区加装电梯仍面临四方面“堵点”

一是业主利益诉求存冲突。加装电梯在技术上不难实现，但涉及居民之间多元利益的冲突与协商。安装电梯虽方便了高层居民，但对低楼层居民却带来诸多不便，如占院落、增干扰、减采光、增噪声等。

二是流程复杂、周期长。加装电梯可能涉及绿化带、电、煤气、水等管网的移位，需要多个部门审批。“工程设计需要调取原始平面图、建筑图、结构图以及地下管线图，我们多次到城市档案馆调取图纸都未调成，后来请求区建交委开具介绍信后才顺利拿到。”上海市徐家汇街道潘家宅居民区党总支书记朱瑾说，“从居民意见征询，到电梯加装成功，需要 1 年半到 2 年时间。多数部门很支持，办得就快；个别部门拿不准，审批的就慢，需要通过党建结对子、托熟人等方式才能加快进程。”

三是行业鱼龙混杂需规范。老楼加梯涉及土建基础施工、钢结构吊装、特种设备安装、项目装饰装修、电梯后期专业维保及其他设施的长期跟踪服务，环节众多，工程复杂，技术要求高，施工场地局促，风险控制难度大，回报周期长。一些小公司不规范的行为，搅乱了市场秩序，也导致部分小区加装电梯出现质量问题，存在安全隐患。

四是资金筹措难。更新改造资金的落实是老旧电梯更新改造最为突出的问题之一。业内人士表示，对于住宅电梯而言，更新改造主要依靠公共维修基金。但受制度设计缺陷、申请手续繁琐等因素影响，因电梯急需大修而申请使用公共维修基金时，面临签字难、审批难等问题，“治病钱”看得见摸不着。

此外，还有一些基层干部反映，虽然部分地区出台“取消一票否决”等降低了加装电梯的政策门槛，可以加快加装电梯的审批流程，但在实际工作中，仍要争取到全部居民的同意才能动工，否则未来社区治理的压力只会增不会减。

（六）标准体系待完善，专业化人才“短板”待补齐

在标准制定的内容上，国家标准、行业标准和地方标准的差异较大。具体来看，国家标准和行业标准主要集中在电梯的产品标准、零部件标准和检测技术上，硬性内容规定较多；而地方标准的制定主要针对电梯的服务和管理方面。多数省市的电梯地方标准都集中在电梯的安装维修、日常保养、安全改造、能效评价等方面，但相关的国家标准和行业标准较少，各地标准存在不一致、不协调、不系统的情况，电梯生产企业和维保企业等市场主体面临“执行难”问题。

值得关注的是，在专业化人才队伍建设方面，目前我国电梯安装、改造、安全检验、维修保养的专业人才供给相对需求而言缺口巨大，一些地方电梯维保人员每人每月需维护百余台电梯，一些小工程队挂靠大公司揽生意，维修人员素质整体不高。

四、国内外电梯行业发展的成功经验和典型探索

（一）国际经验

全球电梯行业在美国、日本、欧洲等国家和地区起步，经过百余年的发展，这些国家和地区也积累起较

为成熟的行业发展经验。

1. 构建健全的安全监管体系

世界上多数国家和地区均制定了电梯安全法规和技术标准，根据各自行业发展和管理工作的需要制定了相应的政策和监管规定，对电梯各重要环节实施严格监管，以保障公众消费者出行安全和从业人员健康安全。在监管机构方面，均设置了专门的安全监管机构，对电梯设备和从业人员进行监管：有的集中在职业健康安全管理部门，有的集中在建筑管理部门，有的分别在多个部门按照各自法定职责进行监管。从近几年各国和地区新出台的政策和修订的法律法规来看，电梯安全监管要求越来越严，监管力度逐步加强。

英国作为标准化工作起步最早的国家之一，在电梯安全方面的法规与监管体系较为成熟，其电梯法规分为法律、法规（条例）、实务守则三个层次。在英国，电梯的安全监察属于劳动健康与安全管理范畴，其执行机构为健康与安全委员会（HSC）和健康与安全执行署（HSE）。另外，电梯检查机构、评审机构以及行业协会也会按照相关法规要求，做好电梯制造、安装、使用、维护保养、检验等环节的管理与技术工作。

在美国联邦政府层面，没有针对电梯的特殊法律法规规定，电梯和其他消费品一样必须保证消费者免遭不合理的伤害，因此必须符合《消费产品安全法案》。电梯行业从业人员的作业场所必须符合《美国职业安全卫生法》及其授权制定的劳动安全卫生规章中的有关规定。另外，电梯的配置、制造、安装等也必须符合建筑消防的要求和满足残疾人使用的需要。在很多州，电梯的安全管理是由立法机关授权职业安全管理部门一起管理；一些独立立法的较大城市则由建筑物管理部门负责；还有一些地方则是政府部门直接监督管理，并配备了专门的官方技术人员。为便于执行和修订法规，许多地区在法律上还规定设立电梯协调委员会。

日本电梯相关法律法规分三个层次，即法律（《建筑基准法》）、政令、省令，告示（《建筑基准法施行令》《建筑基准法实施规则》）以及地方政府文件。另外，相关行业协会、标准组织制定了标准、指南、手册、规程等。在日本，电梯作为建筑设备纳入建筑的管理范围，由国土交通省负责电梯的型式认定、安装、验收、定期检查等监督管理工作，具体工作由国土交通省授权的认定机构、检验机构和地方特别行政厅负责实施。另外，厚生劳动省负责电梯的制造许可以及施工作业中安全相关问题。

在新加坡，电梯被作为建筑管理的一部分纳入规范的法制管理范畴。对电梯的使用管理起源于物业管理，且物业管理组织系统健全，范围广泛，行政上统一归新加坡建屋发展局负责。另外，新加坡人力资源部下设的职业安全及卫生署所属的职业安全处具体负责提升设备的安全监督管理。

2. 实施严格的定期检查制度

美国各州及具有电梯监管机构的城市，除了有相应的电梯行政管理人员之外，还有一批电梯监督检查技术人员行使设备技术监督检查职能。

在英国，根据《升降机操作与升降设备条例 1998》规定，雇主应当对其进行定期全面检验，对于载人升降设备如乘客电梯，每 6 个月至少检验一次；对于其他升降设备，每 12 个月至少检验一次；或者按照检验计划规定的周期进行检查；向雇主书面报告他所发现的任何可能导致危险的缺陷。

在法国，所有的电梯每个月都会进行例行检查。一旦出现事故，尽管责任方不尽相同，但最后要赔钱的都是保险公司。每个月保险公司必须要对电梯例行检查一次，提出安全隐患，如果业主不配合、不付钱，零配件没有更新的话，发生电梯事故后业主要负责。

3. 重视培养电梯维修保养人员专业队伍

在美国，电梯安装维修工是高收入人群。目前，美国大部分州要求对电梯安装和维修人员进行许可，一些协会可为工人提供认证，可以显示相关人员在该领域的能力和熟练程度。

对于日本的电梯公司来说，制造电梯并不是主要业务。公司内一般设有三个大部门，即制造、销售和维修保养。一般来说，从事维修保养的职工人数是制造者数量的 3 倍左右。一部电梯无论安装在何处，一旦投入使用就进入了公司的维修保养网络而置于严密的监控之下，保养人员每周必须到现场检查服务。

（二）国内探索

近年来，国内一些地方在加装电梯政策支持、地方标准制定、电梯维修保养等方面积极探索，相关典型经验做法值得借鉴。

1. 上海：绘制蓝图、加大扶持“挂图”推进加装电梯

2019 年 12 月，上海市住建委、市房管局等 10 部门联合印发《关于进一步做好本市既有多层住宅加装电梯的若干意见》，进一步扩大加装电梯试点，完善相关政策。进一步加大对加装电梯的政策扶持力度。包括：适当降低加装电梯启动门槛。加装电梯幢的业主意愿征询通过比例由 90% 放宽到 2/3；在政府补贴资金比例 40% 不变的情况下，将政府资金补贴的最高限额由 24 万元提高到 28 万元；业主可申请提取使用住房公积金。

2020 年 8 月，上海市住建委发布《上海市既有多层住宅加装电梯前期调查与可行性评估技术导则（试行）》，用于指导各区、街镇和相关单位开展加装电梯前期调查和可行性评估工作。

2. 浙江南浔：标准规范引领疏通加装电梯民生“堵点”

近年来，浙江省湖州市南浔区致力于推进行业标准化建设，较早地开展了既有多层住宅加装电梯工作，并在审批、设计、施工、运行、维护等环节形成了可复制、可推广的标准化成果，持续推进既有多层住宅加装电梯工作。

2018 年 12 月，南浔区出台《南浔区既有多层住宅加装电梯试点实施方案》，每年投入 500 万元专项资金，给予每台加装电梯 15 万元补助。2020 年 8 月，地方标准规范《既有多层住宅加装电梯实施指南》和湖州市电梯行业协会团体标准《既有多层住宅加装电梯工程技术规范》正式发布，这是在全国率先发布的加装电梯的地方标准规范。

3. 海南洋浦：“互联网＋电梯监管”智慧平台创新科学安全监管

2019 年 11 月，海南洋浦经济开发区“互联网＋电梯监管”智慧平台正式启用。该平台可通过运用信息化手段对电梯维保现场进行实时监管，确保维保人员对电梯按周期按规范严格维保，“互联网＋电梯监管”智慧平台核心功能为在规定的维保日期前进行维保提醒。

4. 浙江杭州拱墅区：首创电梯“养老”综合保险机制破解维保难题

针对近年来小区电梯维保走过场、以修代保、小病大修等乱象导致电梯故障频发，以及物业和业委会存在专业知识、监督手段匮乏不足等现实难题，2017 年 9 月 5 日，杭州拱墅区 5 台电梯签下全国范围内第一批电梯“养老”综合保险保单。这是全国范围内首创电梯“养老”综合保险，标志着电梯安全管理从单一化政府管理模式向多元化社会治理模式转变。截至 2019 年，杭州全市参保电梯已达 3600 余台，覆盖 7 个县市区。根据计划，到 2021 年底，杭州所有区、县（市）将开展电梯“养老”保险工作。

五、促进电梯行业高质量发展的意见建议

当前，电梯行业进入了从高速发展向高质量发展的新阶段。“更快、更安全、更舒适、更绿色”将是电

梯行业未来的发展方向。业内专家建议，加快完善与既有建筑加装电梯相配套的政策文件、技术措施、标准规范，并引导电梯企业加快转型升级。

（一）高度重视建筑物及设施设备更新改造和维护保养的重要性，完善法律法规和标准规范

专家建议，围绕“房子是用来住的”定位，还应大力倡导“房子是需要养的”理念，重视房屋建筑和设施设备的更新、升级和改造。

房屋的购置成本与全生命周期总成本的比例是 1：3。随着时间的推移，建筑设施、机器设备等在使用的过程中逐渐损耗，维护费用会不断增加。王寿轩建议，随着《民法典》的颁布与实施，尽快完善建筑物物权管理的相关法规，特别是建筑物的使用、维护、修理、更新改造的相关法规，规范建筑物的使用与管理，以利于建筑物的全生命周期管理的实施，保证建筑物与使用人安全，延长建筑物的有效使用寿命。

同时，政府主管部门和行业协会应尽快制订相关房屋及配套设施设备的大中修、更新改造的技术标准，以便指导房屋的使用者、管理者合理安排房屋及设施设备的大中修和更新改造。

（二）明确责任主体，加快建设以制造企业为责任主体的监管体系

《中华人民共和国特种设备安全法》规定，“电梯的安装、改造、修理，必须由电梯制造单位或者其委托的依照本法取得相应许可的单位进行。电梯制造单位委托其他单位进行电梯安装、改造、修理的，应当对其安装、改造、修理进行安全指导和监控，并按照安全技术规范的要求进行校验和调试。电梯制造单位对电梯安全性能负责。”

但现状是，电梯出厂之后，制造商已把物权转移给开发商，开发商再让渡给业主或物业公司，彼此的责任关系模糊不清。地方质检部门重点管安装完以后的抽检，但由于专业人员有限，技术监管往往力不从心。主体责任不清，监管力量又跟不上，出现问题第一责任人难以认定。

业内人士认为，由制造商直接安装和维保，保证电梯终身安全运行，是电梯产业未来的发展方向。建议回归由制造商承担直接安装和维保的主体责任，以保证电梯终身安全运行。受条件限制，厂家可以与当地有一定实力的维保企业合作，由厂家授权，共同做好电梯的售后维保。

（三）发挥市场机制作用，继续加快推进电梯安全责任保险制度

业内人士建议，继续加快推行电梯安全责任保险制度，明确电梯安全责任保险的范围、投保人等具体内容，逐步将电梯安全责任保险纳入强制保险范畴，充分发挥商业保险的预防和经济补偿能力，提高安全风险防控和电梯事故救助赔付能力。

电梯安全生产责任保险是“一方投保、多方受益”，就是电梯的使用人、物业、维保单位、管理人等任意一方投保项目，各方自动成为被保险人，避免由于电梯事故责任不清，保险拒赔的情况。

中国房地产业协会会长冯俊等专家建议，加大力度推广电梯安全责任险，一方面，保费由居民、维保单位和当地政府共同承担；另一方面，理赔的力度也要加大。电梯安全事故经常引发赔偿纠纷，涉及人员伤亡的事故容易厘清责任，赔偿也比较顺利，但如果仅仅是被困在电梯里面，则难免会出现赔偿纠纷。

（四）完善加装电梯配套政策、标准、资金等制度设计

上海市漕河泾街道办事处副主任杨悦等基层部门负责人建议，加装电梯推进工作应与小区综合治理结合

起来，打出一套小区“微更新”的组合拳。专家建议，完善加装电梯的政策细则、技术标准、资金来源机制，让监管部门“有规可依”、参与企业“有据可循”，让基层社会治理更加精准和精细化。

1. 制定配套政策细则，调动市场参与积极性

西南财经大学教授汤继强认为，老旧小区加装电梯，还需要政府推出更多针对性政策，并制定相关政策细则。如鼓励吸引企业和各类社会资本参与老旧小区加装电梯策保障工作，政府部门需要畅通加梯流程，让居民诉求落到实处。

业内人士建议，政府主管部门制定相关配套政策，以引导社会资本积极参与创新电梯加装各种商业模式，如明确社会资本作为“特许经营商”或“垂直交通服务商”的权责利边界，细化工程技术规范、合同文本、居民费用分摊比例、使用收费标准等具体内容。

2. 统一技术标准，指导电梯加装工作

山东省建筑科学研究院有限公司建筑物改造装饰所所长裴兆贞建议，各地应对电梯加装的技术标准和行为进行规范，既让从事电梯加装的企业有据可循，也让监管部门在对电梯加装的规范管理上有规可依。

3. 畅通资金来源渠道，解决更新改造资金难题

老旧电梯更新改造最为突出的问题在于资金的落实，建议各地畅通老旧住宅小区电梯改造的资金来源渠道，建立财政、住建等相关部门各司其职、分工协作的电梯更新改造工作机制。

同时，简化专项维修资金支取程序，特别是简化突发电梯故障等需应急使用专项维修资金的支取程序。建议可以将“三分之二业主签字同意”更改为“三分之一业主签字不同意”。此外，还应强化监督审计，保障专项维修资金使用安全性。

此外业内人士建议，借鉴上海经验加大资金扶持力度，“留足”后期维护运营资金。

（五）加快电梯企业转型升级，加强专业化人才队伍建设，提升核心竞争力

李守林认为，当前，电梯产业结构由制造型向制造服务型转变，产品结构由标准批量型向充分满足用户个性化转变，服务模式由传统型向“互联网＋”快速反应型转变。电梯企业顺应行业和市场变化，加快转型升级，加强技术自主创新，走可持续高质量发展之路。

面对电梯专业技能人才需求量大、供给不足的现状，建议相关部门与行业协会加大对技能技术工人的重视力度，加强专业人才培养。建立对电梯行业专业人才的引进和培养方面的扶持性政策，完善人才培养制度、激励机制，倡导工匠精神，培养一批技术过硬、高技能的电梯专业化人才队伍，逐步提升行业的专业化水平。

中国经济信息社
中国房地产业协会
中国物业管理协会
（万利、李倩倩、王岩波、李军杰）

物业管理并购市场发展报告

一、宏观经济及政策概述

（一）宏观经济整体复苏势头良好，国内国际双循环成为经济发展新格局（图1）

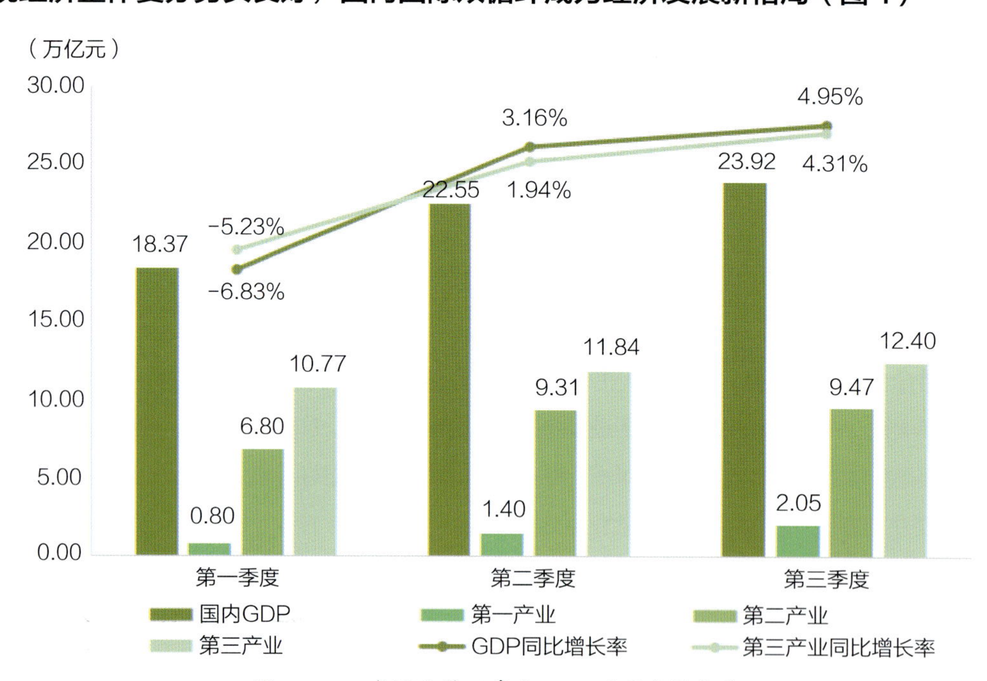

图1　2020年国内前三季度GDP及同比增长率

2020年第三季度中国GDP同比增长率从二季度的3.16%加速到4.95%，其中，第三产业的复苏较为突出，同比增长4.31%，增速比二季度加快2.4个百分点。

在消费方面，社会消费品零售总额第三季度同比增速为0.9%，季度增速年内首次转正，部分消费升级类商品销售保持快速增长，网上零售额前三季度同比增长9.7%。然而，受社交距离影响最为直接的住宿和餐饮业仍面临压力，同比增长率依然为负。

在投资方面，前三季度全国固定资产投资同比增长0.8%，增速年内首次由负转正。展望未来，全球经济复苏前景仍存在较大不确定性，中国难免会受此影响。

近期召开的第十九届五中全会提出了关于构建以国内大循环为主体、国内国际双循环相互促进的新发展格局。在全球经济发展不确定性较高的时期，进一步加强内循环将尤为关键，依托国内市场的规模优势和内需潜力，提生产、扩需求，为更强劲的经济复苏。

（二）政策逐步完善有效促进行业发展（表 1）

表 1

时间	政策	内容
2003 年 6 月 8 日	《物业管理条例》	为了规范物业管理活动，维护业主和物业服务企业的合法权益，改善人民群众的生活和工作环境，制定的条例
2014 年 5 月 4 日	《智慧社区建设指南（试行）》	主要内容包括智慧社区的指导思想和发展目标、评价指标体系、总体架构与支撑干台、基础设施与建筑环境、社区治理与公共服务、小区管理服务、便民服务、主题社区、建设运营模式、保障体系建设等
2014 年 12 月 17 日	《国家发展和改革委关于放开部分服务价格意见的通知》	要求省级价格主管部门废止对保障性住房、房改房、老旧住宅小区及前期物业管理服务以外的非保障性住房的所有价格控制或指导政策
2015 年 11 月 19 日	《关于加快发展生活性服务业促进消费结构升级的指导意见》	旨在促进（其中包括）物业管理服务标准化，作为住宅服务业产业升级及多元化的一部分
2017 年 6 月 12 日	《关于加强和完善城乡社区治理的意见》	为实现党领导下的政府治理和社会调节、居民自治良性互动，全面提升城乡社区治理法治化、科学化、精细化水平和组织化程度，促进城乡社区治理体系和治理能力现代化
2020 年 5 月 28 日	《中华人民共和国民法典》	以国家基本法律形式确认了物业管理的社会地位，以民商合一立法体例优化了物业管理的营商环境
2020 年 7 月 21 日	《关于全面推进城镇老旧小区改造工作的指导意见》	大力改造提升城镇老旧小区，改善居民居住条件，推动构建“纵向到底、横向到边、共建共治共享”的社区治理体系，让人民群众生活更方便、更舒心、更美好
2020 年 11 月 02 日	《近期扩内需促消费的工作方案》	推动物业服务线上线下融合发展。搭建智慧物业平台，推动物业服务企业对接各类商业服务，构建线上线下生活服务圈，满足居民多样化生活服务需求。
2020 年 12 月 14 日	《关于促进养老托育服务健康发展的意见》	为更好发挥各级政府作用，更充分激发社会力量活力，更好实现社会效益和经济效益相统一，持续提高人民群众的获得感、幸福感、安全感，《意见》就促进养老托育服务健康发展提出四个方面 23 项举措
2020 年 12 月 25 日	《住房和城乡建设部等部门关于加强和改进住宅物业管理工作的通知》	从融入基层社会治理体系、健全业主委员会治理结构、提升物业管理服务水平、推动发展生活服务业、规范维修资金使用和管理、强化物业服务监督管理等 6 个方面对提升住宅物业管理水平和效能提出要求

二、物业管理行业发展综述

（一）物管行业存量与增量并存

据中国国家统计局数据显示，2015—2018 年中，新开工房屋面积（含住宅、办公楼、商业用房等）

呈持续上升趋势。随着中国城市人口及人均住房面积增长、居民对生活及工作环境面积的需求增加，以及国务院《关于加强和完善城乡社区治理的意见》等相关优惠政策的出台，物业管理市场呈现出巨大发展潜力。

2008—2018 年中国物业管理行业管理面积逐年提升，2018 年达到了 279.3 亿平方米，相比 2008 年 125.46 亿平方米，增加 153.84 亿平方米，年复合增长率 8.33%，行业管理规模持续扩大（图 2、图 3）。

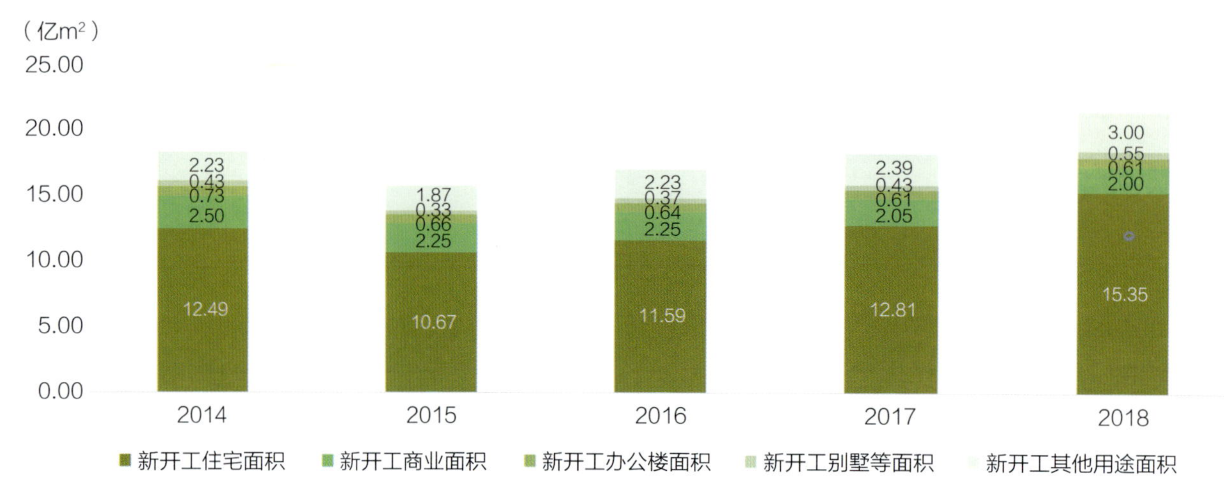

图 2　2014—2018 年地产开发企业新开工房屋面积

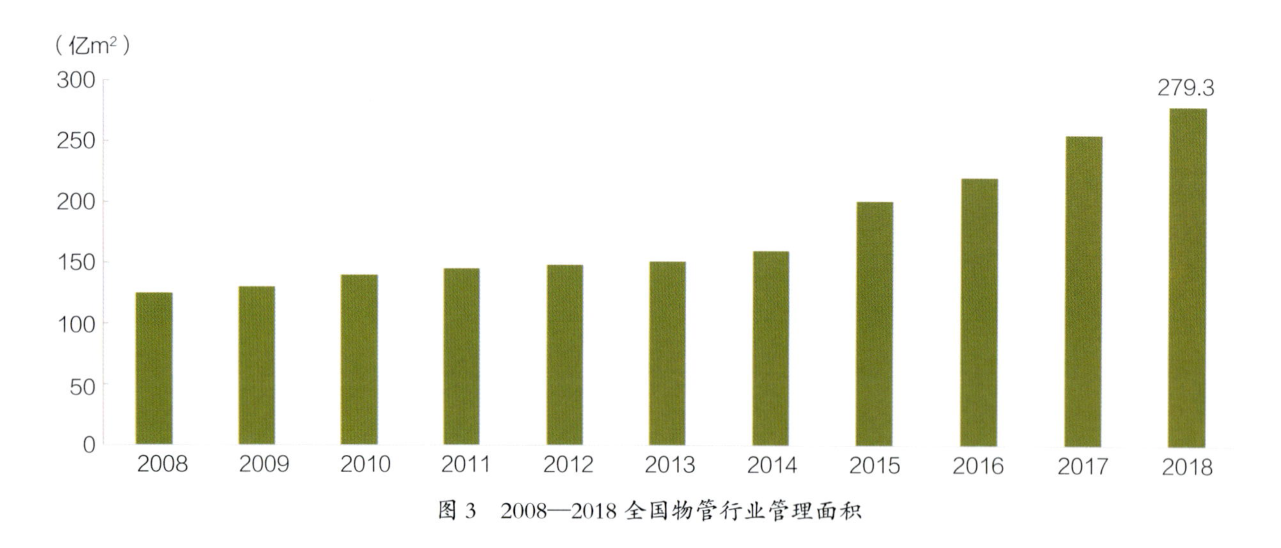

图 3　2008—2018 全国物管行业管理面积

（二）物管市场规模保持稳定增长，市场集中度提升

全国物管行业营业收入由 2008 年的 2076.7 亿元增长到 2018 年的 9066.1 亿元，年复合增长率达到 15.88%，远高于第三产业的 7.6% 的增长速度。2018 年行业产值已经占到第三产业增加值的 1.93%。以 2013 年第三次经济普查数据营业收入 4091.7 亿元做个划分看，2013—2018 年营业收入增加值为 4974.4 亿元，实现了产值的翻倍增长，年营业收入近万亿元，17.25% 的复合增长率高于前五年的复合增长率。

行业呈现强者恒强的态势，2018 年百强企业的管理面积为 2010 年 7.54 倍，年均复合增长率为 28.73%。同时，2018 年百强企业管理面积占 500 强企业管理面积比例分别为 58.97%、67.37%，聚集了 500 强企业过半的管理面积。

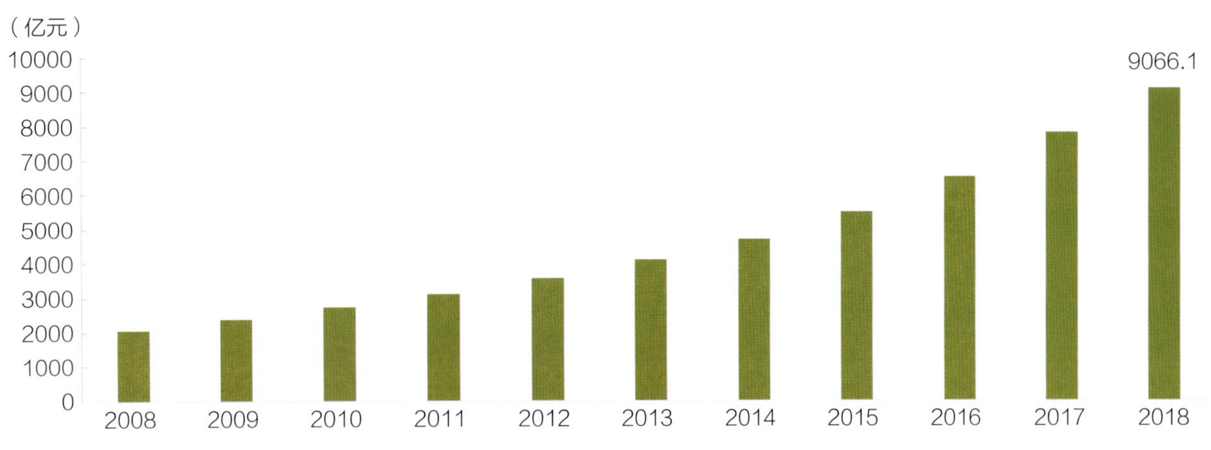

图 4　2008—2018 年全国物业管理行业经营收入

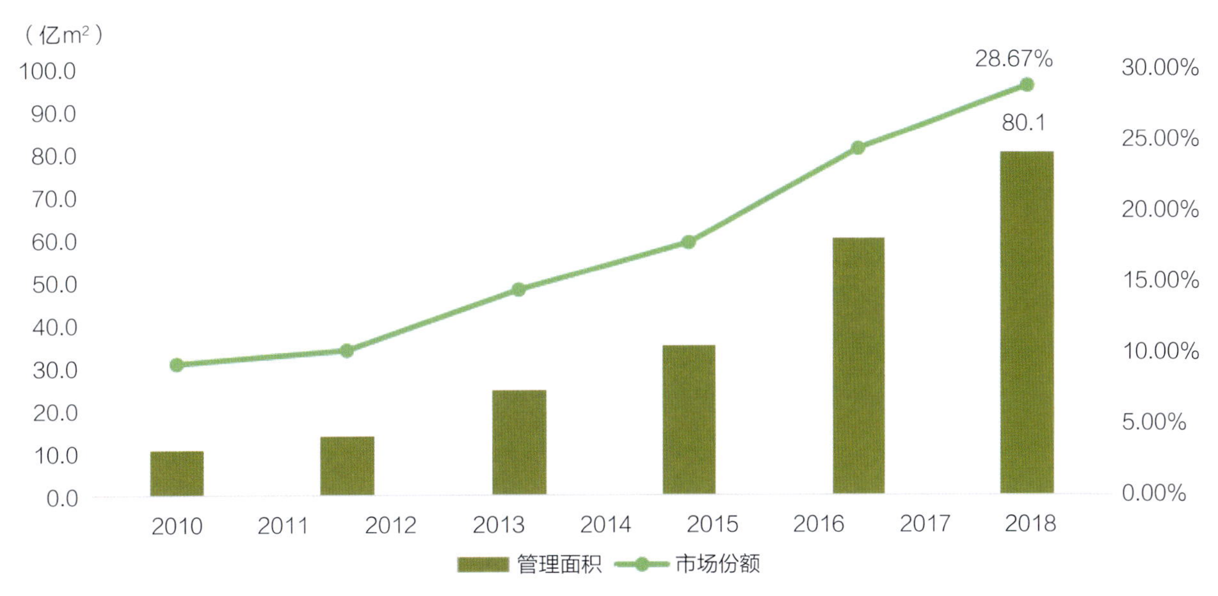

图 5　2010—2018 年全国百强企业管理规模及市场份额

（三）中国物业管理市场发展的促进因素

1. 城镇化进程加快及人均可支配收入促进优质物业管理服务的需求增长

中国城镇化水平大幅提高及人均可支配收入显著增长，成为物业管理行业的主要增长驱动因素。中国的城镇化率由 1998 年 12 月 31 日的 33.4% 升至 2019 年 12 月 31 日的 60.6%。城镇化进程的发展催生出对物业管理服务巨大需求，而随着国家城镇化水平的不断提高，中国物业管理行业预计会持续增长。

随着人均可支配收入的增加，消费者会愿意为优质服务支付费用，并会更多地考虑基本生活必需品以外的商品和服务，是中国物业管理行业增长的另一个根本原因。中国中高收入阶层的涌现及其消费力不断提升带动对更优质产品和服务的需求，将对中国中高端物业管理服务的发展产生重大影响。在客户需求及激烈竞争的推动下，物业管理公司已进行投资以提高服务质量，且更加注重客户的需求。物业服务百强企业顺应这一趋势，采取多项措施，优化其传统的物业管理服务，并运用技术解决方案提升服务质量。

2. 有利政策促进物业管理行业快速发展

2003 年 6 月颁布的《物业管理条例》为中国物业管理行业提供了监管框架。随后，陆续有多部监管物业管理行业的各个方面的法律及规则开始生效，并为促进物业管理行业的发展颁布了多项政策。例如《国家发展和改革委关于放开部分服务价格意见的通知》《关于加快发展生活性服务业促进消费结构升级的指导意见》及《关于养老、托育、家政等社区家庭服务业税费优惠政策的公告》等这些法律法规为物管行业的发展创造了有利条件。

2014 年 5 月，住房和城乡建设部发布《智慧社区建设指南（试行）》，该指南建议将现代技术、公共资源和商业服务纳入社区管理过程，以实现社区管理的现代化，为物业管理行业及物业管理公司发展智慧社区的发展创造一个有利、有序的环境。

3. 商品房供应增加

随着中国城镇化进程加快及人均可支配收入增长，商品房（即为出售而开发的物业）的供应亦相应增加。中国已售商品房的总建筑面积从 2014 年 12 月 31 日的 12.065 亿平方米增至 2019 年 12 月 31 日的 17.156 亿平方米，以复合年增长率 7.3% 增加。中国新建商品房的总建筑面积从 2017 年 12 月 31 日的 17.959 亿平方米增长 26.48% 至 2019 年 12 月 31 日的 22.715 亿平方米。

三、2020 年物业管理并购市场回顾

（一）2020 年物管并购市场回顾

1. 龙头物业服务企业领跑布局多元化和现代化服务能力成为 2020 年的投资关键词

2020 年之前的收并购主要是围绕扩张管理规模、完善区域布局展开，在多元化业务发展上只有零星的尝试。2020 年后物业龙头企业开始将并购重点转移到物管行业上下游和其他业务场景，来完善多元化服务能力和扩大增值服务业务范围。如碧桂园服务收购的电梯服务领域的溧阳中立电梯、梯媒领域的城市纵横和环卫服务领域的满国康洁余福建东飞以及保险代理领域的合富辉煌。

市场也对龙头物业服务企业提出了更高的要求，除了提供更优质的基础服务，头部企业正在通过大数据、AI、机器人等智能化科技，实现价值创造；从社区到社会，协助政府完善基层服务，主动承担社会责任。

2. 疫情下物业服务企业价值得以显现，资本市场创下物业服务企业上市新高潮，加速促进物管并购市场发展

近两年，不少物业服务企业搭上了资本快车，资本市场迎来物业股上市潮；2020 年伊始，在疫情对多行业造成短暂冲击时，物业股突围上涨；基于行业的轻资产属性，以及增长确定性高、抗周期抗风险能力强，加之政策支持等优势，资本市场对行业表现出深度认可。资本正成为物业管理行业发展的助推器，越来越多的企业借乘资本市场的东风，打通多元化融资渠道，协同科技、人才战略，推动企业跨越式发展，夯实万亿级行业市场。

截至 2020 年 11 月 30 日，上市物业服务企业并购交易总额达 94.30 亿人民币，较去年增长 47.25%。

3. 多元化转型下专业服务及增值服务领域投资并购热度高涨，基础服务领域交易减缓

2020 年专业服务及增值服务领域迎来并购热潮披露交易数量和交易金额在行业总体交易中占比分别达到 20%，40% 和 20%，40%。主要集中在清洁环卫行业相关投资。

基础服务受到多元化转型的影响，投资交易规模比重首次出现下降，由于 2019 年的 55% 下降至 50%。

（二）2020 年上市物业服务企业关键数据（图 6）

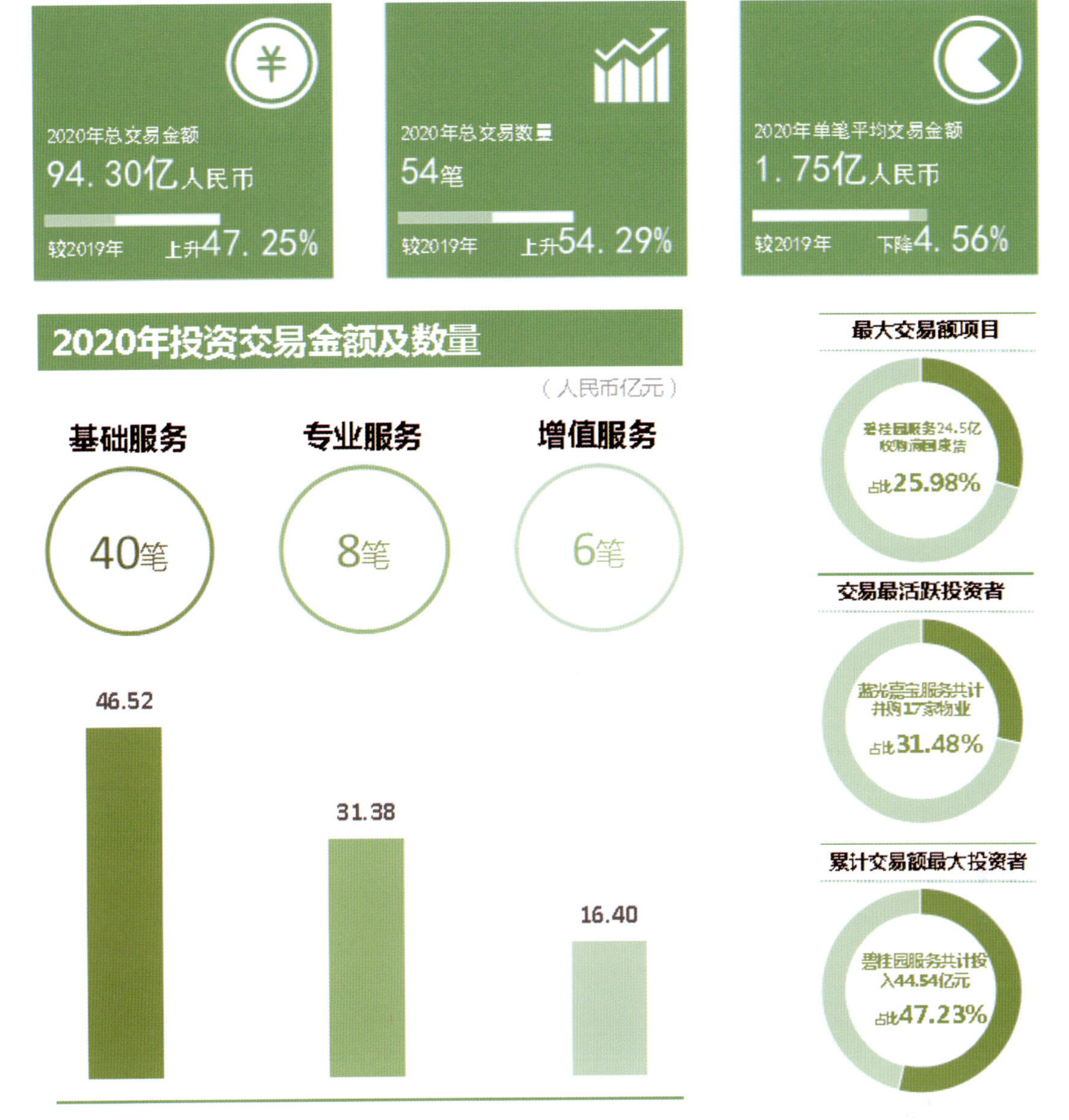

图 6　2020 年上市物业服务企业关键数据一览

（三）2020 年上市物业服务企业并购数据概览

1. 上市物业服务企业披露的并购交易金额、数量及特征（2018—2020 年）（图 7）。

交易特征：

（1）市场快速增长，需求强烈。在行业集中化发展过程中，小型物业公司拥有较强的地区市场经验和政府资源，但融资能力与技术能力有限，而近年来在资本市场较为活跃的大型物业公司拥有较强的资金与规模优势，纷纷通过并购中小型物业公司的方式实现市场拓展。2020 年上市物企全年发生了 53 笔交易，披露总交易金额约为 92.14 亿元，分别较 2019 年增长 47.25%，54.29%。

（2）多元化趋势显现。2020 年以前基础服务市场交易占据了 90% 以上的份额，进入 2020 年以后，并购市场多元化趋势显现，物管服务、专业服务以及增值服务交易金额所占比例分为 48.55%、32.88% 和 18.56%。

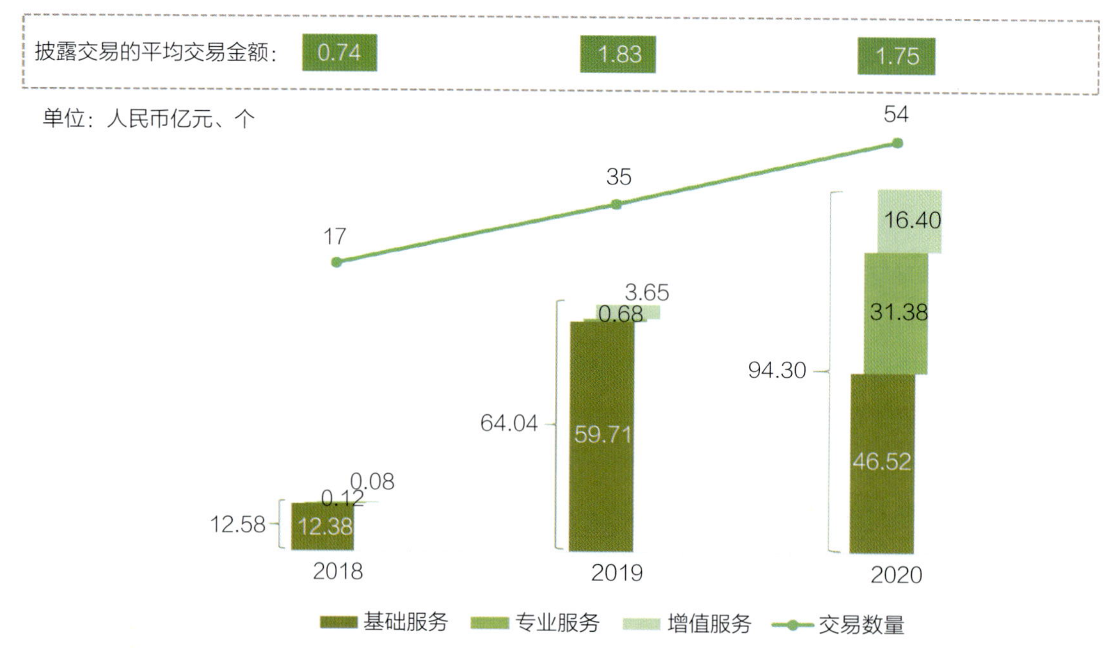

图 7　2008—2020 年上市物企披露的并购交易金额及数量

2. 上市物业服务企业披露的并购金额分布区间与特征（2018—2020 年）（图 8）。

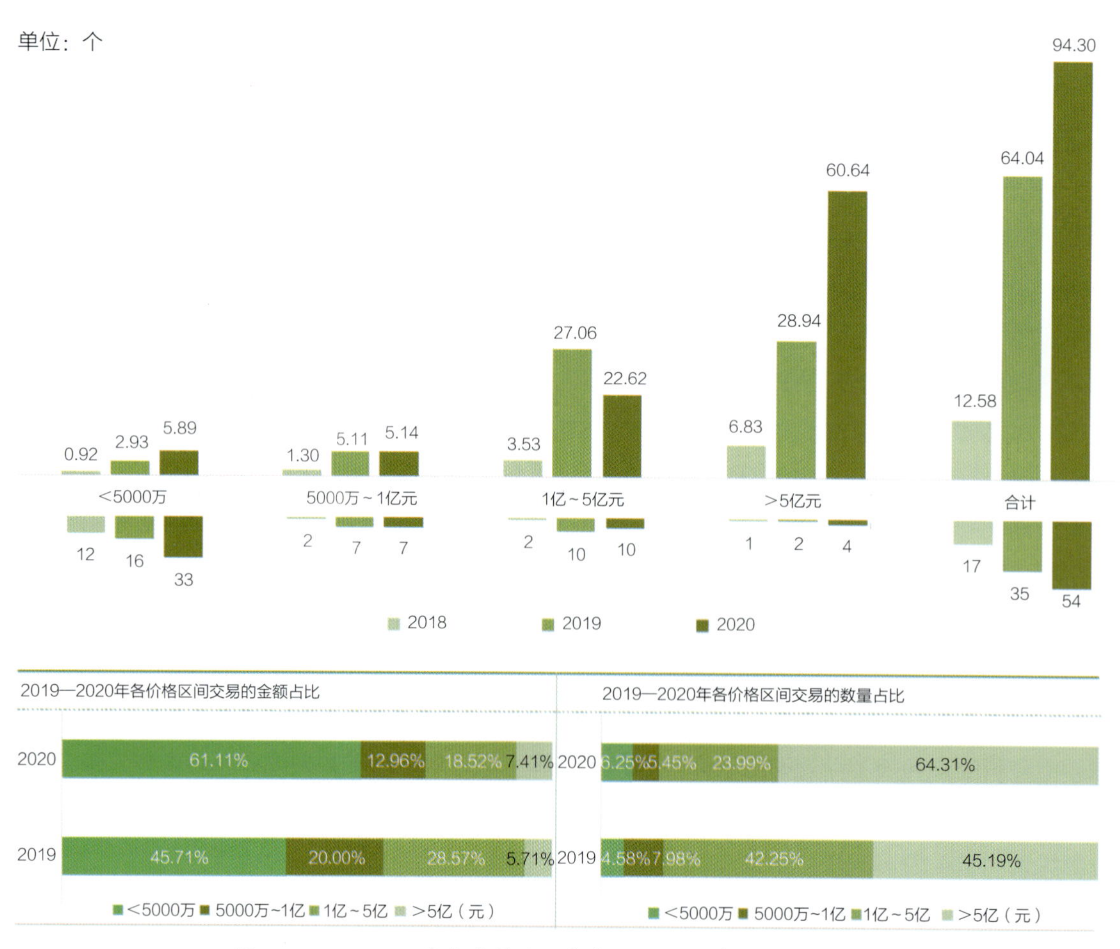

图 8　2018—2020 年上市物业服务企业披露的并购金额区间分布

交易特征：

（1）2020年，5000万以下和5亿元以上规模的并购交易增长显著，交易金额分别较2019年上升了101.11%和106.25%，交易数量分别较2019年上升了109.54%和100.00%。

（2）从2020年价格区间的交易数量占比来看，小于5000万元区间的占比最大，达到61.11%，较2019年上升15.4%；较2019年有所上升的还有5亿元以上的价格，占比7.41%，同比上升1.7%。5000万～1亿元、1亿～5亿元区间的占比较2019年均出现了下滑，分别下降7.04%和10.05%。

（3）从2020年价格区间的交易金额占比来看，5亿元区间的占比和涨幅最大，较2019年上升19.12%。1亿～5亿元区间的跌幅最大，降幅达到18.26%。

2020年各细分市场并购PE均值及中位数见图9。

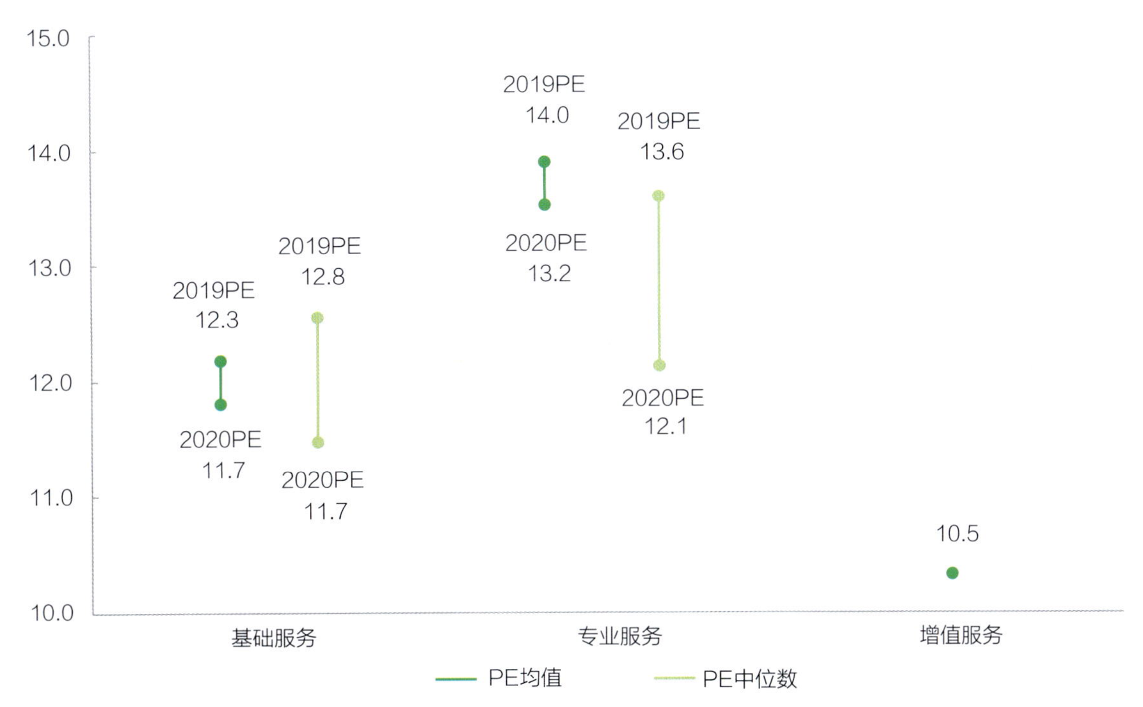

图9　2020年各细分市场并购PE均值及中位数

注：增值服务仅有碧桂园服务收购的城市纵横披露了PE值。

3. 2020年前十大交易总金额达人民币76.84亿元，较2019年的53.52亿元，增长43.57%（表2）

前十大交易企业及金额　　表2

收购方	时间	被收购方	交易金额（人民币万元）	股份占比（%）	PE值	公司类型
碧桂园服务	2020年10月	满国康洁	245000	70	15.90x	环卫服务
碧桂园服务	2020年07月	城市纵横	151200	100	10.50x	广告服务
融创服务	2020年05月	开元物业	148760	84.92	23.85x	综合类物管
世茂服务	2020年7月	浙大新宇	61470	51	—	学校类物管
融创服务	2020年9月	天津锋物	39050	24.17	—	住宅类物管主打智慧科技

续表

收购方	时间	被收购方	交易金额（人民币万元）	股份占比（%）	PE值	公司类型
碧桂园服务	2020年10月	福建东飞	37520	60	12.10x	环卫服务
奥园健康	2020年04月	乐生活智慧社区服务	24790	80	13.42x	住宅类物管
时代邻里	2020年06月	上海科箭物业	23405	51	16.10x	公建类物管
引弘阳服务	2020年12月	武汉汇得行精英物业	21600	80	13x	综合类物管
合景悠活	2020年12月	广州市润通物业	21440	80	11.65x	专注公共服务业态

2020年的大型交易中基础服务企业占据了主导，交易数量最多，专业服务和增值服务也均有所覆盖，基础服务企业仍是并购市场的主要需求。值得一提的是碧桂园服务的三笔交易，成为2020年市场中的亮点，预示了行业龙头正在加速多元化服务能力的布局。

4．物管企业的抗周期属性和优质的商业模式助推上市热潮，地产集团分拆物业公司上市成为趋势（图10）

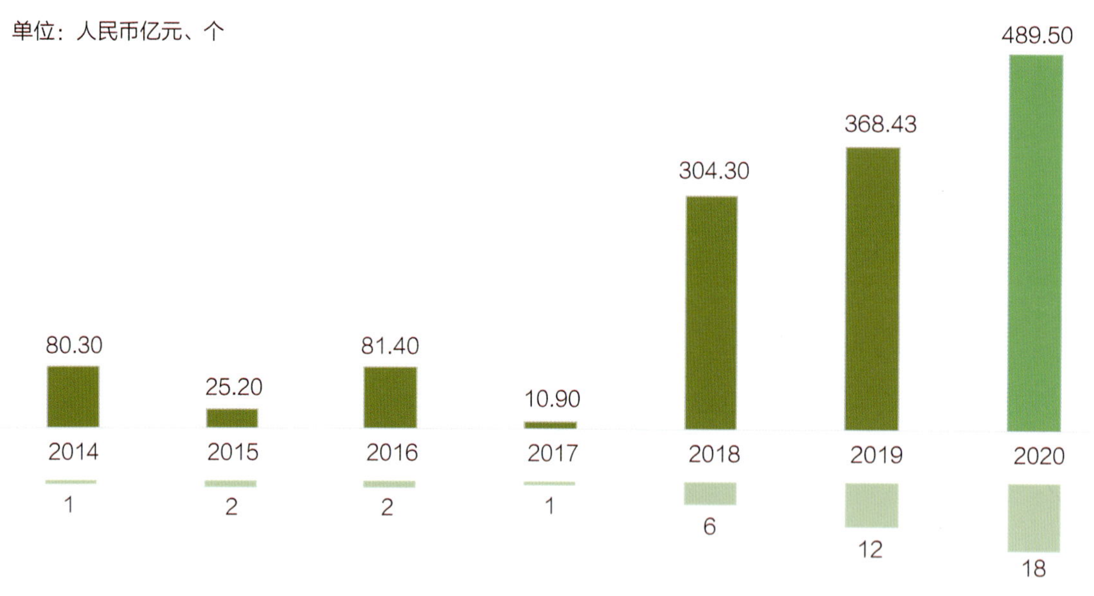

图10　2014—2020年物企上市公司数量及募集金额

行业特征：

（1）从2018年起，物管企业开始逐渐受到资本市场的认可，上市数量和融资金额稳步上升。截止到2020年12月A股、港股共计上市18家物企，共计募集资金489.50亿人民币，较2019年全年增长32.86%。

（2）与此同时，根据招股书披露的信息来看绝大部分企业将60%以上的募集金额被用于收并购拓展。

（3）地产行业逐步进入下行周期后，物业管理行业因具备较强的抗周期能力，逐步受到资本青睐。对接资本市场可为物业服务企业在拓展市场、吸引人才、提升技术与服务能力方面提供有力支撑。

（4）自2014年彩生活赴港上市开启物业服务企业上市热潮后，截至目前共有42家物业公司上市。

（5）地产集团拆分旗下物业公司赴港股上市为一大趋势。

5. 上市物业服务企业投资并购能力概况（图 11、表 3）

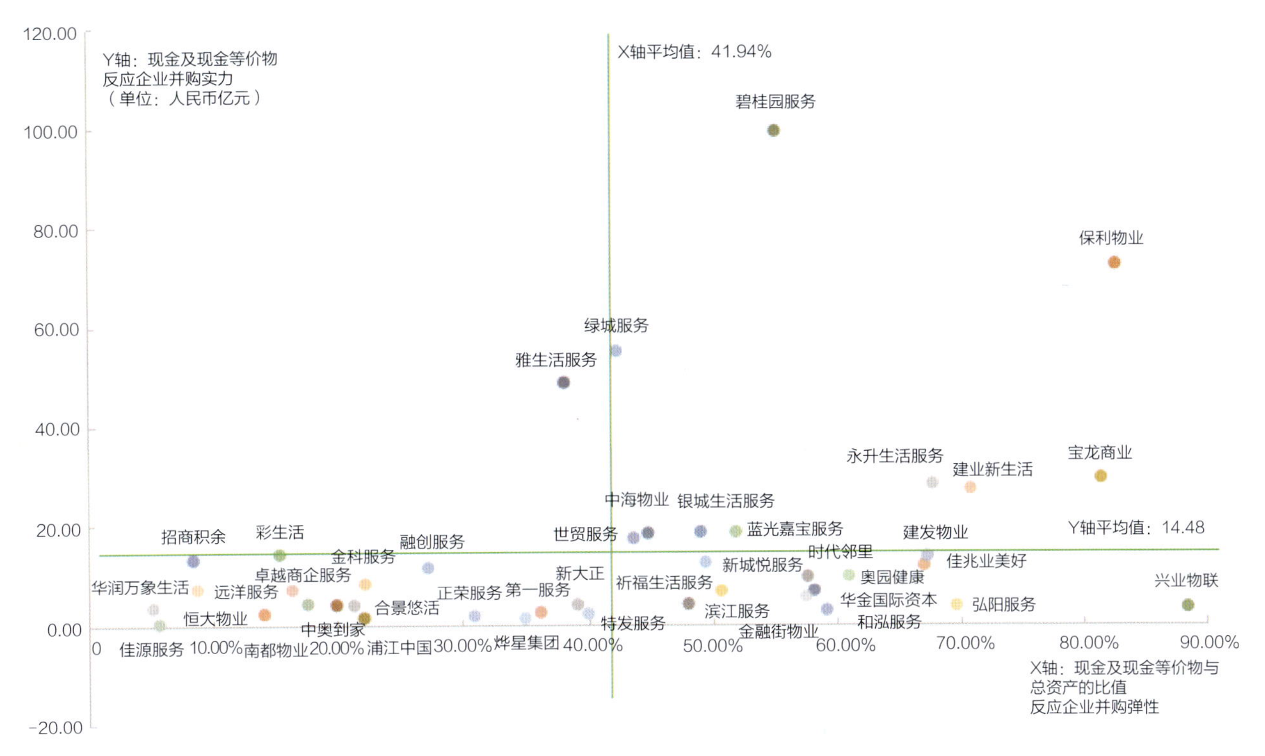

图 11　上市物业服务企业并购实力与弹性图

上市物业服务企业并购实力　　表 3

上市企业	IPO 募集净额中用于收购的金额（人民币亿元）	增发配股争额（人民币亿元）	截至 2020 年 6 月 30 日使用的净额（人民币亿元）	截至 2020 年 6 月 30 日未使用的净额（人民币亿元）	上市企业	IPO 募集净额中用于收购的金额（人民币亿元）	增发配股争额（人民币亿元）	截至 2020 年 6 月 30 日使用的净额（人民币亿元）	截至 2020 年 6 月 30 日未使用的净额（人民币亿元）
华润万象生活	55.02			55.02*	第一服务控股	2.05	—	—	2.05*
融创服务	42.8	—	—	42.80*	新城悦服务	4.04	—	2.04	2.00
恒大服务	39.62			39.62*	佳源服务	1.99			1.99*
保利物业	37.57	—	0.05	37.52	特发服务	1.93			1.93*
碧桂园服务	—	36.79	5.05	31.74	弘阳服务	1.67	—	—	1.67*
金科服务	29.03	—	—	29.03*	滨江服务	1.59	—	—	1.59
世茂服务	25.27	—	—	25.27*	鑫苑服务	1.48	—	0.04	1.44
绿城服务	6.56	21.71	8.22	20.05	兴业物联	1.21	—	—	1.21
卓越商企服务	16.91	—	—	16.91*	蓝光嘉宝服务	1.18	—	0.05	1.13
合景悠活	13.94	—	—	13.94*	雅生活服务	27.19	—	26.18	1.02
建业新生活	13.68	—	—	13.68	宝龙商业	0.92	—	—	0.92
永升生活服务	3.41	7.89	5.93	9.35	烨星集团	0.59	—	—	0.59

续表

上市企业	IPO募集净额中用于收购的金额（人民币亿元）	增发配股争额（人民币亿元）	截至2020年6月30日使用的净额（人民币亿元）	截至2020年6月30日未使用的净额（人民币亿元）	上市企业	IPO募集净额中用于收购的金额（人民币亿元）	增发配股争额（人民币亿元）	截至2020年6月30日使用的净额（人民币亿元）	截至2020年6月30日未使用的净额（人民币亿元）
远洋服务控股	8.49			8.49*	银城生活服务	0.72	—	0.18	0.54
时代邻里	5.11	5.74	2.87	7.99	和泓服务	0.44	—	0.04	0.40
正荣服务	7.87	—	—	7.87*	新大正	0.59	—	0.23	0.37
恒大物业	5.85			5.85*	彩生活	4.3	—	4.3	0.00
佳兆业美好	1.15	3.65	0.07	4.73	中奥到家	1.77	—	1.77	0.00
奥园健康	4.13	—	1.56	3.47	浦江中国	0.39	—	0.39	0.00
金融街物业	3.31	—	—	3.31					
					合计	373.78	75.78	58.97	395.49

注：*为估算数据。

四、细分并购市场分析

（一）基础服务并购市场概况

1. 受到龙头物企加速多元化业务布局的影响，2020年物业服务市场交易总规模较2019年出现下滑

2018—2020年基础服务市场并购金额及区域分布见图12。

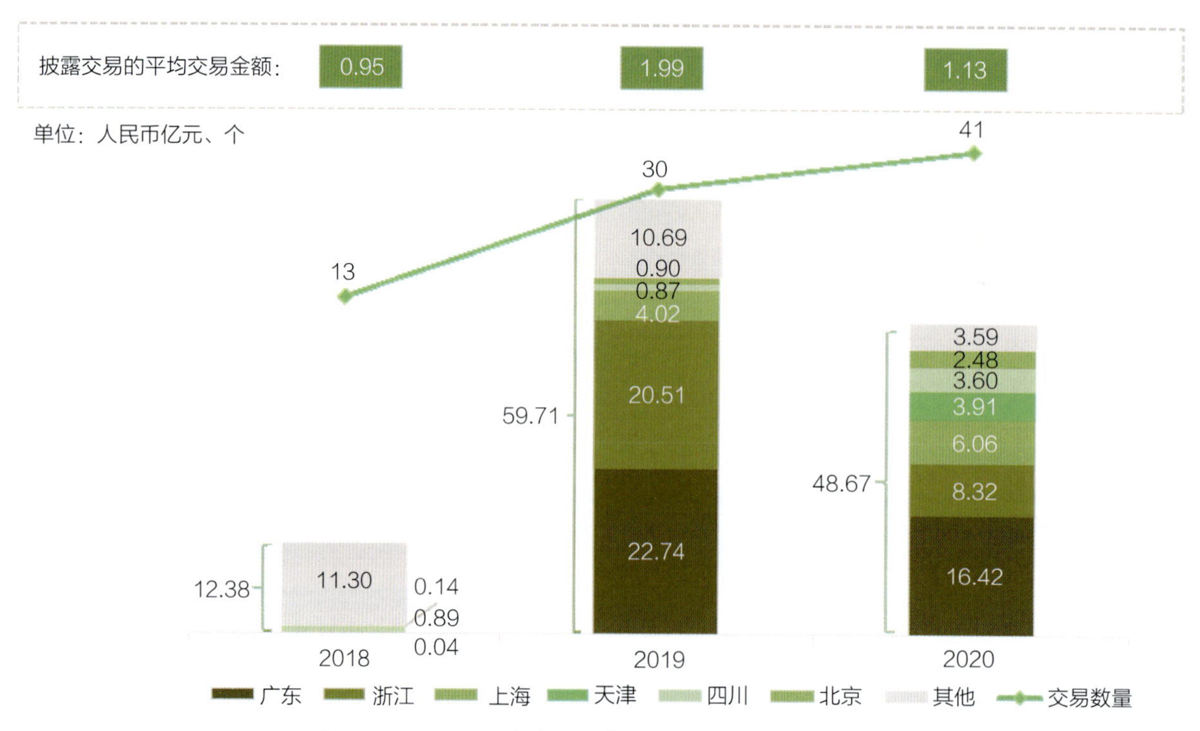

图12 2018—2020年基础服务市场并购金额及区域分布

交易特征：

（1）受到龙头企业打造多元化服务能力需求的影响，即使 2020 年物管服务市场总交易数量有所提升，但总交易额仍出现了下滑，较 2019 年下降 22.09%，单笔交易金额由 2019 年的 1.99 亿元，减至 1.13 亿元；

（2）一线城市、东部沿海的广东、浙江及四川是并购交易热门城市。2020 年广东省以总交易金额 16.42 亿元位居第一，浙江和上海分别以 8.32 亿元、6.06 亿元位于第二和第三名。

2018—2020 年基础服务市场金额区间分布见图 13。

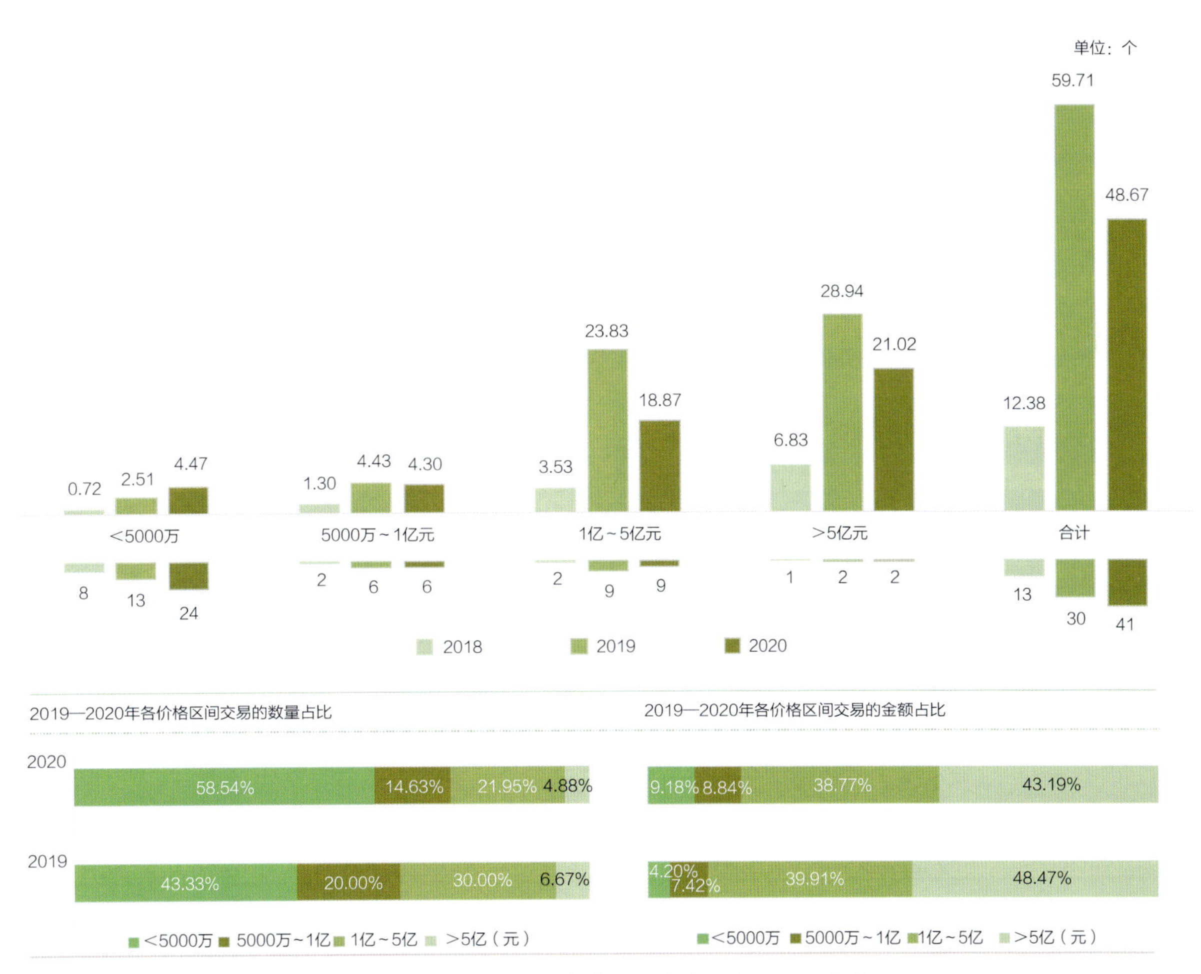

图 13　2018—2020 年基础服务市场金额区间分布

交易特征：

（1）从基础服务市场交易金额分布情况来看，2020 年除了小于 5000 万元的区间的交易金额和数量较 2018 年有所上升外，其余区间均出现了缩减。

（2）从各区间的交易数量占比来看，2020 年 5000 万元以下的交易最多占到了 58.54%，较 2019 年上升 15.21%，其次是 1 亿～ 5 亿元区间，占比 21.95%，同比下降 8.05%。

（3）从各区间的交易金额占比来看，5 亿元以上区间的总交易金额占比最大，为 43.19%，同比下降 5.28%。

2020 年上市物企在物管服务市场上的交易总额和数量见图 14。

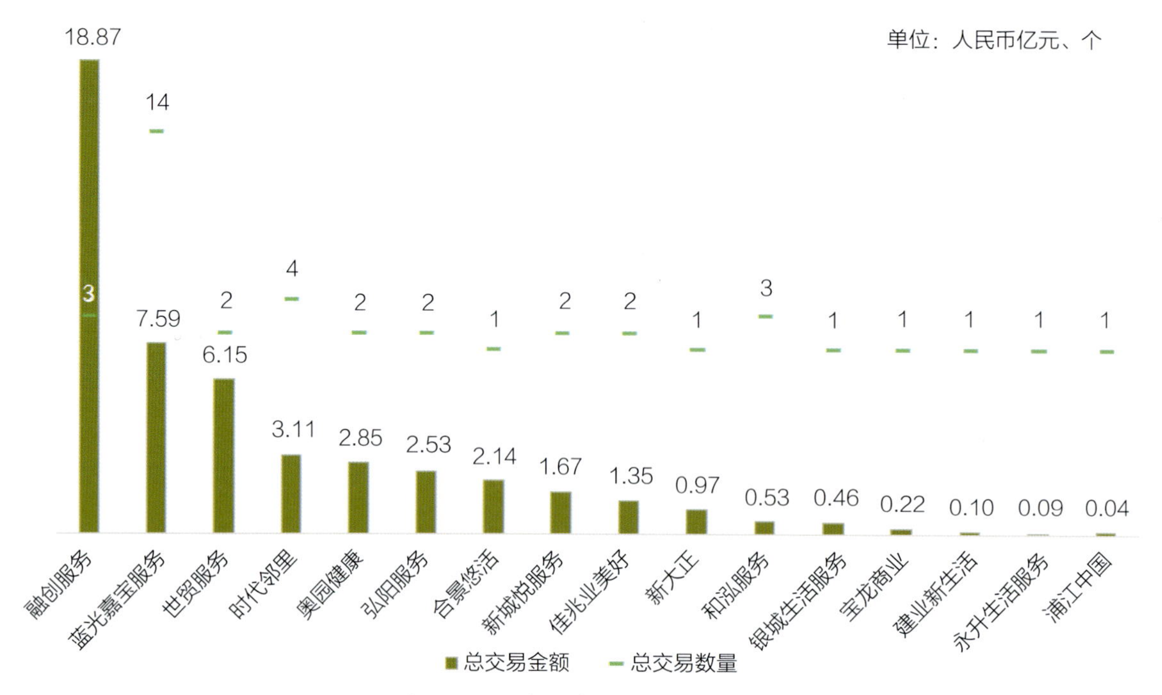

图 14　2020 年上市物企在物管服务市场上的交易总额和数量

2．优秀案例介绍——融创服务收购开元物业

2020 年 5 月 8 日，融创服务完成了对开元物业的收购，本次交易作价 14.876 亿元，占比 99.17%（其中 14.25% 由谢建军代融创服务持有），开元物业的主要管理层会继续留任。

开元物业主要布局在华东地区核心城市，截至 2020 年 3 月 31 日，合约建筑面积达 5050 万平方米，在管物业 290 个（包括 156 处住宅物业及 134 处非住宅物业），在管面积达 3730 万平方米，覆盖中国十个省、自治区及直辖市的 28 个城市。公司 90.0% 的合约建筑面积来源于独立第三方。

对于融创服务来说，此次并购开元物业最主要的目的就是为了弥补冲击港股之前的短板。融创服务在业务层面有两大短板：一是，过于依赖融创集团获取新业务。二是，非业主增值服务在收入和毛利中的比重过大，导致收入结构不够健康。合并完成后，融创服务外拓比例从 2.30% 提升到了 36.59%。显著改善了长期对融创集团的依赖，一定程度上扫清了上市障碍（图 15）。

图 15　融创服务合并开元物业前后外拓比例

除此之外，完成合并后融创服务的物业管理服务的收入占比与毛利占比均得到了改善，缓解了未来非业

主增值服务持续下滑时对融创服务造成的影响（图 16、图 17）。

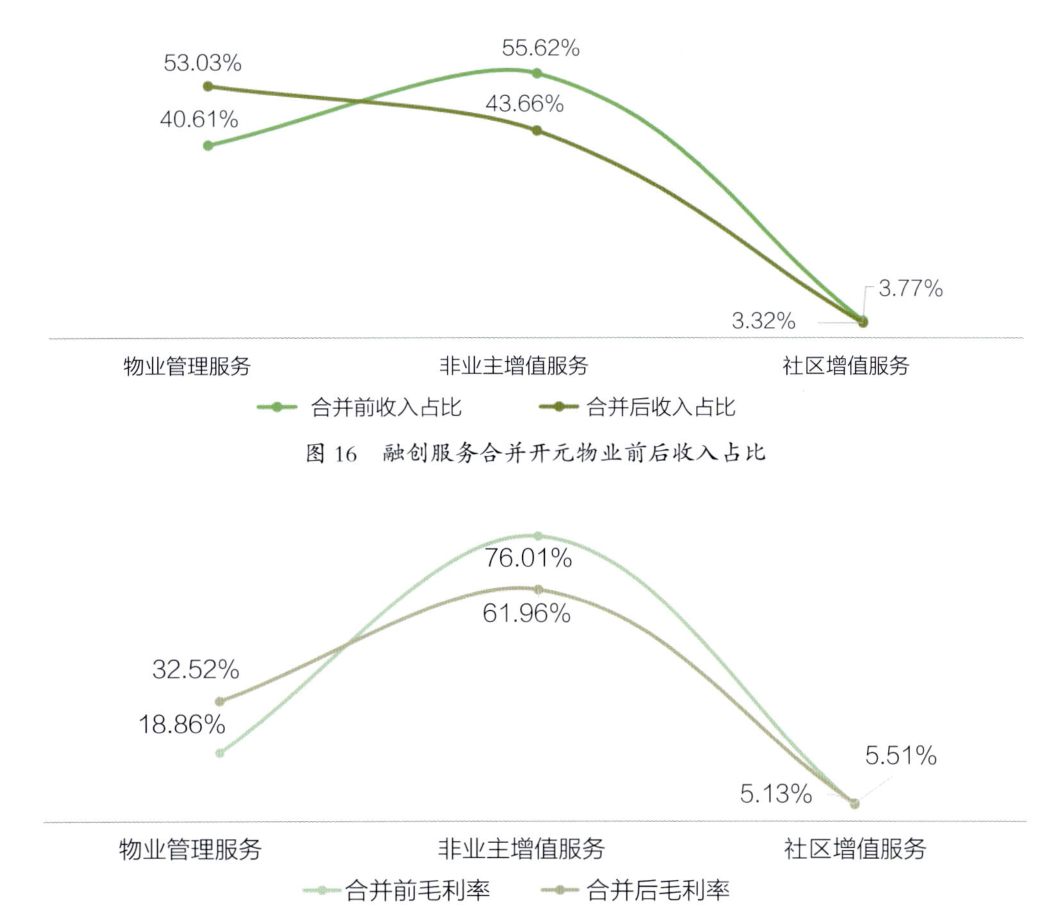

图 16　融创服务合并开元物业前后收入占比

图 17　融创服务合并开元物业前后毛利率比例

（二）专业服务并购市场概况

1. 2020 年，龙头企业开始加速强化设备管理及城市服务等专业领域的服务能力

图 18　2018—2020 年专业服务市场交易金额及数量

2020 年专业服务市场交易事件 表 4

收购方	日期	被收购方	金额（万元）	占比（%）	类型
中奥到家	2020/12/29	广州诺登	510	100	电梯、安装维修业务
鑫苑服务	2020/12/11	鸿企物业有限公司	1348	100	装修、电梯安装等服务
碧桂园服务	2020/10/30	福建东飞	37520	60	环卫服务
碧桂园服务	2020/10/14	满国康洁	245000	70	环卫服务
中奥到家	2020/8/1	济南快勤	3966.62	100	保洁、维修服务
中奥到家	2020/5/1	广东华瑞环境工程有限公司	4000	51	保洁、绿化服务
碧桂园服务	2020/1/1	溧阳中立电梯	—	60	电梯服务

2020 年专业服务市场共发生 7 起交易事件，共计金额 29.23 亿元，相较 2018 年大幅增长。专业服务市场的主要驱动力来自于碧桂园服务在 10 月完成的两笔交易，共计金额 28.25 亿元，占总交易金额的 96.65%。从收购标的的类型来看，电梯维保、环卫和保洁领域是物企青睐的领域。

2. 并购价值洞察——电梯维保领域

电梯维保领域会受到上市物企的青睐，主要因为以下三点：

一是，政策红利大力促进行业发展。政府出台了各项政策以鼓励电梯安装，如住房城乡建设部办公厅于 2019 年 2 月发布的《住宅项目规范（征求意见稿）》及《非住宅项目规范（征求意见稿）》均明确要求在新建的楼宇安装电梯，2020 年 7 月 21 日发布的《关于全面推进城镇老旧小区改造工作的指导意见》，也对加装电梯做出了明确要求。

二是，电梯增量快速提升且存量初具规模。电梯维保市场存在巨大潜力。人口老龄化问题显著增加了电梯市场的需求，2019 年电梯、自动扶梯及升降梯的产量出现了大幅增长，同比增长 63.14%，达到 117.3 万台。

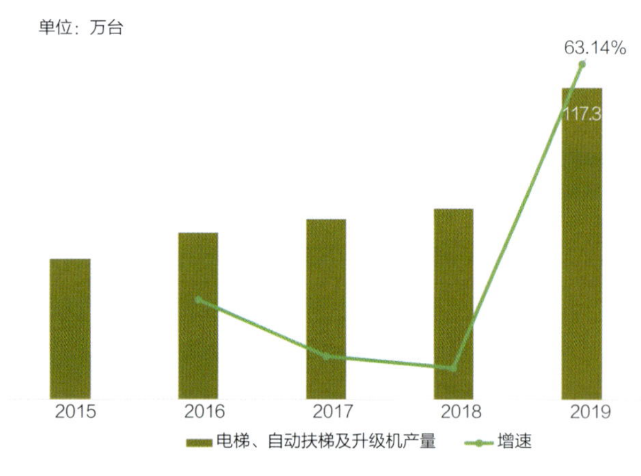

图 19 2015—2019 年电梯、自动扶梯及升降梯产量

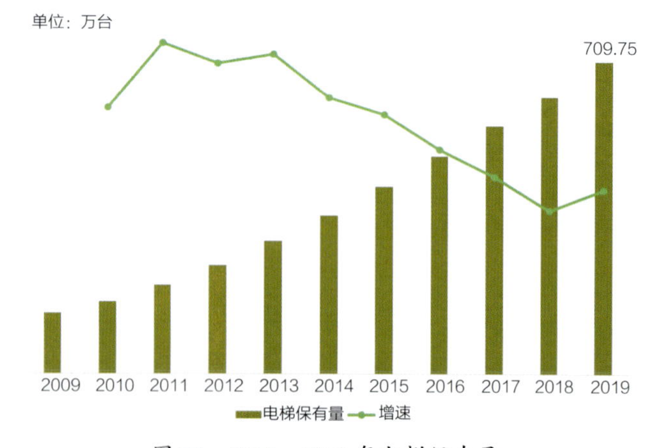

图 20 2015—2019 年电梯保有量

电梯保有量已经初具规模，截止到 2019 年的有 710 万部。《特种设备安全法》对电梯维保作出了明确规定，至少每 15 天进行一次润滑、调整和检查，为电梯维保市场带来了稳定和持续的市场需求。

三是，电梯维保领域存在较高的行业壁垒，并购是较为优选的路径。采用收并购的方式是物企进入该领域更为便捷和更可行的路径。因此，可预计物企会继续保持对电梯维保领域的并购需求。

3. 并购价值洞察——城市环卫服务

政府推行市场化城市服务是大势所趋。首先，单纯依靠地方政府的传统城市治理模式存在“组织架构不合理、激励机制不明确、治理能力不突出”的三大问题，通过引入市场化机构提供城市服务，能够针对性的化解传统城市治理的三大问题，在降低地方政府支出的同时提高治理效果。

其次，物企现有业务和城市服务业务存在许多的相同点，同时物企相对其他专业服务公司具有更强的一体化服务能力，使得物业管理公司在开展城市服务业务具有先天优势。

环卫服务是城市服务核心环节之一，可作为进军城市服务的突破口。城市服务的购买方主要是地方财政，通过分析地方财政的支出情况，可以发现管理事务和环境卫生是主要活动，分别占剔除社区公共设施的总公共财政支出的 26.39% 和 21.23%。

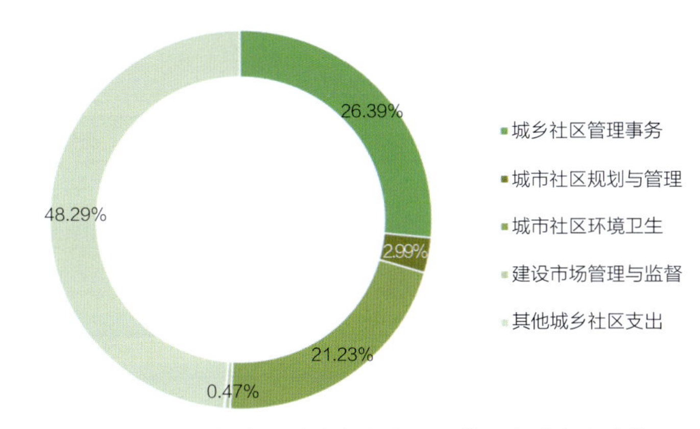

图 21　2019 年地方财政在城乡社区管理上的支出结构

城市环卫市场规模增长稳定，未来前景广阔。2019 年城市垃圾清运量为 2.42 亿吨，较 2018 年增长 6.16%，年复合增长率为 4.87%。全国城市清扫保洁面积由 2013 年的 48.50 亿平方米增至 2019 年的 92.21 亿平方米，年复合增长率为 7.81%。随着城市道路清洁和生活垃圾清运需求的增加，市政环卫市场规模将不断扩大，增长前景广阔。

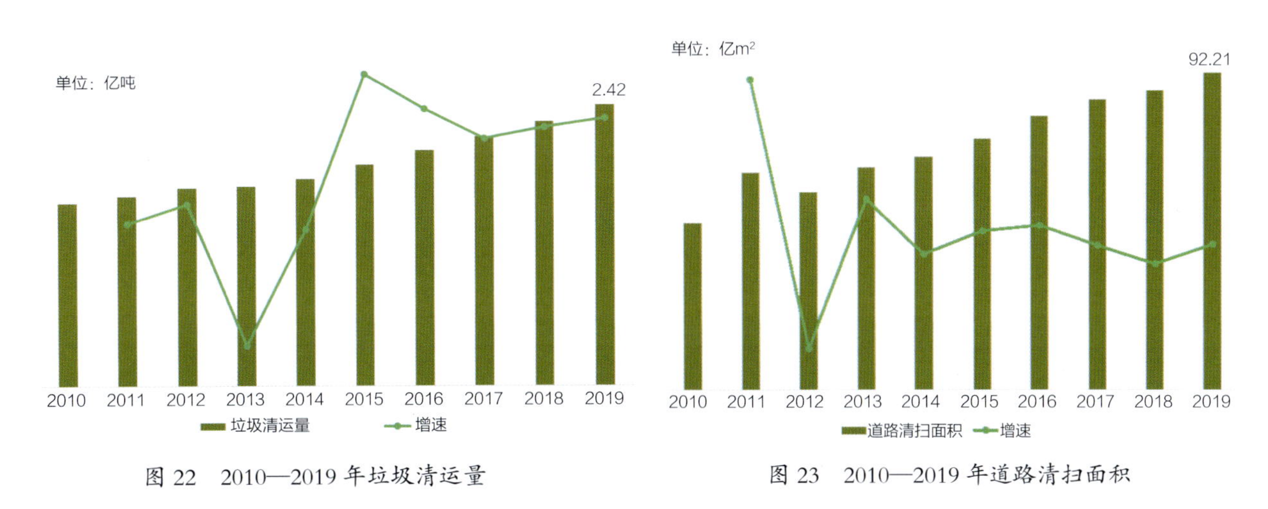

图 22　2010—2019 年垃圾清运量　　　　图 23　2010—2019 年道路清扫面积

4. 发展增值服务收入、推行科技应用是改善住宅物业单盘可持续盈利、实现规模经济正循环、保证企业良性稳定增长的关键路径

2018—2020 年增值服务市场交易金额及数量见图 24。

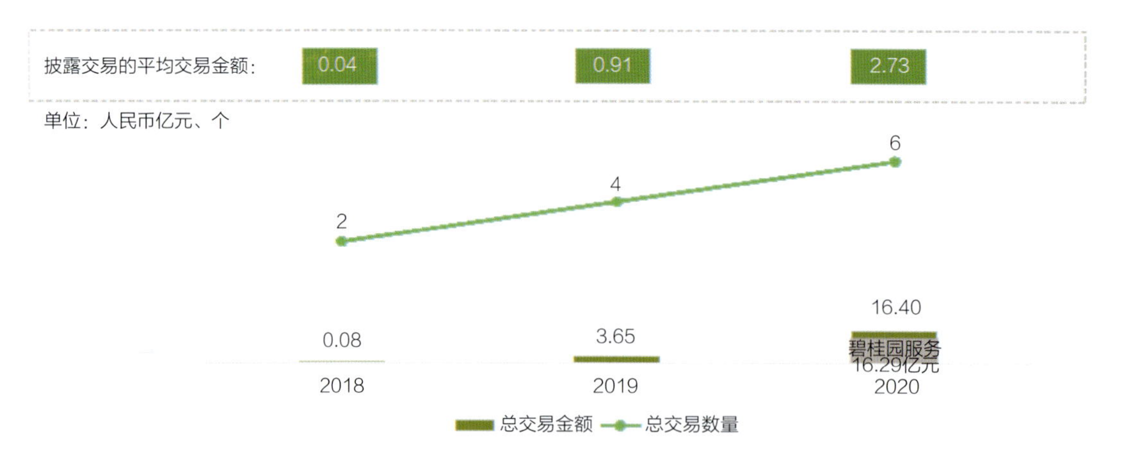

图 24 2018—2020 年增值服务市场交易金额及数量

并购企业情况 表 5

收购方	时间	被收购方	金额（万元）	占比（%）	类型
融创服务	2020/10/1	天津侯舜	88	98	保险代理
碧桂园服务	2020/7/1	城市纵横	151200	100	梯媒业务
碧桂园服务	2020/6/3	合富辉煌	3280	10	地产顾问服务
融创服务	2020/5/15	北京金泰合	20	100	房产经纪
融创服务	2020/4/9	融创旅居置业	1000	100	旅游代理销售
碧桂园服务	2020/4/2	文津国际	8400	100	保险代理

2020 年增值服务并购市场增长显著，共发生 6 起并购交易，共计金额 16.40 亿元。碧桂园服务依旧是市场的核心推动力，共计花费 16.29 亿元，占总交易金额的 99.33%。其中，最具有影响力的交易是碧桂园服务收购梯媒市场排名第三的城市纵横，使得双方在传媒领域产生了良好的协同效应。此外，碧桂园服务和融创服务均在保险和地产服务领域有所布局，标志着物管服务市场的业务边界开始逐渐被打破。

五、行业发展趋势展望

行业发展趋势展望见图 25，2018—2020 年上市物企并购案例汇总见表 6 ～表 8。

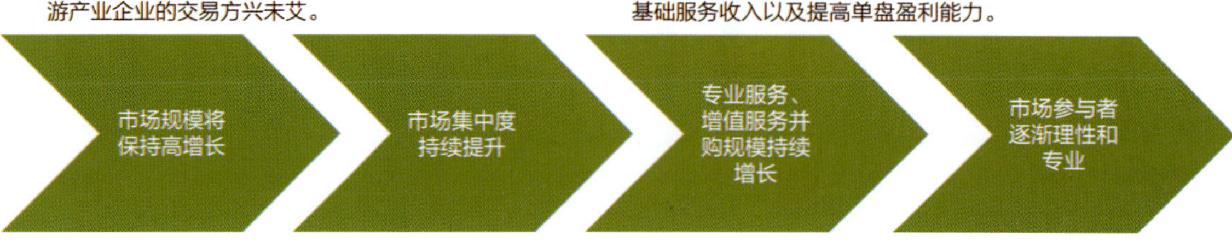

图 25 行业发展趋势

2020年并购案例汇总（47家）　　表6

序号	收购方	时间	地区	被收购方	交易金额（人民币万元）	股份占比（%）	业务类型
1	碧桂园服务	2020年10月	山东	满国康洁	245000	70	清洁服务
2	碧桂园服务	2020年7月	上海	城市纵横	151200	100	梯媒服务
3	融创服务	2020年5月	广东	开元物业	148760	84.92	综合类物管
4	世茂服务	2020年7月	浙江	浙大翔宇和浙大新宇	61470	51	学校类物管
5	融创服务	2020年9月	天津	天津锋物	39050	24.17	住宅物业
6	碧桂园服务	2020年10月	福建	福建东飞	37520	60	清洁服务
7	奥园健康	2020年4月	北京	乐生活智慧社区服务	24790	80	住宅类物管
8	时代邻里	2020年6月	上海	上海科箭物业	23405	51	公建类物管
9	蓝光嘉宝服务	2020年10月	上海	上海益镇和上海华欣物业	21300	90	住宅＋商业类
10	蓝光嘉宝服务	2020年11月	上海	上海上置	15889	60	综合类物管
11	新城悦服务	2020年5月	四川	成都诚悦时代物业	10455	61.5	综合类
12	新大正	2020年10月	四川	四川民兴物业	9700	100	公建类主打行政、金融
13	蓝光嘉宝服务	2020年6月	广东	珠海市住宅物业	9100	70	住宅类
14	碧桂园服务	2020年4月	北京	文津国际	8400	100	保险服务
15	蓝光嘉宝服务	2020年11月	—	3家位于湖南、四川及北京的物业服务企业	7029	—	物管服务
16	新城悦服务	2020年11月	辽宁	大连华安物业	6286	60	住宅物业、城市服务
17	蓝光嘉宝服务	2020年8月	山东	山东中寰	5580	90	住宅＋商业＋公建类
18	蓝光嘉宝服务	2020年8月	四川	成都合智合力	5300	80	住宅＋商业＋公建类
19	银城生活服务	2020年3月	江苏	南京汇仁恒安物业	4600	51	公建类主打医院
20	中奥到家	2020年5月	广东	广东华瑞环境工程有限公司	4000	51	保洁＋绿化服务
21	中奥到家	2020年8月	山东	济南快勤	3967	100	保洁＋维修服务
22	奥园健康	2020年5月	浙江	宁波宏建物业	3700	65	住宅＋商业类
23	弘阳服务	2020年9月	安徽	滁州宇润	3672	51	住宅类
24	碧桂园服务	2020年6月	广东	合富辉煌	3280	10	地产顾问服务
25	时代邻里	2020年4月	广东	广州市浩晴物业	3272	100	住宅类
26	蓝光嘉宝服务	2020年5月	四川	成都三朴物业	3120	60	住宅＋商业类
27	蓝光嘉宝服务	2020年1月	四川	成都创艺物业	2800	100	住宅类
28	佳兆业美好	2020年6月	浙江	宁波朗通物业	2700	60	商写＋公建类
29	和泓服务	2020年10月	贵州	贵州星际物业	2550	51	住宅类
30	宝龙商业	2020年7月	浙江	浙江星汇商业管理	2160	60	商写类
31	蓝光嘉宝服务	2020年1月	浙江	无锡东洲物业	1600	100	住宅类
32	和泓服务	2020年11月	广东	中正物业管理	1540	51	住宅＋商业类

续表

序号	收购方	时间	地区	被收购方	交易金额（人民币万元）	股份占比（%）	业务类型
33	时代邻里	2020 年 5 月	广东	广州市耀城物业	1487	100	公建 + 绿化服务
34	蓝光嘉宝服务	2020 年 8 月	江苏	张家港华夏物业	1440	90	住宅 + 商业 + 公建类
35	蓝光嘉宝服务	2020 年 6 月	宁夏	宁夏安欣物业	1210	55	住宅 + 公建类
36	和泓服务	2020 年 11 月	内蒙古	呼和浩特慧谷物业	1200	65	住宅类
37	融创服务	2020 年 4 月	天滓	融创旅居置业	1000	100	旅游代理销售
38	融创服务	2020 年 4 月	四川	成都环球世纪	867	95	主打会议会展
39	永升生活服务	2020 年 2 月	山东	音岛银盛泰物业	864	50	住宅类
40	蓝光嘉宝服务	2020 年 6 月	四川	成都鑫天禹物业	800	55	住宅类
41	蓝光嘉宝服务	2020 年 6 月	浙江	浙江当代物业	760	80	住宅 + 商业 + 公建类
42	浦江中国	2020 年 3 月	江苏	南京松竹物业管理有限公司	427	49	景区管理 + 环卫服务
43	融创服务	2020 年 10 月	天涂	天涂俣舜	88	98	保险代理
44	融创服务	2020 年 5 月	北京	北京金泰合	20	100	房产经纪
45	世茂服务	2020 年 3 月	福建	福晟生活服务	—	51	住宅类
46	蓝光嘉宝服务	2020 年 6 月	四川	广安万品物业	—	98	住宅类
47	碧桂园服务	2020 年 1 月	江苏	溧阳中立电梯	—	60	电梯服务

2019 年并购案例汇总（35 家）　　表 7

序号	收购方	时间	地区	被收购方	交易金额（人民币万元）	股份占比（%）	业务类型
1	雅生活	2019 年 9 月	浙江	中民未来物业	156000	60	物管服务
2	招商蛇口	2019 年 4 月	广东	中航善达	133400	22.4	物管服务，主打机构
3	雅生活	2019 年 10 月	广东	新中民物业	50000	60	物管服务
4	永升生活服务	2019 年 6 月	山东	青岛雅园	46200	55	商业类
5	碧桂园服务	2019 年 7 月	上海	港联不动产	37500	100	物管服务
6	绿城服务	2019 年 3 月	海外	Montessori Academy Group Holdings Pty Ltd	32257	56	幼教
7	卓越商企服务	2019 年 6 月	浙江	浙江港湾物业	21600	60	物管服务
8	合景悠活	2019 年 1 月	广东	罡昱	19747	100	物管服务
9	雅生活	2019 年 3 月	广东	广州粤华	19500	51	物管服务
10	碧桂园服务	2019 年 7 月	浙江	嘉凯城物业	19000	100	物管服务
11	雅生活	2019 年 1 月	山东	青岛华仁物业	13400	90	物管服务
12	雅生活	2019 年 2 月	黑龙江	哈尔滨景阳	11400	60	物管服务
13	碧桂园服务	2019 年 3 月	北京	北京盛世物业服务	9000	30	物管服务
14	融创服务	2019 年 1 月	四川	环球世纪	8672	95	物管服务

续表

序号	收购方	时间	地区	被收购方	交易金额（人民币万元）	股份占比（%）	业务类型
15	卓越商企服务	2019 年 11 月	湖北	武汉环贸物业	7700	70	物管服务
16	正荣物业	2019 年 6 月	江苏	苏铁物业	7000	70	物管服务
17	中奥到家	2019 年 12 月	广东	广东金盾正安保安服务	6800	60	安保服务
18	卓越商企服务	2019 年 6 月	湖北	武汉雨阳	6300	60	物管服务
19	中奥到家	2019 年 2 月	江苏	建屋物业	5630	66	物管服务
20	世茂服务	2019 年 7 月	青海	海亮物业	5000	100	物管服务
21	蓝光嘉宝服务	2019 年 11 月	浙江	浙江中能物业	4800	60	住宅 + 商写类
22	时代邻里	2019 年 2 月	广东	广州东康	4527	100	市政环卫 + 物管服务
23	佳兆业美好	2019 年 4 月	浙江	嘉兴大树物业	3658	60	物管服务
24	佳兆业美好	2019 年 10 月	江苏	江苏恒源物业	3416	51	物管服务
25	新城悦服务	2019 年 5 月	上海	上海数渊信息科技	2994	100	智能家居、智慧停车
26	和泓服务	2019 年 10 月	上海	上海同进物业	2520	70	综合类
27	建业新生活	2018 年 12 月	—	嵩云信息	1000	80	软件开发
28	中海物业	2019 年 8 月	湖北	武汉中建捷诚物业管理	466	100	物管服务
29	银城生活服务	2019 年 3 月	江苏	怡禾无锡物业	338	100	物管服务
30	建业新生活	2018 年 12 月	—	一家网络	200	100	软件开发
31	时代邻里	2019 年 4 月	广东	佛山市宜信	185	100	物管服务
32	弘阳服务	2019 年 8 月	上海	上海安邸	179	51	物管服务
33	金科服务	2019 年 1 月	四川	四川金诚置合	0	55	—
34	蓝光嘉宝服务	2019 年 11 月	江苏	江苏常发物业	0	100	物管服务
35	鑫苑服务	2019 年 10 月	江苏	康阳物业	0	100	物管服务

2018 年并购案例汇总（17 家）　　表 8

序号	收购方	时间	地区	被收购方	交易金额（人民币万元）	股份占比（%）	业务类型
1	碧桂园服务	2018 年 11 月	—	5 家物业服务公司	68259	—	物管服务
2	雅生活	2018 年 4 月	江苏	南京紫竹物业	20481	51	物管服务
3	雅生活	2018 年 7 月	甘肃	兰州城关物业服务	14790	51	物管服务
4	保利物业	2018 年 6 月	湖南	湖南保利天创	7800	60	学校类
5	蓝光嘉宝服务	2018 年 6 月	四川	成都东景	5200	65	综合类
6	蓝光嘉宝服务	2018 年 6 月	四川	泸州天立	3500	70	住宅类
7	金融街物业	2018 年 5 月	—	第一太平戴维斯	1483	10	商写类
8	绿城服务	2018 年 12 月	浙江	绿城空调	897	100	空调维修

续表

序号	收购方	时间	地区	被收购方	交易金额（人民币万元）	股份占比（%）	业务类型
9	烨星集团	2018年12月	北京	北京鸿坤谷	730	100	物管服务
10	烨星集团	2018年12月	北京	北京云时代	640	100	物管服务
11	碧桂园服务	2018年7月	广东	橙家科技	500	10	互联网家装
12	烨星集团	2018年1月	天津	天津鸿盛	420	100	物管服务
13	浦江中国	2018年4月	上海	上海外滩科浦工程管理	311	100	工程管理、维修装饰
14	建业新生活	2018年12月	—	艾欧科技	280	93.3	软件开发
15	蓝光嘉宝服务	2018年12月	四川	成都全程	230	100	—
16	鑫苑服务	2018年2月	山东	青岛鑫苑	218	60	物管服务
17	金融街物业	2018年4月	北京	西马物业	17	10	商写类

全国白蚁防治行业发展专题报告

中国物协白蚁防治专业委员会

白蚁俗称“无牙老虎”，被列为世界性五大害虫之一。白蚁虽微，危害实大。白蚁喜爱温暖湿润，畏光（但白蚁有翅成虫却有强烈的趋光性），食性很广，长期过营群居隐蔽生活，是至今地球上最为古老的一种社会性昆虫。随着全球变暖以及人类活动的加剧，白蚁在世界的分布格局迅速扩大，除南极洲以外，其他各大洲均有白蚁分布。现在分布于全世界的白蚁种类多达 3000 余种；我国记载有 4 科 41 属 473 种白蚁分布。除黑龙江、内蒙古、宁夏、青海和新疆等五个省（自治区）尚未发现白蚁分布，其余各省（直辖市、自治区和特别行政区）均发现有白蚁分布。整体而言，中国白蚁分布呈南多北少和东多西少的特点。

一、我国白蚁危害情况

随着现代社会发展，人类活动不断破坏和侵占白蚁栖息地，白蚁对人类社会、经济的影响日益严重，并且呈现出逐年加重的趋势，特别是中国长江以南的地区尤其是经济较为发达的省市，白蚁危害已十分严重，危害涉及房屋建筑、文物古迹、水利工程、园林植被、农林作物、通信电力、市政设施等多个领域。

（一）对房屋建筑的危害

房屋建筑是白蚁危害的主要对象，在白蚁分布区内的木结构、砖木结构、钢筋混凝土结构、钢结构等各种类型和结构的房屋建筑都有可能遭受白蚁的危害。据相关调查，房屋建筑遭受白蚁危害的比例，广东和海南为 80% ～ 90%，福建为 40% ～ 75%，广西南宁市为 30% ～ 64%，安徽为 10% ～ 60%，湖北为 20% ～ 30%，山东为 2% 左右，辽宁大连市为 1% 左右。白蚁对房屋建筑的危害主要表现在三个方面：一是影响房屋建筑的安全。白蚁通过分泌蚁酸由外部打通现代钢筋水泥铸就的高楼地基，在其内部修筑蚁巢，导致房屋建筑的承重结构遭到破坏，严重影响房屋建筑的安全性。二是造成居民的财产损失。白蚁侵入居民家中，除了木质构件，还取食书画、塑料制品等，导致居民家庭的装饰装修和珍贵字画遭到破坏，严重时可能会导致电线短路而造成火灾的发生，使居民的财产遭受极大地损失。三是影响居民的正常生产生活。无论是乳白蚁，还是散白蚁和堆砂白蚁，它们有翅成虫的分飞均在白天或傍晚进行，此时人们正在室内工作或生活，数以千计、万计甚至十万计的白蚁有翅成虫飞出，会干扰人们正常的生产生活，给人们的心理带来一定的负面影响。

（二）对文物古迹的危害

中国历史悠久，有着古老而灿烂的文化，不少名胜古迹闻名中外，但普遍受到白蚁危害。据调查，浙江杭州 86% 的名胜古迹遭受白蚁危害，舟山普陀山法雨寺内 48 根直径 80 厘米的大梁有 26 根被白蚁蛀空，金华地区 84.6% 以上的古建筑有散白蚁危害；江苏省苏州市文物保护的 252 处古建筑白蚁的危害率达 80%，镇江市古寺庙宇的白蚁危害率达 93.3%，南京市的国家、省、市三级重点保护古建筑几乎百分之百都受到白蚁的危害；湖北省襄樊市对 20 多处国家级、省级文物进行普查，发现全部文物均遭受白蚁危害；福建省泉州市开元寺白蚁危害面积达 94.25%；四川省成都市青羊区古建筑遭受白蚁危害的比率达 92.6%，主城区古建筑遭受白蚁危害的比率达 85.71%，全市首批及新增历史建筑的白蚁危害率达 86.67%。安徽九华山的寺庙、湖南长沙爱晚亭、江西上饶茅家岭烈士陵园与赤峰岩、重庆红岩村等名胜古迹和革命烈士纪念圣地都不同程度地遭受白蚁危害，损失难以估量。

（三）对水利工程的危害

白蚁对中国南方水利工程的危害较为严重。据广西水利厅调查，在 115 座大中型水库中 90% 以上有白蚁危害。云南省在 10 个县调查的 26 宗水库大坝中除海拔 2000 米以上的 2 宗无白蚁危害外，其余均有白蚁危害，多数大坝因白蚁危害出现了管漏险情。在江苏淮河以南的 776 座水库中遭受白蚁危害的有 358 座，占总数的 46.1%。安徽省 40% 以上的大中型水库有白蚁筑巢危害形成结构隐患，其中 35.8% 的大中型水库白蚁危害已达到严重程度。浙江省宁波市各县水库遭受白蚁危害的比例达到 67%，杭州市各区县山塘、水库和堤防遭受白蚁危害的比率达到 59.73%。四川省和重庆市所属的 6200 座水库土坝中，有白蚁危害的占 57.2%。湖南省湘潭市堤坝白蚁危害率达 100%，其中危害程度严重的占 14%，较严重的占 50%，一般的占 36%。

（四）对园林植被的危害

园林绿化在城市中扮演着越来越重要的角色，大量园林植物特别是树木引入导致园林绿化白蚁危害率明显上升。白蚁危害严重影响园林植物的观赏和经济价值，尤其对古树名木危害更大。园林绿化对于提高城镇品质和改善人们生活环境具有不可替代的作用，白蚁危害轻则影响园林景观观赏效果，重则致使树木枯死。据初步统计，白蚁常危害 300 多种树木，其中以香樟、檫树、桉树、刺槐、柳杉、钩栗、垂柳、银桦、悬铃木、白杨、黑荆、重阳木、拐枣等树木的受害最常见。白蚁在树干内筑巢，是周围房屋遭受白蚁危害的主要根源。据报道，浙江省宁波市古树名木白蚁危害率为 17.28%，温州市区 9 个公园的树木受白蚁危害比率为 10% ～ 56.2%，杭州植物园有 56 科 120 多种植物不同程度地受白蚁危害。安徽合肥市环城公园内树木受白蚁危害的比率为 40.75%，四川宜宾市翠屏公园白蚁上树率在 70％以上，成都市城区行道绿化树木受白蚁危害的比率为 26.42%，重庆沙坪公园绿化树木受白蚁危害率为 54.9%。随着全球气候的变暖，园林植被遭受白蚁危害的程度会日益加剧，由于有些园林植被位于房屋建筑周围，随着白蚁种群的壮大，它们可能会入侵建筑内危害，给人们的财产造成损失。

（五）对农作物的危害

农林作物是白蚁的主要危害对象，各地农林作物常受到白蚁的危害。如广西崇左甘蔗受白蚁危害的平均株率达 26.32%，蔗株上的蚁路或空洞随处可见，在蚁害严重的甘蔗地里，蔗株倒伏率高达 30%。据农业部门对砍运到厂的原料蔗进行调查，2005—2006 年榨季，蔗株平均白蚁危害率为 7.36%；2006—2007

年榨季，白蚁危害株率上升到了 13.24%。目前，甘蔗地里蔗株受白蚁危害的比率一般在 13% ～ 18%，最严重的达到 48%。在云南，白蚁危害花生造成的损失可达 40%。白蚁危害造成的茯苓和天麻减产轻者为 5% ～ 20%，重者可达 80%。在浙江诸暨市，香榧、板栗等经济林遭受白蚁的为害十分严重；调查发现，香榧林白蚁危害株率达 90%，许多百年以上的香榧树被白蚁蛀空，甚至枯死；桑园和板栗林白蚁的危害率在 20% ～ 80%；桃树林和银杏林的蚁害率在 65% 以上，蚁害造成的树木死亡率达 4% ～ 5%。

（六）对电力通信设施的危害

城市电网已普遍采用电缆化供电，随着电缆使用数量的增加，电缆外护套遭受白蚁破坏的问题日益突出。据统计，中国南方地区白蚁危害引起的电路故障约占电缆故障总数的 60% ～ 70%，广东最高占 80%。通信电缆因白蚁危害发生故障，轻者降低通信质量，重者导致通信中断。电力电缆遭白蚁咬穿护层后，易引起短路事故，导致电力输送中断，严重者酿成火灾；铁路信号电缆遭白蚁蛀蚀，会严重威胁运输安全。目前，中国发现白蚁破坏埋地电缆的主要是广东、广西、福建、湖南、湖北、江西、浙江、安徽、四川、云南和上海等 12 个省、直辖市、自治区。

（七）对交通设施的危害

白蚁对交通设施的危害主要表现在对木质桥梁、电线电杆、枕木、车厢、船舶等的危害。据调查，广西船只受白蚁危害的比率达 43.6%，船只被害后，轻者不能航行，重者造成航海事故。温州港务局一艘木机帆船被白蚁蛀蚀，停修四月，耗资 16 万元。洞头县运输站一艘由温州航行上海的船，因船板被白蚁蛀空，不幸在吴淞海面下沉。1998 年 9 月，湖北某集团公司的一条铁路专用线上，179 根枕木被白蚁严重蛀蚀。

（八）对市政设施及其他领域的危害

近年来，白蚁对大型钢筋混凝土桥梁、燃气管道等公共市政设施的危害也常有报道。例如，2015 年 5 月 12 日下午，广西北海市金海岸大道北海南岸小区旁煤气管道因台湾乳白蚁危害导致燃气泄漏；2016 年 12 月至 2017 年 4 月不到半年时间，广西南宁市已发生 3 起因台湾乳白蚁危害导致燃气泄漏的事故。广州市内的鹤洞大桥、海珠大桥、东濠涌高架桥、人民路高架桥、内环路高架路和东风路天桥等都遭受台湾乳白蚁严重蛀食为害。南宁市在 2014 年首次发现台湾乳白蚁危害永和大桥后，又有多座大桥发生了台湾乳白蚁危害的现象。众所周知，燃气管道一旦遭受乳白蚁的危害，管道内煤气极易泄露，而承载量巨大的桥梁如果有安全风险，其社会危害性是无法估量的。

二、我国白蚁防治发展历程

白蚁危害在中国历史悠久，各类防治办法记载散见各书。在《汉书 · 五行志》中记载了白蚁危害房屋建筑和水利工程的大量史实，并对柱下垫石、石灰拌土、青桅子浇木、桐油注木和青矾浸木等预防白蚁危害房屋建筑的方法及采用检查堤防洞穴防蚁和循蚁患挖巢等防治堤坝白蚁的方法进行了较为详细的描述。但这些传统防治手段办法均是民间自行组织，缺乏统一的标准和强制的手段。

随着城市化的迅速发展，一家一户自主防治方式已经不再适用于现代社会发展。中国白蚁防治行业也由此应运而生，历经从无到有、从小到大、从弱到强的艰苦历程，到现在，我国白蚁防治已经形成“以防为主、防治结合、综合治理”的治理主线，“预防”与“治理”并行不悖，从以危害治理为导向的自主防治到“防治结合”的高效治理模式，我国白蚁防治完成目标性和结构性的根本性转变。这一发展史大体可分为三个阶段：

第一阶段，20 世纪 30 年代至 80 年代中期，以白蚁灭治为主的时期。1930 年澳大利亚传教士最先在中国香港开办了专灭白蚁公司。1956 年公私合营期间，广州出现了一大批防治白蚁专家，为中国白蚁防治事业的发展做出了重要的贡献。1958 年广东李始美将自己的白蚁防治技术献给当地政府，引起了中国政府对白蚁防治工作的重视，长江以南各省的大中城市、两广、浙江、福建不少县（镇）先后成立了白蚁防治机构。

20 世纪 50 年代末，合成出了环戊二烯类杀虫剂氯丹、艾氏剂、狄氏剂和灭蚁灵等药物，为中国白蚁防治工作提供了新的药剂产品。70 年代初，生产出灭蚁灵，同期研发了灭蚁灵饵剂，极大地促进了灭蚁灵在全国白蚁防治中的应用。1983 年 11 月在浙江省杭州市成立了“中国白蚁防治科技协作中心”，江苏、江西、广西等省、自治区分别成立了分中心。1984 年中国白蚁防治科技协作中心创办了专业刊物《白蚁科技》。全国白蚁防治和研究工作的开展，开展房屋建筑白蚁灭治的地区，房屋建筑的蚁害率逐年下降，白蚁灭治工作取得了显著的成效。

第二阶段，1986—1999 年，“以防为主、综合防治”的时期。20 世纪 80 年代初期，各地在旧城区改造的基础上，建设了许多钢筋混凝土结构的房屋建筑，人们认为不会产生白蚁危害，但事实上白蚁的危害逐年上升。由于房屋结构方面原因，钢筋混凝土结构的房屋遭白蚁危害后，实施补救性防治措施十分困难，采取白蚁预防便成这类房屋优先选择。1986 年浙江省住房和城乡建设厅、建设银行分别下发《关于认真做好新建房屋白蚁预防工作的通知》，浙江省在全国率先开展了新建房屋的白蚁预防工作。1987 年，在住房和城乡建设部的推动下，很多市县先后建立了白蚁防治单位，开始了新建房屋的白蚁预防工作。1993 年，住房和城乡建设部下发文件《关于认真做好新建房屋白蚁预防工作的通知》，这是中国第一个针对城市新建房屋白蚁预防工作的法规性文件。这一阶段的工作推动了中国白蚁防治服务业的发展，为中国全面开展房屋白蚁预防打下了基础。

第三阶段，1999 年至今，“以防为主、防治结合、综合治理”的时期。1999 年 10 月，住房和城乡建设部第 72 号令《城市房屋白蚁防治管理规定》（2005 年修订为 130 号令）发布，要求蚁害地区开展新建房屋建筑白蚁预防工作，中国白蚁防治事业进入了一个新阶段。2004 年 8 月，中国批准了斯德哥尔摩公约（简称 POPs 公约），为了切实履行 POPs 公约，全国白蚁防治中心联合国家环保总局开展了一系列研究评估工作，并开展了“中国白蚁防治氯丹灭蚁灵替代示范项目”，推动了环保型白蚁防治新技术的应用，促进了中国白蚁防治事业的转型升级。

三、白蚁防治工作成绩

（一）强基础、建机构，全面开展白蚁防治工作

在各级政府的重视下，经过多年的努力，我国省 - 市 - 县三级白蚁防治机构体系基本确立。据统计，全国白蚁防治机构总共约有 1100 多家，其中 750 多家为事业单位性质的白蚁防治单位，350 多家为民营的白蚁防治公司。目前，浙江、广西等 10 省的新建房屋建筑白蚁预防工作由建设主管部门下设的白蚁防治机

构负责实施。在广东、重庆、福建、云南、陕西等省市的新建房屋建筑白蚁的预防工作已向市场放开，主要通过招标投标的模式进行。北京、河南等地目前虽无专业白蚁防治机构，但白蚁危害已引起了当地政府的重视。据不完全统计，2010 年至 2015 年期间，我国城镇新建房屋白蚁预防面积为约 5.8 亿平方米，每年灭治白蚁的面积均在 5000 万平方米以上，白蚁危害得到了有效控制。

（二）抓理论、推科研，为白蚁防治工作提供技术支持

我国技术人员按照“预防为主、防治结合、综合治理”的要求，经过几十年的探索、研究和总结，初步建立了符合我国实际的白蚁防治技术体系。

首先，根据我国房屋白蚁危害发生的特点，经过 20 多年的推广应用和完善，创建了以药物屏障技术为主，建筑设计、地基清理、生态防治、植物检疫等技术为辅的房屋白蚁预防技术。2007—2011 年，住房和城乡建设部会同环境保护部、财政部和世界银行实施了《中国白蚁防治氯丹灭蚁灵替代示范项目》，以“有害生物综合治理（IPM）”理念为指导，推广应用环境友好型的白蚁监测饵剂技术和白蚁监测喷粉技术，积极应用白蚁防治新技术、新药物、新产品，最大限度地减少化学药物的使用，极大地促进了我国环保白蚁防治技术开发与应用。

其次，针对不同白蚁种类的危害特点，形成了以液剂药杀、粉剂药杀、饵剂诱杀和监测控制技术为主，密闭熏蒸和高温灭杀为辅的白蚁综合治理技术。

第三，在了解和掌握堤坝白蚁活动规律、白蚁危害堤坝的原理等基础上，经过不断的实践与总结，形成了多项堤坝白蚁综合治理的新技术。广东总结形成的“三环节、八程序”法的新技术、浙江总结出一套“找、标、杀、灌、防、控”堤坝白蚁防治质量保证体系和“药物灌浆与白蚁的检查灭杀相结合”的白蚁综合治理技术，比较具有代表性。另外，电线电缆、园林绿化、山林果园等白蚁的综合治理技术也日趋成熟与完善，物理屏障技术、生态与生物控制技术和白蚁探测技术等得到不断的研究与应用。

（三）出实招、重培训，培养行业中坚力量

白蚁防治工作涉及建筑业、农林业、卫生环保等多个领域，要求从业人员必须具备房屋建筑、杀虫药剂学方面的基础知识，掌握白蚁防治专业知识、技术和相关器械操作与维护的技能，并具备良好的职业道德。全国白防治中心结合行业发展的需要，及时开展白蚁防治人员职业培训和继续教育培训，逐步形成了一整套较为完善的教学管理体系。截至 2015 年底，各类接受继续教育培训的人员达 6000 余人次，已获得白蚁防治专业人员职业证书的人员累计达 4000 余人。

通过多年的人才队伍建设，我国已建立了一支专业性的白蚁防治队伍。据统计，行业从业人员 13300 余人，其中管理人员约占 28.72%、科研人员约占 9.83%、操作人员约占 53.49%。在从业人员中具有大专及以上学历的人员约占 39.14%，具有初级及以上职称的人员约占 41.73%。

（四）强监管、重法治，初步形成白蚁防治法规体系

白蚁防治属于有害生物治理的范畴，涉及卫生、城建、仓储、运输、馆藏、商贸、饮食、服务、生产等各行各业。经过 20 多年的发展，目前我国房屋白蚁防治已形成国务院部门规章、地方性法规、地方政府规章等多种层次政策法规体系。国家层面：于 1999 年发布了第 72 号令《城市房屋白蚁防治管理规定》（2005 年修订为 130 号令），该令是指导全国白蚁防治工作的一个纲领性的部门规章。该令要求，凡白蚁危害地

区的新建、改建、扩建、装饰装修的房屋必须实施白蚁预防处理，白蚁预防包治期不得低于 15 年。省级层面：1997 年浙江省人民政府颁布了第 86 号令《浙江省房屋建筑白蚁防治管理办法》（后经修订为 201 号令），2006 年四川省人民政府颁布了第 196 号令《四川省城市房屋白蚁防治管理办法》。2015 年浙江省出台的绿色建筑条例中提倡采用“白蚁生态防治技术”，为白蚁防治技术的转型升级打下了坚实的法律基础。此外，有不少省（市、自治区）先后出台相关的管理文件，对加强各地的白蚁防治工作起到了很好的推动作用。市级层面：各大城市为加强房屋安全管理，保障房屋使用安全，有些城市出台了“房屋安全管理条例”，对房屋使用过程中的修缮、改造安全管理、房屋安全鉴定管理和房屋白蚁防治进行管理。如杭州、南京、武汉、宁波、南宁均出台了《城市房屋安全管理条例》，成都、西安、合肥、无锡等城市也出台了相应的地方性法规。

（五）抓机遇、促合作，对外交流取得巨大进展

为响应国家“一带一路”倡议，白蚁防治行业积极对接国家有关机构，以驻外使领馆为突破口，重点服务“一带一路”沿线国家，建立白蚁防治合作机制，提供技术服务和咨询。2019 年，印尼调研团造访我国，中印双方就“一带一路”倡议下的中国和印尼两国白蚁防治合作等事宜进行了友好商议，就印尼渔船和海岛民居的白蚁防治合作达成初步意向。同时，与外交部驻外使领馆白蚁危害治理相关咨询服务工作已经初步达成框架性合作意向，为白蚁防治“走出去”奠定坚实基础。

四、未来工作方向

（一）聚焦中心，服务大局

一要在服务“一带一路”建设上重点突破。完善白蚁防治服务驻外使领馆的有效途径，加快推进白蚁防治工作；积极对接国家有关机构，重点在服务“一带一路”沿线国家，开展技术服务和咨询，力争在项目实质性进展上有所突破；逐步拓展非洲地区沿线国，以驻外使领馆为突破口，建立白蚁防治合作机制，提供技术服务和咨询。二要在重点做好城镇房屋建筑白蚁预防工作的基础上，积极开展传统村落和名镇、名村的白蚁防治工作，有序推进水利电力、风景园林、农林果木等领域的白蚁防治工作，使我国各领域的白蚁危害得到有效控制，发挥白蚁防治行业在文化遗产保护、新农村建设和美丽中国建设中的作用。三要进一步优化白蚁预防的公共服务程序，顺应新建房屋白蚁防治行政事业性收费取消的形势，结合各地的实际，简化相关服务流程。四要强化白蚁防治的服务意识，进一步规范服务用语和操作行为等，大力提升白蚁防治的服务水平。

（二）聚焦科研，加快转型

一要聚焦白蚁防治工作中的热点和难点，整合各地技术力量，集中力量开展技术攻关，加快构建“防、治、用”综合体系；二要开展基于“互联网＋”的区域白蚁控制智能化技术集成与创新研究，建立以大区域为单位的智能化白蚁防治管理平台，开发与智能化管理平台相配套的白蚁自动监测控制技术及产品，提供更便捷、高效、优质的白蚁防治服务；三要开展白蚁生物资源特性研究，积极探索白蚁资源化养殖和利用的途径与方法，建立白蚁产品开发和深加工利的产、学、研平台，促进白蚁资源产品广域性和深层次利用的多单位协同与创新，实现白蚁由防治到利用的转变。

（三）聚焦管理，发挥作用

一要总结各地成功的经验，着力加强白蚁防治机构规范化管理力度，改进白蚁防治工程质量监督管理方法，健全白蚁防治产品监管体系，强化白蚁防治监管机制；二要以标准化建设为抓手，完善标准的宣贯机制，促进白蚁防治单位的标准化建设；三要以白蚁防治的防灾减灾功能为根本，做好全国不同地区各领域蚁情的基础调研和蚁害的分级预测工作，不定期地向社会发布白蚁防治状况发展报告，建立与完善对外宣传与沟通平台，促进社会各界对白蚁防治行业的支持；四要强化新建房屋白蚁预防结果的运用，在完成新建房屋白蚁预防施工后，白蚁防治单位向建设单位主动出具相关的证明文本，确保白蚁防治公益属性功能的有效发挥。

（四）聚焦载体，强化交流

一要加强白蚁危害基础信息调查，建立基于白蚁危害等级的白蚁防治区域管理新模式，为不同区域的居民提供更为合理的白蚁防治服务；二要加强行业机构、人员基础信息的收集、整理和利用，促进不同地区白蚁防治机构和人员的信息交流，实现新技术、新产品和新工艺的互利共享，全面提高整个行业从业人员的综合素质；三要加强国内外的白蚁防治技术管理的交流合作，借鉴国外的先进经验进行消化完善，充分利用国内的优势加强与国外的合作，特别是借助“一带一路”的战略机会，做好与相关国家与地区的交流合作。

（五）聚焦宣传，服务行业

一要以科普宣传方式创新为抓手，加大科普宣传基地的建设力度，全面提升科普宣传水平，充分运用各类媒体开展科普教育，提高公众对白蚁危害的认知度和开展白蚁防治工作的认可度，形成全社会支持白蚁防治工作的良好氛围；二要以区域信息共享平台建设为契机，构建覆盖白蚁基础知识、白蚁防治政策与标准、白蚁防治科学研究、白蚁防治技术与产品、白蚁防治管理与创新、对外合作与交流等多方面信息的查询与支持系统，为社会公众提供更多更有价值的信息，营造全社会参与白蚁防治的局面。

全国住宅专项维修资金管理专题报告

中国物协物业维修资金研究专业委员会

《全国住宅专项维修资金管理行业发展专题报告》就本领域的概念含义、发展的起源、阶段划分，关键性的立法等制度设置等，梳理了维修资金行业发展基本历史脉络；论证了维修资金行业发展的重要历史意义；归纳了截至2015年末的全国维修资金行业发展基本状况；分析了制约维修资金行业发展的瓶颈与问题；探讨了未来维修资金行业发展的方向。在2018报告的综合全面的基础上，2019报告将着重整理年度阶段的资料素材，以沿时间轴尽量延续可比的数据指标为主，尝试记录汇集行业的智慧结晶、考察各内在因素在本阶段的相互关联。

一、2019年维修资金行业的几件大事

（一）民法典涉及维修资金的制度设置变化

至2019年，民法典草案酝酿收官，2020年5月表决通过。与物权法对应条款相比，民法典中涉及建筑物及其附属设施的维修资金（下简称维修资金）的表述，有如下变化：

第一处（第278条），将业主共同决定的维修资金“筹集和使用”事项，原先合并表述，现在拆分成了两个事项，且将顺序位置颠倒为：先列“使用”再列“筹集”；

第二处（第281条），将维修资金使用的共用部分表述，从“电梯、水箱等”扩展为“电梯、屋顶、外墙、无障碍设施等”；使用的工程性质，从“维修”变为通常表述的“维修、更新和改造”；

第三处（第281条），特别增加了一款“紧急情况”，这是设置的应急使用通道，不过该款至少有三点特别值得注意：一是何谓紧急情况，须“依法”界定，也就是未来应出台相应法规条款回答界定问题；二是申请主体，可以是业主大会或者业主委员会。由此引出的问题是：不具备业主组织身份的业主提起申请的话，行政主管部门予以批准就有于法无据之嫌（除非援引建筑物区分所有权共同决定，若经共同决定授权申请，那就又不是“应急”了）。除业主组织可以申请之外，该款似乎还给业主群体之外的角色留下了申请空间；三是应急使用决定权对应的责任义务。

第四处（第278条），维修资金表决门槛降低（由原先双2/3票权通过，变为满足双2/3参与的全体票权双1/2通过）；

第五处（第938、943条），维修资金的使用，原属于业主共同决定的事项，被置于物业服务合同之中（第938条）——属于物业服务合同的约定条款，物业服务人（第943）在维修资金使用环节中，将扮演身

份不明的角色。

（二）行业大范围（18个省）审计的启示

国家审计署派出机构就住宅专项维修资金归集、使用、管理及相关政策措施落实情况，于2019年8–11月对18个省（市）进行了审计。就审计呈现的问题和启示，分述如下：

1. 对维修资金权属缺乏准确认识

就审计反映出来的问题看，存在挪用维修资金、应归未归、专户银行选择等问题的城市，对维修资金的权属认识都存在一定程度的偏差。其一，认为维修资金属于公共性资金，于是参照预算外资金管理，当地政府或主管部门就会按照行政决策流程对资金进行统筹，因而出现维修资金应归未归或挪作他用的情况。其二，认为维修资金的本金以及应结算的利息属于业主所有，但增值部分是集中运作产生的，因此可以由当地政府或主管部门将维修资金孳息用作民生工程，发放管理部门人员办公费用等情况。其三，认识维修资金增值部分具备基金性质，可以统筹。因此，在没有行政法规、部门规章或地方法规授权的情况下，擅自对维修资金增值部分实施分配，或建立了应急统筹使用机制。

2. 对维修资金的使用监管缺少科学有效机制

在各地维修资金使用监管工作的存在问题中，普遍存在两个相反方向的困难：一是使用不方便。业主作为外行，面对申请流程感觉复杂、业主要通过表决形成共同决定难；二是使用不安全。打开方便应急通道后，工程量“水分”加大过度维修。

困难的根源有两个：首先，是权责不明。现实中，对于维修资金的使用，作为资金所有人和决策人的广大业主缺乏的不仅是小区共有部位和公用设备设施维修的专业知识和能力，也缺乏了解维修资金使用的相关法律法规，不清楚自身在使用过程中的权利和义务。这种观念的结果是，绝大多数小区业主对维修资金的使用过程漠不关心，对维修施工缺乏监管。一旦出了问题或者发现存在问题，就迁怒于物业服务企业和政府主管部门。其次，是第三方覆盖有限。大部分城市都引进第三方专业机构对维修资金使用进行把关。但无论是监理机构还是审价机构，并没有覆盖所有的维修项目。同时，在监管内容上第三方机构不是全流程的监管。尤其是审价机构，只针对送审预算中的单价进行审核，工程量及施工内容等不在审核范围内。从现实情况来看，过度维修主要发生在工程量的虚假申报上，对于工程量审核的缺失，使得施工方在项目预算书的拟定、维修施工过程中存在巨大非法牟利的空间。监管过程往往流于形式，监管效果并不明显。维修项目规模小、分布广、种类多、周期长的特点，加大了监管难度，提高了监管成本。同时，监管费用的不足又不利于激励监理和审价机构有效工作，导致大多数情况下，二者只是形式上完成监管要求，实际效果并不理想。

3. 维修资金监管工作缺乏系统性、融合性、联动性

维修资金使用是业主共同决策事项之一，就现实情况来看，也是业主共同决策事项中频率最高、受关注最多、接受度最大的一项。可以说，维修资金监管效能，是衡量物业管理活动水平的一个重要指标。但就实际情况看，不少城市仍然是对维修资金管理进行“封闭式”管理——从交存、使用到账户管理自成体系，形成工作闭环。这样的做法既是来源于工作推进的客观进程，同时也说明了主管部门对于维修资金管理工作的认识不够清楚。从客体上看，维修资金的使用客体是房屋共用部位和设施设备，而物业管理活动针对的客体对象也正是这些范畴。从物业管理角度看，房屋共用部位、设施设备必须经过建设、交付、维保、维修的过程，而维修资金发挥作用的环节仅仅针对最后一个。因此，如果将维修资金管理按照自身闭环的思路设计，必然将维修资金工作简单处理成了财务工作，这仅仅是低水平的管理。而且，维修资金管理中存在的使用难、

监管难、续交难等问题，也无法得到解决。因此，如何设计系统性、融合性、联动性的维修资金监管模式是各地需要结合本地物业管理工作系统考虑的内容。

（三）《住宅专项维修资金会计核算办法》的酝酿出台

从 2018 年 10 月开始，财政部会计司、综合司就会同住房城乡建设部房地产市场监管司，向部分地区的维修资金代管机构的代表初步了解管理现状、业务模式和对会计核算办法的需求；2019 年 4 月下旬形成征求建议稿；6 月 19 日完成意见征集；2019 年下半年就汇集的意见进行了研讨、修改，最终于 2020 年 4 月 20 日发布。

财政部会计司有关负责人就印发《住宅专项维修资金会计核算办法》答记者问（原载于《维修资金监管动态》总第 51 期第 18 页），说明制定出台会计核算办法有以下重要意义：

第一，是适应广大业主对维修资金的使用、管理、结余等情况越来越关注的需要。通过规范维修资金的会计核算，有利于维修资金管理机构向业主交出一本符合统一核算标准的“明白账”，满足社会有关方面对维修资金会计信息的需要。

第二，是有利于提升维修资金管理水平。近年来，全国维修资金余额的规模巨大，亟需进行规范管理，但各地维修资金会计核算标准不统一，导致主管部门在汇总数据时，口径不一致、数据不完整，不能精准施策。通过统一会计核算标准，可以科学地衡量各地维修资金管理水平，便于各地主管部门制定有针对性的管理对策。

第三，是为健全维修资金监管体系奠定制度基础。近年来，维修资金的使用与管理情况已逐渐成为审计工作关注的重点之一。缺乏统一的会计核算标准，会导致审计也缺乏统一的标准，影响了审计程序的合理实施，也影响了审计结论的客观性和准确性。通过统一规范会计核算，有助于提供统一标准以提升审计监管工作基础制度的科学性。

二、各地情况的数据资料表征

（一）数据资料样本构成

2018 年度的维修资金管理行业发展专题报告给出的全国行业总体数据中，在 335 个地级行政区中建立商品房维修资金制度的有 322 个，占比 96.1%：建立已售公房维修资金制度的有 292 个，占比 87.2%。300 多个地级市中，大致有 74 个城市设立了专门的维修资金管理机构。

本年度专题报告的资料，通过向各市住宅专项维修资金管理机构发送征集资料问卷的方式收集。资料数据样本来源于全国 39 个城市，占已设立专门维修资金管理机构城市的 53%。39 个城市中有 2 个直辖市、10 个省会城市，遍布大陆 18 个省（直辖市、自治区）的东、中、西部。样本城市在各省份的具体分布如表 1 所示。

样本城市资料数据分布（按拼音排序） 表 1

样本城市所在的省份	安徽	广西	贵州	河南	黑龙江	湖北	湖南	江苏	江西	辽宁	内蒙古	山东	山西	陕西	上海	四川	天津	新疆	合计
样本城市个数	3	1	1	5	1	1	4	5	4	3	1	2	1	2	1	2	1	1	39

（二）维修资金的归集、使用情况

鉴于每年样本城市的数据来源不能保持固定，所以，资金归集总量和使用总量逐年不具有可比性，但同一城市的资金归集与使用这两个数据的比例，可以反映当地的结构情况。

下面先列出二者的比值，即“使用 / 归集”如图 1 所示。

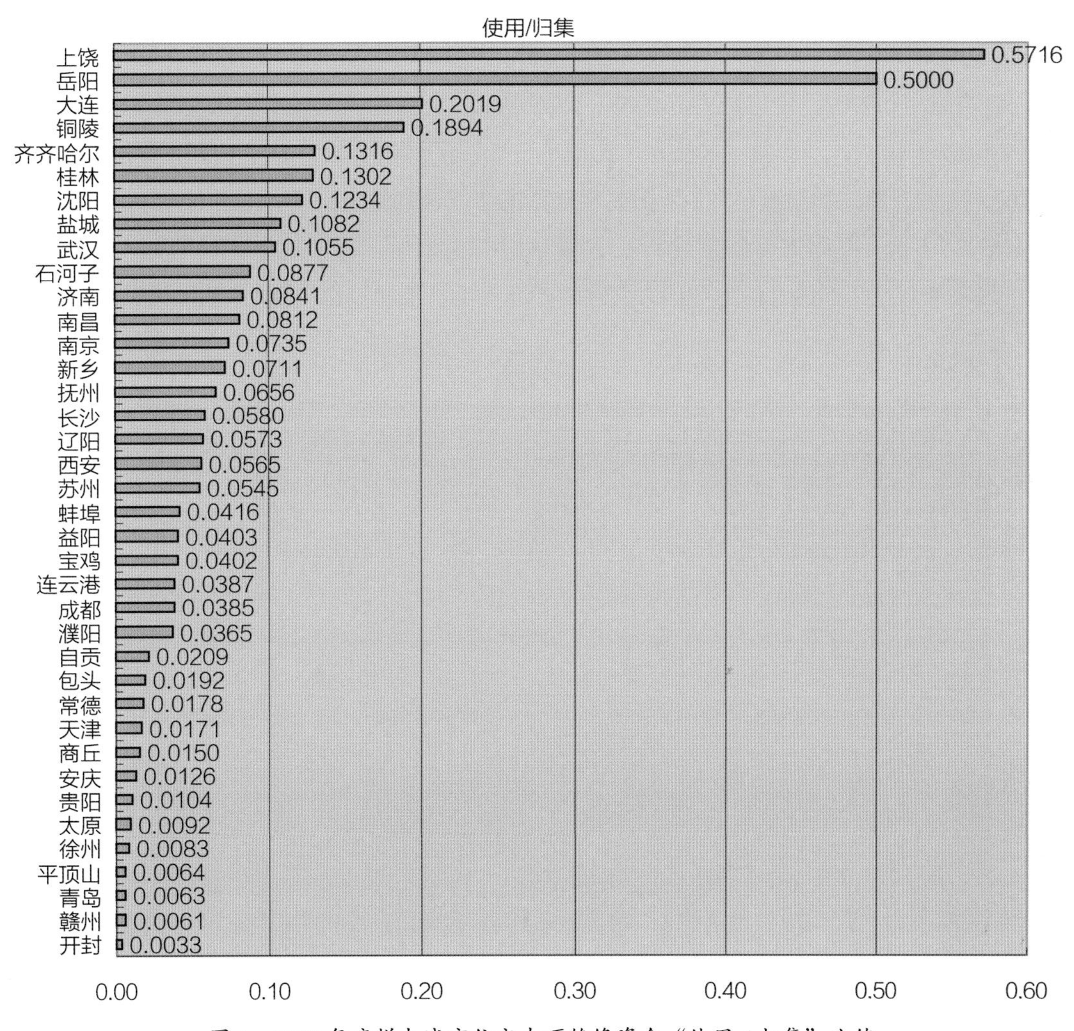

图 1　2019 年度样本城市住宅专项维修资金“使用 / 归集”比值

注：因上海市的住宅专项维修资金使用管理制度设置与运行管理中的口径更为细致，无法简单纳入比较，故本项指标不含上海市数据。

样本城市的年度使用金额与归集金额之比的平均值为 0.0826；中位数为 0.0409。数据显示，90% 的城市在 2019 年的住宅专项维修资金“使用 / 归集”之比都在 0.15 之下。

总体上可以判断，年度归集速度目前还是远远大于使用的速度。该比值小反映的因素来源于两方面：一是分母方面，即相对已入住商品住宅，年度城市新建规模依然较大；二是分子方面，分子相对较小。导致分子较小的原因，不外乎如下几种：

第一，已入住房屋较新，交付使用年份较短，所以不需要大中修或更新；

第二，虽然交付使用时间很久，但使用仔细爱护、日常维护非常好，建筑本体及设施设备无须动用维修资金；

第三，共有部位设施设备破旧故障虽然急需维修，但是业主难以形成共同决定，矛盾冲突隐患多，符合法定比例的书面同意文件难出，申请获批的使用金额小。

为了从统计数据中发现原因，今后可以结合使用维修资金的基础数据，予以揭示。例如，列出所修房屋的投入使用年份；逐年比较该市的使用金额（使用费用逐年与上一年相比）；调取日常维修养护尽责履职的实时摄录资料证据，考察其完整性（如不完整，可以事后手工补日常巡检保养记录的，推断为日常维保导致设备加速老化毁损）。

研究进一步对使用金额按“应急 / 非应急”进行分析，样本城市数据如图 2 所示。统计“应急 / 非应急”使用的比值，平均值为 0.9962；中位数为 0.1863。数据显示，现实运行的城市大致可以分三类。第一类是应急使用申请控制很严的情况，“应急 / 非应急”比值小于 1/2 的城市个数为 18，占样本城市的 56%，其中有 9 个城市应急使用为零。第二类与第一类相反，住宅专项维修资金的使用，以应急方式为主，“应急 / 非应急”的比值接近及大于 1。这一类城市个数有 10 个，占样本城市的 31%。第三类居中，“应急 / 非应急”比值介于 0.5 ～ 0.8 的城市有 4 个。所以，应急使用方式在实践操作中，很容易趋于两个极端，即或者很严或者很松。

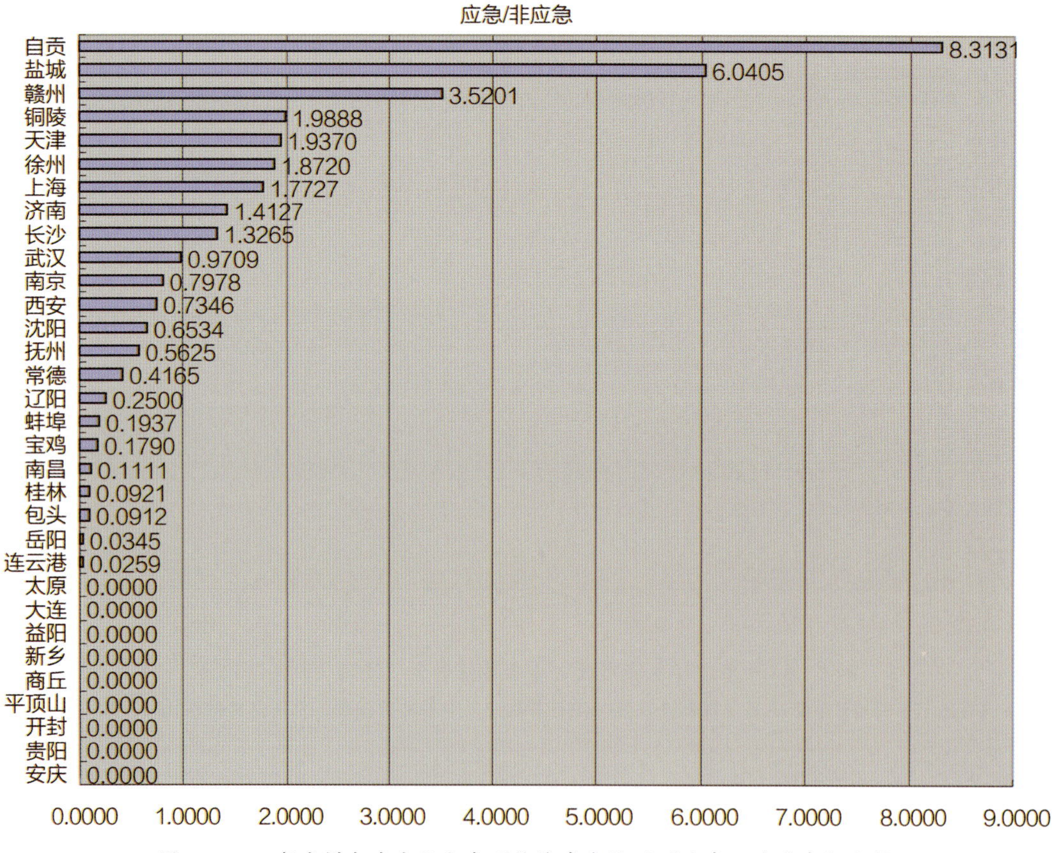

图 2 2019 年度样本城市住宅专项维修资金使用“应急 / 非应急”比值

注：因有些城市的住宅专项维修资金使用管理关于“应急”的制度设置不一样，未能给出按“应急”与“非应急”的数据，故本项指标的样本城市个数不是 39，而是 32 个。天津市的“应急”为“应急解危专项”。

（三）地方管理制度建设探索

自 2007 年 10 月 30 日建设部与财政部联署发布《住宅专项维修资金管理办法》，2008 年 2 月 1 日起施行至今已经 12 年，各地方结合实际情况就本省、本市的制度建设，持续进行了很多积极探索。下面分别从省（直辖市）和市两个层面整理主要的制度建设情况，一共 18 个省（直辖市）的情况列入表 2；样本地级市的情况列入表 3。

样本省份的地方制度建设（按年份由近及远排序） 表 2

序号	省份	专项维修资金管理办法		管理实施细则等规章或规范性文件		备注
		现行文件生效年份	上次修订制定年份	现行文件生效年份	上次修订制定年份	
1	山东	2020	2015			
2	天津	2019	2008			明确自 2019/7/1 至 2014/6/30 的 15 年有效期
3	湖南	2016		2019		2019 文件为省住建财政厅《关于加强维修资金管理的通知》
4	贵州			2019	2005	
5	江西	2015				2015 文件为省住建财政的省商品住宅专项维修资金管理规定
6	江苏	2014				
7	河南			2012		
8	上海	2011	2001	2001		2016 年 4 月 1 日起施行续筹规定有效期至 2021 年 6 月 30 日止
9	广西			2011		
10	陕西			2009		
11	四川			2009		
12	安徽	2007				
13	湖北			1999		2018 年 2 月 6 日至 3 月 30 日《办法征集意见稿》公开征集意见后，未能继续推进
14	黑龙江	无		无		
15	辽宁	无		无		
16	内蒙古	无		无		
17	山西	无		无		
18	新疆	无		无		

表 2 显示，有 2/3 的省（直辖市），即表 2 中序号 1 到 12 的省份，制定了本省的住宅专项维修资金管理办法（江西省称为“管理规定”）或本省的管理实施细则；1/3 的省份没有制定。而 2019—2020 年度，也是省级制度文件推出密度远超历史的年份（表 2 中的序号 1~4）。

在设置本省（直辖市）管理办法或（和）管理实施细则的 12 个省份中，有 4 个省份在第一次制定的基础上进行了修订（序号 1、2、4、8）。

在没有制定管理办法及管理实施细则的省份中，也有的（序号 13）作了尝试，但没有继续推进到正式颁布实施阶段，可见要从立法层面解决实践中存在的困难，具有相当难度。

从实践探索，逐步适应的制度调整进程立法规范程度来看，两个直辖市在制度制定之时，就规定了所定文件的有效期（天津规定《管理办法》有效期 15 年；上海对维修资金续筹的规定文件，确定有效期为 5 年），提前预设了实践探索适应的制度调整进程，使得届时一定要直面积累的事项，在制度设置上予以完善。

表 3 是 39 个样本除去 2 个直辖市以后的情况。为了呈现年度专题报告对 2019 年度以及为 2020 酝酿的制度建设进展，这里将“2019—2020 年度拟议推出所在地制度文件”专门列为表 3.1；将“2019 年及以前各年度地级市管理办法、实施细则制定或修订情况”列为表 3.2。

地级城市的地方制度建设（样本城市同类按拼音排序） 表 3

2019—2020 年度拟议推出的所在地制度文件 表 3.1

序号	市	市维修资金管理办法		市管理实施细则		2020 拟推出的其他配套实施政策等规范性文件
		拟出台制定 / 修订	上次制定 / 修订年份	拟制定 / 修订	上次制定 / 修订年份	
1	安庆	制定	无			市住建拟推出《应急使用操作试行细则》
2	常德	制定	无			
3	抚州	制定	无			
4	岳阳	修订	2014			
5	辽阳	修订	2013			
6	齐齐哈尔	修订	2006			
7	益阳	修订	2006			
8	赣州				2014	市住建《关于加强我市住宅专项维修资金管理的意见》
9	徐州		2015		2015	《关于下放市区住宅专项维修资金使用管理权限的通知》已出台；《关于做好徐州市市区住宅专项维修资金补交和续交工作的意见》暂未出台
10	成都		2018			市住建拟出《关于进一步提高维修资金使用效率的通知》
11	连云港					住房局拟出《关于进一步加强专项维修资金交存管理的通知》

2019 年及以前各年度地级市管理办法、实施细则制定或修订情况 表 3.2

序	市	市维修资金管理办法		市管理实施细则		备注
		现行文件生效年份	上次修订 / 制定年份	现行文件生效年份	上次修订 / 制定年份	
1	南昌	2019				市政府令 163《南昌市住宅专项维修资金管理若干规定》
2	武汉	2019		2018		
3	自贡	2019				
4	成都	2018				
5	西安	2018				
6	盐城			2018	2014	2014 文件为《实施细则试行》，2018 为《试行》修订
7	大连	2017				
8	开封	2017				
9	南京	2017				
10	沈阳	2016				

续表

序	市	市维修资金管理办法		市管理实施细则		备注
		现行文件生效年份	上次修订 / 制定年份	现行文件生效年份	上次修订 / 制定年份	
11	徐州	2015		2015		
12	长沙	2013				
13	宝鸡	2011		2013		
14	包头	2012		2012		
15	青岛	2012				
16	苏州	2012				
17	新乡	2008		2012		
18	蚌埠	2011				
19	太原	2011				
20	平顶山	2010		2011		
21	济南	2010		2010		
22	铜陵	2007				

表 3.1 显示，2019—2020 年度拟议推出所在地制度文件的城市有 11 个，占 37 个样本城市近 30%，其中，有 4 个城市修订、3 个城市制定“市维修资金管理办法”；还有 4 个城市（序号 8 ～ 11）在 2020 年拟推出其他配套实施政策等规范性文件。

表 3.2 显示，到 2019 年，大部分城市都已经制定了市一级的维修资金管理办法或实施细则。分年度看，近 3 年来，每年都有 3 个城市完成本市维修资金管理办法或实施细则的制定。

此外，37 个样本城市中还有 6 个（贵阳、桂林、濮阳、商丘、上饶、石河子），因未制定市一级维修资金管理办法或实施细则而未列入表 3，占 37 个样本城市的 16.2%。

（四）行政部门监管权责及衔接

围绕业主共有的专项维修资金的归集、保管和使用，地方行政机构要全程履行代为监督管理的职责，涉及环节、行政部门众多，房产行政主管部门在其中如何衔接，各地差别很大。本次向样本城市的调查主要是如下两个问项：

第一，当地维修资金监管工作的决策方式，采用的主要是哪一种：

1. 房产行政主管部门独立决策；
2. 主管部门会同财政部门联合决策；
3. 以维修资金管理监督委员会为形式的多部门联席决策。

调查反馈汇总统计结果如表 4 所示。

当地住宅专项维修资金监管工作决策方式　　表 4

监管工作决策方式	a	b	c	（未填）	加总
调查反馈城市个数	18	13	5	3	39
不同决策方式的城市占比	0.46	0.33	0.13	0.08	1.00

数据表明，前两种（“房产行政主管部门独立决策”与“主管部门会同财政部门联合决策”）方式约占总量的80%，采用维修资金管理监督委员会形式的多部门联席决策的，占13%。

第二，要为共有人代为归集首次应交存的维修资金、要能保持与所有共有权人的有效联系方式，以便及时告知送达，这就需要多个行政职能部门之间相互衔接。

众所周知，近年来许多地方的不动产登记受理部门与维修资金管理部门分属不同系统，所以原先在购买新房办理权属登记证书环节可以完成首次归集的事情，有可能就办不到了。例如武汉市修订住宅专项维修资金管理办法，删除第十三条第二款，即“开发建设单位、购房人未按照本办法规定交存首期住宅专项维修资金的，不动产登记机构不得办理不动产登记”，似乎明确业主们不再需要首期归集了。

除了购买新房，在建筑区划里的专有权权属发生变更，例如因法院拍卖、赠予、继承等不属于房产交易性质的专有权变更，维修资金监管部门无从知晓，换言之，受托方对委托方成员变更都不知道，无法与之及时联系的情况下，如何能向全体委托人负责呢？所以，为了从机理上揭示受共有人之托代为监管的行政职能衔接的困境，本次向样本城市调查设置的第二个问项是“当地维修资金监管机构与房产交易环节衔接的程度”：

- 是否在新房销售环节实现代为归集的业主首期交存：□是／□否
- 是否在二手房交易环节实现业主姓名手机号的变更：□是／□否

调查反馈汇总统计结果如表5所示。表5中的数据说明，首先，有69.2%的城市可以在新房销售环节实现专项维修资金的首次归集缴存，也就是还有30%以上的城市要努力尝试其他办法克服困难，以降低业主之间的不公平；其次，在二手房交易以后，共有权人发生了变更，有25.6%的城市能够自动获取信息，作为业主共有资金的受托代管方能及时与所有权人联系（保障业主的知情权和决定权），换言之，还有近3/4的城市，在这个环节存在困难——受托代管方难以全部联系到委托方（按共有物权的性质，专项维修资金属于按份共有，未能联系到的共有权人未尽义务无法要求让其他共有人承担，未能联系到的共有权人的权利也不能被屏蔽）。

当地维修资金监管机构与房产交易环节衔接的程度　　表5

	新房销售环节实现代为归集的业主首次交存	是	否	（未填）	加总
首次	调查反馈城市个数	27	9	3	39
	城市占比	0.692	0.231	0.077	1.00
	二手房交易环节实现业主姓名手机号的变更	是	否	（未填）	加总
二手	调查反馈城市个数	10	25	4	39
	城市占比	0.256	0.641	0.103	1.00

（五）对专户银行设定的服务要求

各地维修资金管理部门对专户银行设定的服务要求及实际操作各不相同，本次向样本城市的调查主要从三方面考虑：一是“建账、查账”服务的要求；二是对维修（或更新、改造）工程使用维修资金，是否从工程技术方案及预决算的真实、合理性方面，承担审价等监管职责；三是对新房的业主保管首次缴存的资金，是否帮新小区自动安排一定期间的定期存款增值服务。

第一，关于“建账、查询”服务的问项是：

按所在地管理方式，受托的专项维修资金专户银行的账户管理系统

- 是否以物业管理区域为核算单位，按栋建账核算到户，建分户明细账：□是／□否

• 是否向业主提供缴存、分摊、结存的查询服务：□是 / □否

第二，关于“使用真实、合理”的工程审价监督问项是：

• 按所在地管理方式，维修资金专户银行的账户管理系统，对维修（更新、改造）使用工程预决算审价，是否承担真实 / 合理性的监管责任：□是 / □否

第三，关于“定期增值”服务的问项是：

• 本地是否有首次归集费用（新建房屋业主首期交存）按定期利率给业主计息的制度（例如前 3 年按定期利率给业主计息）：□是 / □否

调查反馈汇总统计结果如表 6 所示。由表 6 的数据可见，近 80% 的城市都采用让专户银行提供“以物业管理区域为核算单位，按栋建账、核算到户，建分户明细账”的服务；约 20% 的城市由市维修资金管理部门管理维修资金分户账，资金管理部门在银行设立维修资金专户（通常在一家银行仅开设一个专户）。

在核算到户，银行设立分户明细账的 31 个城市中，能够“向业主提供缴存、分摊、结存的查询服务”的城市比例为 35.5%（11/31），在全部样本城市中的占比为 28%。显然，这一比例还有非常大的提升空间。

对使用维修资金的工程项目，有的城市让银行从工程技术方案及预决算的真实、合理性方面，在程序资料上予以监管把关，例如武汉市自 2018 年 7 月 1 日起，由专户银行承担第三方监督服务，专户银行负责组建第三方监督服务备选库并支付第三方服务相关费用。这种针对工程项目的程序资料监管把关的城市占比为 26%。没有把工程技术与造价为主的第三方监督服务义务落在专户银行头上的城市占 74%，一般都要由当地管理部门直接组建第三方监督服务备选库、安排第三方服务相关费用的机制，并监督实施。

最后，关于对业主共有资金的安全增值服务的制度安排，有 44% 的城市在业主购买新房时首期交存归集的费用，按定期利率给业主计息。

（六）申请使用过程的工程技术资料保管与查询

关于申请使用专项维修资金的工程项目，如何从程序监管的角度保护业主可核查可追责的权利，通俗地说，可以归结为“业主查询有通道、文件夹里有资料”，文件夹里具体有哪些资料，逻辑上应满足“图纸数据可核验；技术方案有依据；审价监理有报告；公示告知留拍照”。根据这个基本思路，本次向样本城市的调查设置了三方面问题：第一，是否“业主查询有通道”；第二，是否存档的资料；第三，网络数字技术在存档查询方面的运用。

调查反馈汇总统计结果表明，第一方面在制度设置上，100% 的城市“业主查询有通道”，即维修资金管理部门都设置有通道，使单户业主能“查询本户参与分摊的使用过程记录”。第二、第三方面的统计分布，也就是“文件夹”里具体有哪些资料和网络数字技术在存档查询方面的运用情况，如表 6 所示。

首先就“文件夹里有资料”，看各地使用维修资金的工程技术资料以及向业主公示告知证据资料的存档保管记录。

表 6 的统计数据表明，基础性的，据以校核工程量构成的工程范围认定资料（原故障部位照片、故障状态诊断检测检验报告）、技术方案设计资料（可能的图纸、文件），有接近 1/2 的城市明确了存档保管责任；工程承揽权利义务界定的，施工合同的技术商务附件资料，有接近 2/3 的城市明确了存档保管责任；造价把关环节的预结算审价附件资料，92% 的城市有明确的存档保管责任；履行告知公示义务的张贴照片证据资料，基本百分之百都会存档保管。可以理解，从故障或毁损现场查勘开始，大中修（或更新、改造）工程的技术资料非常多，维修工程的存档保管也没有成熟规范可循，所以存档保管的资料越细，能做到的城市越少。不

过显而易见的是，工程技术资料和权责义务界定的法律文书资料越规范越细致，维修资金的使用越安全，业主质疑社会矛盾的隐患越低。

其次，网络数字技术在存档查询方面的运用，已经有了可喜的起步——有 13% 的城市，其业主或业主组织，实现了能以网络用户的方式登录查询存档资料，如表 7 所示。

各地维修资金管理部门对专户银行设定的服务要求　　表 6

建账	以物业管理区域为核算单位，按栋建账核算到户，建分户明细账	是	否	（未填）	加总
	调查反馈城市个数	31	8	0	39
	城市占比	0.79	0.21	0	1.00
查询	向业主提供缴存、分摊、结存的查询服务	是	否	（未填）	加总
	调查反馈城市个数	11	27	1	39
	城市占比	0.28	0.69	0.03	1.00
工程审价	对维修（更新、改造）使用工程预决算审价，承担真实 / 合理的程序性监管责任	是	否	（未填）	加总
	调查反馈城市个数	10	29	0	39
	城市占比	0.26	0.74	0.00	1.00
增值	首次归集费用的定存制度（新建房屋业主首期交存）按定期利率给业主计息，如前 3 年	是	否	（未填）	加总
	调查反馈城市个数	17	22	0	39
	城市占比	0.44	0.56	0.00	1.00

各地使用维修资金的工程技术资料保管与查询　　表 7

存档保管记录	主管部门保存据以校核工程量构成的设计图纸及照片，或由维修资金专户银行承担工程预决算审价等监管责任	是	否	（未填）	加总
	调查反馈城市个数	19	19	1	39
	城市占比	0.49	0.49	0.03	1.00
	主管部门保存施工合同的技术商务附件资料，或由维修资金专户银行承担监管责任	是	否	（未填）	加总
	调查反馈城市个数	25	13	1	39
	城市占比	0.64	0.33	0.03	1.00
	主管部门保存工程费用预结算审价附件资料，或由维修资金专户银行承担监管责任	是	否	（未填）	加总
	调查反馈城市个数	36	2	1	39
	城市占比	0.92	0.05	0.03	1.00
	主管部门保存项目申请使用过程公示告知证据资料，或由维修资金专户银行承担监管责任	是	否	（未填）	加总
	调查反馈城市个数	38	0	1	39
	城市占比	0.97	0	0.03	1.00
上网可查	业主或业主组织，是否可以网络用户方式查询本小区上述资料	是	否	（未填）	加总
	调查反馈城市个数	5	33	1	39
	城市占比	0.13	0.85	0.03	1.00

（七）协助业主形成共同决定以安全有效使用资金的措施

保障业主知情权和共同管理权，是从根本上化解共同决定难、实现安全有效使用维修资金的出路。唯有保障业主知情权、提议权，才能有效地协助业主形成共同决定。为了考察这方面的情况，本次调查设置了三方面问项：

第一，当地要求申请人将使用方案等过程文件及结果告知分摊范围业主的方式：

1. 申请人表决前将使用方案在各单元张贴，表决后各户签字复印件在单元张贴；监管方派员随机现场拍照取证；

2. 申请人表决后张贴各户签字复印件；监管方派员随机现场拍照取证；

3. 申请人向监管方提交各单元或小区公示栏张贴的照片；

4. 申请人向监管方提交：群发短信通知的证据、短信链接的在微信公众号等网络公示平台上公示拟使用方案内容链接、表决结果公告内容链接。

调查反馈汇总统计结果如表8所示。

各地要求申请人履行告知义务及监督方式　　表8

申请人履行告知义务及监督方式（可能多种方式并用）	a	b	c	d	其他	未填
调查反馈城市个数	9	15	27	2	1	1
各种告知方式采用的城市占比	0.23	0.38	0.69	0.05	0.03	0.03

数据表明，有23%的城市对非应急使用的流程，要求申请人在业主表决前后都进行张贴告知（形式上是对业主申请人的要求，实际上是拟承揽施工单位制作相关须公示的资料），且监管方派员随机现场拍照取证；38%的城市对非应急使用流程只要求对表决结果进行公示（监管方派员随机现场拍照取证）；推算有39%（除了明确的a、b两种以外）的城市，没有规定监管方派员随机到小区拍照张贴的公示。值得特别指出的是，有两个城市采用了“d”方式——手机短信及网上告知；表7.1中的“其他”，是指因为全程告知监管责任委托给了专户银行，所以没有再列监管告知的事项。

第二，采用“线上办理申请、审批”流程的比例：“使用申请（填报、审价、核拨等）流程，是否已实现网上作业”；

第三，采用“线上表决”方式的比例：“业主是否能够以网络用户方式登录参与表决维修资金使用方案”。

调查反馈汇总统计结果如表9所示。

各地“线上”办理情况　　表9

使用申请（填报、审价、核拨等）流程，是否已实现网上作业	是	否	（未填）	加总
调查反馈城市个数	12	26	1	39
城市占比	0.31	0.67	0.03	1.00
业主是否能够以网络用户方式登录参与表决维修资金使用方案	是	否	（未填）	加总
调查反馈城市个数	8	30	1	39
城市占比	0.21	0.77	0.03	1.00

表9的统计比例显示，网络数字化运用已经起步，但是，业主可以在“线上”共同决定的维修资金使用方案的比例，显著低于“线上”受理申请、审批的比例。需要指出的是，在业主能够“线上表决”的8个城市中，有2个城市还没有实施“线上申请、审批”。

三、各地情况综合分析及建议

（一）总体反映出的潜在问题与发展趋势

1. 个别城市资金用得快、存量低、续筹难的苗头已经初现

一方面，由于“双三分之二”投票通过很难，使维修资金的使用在许多城市相当困难；另一方面，还处于不断扩展的绝大多数中国城市引致的新住宅迅速增长，使维修资金缴存持续增加。这样，归集多、使用少的情形使大量资金沉积、形成“难用的资金”，是原来维修资金行业对维修资金的普遍共识、也是客观现实，而维修资金使用快、存量低、续筹难是极个别住宅小区的偶然现象。

但是，从这次调查数据来看，现实中已经存在与此普遍共识刚好相反的情况，有些城市使用/归集之比超过50%，这说明维修资金用得快、存量低，已经不是极个别住宅小区的极个别现象，而是一些城市许多小区共同存在的问题。相对于维修资金的使用，维修资金存量低于30%以后进行续筹的难度，肯定远远超过使用的难度。因此，这种现象目前虽然只出现在少数几个城市，但是，一旦范围扩大、城市增多，其可能给维修资金监管以及整个维修资金行业发展带来的问题，将是非常严重的。而且，随着城市建设减速、已有住宅房龄的增加，维修资金使用/归集比逐步上升是必然趋势。所以，在普遍被维修资金使用难所“困扰”的当下，也不能忽略维修资金使用快、续筹难的问题。

2. 应急使用方式是一把双刃剑，如何准确把握值得关注

也正是由于“双三分之二”业主表决同意的规定，不仅耗费大量时间，而且涉及公共决策，许多业主的最优选择往往是“搭便车”，因此，经常达不到要求。结果，维修资金使用难成为各地普遍面临的难题。尤其是小区许多共用设施设备出现故障、无法使用的情况下，如果等待按部就班的完成所有程序、并达到法定要求，必然影响到小区业主的正常生活，甚至危及生命和财产安全。针对这种情况，《住宅专项维修资金管理办法》第二十四条规定，在发生危及房屋安全等紧急情况下，可以简化使用程序——主要是不需要经过“双三分之二”业主表决同意，就可以动用维修资金。以此为依据，许多城市为维修资金的应急使用打开了“绿色通道”，一定程度上解决了维修资金使用难问题。但是，从调查反馈的资料中可以发现，样本城市中，有些城市应急使用要比非应急高达八倍，而有些城市应急/非应急之比为零。说明应急使用方式在实践操作中，很容易趋于两个极端，即或者很严或者很松。太严并不能缓解维修资金使用难问题，太松了会导致资金使用增速过快、危及资金安全。如何准确把握这个“度”问题显得相当关键。

另外，《住宅专项维修资金管理办法》以及地方的维修资金条例、办法，开通维修资金应急使用的“绿色通道”，直接跳过“双三分之二”业主表决同意，在大多数业主不知情的情况下，甚至可以由单个业主作为申请使用人，动用维修资金，缺乏法理依据。而且在实际操作中，由于其自身缺陷，往往成为引发投诉和群访事件的原因之一。

因此，虽然维修资金的应急使用在许多城市为解决资金使用难问题发挥了一定的积极作用，但同时，也存在缺乏法理依据、导致维修资金使用过快等问题，是一把双刃剑，以后如何改进需要重点关注。当然，按

照新颁布的《中华人民共和国民法典》，在一定参与率条件下，只要“双三分之一”业主表决同意，就可以动用维修资金，大大降低了维修资金的使用门槛，在这种情况下维修资金的应急使用方式是否值得继续存在以及如果存在的话，如何改进就显得比较重要。

3. 各地主管部门面对的社会经济环境和当地制度各异，加大了监管难度

从反馈的资料来看，不同城市由于不同的社会经济环境和制度差异，给各地主管部门的监管带来不同挑战，加大了监管难度。如由于不同城市新商品房的建设和投入使用速度不同，已有住宅所占比例和房龄也各不相同，导致资金归集、使用的结构就大相径庭；另外，各地的法规、规章规范性文件的设置，差异也较大，各行政部门之间的职能衔接情况不一。例如对于应急使用的情况，有的城市非常明确地界定了消防、电梯等特种安全设备、房屋安全——危房或地质灾害鉴定的标准或条件，作为“危及人身财产安全”的客观标准及程序，有些城市则非常模糊。

4. 专业第三方监督的作用日渐凸显，值得进一步健全体制机制

维修资金的使用过程就是信息不对称条件下的委托代理问题，作为委托人的小区业主不仅存在信息劣势，而且更愿意“搭便车”而不有效的行使权利和参与监管。政府主管部门也不可能配备庞大的专业监管队伍去现场监督查勘每一项维修项目的具体实施。对此，最好的出路是由一个懂专业、尽责任的第三方替全体小区业主把关，确保维修资金安全有效使用。从现实来看，引入专业第三方进行协助监督的做法，在南京、成都、武汉等地取得了较好成效。但是，一方面，存在不同的做法。如武汉市对维修资金的工程项目，由银行从工程技术方案及预决算的真实、合理性方面，在程序资料上予以监管把关。而其他城市一般都要由当地管理部门直接组建第三方监督服务备选库、安排第三方服务相关费用的机制，并监督实施。另一方面，对于第三方的资格认定、职责范围、运作流程等进行系统性纳入整个维修资金筹集和使用流程的还不多。因此，如何更好的引入、并发挥第三方的作用，尚需要在体制机制方面进行健全和完善。

5. 网络数字化运用已经起步，尚需加强关键环节

互联网技术全面进入维修资金监管系统，应该只是个时间问题。从反馈资料来看，从维修资金的使用申请（填报、审价、核拨等）、业主表决、公示公告到资料保管与查询等，所有环节和工作内容，虽然程度有所差异，在不同城市都已经开始应用。这种技术上的进步能降低操作难度、缩短工作时间、节约监管成本，无疑是维修资金发展的新方向。其中，如果维修资金使用的公示、表决等环节如果能够进一步健全和完善，实现“线上”公示和表决，可能会大大有利于解决维修资金使用难问题。

6. 维修资金使用的基本制度设置在机理上存在相互矛盾的趋向

对于维修资金的使用，一方面，在原来的《中华人民共和国物权法》当中，要求必须坚持“双三分之二”原则，而在新颁布的《中华人民共和国民法典》中，只要求有“双三分之二”参与投票的情况下，其中一半表决同意即可，也就是有条件的“双三分之一”业主表决同意即可。从这个变化来看，在制度设置上，有协助业主降低共同决定中的知情、表决障碍，降低形成有效决议法定比例门槛的趋向；另一方面，包括《中华人民共和国民法典》，也增设了紧急情况内容，有“躲避”共同决定过程、以紧急之名、开方便之门的趋向，给维修资金的安全有效使用留下大量隐患。

（二）各地尝试探索推进的特色

1. 南京引入新型专业第三方监督

近年来，南京市在维修资金监管方面进行了许多有益的尝试和探索，如维修资金应急使用制度落实和改

进、维修工程企业备选库建设、维修和更新参考价格的研究制定等。其中，最具特色、也值得推广的是新型专业第三方监督机构的引入。

如前所述，在小区业主不仅存在信息劣势且愿意“搭便车”、政府主管部门专业性不够、人力也不足的情况下，对维修资金使用的监管，最好的出路是有一个懂专业、尽责任的第三方来把关，确保维修资金安全有效使用。基于这种考虑，南京市在通过广泛调查和研究的基础上，确定在维修资金监管方面引入一种贯穿始终的专业第三方监管机构。具体来说：（1）由政府筹措聘请第三方的费用。也就是针对维修资金可能无法承担聘请第三方费用的情况，政府主管部门主动出面筹措费用。监管维修资金的安全有效使用，是维修资金主管部门的主要职责之一，如果专业第三方的引入能够减少维修资金的虚报冒领、提高使用效率，甚至减少由此引起的社会矛盾和冲突，也意味着主管部门监管职责的优质履行。因此，由主管部门筹措该费用也有一定合理性。（2）该机构侧重于整个维修项目的全过程监管。专业第三方的引入，有利于降低委托人和施工方在专业知识上的信息不对称，但是，如果缺乏在施工一线对施工方的全过程监督，由于施工行为而导致的信息不对称问题仍然难以避免。这也是已有的一些第三方机构（监理机构、审价机构）作用有限的原因。因此，该第三方应该对施工方案、施工用材、施工过程和施工质量的全过程、全方位进行监管。（3）要求申报流程、材料标准化、格式化。聘请专业第三方监管机构，主要是解决施工方在专业技术方面的优势。但是，施工方终究是对具体施工项目最为了解的主体，加上聘请的第三方也无法全天候地进行现场监督，施工方与第三方之间的信息不对称仍然会存在。对于这种情况，虽然没有一劳永逸、彻底解决的措施。但是，标准化的操作流程和格式化的申报材料，一定程度上会降低监督成本、有利于专业第三方工作开展，也有利于同行业之间为了获得工程项目而相互进行比较和监督，这都会减少施工方的机会主义行为。

2. 成都维修资金紧急使用的应急预案

如前所述，为了解决紧急情况下维修资金使用难问题，大多数城市都开通了应急使用的绿色通道，虽然解决了紧急情况下维修资金的及时动用问题，但同时这种应急通道事实上避开了“双三分之二”原则，在大多数业主不知情的情况下，动用维修资金，缺乏法理依据，使政府主管部门处于被动局面，也给围绕维修资金使用中的矛盾纠纷埋下了伏笔。

针对这个问题，成都市采用事先由全体小区业主形成民事决议的方式，给予政府以协助管理的法律依据。《成都市住宅专项维修资金管理办法》第28条中，要求小区业主对维修资金的紧急使用，预先制定应急使用预案，预案的范本由政府主管部门提供，“应急使用预案经本建筑区划内专有部分面积占建筑物总面积三分之二以上的业主且占总人数三分之二以上的业主表决同意后生效，由业主委员会、街道办事处、镇（乡）人民政府或开发建设单位在生效后30日内持相关资料到区（市）县房产行政管理部门备案。”这种形式一方面把维修资金的最终决策权交还给了全体小区业主，避免了政府主管部门直接插手产生的法理依据问题；另一方面，也能有效地解决维修资金的紧急使用问题。

3. 深圳市与产权登记部门定期核误信息，相关事项及时手机送达所有业主

维修资金使用作为小区公共事务，对维修的具体内容、施工方案、所需资金等主要内容告知利益相关的业主是整个工作不可或缺的一环。现实中一般采用网上公示、小区公示栏公示等方式。但是，从实际调查的情况来看，维修资金使用情况网上公示鲜有问津，维修方案等公示栏公示无法长期保存，导致定期例行对账告知、项目启动告知等无法按期送达目标业主。这样，一方面使得没有接收到通知的业主权力无法有效得到行使，使业主权益受损；另一方面，存在部分业主以没有收到相关通知为由就维修项目合理性提出质疑，诟病维修资金管理工作。

对于这个问题，深圳市采取手机短信的方式，告知利益相关业主，在“知、议、决”三环节，解决业主共同决策过程中当事人不到场、不知情的程序瑕疵，避免维修资金管理部门行政履职无法到位。手机短信方便快捷，而且便于留存，是可追溯的有力证据。当然，现实中存在由于二手房买卖造成产权转移，部分业主联系方式缺失，仍然存在部分业主无法通知到位的情况。对此，深圳市的做法是与产权登记部门对接，采取定期与产权登记部门核误的方式，及时获取产权变更信息及新业主联系方式，并进一步对变更情况同物业公司进行核实，避免信息无法送达的情况。从实际操作过程及其结果来看，工作量并不大，切实可行有效。

4. 武汉等城市委托银行进行把关维修资金使用

委托第三方审价机构对施工方工程造价进行审核，是许多城市为了加强对施工单位监管以确保维修资金使用安全所采取的措施之一。但是，目前住宅维修资金项目的施工单位和审价机构或由申请人指定或从主管部门提供的备选库中选择，无论是审价机构还是施工单位，相对于主管部门还是小区业主，都在专业技术和信息方面具有优势。这种情况下，维修施工单位与申请人、维修施工单位与审价机构之间产生串谋，进而不法侵占维修资金的情况不可避免。

如何规避代理人之间的串谋？由于对于任何一家银行来说，维修资金是一笔数额大、存期长的固定存款来源，具有非常大的吸引力。以此为前提，武汉、上海等城市的做法是通过市场竞争机制，筛选符合标准的银行作为维修资金的代管方，同时委托其作为维修资金使用项目的审价机构或者由其选择审价机构。在这一机制设计下，使得银行在获取维修资金存款衍生的利益驱动下，兢兢业业把好“审价关”，降低被收买或者串谋的可能性；同时，竞争机制的存在，保证了代管维修资金的银行本身各方面的能力。这不仅有利于提高维修资金使用的安全性，降低行政履职风险，还可以减少行政主管部门的工作量，降低行政履职的难度。

（三）简要建议

1. 工作重心适当从“使用难”向“归集难”转移

如前所述，维修资金用得快、存量低，已经不是极个别住宅小区的极个别现象，而是一些城市许多小区共同存在的问题。随着城市建设的减速、已有住宅房龄的增加，维修资金使用/归集比逐步上升是必然趋势，更多小区、城市出现维修资金不足、需要续筹的情况也是必然趋势。而就现实来看，维修资金的归集和续筹难度，必将大于当前普遍所关注的使用的难度。因此，未雨绸缪，主管部门应该提前加强这方面问题的探究和思考，做出预案，以便防患于未然。

2. 进一步完善维修资金的应急使用方式

维修资金的应急使用在现实中使不同城市两极分化，说明对应急情况的认知和“度”的把握在不同城市大相径庭。同时，《中华人民共和国民法典》一定程度上降低了维修资金使用的门槛，对由于维修资金“使用难”而产生的应急使用方式来说，对什么是“紧急情况”，也需要重新界定。因此，在这种新背景下，理清应急使用的范围和标准、规范应急使用流程、探求应急使用法理基础，从而进一步完善维修资金的应急使用方式，势在必行。

3. 加大力气构建“智慧”维修资金管理系统

维修资金“互联网+服务”平台、维修资金“智慧治理”平台、“智慧”维修资金管理系统……无论是什么名称，实质是互联网技术引入维修资金监管和使用中的应用。当然，其重要性、必要性和将来可能对维修资金行业发生翻天覆地的作用，无需多言，绝大多数城市都已认识到并正在不同程度的推进。只是在互联网技术引入维修资金监管和使用过程中，为了降低交易成本、产生规模效益，注意这样几个问题：第一，在纵向，应该尽量做到与本地物业管理系统、房地产管理系统、甚至整个“智慧城市”建设融合；第二，在横向，不同城市应该在专业术语、使用流程、操作方法等尽量趋同（这个难度比较大）；第三，要重视广大“用户”，尤其是广大业主的使用的便利性和参与的可操作性。

4. 积极推广维修资金使用中的专业第三方监督机制经验

审价、监理等第三方机构在许多城市已经存在且运转，但是，效果并不理想。因此，由政府出面构建贯穿维修资金使用全过程的专业第三方监督机制，来避免由于小区业主和政府监管信息不对称、专业知识不足、人员不足等形成的监管缺位，有一定成效，值得推广。

5. 给予各地在维修资金监管上的自主权

如前所述，各地主管部门面对的社会经济环境和当地制度各异，则监管工作自然因地因时而异，不能一刀切。因此，在法律法规允许的范围内，应该给予各地维修资金监管部门一定的自主权，调动主观能动性，因地制宜采取措施，加强管理。

物业设施设备管理发展专题报告

中国物协设施设备技术委员会

物业管理行业基础服务中专业要求最高的是物业设施设备管理，随着人们的使用需求不断变化，建筑物配套设施应用领域的科学技术进步带来的不断创新发展，建筑物已从智能建筑发展到智慧建筑，智慧建筑的主要特点表现在：通过运用人工智能、物联网等技术，将各个设施系统相互连接，使建筑自学习，会思考，与人自然交互，自适应各种场景。比如智慧建筑可以根据人流、温度、光线、湿度、每个人的穿着等因素对暖通空调、照明进行调节等。智慧建筑就是升级版的智能建筑，标志着物业设施设备已进入新时代。这就对物业设施设备管理从业人员专业能力提出了新的更高要求，中国物业管理协会沈建忠会长在 2019 年 12 月中国物业管理协会设施设备技术委员会（以下简称“中国物协技术委员会”）主任工作会议上，提出物业设施设备管理工作，应以规范化、标准化、专业化和智慧化建设为指导思想，要在引导行业、企业全面推进落实物业设施设备管理“四化”建设方面做出更多贡献。

一、物业设施设备管理的现状

伴随国家推行住房商品化改革而催生的中国物业管理行业，已经走过 39 年的发展历程，大量的建筑物交付使用已接近 20 年至 30 年，既有建筑本体及配套的设施设备步入更新改造期。在国家改革开放 40 多年所取得巨大发展的今天，以节能减排、绿色运行和科技赋能为中心高质量发展，已经摆到物业管理行业十分重要和关键的位置。物业设施设备运行管理和科学维护作为物业管理行业“四大基础服务”中，专业性要求较高、行业价值最大和转型升级联系最紧密的一项服务，在标准建设和专业人才队伍培养等多个方面，提出了更多更高的要求。

纵观物业管理行业最具专业价值的物业设施设备管理，无论是标准化建设水平，还是运行管理和科学维护的专业能力，均与行业高质量发展的要求存在着较大的差距，存在主要问题：

（1）物业服务企业重视度不够，表现在投入不足；

（2）物业服务企业盈利能力偏低，专业人才匮乏；

（3）物业设施设备运行管理与科学维护的标准尚未建立；

（4）集技术、实用与可操作的基础性、系统性知识缺乏；

（5）行业技术工人的专业技能鉴定与评价体系缺失；

（6）科技应用与融合、绿色运行推广与样板创建、认证缺位等。

物业管理行业设施设备运行管理和科学维护所存在的主要问题，不仅体现在缺乏相适应的管理与维护标准，也表现在有关专业的人才与培养体系匮乏，绝大多数企业在设施设备运行管理和维护方面，仍然处于既不重视，也缺乏投入，导致一些物业配套的如电梯、消防等重要机电设备，因各种原因发生安全事故，给物业管理行业造成了较大的负面影响。建立健全关系到人民群众生命财产安全的设施设备运行管理、科学维护保养的标准体系，以及相适应的运行维护管理队伍，成为当前物业管理行业的重要工作。在推进“四化”之标准体系建设时，首先同步建立起如标准机房与认证、绿色运行评价和专业人员执业技能水平评价体系，鼓励技术创新，创建示范样板，才能为物业管理行业高质量发展发挥重要的推动作用。

二、推动物业设施设备管理工作的总体思路

中国物协技术委员会成立以来，落实“创新、协调、绿色、开放、共享”的发展理念，坚持以现代科技为手段，以科学管理为导向，顺应物业管理行业转型升级和健康发展的要求，结合中国物协近年来提出的标准建设年（2019 年）和能力建设年（2020 年），做了大量卓有成效的工作。

（一）建立健全物业设施设备专业化建设的评审和认证机制

组建包括来自物业管理行业、科研机构、大专院校等设施设备方面具备较高专业知识、实践经验和个人能力的专家评审工作组。一是对涉及物业设施设备运行管理和科学维护保养体系的标准、行业专业化管理规范等组织进行专业评审。二是对物业设施设备开展的各类形式专业培训大纲、教材和从业人员的专业技能鉴定方案，组织进行专业评审。三是围绕物业设施设备管理的热点、难点问题，组织相关专业技术人员，开展课题研究和成果推广应用。四是坚持高质量发展，对行业重要设备机房的建设标准、新技术应用、开展绿色运行管理示范基地和节能减排样板工程，组织进行评价、验收，并在行业推广、观摩和应用。最后是对物业设施设备培训师资队伍能力水平评价，为师资队伍的动态管理提供支持。

（二）加强设施设备运行管理和科学维护的标准化体系建设

2020 年是中国物协确立的行业能力建设年，目前物业设施设备管理与运行维护的标准建设、整体发展水平处于滞后状态。通过加强与中国物协标准化委员会的合作，按照中国物协技术委员会原有的“九大”专业系统和新成立的超高层建筑专业组工作职责，持续加强物业设施设备的运行管理和科学维护两个维度的标准体系建设。

一是摸清既有建筑物业设施设备运行管理和科学维护的基本现状，将多种渠道采集物业项目设施设备的运行数据，逐步建立相对完整的数据库，并通过现场调研和数据分析、评估等方式，一方面为推动设施设备绿色运行管理提供依据；另一方面还将有计划、按步骤和以年度为周期，委托自愿参与和相对领先物业服务企业，在“九大”专业工作组的指导下，承担物业设施设备运行管理和科学维护的团体标准的制订工作。

二是由中国物协技术委员会各专业小组按年度拟定相关团体标准的编制计划，中国物协技术委员会秘书处按程序向中国物协标准化委员会申请立项，并专业指导承担团体标准撰写的物业服务企业有效推进。

三是由中国物协技术委员会秘书处牵头，组织各专业小组与团体标准编制企业，经中国物协标准化委员会、设施设备专家评审工作组进行标准的审核后，呈报中国物协审核批准后颁布和实施。

四是以颁布实施的标准为依据，会同全国各省市自治区物业管理行业协会，组织设施设备运行管理和科学维护团体标准的宣传贯彻和专业培训，并严格按照标准组织企业实施标准机房的创建工作，定期验收并进行动态管理。

五是与具备认证资格的第三方机构合作，共同制订物业服务企业按团体标准建设的标准机房的验收和认证的具体规定，对物业服务企业自愿申请，并经过委员会和第三方认证机构验收达标的标准机房，颁发认证标识。同时，验收达标的标准机房会作为全国、省市自治区物业设施设备标准化管理的实训基地，供物业设施设备专业技术人员交流学习和推广。

（三）优化完善物业设施设备专业人员的培训体系

遵循建筑物及附属配套设施设备全生命周期运行管理和科学维护的基本要求，严格执行物业设施设备运行管理和维护保养标准，优化完善物业设施设备专业人员的培训体系，着力加强专业人员的专业能力提升和培训，成为安全生产和延长物业及配套设施设备使用寿命、保值增值和绿色运行的关键。当前，一方面物业设施设备的专业人才匮乏和专业人员的能力不足，与行业高质量发展的需求相差甚远；另一方面物业设施设备管理领域的专业化培训体系尚未形成，培训方式和内容均显不足，从业人员专业技能鉴定处于空白状态，导致物业设施设备管理的专业化队伍建设，远滞后于发展的需求。为此，在“互（物）联网＋”和人工智能与物业设施设备运行管理和科学维护时代来临之际，优化完善房屋和设施设备专业人员的培训体系，满足行业可持续健康发展的实际需求，也是中国物协技术委员会一项十分迫切的重要工作。主要包括：

一是进一步完善已实施多年以两本《指南》作为主要培训教材的线下培训。内容包括补充师资队伍、丰富培训教材（继续完成修订《物业承接查验操作指南》，《物业设施设备管理指南》已于2020年年初完成修订）、完善培训效果评价体系，以及围绕安全生产为中心进行培训内容补充、形式丰富等，有计划采集培训人员在管物业设施设备运行和维护数据、典型案例等实用型资料，补充在岗继续教育的方式和内容，配合中国物协推动专业技术人员专业技能鉴定等。

二是开展好技能人才培养工作，加快建立物业设施设备管理技术人员的职业技能评价体系。自10年前，中国物协开设物业设施设备运维管理与承接查验师资（线下）培训至今，物业服务企业需求仍然旺盛，希望在培训方式、培训内容和受训人员能力评价等多个方面，能够运用信息化手段，加强物业设施设备运行管理、科学维护的应用型知识要点和人员技能水平评价的线上培训，以实现扩大培训覆盖面。为此，中国物协技术委员会（2019年）联合中国物协移动互联网教育基地“中物教育”和中国物协教育培训基地山东房地产教育培训中心等单位，组织有关专家进行了为期半年以上的实际调研。调研结果认为，随着信息科技的发展，线下培训已无法满足行业技能型人才培养的实际需求，其培训方式、成本、效率和要求均受到一定的限制，特别是本次新冠肺炎疫情发生后，线上培训以其跨时空、跨地域、便捷高效等特点越来越为企业、从业者所接受。中国物协技术委员会将在中国物协培训中心的统一部署下，加强与其他专业委员会、线上网络平台、培训机构和各省市地方物业协会的合作，逐步推动线上线下教育的有机结合，构建房屋和设施设备专业人员的培训体系。另一方面在物业管理行业设施设备人员专业技能不足、人才匮乏的背景下，线上培训将以设施设备专业技术的应用为导向，通过微视频、VR技术、电视教学和动漫等多种形式展示，尽可能使受训人员利用碎片时间，持续学习、掌握和积累应知应会的知识要点，提升自身的专业技能。中国物协技术委员会全力配合好中国物协培训中心开展物业设施设备人员线上培训和建立健全物业设施设备人员职业技能考试、评价规范，协助中国物协申请物业设施设备人员技能水平认证资格，开展物业设施设备岗位技能等级认证的考试工作。

三是通过对物业设施设备专业人员参与线上线下培训教育和日常学习情况的统计、分析和评价，逐步构建物业设施设备管理技术人员专业技能的评价体系。

四是加强与中国物协人力资源发展委员会的合作，借助国家开放大学现代物业服务与不动产管理学院的优势，完成物业设施设备从业人员学分转换和学历提升教育的有关工作。

（四）加强宣贯培训，促进行业绿色物业管理发展

绿色建筑是城市管理发展的必然趋势，绿色节能降耗指标也将成为物业服务企业重要考核指标。全行业应积极践行绿色发展理念，倡导简约适度、绿色低碳的生活和工作方式，将绿色发展理念融入日常的管理和服务工作中去。中国物协技术委员会将进一步加强与中国建筑科学研究院的合作，举办《绿色建筑运行维护技术规范》行业标准宣贯培训工作；完善绿色建筑和绿色运行管理的线下线上培训，推动物业设施设备减能减排和绿色运行工作的开展。

三、物业设施设备管理未来展望

物业设施设备管理是物业管理的一项核心基础性服务，是物业管理专业价值的基本定位，是物业管理行业固本守正的根基。保证建筑物的安全使用、设施设备的正常运行，延长建筑物及其设施设备的使用寿命，是物业服务企业实现业主对物业使用价值的最大化和物业价值贬损的最小化目标的必要途径。面对日新月异的科技进步和社会经济的发展，呈现新技术、新材料带来的硬件复杂化、智慧化和建筑类型的多样化、功能的多元化技术含量高的新建筑物（超高层建筑、城市综合体建筑等），而专业管理能力要求也高的局面，物业服务企业将如何锐意进取，通过提升物业设施设备管理专业水平加以适应？既有建筑科学维护保养及老旧项目物业设施设备的更新改造（如设备自然老化或如消防设施、发电机等设备存在长期维护保养不到位故障频繁等综合原因而致）实施难度大和专业难点多等情况，物业服务企业又将如何砥砺前行、攻坚克难加以解决？

物业设施设备管理的核心地位，自物业管理行业诞生以来就已是不争的事实，而未来随着科学技术的发展，智慧化的进程，更多的智慧建筑、智慧社区层出不穷，一个个智慧城市出现在人们的面前。

一是设施设备管理必须要重视专业人才队伍建设。发展足够多的懂专业、精业务、智慧型的高级管理人才和专家队伍；加强培养具有一专多能、爱岗敬业、技能水平高的基层管理人员队伍和合格的专业化运维操作员队伍。

二是在标准化建设方面。制定好物业设施设备管理标准体系的中长期规划，为建立健全行业运维专业系统的标准体系、服务认证标准确定时间表，让规范化、专业化建设有标准可依、有规范可循。

三是中国物协技术委员会要在组织建设方面，向全而专建设发展。针对我国超高层建筑、城市综合体这10年来剧增的现实，在原组织结构中增设超高层建筑、城市综合体专业小组，吸纳更多的行业专业人士，专心对科技含量多、智慧化应用全、专业管理要求高的现代建筑开展专业管理研究、制订管理体系标准，编著专业管理教材，系统培养专业管理人才等适应发展需求。

四是在物业设施设备管理从业人员培训方面。首先是进一步完善培训教材，组织各专业小组，继续修订

现有教材，增编新的专业教材，逐步建立完善的专业培训体系教材库；其次是在已开展 10 年的物业设施设备承接查验与运维管理的基础上，继续配合好中国物协培训中心开展培训方式改进工作，运用信息化手段，加强物业设施设备运行管理、科学维护的应用型知识要点和人员技能水平评价的线上培训，以实现扩大培训覆盖面，满足广大从业人员的求知充能的需求，提升专业能力水平满足发展需求。

五是积极参与中国物协开展的职业技能竞赛、建立健全物业设施设备人员职业技能考试、评价规范，协助中国物协申请物业设施设备人员技能水平认证资格，开展物业设施设备岗位技能等级认证的考试工作。

六是进一步开促进国内、国际物业管理同行的双向交流和行业标准的双向输出，加强与国内外设施设备协会（学会）等机构的交流，学习行业内标杆企业物业运营及设施设备管理好的经验，创造一个相互学习和拓展视野的良好环境，共同推动物业管理行业转型升级和创新发展。

最后，就是要加强与中国物协各专业委员会、科研单位和技术院校、消防、电梯等行业的横向联系和合作，让推进物业设施设备管理“四化”建设工作富有成效，力争为行业发展做出更大的新贡献。

物业管理行业人力资源发展专题报告

物业管理行业是与人民群众生活和社会治理息息相关的重要服务行业，历经 39 年的发展，筚路蓝缕，取得了辉煌的成就。

在新经济时代，以互联网、大数据、云计算、人工智能为代表的新兴技术，为物业管理行业的发展插上了腾飞的翅膀。但是，从行业人力资源构成和技术含量构成来看，仍属于典型的劳动密集型行业，劳动力成本的不断上升和人力资源结构偏低、人才匮乏的状况严重制约了行业的发展。

改变行业人力资源发展模式，创新行业人才培养机制，提升人力资源尤其是核心人力资源整体素质，提升行业科技含量，加快向技术密集型、管理专业化方向发展，才能使物业管理行业在新经济时代享受到更多的人才红利和技术红利。

“人才资源是社会经济发展的第一资源”。全行业将更加关注和聚焦行业人力资源体系的建设和人才的培养，确定人才培养和建设的目标，着力打造人才队伍，提升人才品质，逐步摆脱微利行业的束缚，提升行业的创富能力，促进行业健康快速发展。

一、物业管理行业人力资源及行业教育发展现状

（一）行业人力资源规模持续壮大，高素质人才依然匮乏

中国物业管理行业是与人民群众生活和社会治理息息相关的重要的服务行业，历经近 40 年的发展，已经成为一个市场空间巨大且处于高速发展的万亿级行业。

据《2020 年物业管理行业发展指数报告》数据显示，在“十三五”期间，中国物业管理行业管理规模突破 333 亿平方米，行业产值超过万亿元，复合增长率达 13.6% 。

伴随着物业管理行业高速发展，人力资源规模也持续增长，目前全行为拥有 23.8 万家企业、超过 1000 万从业者。

尽管物业管理从业人员队伍在不断壮大，但人才的紧缺，尤其是具有较高学历的、训练有素的经营管理人才、设施设备管理高技能人才等行业核心人才的紧缺，已经构成行业转型升级发展的瓶颈。

从行业百强企业的情况来看，从业人员岗位构成中，操作人员占到百强企业从业人员的 86.4%，经营管理人员仅占到 13.6%（其中高层管理人员占经营管理人员的 4.42%，项目经理占 18.14%，管理员占 77.44%）。

近几年，物业管理行业从业人员的学历水平有所提升，但高素质人才仍较为匮乏。500 强企业从业人员学历构成中，高学历从业人员相对较少，本科生、硕士研究生、博士研究生三者占比总和仍不足十成，仅占 7.6%。高中以下占比较大，达到 57.76%；中专生、大专生次之，占比分别为 19.26%、15.38%。

从上述行业人力资源构成和技术含量构成来看，仍属于典型的劳动密集型行业，劳动力成本的不断上升和人力资源结构偏低、人才匮乏的状况严重制约了行业的发展。

（二）“后资质时代”行业教育迫切需要破解之道

随着国家实施负面清单制度，物业管理行业中的物业管理师职业资格和物业管理企业资质被取消后，行业进入“后资质时代”，也随即面临着企业自身建设和行业人力资源建设以及人才培养的难题。

虽然经过多年的发展，物业管理行业已拥有了相对丰富的教育资源，主要包括行业协会、专业培训机构、高等院校、企业内训四大行业教育培训资源，但是由于多年的政策环境、市场竞争、地域发展水平不均衡等多种原因，一直存在着行业教育发展不平衡不充分的矛盾。

我国现阶段的职业教育还是属于分层教育，目前我国高校物业管理专业人才培养主要还是以高职层次为主，在本科层次开设物业管理专业的高校很少，全国仅有 30 多所本科院校拥有物业管理专业，研究生层次的专业教育更是凤毛麟角。国家目前还比较缺乏职业教育的专业本科、专业硕士和专业博士层级，这对物业管理高素质人才培养造成相当大的不利影响。

高校在师资队伍建设方面也普遍缺少专业教师，特别是专业理论功底较好、实践经验丰富的专业教师少之又少，难以满足物业管理行业发展的高学历、高素质人才规模需求。

企业培训机构的培训内容更多是针对本企业内部的问题而开展，培训讲师主要来源于企业内部的一些经验丰富员工，这些培训讲师自身的学历和职称水平也不够高，对于较全面地建立企业经营管理人员和设施设备管理人员的知识结构和能力结构，企业内部的培训还是有较大欠缺。

一些社会培训机构以营利为目的，培训的内容主要是政策法律法规、基本知识、基本业务流程和基本技能，缺乏知识与能力体系的完整性。

总的来说，现有行业教育培训资源存在资源分散、内容重叠、区域失衡等问题，远远满足不了行业对人才的需求，行业教育资源亟待整合，特别是物业管理师职业资格取消后，行业人才评价标准缺失，使行业人才培养缺乏驱动器，行业教育迫切需要破解之道。

二、国家战略指引物业管理行业教育的新路径

中国物业管理协会会长沈建忠指出，物业管理行业从传统服务业向现代服务业转型升级，行业要分享资本的红利、科技的红利都离不开人才红利的分享。行业越来越迫切需要一支复合型、工匠型、应用型、创新型、技能型的高素质人才队伍，这是促进行业长远发展、提升服务质量和服务水平的根本。

分享“人才红利”的关键因素之一在于发展现代职业教育，创新行业人才培养机制。

2010 年《国家中长期教育改革和发展规划纲要（2010—2020 年）》发布，明确提出了要建立学分银行制度，搭建终身学习“立交桥”，促进各级各类教育纵向衔接、横向沟通，提供多次选择机会，满足个人多样化的学习和发展需要。

在中央全面深化改革领导小组第四次会议上，习近平总书记作出了关于“构建衔接沟通各级各类教育、认可多种学习成果的终身学习立交桥”的重要指示。

国家战略给中国物业管理行业教育和人才培养指明了新方向、新路径。沈建忠会长在 2017 年《中国物业管理》杂志第 10 期上发表专题文章指出：“探索能力水平评价体系和建立学分银行制度，是加快建设高素质物业大军的必由之路！”

2016 年，中国物业管理协会携手国家教育改革工作重点推动单位——国家开放大学，共同筹建学习成果认证中心（物业）和现代物业服务与不动产管理学院，搭建中国物业管理行业终身学习“立交桥”，明确了以学分银行建设带动行业学院筹备和行业特色物业专业建设工作，以及在中国物协统筹协调下进行行业教育资源整合的总体推进思路，拉开了搭建中国物业管理行业终身学习“立交桥”的历史序幕。

进入 2019 年以来，现代职业教育改革与发展上升为国家战略，国务院总理李克强在 2019 年“两会”政府工作报告中强调，加快发展现代职业教育，让三百六十行人才荟萃、繁星璀璨！国务院副总理孙春兰也多次强调，要推进国家学分银行建设，为技能人才终身学习、持续成长拓宽通道。

2019 年 2 月，国务院印发《国家职业教育改革实施方案》，明确提出从 2019 年起，开展学分银行试点工作，制定符合国情的国家资历框架，启动“学历证书＋若干职业技能等级证书”即“1 ＋ X”证书制度试点工作。

《国家职业教育改革实施方案》为物业管理行业教育与人才培养带来强有力的政策指引和发展支撑。未来物业管理行业将在国家资历框架基础上建立基于学分银行的终身教育体系和人才能力水平评价体系。

三、推动行业人力资源创新发展，破解物业管理人才困局

2017 年 11 月 22 日，中国物业管理协会人力资源发展委员会（以下简称人力资源发展委员会）正式成立，设立人力资源专委会是中国物协把握行业发展机遇，聚集全行业智慧与力量，共同推进物业管理行业人力资源建设与发展的重要战略举措。

作为物业管理行业终身学习、学习型组织、核心能力竞争、人力资本等前沿理念的载体和集成，人力资源发展委员会自成立以来，对行业人力资源工作进行了总体规划和全面部署，开展行业人力资源战略规划研究、卓有成效地推动国家开放大学现代物业服务与不动产管理学院和物业学分银行建设、积极整合行业教育资源、探索人才培养新机制、新模式，构建行业发展共同体。

2019 年 6 月 14 日，人力资源发展委员会组织召开了委员会一届二次会议，进一步完善了人力资源发展委员会的组织架构、优化了运行机制和委员管理制度，还确立了下一步工作思路、工作措施。人力资源发展委员会将凝聚共识，与时俱进，以更加完善的组织架构、更加科学的运行机制、更加高效的战略决策力、更加专业的团队执行力，树立起一面引领旗帜，开创了“共商共建共享”的行业人才培养新格局，带动全行业人力资源发展水平提升到一个全新的高度。

（一）建设新型行业学院，构建物业管理现代职业教育体系

由中国物业管理协会、国家开放大学、勤博教育三方共建的国家开放大学现代物业服务与不动产管理学院（以下简称行业学院）2018 年 10 月正式揭牌成立，成为全国第一所专门面向物业管理行业的专属行业学院。

1. 建设顺应新时代物业管理人才培养需求的新型行业学院

行业学院的建设引入多个新理念和新机制：一是开展符合行业未来发展趋势和企业发展需求开展学科专业建设；二是引入学分银行机制，实施双证一体化设计，实现学历教育与职业技能认定相融通；三是推行“行业共建＋企业化管理”的混合运行机制；四是建立各类教育主体共同参与的行业开放式教育大平台。

2. 搭建多层级学历教育，满足从业人员不同学历提升需求

自行业学院成立以来，加快推动符合行业未来发展趋势的学科专业建设，2019 年 7 月 29 日，物业管理专业（专起本）成功获得教育部批准，随后行业学院开展核心专业课程自主开发建设，2020 年完成了 17 门专业课程的建设，同时完成了覆盖全国 12 个省市 13 家学习中心的建设布局。2020 年 7 月 25 日物业管理专业（大专、专起本）两个学历层次同时面向全行业启动招生，不仅为从业人员提供符合行业发展规范、企业发展需求学历提升新途径，也满足了从业人员不同层次的学历提升需求。截至 2020 年 11 月 2 日，物业管理专业累计录取 1049 名学生，其中大专录取 482 名学生、专起本招收 567 名学生。

学院的成立不仅填补了物业管理领域远程学历教育的空白，更将为行业加快培养具有体系化知识背景的高学历专业人才队伍发挥重要作用。未来行业学院还将建设更多符合行业发展需求的学科专业，构建从大专、本科到硕士、博士的多学历层级，逐步形成具有物业管理行业特色的现代职业教育体系。

（二）引入学分银行制度，构建物业管理终身学习立交桥

建立学分银行制度和终身教育体系是世界教育改革发展的主流趋势，也是我国教育创新的重要举措，对推动全民终身学习、加快建设学习型社会和人力资源强国具有重要意义。

2017 年 10 月，国家开放大学学习成果认证中心（物业），即物业学分银行正式成立。在中国物业管理协会和国家开放大学指导下，学习成果认证中心（物业）高质量地完成了物业管理行业结构划分和行业首批学习成果认证单元的开发工作。2019 年 9 月 25 日，物业管理行业学习成果认证单元顺利通过了国家开放大学的审定，这标志着行业证书类学习成果向行业学院物业管理本科专业学分转换有了标准。

2020 年中国物业管理协会将发布《国家开放大学学习成果认证中心（物业）学习成果认证、积累与转换实施办法》，物业学分银行将面向全行业从业人员开通个人学分账户。这将实现学历证书和行业证书的衔接与融通，将提高从业人员学习积极性，对有效整合行业教育资源，最大限度地激发和释放人才创新、创造的活力，推动物业管理行业转型升级具有重要意义。

1. 整合行业教育资源，形成行业新型人才培养生态圈

以物业学分银行为枢纽，充分调动行业协会、职业院校、教育培训机构、企业内训等行业教育供给资源的积极参与。在中国物业管理协会统筹协调下，建立统一的标准和监管体系，推动各省市行业协会证书的学分认证和学分转换，促使各类参与方均可自愿将教育资源与学分银行对接，并将其质量的评价权交给市场和客户，促进行业内教育资源的优胜劣汰，形成各学习参与方相互依存、相互提供支持价值的新型人才培养生态圈。

2. 调动从业人员学习主动性，推动学习型行业建设

围绕学分银行建设，通过完善制度设计消除行业内部的各种壁垒，把学历教育和继续教育衔接起来，形成一套好的制度设计和激励措施，让学习成果得到更多、更有价值的认可，使得行业人才的培训和成长能够得到企业和社会的认可，调动行业从业人员参与培训教育的主动性，也为行业教育培训专业机构提供方向和指引，最终形成通力合作、互相包容、优势互补、共享共建的物业“人才强业”大格局。

物业管理行业已搭建了以物业学分银行和现代物业服务与不动产管理学院为核心，各企业职业培训机构为基本构架的多层次人才培养体系，基本形成了终身学习“立交桥”。

（三）落地“1＋X”证书制度，构建科学的行业人才职业能力评价体系

人力资源发展委员会紧密围绕物业管理行业发展趋势，在中国物协的领导下开展人力资源发展建设研究，立足行业人力资源建设与发展，充分发挥市场在人力资源配置中的决定性作用，探索建立人才能力水平评价体系，分类推进人才评价制度改革，更多发挥企业、行业和社会组织在人才培养和发展中的重要作用，保障和落实用人单位自主权，确保物业管理从业人员有不断提升发展的通道。

2019年国务院印发的《国家职业教育改革实施方案》中提出了启动“学历证书＋若干职业技能等级证书”即“1＋X”证书制度试点工作；2020年3月30日，国务院发布了《关于构建更加完善的要素市场化配置体制机制的意见》，明确指出各行业需要自主推进完善技术技能评价制度，探索实现职业技能等级证书和学历证书互通衔接。

在国家政策精神指引下，中国物业管理协会决定，由中国物协人力资源发展委员会牵头，开展物业管理员（师）职业能力评价标准的顶层设计。

自2019年7月正式成立编制工作组以来，《物业管理员（师）职业能力评价规范》（以下简称《规范》）的编制工作汇聚了十几位高校学者及行业专家的智慧与心血。中国物协人力资源发展委员会、中国物协标准化委员会分别组织了专家评审会，对《规范》的科学性、合理性、先进性、实操性及体例要求进行了严格的评审，中国物协秘书处、标准化委员会高度重视《规范》的编制工作，汇同编制工作组一起进行反复的研究与修改，最终完成了《规范》的编制工作。

2020年8月10日，中国物业管理协会将《规范》作为行业团体标准面向全行业正式发布实施，这将成为未来行业和企业对物业管理岗位业务规范、人力资源管理及相关院校人才培养、培训机构职业培训提供依据和参考。

《规范》以《中华人民共和国职业分类大典（2015年版）》为依据，以《物业管理员国家职业标准（2003版）》为基础，以前瞻的视野和高站位的谋划，在国家资历框架下，融合“1＋X”证书制度、学分银行、国家人才评价机制，以物业管理与服务为基础，兼顾物业管理行业未来趋势及发展方向，综合考虑物业管理员（师）应涉及的内容和服务的基本要求编制而成。

《规范》将物业管理员（师）按照其职业资历、知识体系、岗位技能和职业发展、成长路径划分为四个级别：物业管理员、助理物业管理师、物业管理师和高级物业管理师，每个级别分别对应不同学历和工作经验的要求。

《规范》已纳入了《国家职业技能标准计划（2020—2022）》，中国物业管理协会2020年还将出台《物业管理员（师）职业能力评价管理办法》《物业管理员（师）继续教育管理办法》，这将促进物业管理人员的职业素质和专业水平的提升，促进行业人才科学评价体系的建立具有重要意义。

（四）开展物业管理行业人力资源发展战略规划研究

2018年，人力资源发展委会以课题形式组织研究行业人力资源未来三年战略发展规划。在《物业管理人才现状及发展策略研究》《物业管理项目经理能力评价体系研究》等多项课题研究成果的基础上，人力资源发展委员会汇聚行业和高校多名专家就物业管理行业人力资源的战略分析、战略选择、战略实施及成果转

化等方面进行了充分论证，建立了物业管理行业人力资源发展增长型战略模型，为行业人才培养指明了发展方向和发展路径。

（五）开展首届物业管理“名师名课”征集活动

围绕“人才强业”战略，人力资源发展委员会集全行业力量，举办首届物业管理行业“名师名课”选拔活动，共收到推荐课程资料共计122份，最终10份优秀课程作品荣获物业管理行业“名师名课”称号。通过此次选拔活动，培育一支物业管理行业职业教育名师队伍，打造一批精品培训课程，萃取行业经验，促进知识成果交流与传播，提升行业教育和人才培养的品质和水平。

人才永远是行业发展的基石与命脉，物业管理行业人力资源和人才培养工作任重道远。深化行业人力资源建设体制机制改革，构建行业终身学习立交桥，着力建设一支创新型、知识型、复合型人才队伍，努力开创一个尊重人才、爱护人才、重视人才和培养人才的人力资源发展新局面，为赋能行业转型升级和可持续高质量发展注入强大无比的驱动力！

物业管理行业标准化发展专题报告

中国物协标准化工作委员会

2019年年初，中国物协在会长工作会议上研究、讨论，一致通过将行业工作主题定义为“标准建设年”。在工作主题确定后，沈建忠会长在《中国物业管理》杂志卷首语上写下主题为“标准助推物业管理行业高质量发展”的文章，为主题建设年工作目标和工作方向定基调，充分显示了协会对标准建设工作的高度重视。结合当前我国物业管理行业处于高速发展时期，“互联网＋”、人工智能、消费升级、资本融合、智慧物业等交替碰撞，为行业发展带来了全新活力，行业竞争格局在分业态纵深领域不断推进，物业服务企业在服务内容差异化、专业化、个性化等方面全面转型升级。标准化在2019年与物业管理行业的方方面面锲合度不断加深，随着行业对标准价值和作用的广泛认同，物业管理行业标准化事业得以快速发展。

“标准建设年”掀起了行业标准建设的热潮，从行业行政主管部门到各级物业管理协会，从各物业服务企业高管到一线从业人员，大家都积极行动了起来，完善标准制度，宣传标准知识，营造标准氛围，打造标准文化，践行标准理念，提供标准服务，各会员单位和各地方行业协会积极响应，全行业通过各种途径开展了热火朝天的标准建设工作。

一、物业服务标准化工作概况

（一）开展行业标准体系更新工作

2016年通过《物业管理行业标准体系设计及标准化工作发展规划研究》课题研究，首次确立行业标准体系，目前已使用近3年，标准体系需要根据环境变化和行业发展进行动态管理，结合行业高质量发展的需求，2019年中国物协立项《物业服务标准体系》团体标准，对体系进行持续优化完善。将课题成果提炼优化形成团体标准，是协会首次创新性地把课题与标准结合，2020年将发布适应行业新的发展形势和要求的行业标准体系。

（二）稳步推进国家标准编制

“标准建设”主题年中国物协以标委会作为技术支撑机构，主导并积极发动会员单位参加《物业管理术语》《物业服务客户满意度测评》《物业服务安全与应急处置》三项国家标准的编制，目前两项推荐性国家标准通过住房城乡建设部办公厅签核，已在住房城乡建设部官网公开征求意见，并已进入送审阶段。一项强制性国家标准住房城乡建设部正在研究合适时机公开征求意见。未来这三项国家标准的发布，将对填补物业管理行业国家标准的空白、实现国家标准零的突破、规范行业发展具有重要意义。

（三）团体标准有效供给加快

在物业管理行业标准体系的指引下，中国物协不断强化标准研制，在标准的组织制定过程中，始终坚持高要求的过程及质量控制，2019 年度完成《物业管理示范项目服务规范》修订，发布《白蚁防治机构服务能力评价规范》，审定写字楼、高等学校、住宅、医院等 4 项物业服务规范，评审立项《供配电机房管理规范》等 7 项团体标准。协会团体标准序列逐步扩大，行业标准架构初步显现。

（四）已发布团标获得工信部团体标准应用示范奖项

中国物协将团体标准 T/CPMI 002—2018《停车场信息联网通用技术规范》报送工业和信息化部参与全国百项团体标准应用示范项目评选，该标准在经过资料准备、材料评审、现场答辩、社会公示等环节脱颖而出，成功入选为“2019 年工信部百项团体标准应用示范项目”，扩大了协会团体标准的社会影响力。《停车场信息联网通用技术规范》，规定了单个的停车场信息系统和城市级停车管理云平台之间的信息联网技术要求，有利于提高停车场的利用率、缓解城市停车难的问题。

（五）服务认证工作深入推进

开展服务认证是推动标准有效实施的一种国际通用的先进做法，能引导激励物业服务企业重视服务质量，提升管理和服务水平，提升客户满意度。开展服务认证工作，符合市场发展规律，符合广大企业和业主的期待。

结合中国物协五年发展规划和强化标准实施落地的要求，协会创新标准实施落地手段，自 2017 年协会首个团体标准发布之后多次召开专家研讨论证团标落地的有效手段，着手筹划服务认证，与市场监督管理总局、中国认证认可协会、中国标准化研究院、诸多服务认证公司和服务认证审查员培训单位深入接触，进行详细业务沟通咨询，致力于推动行业标准化工作的科学规范发展。于 2019 年 12 月组织召开了首期服务认证（物业管理）审查员培训班，建立起物业管理领域审查员专家队伍，目前中国物业管理协会服务认证制度已有成型文件，未来将把协会发布的团体标准等作为认证依据，在行业全面推开服务认证工作，引导激励物业服务企业重视服务质量，提升管理和服务水平，服务认证工作的开展，将会成为行业高质量发展过程中的一项重要突破。

（六）标准意识提升显著

围绕“在行业内形成对标准价值与作用的共识”，中国物协指导和组织了多个公益讲堂、高峰论坛、培训、工作座谈会等活动。指导在成都举办了 2019 第四届中国国际物业管理高峰论坛、在长春举办了“加强标准化建设 助力高质量发展”大型公益讲堂暨年度会员交流活动，在青岛、济南、甘肃等多地举办了标准化能力提升及标准建设工作推进培训会等，这些活动无一不是以标准化为共同主题的，这充分证明了，标准的重要性逐步得到行业认可。2019 年的标准化活动共计邀请各地市行业主管部门领导、标准化专家、行业专家等近 100 余人，各类标准化活动参加人员基本覆盖全国所有省份约 2000 余人，在传递标准化思想的同时，也培养和储备行业标准化专业人才队伍，有效提升了企业标准化工作能力。

（七）地方行政主管部门及地方行业协会积极开展标准化工作

结合中国物协 2019 年工作主题“标准建设”，各地物业管理行政主管部门及物业管理行业协会纷纷出台文件和标准支持。山东省住房和城乡建设厅印发《2019 年全省物业服务行业“标准建设年”活动实施方案》，这是山东省物业服务行业继 2018 年“标准建设年”之后再度持续开展标准建设；湖南省住建厅发布了《湖南省住宅类物业项目物业服务导则》《湖南省办公类物业项目物业服务导则》《湖南省商业类物业项目物业服务导则》3 项导则，明确物业服务企业责任，规范物业服务市场行为。

与此同时，不少地方的物业管理协会结合中国物协主题年工作开展各类标准活动进行呼应。广东省物业管理行业协会确立 2019 年工作主题为“党建引领　标准助力”；成都市物业管理协会印发《国际化社区物业服务导则》；合肥市物业管理协会推动《合肥市物业管理规范操作手册》在会员单位全面实施。这些标准化工作的开展，受到了行业的广泛欢迎，有利于促进大家懂标准、学标准、用标准，不断提升行业标准意识，最大限度发挥标准对行业规范化、专业化提升的价值。

（八）企业积极落实标准建设工作

各会员单位积极响应，通过各种途径开展了热火朝天的标准建设工作，掀起了践行主题年工作的高潮。中航物业主导制定国内首个物业服务认证标准，并获得国内首张地方性物业服务认证证书；明德物业确立企业标准建设年主题，全面推进企业标准化工作；永安物业召开 2019 年度标准建设年动员大会，标准建设要求做到关键岗位操作标准化、可视化；行业中还有万科物业、绿城服务、碧桂园服务、新大正物业、嘉善商务、恒欣利和物业等一直在持续推进企业标准化建设工作，企业标准意识进一步提升。

（九）标准化工作委员会换届工作圆满完成

2019 年 7 月，标准化工作委员会在青岛召开了第二届第一次全体委员大会，组建了新一届的行业标准化核心人才队伍，会议审议通过了《标委会第一届工作报告》《标委会工作规则（修订稿）》《第二届主任委员、副主任委员、秘书长和副秘书长名单》《第二届委员名单》等文件。本次会议还邀请了国务院参事、质量与标准化泰斗郎志正教授，中国机械科学研究总院顾问强毅教授，山东省住房和城乡建设厅，青岛市住房和城乡建设局领导和专家为委员进行了精彩的标准化分享，多维度促进全员形成高度认同的标委会价值理念，增强了标委会的凝聚力。

二、物业服务标准化现存问题

综合物业管理行业发展现状和标准化工作情况，目前行业标准化方面仍存在着一些不足，具体表现在以下几个方面。

（一）行业标准化纵深发展推力不足

近几年，物业管理行业在向现代服务业转型升级不断加速，但行业标准化建设能力和水平尚不足以完全匹配行业发展速度。现有标准化技术组织承担了大量的基础性工作，行业标准化意识大幅提升，企业标准化技术需求激增，亟需一些深入了解物业管理专业的标准化技术机构和专业人才引入。另外，行业标准的供给进一步加快，逐渐形成了行业的标准框架和序列，但目前尚缺少推动标准实施落地的科学有效手段，在行业快速发展的趋势下，需要推动标准化在纵深发展引入新的动力。

（二）企业标准化工作能力有待加强

企业标准化的水平，决定了行业标准化的水平，但不管是对企业还是对行业来讲，标准化是一项系统工程，需要从体制机制、资金、人才等各方面进行保障，目前物业服务企业已经有了相当一部分开展了标准化工作，但大多数还停留在认为标准化就是建制度、做流程、通过体系认证的层面，企业实际的标准化工作没有从设计、策划、研制、落实、评价改进等方面进行综合思考，缺乏开展标准化工作的创新思路和举措，标准落地困难，导致标准化工作流于形式，没有发挥应有的作用，企业标准化能力需要进一步提升。

（三）“物业管理＋标准化”复合型人才不足

标准化是一项长期工作，需要长年累月坚持投入和积累，而长期的标准化工作过程中，最需要“物业管理＋标准化”复合型人才的支撑。目前物业服务企业大多没有独立的标准化部门，也缺少专职的标准化人才，同时企业内部对专业人才的培养规划亦缺少标准化领域的内容，行业内相关的标准化培训活动供不应求，但更多需求停留在中上层管理人员层面，实际标准化工作的实施开展依靠的是专业技术人才，相对获取标准化能力培养机会较少，行业标准化队伍扩张速度较慢，从行业整体来看，还需要更加下沉的培训方向和技术交流，才能为行业培养一批高素质的复合型人才队伍。

三、行业标准化未来方向展望

（一）夯实行业标准化能力建设

行业的高质量发展离不开标准化能力建设与支撑。未来将进一步强化行业标准化能力建设，持续扩大行业标准化培训的广度与深度，尤其是组织好国标、团标的宣贯培训、服务认证的辅导培训，促进行业标准化专业能力的提升；鼓励和支持具有一定标准化基础的企业参与国家服务业标准化试点示范、标准化良好行为创建等标准化建设活动，推动企业标准化管理能力踏上新的台阶，做成区域、行业的标准引领，树立企业标准化建设的先进典型，发挥示范作用，切实以企业标准化能力提升促进行业标准化能力提升。

（二）提高企业标准化建设的成效

企业标准化工作是行业标准化工作的基础和重点，也是企业高质量发展强有力的支撑和重要保障。未来将依托标准化技术组织，给企业提供标准化战略咨询、标准体系搭建、企业标准研制、企业标准实施及评价等方面的咨询辅导，鼓励企业将标准化与数字化管理结合，建立内部激励机制，快速提升企业标准化能力。同时，帮助企业将创新成果转化成先进标准，充分参与标准编制工作，让企业成为标准“领跑者”，引导企业标准化工作高水平开展。

（三）加强标准化人才储备与提升

人才是第一生产力。随着行业的发展，需要不断发现和培养有潜质的人才，通过建设“专家型”“骨干型”“实操型”人才梯队，才能保持人才队伍的活力和持续智力输出。行业未来可通过设计开发不同层次的交流活动和培训活动，让处在不同业务层面的人才有充分交流和学习的平台，企业更要鼓励和支持标准化人才的培养，加强标准化建设，提高标准化人才素质和技术能力，做好标准化人才储备工作。还要进一步打通人才的向上发展通道，每年通过标准化工作委员会吸纳一部分新的委员为行业标准化建设服务，同时支持标准化专家进行行业内外的交流活动，甚至实质性参与国际标准化活动，逐步打造高精尖专业标准化人才队伍，更好地服务于物业管理行业有序、长远发展。

（四）开展物业管理项目服务认证

服务认证是当前一段时间物业管理行业一项具有里程碑意义的重点工作，随着物业管理行业首批服务认证专家队伍的建立，服务认证工作的进程将会进一步加快，随着行业向现代服务业的转型升级和行业集中度的提升，围绕服务品质为中心的市场选择将会影响和重塑当前的企业竞争格局，高端优质服务的呼声会越来越高，而服务认证的开展，正是顺应了这一大的趋势，通过建立中国物协服务认证制度，健全配套各项实施细则和保障措施，联合国内知名第三方服务认证机构，针对物业物业管理项目、各项专业业务、从业人员等开展服务认证，引导激励物业服务企业重视服务质量，打造一批优质物业管理项目和品牌企业，为行业追求卓越树立标杆，为消费者选择优秀企业和高端优质服务提供指导，实现服务质量总体水平显著提高，客户满意度较大幅度提升。

物业管理行业法治化建设发展专题报告

中国物协法律政策工作委员会

党的十八大以来，习近平总书记明确提出“坚持法治国家、法治政府、法治社会一体建设”，不断开创依法治国新局面，将我国社会主义法治与依法治国理论提升到了前所未有的高度。法治社会是法治国家、法治政府建设的社会根基，只有筑牢这一根基，才能协调推进“三个一体建设”。

中国物协建会以来一直高度重视行业法律政策相关工作。在行业法制建设上，积极参与《物业管理条例》《物权法》等行业法律法规和有关政策的制定、修订工作以及相关司法解释的意见征求工作；在行业法制宣贯上，组织开展座谈会、研讨会、培训班，开展专项调查和研究，加强物业服务企业对政策法规的认知和运用。

在我国司法改革进程中，中国物协也一直积极参与其中，自 2006 年就开始对接最高人民法院，作为全国行业协会的代表，受邀承担最高人民法院“多元纠纷解决机制改革项目”行业调解子课题的研究工作，开创性地完成了《行业调解机制研究报告》，为最高人民法院 2009 年印发《关于建立健全诉讼与非诉讼相衔接的矛盾纠纷解决机制的若干意见》的行业调解部分，做了很好的理论支撑。中国物协还多次受邀参加最高人民法院组织的多元化纠纷解决机制改革研讨会、国际论坛，代表行业协会积极促成行业调解组织的成立和行业调解员队伍的建立以及作用的发挥。2017 年，在最高人民法院司法改革办公室胡仕浩主任的亲自关注下，中国物协再次推动了行业调解工作的开展，着手物业管理行业各地行业调解试点工作的开展，并组织开展了《物业纠纷行业调解机制建设与运行》等重点课题研究。2020 年，《中华人民共和国民法典》正式颁布，中国物协立即号召全行业深入学习，沈建忠会长、王鹏副会长兼秘书长先后就贯彻学习民法典提出指导意见，安排中国物协网站和微信号、《中国物业管理》杂志及微信号，动员全国媒体协作网成员媒体，开展民法典专题宣传，推动行业对民法典的学习、认知、遵守和践行。

一、物业管理行业立法现状

回顾中国物业管理法制发展的进程，从 1994 年建设部的 33 号令《城市新建住宅小区管理办法》为起点，历经《物业管理条例》《物权法》《民法典》……目前已经走过了 26 年的历程，逐步形成了一个内容全面、结构合理、注重实效、科学规范的物业管理政策法规体系。

从全国性物业管理法律法规来看，在《民法典》生效前，物业管理行业的主要法律依据为《物权法》《物业管理条例》以及《最高人民法院关于审理物业服务纠纷案件具体应用法律若干问题的解释》《最高人民法院关于审理建筑物区分所有权纠纷案件具体应用法律若干问题》。《民法典》颁布后，原先由《物权法》、司法解释规定的“业主的建筑物区分所有权”以及关于“物业服务合同”的规定被纳入《民法典》，同时新增了诸多过去没有的规定，例如紧急情况下维修资金的申请、业主对物业服务合同的任意解除权、物业服务人不同意续聘时的通知义务等。

从地方性物业管理法规来看，近几年全国各地先后发布、修订了当地的物业管理地方性法规，例如2018年11月上海市人大常委会修订了《上海市住宅物业管理规定》，2019年9月深圳人大常委会修订了《深圳经济特区物业管理条例》，2019年11月重庆市人大常委会修订了《重庆市物业管理条例》，2020年3月北京人大常委会发布了《北京市物业管理条例》并与2020年5月1日起正式实施。这些新发布的地方性法规中包含了不少亮点，例如北京市物业管理条例规定的物业管理委员会制度、深圳经济特区物业管理条例规定的业主监事会制度、重庆市物业管理条例规定的申请物业专项维修资金的应急简易程序等。

结合新颁布的《民法典》和各地的物业管理法规来看，物业管理行业的法律法规体系不断完善，对物业服务企业的规范化程度要求提高，对业主自治组织的规范化运作要求提高，也给整个物业管理行业的发展带来了挑战和机遇。基于行业法治化进程的不断推进，中国物协积极响应，为推进行业规范发展和法治化建设作出了诸多工作。

二、法治化建设工作组织情况

在最高人民法院司法改革办公室的积极推动下，为回应行业内外呼声和适应行业发展需要，为落实全面依法治国方略，深化依法治国实践，推动行业规范发展，经中国物业管理协会第五届理事会第一次全体会议审议通过，决定成立法律政策工作委员会。2019年6月，中国物协印发《关于推荐中国物业管理协会法律工作委员会委员的通知》，邀请各会员单位向中国物协推荐委员会委员，得到各会员单位的积极响应，有80多名候选人通过了初审。委员构成上有律师、行业协会法律工作负责人、物业服务企业法务、高校相关专业教师、法律和企业咨询公司负责人，同时还邀请了来自沈阳和深圳的两位业主代表。委员基本覆盖了行业法律相关工作的多方主体。在中国物协大力支持下，2019年7月16日，中国物协法律政策工作委员会（以下简称“法工委”）在京成立，并于9月28日在郑州举行揭牌仪式。在过去一年里，法工委主要开展及完成的工作包括：

（一）细化、分解委员会工作规划，健全工作机制

根据《中国物业管理协会发展规划（2019—2023年）》和《中国物业管理协会法律政策工作委员会工作规则》的相关规定，结合法律政策工作委员会发展定位和工作职能：

1. 细化、分解各项目标和任务。对工作规划制定的目标和任务逐项细化分解，分为统筹协调组、理论研究组、宣传咨询组、公益协作组、平台服务组、培训交流组6个组，对应职责对各组进行分工，并分解法工委年度计划，保障各项工作有序开展。

2. 健全工作机制。在中国物协领导下，建立由主任委员全面负责，副主任委员分工协助、秘书处高效运作的工作机制，副主任对相应的分组进行工作分管，秘书长、副秘书长分工联络相应分组，统筹协调各组

工作推进。制订《中国物业管理协会法律政策工作委员会委员年度考核管理办法》建立动态考核机制，鼓励委员积极参加法工委的各项活动。建立了中国物协法律政策工作委员会工作群，并按分组建立各组的工作群，针对行业法律政策动向、典型案例等进行即时的分享、组织专题讨论。设立秘书处助理专职岗位，负责法工委日常工作联系、计划考核、信息收集、统计及档案管理等工作，保障工作的有序性。召开主任委员会议、全体委员会议，增补委员，并将法治论坛组织开展形成年度常态工作。

（二）开展行业重点法律政策问题研讨

受邀参加全国人大宪法和法律委员会座谈会、北京房山区人民法院座谈会。针对十九大报告提出的“打造共建共治共享的社会治理格局”精神，通过论坛主题演讲形式解读地方典型政策案例及法理运用，就物业管理行业如何在社会基层治理中发挥应有的作用进行探讨。对于行业重点法律政策问题即时组织研讨，如《深圳经济特区物业管理条例》、最高人民法院《关于依法妥善审理高空抛物、坠物案件的意见》等法律法规发布后，立即组织结合行业案例进行研讨，借鉴亮点举措，警示行业风险。

（三）开展行业典型案例研讨及汇编工作

为发挥法工委在法律政策理解方面的指导作用，便于从业者对于法律政策的正确全面理解，法工委开展了案例研讨及汇编工作。在工作群即时、充分讨论热点、典型案例基础上，组织专业律师机构进行案例汇编。下一步将组织专项评审，补充完善后对行业进行发布。

（四）收集、汇编物业管理有关法律法规政策

根据行业需要，在协会原有法律法规汇编基础上，编撰了《物业管理常用法律法规汇编（2019 版）》收录近年来各地颁发的物业管理相关法律法规，便于会员单位快速了解近年来不同地方的新增法律法规，指导工作实务。同时，分工专业机构（瀛和律师机构、郑州物协）以数据库形式，动态更新。

（五）物业管理法制宣传工作

7 月 16 日，法工委成立大会上组织开展行业法律政策交流论坛交流活动，邀请高校、律所、行业主管部门的专家探讨立法方向、风险案例及物业纠纷和解调处机制。9 月 28 日，在河南郑州组织召开“良法善治与行业发展”首届物业管理法治论坛，分别从法治方向、行业热点、政府声音、社会难点、业界观点等不同维度，邀请法律机构、行业主管部门、物业服务企业的专家做主题演讲，探讨行业法治方向及发展中的难点、热点问题。参会人数逾 350 人，达到了预期活动效果。10 月 16 日，协办 2019 中国国际物业管理产业博览会暨第五届中国物业管理创新发展论坛——平行论坛《社区创新发展与物业法制建设》。此外还组织编写《物业服务企业风险防范指引》，梳理物业服务企业危险源清单、风险隐患排查要点及指导标准。

（六）配合中国物协年度中心工作，完成协会安排的工作任务

积极承担《中部地区居住物业服务成本分析及动态指数研究课题》，组织召开全面启动会，并配合中国物协物业费调价的调研工作，助力行业“质价相符”机制的形成，组织“社区的力量”消费扶贫攻坚战中部地区启动会，助力扶贫工作。

（七）开展法律政策咨询、培训和业务交流

目前正在制定法律政策咨询的受理范围和答复程序，预计 12 月底前完成。开展行业法律政策培训需求调查，分析汇总，制定多元化培训方案。

（八）组织法律扶贫、援助等社会公益活动

组织专项开发《物业服务企业法律风险防范》课件，拟于近期组织开展公益法律培训，特别考虑地点设立在西部地区，“送法上门”。

（九）其他工作

一是大力推进物业纠纷行业和解调处工作。二是搭建公共服务平台，在多领域与第三方开展合作，为第三方信用服务机构、法律服务平台、保险服务供应商的信息收集工作。

三、法治化建设工作方向

推动物业管理行业法治化建设，需要重点做好专业职能与公共服务、风险防控与纠纷化解、课题调研与成果转化、扶贫援助与社会公益四项重点工作。

（一）专业职能与公共服务

充分发挥委员会的专业价值，开展普法教育，解析相关法律案例，推动行业风险防控；建立行业纠纷争端和涉诉、涉法的和解调处机制，维护行业和会员权益；搭建政策咨询、法律顾问、安全评估等服务平台；围绕社会关注的热点、难点问题，组织课题调研，深度论证；研讨、探索物业管理参与社区共建模式。整合社会资源，结合第三方机构提供公共服务服务，组织开展政策扶贫、法律援助等社会公益活动。

（二）风险防控与纠纷化解

通过举办风险防控与安全管理等论坛、行业典型案例研讨及汇编的形式，提高行业依法防范风险实现安全管理的水平。结合第三方专业机构，探讨、开发适合行业特点的新险种等形式，探索、建立行业风险转移机制。

按照中办、国办《关于完善矛盾纠纷多元化解机制的意见》的精神，落实《中国物业管理协会发展规划（2019—2023 年）》工作要求，健全和完善行业内推行多元化纠纷调解工作的基础条件，建立民主协商和会员内部矛盾解决机制，组建调解仲裁专家队伍，引导设立行业纠纷调解和仲裁组织，畅通纠纷受理渠道，对涉及影响行业的重大法律事项及时组织调查，协助解决业内争议。

（三）课题调研与成果转化

根据行业发展趋势，组织党建引领、物业信用及标准体系化建设、矛盾纠纷调处、社区治理等法律政策相关专题调研，对具有普适性的做法和模式进行总结、提炼，倡导行业推广。

以中国物协研究课题《中部地区居住物业服务成本分析及动态指数研究》为依托，通过服务成本分析及后续的动态研究成果发布，助力行业“质价相符”及动态调整的物业费价格建立、调整机制形成。

（四）扶贫援助与社会公益

坚持“扶贫与扶智、法治”深度融合，把法律政策服务作为精准脱贫的支撑，充分发挥法律政策保障在脱贫攻坚中的作用。积极开展贫困地区法律服务工作，提供政策法规宣讲、法律咨询、法律援助、矛盾纠纷化解、合法权益维护等方面事务的法律服务。

四、法治化建设重点工作

（一）加强组织建设

坚持党建引领，统计法工委党员委员信息，定期组织党建知识学习讨论，引导党员委员发挥先锋模范带动作用。第一，通过组织召开2020年度全体委员会议，总结2019年工作，部署2020年工作计划，强化法工委自身建设。第二，积极发展会员及委员，积极吸纳专业律师、行业专业人才加入，不断提升法工委自身实力及影响力。第三，不断完善内部沟通交流机制，强化各分组的工作职责履行及工作落地情况，保障法工委总体工作目标及计划达成。第四，广泛利用、丰富宣传渠道，及时有效传播物业管理相关知识。

（二）开展行业重点法律政策问题研讨

一是，调研和推广物业管理行业在社会基层治理中发挥的作用；二是，对于高空坠物、垃圾分类以及随机出现的行业重点法律政策问题，适时开展研讨。

（三）组织法律扶贫、援助等社会公益活动

第一，坚持“扶贫与扶智、法治”深度融合，把法律政策服务作为精准脱贫的支撑，充分发挥法律政策保障在脱贫攻坚中的作用。第二，积极开展贫困地区法律服务工作，开展公益讲堂，提供政策法规宣讲、法律咨询、法律援助、矛盾纠纷化解、合法权益维护等方面事务的法律服务。

（四）大力推进物业纠纷行业和解调处工作

第一，建立行业调解队伍，完善调解制度。推进在有需要的地方物业管理协会建立行业调解组织，协调组织调解员培训，指导地方协会建立并完善相关调解制度。鼓励行业调解组织积极开展会员之间、会员与经营关联方之间、会员与其他单位或人员之间的纠纷，以及其他涉及适合行业协会调解的民商事纠纷。第二，推进行业调解组织加强诉调对接工作。协助地方行业协会行业调解组织开展与属地法院的诉调对接工作，鼓励行业调解员积极参与法院的特邀调解工作，鼓励行业调解组织与法院沟通进驻开展物业纠纷调解工作。第三，鼓励行业调解员、行业骨干积极参与人民陪审员的选任工作。建立行业调解组织之间的协作交流机制，促进行业纠纷调解工作的平衡发展。适时推进物业纠纷仲裁机构的建立，为解决物业纠纷开辟新的渠道。

（五）开展行业法规和典型案例研讨及汇编工作

第一，根据各地发生的行业热点问题，在工作群即时、充分讨论热点、典型案例，精选出典型案例进行解析。在2019年案例汇编初稿的基础上，组织专项评审，补充完善后对行业进行发布。第二，收集、汇编

物业管理有关法律法规政策组织完成全国各地物业管理行业法律政策工具书汇编。以数据库形式，动态更新全国及地方的物业管理法律、规范性文件，便于行业从业人员查找、使用。同时，对有代表性、借鉴性的地方法规及做法及时组织研讨、解读、推广，助力行业法制化建设均衡发展。

（六）物业管理法制宣传工作

第一，在结合重大典型案例以案说法的基础上，大力宣传普及有关法律法规、政策，着重从法律知识宣传渠道搭建和风险防控角度来实施。充分利用中国物协网站、微信公众号、《中国物业管理》杂志，定期推送宣传物业管理法律知识，提升行业从业人员法律意识的同时，加强行业与社会各界的沟通创造良好的舆论氛围。第二，组织、倡议各地方协会组织开展专项的物业法律政策宣传活动，提升行业自律，提高业主对物业法律政策的认识，接受业主监督。第三，在首届物业管理法治论坛基础上，开展第二届物业管理法治论坛，结合行业导向及热点难点问题，进一步完善提升法治论坛的内涵，持续提升法治论坛的行业影响力。第四，举办风险防控与安全管理论坛及系列培训，提高行业依法防范风险意识和能力。

（七）开展法律政策咨询、培训和业务交流

第一，搭建法律咨询服务平台，积极为会员单位提供咨询。搭建平台，组织委员及委员企业提供法律咨询服务。定期归纳出共性问题，组织专门力量深入研讨，力争从行业发展的角度提出意见和建议。第二，开展行业法律政策知识技能培训。组建法律政策专家讲师团队。通过自荐、行业协会推荐、邀请等形式，在全国范围内开展专家讲师选拔工作，经试讲评估，综合考评等程序，聘用一批优秀的专家讲师，建立覆盖法律法规、政策解析、风险防控等相关专业领域的师资库。整合社会、行业资源，设计线上线下课程，为行业持续培养懂法律政策、会实践运用、引领行业发展的人才队伍，推动行业的可持续发展。第三，组织业务交流活动。学习借鉴各地在法律政策建设、风险规避、产业转型、模式创新、经营理念、养老运营等方面的管理经验，定期组织研讨和业务交流活动。

（八）搭建公共服务平台，在多领域与第三方开展合作

第一，引入第三方信用服务机构，协同参与会员单位信用体系建设。在调研各地开展行业信用建设情况的基础上，综合考量，推荐建立合理数量的第三方机构名录。健全评价体系。依据国家相关法律及政策的规定，协同建立科学合理的会员单位信用评价体系，保障评价的客观性和公正性。第二，搭建行业法律服务平台，引入第三方机构，为企业提供法律顾问、诉讼代理、费用催缴等方面的优质服务。着眼会员单位风险防控需求，探索行业风险转移机制，通过优质保险服务供应商名册、与供应商协商开发适合行业特点的新险种等形式，为会员单位获得优质保险服务提供帮助。

（九）配合中国物协年度中心工作，完成协会安排的工作任务

作为中国物协分支机构，要结合自身实际，围绕协会年度主题和中心工作，紧密配合，根据协会工作需要，对协会安排和分配的工作任务及时分解与落实，明确职责分工，高质量推动落地实施，并对执行过程中出现的新情况，及时做好反馈和动态调整。

物业管理行业产学研发展专题报告

中国物业管理协会产学研专业委员会

一、物业管理行业产学研发展概况

在以西方国家为代表的产学研合作历史悠久，早在20世纪中叶，美国斯坦福工业园的创办便开创了产学研合作发展的先河。随着著名的“威斯康星思想”从理论的高度引导高等教育与社会的紧密联系，使服务社会成为大学第三大职能后，世界各国大学和研究机构与企业的产学研合作得到了蓬勃发展，而且形式各具特色、丰富多彩。诸如基于科技与经济发展需求形成的美国硅谷、128号公路、英国剑桥科技园区、日本筑波科技园区等成功的产学研合作典范，强有力地确证了产学研合作的巨大价值，产学研合作备受各国瞩目，凸显了教育、经济、科技一体化发展趋势。至今产学研合作在美国、英国和德国等发达国家的各个行业领域都备受推崇。

产学研合作在我国的发展可追溯到20世纪五六十年代开展的原子弹和氢弹的科技联合攻关。到了80年代，产学研合作教育从国外引进，我国不同层次类型的高校开展了多种形式的产学研合作人才培养模式的探索，有些高校把产学研合作作为一种办学模式或教育理念，以人才培养为核心，开展了多学科的产学研合作实践。

面对全球化的知识经济发展和科技革命的挑战，社会对人才培养质量给予了前所未有的关注，充分利用一切可利用的资源和条件，不断进行教育教学改革，积极寻求校外教育资源和利用社会环境培养人才成为必然选择。而产学研合作则有效地适应了这一新的需要，在社会经济活动中的作用越来越重要。我国在《国家中长期教育改革和发展规划纲要(2010－2020)》中将产学研合作作为创新人才培养机制、提高科学研究水平与增强社会服务能力的重要举措。并明确把加快以企业为主体、市场为导向、产学研相结合的技术创新体系建设作为国家技术创新工程的主要内容。因此，产学研合作水平是反映国家社会生产力发展水平的重要标志，是一个国家创新能力提升的重要保障，也是一个大学提高人才培养质量、科学研究水平和社会服务能力的重要途径；产学研融合是现代高等教育发展的必然趋势。

目前，国内大部分高校与企业开展产学研合作的意愿强烈，高校借助企业平台开展研究实践、学生实践等，同时高校培养专业人才，向企业输送理论＋实践能力强的人才。自1996年北京林业大学创办我国第一个物业管理专业以来，全国已有300多所高等院校、专科院校陆续开办该专业，为社会培养具有管理科学、物业管理、物业环境绿化管理、房地产开发与经营、物业管理信息系统、物业管理智能化系统等理论知识的物业管理专业人才，很大程度上为推动行业向专业化、智能化、信息化、现代化转型发展，奠定了基础理论及提供了专业人才。

由于国内校企产学研起步较晚，物业管理校企联动虽活跃，但总体处于初级阶段，多为产学结合即校企合作，才刚刚触及“研”的一角。物业管理理论尤其是专业基础理论研究严重缺失，导致国内高校物业管理专业无法形成独立的专业地位，教育地位不稳固，高校及教育行政部门停办物业管理专业情形严重，物业管理相关专业在社会及高校的存在价值饱受质疑。这直接导致物业管理行业专业人才来源难以保证。随着近年来物业管理行业向专业化、智慧化、现代化的升级发展，行业对高素质专业人才的需求也在不断增加，物业管理专业对口的人才供应得不到保障，这在一定程度上制约了物业管理行业的整体向上发展，继而影响行业服务人们的美好生活。

此外，由于缺乏充足的社会实践及行业研究实践，各高校物业管理专业办学目标定位多样，无法形成较为统一的物业管理高校教学大纲，多以物业管理专业师资队伍的专业结构为主要出发点，与物业管理行业的实际人才需求存在脱轨现象，高校人才也无法很好地满足和适应物业管理行业的专业需求。

二、物业管理产学研发展中的问题

党的十九大提出的“建立企业为主体、市场为导向、产学研深度融合的技术创新体系”精神，产学研相结合，是科研、教育、生产不同社会分工在功能与资源优势上的协同与集成，实现行业上、中、下游的对接与耦合。

1. 教育和科研机构在产学研的合作过程中给企业提供了原始理论和科技成果及高端研究人才。高校除了从企业那里得到研究费用外，还可以利用企业的资源发展本校的毕业生就业导向服务。同时受到市场和企业需求的影响，高校的许多学科尤其以工程类学科为主，会调整本身的教学计划和教学内容以便与实际发展相适应。这在 19 世纪中叶美国的工业化过程中便凸显出来，许多企业都会专门给予自己合作的高校划出一片实践教育基地；同时美国各主要大学相继出现了工程类学科，反过来直接或间接地推动了美国的工业化。

2. 企业在为高校和科研机构提供研究实践平台的同时，也在借助产学研合作的成果推动企业结构调整、指导经营、促进发展等，同时获取具有理论与实践能力俱佳的各方面人才。

可以说，产学研合作是教育与生产劳动有机结合，以及科学研究在人才培养、科技开发和生产活动中的有机结合，同时也是高校、企业和科研院所三方优势互补、互惠互利、共同发展的合作与交流。在促进社会经济发展及谋求更大的发展空间方面，产学研合作具有其不可替代的优势和必要性。

3. 物业管理行业产学研还存在问题

① 重表不重里。部分院校在开展校企产学研合作时，偏重合作形式甚至是企业的资金资助，并不十分关心行业或企业的真正需求。合作签字仪式风生水起，实际落实风轻云淡。校企合作过程中，高校的行政意识浓厚，教学计划不做丝毫调整。

② 为利不守真。部分企业与高校合作只为获取廉价劳动力，不顾及人才培养的规律，忽视学生基础理论教育，干扰合作高校的教学计划。

③ 高校师资队伍重学历轻专业能力，且以教师自我专长为先，不重视专业培养要求，出现课程设置与专业要求不符，对物业管理的理论研究和实践研究较少。

④ 高校重实验实训轻岗位实践。学校重视校内实验室、实训室建设，且多注重形式忽视使用，攀比投资而轻效用；不重视学生岗位实习，实习多流于形式，并且带队教师常以各种理由缺岗，师资知识结构、能

力水平脱离行业实践。

⑤ 物业管理理论尤其是专业基础理论研究、行业发展趋势研究严重缺失，几近空白。目前大多研究都脱离了行业发展需要，热衷于脱离本业的所谓高精尖，在一定程度上引导企业盲目追求资本运作，忽视甚至遗弃对物业管理本业的关注。

三、物业管理产学研工作开展的组织形式

整合物业管理行业资源，搭建行业内外产学研工作者的交流平台，切实提高物业管理行业创新能力，全面提升物业管理行业产业研究水平和高校理论学习实践综合素质，为促进物业管理行业持续健康发展提供实践基础和理论支撑，构建物业管理行业产、学、研发展共同体势在必行，中国物业管理协会产学研专业委员会（简称“产学研专委会”）应运而生。

（一）筹备成立产学研专委会

在 2019 年中国物业管理协会（简称“中国物协”）会长工作会议上，中国物协名誉副会长、北京闻达敏斯物业管理服务有限公司董事长艾白露发起了成立中国物协产学研专业委员会的提议，得到了与会者的一致认可。2019 年 5 月，《关于成立产学研专业委员会的提议》提交中国物协第五届理事会第一次全体会议并顺利通过审议。由艾白露牵头的产学研专委会筹备组也随后成立。

此后，筹备组在北京、天津、广州、深圳等地进行调研，并多次召开筹备工作研讨会，讨论拟定产学研专委会的工作规则、工作规划，以及委员遴选办法等内容。

2019 年 11 月，中国物协印发《关于推荐中国物业管理协会产学研专业委员会委员的通知》，邀请各会员单位向中国物协推荐委员。推荐工作得到中国物协各会员单位的积极响应，在条件要求较高、时间紧的情况下，仍然有 221 人报名推荐，其中 194 人通过了初审，成为产学研专委会首届拟任委员。委员主要由地方行业协会负责人、物业服务企业负责人、高校相关专业教师、科研院所相关研究人员构成，基本覆盖了行业产学研相关工作的多方主体，为产学研专委会将来开展工作奠定了良好的基础。

（二）产学研专委会成立大会的召开

在中国物协领导下，在筹备组成员努力工作和广大委员候选人的积极参与、大力支持下，产学研专委会的筹备工作顺利完成。12 月 7 日，产学研专委会成立大会暨第一届第一次全体会议在北京召开。中国物协各会员单位、全国各大高校、企业、研究机构推选出来的产学研专委会委员及专家代表按时到会，共同见证委员会的成立。

在成立大会上，中国物协沈建忠会长对产学研专委会下一步的工作提出了几点期望：一是在推动产学研深度融合的过程中，产学研专委会要成为参与者、服务者、引导者；二是产学研深度融合需以企业和高校需求为导向，发挥多方真正需求在资源配置中起决定性作用；三是充分重视物业服务企业在推动产学研深度融合过程中的主体作用。同时，沈建忠会长表示，希望委员会各位委员聚众智、汇聚力，推动产学研深度融合，实现高校与科研院所同产业无缝对接，跑出中国物业管理产业创新的加速度。

会上，全体与会委员举手表决通过了《中国物业管理协会产学研专业委员会工作规则》《中国物业管理

协会产学研专业委员会第一届工作规划》《中国物业管理协会产学研专业委员会委员名单》和《产学研专业委员会主任、副主任、秘书长、副秘书长名单》。首届产学研专委会委员来自51家高校，14家研究机构，11家地方物协，86家物业服务企业，15家其他领域企业。委员有本科84人，研究生95人，博士15人。产学研相结合是科研、教育、生产不同社会分工在功能与资源优势上的协同与集成，实现行业上、中、下游的对接与耦合。产学研专委会也将在中国物协的领导下，在全体委员的共同奋斗下，扎扎实实打造好物业管理行业产学研平台。

四、物业管理产学研工作开展内容

产学研专委会的成立，从顶层设计的角度，对企业、高校、科研院所的合作进行总体规划和全面部署，会有效解决行业理论研究和高校研究成果落地之间的痛点，大力推动物业服务企业与院校、科研机构的有效对接。产学研专委会组织的建立，也有助于物业服务企业、高校、科研院所在行业前沿开展跨部门知识交流，推动行业交叉融合，形成行业创新发展的合力；有助于实现物业服务企业、高校、科研院所加强横向联系、探寻合作机会的强烈愿望；有助于高校及时获知物业服务企业的需求，找到理论联系实际的抓手，培养实用型人才。产学研各项工作也随之展开。

（一）召开物业管理人才就业指导及校企网络双选会

2020年春突发疫情，为帮助高校应届毕业生顺利就业、为企业解决因疫情造成的用工缺口和压力，切实做好企业复工复产和稳岗就业的工作。2020年3月25日，由中国物协主办、产学研专委会承办的“2020年春季高校物业管理人才网络双选会”在钉钉线上平台召开。60余家企业在会上发布了招聘信息，近300名高校毕业生登记了就业需求，超过1300人参加了会议。包括中国物协副会长兼秘书长王鹏在内的多位行业协会领导、专家及高校老师为参会学生送上了温馨寄语，向学生们传递美好祝福。产学研专委会相关专家受邀从行业发展、个人职业规划、择业与就业等方面做了主题分享，为参会学生和企业代表带去有价值的信息和发展建议。

（二）开展物业管理人才校企公益云课堂系列课程

2020年4–7月，产学研专委会邀请了不同专业领域的专家，在钉钉线上平台连续举办物业管理人才校企公益云课堂，包括五场“职业生涯规划引导课”、一场“学习与成长”课和两场“实践与应用”课，引导高校学子更好地规划人生、适应职场，帮助企业更精准地招聘人才、对接需求，以及更精准、专业地解读行业相关法律法规。

特别是2020年5月28日《中华人民共和国民法典》颁布以来，产学研专委会第一时间组织相关专家委员研读民法典中物业管理相关条例，并于6月先后举办了两场民法典普及网络云课，邀请高校教授、行业法律专家做民法典中物业管理相关条例的解读和实践运用分析。及时传递了国家关于物业管理行业的最新管理规定，为推动行业企业及相关从业人员知法、懂法、守法，合理合规合法经营及从事相关生产活动贡献研究成果及专业智慧。后续，产学研专委会还将继续组织委员开展相关研究讨论，安排民法典系列讲座。

云课堂得到了专委会80多所高校委员和100多家企业委员的大力支持。大部分收看直播的高校学生和企业代表在钉钉直播群里留言与主讲导师互动交流，云课堂氛围热烈、良好。不少学生表示，听了云课后，对物业管理行业有了更加深入的认识，对自己未来从事物业管理工作有了清晰的规划，也对行业的未来发展充满了希望。

随着国内疫情好转，国内学校陆续复课，产学研专委会根据实际情况将更多地去尝试线下交流和校企联合等人才培养和人才供需的创新模式，搭建行业人才校企合作平台。

物业管理行业产学研的发展，顺应了时代发展的趋势，聚焦重大的战略领域，以业主对美好生活的需要为出发点和落脚点，建立以企业为主体、以产业引领前沿技术和关键共性技术为导向，聚焦产业上下游的企业、高校、科研院所的能力，搭建院校、物业服务企业和研究机构共创共赢的生态圈，为行业“市场化、资本化、信息化、专业化”转型发展提供源源不断的发展动力。

五、物业管理行业产学研未来发展趋势

围绕物业管理行业发展趋势，在中国物协的领导下，产学研专委会将持续开展产学研深度融合研究，主要体现在产学研协同发展专业评价标准和评价体系探讨，产学研成果落地和校企合作项目建设工作推动，产业研究和学术研究队伍的综合素质和能力全面提升等方面，为行业可持续发展提供理论研究和实践经验支撑。

（一）“产、学、研”间桥梁搭建

通过搭建“产、学、研”相关主体间的桥梁纽带，促进研究成果推广转化和互通共享，是专委会的关键工作，主要体现在为国家有关部门出台物业管理政策、建立标准化体系等提供理论与实践研究成果；促进高校、科研机构物业管理专业教学和研究，满足行业发展实际需求，引导、促进行业发展，同时借助企业实践平台，加快实现高校和科研机构研究成果转化为现实生产力；为高校物业管理专业学生进入、留在、融入物业管理行业并获得发展成就开辟路径；在行业内全方面推广研究成果，为企业发展提供参考和问题解决方案。

（二）“产、学、研”研究人才挖掘与整合

“产、学、研”研究人才在物业管理行业内主要集中于物业服务企业和行业协会；在行业外主要集中于高校、科研院所、咨询和培训机构等物业管理相关单位。专委会将主要以项目团队、课题组、专业论坛、专业沙龙等形式开展活动，力争将行业内外各类人才凝聚在产学研的平台上，形成一支研究领域广、研究能力强的人才队伍。

（三）“产、学、研”课题研究

在物业管理产学研研究平台上，充分挖掘行业内、外专业研究人员的资源潜力，以行业发展为导向，从“产、学、研”角度，在物业管理经营管理层面，致力于促进行业健康、有序、高效发展，并在以下方面组织开展深入的学术性研究：理论应用与成果转化、实践经验提炼总结和推广、学生与师资专业知识提升、学生融入物业管理工作实践、物业管理模式创新和资本化运作、企业转型升级和产业化发展等。

（四）“产、学、研”研究和成果转化

一是通过高校、企业、科研机构间合作，推动高校和科研机构入企调研、企业走进校园交流、教师和学生到企业实践，如组织实习实践活动、高校毕业季分享会、招聘会等，推进高校和机构研究成果在企业的落地转化。

二是依托专委会专家资源，深入市场开展实践研究，深度调研产业、企业、高校、研究机构等发展现状，编撰和发布物业管理行业产学研发展报告，提炼总结行业发展经验，与行业同仁共建、共享产学研研究成果。

三是组织高校专家学者和行业专家编写、修订高校物业管理专业教材，解决教材适用性、陈旧性和专业性等方面问题。

四是为高校学子提供就业直通车、职业生涯指导，以及合适的就业岗位，解决毕业生的就业、融业问题；为企业输送具备物业管理专业理论知识和研究能力的人才，助力解决企业人才培养和供应的问题。

（五）“产、学、研”论坛和宣传推广

定期举办行业产学研论坛，就行业发展痛点、难点问题和未来行业发展方向等，邀请专家学者作主题分享，并邀请物业管理行业企业家与专家学者共同探讨行业亟待解决的问题，为行业持续健康发展出谋划策。

建立“产学研”宣传推广平台，多渠道多平台发布物业管理行业发展讯息、物业服务企业先进发展模式、高校和研究机构最新研究成果，以及校企合作经典案例等，扩大物业管理“产、学、研”影响力和品牌知名度。

产业研合作，作为我国方兴未艾的经济发展方式，正处在逐步推广、提质增效的阶段。在国家及各行业有关部门的支持下，企业、高校与研究院正在努力探索、并尝试扩大这种合作发展模式。物业管理产学研工作，任重道远。在行业新的发展时期，产业各方把握行业发展机遇，聚集行业产、学、研多方的智慧与力量，共同推进物业管理行业研究建设，增强企业竞争实力，促进行业创新发展。

地方报告

北京市物业管理行业发展报告

北京物业管理行业协会

一、北京市物业管理行业发展概况

截至2019年底，北京全市物业管理备案项目7000多个，总建筑面积近7亿平方米，全市物业服务企业总量为3000多家，全市业主委员会备案项目1200多个。

二、北京市物业管理行业发展特点

（一）广泛开展群众关注的物业管理突出问题专项治理

2019年北京市政府将开展群众关注的物业管理突出问题专项治理工作列入重要民生实事项目之一。市住房城乡建设委牢牢把握切实解决人民群众关心的问题，提高人民群众获得感、幸福感和安全感这一基本目标，全面动员部署，狠抓推进落实，确保重要民生实事抓出成效。

1. 积极动员部署，明确实事目标

坚持问题导向，多方调研，积极梳理人民群众反映的突出物业管理问题，精心制定专项治理工作方案。将物业服务标准不规范、处置业主诉求不及时、侵占业主公共区域等十二类问题纳入专项治理范围。全面动员部署，及时传达专项治理工作要求，指导各区全面启动专项治理行动。各区房管部门均把物业管理问题专项治理纳入重点工作，向辖区内物业服务企业进行全面部署，积极督导物业服务企业开展自查整改。

2. 完善工作机制，加强检查督导

一是坚持党建引领，促进物业管理纳入社区治理。印发通知要求全市物业项目负责人必须到所在社区居委会报到，接受社区监督指导，积极参与社区议事，为物业管理纳入社区治理提供抓手。

二是建立“12345热线”物业管理诉求区、街月度排名制度，按月通报各区物业管理群众诉求处置情况。对群众投诉量靠前的物业项目进行梳理并面向社会公开通报，发挥社会监督作用，要求各区、街道针对问题集中的项目持续跟踪，督促物业服务企业就群众反映强烈的问题及时整改。北京市区两级针对不合规物业行为做出责令整改等处理决定1409件，公开物业服务企业不良信息230条。

三是加强检查督查，以检查整改促提升。对12345群众诉求集中及媒体曝光的小区开展重点检查，督促物业服务企业随查立改；深入十六个区住建委（房管局）对各区开展物业管理专项治理的情况进行督查，及时指出问题，督促各区将物业管理专项治理工作落到实处。四是全面开展物业管理领域扫黑除恶工作，全力整治行业乱象。北京市区两级住建部门按照中央扫黑除恶工作要求，对全市物业服务企业开展排查，对于市民反映的264条线索，逐一核查办理完毕，对违法单位保持高压打击态势。

3. 强化培训指导，提升工作水平

以培训指导促工作推进，将培训指导贯穿于实事工作推进的全过程，着力提升各区房屋行政主管部门的监管水平，提升各街乡镇加强业主大会、业委会建设的能力，提升物业服务企业安全生产意识及物业服务水平，提升业主委员会规范履职的能力。

一是对全市在职在岗的物业项目负责人开展全覆盖的物业管理政策及安全生产知识集中培训，详细讲解专项治理内容和自查整改措施，要求各物业服务企业用最短的时间解决群众关注的突出问题，全市培训人数累计达到 6000 余人。

二是北京市住房城乡建设委针对物业服务、停车管理等 13 类市民投诉集中问题办理下发指导意见，指导各区进一步巩固“闻风而动、接诉即办”机制，做到调查取证到现场、约企业、知实情，处理结果让群众满意。

三是针对“12345”群众来电物业管理类诉求集中和纳入治理类的 9 个区 33 个街乡镇，制定重点街乡镇物业管理工作提升方案，指导街乡镇组建工作专班，细化工作方案，开展工作试点，狠抓市民投诉的物业管理问题整改。

4．总结典型经验，助推物业立法

北京市区两级加大统筹协调力度，各区因地制宜，积极探索符合辖区实际的做法，涌现出一批好的典型经验。如朝阳区组织街道成立物业联盟，依托物业联盟加强与物业服务企业的联系，提升精细化管理水平和“接诉即办”的效率；海淀区组织对辖区内物业服务企业开展信用评价，及时公布排名，督促企业提升物业服务水平；丰台区结合小区内经常涉及的投诉纠纷，梳理出住宅小区行政管理部门职责清单，让各个行政管理部门真正进入小区履责，为街道吹哨提供了参考。市住房城乡建设委积极梳理群众关心的物业管理问题，总结各区典型经验，搭建学习交流平台，完善工作措施，大力推进试点，为本市物业管理条例的立法工作提供支撑和参考。

（二）加大“北京业主”APP 推广使用力度

2019 年，涉及物业管理的另外一项市政府重要民生实事项目是加大“北京业主”APP 推广使用力度，完成 500 个小区的业主认证。

为确保完成认证的目标，方便更多小区采用“北京业主”APP 手机投票表决，北京市住房城乡建设委一方面组织专门的人员力量，加快小区数据核对整理，努力扩大“北京业主”APP 的覆盖范围；另一方面结合各区物业项目数量和业委会运作情况，对实事任务进行合理分解，召开专题动员部署会，明确任务指标，积极推进落实。

北京市住房城乡建设委面向街乡镇及物业服务企业累计发放 5 万余份“北京业主”APP 操作使用手册和宣传折页，先后深入西城区广外街道等十余个有需求的街乡镇开展现场培训指导，随时回应解决各街镇和小区使用“北京业主”APP 过程中的疑难问题。

“北京业主”APP 覆盖范围持续扩大，有业主认证的小区数达到 730 个，超额完成实事项目要求的 500 个小区的认证任务，覆盖范围已超过 2000 个小区，通过 APP 投票平台发起业主共同事项投票表决的小区达到 43 个，进一步提高了业主投票表决的准确性和效率。

（三）有序推进行业立法工作

北京市住房城乡建设委切实推进住房城乡建设重点领域立法，着力抓好地方性法规《北京市物业管理条例》起草工作，形成《北京市物业管理条例》草案并经市人大常委会第一次审议。严格落实重大行政决策程序，坚持“三重一大”集体决策制度和重大决策集体讨论制度，严格执行公众参与、风险评估等程序，对《北京市物业管理条例（草案）》以及规范性文件全部进行了社会稳定风险评估。

（四）持续推进老旧小区综合整治

中心城区和通州区 29 个小区列入“疏解整治促提升”专项行动项目，已全部进场施工，截至 2019 年底，完工 26 个。2019 年 133 个项目正在开展前期准备工作，完成4个，在施4个。积极推进老旧小区综合整治，有力改善了群众居住条件，全市老楼加装电梯新开工693部，完成555部，超额完成年度工作任务。

积极推进街巷更新，大力提升城市面貌和环境质量。推动平房物业管理由街巷逐步向院落延伸，试行“北京业主”APP，打造“物业事，业主定”的新型社区治理格局。

（五）“物业＋养老服务模式”布局初见成效

物业服务企业在社区养老服务领域有着得天独厚的优势，“物业＋养老服务模式”将是物业服务企业拓展多元化经营的重大机遇。目前，北京市在海淀、通州等区域实施老旧小区试点改造补建社区养老服务驿站。许多物业服务企业已经开始在这一领域进行布局。如绿城物业通过打造绿城椿龄康养集团，利用养老生活服务与基础物业服务的协同效应，不断向全国承接养老社区及机构；长城物业以社区嵌入式养老服务和居家养老服务作为社区养老重点服务领域，提供社区嵌入式、高端颐养服务；银达物业通过成立合资公司——慈爱嘉养老，为社区提供专业养老服务；鸿坤物业近期也将重磅推出与第三方合资筹建养老服务公司——青檬科技，为社区老人提供“菜单式”增值服务。

（六）行业协会创新会员服务模式，构建行业沟通交流平台

2019年，北京物协积极转变服务思路，以会员服务需求为导向，完成全员联系群的组建，建立定向、专人负责机制；秘书处所有人员参与会员管理。按照分工，每人负责一部分会员单位，通过短信、微信、电话等方式与之建立联系。通过提升与会员单位的黏度，及时处理会员单位遇到的各类问题，收集会员单位的需求，从而提高对会员单位的服务质量。截至2019年底，北京物协共有会员单位758家，其中，物业服务企业会员682家、相关企业会员76家。

1. 积极参与《北京市物业管理条例》的立法工作

北京物协组织专家参加市人大常委会、市政协、市委组织部、市政法委、市住房城乡建设委、市司法局举办的立法座谈会10余次；组织行业研讨，与市律师协会共同参与市物权法学研究会、北京市房地产法学会组织的专题研讨会；向立法机关反馈书面修改建议34条；组织企业研讨，向立法机关就《北京市文明行为促进条例》提出书面立法修改建议6条。

2. 持续开展公益培训活动

2019年2月底，北京市委、市政府正式印发《关于加强新时代街道工作的意见》，文件对物业管理行业给予了高度重视并对今后一个时期物业工作的开展提出了更加明确和具体的要求。

北京物协持续开展“北京物业大讲堂”品牌公益培训，邀请中国社科院社会学研究所专家以“新形势下物业管理行业在街道社区治理中的定位与趋势”为题，解读街道社区概念和组织机构长期发展方向、物业管理在社区治理中的现状和主要问题以及各地案例实践和未来发展趋势。

北京物协邀请市第一中级人民法院法官为会员单位开展“物业服务企业经营管理中司法实务问题梳理”公益培训；组织调解员参加多次多元调解促进会、人民调解协会组织的专业培训；为酒仙桥街道、将台街道和社区的工作人员进行物业管理法律讲座。全年开展涉及高管层、项目经理骨干层、专业工程人员、人力资源等各不同岗位人员的培训1600余人次，并与相关人力资源专业机构和大学院校建立长效合作机制。

3. 以赛促学，激发从业人员学习动力

北京物协受国家机关事务管理局委托协办“不忘初心使命 提升服务品质——国管局住宅物业服务技能竞赛”。14家局属住宅物业服务单位的79名选手参加团体和个人竞赛。为做好竞赛组织工作，北京物协成立专家筹备组，历时五个月时间，圆满完成组织任务。整个竞赛组织严密、赛程紧凑，得

到领导好评。

4．深入开展课题研究，加强会员横向沟通交流

北京物协充分发挥法律、人力资源、设施设备管理、文化建设、公共维修资金使用、老旧小区物业管理问题研究、保障性住房物业管理问题研究等七个专业委员会的专业优势，组织开展多种形式的研究、交流、研讨活动。

人力资源专委会立项“物业服务企业如何用好激励机制留住人才”课题，深入多家不同性质的企业进行调研。设施设备管理专委会针对行业热点问题立项“既有建筑低成本、无成本节能技术应用研究”“物业设施设备管理信息化技术应用研究”“智能门禁系统问题研究”三个课题，并围绕三个课题成立专家课题组开展深入研究。老旧小区物业管理研究专委会开展“老旧小区物业管理难题研究与应对”和“三供一业背景下的物业管理问题研究”两项课题研究。文化建设委员会开展“党建引领下的社区文化在主推社区治理中的作用探索”和“新时代物业从业人员整体形象定位及宣传路径”两个课题研究。保障性住房物业管理问题研究专委会开展“公共租赁住房物业管理难点及分析” 课题研究。法律专委会完成《物业管理法律法规汇编（2019 年版）》的编制。

4 月至 10 月，设施设备管理专业委员会组织开展了 8 场“物业相关新技术应用”系列交流活动。涵盖二次供水、智能配电室、建筑防水、噪声控制、强弱电改造、财务管控、智慧停车等七个方面。参与活动的企业高管、工程技术、财务、运维管理人员超过 350 人。

9 月，设施设备管理专业委员会组织 20 余名企业高管赴上海考察交流学习，参观威派格工业 4.0 数字化生产社区、上海中心大厦，考察现代化设备生产制造技术和工艺，超高层楼宇管理的特点，新材料、新技术在超高层楼宇管理中的应用，超高层楼宇的节能管理等。

法律专业委员会开展空调室外机位维修责任主体研讨，组织“物业服务企业延伸服务的合规性保障”研讨沙龙活动。

5．企业积极参与扶贫攻坚等公益活动，履行社会责任

2019 年 11 月，北京物协组织会员单位赴张家口万全区开展“献爱心捐助贫困学生活动”，活动共筹集图书、文体用品、衣服等物资两千余件。4—11 月，北京物协联合万国医院瑞慈体检中心举办“让爱永远在路上——健康社区行公益活动”，先后到五十家物业服务企业服务的社区为近千名行动不便的残、障群众和社区老党员免费入户体检。

三、制约北京市物业管理行业发展的因素

（一）基层组织统筹物业管理工作机制不完善、管理职责不明确

以社区党组织为领导核心、多方参与的治理架构尚未全面建立，行业管理和属地管理边界不够清晰，街道乡镇行政监管和执法力量不足。

（二）业主委员会组建率低，部分业主委员会、物业服务企业行为不规范

北京业主委员会组建率较低，不利于业主的自我管理和合法权益维护；对业主委员会委员人选把关不严，违规使用公章、处置财产等现象时有发生。部分物业服务企业服务质量不高，公共收益公开程度不高，新旧物业服务企业交接不畅，对物业服务企业的事中事后监管手段不足。

（三）物业服务“收费难”且缺乏价格调整机制，影响物业服务的良性发展

因多方面原因，实践中不交物业费的情况比较普遍，而通过诉讼追缴物业费周期长、成本高，目前对不交物业费并无有效约束手段。同时，物业服务经营成本上涨、收费标准过低，制约了物业服务品质的维持和提高。

（四）部分老旧小区物业服务矛盾突出、治理难度大

该类小区大多年久失修，普遍存在停车位等配套设施不全、设备设施老化等问题。同时，设备设施权属关系复杂、责任主体不明确，物业服务覆盖不足、服务质量不高，业主付费意识不强，日常维护和更新改造缺乏资金来源，治理难度较大。

（五）专项维修资金的筹集和使用机制不完善

随着住宅使用年限增长，专项维修资金使用需求增多，资金余额不足的问题逐渐凸显。但由于业主委员会成立比例低、支取程序复杂影响专项维修资金的正常使用。而且由于缺乏续筹的具体规定、机制不完善等原因，实践中足额续筹十分困难。

（六）住宅小区管线权属边界不清，维修养护责任不明确

目前北京除供气、供热外，水、电等专业单位维修养护尚未完全到户，物业服务企业维修责任被扩大，维护成本承担不合理，部分设施设备不能正常使用。

天津市物业管理行业发展报告

天津市物业管理协会

一、天津市物业管理行业概况

截至 2019 年底，全市实施物业管理的项目共有 4276 个、面积 4.346 亿平方米，其中，住宅 2851 个、面积 3.5 亿平方米；非住宅 1425 个、面积 0.846 亿平方米；本市物业服务企业共计 1286 家，其中本市企业 1065 家，外埠来津企业 221 家，行业从业人员达到 189215 人。

截至 2019 年 12 月底，全市累计归集维修资金 561.96 亿元，涉及 4499 个项目，房屋 254.91 万套，建筑面积 2.67 亿平方米。累计划拨专项资金 6.15 亿元，79.82 万户业主受益；累计划拨应急资金 5.56 亿元，213 万户业主受益。资金使用总数达 11.71 亿元。

二、天津市物业管理行业发展经验

2019 年，天津市始终深入贯彻落实党的十九大和十九届四中全会精神，以习近平新时代中国特色社会主义思想为指导，将以人民为中心的发展思想贯穿工作的全过程，全面贯彻落实上级部门的工作部署和要求，以党建为引领，在助推行业健康发展、参与社区治理、服务企业等方面充分发挥物业管理行业的社会作用。

2019 年天津物业管理工作的基本思路是：大力推动落实新修正的《天津市物业管理条例》和新修改的《天津市社区物业管理办法》；与社区党组织及社区相关职能机构建立交流互助机制；深化物业服务“八大”行动，持续提升物业管理服务水平、不断满足广大业主需求；以服务政府、服务社会、服务企业为己任，坚持传承与创新的结合与统一。

（一）法制建设不断完善

着眼解决物业管理行业发展遇到的重难点问题，进一步健全完善物业管理政策法规。天津市第十七届人民代表大会常务委员会第七次会议对《关于修改〈天津市植物保护条例〉等三十二部地方性法规的决定》第二次修正，在全国率先把加强社区党组织对物业管理工作领导写入《条例》，为健全完善党建引领下的共商共建、共治共享的基层治理机制提供了法制保障。依据新修订的《条例》，2019 年 10 月 8 日修订颁布了《天津市社区物业管理办法》，为更好地落实党组织对社区物业管理工作的领导、强化属地管理责任、加大行业监管力度、加强物业服务服务企业诚信建设等，发挥了很好的指导约束作用。

（二）为民服务思想落到实处

协会走出去开展了历史上投入精力最大、时间周期最长、范围覆盖最广、内容多样并富有成果的调研活动。会长林谷春带领秘书处和有关专业委员会负责人，先后深入全市 16 个行政区物业办和近 70 家物业服务企业，围绕行业和企业普遍关心关注的痛点、难点问题、协会如何更好发挥功能作用、如何深入推进物业服务“八大”行动，与物业办主任、物业服务企业负责人进行深入沟通和交流。各区住建委主管领导带队参加调研活动。获得的大量有价值的信息和情况，为协会确定下一步工作思路，选准工作切入点，提供了重要依据。

协会在认真研究梳理的基础上，形成万余字涵盖六个方面内容的《调研报告》。《调研报告》客观反映和分析了存在问题，提出具有针对性的意见与建议。通过深入调研和分析论证，协会找到了与各行政区物业办优势叠加共同推动行业建设，提升社区物业管理再上新水平的结合点和切入点。这一成果对于充分发挥协会和区物业办的工作效能具有重要意义。协会的调研工作和取得的成果，得到行业行政主管部门的高度肯定，《调研报告》对行业发展具有重要意义。目前调研涉及的部分问题已经得到解决，部分问题纳入了工作日程并有了新的进展。《调研报告》在今年社团局组织参加的组织部调研会议上得到充分认可。

天津市物业管理行业开展的“八大”行动是一项长期任务，要在取得阶段性成果的基础上持续开展。《天津市物业服务行业自律公约（试行）》的签署，标志着全行业自律工作迈上新的台阶。行业主管部门和协会将依据新修正的《天津市物业管理条例》和有关规定要求，进一步推进物业服务在社区治理和城区创文创卫活动中发挥行业职能和特点。

（三）行业自律实现制度化

在深入调研和征求行业行政主管部门与协会管理层及会员意见的基础上，完成《天津市物业服务行业自律公约（试行）》的制定工作。公约的制定与试行使行业自律工作提升到制度层面上，这一新举措无疑进一步增强了行业自律的约束力。

协会召开全体会员及部分非会员企业参加的“八大”行动推动暨行业自律公约签署大会，行业行政主管部门领导出席。大会总结了“八大”行动阶段性成果，并分析和通报了目前存在的问题，动员企业提高认识，结合自身实际践行“八大”行动，在取得实际成效上下功夫；大会表彰了开展物业服务“八大”行动的先进企业；全体会员企业和部分非会员企业代表500多人现场签署《天津市物业服务行业自律公约（试行）》；大会的成功召开标志着物业服务“八大”行动和物业服务行业自律工作进入了新的阶段。

（四）行业协会积极作为，凸显桥梁纽带作用

1. 加强党建工作，引领企业发展

依据新修订的《天津市物业管理条例》及《天津市社区物业管理办法》，会员单位党组织要基层化，在管项目要建立党支部或党小组，要及时向社区党组织汇报工作，接受社区党组织的领导。5月份，协会面向482家会员单位首次开展党组织建设调查工作，经协会统计，有373家会员单位参与了此项工作，其中176家会员单位已建立党组织，共计党员2306人，其中有2家会员单位组建了党委、10家会员单位组建了党总支。197家会员单位未建立党组织，其中94家会员单位有党员333人，103家会员单位无党员；会员单位所管辖物业服务项目主要负责人每季度向社区党组织报告开展物业服务工作相关情况，遇有重大突发事件及时报告。

据统计结果显示，协会会员企业在管的一些大型的住宅项目中，很多企业与街道居委会联合建立了共建共管的良好机制，共同组建了党群服务中心管理社区，均达到了良好的效果。

自协会完成脱钩任务后，协会正式成立了党支部，协会党支部认真贯彻落实上级党委部署的各项工作任务，积极参加党建会议及培训活动，先后组织有关人员参加中国物协和圆方党校举办的党建工作培训活动；按照上级党委要求开展“五个一”及“不忘初心 牢记使命”主题教育活动，参加赴天津市烈士陵园缅怀革命先烈、开展“重走长征路”等系列“主题党日活动”。另一方面，通过以点带面的方式方法，推动会员单位党建工作，打造“红色

物业”，以党建成果促行业持续发展。

2. 协会精心筹备完成换届工作

（1）精心筹备换届工作。2019 年协会迎来换届年，在习近平新时代中国特色社会主义思想的指导下，本着服务会员、服务百姓、服务社会的工作原则，协会坚持民主选举、精心酝酿，先后 3 次召开轮值会长会、3 次会长工作会议。成立了《章程》修改小组和换届领导小组，结合行业发展及协会工作实际，两个小组经过多次讨论、反复修改、精心研究，制定出最适用于协会当前发展的合理、合法、合规的新版《章程》。在每次的会议上都共同研究讨论换届大会筹备方案、工作报告、经费收支情况、章程修订以及新一届领导班子成员名单等换届审议文件。2019 年 4 月 30 日召开的理事会，审议了会员大会相关文件。新一届理事会成员名单在协会网站进行了公示，面向会员单位广泛征求意见。

（2）2019 年 9 月 7 日，协会召开了第四届会员大会，选举产生了新一届领导班子，结合现代企业管理新模式，本届秘书长、副秘书长采取聘任制，在社团组织中协会是第一家采用该制度。

3. “八大”行动助推物业服务企业质量的提高

2019 年天津市继续推动物业服务企业“八大行动”工作，协会高度重视“八大”行动的推动和落实，大力推动此项工作的落实。

（1）全覆盖上门走访调研本市各区物业管理行政主管部门，在走访过程中各区行政主管部门不同程度反映部分企业存在管理不规范、履约能力较弱的现象。结合调研收集的信息，协会进行了认真梳理并撰写《调研报告》。同时为了解街镇、社区对行业协会的需求，协会又走访了南营门街、红磡领世郡居委会以及中北镇政府，针对社区治理、美好家园建设、提升物业服务质量等方面的经验做法进行了沟通和交流。

（2）为保证“八大”行动的深入持续开展，协会按照八项工作要求面向会员单位不定期进行监督检查，详细了解企业落实“八大”行动进展情况，并帮助企业解决在执行贯彻中遇到的困难和障碍。截至 2019 年 9 月，已有 439 家会员单位参与“八大”行动落实情况报告的报送工作，经过会员企业认真贯彻“八大”行动工作部署，使企业服务水平和业主满意度都有了不同程度的提高。例如有的企业还将敲百家门行动进行了延伸，如关爱空巢老人，为老人义务理发、免费体检；为举办婚礼或温居业主提供红毯和秩序引导服务等。红磡物业依托 APP 智能化管理平台及传统电话沟通渠道双管齐下，均做到 30 分钟内响应、24 小时内关闭，让业主的诉求“不隔夜”。隽丰物业通过建立“天网隽生活管理系统”，有效监管项目的服务规范以及解决业主诉求的响应及时程度，形成了有效的业主诉求和物业服务的监察机制。明喆物业围绕文明用语、服务规范、礼节礼貌三个工作重点开展“文明服务月”活动，制定物业服务提升、物业秩序优化和文明主题宣传三大行动。融创物业开展的“微笑大使”评选活动，由业主投票，活动获了众多业主的肯定和赞誉。经统计，在报送材料的企业中，业主满意度由原来的 85% 提升到现在的 90%，“八大”行动成果初见成效。

4. 发挥协会职能，服务会员企业

（1）加强舆论宣传，营造行业氛围。为庆祝新中国成立 70 周年，协会组织系列专题活动，如在天津广播电视台隆重举行“‘我的祖国 我的家’天津市物业管理协会庆祝新中国成立 70 周年表彰晚会”，晚会向协会评选出的“优秀品牌企业”、“行业楷模”、“优秀党建企业”、“优秀服务之星”颁发了荣誉证书，晚会彰显了天津物协的崭新姿态，扩大了协会在本市乃至全国的影响力，同时也展现了我市物业管理工作者的蓬勃朝气；首次参展国际物业管理产业博览会，参会企业达 51 家 142 余人，是历年来我市参加博览会人数最多的一次，充分展现了我市行业部分优秀会员企业良好风采，为协会、为企业在全国的品牌建设与发展起到了积极促进作用，增加社会认知度与合作机会。

（2）加强培训工作、促进行业发展。物业管理行业发展人才是关键。协会始终注重专业人才的储备，坚持组织物业管理从业人员培训，确保业内人员执业能力稳步提升。协会坚持办好项目经理培训工作，多次与国土学院培训中心研究培训计划、责任分工等各项细节性工作，重新起草签订了合作协议。此外，协会还持续与专业资质院校合作开展消防安全培训工作，全面提高会员企业消防技能操作水平及防控火灾能力。

（3）加强机制建设、提供优质服务。为促进业内交流，满足会员需求，协会积极开展主题活动、参观交流、专题讲座、业务培训等各类会员活动。同时，结合协会工作事项及工作流程各有不同的特点，按照协会议事制度，每年定期召开一次理事会、一次会员大会，每月召开一次常务副会长会议，每季度召开一次会长工作会议，研究工作、议定事项，确保协会工作规范有序运行。此外，协会加强秘书处自身建设，努力提高职工业务水平，确保职工各项工作有序进行。

（4）为行业打造法律服务新品牌

天津市物业管理协会在行业坚持每月举办一次法律咨询日活动，由协会法律咨询委员会律师为物业服务企业或业主提供法律咨询服务，以边实践、边总结、边提高的方法，坚持接地气追求实效的目标，把法律咨询日活动打造成为服务企业服务行业、受会员企业欢迎的新品牌。目前这项旨在依法规范行业发展的活动已经形成常态化，通过每次活动的认真总结和不断创新，法律咨询日活动从形式到内容愈发贴近行业、深入企业、服务项目，法律咨询日活动已然成为服务行业发展的新品牌。

（5）应会员诉求，开展调研工作。配合行业主管部门启动了物业服务费的调研工作，与招投标中心共同组织68家企业近500个项目召开了“物业管理项目服务成本测算调研工作部署会”，此次的调研涉及面较广、数据的代表性强，为解决当前存在的物业服务成本增长、物业费调价难提供了数据支撑，为解决企业和业主的诉求寻找出路。

（6）梳理行业现有政策法规。协会重新对《政策法律法规汇编》中已过期和即将到期文件进行了梳理，并主动多次与行政主管部门沟通，了解查找最新文件，精心整理出最为准确、全面的政策法规依据，以确保行业各从业人员的正常使用。

（7）开展新《条例》、新《办法》公益讲座。为帮助会员单位正确解读并认真贯彻新修订的《天津市物业管理条例》和《天津市社区物业管理办法》，协会深入各区，走进企业，面向全体会员单位项目经理开展新《条例》、新《办法》大型公益讲座。为更好地服务会员，结合各区报名需求按场次就近安排讲座地点。

（五）坚持改革创新促行业发展

组织开展医疗机构物业服务标准课题研究。2019年，完成了《天津市医疗机构物业服务标准研制》课题研究，研究成果为申报天津地方标准奠定了基础。天津物协成功协办“2019医养大健康发展论坛暨第三届医院物业、养老企业联盟年会”。

（六）专项行动成效显著

天津市坚持把安全隐患排查整改和扫黑除恶治乱两个专项行动列为重点工作来抓，扎实指导推动物业管理住宅小区安全隐患排查整改。一是认真部署安排。高度重视市委、市政府有关安全生产工作的部署安排，组织召开会议部署安排，及时将各级抓安全生产的具体要求传达到企业、到项目。二是建立长效推动落实机制。突出预防火灾、预防电梯事故、预防硫化氢中毒、预防井盖破损缺失造成人员伤亡以及夏季防汛等重点，坚持季节性与长期性相结合、经常抓与抓经常相结合，并将共用设施设备安全隐患排查整改纳入住宅小区物业服务等级化考评内容。建立全市安全生产季度形势分析会制度，组织开展安全生产月活动。三是坚持指导督促分类整改。针对存在安全隐患的复杂性，各区房管局加强指导推动，相关物业服务企业建立问题清单台账，分类制定整改措施，持续抓好隐患排查整改工作。

上海市物业管理行业发展报告

上海市物业管理行业协会

一、行业发展的整体状况

（一）物业管理规模

1. 全市房屋总建筑面积

据上海市统计局提供的数据核算，至2019年末，上海市房屋总建筑面积为12.94亿平方米。其中，2019年住宅建筑面积新增1374万平方米，达到6.89亿平方米，非住宅建筑面积新增1182万平方米，达到6.06亿平方米，住宅和非住宅建筑面积占比分别占53.2%和46.8%。

2. 物业管理总建筑面积

本市物业管理总建筑面积10.49亿平方米，覆盖全市房屋总面积的81.0%，同比递增2.61%。其中，住宅类管理面积6.73亿平方米，管理覆盖率为97.7%，非住宅类管理面积3.76亿平方米，管理覆盖率为62.1%。

（二）物业市场价格

2019年，上海市住宅类物业服务价格基本保持微幅上涨趋势，而非住宅类物业服务价格除政府机关办公物业外，整体呈现上升趋势。

1. 住宅物业管理费价格

为了更好地反映上海市住宅物业管理费的变化情况，避免由于年度样本变动造成的统计偏差，本次对2018—2019连续2年申报小区的物业服务费变化情况做了专项追踪分析。

统计结果表明，非商品房物业管理费单价上涨幅度8.55%，商品房整体价格上涨幅度1.71%，独立式住宅整体上涨幅度1.05%（表1）。

2018—2019追踪类样本物业管理费调价统计表　表1

区域分布	平均单价[元/(月·m^2)]			
	别墅	商品住宅	非商品住宅	小计
内环内	3.95	2.77	1.54	2.55
内环至中环	—	2.17	1.57	2.06
中环至外环	2.50	1.90	1.59	1.86
外环外	2.50	2.14	1.92	2.11
合计	2.65	2.32	1.70	2.21

2. 非住宅物业管理费价格

2018—2019非住宅类物业管理费单价统计表　表2

物业类型	物业管理费单价[元/(月·m^2)]	
	2018年	2019年
办公物业	14.95	18.55
机关物业	18.27	13.97
商业物业（商场、百货）	9.87	35.31
商业物业（商业街）	9.87	4.87
学校物业	4.91	6.97
园区物业	2.74	5.01
公众物业	2.92	3.51
医院物业	5.91	6.05

（三）物业服务企业

截至2019年12月，在上海市工商注册且在上海市房屋管理局网站登记备案的物业服务企业共有

5413家。

本次物业服务企业大幅增加的主要原因是物业管理行业资质取消，导致房地产建设单位、相关工建企业和众多跨界普通企业，都将物业管理纳入经营范围。

（四）行业协会成员

2019年，上海市物业管理行业协会共有登记注册的会员单位1701家，较上年度增加179家。其中：物业服务企业1487家。

随着物业管理行业专业性、技术性不断提升，非物业服务企业的行业协会成员与广大物业服务企业共同努力，推动了行业整体服务水平的提升。其中保安服务企业、保洁服务企业、消防电梯设施设备企业和信息软件开发企业在不同的业务领域成为物业管理行业不可或缺的组成部分，为行业的发展发挥了十分重要的作用。

（五）从业人员队伍

截至2019年末，本市共有从业人员约90.10万名，增加1.24%。其中物业服务企业在职人员约为53.23万名，市场外包服务人员约36.87万名，分别占从业人员总数的59.08%和40.92%。

在行业整体人员增加的背景下，本年度外包人员总量降低，主要是秩序维护工种的人员大幅降低。同时，随着物业服务企业转型升级的深入推进，包含多种经营人员在内的其他服务类岗位数量得到迅速增加，扩充了在职人员的占比。

1. 岗位构成

通过对90.10万从业人员队伍的岗位工种平均分布情况统计显示：

① 管理人员7.31万人，占8.1%。

② 客户服务5.76万人，占6.4%；

③ 工程维修10.39万人，占11.5%；

④ 秩序维护28.92万人，占32.1%；

⑤ 环境清洁33.65万人，占37.3%；

⑥ 绿化养护2.91万人，占3.2%；

⑦ 其他工种1.24万人，占1.4%。

2. 年龄结构

本市物业管理行业从业人员平均年龄40.8岁。

根据不同规模企业的统计情况表明：规模企业从业人员平均年龄39.1岁，中等规模企业39.7岁，小规模企业48.9岁。中等规模及以上企业的从业人员年龄结构更为合理。

3. 文化结构

本市物业服务企业在编职工中，初中及以下文化占10.2%，高中文化占48.5%，大专文化占18.3%，本科文化占22.8%，硕士及以上占0.2%。

与2018年相比，企业职工大专及以上人员增加了约16.4个百分点，高中及以下人员同步降低，行业从业人员的文化结构得到了明显提升。物业服务企业正逐步摆脱以往低端劳动密集型的运营模式，向管理型和知识型企业转变。

4. 工资收入

根据对上海物协会员单位提供的职工基本工资标准数据统计，行业从业人员各岗位整体工资收入水平相比去年出现明显增长。特别是工程维修、秩序维护、清洁和绿化等基层操作岗位人员的行业平均工资收入上涨幅度均超过了15%，超过了上海市统计局发布的全市就业人员平均工资上涨幅度。

行业整体工资收入上涨既有物业服务企业为转型发展，主动提升从业人员年龄结构和职业能力的因素，同时也受到劳动力市场供应转弱的影响。基础操作岗位的工资收入呈现普涨态势，企业用工成本逐年上升，不同规模企业的差异不大。

（六）行业经营收益

据不完全统计，2019年本市物业管理行业营业总收入约为1255亿元，同比大幅增加28.3%，占上海市GDP总量约3.29%。其中主营业务收入799.40亿元，同比增加约0.5%，非主营业务收入456.02亿，增长近3倍。数据表明，随着物业管理行业转型发展的进一步推进，物业服务企业的营收结构产生了较大的变化。包含社区服务、资产管理等非传统主营业务已经逐渐成为物业服务企业的重要收入来源，该类业务的市场拓展空间和业绩增长潜力正进一步得到发掘和实现，复合型收入将成为行业发展的未来新趋势。

二、行业发展的内外部环境

（一）政策环境的变化

1. 规范主体行为，推进社区共治机制

新修订的《上海市住宅物业管理规定》于2019年3月1日正式实施。作为本市住宅物业最主要的法律文件，《规定》从理顺管理体制、完善业主自我管理、完善物业的使用和维护等几个方面，在制度安排层面进行了突破和创新。首先是明确了建立住宅小区综合管理体制，从法律层面支持了政府相关部门住宅小区综合管理的领导地位；其次是明确了乡、镇人民政府、街道办事处对业主大会组建的工作职责，完善了业主委员会组建流程；三是明确了物业使用和维护的制度要求，建立了物业保修金制度和物业紧急维修及强制维修制度，为解决因房屋质量保修责任落实问题引发纠纷和涉及公共利益、公共安全的维修事项提供了有效办法。

2. 完善信用监管，推动行业优胜劣汰

2019年，上海市政府全力推进城市运行“一网统管”，启动建设城市运行管理平台系统。上海物业管理行业的“上海物业”APP和上海市物业管理监管与服务平台同步投入使用。通过现代信息技术，实现了对全市所有物业服务企业和住宅物业项目的监管。各住宅物业管理项目的服务质量、项目经理履职情况和物业服务的重点服务规范均在平台中有迹可循，实现了发现、整改、落实和反馈的全闭环管控模式。配合已经颁布实施的《上海市物业服务企业和项目经理失信行为计分规则》和其他相关政策法规，行业主管部门对部分违规物业服务企业和从业人员根据后果严重程度，采取约谈、扣分、限制参与市场招投标和限制从业等各类惩戒措施，严格规范物业管理行业的整体市场行为。

3. 加强政策引导，规范物业市场机制

物业服务费价格的市场形成机制失衡，是长期以来制约行业发展和物业管理水平提高的“瓶颈”问题。本次新修订的《上海市住宅物业管理规定》，特别提出了要理顺物业服务收费价格形成机制，解决本市住宅小区、特别是老旧小区的物业管理费与实际运行成本偏离的矛盾，尽快建立与社会经济发展相适应的物业服务定价机制，通过建立价格联动机制和“质价相符”的物业服务市场机制来突破行业发展的“瓶颈”问题。

上海市房管局于2019年3月8日下发了《关于开展住宅物业服务价格评估工作的通知》。上海市物业管理行业协会和上海市房地产估价师协会联合颁布了《住宅物业服务价格评估规范》和《上海市住宅物业服务价格评估管理办法（试行）》，为住宅物业服务价格评估工作提供了指导规范。

随着各级政府部门的全力推动、新闻媒体的正面宣传和业主消费意识的提升，上海市住宅物业服务价格市场化的步伐正稳步推进。

（二）市场环境的变化

1. 平台型发展，行业价值度进一步显现

物业管理行业较高的市场抗风险能力、稳定的现金流和巨大的市场存量，吸引越来越多的投资目光。部分房地产上游企业主动推动主业与物业板块融合来提升集团整体竞争力；甚至出现了多元化企业以物业管理为核心平台，注入其他行业业务，打造资产组合。

除了行业经济效益得到社会认可之外，通过上海进博会的举办、“美丽家园”建设和全市防疫抗疫等一系列工作，本市物业管理行业在城市治理、社区管理和应急联动的综合能力和潜力得到了充分展现，取得了明显的社会效益。

2. 复合型成长，行业成熟度进一步提升

伴随着资本市场对物业管理行业的持续注入，

以及物业服务企业转型发展，本市物业管理行业的业务和收入结构正在发生深刻的变化，在行业主营业务收入保持平稳的基础下，复合型收入成为物业管理行业新的增长点。

咨询服务、案场服务成为地产集团下属物业服务企业的高利润业务板块，中介服务和代理经租逐渐成为商办地产所属物业服务企业的重要服务内容，居家生活服务和社区资产管理在住宅物业项目经营业务收入的比例愈发加重。通过不动产管理、社区生活服务与传统物业服务业务的深度整合，物业服务企业极大地拓展了业务领域和利润来源。

物业服务企业业务的复合型成长，代表了物业管理行业的发展正进入新阶段。

3. 集中度提高，企业竞争力进一步分化

2019 年，上海市物业管理行业的集中度延续前几年的增长趋势，得到了进一步提高。统计数据表明，本市规模以上企业的销售总额已占市场总额的 43.7%，利润总额占比率更是达到了 48.8%。规模企业的市场竞争优势明显。本市物业管理行业集中度的提高，主要通过以下几种方式：

一是市场拓展。规模企业依靠其品牌优势、成本优势、资金优势和人才优势，在市场竞争中攻城略地。在本市物业招投标市场中，品牌企业的竞争力已经成为招标人主要的选择因素之一。

二是企业整合。随着国资改革的推进，国有大型物业服务企业在上级集团的战略策划统领下，实施了大规模的重组整合，迅速提升了管理规模。

三是收购兼并。收并购是上市企业市场扩张的最常见模式。全国物业管理行业的并购浪潮在 2019 年持续升温，本市物业服务企业也参与相关并购活动。

（三）行业发展的重要成果

1. 新冠防控、社区防控主力军

2019 年底发生的新冠肺炎疫情，是新中国成立以来我国遭遇的传播速度最快、感染范围最广、防控难度最大的一次重大突发公共卫生事件。物业管理行业在此次新冠肺炎疫情防控中齐心协力、勇往直前，用实际行动诠释了“治疗一线在医院，防控一线在社区”。

2020 年 1 月 22 日，上海物协紧急下发《关于本市物业管理行业做好新型冠状病毒感染肺炎疫情应对工作的紧急通知》，吹响了疫情防控的冲锋号。上海众多的物业服务企业积极响应，义无反顾地参与到疫情防控阻击战中。在疫情防控的关键时刻，持续做好住宅小区疫情防控的“看家护院”工作，筑牢疫情防控“社区屏障”。

2. 垃圾分类、城市管理主战场

2019 年，上海市作为全国首个全面开展生活垃圾分类的城市，基本实现了生活垃圾分类全市覆盖。通过一年的努力，全市四分类垃圾实现“三增一减”目标：可回收物回收量增长 71.1%，有害垃圾分出量增长 11.2 倍，湿垃圾分出量增长 38.5%，干垃圾处置量下降 19.8%。

上海市物业管理行业在全市垃圾分类工作的推进中，充分展现了社区垃圾分类管理责任人的责任与担当。新年伊始，各物业服务企业与各区、街道和居委会进行前期工作对接。在管理项目内大规模开展生活垃圾分类达标的宣传和普及，全面落实居住区和商办写字楼分类垃圾箱房和分类投放点改造。上海生活垃圾分类的顺利实施，体现了上海市一流的城市管理水平，也是上海市物业管理行业高质量的服务能力和运作水平的集体展示。

3. 党建引领、企业管理新抓手

党建引领，一直是本市物业管理行业发展的重要基石和推进力。2019 年，《上海市住宅物业管理条例》（修订版）的实施，进一步落实和细化了党建工作在社区基层建设中的作用。在市行业协会的组织和引导下，党建引领已经成为全行业物业服务企业的共识。

截至 2019 年底，本市物业管理行业 1644 家上海市物业管理行业协会的会员单位中，已经建立党组织的有 1216 家，党组织覆盖率为 74%。全市 16 个区全部建立了行业党建工作分会，为持续推进

行业党建工作提供了有力的组织保障。党组织充分发挥政治核心作用、战斗堡垒作用和共产党员的先锋模范作用，在 2019 年度创新社会治理、建设美丽家园、抗击新冠肺炎疫情重大斗争、促进企业和行业改革发展等各条战线上均发挥了关键性作用。

4. 资产管理、行业发展新亮点

随着资本市场对物业管理行业的持续关注，我国物业管理行业的业务范围、盈利模式得到了极大地延伸和突破。资产管理，作为国际不动产管理主流运营模式，已日益被本市物业服务企业所借鉴与接受。

上海作为我国国际化的大都市，近年来不断探索和应用不动产的资产管理模式。2017 年，上海市物业管理行业协会就成立了资产管理专业委员会，开展了物业资产管理培训、技术咨询、信息交流等活动，协助企业提高资产管理水平。通过制定资产管理行规行约以及地方性有关资产管理标准的制订，推进与国际资产管理对标工作。

上海市物业管理行业转型升级正在不断加速，资产管理业务领域的发展将越发得到重视和发挥出新的增长点。

5. 进博保障、服务成果新展现

为深入贯彻习近平总书记“进博会不仅要年年办，还要越办越好”的重要指示，上海市物业管理行业从首届中国国际进口博览会筹备开始，积极投身保障服务工作，专门成立了进口博览会物业服务联盟。在上海物协的组织下，从 2019 年进博会起，由直接服务进博会的 16 家物业服务企业组建了 16 支物业服务保障志愿队，除了切实保障进博会的保安、保洁、设施设备维护等服务工作，还随时接受相关政府部门的调配与支援。

2018—2019 年，在物业服务企业的共同努力下，上海市物业管理行业已出色完成了集中参展面积约 36 万平方米、累计进场约 91 万人次的超大型展会服务保障工作。进入常态化运营的中国国际进口博览会的物业服务保障工作，将成为上海市物业管理行业的新标杆，并向世界展示了中国物业服务的国际化风采。

6. 历保维护、文化传承新担当

近年来，随着城市精细化管理的逐步推进，上海中心城区传承上海百年历史的大量优秀历史保护建筑的保护性管理，已提上了市政府和主管部门的重要议事日程。本市相关物业服务企业在参与历保建筑管理的同时，也积极投身到优秀历史建筑的保护研究工作中去，开展了大量具有前瞻性和开拓性的工作。

上海市物业管理行业协会在提升历史保护建筑物业管理的发展过程中，结合上海市物业管理优秀项目的评比，增设了历史保护建筑的附加评分标准，成为上海海派物业管理的一大特色。

习近平总书记在考察上海工作时说：文化是城市的灵魂，要妥善处理好保护和发展的关系，注重延续城市历史文脉，像对待“老人”一样尊重和善待城市中的老建筑，保留城市历史文化记忆。上海的物业人正脚踏实地，牢记总书记的嘱托，为城市文化的传承和保护做出了积极的努力与奉献。

7. 扶贫帮困、社会责任新贡献

2019 年，是我国脱贫攻坚战的关键之年。围绕习近平总书记关于扶贫工作的重要论述，上海市物业管理行业协会的众多会员企业充分发挥物业管理行业的资源优势，积极履行企业的社会责任，开展了大量的扶贫帮困活动。

2018 年，上海市物业管理行业协会顺利完成“青春聚力量，圆梦在行动”扶贫活动，共筹集资金 16 万元，为 402 名贫困地区的孩子点亮微心愿，帮助他们实现心中的美好愿望。2019 年，再次筹集资金 35 万元，为云南普洱、贵州遵义 1000 名小朋友点亮微心愿。同年 10 月，上海协会组织骨干会员单位前往云南江城县开展扶贫活动，用所筹集的 32 万元资金设立了“上海市物业管理行业协会助学金”，帮助品学兼优的孩子顺利完成学业，激励江城学生努力学习、勤奋进取。此外，还向国庆乡新寨小学、嘉禾乡联合小学一次性捐赠 12 台热水器，用于解决学生宿舍用水困难。

2019年8月，上海市物业管理行业协会响应中国物业管理行业协会的号召，举办“上海市物业管理行业消费扶贫专项活动启动日”暨“社区的力量”消费扶贫攻坚行动“一斤市集”上海站活动。全市有100多家物业服务企业、1200个社区、近百万居民共同参与，形成了有规模、有质量的上海区域扶贫攻坚活动。活动当天，上海市物业服务企业和社区居民踊跃参与消费扶贫购买的农产品超过10万斤，成为全国第一个突破10万斤的城市。上海物协被中国社区服务联盟聘任为常务理事单位，并荣获2019年度“社区的力量”消费扶贫组织创新奖。

三、行业发展的未来展望

（一）行业发展新动向

1. 兼并整合，引领行业竞争主旋律

新冠肺炎疫情的发生和在世界范围的蔓延，对近年来本就低迷的整体经济增长趋势造成沉重打击。但相比其他经济领域，物业管理行业的抗风险能力凸显，显示了极强的发展韧性和潜力。伴随资本市场对物业管理行业的整体看好，预计未来行业竞争和整合热潮还将继续。

2. 城市服务，探索业务领域新发展

伴随中国各地政府治理能力的提升以及对民生项目的持续性投入，城市服务已经成为物业服务企业拓展业务版图的重要新领域。

2020年两会期间，全国推出3.9万个老旧小区整改计划。中国证监会、国家发展改革委4月30日联合印发了《关于推进基础设施领域不动产投资信托基金（REITs）试点相关工作的通知》，标志着全国城市建设和管理进入新的发展阶段。

《中华人民共和国民法典》、《上海市住宅物业管理规定》（修订版）和《北京市物业管理条例》（新）等一系列法律法规的推出，都体现政府主管部门鼓励物业服务市场化，鼓励将物业管理公司纳入基层治理体系的政策导向。

3. 疫情防控，助推管理服务新助手

新冠肺炎疫情防控工作，是对物业管理行业应对公共事件危机反映能力的最大考验。疫情期间，物业服务企业在人力资源提供、非接触式管控等方面的组织和协调能力均受到严峻挑战，而物联网和AI技术的运用得到了充分的推广。

随着智慧社区、智慧楼宇概念的推动，人工智能技术的不断进步，AI机器人正在物业服务领域得到推广。目前物业机器人已经在三大领域实现应用，分别是出入管理及信息查询、自动清洁以及自动巡逻。

未来，智慧城市、智慧社区的概念终究会实现，虽然目前科技还处于弱人工智能时代，机器人可能无法完全取代人类，但随着技术的进步，基于管理效率和成本的提升，AI机器人将在物业服务中扮演越来越重要的角色。

（二）行业发展新挑战

1. 民生保障与市场配置

我国物业管理行业在诞生初始，便具有市场化发展和社会公共服务的双重属性。随着近年资本市场对物业管理行业的深刻影响，市场化的进程进一步加速，市场规模、经营收入、利润回报引领了行业整体的转型和提升。同时，随着政府对社会基层治理关注程度的提高，物业管理行业成为综合治理结构中重要的组织资源，相关投入的资源保障也成为物业服务企业重要的收入来源。

2. 规模扩张与品牌维护

无论是从资本市场还是企业发展角度出发，规模竞争都是物业管理行业的主要竞争模式。从动态的条件来看，物业服务企业将长期面临在管面积增速放缓、存量项目比例提升、刚性人力成本的攀升、物业费调价困难、合同到期丢盘等风险。只有通过市场规模扩张，才能提升企业抗风险能力。规模也是物业服务企业开展增值服务和利用新技术赋能的基础条件。

3. 全面拓展与盈利能力

物业管理行业的非主营业务收入在收入占比中不断提升，但也面临着新业务领域投入与利润回报的平衡。从本年度上海物业管理行业统计数据分析表明，高增长的非主营业务收入，尚未能明显提升物业服务企业的盈利能力。

4. 多种经营与专业服务

社区增值服务是物业管理行业价值发现的重要载体。社区增值服务的领域宽泛，业务众多，企业只有在尽可能多的业务领域开展社区多种经营，才能最大限度提升社区流量的价值。也只有高度多元的增值服务体系，才能提高业主满意度。

开展增值服务需要做好两大平衡，一是基础物业服务与多种经营的平衡，二是增值服务多样化和专业能力的平衡。

增值业务的开展来源于客户的重复购买。而服务的专业性直接影响客户满意度。通过与专业公司的合作，物业服务企业能够在短时间内提升产品供应能力，但质量保障和业务控制能力偏弱。自行培育增值服务能力，容易收到专业化和规模化的制约。

重庆市物业管理行业发展报告

重庆市物业管理协会

一、整体发展趋势良好

2019 年重庆市物业管理总面积达 9.22 亿平方米，同比去年增加 11.81%。物业管理项目总个数为 9495 个，其中住宅约占 83.34%，非住宅约占 16.66%；物业服务企业总数为 3368 家，较去年增加 240 家；从业人员 36.6 万人，同比去年增加 4.6%；行业总营收 169.49 亿元，较去年增长 56.16，其中主营收入达 106.05 亿元，同比去年增加 53.03%；物业服务企业总利润为 7.03 亿元，利润率 4.31%。

二、党建工作亮点纷呈

2019 年，重庆物业管理行业掀起了学习习近平新时代中国特色社会主义思想的高潮，行业党建工作亮点纷呈：两江新区人和街道五个“环境和物业管理委员会”试点，被《中国建设报》等媒体称为“党建引领社区治理的重庆探索”；重庆助友创美物业公司党委推行党员岗位工作津贴制度，被《中国物业管理》报道为非公物管企业党建优秀案例，公司党支部书记刘小华被重庆市委评为“党建之星”；重庆海源物业公司党委通过实施“123 联”党建工作新方法，有效化解小区矛盾纠纷。重庆市物业管理协会党支部顺利完成支部换届，积极认真组织全体党员开展“不忘初心、牢记使命”主题教育专题学习。不断强化党建宣传，通过在会刊、协会网站开设党建专栏，加强党建工作的宣传力度，全年共发表、刊登党建论文、简报 40 余篇。在新中国成立 70 周年大庆之际，行业掀起为祖国生日献礼的高潮，在各级党组织指导下，物业服务企业纷纷通过文艺会演、举办物业小区庆典活动、悬挂张贴国庆节标语、制作主题沙画影片、播放爱国宣传片等形式，表达物业人对祖国的热爱。

三、行业抗疫可圈可点

2019 年岁末，第一例新冠肺炎病例在武汉被发现，重庆物业管理行业高度关注疫情发展，随着疫情的进一步蔓延，全行业迅速响应党和政府号召、认真按照市疫情防控领导小组的要求，部署和推进物业小区的疫情防控工作。行业主管部门、市区行业协会、三千多家物业服务企业、25 万物业员工众志成城、奋力“抗疫”。组织专家参与编制完成《重庆市新冠肺炎防控地方标准》。制定并升级调整 1—5 版《重庆物业小区新型冠状病毒感染肺炎防控指导手册》，指导帮助企业科学防控疫情。先后印发防疫通知、倡议书、公开信 8 封，通过网站、微信服务号及时转发防控政策、上级通知、会议精神、领导指示 20 余次，发布疫情防控科普知识 60 余篇，报道企业“抗疫”行动和一线员工先进事迹 100 多次。设立爱心榜，呼吁和鼓励社会各界对物业小区“抗疫”物资进行捐赠。

在疫情最为严峻阶段，全市物业小区实行封闭管理，快递、外卖等一律实行无接触式配送。小区公共区域的消毒力度加强，由原来的一周 1 次，提升为正常小区每天 2 次，已发生确诊病例的小区每天 3 次。小区疫情排查更加严密，对进出人员和车辆进行排查和登记，对湖北疫区往来人员、接触病患人员、节后返岗员工进行排查登记。同时，各物业小区还紧密配合街道、社区、疾控单位，对小区内发现的疑似患者进行监测、隔离和送医，积极配合公安部门做好物业小区安全维稳工作，经过全行业不懈努力，疫情在社区得到了有效遏制，受到了新闻媒体和社会各界的高度关注和肯定，央视对重庆某物业公司的抗疫工作进行了报道和点赞，《中国建设报》、中国物业管理协会官网和微信服务号、《重庆日报》、华龙网等多家媒体也先后对重庆物业小区疫情防疫防控过程中的有效经验和感人事迹进行宣传报道。

四、法制建设持续完善

2019 年《重庆市物业管理条例》经市第五届人大常委会第十三次会议审议通过。新条例全文共 9 章、112 条，其主要内容为四个方面，一是将物业服务入社区治理体系，建立社区党组织领导下的居民委员会、业主委员会和物业服务企业议事协调机制，统筹推进社区治理和物业服务工作。二是明确了住房城乡建委、规划自然资源等部门的监管职责分工，明晰了街道办事处、乡镇政府、居（村）民委员会在物业管理工作中的角色定位。三是对物业区域调整、物业承接查验、公区收益及物业专项维修资金的安全管理和使用等物业管理关键环节进行了制度规定，四是对“开发历史遗留问题”“乱搭乱建”等行业市场通难点进行了政策补充。总的来说，条例的制定既遵循了党中央、国务院关于物业管理工作的系列要求，又体现了重庆特色，为重庆物业管理的规范、快速发展指明了方向。

五、市场监管有序推进

在常规工作部署和督促检查基础上，行业主管部门每半年开展一次“双随机一公开”检查，促进物业服务企业依规履约。同时，全面推进行业诚信自律机制建设，印发《重庆市物业服务企业和物业项目负责人信用管理办法（试行）》，建立市物业管理信用信息平台和信用信息档案，由市、区行业主管部门负责对物业服务企业和项目负责人信用信息进行定期采集、定期认定、定期发布，由系统根据信用信息情况进行自动评级。确立守信激励和失信惩戒机制，信用等级情况与企业创优评先、参与市场招投标活动、项目负责人执业前景同步挂钩，进一步强化对物业服务企业和项目负责人事中、事后行为的监管。

六、老旧小区改造成效显著

坚持“美好生活共同缔造”的理念，2019 年，重庆启动实施 1100 万平方米老旧小区改造，通过“小区智管、小区细管、小区众管”，对物业服务小区内房屋、设施设备、环境绿化进行精细化的管理维护，创建了一批智能物业服务小区，促进了人居环境改善。同时，城市更新改造也为物业服务企业拓展价值链条提供了机遇，洪泉、康田、中房等物业服务企业积极探索城市更新改造和老旧小区整治的机制和模式，通过对城市、小区空间的梳理和功能定位，结合物业服务企业线上线下的优势旧改，探索与旧改工作融合的路径和机会，实现从小区运营服务机构向城市运营平台的转型升级。

七、企业进入资本市场形式趋于多样性

重庆物业服务企业收购、兼并市场活跃，领军企业快速扩张：金科服务、龙湖智慧服务、财信物

业通过整体收购的形式扩大企业规模；天骄爱生活、海泰物业、华宇物业等物业服务企业通过并购、重组等方式整合资源，不断做大做强。重庆新大正物业集团在深圳证券交易所挂牌上市，成为西部第一家、全国第二家在沪深主板上市的物业服务企业。金科智慧服务集团股份有限公司揭牌运营，标志着金科服务正式吹响上市冲锋号角，并于 11 月 17 日正式登陆港交所。此外，阳光城市、合景泰富、华润置地等房企也积极筹划分拆物业上市。其中合景悠活已于 10 月 30 日在港交所挂牌。

八、科技助力物业服务领域升级发展

在行业主管部门引导下，重庆物业服务企业抓住社区增值服务潜在需求机遇，不断创新服务领域，取得较好成效。金科服务“金科云”、龙湖智慧服务“U 享家”、东原物业“东驿站”、天骄爱生活“小 A 帮”等一批 APP 及微信公众号投入使用，物业服务企业更重视社区到家最后一公里服务的发掘，金科服务、龙湖智慧服务、彩生活等物业服务企业凭借雄厚资本与京东、360、阿里等商业、科技巨头进行社区合作，实现在线问诊、线上采购、线上缴费等多元化服务，在增加企业营收的同时，也方便了业主生活，提升了业主对物业服务的满意度。

九、行业理论研究不断深入

启动《重庆市既有建筑保留利用及更新改造体系研究》《智能物业评价指标课题研究》两项课题研究，配合全国行业标准委员会制定《物业服务安全与应急处置》《物业服务客户满意度测评》《物业管理术语》三项行业国标，结合工作实际，形成 60 余项调整建议，报全国行业标准委员会参考。联合中物研协、易居企业集团・克而瑞公司开展 2019 年重庆物业管理行业测评研究，为行业发展提供理论和数据支撑。

十、行业协会规模壮大、影响力提升

截至 2019 年，重庆市物业管理协会会员单位数量 1028 家，比去年新增 76 家，协会理事单位 162 家、新申请待议理事单位 13 家，新选举产生常务理事单位 55 家，协会的规模日益壮大。今年重庆协会确立了“创全国一流物业协会、创 5A 级行业协会”的双创战略目标，并为之努力奋斗。全年共接待和解答社会各界提问 300 余次，调解行业纠纷 3 起，共参与 5 项政策法规起草修订和行业标准制定，承接并完成政府委托工作 6 项，承接并启动行业研究课题 2 个，组织和参与行业大型活动、会议、论坛 6 次，举办专题培训讲座 8 场 ，召开会长办公会 5 次，常务理事会议 1 次，理事会议 1 次，组织市内外行业交流 7 次。在 2019 年 5 月举办的中国物协会员代表大会上，重庆协会的多名成员当选中国物协副会长、高级顾问、名誉副会长，重庆协会在全国行业的影响力大有提升。

十一、政府主导、协会配合、企业参与的五项工作

（一）成功举办 2019 年巴渝工匠杯物业服务技能竞赛

在市住房城乡建委的指导下，重庆协会成功承办 2019 年巴渝工匠杯物业服务技能竞赛，共有 22 个区县、215 支队伍、近 900 名参赛选手参赛，是近年来重庆物业管理行业参赛范围最广、参赛队伍和选手最多的一次技能大赛。其中，公租房物业管理系统、高职院校首次组队参加全市技能大赛。值得一提的是，这次技能大赛积极响应重庆市住房城乡建委倡导的智能化、智慧化建设，在参赛队员身

份检录上使用了“团万家科技”提供的人脸识别系统。为响应国家垃圾分类号召，在环境保洁比赛中设置了垃圾分类实操环节；为展现“小区智管”，开幕式设备方阵展示了包括无人机、清扫车等在内的一系列在物业服务工作中进行运用的新机械新设备。重庆电视台、新华网、人民网、华龙网、中新网、党报头条、上游新闻、重庆商报、都市热报等媒体对竞赛进行了采访报道。

（二）组织重庆“最美物业人”评选活动

在重庆市住房城乡建委的指导下，重庆协会深入挖掘本市物业管理行业先进典型，组织行业最美物业人评选活动。经重庆市 39 个区县住房城乡建委及行业协会的推荐，协会共收到 59 个“最美物业人”推荐候选人资料。2019 年 9 月，在市住房城乡建委物业处、协会党支部的指导和监督下，活动组委会组织行业专家结合先进事迹、示范效应、公益活动参与度、从业年限、诚信状况等评价指标，对 59 名候选人进行综合考评，选出 20 名“最美物业人”，成功为行业树立先进典型。

（三）创建智能物业项目

按照重庆市住房城乡建委整体部署，重庆协会大力推进本市智能物业项目创建工作，组织专家对《智能物业项目评价指标体系》进行研究和讨论，根据行业企业发展不均衡的实际情况，制定“分级达标”评价机制，将智能物业项目划分为“智能物业达标项目”和“智能物业示范项目”。完成对各区县行业协会（学会）报送的智能物业达标项目的核定和结果公示，完成对智能物业示范项目实地检查验收和评定结果公示，全年共创建智能物业示范项目 139 个，智能物业达标项目 255 个。

（四）开展行业社区消费扶贫专项行动

重庆协会积极响应“三不愁两保障”扶贫攻坚号召，联合重庆农投良品有限公司开展了“带良品回家，送温暖到户”扶贫攻坚专项行动，打通物业小区与贫困地区供需渠道，金科服务、天骄爱生活、银鑫物业、华润物业科技、宏帆物业、东原物业等 105 家物业服务企业的 1100 多个小区参与扶贫活动，覆盖约 110 万户业主、300 余万城市居民，新华社等媒体进行了报道。活动中，助友创美物业公司除动员业主购买贫困地区农产品以外，还以企业名义购买扶贫产品，展现出物业人善良博爱的高尚情操。

（五）加强对外交流合作

在市住房城乡建委指导下，重庆协会先后组织数百家会员单位参加“第四届品质住宅物企联盟工作会议”“第二届国际物业管理产业博览会”等活动。2019 年 6 月和 8 月，分别成功协办中国物协在重庆举办的“物业服务企业品牌发展论坛和行业媒体工作交流会”和“《中国物业管理》杂志年会”两个大型会议和论坛，11 月，成功举办“渝沪京津粤”五省市行业交流促进会。全年共接待来自北京、长沙、杭州等地协会来渝交流考察 6 次，有效加强了重庆物业管理与全国同行的交流合作。

石家庄市物业管理行业发展报告

石家庄市物业管理协会

近年来，石家庄市物业管理水平和管理能力稳步提升，物业服务企业在配合政府“稳就业、保民生、保基层运转”等重点任务，服务社会经济平稳健康发展，提高居民生活品质等方面发挥着重要的作用。2019年党的十九届四中全会提出，推动社会治理和服务重心向基层下移，把更多资源下沉到基层，更好地提供精准化、精细化服务。石家庄市积极探索建立以政府为主导，街道、社区、业主及物业服务企业等相关方共同参与的社区协同共治机制，加强党建引领，推行“红色物业”，加强老旧小区整治并引入物业管理，使物业服务与社区治理融合协调发展，增强居民群众获得感、安全感、幸福感，在城市管理和人民群众工作生活中发挥更加重要的作用。

一、石家庄市物业管理基本状况

截至2019年12月统计数据，石家庄市物业服务企业包含外埠共为1680家，其中年营业收入达到5000万元以上的物业服务企业58家。石家庄市物业管理覆盖面为76.5%，物业管理面积为2.67亿平方米，其中住宅物业面积为2.2亿平方米，非住宅物业面积为0.47亿平方米。城区具有一定规模的住宅小区项目为2667个，其他县市区住宅小区项目为1679个，成立业主委员会216个，物业管理从业人员数量约10.5万人。新建住宅小区100%通过招投标选聘物业服务企业，实行物业管理。

石家庄市2019年老旧小区改造工作，完成老旧小区整治任务568个，共涉及3096栋楼、面积1251万平方米，同时老旧小区改造施划停车位完成1.6万余个。

2019年1月，中共石家庄市委组织部、石家庄市住房和城乡建设局印发《关于加强党建引领 打造“红色物业”提升城市社区治理水平的实施方案》的通知，在全市范围内启动红色物业建设。

2019年10月石家庄市住房和城乡建设局印发《石家庄市物业服务企业信用信息管理办法》，推进建立守信联合激励和失信联合惩戒制度，加快构建全市物业管理行业信用体系。

现就石家庄市物业管理行业基本统计情况分析如下。

（一）物业服务企业

2019年石家庄市物业服务企业备案数量1680家，与2018年相比，增加了62家，增幅3.83%。其中，原一级资质64家（含外埠），比占被调查企业总数的3.81%，比上一年度增加13家，增幅25.49%。增量企业均是外埠来石企业，反映出石家庄物业管理市场对外地优秀企业吸引力增强的趋势；原二级资质91家，占5.42%，原三级资质及临时三级1302家，占77.5%，这两类企业占比持续下降；物业服务企业资质取消后备案的企业223家，占13.27%。虽然当年注册企业仍有部分数据未能纳入统计，但是依然可以看出，石家庄市具有原三级资质（含临时三级）的物业服务企业和资质取消后成立的新企业数量较多，占比较大，需要加以引导，争取做优做大做强。而当年 13 家外埠一级企业进入石家庄市场开展业务，其中多是国内优秀企业，为本地物业管理市场和服务创新，带来新的元素。

（二）红色物业及物业服务企业党组织组建情况

2019 年，市内四区及高新区着力推进党组织组建工作，在主城区（含高新区）摸排的 427 家市场化物业服务企业中，采取单独组建、联合组建、挂靠组建以及选派党建指导员等形式，推动实现党的组织和工作全覆盖。其中 244 家已建立党组织，对其余没有党员的物业服务企业选派 166 名党建指导员。

截至目前，在市委、市政府推动下全市物业服务企业主动承接 528 个老旧小区服务，直接服务居民 12 万余户，红色物业受惠群众 42 万余人。中央电视台《新闻联播》《新闻直播间》等媒体栏目进行了宣传报道。

（三）物业管理项目区域分布

1. 通过选取部分样本，对物业管理项目区域分布情况进行统计分析，数据包括在管物业项目共 1961 个。其中，桥西区 456 个，裕华区 367 个，新华区 261 个，高新区 121 个，长安区 355 个，市内五区项目占项目总量的 79.55%。其他各县市区物业样本项目 401 个，占 20.45%，与 2018 年相比占比增长 2.87%。

可以看出，物业管理项目的数量与经济发展水平成正相关，主城区项目数量明显多于周边县市区。同时，对比数据显示，2018 年周边各县市区项目数量占比小幅下降 0.25%，今年则逆转为增长 2.87%，显示 2019 年度新建商品房项目，明显向周边县市区扩张。

2. 2019 年度新建住宅完成招投标 141 个项目；合同面积 2160.9 万平方米。其中，桥西区 5 个，裕华区 11 个，新华区 10 个，高新区 14 个，长安区 20 个，市内五区占新建住宅招投标项目总量的 42.55%；其他县市区项目 81 个，占比为 57.45%，超出主城区 14.9%。

（四）物业项目类型

石家庄市物业管理项目总面积为 2.67 亿平方米。其中，住宅 2.2 亿平方米，占总量的 82.4%；非住宅面积为 0.47 亿平方米，占总量的 17.6%。以上数据表明，石家庄市物业管理项目类型中，住宅物业仍占据主要地位，属于服务民生为主的行业。

（五）老旧小区改造情况

2019 年，石家庄市共整治改造老旧小区 568 个，数量比 2018 年增长 106.55%；改造面积 1251 万平方米，比 2018 年增长 43.63%；共涉及 3096 栋楼，15 万户。改造项目中，市区主城区共 432 个，占比 76.06%，包括桥西区 115 个，长安区 128 个，裕华区 86 个，新华区 101 个，高新区 2 个；其他县市区 136 个，占比 23.94%。

二、石家庄市物业管理行业发展建设情况

（一）党建引领，推进“红色物业”建设

以党建为引领，打造红色物业，搭建物业、社区、居民之间的桥梁，把物业服务企业打造成党组织联系服务群众的重要平台，使之既发挥物业服务功能，又发挥党建引领作用，打通党组织联系服务群众“最后一百米”。

1. “建、联、评、用”，红色物业融入社区

“建”强党组织，推进物业服务企业党的组织和工作全覆盖。“联”动促发展，建立物业服务企业与街道社区党组织协调联动机制，实现“双向进入、交叉任职”、建立党群联席会议制度。“评”优做示范，在全市培树打造一批党组织引领力强、行业带动力强、社会影响力强的金牌红色物业。“用”

好促民生，评用结合，支持金牌红色物业承接老旧小区。

2. 评选“金牌红色物业”，树立标杆企业

2019年中共石家庄市委组织部、石家庄市住房和城乡建设局制定《关于印发〈石家庄市“金牌红色物业”评选细则（试行）〉的通知》等文件，组织了“金牌红色物业”评选。按照物业服务企业自评申报、街道社区把关测评、区级部门筛选初评、市级部门复核认定的方式，通过考察组织建设、队伍建设、日常管理、服务质量、社会形象五个方面，共评选出“金牌红色物业”市级11家、区级44家。

3. 确定“四强一高”“5＋3”工作方式，发挥红色物业作用

街道社区党组织结合辖区老旧小区实际，遴选“四强一高”（即党的建设强、社会责任强、经营管理强、服务能力强、群众满意度高）物业服务企业，按照“5＋3”工作方式（5是指垃圾当日清、违建全拆除、安全有保障、停车有秩序、维修要及时；3是指突出党建引领、凝聚道德力量、涵养社区文化）承接老旧小区管理服务。截至目前，全市物业服务企业已承接528个老旧小区服务，其中市、区两级“金牌红色物业”共承接老旧小区223个，其他红色物业共承接老旧小区305个，取得了良好的社会反响。

4. 制定推进“红色物业”承接老旧小区服务的扶持政策

2019年10月，《中共石家庄市委办公室 石家庄市人民政府办公室印发〈关于进一步加强和推进“红色物业”工作的实施意见〉的通知》明确了推进“红色物业”承接老旧小区服务的扶持政策。包括：设立专项奖励资金按照“服务老旧小区面积5万平方米以下的（含5万平方米）奖励10万元，5—10万平方米的奖励15万元，10—20万平方米的奖励20万元，20万平方米以上的奖励25万元”的标准，对评选为市区两级的“金牌红色物业”予以一次性奖励；实行财政年度补贴，补贴标准为第一年0.3元/平方米·月，第二年0.2元/平方米·月，第三年0.1元/平方米·月；减税降费，老旧小区物业免收电梯检验费；维护物业服务企业权益，社区党组织引导督促业主及时交纳物业费，党员带头交纳物业费；并在创业贷款、员工培训、社保补贴等方面给予优惠。

（二）石家庄市物业服务企业信用信息管理体系建设

（1）完善石家庄市物业服务企业档案系统。2015年，石家庄物协在全市范围内开展石家庄市物业服务企业信用档案系统建设。建档范围涵盖本市行政区域内注册的物业服务企业及外埠入石经营物业服务企业。信用档案建立坚持标准化推进、实现区县分格、一企一档、原始档案与电子档案一一对应，互联互通，数据共享。截至2019年12月30日，已建立物业服务企业信用档案1253家，覆盖了石家庄23个县（市、区），基本覆盖了全市正常开展经营活动的物业服务企业。

（2）《石家庄市物业服务企业信用信息管理办法》出台，信用体系建设提速。随着国家信用体系建设相关政策不断明朗，本地信用管理和评价机制亦不断完善。2019年10月，石家庄市住房和城乡建设局制定了《石家庄市物业服务企业信用信息管理办法》《石家庄市物业服务企业信用等级评定评分细则》。该办法适用于石家庄市行政区域内物业服务企业、企业及项目负责人的信用信息采集、认定、记载、公布、使用，信用等级评定、守信激励和失信惩戒等。《办法》明确了：①信用信息评价对象；②信用信息采集机制；③确定信用等级；④建立守信激励和失信惩戒机制；⑤建立黑名单制度；⑥建立信用信息公布机制；⑦建立信用修复机制等内容。

（三）修订完善地方物业管理政策法规体系，其他行政主管部门出台涉及物业管理政策增加

近年，地方政府和各行政主管部门在制定涉及物业管理、社区、业主等相关的政策法规时，反复出现以其他部门的政策或规定，给物业服务企业增

设义务，加大责任等情况。此类政策一旦出台，对行业和企业的影响将是系统性和长期性的。对此石家庄物协均予以高度关注，及时反应，依法维护物业服务企业营商环境。并就此向政府建议：建立物业服务企业承担社会责任、社区任务的机制。对确需物业服务企业提供服务的工作和任务，完善政府购买服务机制。

（1）修订《石家庄市物业管理招投标管理办法》。总结梳理物业招投标工作中存在的问题、需要改进和完善的条款进行符合实际的修改。如针对前期物业期间，物业服务企业不能履行合同撤出的，建设单位通过招投标方式另行选聘物业服务企业的规定，增加了“建设单位应征求专有部分占建筑物总面积过半数的业主且占总人数过半数的业主同意”的规定，以保障业主合法权益。《办法》于2019年4月17日颁布实施。

（2）制定《石家庄市既有住宅加装电梯实施细则》。《细则》在符合国家和物业管理相关法律法规、技术标准，符合小区的实际情况，符合业主的实际需求的基础上，经全面考虑、反复研究、充分论证，明确了既有住宅加装电梯的实施条件、程序等重点问题。明确了既有住宅加装电梯应经加装电梯所在单元全体业主同意，并经本栋房屋专有部分占建筑物总面积三分之二以上且占总人数三分之二以上的业主同意的规定，充分且公平的保障各类业主的合法权益，避免引发低层业主矛盾。《细则》于2019年8月23日颁布实施。

（3）《石家庄市城市二次供水管理办法》征求意见。石家庄物协积极参与《办法》征求意见，对《办法》当中关于二次供水设施运行、维护、日常管理主体、改造费用承担等重点问题和条款，根据当前我市二次供水管理的实际情况提出修改意见，避免增加物业服务企业不合理负担。

（4）《石家庄市房屋安全管理办法》征求意见。参加石家庄市司法局组织的《石家庄市房屋安全管理办法》修订专家论证，对涉及增加物业服务企业责任和义务的条款，提出了明确的修改意见。

（5）《石家庄市生活垃圾分类管理条例（草案）》征求意见。应石家庄市司法局征求意见函，积极参加《石家庄市生活垃圾分类管理条例（草案）》征求意见。石家庄物协结合相关法律法规和物业管理行业实践工作，对已建居住小区建设、改造生活垃圾存放专用场地等影响物业服务企业的5项条款，依法提出了9项具体修改意见建议和15条修改依据。

（6）《石家庄市物业消防安全管理办法》征求意见。石家庄市消防安全委员会起草的《石家庄市物业消防安全管理办法》，大量增加了物业服务企业责任和负担，并存在与上位法规定不符的情况。尤其是要求物业服务企业每季度开展消防安全自我评估报告备案、物业项目每年至少进行一次消防设施检测等规定，给物业服务企业增设了备案和检测的重大义务。针对存在的问题，石家庄物协对《办法》征求意见稿进行了全面修改，并将保持密切关注。

（四）老旧小区整治工作持续推进

（1）石家庄市老旧小区整治工作在上一年度基础上，进一步加大力度。2019年全面启动老旧小区改造工作，按三年（2018—2020年）整治目标和整治计划，年底前累计完成总改造项目的70%。2020年底前完成全部老旧小区改造任务。

老旧小区改造包含安全问题改造、居住功能提升及环境治理三个方面。① 安全问题改造方面，集中解决安全设施、服务设施、公共设施和外部环境四类功能存在的安全问题。包括完善消防水源和消防设施、实施电气改造、规范燃气敷设和改造消防通道、电梯、二次供水、路灯、井盖、甬道、围墙、阳台及外檐、严损房屋等。② 居住功能提升方面，优化和完善老旧小区各项设施，补齐功能短板。包括房屋修缮、规范楼内管线、排水管网改造、安装体育锻炼器械、维修补建楼门牌、建设停车泊位、安装视频监控系统、建设邮政服务场所及智能信报箱、规范户外供热设施等。③ 环境治理方面，整治环境卫生，提升绿化水平，实现小区干净、整洁、有序、美观。包括完善环卫设施，取消垃圾道、垃圾房、垃圾池；修补破损地面，清理小区私搭乱建，恢复绿地，提高小区绿化率；粉刷小区墙面，清除小广告，设立小区公共信息发布牌；整理通信、网络等线缆，优化小区整体环境。

截至 11 月底，石家庄市共整治改造老旧小区 568 个。

（2）结合老旧小区整治，解决具体问题。在充分征求业主意见、保障消防通道畅通的基础上，规范施划停车位，解决老旧小区停车难，共改造施划停车位完成 1.6 万余个。

（五）持续加强行业从业人员队伍建设

1. 举办石家庄市第三届物业管理行业岗位技能大赛

为落实红色物业建设，提升企业经营管理水平，提升物业服务品质，提高物业服务人员的职业素养和业务水平，自 2015 年起石家庄市坚持每 2 年举办一届物业管理行业岗位技能大赛。2019 年 10 月 19 日、20 日，石家庄市第三届物业管理行业岗位技能大赛成功举办。从 1500 多家物业服务企业中选拔出的 42 家企业和石家庄学院物业管理专业学生代表队，共 43 支队伍参赛。在 5 个大类，24 个比赛项目中展开角逐。整个赛事共有 141 支分项代表队，802 名选手参赛，217 名赛事工作人员和志愿者为大赛提供服务，超过 3000 人到现场观摩学习。

竞赛突出党建引领，将党建知识全面嵌入每个比赛环节，组委会在全部竞赛 24 个分项都增设了党建知识竞赛环节。

竞赛被列入 15 个市级职工职业技能竞赛之一，政策支持力度大，表彰级别高。优胜选手将获得市总工会、市人社局授予的“技术状元”“技术标兵”“技术能手”称号。维修电工工种第一名可申报市五一劳动奖章；两个优班组将获得市建设工会授予的“工人先锋号”称号；各单项第一名的选手将获得市建设工会授予的“劳动竞赛标兵”称号；维修电工参赛选手按照市人力资源和社会保障局相关规定和程序，办理技师、高级工等职业技能等级晋升。

2. 长期坚持举办“石家庄物业大讲堂”系列公益培训

自 2014 年起，连续第六年坚持举办“石家庄物业大讲堂”公益培训。石家庄市物业服务企业有 1680 家，从业人员超过 10 万余人，很多人没有机会接受高水平的培训，而服务行业对人员的素质和服务能力又有较高的要求。石家庄物协从 2014 年开始，坚持举办“石家庄物业大讲堂”公益培训，每年邀请国内高水平物业管理专家赴石开讲，迄今共举办 24 期。其中 2019 年举办五期，先后邀请郑州圆方集团董事长李圆方同志等专家授课，共有 500 多家企业，2600 余人参加培训。六年来，累计 12900 多人次参加了培训，受益企业和人员不断增长，对行业骨干队伍建设和从业人员技能实现了有体系的提升和改善。

3. 举办石家庄市物业管理行业基层骨干专项培训

为实现行业培训向服务前线推进，加强基层骨干队伍精准培训，让更多的从业人员得到本专业优秀专家的定向培训，石家庄物协历时 6 个多月，筹备基层骨干专项培训。先后完成了讨论制定实施方案、时间节点、路线图；反复组织专家论证，征集和确定培训内容；初步设置具体科目共 11 类 63 项课题；组织优秀专家认领课题、制作课件等工作任务。于 11 月 29 日举办了第一期石家庄市物业管理行业基层骨干专项培训，采用专家授课、小班教学、精准培训的方式，针对工程技术人员，以设施管理为主题，各物业服务企业 165 人参加了这项免费培训。

（六）结合物业管理行业特色开展社区消费扶贫专项行动

重点围绕中国物协主办的“社区的力量”消费扶贫攻坚专项行动，石家庄物业管理行业和企业积极参与和开展多种形式的扶贫活动。

2019 年 5 月 19 日，《社区的力量》消费扶贫攻坚战・石家庄站启动。当地物业服务企业组织人力、物力、财力积极参与扶贫工作，事先扎实做好市集各项筹备工作，大力宣传推广，先后在卓达太阳城、星辰花园、星河盛世等 30 余个社区开展了消费扶贫助农市集活动。市集上展示了来自赞皇、大荔、代县、丰宁、南陵、五莲、富平、阳原八大县域的 80 余款名优特产，业主体验购买，线上扫码下单，消费扶贫助农，通过物业服务企业将业主、社区市场和贫困地区农产品有效对接起来。其中，卓达物业以线上线下相结合的形式，在社区举办扶贫助农市集的同时，同步开办了 25 个线上店，共线上销售农产品 6.23 万斤，销售金额 27.8 万余元，被中国物协授予“消费扶贫企业贡献奖”、星辰花园等 5 个社区荣获“消费扶贫榜样社区”荣誉称号。

（七）注重行业精神建设，宣传树立行业形象

（1）打造石家庄物业管理行业信息传播 3 + 平台体系。以《石家庄物业管理》杂志为核心，以石家庄物业管理网为门户，以手机端微信公众号、抖音号抢占新媒体时代，三位一体纵深发展。突出专业优势，内容优势，打造物业精品全媒体，贴近企业需求，促进资源共享，引导正向舆论，塑造优秀品牌，树立行业形象。

（2）利用石家庄物业管理网站、公众号等信息平台，宣传物业服务企业员工春节期间坚守岗位的行业精神。石家庄物协组织物业服务企业春节服务系列报道，在年假期间每天宣传物业员工放弃与家人团聚，坚守岗位，保障业主平安幸福过春节的感人事迹。第一时间向社会传递物业人舍小家、顾大家，守候业主过年的特殊春节故事。

（3）开展“盛世华章 · 奋进新时代”建国七十周年征文活动。展示为业主创造价值、塑造美好生活的创新实践和宝贵经验，弘扬物业人攻艰克难、砥砺前行的奋斗精神。

（4）挖掘宣传石家庄市创建国家卫生城期间物业服务企业先进事迹。展现物业服务企业全力支持市委、市政府重大决策，落实主管部门要求，配合街道办和居委会工作，动员大量人力、物力，解决痛点、难点，为打好创卫攻坚战做出的突出贡献，宣传物业服务企业的担当和贡献。

三、石家庄市物业管理行业发展存在的一些问题

当前石家庄市物业管理行业发展面临的困难和问题突出反映在以下几个方面：

（一）立法背景日趋复杂，依法维护物业管理边界的责任重大

物业行政主管之外的其他主管部门在制定政策时，涉及物业管理的规定不断增加。尤其是涉及社区、业主等相关的事务，作为基层社区支点之一的物业服务企业，很容易被各部门当成工作抓手，反复出现其他政府部门以立法或政策、规定的形式，给物业服务企业增设义务、加大责任等情况。以政策或文件形式给物业服务企业派任务、出公差，但是又没有配套的经费或合理补偿。此类政策一旦出台，对行业和企业造成的影响将是系统性和长期性的。近年，石家庄物协一方面积极参与立法进程、征求意见、专家论证等工作，依法维护物业服务企业政策环境；另一方面向政府提出建议：建立物业服务企业承担社会责任、社区任务的机制。对确需物业服务企业提供服务的工作和任务，完善政府购买服务机制。

（二）地方落实转供电政策及执法过程中问题突出，对物业服务企业影响较大

（1）当地政策要求转供电服务成本通过“物业费”形式收取，易形成新的矛盾点。物业费和电费计量口径不同，无法形成公平合理的价格转换。转供电成本原本是谁用电量大，谁就多交费，而通过物业费收取转供电成本，则是按建筑面积搞平均分摊，无法体现业主的实际用量。造成用电量少、低于平均值的小用电户，替用电量大、高于平均值的业主分摊负担。

（2）物业服务企业服务成本无从消化。物业服务企业在提供转供电服务过程中，客观存在着供电设施设备、线路维修、运行维护、线损及变压器损耗、人工费等成本，应当收取报酬。但是收费后往往面临市场监管部门要求退费并处 1 ～ 5 倍罚款的处理。物业服务企业反映提供了服务，却不能收取报酬，动辄面临处罚，企业经营运行受到影响。

（3）供电企业不履行直供义务，政府部门欠缺监管。转供电涉及的供配电设施设备、管线等管理维护责任，依法应当由供电企业自行负责，并直接收费到户。供电企业并未履行上述责任和义务。发改和市场监管部门也没有制定供电企业推进和整改的方案，也未对其拒不履行直管义务的行为进行干涉和处罚，而是予以默认，与对物业服务企业的强监管、重处罚形成鲜明对比。

（4）市场监管部门执法过程需要进一步明确的规范。企业反映市场监管基层执法部门在执行政策过程中，存在对政策理解、适用不一致、执法口径不一致、以新政策新解释倒追责任等情况；对同一政策规定，在不同时期对处罚与否的掌握不一致，物业服务企业无所适从。前几个月允许采用的收费和开票方式，几个月之后就要受到处罚。同一物业服务企业在不同地区接受处理，有的区处罚 1 倍，有的区处罚 3 倍，差异较大。

（5）存在两个“不公平”、三个隐患。一是物业服务企业提供服务，难以取酬，收费又往往受罚的不公平。同时造成影响商业用电户正常用电与供电安全的隐患。物业服务企业亏本运行将降低服务品质、不利于保障供电安全。情况严重时也可能导致部分承受能力较弱的物业服务企业，不再提供代收代缴电费和转供电服务，影响商业用电户正常经营。二是按建筑面积平摊转供电成本，对用电少业主的不公平。用电少反而要替用电大户掏电费，受影响业主数量较多，影响群众利益，矛盾隐患突出。第三个隐患是，物业服务企业将转供电成本合并进入物业费收取困难非常大，且增加了与业主之间的矛盾。同时在当前疫情条件下，国家提倡各行各业为商户减负降费，物业服务企业却被迫按照市场监管部门要求，逆势大幅“上调”物业费，于国家导向相悖，一旦引发舆情，可能对整个行业形象造成负面影响。

（三）老旧小区整治后，新增物业管理项目问题较多，需要各方进一步磨合

（1）签订物业服务合同较为困难。很多老旧小区物业管理是通过街道、社区引进，进入时并未召开业主大会，与业主签订物业服务合同，对后期管理服务带来一定影响和矛盾隐患。

（2）投诉量增加。在红色物业建设推动下，大量老旧小区经过整治后，引入市场化物业服务企业服务。这些小区多数从未经历过物业管理，业主也没有交费买服务的习惯，对物业管理的边界和服务内容，理解尚不充分，甚至存在偏差。因此在前期磨合阶段，产生了一些问题和矛盾。客观上，造成全市物业服务投诉总量上升。

（3）老旧小区物业费标准偏低、收费率偏低的情况依然存在。有的小区引入物业后，较长时间处于无正式合同，暂时不收费的状态，这些问题的存在不利于形成老旧小区长效机制，不利于政府投入大量资金整治成果的保持。

（4）需要形成多方协调机制。街道、社区、执法部门、水电暖等专业经营单位、业主、物业服务企业等主体，应当在社区治理的角度，加强协调，各司其职，各尽其责，协力推进和巩固老旧小区整治和红色物业建设成果，逐步形成社区自我发展、自给自足的良性循环。

（四）各主管部门对物业管理监管和要求不断增加，但是执法不进社区的问题依然存在

住宅小区内的私搭乱建、私拉电线、宠物扰民、高空抛物、侵占绿地、电动车违规充电、堵塞占用消防通道等违法违规行为，时有发生。物业服务企业依法制止，劝阻无效或业主拒不改正时，企业报告有关主管部门，往往得不到重视，执法不能进社

区，或者推诿扯皮等现象客观存在。业主违法违规行为处罚力度不够，违法成本过低，问题难以及时解决，物业服务企业风险和责任较大。

（五）从业人员队伍建设需要持续加强

物业管理行业不断发展壮大，对从业人员的要求也不断提高。但是受制于工资待遇等因素，长期处于人员流动性较大，专业技术人员和高素质人才紧缺的状态。客观上物业管理行业从业人员社会地位近年有所提升，工资总水平有所提升，尤其是中高层管理岗位。但是基层员工仍然存在工资待遇低，社保比例低，专业技能水平低；企业招人难，留人难的情况。由于人员流动性较大，基层员工难以得到长期稳定的培训和提升，相应也增加了企业人员培训和管理成本。同时，项目经理、工程维修等具有较高专业技术和综合能力要求的岗位，长期面临人才紧缺的情况。而没有高素质的员工，就难以提供高品质的服务，更难以创新和提高行业的服务理念。所以，物业管理行业急需形成一个基层员工和中高端专业技术人员相结合的人才孵化和培育机制。

四、石家庄市物业管理行业发展与展望

（一）政策支持红色物业建联评用

加大对老旧小区物业管理和物业服务企业的政策支持力度，确保红色物业在老旧小区管理工作中“进得去、管得好、留得住”。政府加大财政投入，设立专项奖励资金、降低企业税基标准、提供企业创业贷款，社区党组织引导督促辖区业主及时交纳物业费，协助物业服务企业做好物业费收取工作。加强红色物业工作宣传力度，营造浓厚氛围，促进物业费收缴，加深居民对物业服务的理解认识，从根本上化解矛盾，实现双方和谐共生。

（二）协调解决重点问题，改善企业营商环境

（1）积极推进水电暖专业经营单位管理责任理清和落实。由于历史原因，水电暖专业单位管理责任不落实，物业服务企业代管、代收费等情况普遍存在。但是由于政府监管机制不断完善，监管要求不断提高，上述代管业务，给物业服务企业造成的负担日益沉重，包括经济成本、监管责任、社会形象、企业形象等受到影响。

（2）改善政府各部门制定政策和工作过程中，物业服务企业责任泛化的趋势。一方面属地街道办、居委会、派出所等机构，大量工作委派物业服务企业执行，出人出钱出物资。另一方面，部分非物业行政主管部门并不了解物业服务企业的责任、义务和相关法律规定，凡是涉及社区的事务，在制定政策过程中一律交由物业服务企业完成，甚至设置追责条款。类似现象，行业协会需要与相关部门加强协调，在制定政策过程中，按照国务院办公厅《关于在制定行政法规规章行政规范性文件过程中充分听取企业和行业协会商会意见的通知》要求，事先征求物业行政主管部门、行业协会意见，减轻企业不合理负担，改善营商环境。

（三）加强引导和自律监督，推进信用体系建设

在国家法治化建设的背景下，注意把握物业管理市场发展进程，引导物业服务企业适应政府监管形式的转变，依法经营，规范服务，尊重业主权利，遵守法定程序，严格落实服务标准，注重提升服务品质。强化行业自律监督，逐步完善石家庄市物业管理行业信用体系。集中推动，长期跟踪，定期评估，合理使用，软硬件充分结合，不断发现问题，不断完善提升。进一步加强对信用档案功能和作用的挖掘，让信用信息、信用评价从档案柜和电脑里，走到行业和企业经营实际当中，发挥激励、警示等功能，助推行业健康发展。

（四）建立物业服务企业承担社会责任、社区任务的机制

组织业内外专家，基于物业管理行业特点，充

分研讨行业承担发挥作用，承担社会责任的机制和模式。并积极向政府提出意见建议，对确需物业服务企业提供服务的工作和任务，完善政府购买服务机制。既保证工作任务的有效实施和完成，又保障物业服务企业参与的积极性。

（五）加强行业人才队伍建设和职业能力培育，完善多层次人才培训体系

坚持做好“石家庄物业大讲堂”公益培训，广邀贤能、深耕细作、办出品质、扩大规模；进一步完善“基层骨干员工专项培训”机制，组织各专业优秀专家，区分岗位，精准培训，小班授课，专业细分，力争让精品培训深入一线骨干员工；鼓励企业开展内部职工岗位技能培训，推广企业间互助培训。

内蒙古自治区物业管理行业发展报告

内蒙古自治区物业管理协会

随着内蒙古自治区社会经济的不断发展和人民生活水平的稳步提高，物业管理行业也取得了长足的进步。特别是近几年，自治区党委、政府高度重视物业管理工作，相继出台了许多规范行业发展的扶持政策，保障了物业管理行业持续、稳定、健康发展。如今，物业管理行业已经成为本区非公有制经济体系的重要组成部分，特别是在稳定就业、改善人民生活居住水平、促进社会和谐稳定等方面发挥了至关重要的作用。

一、全区物业管理基本情况

（一）企业及从业人员情况

截至 2019 年底，内蒙古自治区共注册成立物业服务企业 8826 家，其中实际开展业务的物业服务企业 3391 家，实际开展业务率约为 38%，主要原因为市场准入条件放宽后，注册成立了大量物业服务企业，但多数没有物业项目，都在等待时机抢占物业服务市场。全区物业服务从业人员共计 136762 人，其中专科以上学历人员 32848 人，占比为 24%，高中及以下学历从业人员 103895 人，占比为 76%，年龄在 50 岁以上的占比将近 75%。从业人员结构呈现低学历、老龄化，主要原因为物业服务企业是劳动密集型企业，薪酬水平较低，难以吸引高学历的年轻人选择就业。

（二）企业营业收入情况

截至 2019 年底，全区物业管理行业年营业收入约 57.6 亿元，其中主营业务收入约 55.45 亿元，多数物业服务企业收入主要依靠物业服务费，业务类型单一，抵御经营风险能力低。年营业收入超过 5000 万的企业有 19 家，年营业收入超过 1 亿元的企业有 6 家，中小物业服务企业占比约 99.4%，行业龙头企业稀缺。

（三）住宅小区物业管理情况

截至 2019 年底，本区物业管理总面积为 76635.66 万平方米，其中住宅物业面积 66370.46 万平方米，占物业管理总面积的 86.61%。住宅小区 18387 个，其中已实施专业化物业管理小区 10534 个，管理面积约 56000.28 万平方米，成立业主委员会的 5530 个；住宅小区物业服务费收缴率在 60% 以下的 2939 个、60% ～ 80% 的 4730 个、80% 以上的 2865 个，近三年来住宅小区物业服务费调整 0 次的 10013 个、1 次的 478 个、2 次的 32 个、3 次及以上的 11 个，部分老旧小区物业服务费收缴标准低、收费率低、调价难，物业管理水平相对较低。

二、物业管理工作开展情况

（一）建立健全物业管理政策制度

为进一步规范物业服务市场，促进物业服务市场健康持续发展，自治区住房和城乡建设厅先后印发了《全区物业服务领域扫黑除恶治乱专项整治工作方案》《关于进一步加强全区物业管理工作的通知》《关于切实做好物业服务区域内安全防范工作的通知》，下一步计划出台《内蒙古自治区物业管理行业信用信息管理办法》《内蒙古自治区居住物业服务合同示范文本》等条例配套措施，不断健全物业管理政策制度。

（二）积极推进物业管理行业信用体系建设

一是筹备建设全区统一的物业服务市场监管和诚信一体化平台，开展物业服务企业及从业人员信用评价，畅通投诉渠道，发布信用评价结果；二是加大信用信息在企业评选、项目评优中的应用，建立“守信激励，失信联合惩戒”机制；三是开展信用宣传教育和培训，引导企业诚信经营；四是开展从业人员岗位能力和信用信息记录工作，推进从业人员信用记录信息化、网络化；五是开展诚信典型选树工作，树立行业诚信典型，引领行业诚信建设；六是开展信用修复和失信专项治理，全面推进行业诚信体系建设。

（三）大力提升物业管理服务质量

一是继续开展内蒙古自治区“物业服务质量提升年”活动，提升年活动主要为了提升政府及相关部门的监管能力、强化并提升物业项目综合服务功能、提升物业服务企业的服务能力、提升行业协会的服务能力，从而进一步促进物业管理行业发展，提高物业管理服务水平；二是举办全区物业管理服务技能大赛，充分展现全区物业管理行业从业人员的良好职业素养和精神风貌，提高物业管理服务技能；三是开展老旧小区改造工作，逐步改善和维护老旧小区居住环境，加快老旧小区物业管理服务市场化进度，保障物业服务品质。

（四）发挥先进典型引领示范作用

一是开展全区物业管理行业放心消费示范单位的创建和评选活动，提升会员单位服务意识，创建行业品牌企业，树立行业榜样，维护物业服务消费者的合法权益，促进社会和谐稳定；二是继续开展全区物业管理项目创优达标活动，修订创优达标评价标准，严格评价流程，提高评价质量，进一步发挥创优达标项目的示范引领作用，带动提升全区物业服务质量不断提升。

（五）加大行业宣传教育培训力度

加大各级物业主管部门、行业协会、企业对行业资讯的宣传力度，进一步提升行业声誉，提高行业美誉度和认知度；印发《关于切实做好物业服务区域内安全防范工作的通知》，规范物业服务企业行为，提高物业服务企业安全风险防范意识；举办全区物业管理条例宣贯、物业服务企业技能提升、提升年公益讲堂等培训班，提高物业服务企业遵章守法意识，提高物业服务企业服务能力。

（六）加强行业监督管理力度

开展全区物业服务领域扫黑除恶治乱专项整治工作，铲除黑恶势力在物业服务领域生存的土壤，净化全区物业管理行业风气，为行业健康发展创造了良好的环境。加强物业服务企业事中事后监管和信用监管，各盟市对例行检查中出现违法违规行为的企业进行通报并录入信用档案，进一步规范行业行为。

三、制约行业发展的主要问题和因素

（一）物业服务市场良性竞争机制尚未形成

开发建设单位或业主在招投标之前已经选定目标选聘企业，招投标流于形式，未能发挥其公开、公平、公正的性质和作用，物业服务市场招投标制度失灵；招投标的低价中标制度背离了“质价相符原则”，影响严重合同的正常履行，损害全体业主共同的利益和行业声誉。

（二）物业服务企业专业化服务能力薄弱

中小物业服务企业风险意识不足，市场行为不规范，重收费、轻服务，主观发展意识、服务意识不强，综合管理服务能力不足；据统计本区物业服务从业人员高中及以下学历人员约占 76% 左右，50 岁以上的约占 75%，从业人员文化程度低、老龄化严重，严重影响服务品质的提升；除部分实力较强的企业外，多数企业还停留在物业服务品质摸索提升阶段，专业化程度不高，各项服务难以实现标准化，智能化、科技化配套设备应用较少。

（三）物业服务费市场化定价、收费机制不健全

存在开展建设单位前期物业服务招标定价虚高的现象，定价未考虑经济发展水平和业主收入水平，业主因购买房屋被迫接受虚高定价；存在业主大会（委员会）招标定价低于成本价的现象，物业服务企业低于成本价接管项目后减少服务内容或降低服务标准，损害业主利益；部分项目物业服务费标准偏低且多年不变，调价困难，许多业主因各种原因拒绝缴纳物业服务费，欠费现象严重，而通过起诉等法律手段维护企业合法权益很难实现，物业服务企业正常权益得不到维护，外加用工成本逐年上升，造成企业陷入恶性循环，严重影响企业的经营发展。

（四）物业服务市场主体缺位

业主自治意识不强，参与积极性不高，业主大会召开困难，无法正常完成选聘物业服务企业的法定程序，造成前期物业服务合同到期后，物业服务企业陷入既不能退出项目又没有管理服务依据的尴尬局面。业主委员会运行机制不健全，业主委员会工作开展无经费保障，仅仅依靠兼职和自愿参加，有能力的业主不想干，想干的不少存在以权谋私的行为，造成业主委员会成立难、运行难，成立后不作为或乱作为，影响物业服务工作正常开展。

（五）行业监管存在盲区

各级物业主管部门由于人员编制少，各项工作繁重，致使制定出台规范行业的政策制度较慢，行业监管工作不能做细做实；市场监管等相关部门只对职能范围内的事项进行监管，部分行政部门、社区居委会发挥作用不够充分，各部门之间没有进行信息互通、联动综合监管，未形成对物业管理行业的综合监管，未能建立企业淘汰退出机制，物业服务企业在市场中只进不出、鱼龙混杂。

（六）其他方面

一是住宅专项维修资金续筹困难，无法确保房屋的长久维修、更新、改造；二是老旧小区设施设备老化严重，业主花钱购买服务的意识不强，难以实现物业管理服务市场化；三是物业管理区域内业主违法、违规行为得不到有效监管，加大了物业管理服务难度；四是物业服务企业除了承担法律法规规定的、合同约定的工作外，额外承担部分社区职能、部分开发建设单位遗留问题、部分水电暖等专营单位设施设备的维修保养，加重了企业负担。

四、下一步行业工作建议

针对物业管理服务工作中存在的问题，结合工作实际，提出以下行业工作建议：

（一）进一步完善物业管理政策制度

针对物业管理行业普遍存在的问题，尽快制定和出台规范行业发展的政策制度，加强行业自律，从政策制度方面保障行业稳定、健康发展。

（二）加强行业监管，推进行业诚信体系建设

各级物业主管部门及相关职能部门应按照法律法规规定的职能切实履行监管职责，加强部门之间的沟通、协调、联动。建立物业服务市场诚信体系，通过信用监管为抓手，将物业服务市场各相关主体、客体违法、违规违反合同承诺等行为录入信用档案，加强惩戒，规范物业服务市场行为。

（三）建立政府购买服务制度

通过政府购买服务的方式将部分公共服务委托给符合条件的社会组织和专业机构承担，解决主管部门人员编制少、精力有限，工作数量和工作质量无法兼顾的问题。

（四）加大行业普法及宣传力度

加大行业法律、法规、规章制度、行业资讯的宣传力度，提高物业服务企业及从业人员遵章守法意识，提高广大业主对物业管理法律、法规的学习了解，促进物业服务企业与业主之间的互信理解，促进社区和谐稳定，提高行业声誉。

（五）加大对物业管理行业的扶持力度

加大对物业管理行业财政、税收、培训、老旧小区改造等政策和资金扶持力度，提高物业服务企业经营收入，促进物业服务企业引进高端专业人才，提高物业服务企业一线员工服务能力，提升物业服务企业服务品质，满足业主对美好生活环境的需求。

（六）加强物业服务企业安全生产教育

制定物业服务企业安全生产操作指引，指导物业服务企业规范生产经营，多角度、多层次开展物业服务企业安全生产培训教育，提高物业服务企业安全生产意识，降低物业服务企业生产经营风险。

（七）建立行业人才培养机制

注册物业管理师制度取消以后，物业管理行业没有了评价专业人才的标准，应尽快建立行业人才评价机制，开展行业人才评价工作。搭建行业人力资源交流平台，推动行业人力资源精准匹配，解决企业人力资源匮乏问题。大力开展从业人员岗前和技能提升培训，提高从业人员专业服务技能。

（八）推进物业服务企业转型升级

探索建立新型物业管理商业模式延伸产业链，改变传统单纯依靠物业管理费盈利的经营模式；大力推进绿色物业管理，深入开展节能、节水、垃圾分类、环境美化绿化活动，提高可再生能源、资源的循环利用率，降低物业能耗，节约成本；大力发展智慧物业，鼓励物业服务企业借用互联网＋、物联网、大数据、云计算、O2O 等先进网络信息技术及理念，重点进行“智慧物业”建设；大力拓展社区服务、中介等多种经营方式，加强产业融合、跨界发展，提升物业服务企业综合竞争力，推动物业服务企业转型升级。

沈阳市物业管理行业发展报告

沈阳市物业管理协会

一、沈阳市物业管理行业发展概况

沈阳市共有物业服务企业 2390 家，成立业主委员会 1039 个。在管物业面积 3.35 亿平方米，其中住宅面积 2.41 亿平方米。2019 年，沈阳市物业服务企业经营总收入 76.23 亿元，其中主营收入 54.86 亿元。物业服务企业从业人员 12 万人。

二、沈阳市物业管理行业重点工作举措

（一）强化物业管理行业党组织建设

按照上级党组织要求，为规范物业管理行业会员单位党建工作，建立健全支部各项规章制度，沈阳市物业管理行业积极开展支部各项组织活动，并组织武汉“红色物业考察之旅”活动，借鉴全国创建“红色物业”的先进经验，坚持党建引领，协同发展，通过亮身份、建阵地、壮队伍、提服务，沈阳市物业管理行业党建工作收获良好效果。

（二）举办多种形式庆祝活动，庆祝中华人民共和国成立七十周年

2019 年是中华人民共和国成立七十周年，沈阳市物业管理行业举办了书法、诗歌、演唱会等多种形式庆祝活动，祝福我们伟大祖国的七十华诞。9 月 20 日，沈阳市物协主办了《我和我的祖国》庆祝中华人民共和国成立七十周年朗诵音乐会，沈阳市物业同仁 900 多人出席朗诵音乐会，为祖国母亲送上一份美好的祝愿！

（三）不忘初心担使命，精准扶贫见实效

2019 年 5 月，沈阳市民政局号召“沈阳市社会组织助力脱贫攻坚”，沈阳市物协与沈阳市康平县北四家子乡高家街村签署了《建设高标准扶贫大棚项目协议书》。之后，沈阳市物协深入实地考察、勘验建设场地，与村委会人员筹划扶贫大棚施工方案，经过近一个月的紧张施工，高标准、高质量完成了扶贫大棚建设任务。

在发动会员企业积极捐款募集扶贫资金过程中，宣传工作及时到位，协会领导率先垂范，会员企业积极捐款，仅一周时间就完成了 40 万元扶贫大棚的捐款任务。沈阳市民政局领导对协会的善行义举评价为：“充分体现了讲政治、跟党走，有情怀、勇担当，肯付出、甘奉献的时代特征和社会形象”。协会提供的《不忘初心担使命，精准扶贫见成效》稿件，经新华社编发，浏览量超过了 100 万次。

（四）建立培训基地，交流先进经验

2019 年初，沈阳市物业管理行业培训基地正式落成，计划每年对物业从业人员有计划、有针对性地开展培训工作。同时，为落实辽宁省住建厅关于在全省开展“走进企业学标杆，推动行业促发展”活动，全面提升物业服务质量，促进行业健康发展，行业管理部门定期组织物业服务企业走进省标杆物

业项目，学习标杆企业的先进经验，并在全市掀起学习标杆、争当标杆的热潮，为建立“学先进、补短板、促提升”的长效机制奠定了基础。

（五）开展“三走进”活动，促进行业服务质量不断提升

为了贯彻沈阳市房产局下发的《沈阳市物业服务质量提升年行动工作方案》，沈阳市物协先后组织100多家会员企业的高管、项目经理600多人次分作“六站”，分别走进4个省标杆项目、两个市优秀项目开展了“走进企业学标杆，推动行业促发展”活动。“三走进”活动的开展既是对优秀企业先进经验的推介，也是对物业经理人的现场教学，使一些优秀企业的先进经验在全行业得到宣传推广，促进了行业服务质量提升。

（六）举办物业服务提升发展高峰论坛

针对沈阳市物业管理行业发展中面临的痛点和挑战，成功举办了“2019沈阳物业服务提升发展高峰论坛”。论坛以“新时代、新思维、新服务”为主题，专家们发表了真知灼见，与会的物业同仁受益匪浅。

（七）开展优秀项目评选，提高服务质量

为确保评选工作公平公正、收到实效，对《优秀项目评选方案》进行了修改完善，由52名专家分成13个考评小组，对上报的评选项目按照评选标准逐项进行检查评比。经各考评组的认真考评和评审委员会的严格审查，有41个住宅类项目、23个公建类项目被评为优秀物业项目。通过优秀物业项目评比，进一步完善了物业服务标准，规范了物业服务行为，提升了物业服务水平。

（八）开展公益活动，自觉承担社会责任

沈阳市管理物业管理行业高度重视精准扶贫和社会公益活动的开展，收到良好的社会效益。先后组织物业服务企业开展了为贫困户送温暖活动、与贫困地区“希望小学”、市儿童福利院“大手拉小手”活动、为市光荣院、市养老院的老红军和孤寡老人节日慰问活动。通过开展上述活动，展现了沈阳市物业管理行业的爱心，彰显了社会责任和担当，提升了物业管理行业广大市民中的凝聚力和影响力。

三、沈阳市物业管理行业发展存在的主要问题

（一）老旧小区物业费收缴率低

老旧小区物业费收缴是一个老大难问题，也是困扰物业管理行业全面发展的桎梏。沈阳市高档小区收缴率接近95%，中档小区收缴率在60%左右，老旧小区则不足50%，导致老旧小区物业管理水平偏低。

（二）维修资金使用困难

由于使用商品房维修资金需要园区内三分之二以上业主同意，征求业主意见和履行相关审批程序需要时间较长，大多数受损商品房不能及时维修，给业主的生活带来不便。

（三）园区违章建筑拆除困难

园区内业主违章搭建现象时有发生，物业服务企业在处理违章时，由于权力有限，力度不够，协调困难，因此整改不彻底，使规范管理难度增加。

四、沈阳市物业管理行业发展思路

（一）坚持党的领导，强化党建工作

始终将党的建设摆在重要位置，发挥党的政治核心作用，确保党的路线方针政策和决策部署贯彻落实。认真落实习近平总书记关于社会组织党建工作重要指示，积极创新，把党的建设作为推动行业发展、突破行业难点的关键，着力实现党建工作与

行业、企业发展协同推进。

（二）开展好“三走进”活动

连续两年的“三走进”活动，树立了行业的标杆，帮助物业服务企业开阔视野、交流互鉴、学习经验、补齐短板，从而不断提升全行业服务质量。今后要继续“三走进”活动，用典型经验引领行业健康发展，用先进、科学的管理方法提高综合管理水平。

（三）继续开展“五优秀”评选工作

“五优秀”即：优秀会员单位、优秀物业项目、优秀项目经理、优秀专家、优秀物业经理人。通过开展“五优秀评选”活动，激励物业服务企业积极参与社会活动，为行业建设和发展多做贡献的热情；树立一批优秀物业项目，发挥典型示范引领作用；培育一批物业项目经理，提升行业整体素质；发挥专家专业技能，为行业发展添砖加瓦；造就一批优秀物业经理人，助力提升沈阳物业品牌。

（四）加强培训服务，提升行业综合素质

我们将充分发挥培训基地的作用，并与中国物协培训基地等单位合作，开展专业讲座、专业技能培训等工作，全面提高全市物业服务企业从业人员综合素质。

（五）加强诚信建设，规范管理服务行为

沈阳市物业管理协会将继续制定完善物业服务企业诚信管理考核的相关规章制度和考核办法，进一步加大诚信考核力度，增强物业服务企业诚信守法、公平竞争意识，维护行业整体利益，打造“诚信服务、务实创新、专业规范、共治和谐”的行业风气。

吉林省物业管理行业发展报告

吉林省房地产业协会物业管理专业委员会

作为社会服务业的重要组成部分，物业管理行业参与城市管理和服务的专业价值越来越突出。物业服务企业成为社区全新生活服务提供商的定位越发清晰；推进科技赋能的转型升级已在路上，面对新冠疫情，成为应对社会公共卫生突发事件重要力量的社会价值越来越被关注。2019 年以来吉林物业管理行业的发展越发体现了行业的专业价值和社会价值。

一、吉林省物业管理行业发展基本情况

物业服务企业数量不断增加，物业服务人员队伍不断壮大，专业物业服务覆盖面积逐年增加，这既得益于吉林省总体经济稳步发展，更得益于吉林省物业管理制度化建设不断推进、省住建厅的行业领导和各地市物业主管部门的有效引导，以及市场竞争机制的不断完善和全省物业人的共同努力。

（一）物业管理行业综合实力不断提升

全省共有物业服务企业 4051 家；物业服务从业人员 11.3 万人，较 2019 年上涨 9.7%；2020 年吉林省由物业服务企业提供物业服务项目 12360 个，物业服务面积 5.4 亿平方米，专业化物业服务覆盖率超过 75%；有业主委员会的 3017 家，占物业项目的 25%；年营业收入达 43 亿元，全省物业服务收费平均收费率为 85% 左右，收费标准区间一般为 0.5 ～ 4.5 元 /（月・平方米），根据城市和物业服务水平而有所差别。

从全省范围看各地市有发展不平衡的现象，长春和吉林两市物业服务企业和从业人员数占整个吉林省的一半以上，物业服务市场成熟高。

（二）各级政府为行业发展创造良好环境

吉林省各级政府将物业管理行业发展作为国民经济、民生发展的重要之一。全省各市、县基本成立了物业管理机构，多数市、县的物业管理机构隶属于建设或房产管理部门，个别地区的物业管理机构隶属于城市管理执法局或社区管理服务中心。

各级行政主管部门通过法规政策的完善、定价机制的转变，进一步就完善市场机制、合理减轻企业负担，营造各方参与的氛围，为行业发展创造了有利的发展环境。

一是通过区域立法推动行业发展。按照吉林省政府 2019 年立法计划，吉林省住建厅组织有关人员进行了充分的调查研究论证，召开了专家论证会和风险评估会，起草了《吉林省物业管理条例（草案）》上报相关部门，此条例在解决业主大会成立难、规范业主委员会日常运作、完善对物业服务企业的扶持和监管措施、维护业主和物业服务企业的合法权益、维护小区的和谐稳定、营造共建共治共享的社会治理格局等多个方面都作出了规定。

二是通过地方规定实现管理提升。延吉市出台了《延吉市物业管理暂行办法》；吉林市正在积极做好《吉林市物业管理条例》论证工作；四平市制定了《物业服务分级收费及规范管理规定》；延吉

市城市管理行政执法局制定了《物业服务企业（合同）备案管理暂行规定》。

三是通过诚信建设完善市场机制。长春市和吉林市分别出台了《物业服务企业信用管理暂行办法》；长春市出台了《物业服务招标投标管理办法》。

四是通过标准化建设推进物业服务。吉林市制定《住宅小区物业服务标准》，以小区达标考评工作为契机，零距离指导企业开展达标工作；通化市公用局会同市文明办组织全市开展物业管理文明单位、文明小区、文明楼道创建活动；在加强老旧小区物业服务方面，长春市各城区下发了《老旧住宅区长效物业管理工作实施方案》。

五是物维基金使用更加便利。长春市出台了《物业专项维修资金应急使用实施意见》，松原市出台了《关于加强维修资金有关问题的处理意见》，加强对物业专项维修资金的归集、管理和应急使用。

（三）行业专业价值得到认可

吉林省重视物业管理行业的发展，物业服务业进入了一个迅速发展的新时期，已经初步形成了包括房屋及相关设施设备维修养护、小区治安保卫、环境保洁、绿化养护、居民服务、物业中介和互联网加电子商务等在内的一系列配套服务项目。

一是行业受到尊重，执业精神得到彰显。物业服务业目前已经成为城市建设发展的重要行业之一，对提高城市管理水平、改善城市面貌和人居环境、参与社会突发事件应对方面都发挥了积极的作用。2019 年 8 月吉林省建设厅精神文明办开展的 2019 年吉林省最美物业人的评选工作，围绕助力幸福美好新吉林建设，树立物业服务标杆，提升物业服务品质，推进物业管理行业管理规范，加强行业精神文明建设，推荐评选首届百名最美物业人行业评选活动，充分体现了对行业的重视和对行业从业人员的关心爱护。

二是科技和资本赋能行业，企业发展得到助力。虽然在吉林省只有一家企业在创业板上市，但企业间联盟重组、借助互联网和智能科技加快转型升级的势头越来越浓。促进物业转型升级，在管理、经营、服务、产品研发、市场拓展等方面展开创新，集聚核心竞争力，培育和形成企业新的价值优势成为物业服务企业发展的重点，物业服务的专业价值和行业发展潜能正在被资本市场和社会各界认可和关注。

三是提升服务品质，商业模式不断创新。服务是基础，也是商品。物业服务企业在努力提升服务品质的同时，积极实现商业模式、服务方式和管理方法的创新和进步，服务、管理和经营这三个职能在“智能＋物业”的新时期都得到了彰显。针对业主需求的专业化服务，注入科技含量的精细化管理，和充分利用业主资源的多元化经营将使物业服务企业的发展空间趋向无限。

（四）行业社会价值备受关注

一是疫情防控体现了在社会公共应急服务中的重要作用。新冠病毒疫情发生以来，物业员工一直坚守在小区疫情防控的第一线，有物业服务的小区街道社区都比较放心，物业服务企业克服了从业人员自身防护用具不足的风险和心理压力，克服了在应对能力、资源筹集等方面的诸多困境，落实小区全封闭管理要求，保障了疫情期间居民小区的秩序维护、安全防范、垃圾清运、设施设备维护等工作，加大了电梯、楼道等公共部位清洁消毒频次，设置口罩等防护废弃物投放箱，配合社区张贴宣传标语、逐户排查疫患，承担了为居家隔离人员定期送食品用品工作，在很大程度上助力了基层社区公共卫生供给和应急管理力量，对控制群防群控、维护人民健康发挥了不可替代的作用。

二是在社区生活服务领域履行社会责任。一大批企业在做好物业管理基础服务的同时，积极参与节能减排和垃圾分类收集等社区生活服务。2019 年 5 月 1 日《长春市生活垃圾分类管理条例》正式实施后，长春市二道区的御景名都小区实施封闭式物业小区生活垃圾“四分法”分类试点工作。小区内的原有垃圾箱已经撤出三分之二，换成了刷卡式分类垃圾箱。垃圾分类引导员每天早晨 6 ～ 9 点在负责的分类垃圾箱值班，指导居民正确投放，随着试运行的推进将撤出所有的普通垃圾箱。

三是就改善物业等综合服务提出意见建议。组织省内企业与政府管理部门、街道社区就政府采购物业项目招投标、社区物业项目自治、高层建筑消防电梯管理、居家养老和社区养老的合作等热点问题进行交流，从企业发展中面临的政府采购项目最高限价和物业成本的对比状况，社区物业自治与物业服务企业专业化服务之间的互补关系，高层建筑消防等设施设备现状给物业服务带来的安全隐患等方面分析问题产生原因，提出意见和建议。

二、物业管理行业发展经验

（一）建诚信物业，推进行业信用体系建设

近年来吉林省物业管理行业规模不断扩大，不仅形成了单一住宅、写字楼、院校、工业园区等多种业态，而且尝试与社区和居家养老结合、与城市绿化和市政环卫结合的题材物业。但在发展过程中不同程度地存在着企业诚信意识参差不齐、行业诚信体系不完备、企业自律和行业约束效果不明显的现象。引导物业服务企业和从业人员理解诚信内涵、弘扬诚信理念、形成行业自律和诚信共识，对行业发展至关重要。

1. 引发物业服务企业研讨诚信价值

通过对 380 余家中小企业问卷调查了解分析行业诚信状况，通过组织行业技能竞赛宣传推广诚信在行业和企业发展中的定位作用，通过承担《吉林省物业管理行业价格体系研究》课题项目了解省内 40 余家企业物业费标准与履行服务合同情况，通过参与组织《吉林省关于加强物业服务业发展若干意见》起草前的座谈交流掌握对诚信体系建设方面的意见和建议。在与近 500 家物业服务企业通过不同方式的接触中，虽然企业整体实力没达到全国领先水平，但企业对于物业管理行业的社会定位、社会效益与经济效益、民生公益项目与商业盈利项目、企业短期利益与长远发展、公平竞标和恶意低价竞标、鼓励诚信与惩戒失信、行业自律与社会监督等多个问题的看法相同，都充满正能量。

2. 引导从业人员理解诚信内涵

结合物业服务特点和省内物业服务状况，引导从业人员从“承诺、尊重和民生”三个层面来理解诚信：第一个层面在企业经营服务中要坚持兑现承诺，第二个层面在从业人员和业主中要弘扬尊重理念，第三个层面要在参与“文明城市”和“幸福吉林”建设中体现“小物业、大民生”的行业价值。这三个层面的解读使不同发展阶段的企业和不同的从业群体对诚信都有相应的理解，为行业自律和诚信体系建设打下了思想基础。

3. 逐步建立企业自律、行业监管和社会监督的诚信体系

2019 年吉林省推进了信用体系建设，进一步完善《吉林省物业管理行业企业信用等级评定办法》及《企业信用等级评分标准》，长春市和吉林市相继推出了信用管理暂行办法和信用评分标准，提出了自律践诺诚信经营要求、归集入档内容和信用等级评价标准，将弘扬诚信理念落实到具体工作和服务中。省房协物专委通过制定《自律公约》要求会员企业签订《诚信经营承诺书》，在遵纪守法、遵章自律、遵照公平、遵守诚信、遵循和谐、尊重业主和员工等 7 个方面做出承诺，逐步建立企业自律、行业监管和社会监督的诚信体系。

（二）建品质物业，强化省示范项目建设

吉林省 500 人物业精英培训班等活动，提高大家的服务本领。针对一些员工普通反映面对人口老龄化、楼宇智能化和社会信息化的发展，不知道怎样去做的情况，开展“业主究竟需要什么样的服务，我们的差距在哪里”“如何更好地为业主和住户服务”和“转型升级我们应该做些什么”等微讨论，通过这些活动树立从业人员的职业自信和行业信心。

1. 推进物业服务专业化发展

物业服务专业化程度有所提高，一批设备管理、保洁家政、园林养护、秩序维护等专业物业服务企业得到发展，一些物业服务企业将保洁、秩序维护、冰雪清理、绿化美化亮化、二次供水、公共设施维修等服务事项委托给专业化公司管理，提升专业化服务水平。

2. 拓宽物业服务领域和范围

物业服务企业从住宅、办公楼、工厂、医院、学校、商场等开始向市政设施、城市综合体项目延伸，并提供包括基础物业服务、家政服务、养老服务、电子信息服务、理财服务等全方位服务拓展，加快形成完备的现代物业服务体系。

3. 鼓励支持物业品牌建设

引导物业服务企业提高物业服务品牌的知名度、美誉度，充分发挥品牌的示范和集聚效应。财政投资建设的公共场所以及通过招投标方式实施物业管理的机关事业单位办公场所，原则上在品牌物业服务企业中招标产生。

4. 加大培训力度

中国物业管理协会在吉林长春举办了全国公益大讲堂，省住房和城乡建设厅在四平市召开吉林省物业管理行业专题会议，在吉林市举办物业管理精英培训班，在长春市举办物业管理行业技能竞赛；省房协组织全省物业服务企业和管理人员参加中国物业管理协会《民法典》网上培训。与吉林省房地产研究中心和长春工程学院合作，加大服务企业，培养现代物业服务人才。

（三）建红色物业，加强行业党组织建设

物业服务企业的管量规模和经营实力不断增强，党群组织也在不断完善和加强。省房协物专委现有的会员单位中 80% 的会员企业成立了党组织，党组织关系按照属地管理的原则在不同的社区，参与当地街道和社区党委的组织生活和党建活动。

物业服务企业的分布广和党组织隶属关系的不同，使得从行业协会的角度开展党建工作有一定的难度，但共同的行业特点、同样的发展环境和工作中相似的难点和热点又充分体现了行业协会党建工作的重要性和必要性。按照中国物协 2018 年工作要点中“聚焦党建工作，用党的十九大精神统领协会工作”的要求，省房协物专委从 2018 年开始重点加强了会员企业党建工作，从提高协会物专委成员和工作人员的党务工作水平入手，通过组织 E 支部学习促进从业党员提高党性修养、通过开展优秀课题研究项目评比促进物业管理和服务经验交流、通过开展党员挂牌和示范岗促进一线服务水平的提升、通过创建文明小区和文明社区活动促进达标小区创建活动、通过继续推进“三位一体建设”促进党建工作对物业服务的保障作用。

1. 借助党建工作平台

一是号召物业服务企业积极关注省委组织部新时代 E 支部微信平台的信息，参与学习强国网上学习。鼓励每名党员保证每月 5 个小时的学习时间，建议每个支部按照标准化要求参与精品支部建设活动，长春房地集团党委的 E 支部建设得到了市委组织部组织员办公室的肯定，长春亚泰物业党支部成为 E 支部平台中推荐的 37 个非公党组织精品党支部之一。

二是组织会员企业积极参与吉林省建设职工政研会的各项活动。吉林省建设职工政研会是由省建设厅机关党委和省建设厅文明办指导的社团组织，省房协物专委组织会员企业参与政研会的学习交流、论文征集、研究成果评比等活动，学习积累党建经验、在全省建设系统中宣传物业服务企业。近两年 1 家物业服务企业在省建设职工政研会年会上介绍党建工作经验，3 家物业服务企业的党建课题获优秀研究成果奖，1 名物业服务企业的党务工作者经省建设职工政研会推荐成为全国建设职工政研会的特约研究员。

2. 搭建企业学习平台

目前我们已经建立并广泛交流的网络渠道有吉林省达标小区评比验收专家评委微信群、吉林省物业服务企业联盟总经理交流微信群、吉林省物业管

理行业职业技能竞赛参赛选手群、吉林省房协物专委会员交流群、吉林省物业员工精英培训群等5个沟通渠道。一年来上传了200余篇学习资料，及时宣传了物业管理的政策法规，加强了对政策的学习、理解和把握，带动了会员有效地利用法律为企业发展创造了良好的环境。深入了解了省内物业服务企业的发展状况，进行了深入的探讨和研究，形成20余篇研究成果并做好了转化工作，来指导物业管理实践。

3. 畅通员工交流平台

了解员工心理，缓解工作压力，引领物业员工树立行业信心。目前部分物业员工心中的压力主要是：北方物业管理行业发展慢，作为微利行业，收入上涨怎么也PK不过物价房价上涨的忧虑；企业发展要求和业主对服务需求的提升使员工工作压力越来越大的顾虑。

针对因收入上涨PK不过物价房价上涨使员工不看好物业管理行业的现象，我们发挥党建优势抓住员工关注的社会热点（家长关心孩子的教育和就业，儿女关心父母的医疗和养老，主妇关心物价和房价），从2013年开始开展"我与中国梦"的讨论，2018年3月组织观看了纪录电影《厉害了，我的国！》，2019年网上引领在十八大以来五年间国家的变化中找出与日常生活相关的医疗、教育和养老等民生成就，找出国家城市建设、房地产和物业管理行业发展的成就。让大家无论以物业员工的身份，还是以业主、家长子女的身份，都能从"十八大"以来的变化中找到对美好生活的期待、对企业发展的向往和对行业未来的信心。

4. 共建优质服务平台

一是开展主题党建活动。结合保绿、保洁、保安和维修等日常工作，物业服务企业党组织开展了"学雷锋党员志愿服务"和"党员责任区"活动，党支部开展"党员示范岗""党员挂牌服务"和"党员星级评比"等活动；开展"唱响物业红歌，弘扬时代主题、共颂建党伟业"主题党日活动；用党员积极奉献的工作实效来提高物业服务水平，提高业主的认可度和满意度。

（四）建公益物业，进一步体现行业社会价值

1. 与文明城市和文明社区创建设工作相结合

参与文明城市创建设工作。积极鼓励物业服务企业通过参与民生工程和社会公益活动，参与创建文明城和卫生城活动。我们在吉林省第一个全国卫生县通化县进行试点，2017年以来当地物业服务企业通过购买政府服务，承担市政环卫清洁工作，提出了"物业服务无死角、一条扫把扫全城"的超清洁目标，体现了"小区去围墙"的服务理念。

2. 继续推行"四位一体"的物业管理模式

2009年以来，我们在长春市团山物业小区试点与宽城区团山街道开展社企共建，将物业服务和建设文明示范小区相结合，借助社区居委会、业主委员会、社区公共事务服务中心的力量和优势，整合党建资源、行政资源和社会资源，逐步完善"四位一体"的物业管理模式。2010年来，随着社区网格化管理和公共服务资源的完善，"四位一体"的管理模式成为政府支持物业服务的有效方式之一，吉林省目前共有20余个物业服务企业与社区合作，吉林市筑石集团以打造"红色物业"为主线，通过召开23次"三方联席会议"、8次"议事协商会议"，社区和物业共同解决了小区乱停车、高空抛物等以前难以解决的居民集中诉求共120余件，实现了"居民诉求有人听、居民困难有人帮、居民事情有人办"的良好局面。

目前在居民与业主的信息资源上实现了共享，在服务业主和居民上实现了互补，在小区全民健身器材等投入实现共投，在与业主的联谊上实现了互动。部分企业和社区采取"交叉进入、双向兼职"的方式，将符合条件的物业服务企业党员经理选为社区联合党组织班子成员，同时物业服务企业吸纳社区居委会班子成员的党员担任兼职，共同协商小区服务、共同迎接国家卫生城和文明城检查，共同迎新全省达标小区验收检查，共同创建和谐小区。

3. 积极参与社会扶贫工作

一是消费帮扶，参与扶贫攻坚专项行动。积极响应中国物协扶贫号召主动参与"社区的力量"消

费扶贫攻坚战。通过公益宣传参与、社区活动参与等形式，将绿色消费引进社区和业主生活，支持了贫困地区经济发展。目前省内已有多家企业产生了一定量的消费额度。

二是就业帮扶，优先聘用贫困家庭劳动力上岗。全省物业服务企业积极响应中国物协帮扶贫困家庭的号召，同等条件下优先吸纳贫困家庭劳动力从事物业服务工作，并对就贫困劳动力上岗人员增设业务部门培训优先、党组织家庭走访、建档立卡与各地市贫困人员档案同步等送温暖措施。近三年累计吸纳百余名全国扶贫开发信息系统动态管理的贫困家庭劳动力上岗。

三是稳岗帮扶，长期向社会待岗人员提供就业岗位。省内物业服务企业在保持本企业员工就业稳定的同时，每年都向社会提供用工岗位。针对民生工程物业项目的业主一部分属于低保户及低保边缘户，存在无业、下岗、失业人员的实际情况，物业服务企业主动为小区业主提供保安、保洁等就业岗位。业主们即成为物业服务的受益者，也成为参与小区服务建设的重要力量。业主与物业服务人员的双重身份有效地促进了物业小区的共建共管。

四是公益帮扶，积极参与社会爱心活动。物业服务企业积极响应省市各级党组织要求，开展“点亮微心愿”党建帮扶、党员一对一帮扶，救助困难家庭、建农家书屋、扶持乡村学校建设等活动；积极参与社会公益组织开展的无偿献血、慈善爱心捐助等活动；结合物业项目服务定期开展“关注弱势群体，构建和谐社区”公益服务活动，开展的“助老、助残、助孤”志愿服务义务献工4万余人次。

三、发展中存在的问题

当前我省物业管理行业处于快速发展阶段，有利于物业管理行业发展的政策、体制和舆论氛围已形成，但整体仍处于全国中等偏低水平，一些制约物业管理行业快速发展的问题和现象仍然存在，与全国发达地区相比存在较大的差距，物业管理行业发展还有很大的空间，主要表现在以下几个方面：

（一）物业服务企业层面

（1）企业规模与行业发展速度不同步，大型企业数量较少。全省物业管理面积年度增加0.16亿平方米，全省物业服务企业年度增加500余家。全省物业服务企业中管理面积规模达到500万平方米以上的仅占5%，大中型企业集团不足30家，多数企业管理面积在300万平方米以下，整个行业企业以小、散居多，物业服务集中度比较低，难以形成规模效益。

（2）物业服务企业与全国同行企业发展不同步，全国物业500强企业较少。经营收入单一，绝大多数企业物业服务收入占各经营总收入的90%，围绕业主需求开展的增值服务有限；本地企业在省外的物业项目较少，在全国的行业影响力不够，没有形成规模实力。

（3）专业管理人才与转型升级要求不同步，复合型人才较少。据调查，57%的物业服务企业认为优秀的管理、技术人才匮乏。许多从业人员专业知识和专业能力有差距，导致物业服务企业服务水平和管理水平还不能与行业先进水平和业主需求同步。部分物业服务企业仍为开发企业下属单位，主要以承接地产开发项目为主，独立拓展市场扩大经营的能力不强。

（4）信息化建设与科技赋能的趋势不同步，自主研发的智能化项目较少。利用互联网+开展智能物业，创建智慧社区方面的投入和创建水平仍处于初级阶段，而且企业之间发展差距大，物业服务的科技融入度不高。

（二）业主层面

1. 部分业主缺乏物业服务观念

部分业主不清晰在物业管理活动中应有的权利、责任和义务，不能按照《物业管理条例》《管理规约》等有关规定履约；个别业主有问题找物业、找社区，但却以各种理由拒交或拖延缴纳物业费；按前期物业合同确定的物业服务收费价格，在后期管理和服务中难以随着人工及相关材料价格变化及时调整。

2. 业主委员会成立较难、作用发挥不明显

业主参与意识不强，业主大会成立召开难、业主委员会选举难。我省小区成立业主大会并选举业主委员会的比例偏低，业主委员会公信力还需提高；业委会成员的自身素质、法律知识、组织能力有限，难以代表业主正当行使权利，难以规范操作业主大会流程，与物业服务企业、社区居委会、行政管理部门间缺乏有效的沟通与配合，桥梁纽带作用发挥不充分，业主委员会缺乏有效的工作机制和必要的工作保障，影响工作积极性。

3. 业主不缴费现象仍有存在

存在以各种理由拒绝缴费，如因部分业主占用公用绿地、私搭乱建等侵害公共权益的行为影响其他业主对物业服务的认可和缴费，近两年因侵占小区公共权益的信访投诉占物业信访投诉比达到22.6%。还有个别无任何理由拒缴费的“老赖”业主群体，不仅自身不缴费，往往还影响和带动其他业主不缴费。

（三）开发建设方面

目前各地物业管理部门接待信访投诉中因开发建设遗留问题引起的占比仍然较高，如变更规划、公共配套设施不全、不切实际的超值物业服务承诺、商品房销售宣传不实等问题，房屋验收工作不到位，把开发遗留问题带到了物业环节服务，物业公司往往要替开发公司“埋单”，进一步激化了业主和物业服务企业之间的矛盾。

一是个别高层住宅二次供水等设施移交专业管理单位接收时没有完全落实到位，影响后期使用，造成上访。二是个别工程质量诸如房屋窗户变形、北方室内墙体长毛等问题，特别是隐蔽工程的落水管、下水管线、消防设施管线存在的不畅、敷设浅、渗漏、断裂现象等。三是前期开发建设验收手续不全，影响业主正常入住和房屋产权证办理，引发上访。四是住宅项目的道路、绿化、监控、门禁等设施设备配套不能与住宅同步交付使用，导致业主入住时，物业服务企业无法提供正常的秩序维护、安全防范等服务。

（四）政府层面

1. 行政管理人员配备少

各地区物业主管部门的管理人员定编较少，管理力量薄弱，不利于属地监管，无法更好地实现创新社会管理、建设和谐社区的重要事项；街道和社区没有编制内专职物业管理人员，对辖区物业服务企业和业主委员会的监管力量不足。

2. 部分合力发挥不明显

物业管理涉及部门较多，个别小区内私搭乱建、侵占公共绿地、占用消防通道、噪声污染、饲养宠物等问题没能妥善解决。

（五）其他方面

1. 物业服务的边界不清

包含物业服务企业的服务边界、水电气等专营单位的维护边界、相关行政管理部门的执法边界和业主群体的责任边界。

2. 法律法规执行效力不高

近些年来，虽然我省物业管理的立法工作取得了不少进展，对规范物业管理的运作起了一定的作用。但物业管理中的一些深层次问题，如旧楼改造电梯加装的关系处理、物业项目更换物业服务企业的交接等，在实践中依然没有完全按规定执行，物业服务的纠纷没能及时解决。

3. 社区代管无法实现物业专业化服务

当前，基于城市管理重心下移，社区承担了辖区居民的低保、就业、卫生、物业等大量的公共管理事务性工作。通过实地调研，辖区内无物业服务的小区社区投入的精力很大，甚至部分社区80%以上的精力都投入到无物业管理的小区中，社区既面临着管理责任的巨大压力，同时也面临着管理能

力不足和业主不理解带来的阻力。突出表现在：

一是社区不具备直接介入物业管理和服务的能力。社区非专业物业管理机构，没有编制专职物业管理和服务的人员，参与辖区日常物业管理服务，需聘用劳务人员，易产生安全风险和劳动纠纷。

二是没有相关政策明确社区可作为物业服务收费主体，社区直接向业主收物业服务费面临困难和尴尬。多数社区只能向辖区小区业主收取每月每户7元左右的卫生服务费，用于小区外保洁。

三是社区受管理体制制约，财务收支上不独立，既缺乏创收的积极性，也没有专项物业管理资金来源，没有专项投入辖区物业管理的公益资金。

4. "老、旧、散"住宅区管理难度大

"老、旧、散"住宅区是管理的难点，集中了小区物业管理中的各类疑难问题，改造维修资金无着落，部分老旧电梯缺乏日常维修养护、部件陈旧老化、故障多，存在着极大地安全隐患，保养、维修、更新改造费用巨大。

四、物业管理行业发展的思路

2020 年疫情带给物业管理行业很多思考和变化，做好基础服务和增值服务，注重亲情沟通和智能科技，突出物业管理行业的专业价值和社会价值都是行业工作的重点。下一步在坚持重点突出，围绕民生主题，努力构建市场化、专业化、智能化和社会化的物业产业化发展新思路，推进物业管理行业发展。

物业管理行业发展的目标任务是：以保障和改善民生、提高居民居住环境和生活质量为根本，加大政策扶持力度、优化物业服务市场和发展环境、规范物业服务标准，注重从业人员整体素质的提升、物业服务企业综合实力的提升和物业服务质量的提升，打造为企业、社区、家庭和个人提供各类需求产品和多层次服务的商业模式，努力构建服务优质、竞争有序、管理规范的物业服务业新体系，创建高水平的专业化、信息化、网络化、智能化物业产业，建设"智慧吉林、智慧物业、智慧社区"，全省物业服务业发展的整体水平明显提高，力争各项指标均超过全国平均水平，接近全国先进水平。

（一）坚持党建引领，共建红色物业

1. 做好行业党建工作

认真落实吉林省非公党组织党建工作要求；组织物业服务企业积极参加吉林省建设职工政研会的各项学习和主题教育活动；引领物业服务企业响应省房协党组织号召，做各项活动的主力。省房协物专委通过组织线上小程序专题学习、钉钉观革命影片，在微信公众号上搭建宣传专栏等多种方式，创新活化学习载体，增强物业管理行业的凝聚力。

2. 注重党建工作与行业发展的融合

一是发挥党建与业务深度融合的积极效应，倡导物业服务企业党组织通过创先争优活动、党员奉献日、主题党日、党员示范岗等党内活动探索创新提高服务质量、参与社区综合治理工作的方式方法；引领物业党员做好物业宣传员，做好《吉林省物业管理条例》的宣讲员。

二是坚持问题导向，发挥党组织在解决物业热点和焦点问题的积极作用。通过组织召开会员调研、座谈会等形式，充分研究项目招投标、信用体系建设、社保入税和增值税改革等方面存在的问题和解决的办法。促进物业服务企业党建工作与基层社区治理的结合，发挥物业党组织在突发公共卫生事件等应急事件中的作用。

（二）注重行业专业优势，突出物业管理新价值

1. 坚持常抓不懈，完善疫情防控的常态措施

2020 年 2 月和 5 月新冠肺炎疫情在吉林省出现两次，全省物业管理行业经受了疫情"大考"的检验，也要保持继续关注疫情动态，充分发挥服务协调能力、宣传引导能力、标准化建设能力和调查研究能力。组织和号召会员单位同步做好正常工作和疫情应急预案，及时总结疫情期间物业服务企业的好经

验，收集相关文件、文章、报告、照片、视频等素材，形成《吉林物业管理行业新冠肺炎疫情防控档案》。

2. 引领发展创新，推动物业管理行业转型升级

引领物业服务企业拓宽物业管理覆盖面和物业服务领域：一是深度挖掘业主需求，成为园区生活综合服务的重要力量；二是积极争取社会公共服务项目，成为社会公共卫生等突出事件应急应对的重要力量；三是发挥物业服务业可以覆盖不动产管理所有领域的优势，体现物业服务成为城市管理基础细胞作用，积极争取参与城市旧区改造和新型智慧城市建设，力争成为相关维护运营工程和综合配套服务的重要力量。尤其是依托基础设施的建设，增强物业服务信息化、数字化、智能化、智慧化水平，推动发展线上线下社区服务业。

3. 合作共建共治，共享和谐文明的社区创建成果

按照住房和城乡建设部《关于在城乡人居环境建设和整治中开展美好环境与幸福生活共同缔造活动的指导意见》，以改善业主身边、房前屋后居住环境的关键小事为切入点，发挥物业管理在促进公共卫生、城市管理、治安防范、精神文明建设等领域的作用。总结物业服务企业在创建文明城和卫生城中的经验做法，形成社区、物业服务企业和业主“共谋、共建、共管、共评、共享”的和谐家园创建氛围，提升业主的获得感、幸福感、安全感。

（三）推动“能力建设年”，提升行业建设水平

1. 提高从业人员能力

针对行业不同层级人力资源的发展需求，构建更具包容性、更加开放灵活的行业终身学习的培训体系。

一是突出学法守法。一方面认真组织《民法典》的学习。2021 年《民法典》将正式实施，开展普法宣传，做好业务指导和专业政策解读。推动行业矛盾纠纷多元预防和化解机制的建立，引导会员单位以调解为抓手，积极化解矛盾纠纷。另一方面做好《吉林省物业管理条例》的宣贯执行。《吉林省物业管理条例》颁布实施后，在各个层面做好宣贯和执行，请条例起草组专家做专题辅导、举办《吉林省物业管理条例》知识竞赛、下发宣传册和宣传单、小区和社区内设专栏宣传相关条款，通过网络、小程序和小视频做好条款和案例的讲解。

二是倡导多层次学习。学历提升方面，积极组织行业从业人员参加国家开放大学现代物业服务与不动产管理学院专业课程的学习；能力提升方面，按照中国物协《物业管理员（师）国家职业能力评价规范》，组织行业从业人员做好学习应试准备，关注中国物协物业管理行业职业技能等级认定工作的进展情况。与省内高等院校、技工院校合作通过物业服务类专业培养物业优秀从业人员，推动校企合作、联合办学，形成物业服务定点培训机构，满足现代物业服务发展需要的专业人才。

三是开展技能大赛。继续承办吉林省总工会和吉林省住建厅组织的第三届物业管理行业职业技能竞赛，将弘扬“精益求精、爱岗敬业、持续专注、守正创新”的工匠精神作为主题，继续邀请吉林建筑大学、长春工程学院和长春市职业技能考试鉴定中心等权威和专业机构负责竞赛具体环节。指导各地区开展行业技能竞赛，形成学习物业法规、提高维修技能、增强职业能力，做工匠物业人的热潮。扩大竞赛优胜人员在行业和企业的待遇，省总工会和省建设厅已对前两届成绩优秀人员给予了奖励，并要求各地工会组织和物业主管部门认真落实当地获奖选手的待遇。

2. 提高行业发展的协同能力

一是针对吉林省内物业发展存在地区间不平衡的实际，对物业管理和服务基础薄弱的地区加大培训和交流，通过“咨询服务”“对口支持”“送教上门”等形式，形成各地区协同发展的氛围。二是通过举办吉林省“公益课堂”“省示范项目”对标学习等形式，宣传推广行业发展的标准化建设成果和省示范项目创建经验。三是探索建立行业头部企业与中小型物业服务企业合作共享机制，通过联学共促、经验输出、科技赋能，提高中小型物业服务

企业管理效率和服务质量。

3. 提高协会服务企业的能力

一是通过开展测评服务工作，为企业提供综合实力测评报告，指导企业制定发展规划。

二是提高畅通沟通交流渠道，在省房协网站和省房协物专委微信公众平台开设“在线咨询”和“征求意见”专栏，方便会员单位了解行业及协会相关业务工作，解答会员咨询实际问题。

三是通过关注《中国物业管理》杂志和中国物业管理协会网站和公众号、新华社、人民网、中国建设报等权威媒体和省内各地区主流媒体对物业管理行业的报道，收集整理新型城镇化建设、脱贫攻坚、社区党建、垃圾分类、智慧物业等专题，挖掘行业参与社区共建的实践案例，形成《物业管理行业动态》，及时向省内企业发送，建立畅通的会员沟通机制，健全会员服务体系。

四是成立物业专家库，在规范项目投标、指导创建示范项目、加大诚信建设、研究企业间联盟合作等方面加大研究。吸纳省内优秀的物业人才参与行业发展。积极组织省内专家参加中国物协服务认证（物业管理）审查员培训、协会团体标准宣贯解读和标准化综合能力提升等培训学习，全面提高省内企业和从业人员的标准化意识和运用标准提升服务品质的技术能力。

4. 提高风险防范能力

研究物业管理和服务风险防范，重点挖掘和分析员工、财产安全风险，停车场责任风险，消防事故及隐患风险，物业主体及设施设备运行风险，公共区域安全隐患，经营管理风险等方面的典型案例，强化行业和企业依法防范风险的意识和能力。

5. 提高参与社会公益事业的能力

一是继续组织物业服务企业落实中国物协“社区的力量”消费扶贫攻坚战专项行动。二是继续号召物业服务企业在消费帮扶、就业帮扶、稳岗帮扶和志愿帮扶中发挥积极作用。三是积极组织人员参加力量搭建物业法律政策咨询服务平台。四是作为社会力量，按照街道社区要求积极参与社会公共卫生突发事件的应急行动；积极倡导物业服务纳入社会管理，继续推广街道、社区、业委会和物业四位一体的治理结构，形成适合吉林省物业管理行业环境的办法。

黑龙江省物业管理行业发展报告

黑龙江省房地产业协会物业管理专业委员会

黑龙江省物业管理行业起步于20世纪90年代初，历经29年的发展，当前已进入由高速发展迈向高质量发展的转型时期。为实现黑龙江省委省政府所提出的高质量发展总要求，满足全省人民更高的居住需求，黑龙江省物业管理行业积极探索物业管理行业更新服务理念、拓宽服务边界、改善服务手段、提升服务品质的路径和方法。

一、黑龙江省物业管理行业概况

截至2019年末，黑龙江省物业管理面积8.5亿平方米，其中住宅物业管理面积5.9亿平方米，非住宅物业管理面积近2.6亿平方米，其中哈尔滨、齐齐哈尔、牡丹江、佳木斯、大庆、绥化等六个中心城市管理面积近6.5亿平方米，全省城镇住宅物业管理覆盖率达到70%以上，哈尔滨、大庆两个城市的物业覆盖率达到95%以上。物业管理行业2017年度产值75亿元，2018年度产值80亿元左右，2019年度产值87亿元左右，行业重要性凸显。

二、行业发展概况分析

在机遇和挑战并存的新时代，随着“放管服”改革的深入推进，政府不断简政放权，黑龙江省物业管理行业发展进入了快车道。与此同时，行业发展的大环境也在不断发生变化，显现出服务市场化、企业规模化、业主维权多样化、社区智能化等现代化特点。

（一）政策法规环境

2020年《黑龙江省人民政府工作报告》再次提及物业服务工作，在明确将物业服务作为惠民生为百姓办实事的重要工作的基础上，又提出老旧小区改造和开展城镇住宅小区物业服务管理专项整治，这也是强化社会治理创新的重要环节。

2019年8月和2020年5月，黑龙江省物业管理协会积极配合住房城乡建设厅组织各地市行业主管部门及行业协会开展《黑龙江省物业管理条例（草案）》意见征询工作，收集各地市意见反馈信息，积极推进全省物业管理服务水平的提高。

为配合物业管理体制改革，各地市积极出台各项政策法规：哈尔滨拟于2020年修改《哈尔滨市物业管理条例》，以解决物业管理中存在的前期物业建管不分、业主大会及业主委员会成立难依法履职难、老旧小区管理空白、住房维修资金使用难、相关部门执法不进小区等突出问题；《牡丹江市物业管理条例》自2018年5月1日起正式实施；《大庆市物业管理条例》自2018年9月1日起正式实施；《大庆市物业承接查验规程》于2019年1月16日颁布实施；《大庆市物业管理行业标准》于2019年12月1日正式实施；《齐齐哈尔市物业管理条例》由市人大常委会于2018年11月26日通过。

（二）企业发展概况

2019 年，黑龙江省年营业收入 5000 万元以上的独立法人物业服务企业数量有 33 家，其中年营业收入过亿元的有 12 家。总体来看黑龙江省的物业优质资源分布在大中型物业服务企业，物业管理规模、服务水平发展表现出地区发展不均衡，中小企业数量偏多，本土物业具备核心竞争力的企业很少，创新与服务意识有待提高，由于地区发展不均衡，企业间管理与服务能力的差距也很大，很多小企业还只停留在传统的保洁保安服务阶段。物业管理业态分布广，特别是在医院、学校、行政机关、机场、展馆、景区、工业园区等非住宅物业管理工作方面很多企业积累了宝贵经验。

（三）行业发展趋势

服务是物业管理行业的看家本领，服务是我们兴业、立业的根本所在，服务质量提升是新时代对物业管理行业的必然要求，也是责任和使命所在。习近平总书记明确指出，新时代我国社会主要矛盾是人民日益增长的美好生活需要和不平衡不充分的发展之间的矛盾，由高速增长转向高质量发展，也已经是我国经济社会发展的一个基本国策。

物业管理行业的高质量发展阶段意味着新的消费需求、新的市场规模、新的机遇和新的商业模式，以及新的产业企业家群体的崛起。目前，物业服务行业正在由传统服务业向现代服务业转型，物业管理行业面临着一个更加开放，更有魅力的市场。产业集中度正在提升，行业科技含量正在提高，业主对物业服务质量的诉求也在提高，但是行业发展依旧存在不平衡不充分的问题，而物业服务确实还存在一些不到位的地方，这些都要求提高物业服务质量，秉承工匠精神，在服务上精益求精。同时，物业管理服务应赋予更广泛的内涵，物业管理行业要以开放、包容、协同的积极心态去主动拥抱互联网技术，用技术赋能提升行业的效益和升级，打造物业服务的大格局——智慧社区、物业＋互联网、业主足不出户就可以享受到物业服务企业带来的便捷与舒适的服务。目前黑龙江省物业管理行业已形成共识，聚焦高质量发展，聚焦人民群众对美好生活的向往，聚焦多样化、个性化服务需求，分享新技术革命的红利，通过科技创新促进物业服务质量的提升，让服务更有价值。

三、主要经验、做法与成果

黑龙江省地处东北老工业基地，经济发展相对落后、物业市场活跃度不高，特别是在管理理念与发展水平上与先进省份有较大差距，黑龙江省委省政府、行业主管部门包括行业协会组织在推动行业发展过程中都做出了积极的努力与探索，物业管理行业的发展总体上开始进入了自我提升的良性发展阶段。

（一）加强组织机构建设夯实行业发展根基

2019 年 12 月 19 日，黑龙江省物业管理协会正式成立，大会选举产生首届会长、秘书长。并依次召开了秘书处会议、副会长会议、成立了专家委员会，对副会长、副秘书长进行了详尽的分组和分工，内部组织机构建设得到进一步加强。黑龙江省物业管理协会的成立，是物业管理行业规范发展、健康发展、快速发展的重要标志。

（二）持续探索行业转型升级之路推动行业创新发展

为了改变传统经营格局，推动行业创新发展，黑龙江省物业管理协会，积极寻找和探索行业的转型升级之路，首创了两项重点研究课题项目，一是“物业＋互联网”；二是“行业联合保险”，自 2015 年以来，黑龙江省物业管理协会一直在重点推动这两项工作内容。

1. “物业＋互联网”

在吸取与雅居乐合作失败的经验和教训前提下，黑龙江省物业管理协会自 2019 年 12 月成立以来，一直在积极探讨和努力寻找更适合物业管理行业、物业服务企业管理服务提档升级的物业管理服务平台，目前正在与黑龙江省广电网络公司洽谈相关合作事宜，借助龙江广电网络强有力的媒体资源、公共公益事业资源，实现业主电视端、PC端和手机端的互动，确保各个人群享受到科技赋予的力量和便捷。2020年将启动智慧社区的试点工作，通过试点，完善服务管理平台功能，然后全省范围推广智慧社区建设。

2. “行业联合保险”

物业服务涉及千家万户，不仅要维护业主的个人利益，更要考虑业主的公共利益，加之行业政策法规不够完善，责任边界不够清晰，物业服务风险时刻存在，如何利用全行业的智慧和资源来合理分散和转嫁风险始终是行业面临的重要课题。

我省自2015年启动行业联保工作以来，通过不断探索，积累了大量宝贵经验，形成了较为成熟的工作推进模式，越来越多的物业服务企业从中受益，参保积极性也空前高涨，但我省物业管理行业的联保工作在开展的过程中也存在着许多问题，合作的保险公司不能统筹满足全省各地市物业联保需求，联保项目没有形成规模，继而也限制了联保项目的开发深度，致使承保的保险公司和保险代理公司均产生了亏损，对物业保险采取了消极的态度。

继2018年11月与平安保险公司成功签订物业联保合同以来，2019年，300余家物业服务企业借助物业协会与保险公司搭建的平台，不但积极有效解决了物业公司在经营管理服务过程中各种风险问题，还切实为物业服务企业节约了大量的人力和财力，受到物业服务企业的一致好评。尽管保险公司的赔付率高达147%，但平安保险公司用责任和坚守继续与物业协会合作，为物业服务企业保驾护航。2020年，平安保险公司对联保方案还做了升级和调整，物责险和雇主险保费大幅度调降，无计免赔额也从3000元降到200元，为物业服务企业提供了最大限度的保障。

（三）发扬工匠精神组织首届物业管理行业职业技能大赛

2019年金秋9月，由黑龙江省住房和城乡建设厅、黑龙江省人力资源和社会保障厅和黑龙江省总工会三家主办单位，黑龙江省物业管理协会承办的黑龙江省“平安保险杯”首届物业管理行业职业技能竞赛拉开了帷幕，此次大赛旨在发扬行业工匠精神，展现行业人职业风采，同时为行业选聘优秀人才参加中国物业管理协会举办的全国物业管理行业职业技能大赛，经过两天的笔试、面试、实操等激烈的角逐，产生了物业管理员和电工的一、二、三等奖。黑龙江省全体物业人，在即将迎来国庆70周年之际，用行动诠释“诚信服务、务实创新、专业规范、共治和谐”的物业管理行业精神。通过两天的比赛，大大提高物业人的职业自信心和荣誉感。“匠心筑梦技赢未来”，全省物业人，决心用勤奋、努力为提高我国物业管理行业职业技能水平和物业服务品质，推动行业转型升级做出更新更大更多的贡献！

（四）着眼行业未来发展积极参与交流学习活动

为了深入贯彻党的十九大精神，践行物业管理行业品质提升、规范服务的主题，展示物业管理从业人员的专业形象和精神风貌，黑龙江省物业管理协会积极组织参加中国物协举办的各种活动，与全国优秀企业进行交流学习，展现龙江物业服务企业及物业人的风采。

黑龙江省物业管理协会积极组织行业从业人员近300人，参加11月份中国物业管理协会在哈尔滨举办的全国物业承接查验与设施设备管理专业岗位师资培训班，这是一次非常难得的机会，中国物业管理协会送教上门，为我省开展物业承接查验与设施设备专业岗位技术人员的培训，行业同仁如饥似渴，学习热情非常高涨，学习氛围非常热烈，学员和老师互动互联，培训效果甚佳。协会也期待着中国物业管理协会再有机会在哈尔滨或者黑龙江省境内举办培训。

（五）开展示范项目创建充分发挥榜样力量

2019 年 9 月份，黑龙江省物业管理协会组织对全省范围内经十三地市物业主管部门申报且初审符合申报条件的 167 个项目的内外业进行了现场检查和考评。专家组考评成员先后赴哈尔滨、齐齐哈尔、牡丹江、大庆、鸡西、双鸭山、绥化等地进行考评，与受检单位进行深度交流，共同探讨项目经营管理中的优缺点，指导受检单位解决问题的方法和措施。考评期间，为了更加全面地了解和掌握行业发展现状，梳理行业发展存在的问题，黑龙江省物业管理协会组成专项调研工作小组，带领专家组考评成员深入各地市与当地的行业主管部门、行业协会以及地方物业服务企业代表进行深度交流，共同探讨黑龙江省行业发展现状，分享了好的经验和做法。2020 年，协会将继续开展示范项目评定和复检，并增加党建引领和老旧小区申报项目。

杭州市物业管理行业发展报告

杭州市物业管理协会

一、杭州市物业管理发展基本情况

截至 2019 年底，在杭物业服务企业达 1225 家，物业管理行业从业人员 11 余万人。杭州实行物业管理的小区或大厦总面积已达到4.4亿平方米，较上一年增长 26%。在全市行政区域范围内，实施专业化物业管理的项目（含住宅和非住宅）达到了 3988 个。物业管理小区或大厦中，除去尚在前期物业管理阶段的以外，已成立业主委员会 1956 个，其中成立党支部的有 856 个，党员人数 3354 人。

2019 年，全市的业委会和物业服务企业实现了党的组织和工作覆盖，覆盖率分别达到 92% 和 88%，物业小区基本建立了社区党组织领导下的三方联动运行机制。通过推进党建引领协同治理，以及不断加强物业管理行业调解和多元化解，全市物业管理矛盾纠纷大幅度下降。根据市政法委关于全市诉源治理工作统计，2019 年 1—10 月全市法院受理的物业合同纠纷案件同比下降 41%，位居全市前列。杭州市党建引领业主委员会和物业服务企业建设工作获得中组部评选的全国城市基层党建创新案例“最佳案例”称号。

二、杭州市物业管理行业发展成果

（一）推进党建引领业委会和物业服务企业建设

2019 年 3 月，《中国建设报》刊登了由杭州市住保房管局所著的《杭州对物业管理立法工作的建言献策》，建言献策指出了物业服务合同相关章节制定的必要性，还梳理了当前物业服务合同领域面临的主要问题，包括：物业服务边界不清；物业费收缴困难，追讨成本高；经营性收益管理混乱；对业主委员会缺乏监督制约等，针对这些问题，提出了“科学合理，明确权责边界”“统筹协调，维护法制统一”等建议。

4 月，杭州市物业管理行业协会党委首个下属党组织组建成立——中共杭州万科物业服务有限公司委员会召开第一届党员大会，市物业管理行业协会党委工作进一步实体化推进。

6 月 11 日，《人民日报》刊登题为《杭州拱墅区加强小区居委会、业委会、物业协同治理，有了“三方办”服务更方便》的文章，讲述了在拱墅区“三方办”推动下，顺利解决了小区里有人违法搭建地下室——这个困扰红建河社区长达十年的“老大难”问题。文章指出拱墅区“三方办”的设立，让社区居委会、业委会、物业坐到一块儿，集合各方力量协调解决难题，避免了“踢皮球”，小区服务得到越来越多业主认可。

6 月 28 日，由市物业管理行业协会党委配合市住保房管局机关党委开展全市物业管理行业“最强党支部”评选活动，推选出 19 家物业服务企业“最强党支部”暨党建示范点。

7 月 2 日—3 日，住房建设部、中组部、民政部联合调研组赴杭州专题调研物业党建工作，经过调研座谈和实地考察，对杭州推进以党建引领业委会和物业服务企业建设，建立社区党组织领导下的三方协同运行机制经验做法予以了高度肯定。截至目前，全市 80% 以上的业委会和物业服务企业实现了党组织和工作覆盖，覆盖率分别达到 92% 和 88%，物业小区基本建立了社区党组织领导下的三方联动运行机制。

杭州市党建引领业主委员会和物业服务企业建设工作获得中组部评选的全国城市基层党建创新案例“最佳案例”称号。

（二）提升物业综合管理水平

2019 年 8 月，杭州市政府办公厅出台了《杭州市加强住宅小区物业综合管理三年行动计划（2019—2021 年）》。杭州市住保房管局通过制定各地各部门工作任务分解表、“美好家园”建设试点方案和标准、街道社区指导监督业委会三个指导规程以及老旧小区物业服务补助资金政策等配套制度文件，推进各项工作的贯彻落实。

2019 年 4 月，杭州市物业管理协会启动 2019 年度杭州市物业管理优秀住宅类、非住宅类项目考评工作。经过预申报、预审核、现场公示及预评预验等八个环节，共评选出 27 个“杭州市物业管理优秀住宅类项目”、10 个“杭州市物业管理优秀非住宅类项目”，规范了物业服务，提升了行业形象以及提高了物业管理服务水平和行业满意度。

（三）持续开展物业管理行业培训

物业管理行业的专业化、规模化发展，离不开高素质的物业管理人才。为全方位、多层次提升物业管理行业整体水平，2019 年行业主管部门及相关职能部门在全市 11 个区开展了物业服务企业巡回培训，参加培训达到 2000 多人次。培训内容包括住宅小区控烟、物业领域扫黑除恶、消防安全知识、燃气有关安全防范等工作相关政策法规和业务知识。

杭州市物业管理协会举办初级保安员培训，对培训合格者颁发初级保安员职业资格证书和杭州市物业管理行业培训证书双证。举办物管项目负责人培训，培训结果计入物业管理行业从业人员数据库。

（四）积极开展宣传活动

2019 年 5 月 28 日，首届中国人工智能与智慧物业高峰论坛在杭州举行。各地主管部门领导及物业协会负责人、国内知名学者、资深专家、企业家等 500 余人参加论坛。论坛以“人工智能与智慧服务”为主题，围绕当前国内外智慧物业建设的样本企业和典型案例，深入研讨了我国智慧物业建设的最新成就，探寻智慧物业未来发展的逻辑和路径。

10 月 7 日，杭州市物业管理协会在市住保房管局指导下，依托近 2000 个住宅小区，联动中国扶贫志愿服务促进会、易居乐农等公益机构，启动“社区的力量”消费扶贫攻坚战专项行动，助力推销扶贫农产品。专项行动以“带一斤回家”为理念，主要依托杭州各小区物业服务企业的服务平台，通过线上宣传、线下活动等方式，定向精准帮扶浙江、杭州对口扶贫地区，把来自对口帮扶地区的优质农副产品推荐给社区居民，为当地的农民群众增收贡献一份力量，同时也为杭州市打赢扶贫攻坚战探索一条消费扶贫的新路子。

此外，杭州市物业管理协会积极尝试多种渠道，通过行业杂志、报纸及微信公众号等多个平台，大力宣传杭州市物业管理工作和物业管理行业先进事迹，努力提升杭州物业管理行业形象。

三、杭州市物业管理行业新一年工作思路

（一）进一步加强完善监管规范措施

新的工作形势要求下，现有的各种监管措施需要进行全面的梳理完善，加强各项措施力度，适应监管要求。同时，抓紧开发建设物业管理服务平台中的物业服务企业信用评价体系，为物业管理行业

营造良好的市场秩序和经营管理环境。

（二）大力开展行业先进典型选树活动

结合物业管理行业党建工作，联合组织部等相关部门，组织开展相关活动，对物业管理行业先进典型进行宣传表彰，营造社会良好氛围。

（三）提升物业管理纠纷综合调解能力

积极构建和谐的物业关系，维护社会稳定，通过市区调解委员会沟通协调，做好物业管理纠纷调解，发挥调解委员会的作用，进一步健全调解机制，促进物业矛盾纠纷多元化解。

安徽省物业管理行业发展报告

安徽省物业管理协会

一、全省行业发展基本情况

截止 2019 年底，全省物业服务从业人员近 36 万人，其中大专以上学历人员近 7 万人；物业服务经营总收入 100.43 亿元，其中物业服务主营业务收入 90.13 亿多元；物业管理面积 13.87 亿平方米，其中住宅物业面积近 11.60 亿平方米；注册并实际开展业务的物业服务企业 4105 家，其中年营业收入 5000 万元以上的近 124 家。全省城市现有各类住宅小区 18429 个，其中实施物业管理的 17053 个，召开业主大会成立业主委员会的 3161 个。老旧小区、无物管小区保障卫生保洁等基本服务，由所在街道、社区兜底，小区业主交纳少许卫生保洁费。

总体来说，全省物业管理行业目前发展稳中有进，服务业态与内涵不断延伸扩展，本土服务企业品牌进一步形成，服务水平不断提高，社会管理作用与价值充分彰显发挥，业主自律自治能力有所提高，区域发展较为均衡，行业生产率增长平稳。

二、促进行业发展主要做法

（一）完善法规政策，明确各方主体责任

通过修订《安徽省物业管理条例》，规定县级以上人民政府应当将物业服务纳入社区建设和社区治理体系，明确了街道、社区指导协助成立业主大会及选举业主委员会、调处物业纠纷等工作职责。省住房城乡建设厅、民政厅印发《关于进一步加强物业管理扎实推进民生工作的通知》，大力推动建立在社区党组织领导和社区居委会指导监督下的业主自治体系，完善社区党组织、社区居民委员会、业主委员会和物业服务企业“四位一体”的工作联动机制。积极推动《安徽省物业专项维修资金管理暂行办法》修订。各城市加强地方立法，切实规范物业管理工作。宣城、六安、黄山先后出台《宣城市住宅小区物业管理条例》《六安市物业管理条例》《黄山市住宅小区物业管理条例》。安庆市政府也印发《安庆市物业管理办法》。

（二）加强党建引领，推进融入社区治理

强化社区党组织的领导作用，激发社区居委会、业主委员会和物业服务企业的主体作用，引导广大业主参与管理，推动物业管理良性循环。大力推进将物业管理纳入社区治理体系，各城市以健全完善物业管理“四位一体”机制为重点，积极探索“物业管理＋党建”的治理新模式，加强对业主大会、业主委员会的指导，加强对物业服务企业的监管，通过引导物业服务企业积极招聘党员员工、选派党建指导员等方式，指导帮助物业服务企业、社区物业服务项目建立党组织，切实提高物业管理水平，提升小区居民满意度。淮北市将物业管理行业纳入非公企业党建队伍，深入开展“物业服务革命”专项行动，着力推进党的工作向物业管理行业延伸。

合肥市大力推进“红色物业”建设，该市龚湾社区党委依托“网格红管家”服务模式，让网格在基层党建和社会治理中切实发挥作用。芜湖市弋江区潮音街社区在长江长现代城小区创新“党建＋”物业服务管理模式，按照“党组织定方向，居委会做指导”的原则，以党员带动居民群众，以党建推动物业服务管理。

（三）加强规范管理，提升物业服务水平

推动各城市积极按照《安徽省物业管理条例》规定，将物业管理纳入现代服务业和生活性服务业规划。督促物业服务企业按照《安徽省住宅区物业服务标准》和物业服务合同约定提供服务，探索引进第三方评估测评，加大对企业物业服务质量监督。积极制定《物业管理区域安全管理规范》地方标准，引导企业和业主分别做好物业管理安全职责和房屋使用安全职责。开展行业技能大练兵，提升从业人员职业能力，塑造工匠精神。推进物业服务业务公开，督促企业将物业管理服务事项、负责人员、服务质量要求、收费项目、收费标准、履行情况以及公共收益等情况，在物业管理区域内向业主公开。协调推进物业管理、城市管理、市场监管等执法在物业服务区域内公布投诉举报电话，畅通居民对物业管理问题投诉举报，及时查处违法违规行为。规范物业管理区域公共收益管理。业主大会成立前，企业依据前期物业服务合同约定受委托对共用部位、共用设施设备进行经营的，代为管理公共收益并单独列账；业主大会成立后，由业主大会决定，并通过物业服务合同约定，公共收益由业主委员会自行管理或委托企业管理。优化维修资金使用流程，简化申请材料，缩短审核时限，及时拨付资金。加快建设智慧小区，搭建智慧小区信息平台，推进信息全域全量采集，提升设施设备智能化管理水平，促进线上线下服务融合。推动企业发挥熟悉小区居民、服务半径短、响应速度快等优势，向养老、托幼、家政服务等业务领域延伸，满足多样化居住生活需求。

（四）加强多措并举，防范化解矛盾纠纷

充分发挥社区党组织、居民委员会、业主委员会和物业服务企业“四位一体”的议事协调机制作用，强化属地管理，解决物业管理重大问题。亳州市建立物业信访定期研判制度，坚持“一线调查、事中沟通、事后回访”，及时解决物业管理相关投诉。各城市按照《安徽省多元化解矛盾纠纷促进条例》规定出台配套措施。黄山市街道社区联合司法部门建立矛盾纠纷诉调对接平台；蚌埠、马鞍山等地专门成立物业纠纷人民调解委员会，为物业纠纷当事方无偿提供专业调解服务。合肥市庐阳区创新纠纷调处方法，建立物业纠纷“首问负责、跟踪督办、限时办结、及时反馈”的常态化管理模式，并与区法院积极对接，有效调处了多起影响较大的物业纠纷，被授予全省首批城乡社区协商示范点。省住房城乡建设厅印发《安徽省物业服务企业信用管理暂行办法》，合肥市发布了《合肥市物业服务质量评价标准（参考）》，阜阳市出台了《阜阳市物业服务企业信用评价管理办法（试行）》等，通过建立物业服务企业信用档案，加强行业信用管理，进一步促进企业健康发展。

（五）探索长效机制，推动老旧小区覆盖

近年来，全省扎实推进城镇老旧小区改造，自2016 年开始至今，已累计完成老旧小区改造 2149 个，涉及住户 77 万户。2020 年全省计划整治改造老旧小区 871 个，涉及 26 万户。建立政府统筹、职能部门指导、区（街道）具体实施、社区协调推进、居民共同参与的工作机制。坚持老旧小区“建、改、管”并举，改造过程中恢复、配建物业管理用房，完善老旧小区基本功能，为改后管理提供基础支持，解决了老旧小区无物业管理基础的问题，改善居住环境。同时按照“分类指导”，确保改造后的老旧小区实施物业管理。对整治改造完成后条件较好、具备条件的老旧小区，指导成立业主委员会，实行市场化物业服务；对规模较小、硬件条件较差的老旧住宅区，由街道办事处、社区居委会组织开展居

民自治管理，提供清扫保洁、秩序维护、设施设备运行等基本服务。通过“财政补助、公共收益补贴、业主交费”方式，逐步培养群众缴费意识，维护改造成果。滁州市对改造后无物业管理小区采取“就近捆绑、红色公益、打包大物业”等模式引入物业服务，大力巩固改造成效。

（六）推动行业自律，塑造行业品牌形象

加强行业协会的行业自律与规范功能。安徽物协积极成立功能性党支部，着力推动会员企业开展“不忘初心，牢记使命”主题教育活动，组织行业职工学习十九届四中全会精神，发动全省广大物业服务企业助力精准扶贫攻坚，参与中国物协“社区的力量”消费扶贫攻坚战专项行动，累计帮助销售农特产品 110 万斤，全省 20 多家会员企业荣获“社区的力量”消费扶贫贡献奖，30 多个社区荣获“社区的力量”消费扶贫榜样社区。结合全省扶贫工作实际，对口帮扶六安市裕安区太安村、合肥市长丰县马郢社区。购买太安村扶贫产品近 20 万元、帮售马郢社区贫困瓜农西瓜 2.5 万斤。2019 年春节前夕，动员行业企业开展“弘扬优秀传统文化、开展文明实践”活动，结合“两会”召开、“学雷锋纪念日”“植树节”“国际消费者权益日”等重要日子，在全省行业开展“迎两会、我奉献，志愿服务月”系列活动。全省行业讲文明、扬正气蔚然成风。开展优秀会员单位、优秀项目经理、优秀研究课题等相关表扬活动，鼓励省内企业参加全国物业服务企业综合实力测评，43 家企业入列全国 500 强，构筑安徽物协门户网站、《安徽物业管理》会刊、微信公众号 “一网一刊一号”宣传矩阵，制作行业宣传短片，举办全省首次物业管理行业文艺会演，加强行业宣传，塑造“安徽物业”良好品牌和社会形象。

（七）加强行业建设，引领企业发展壮大

加强专业能力培训，积极开展公益讲座、项目经理培训、高级物业服务职业经理人培养、免费专项培训和组织专家送教上门。强化行业标准化建设，推动会员积极创建服务业标准化试点，国家级试点单位 1 个，省级试点、示范单位 8 个。鼓励会员单位积极参与行业标准研究和制定， 2 家单位参与国家标准编制 3 项；4 家单位获准省地方标准立项 10 项，其中 5 项已发布实施，积极开展“标准和标准化工作交流会及专业知识培训”等标准宣贯活动。推动协会团体标准工作，下达了 9 项团体标准编制计划。积极开展行业交流，通过请进来、走出去，引导会员扬长处、补短板。积极参加中国物协各项活动，唱响安徽行业“好声音”。承办“全国部分省级物业管理协会交流会”，与 12 个省级协会建立战略合作联盟，搭建跨区、跨行、跨界协会工作互联互动、互惠互利工作机制。组织会员开展省外、境外学习考察，帮助寻求服务提质与行业发展新路径。开创省内行业工会先河，成立安徽省物业管理行业工会联合会，弘扬职工优秀文化，提高职工社会地位，推动从业人员以“主人翁”意识和“生力军”姿态投身行业发展与社会建设。

三、行业发展存在的突出问题

（一）业主大会作用发挥难

由于小区管理事务繁杂，业主缺乏参与管理小区事务的积极性，难以及时选出有公益心、具有一定组织协调能力的业委会成员。业主大会成立后，业委会在执行各项工作中，因认识不一，很多组织协调工作不易开展；部分业委会成员对物业管理及相关法律法规及政策了解不多或一知半解，难以发挥应有的作用。

（二）物业服务收费及调整难

目前，全省前期物业服务企业普通商品住宅物业费实行政府指导价，非住宅、别墅（含独栋、双拼、联排、叠加等）物业费实行市场调节价，收费标准由双方当事人在合同中约定。业委会成立后，由业

主大会与企业通过合同约定物业服务内容及收费标准。据调研，全省物业费收缴率在60%以下的小区有4331个、占比25.4%，收缴率在60%～80%的小区有6003个、占比35.2%，收缴率80%以上的小区有6719个、占比39.4%。近三年，全省物业费调价1次的小区1509个、调价2次的小区18个、调价3次的小区2个。一些业主特别是老旧住宅小区、安置房的业主，有偿服务消费意识淡薄，不愿意履行业主义务，或以质保期内房屋维修不及时等理由，长期拖欠物业费。少数企业存在服务不到位、工作方法不得当，业主由此拒交物业费。此外，业主难以接受上调物业费标准，而随着物业服务成本的上升，导致服务质量难以保证，再加上收缴困难，物业服务质量下降、居民满意度不高，形成恶性循环。

（三）职能部门协调配合不到位

物业管理涉及部门较多，职责错综复杂。群众对小区投诉信访较多、解决周期较长、解决难度较大的如改变住宅使用性质、破坏房屋承重结构、违规侵占共用区域、毁绿种菜、圈地扩院、装修扰邻、违章搭建、违规豢养宠物等问题需要相关部门进入小区执法。由于地方职能部门没有将执法职能延伸至小区，没有形成联合执法、齐抓共管的工作格局，导致小区内各类违约违章违法行为得不到及时有效遏制，形成“破窗”效应，业主对物业管理越发不满。

（四）企业监管手段缺乏

物业服务企业资质、从业人员职业资格取消后，市场准入门槛降低，从业人员素质整体不高。目前国家相关法律法规政策暂未跟进出台，各地对物业服务企业实施事中事后监管的有效措施和手段尚在探索，信用体系建设、标准制定等缺少法律和政策支撑。

（五）转型升级后劲不足

市场化价格机制缺失，收费和成本不对等，市场化的定价、议价、调价机制尚未有效形成。管理界限不明，企业责任过重。开发建设遗留问题影响了物业服务企业的正常运转，繁重的公共服务责任转嫁加重企业负担。良性有序的招投标市场竞争机制尚未形成，开发建设单位、业主大会等选聘物业服务企业存在监管缺失，恶意竞争、串标围标、违法分包等乱象频发。全省行业总体存在基础薄弱、规模不大、效益不高、人才匮乏等特点，一些企业在经营模式、服务理念、人才队伍、技术力量等方面存在明显不足。

四、加快行业发展政策建议

物业管理既是民生工作，也是社会工作，关系家家户户和千千万万百姓生活。应坚持党的领导、坚持以人民为中心的发展理念、坚持物业管理市场化导向等原则，进一步加强物业管理制度改革。

（一）加强党建引领

建立健全党对物业管理的领导制度，推动市、区、街道、社区、住宅小区党组织五级联动，组建各级物业管理行业党委，统筹行业党建工作，推动党组织在物业服务企业、住宅小区、业主委员会覆盖。充分发挥党建引领作用，加强社区、小区党组织对业主委员会的政治领导，指导监督小区物业管理活动。建立健全基层党组织领导下的多方议事协调机制。

（二）优化顶层设计

根据《民法典》进一步修订《物业管理条例》，制定《物业服务侵权责任法》《物业服务合同条例》《业主大会自治条例》等单行条例办法，进一步完善物业管理招投标、业主大会和业主委员会、专项维修资金、物业服务收费、物业服务企业信用、管理规约等配套部门规章。以问题导向，完善相关政策解决承接查验制度空转、维修资金使用难续筹难、业主大会召开难、公共收益管控失范等问题。加强物业管理行业标准化建设，建立健全物业管理国家、行业、地方、团体和企业标准体系。

（三）纳入社区治理体系

推动把物业管理纳入社区治理体系，压实基层政府属地主体责任，完善双向考评机制，依靠基层社会治理创新推动物业管理力量下沉。加强物业管理部门综合管理，厘清物业管理与行政管理、公共服务、专营服务边界，推动公安、自然资源、城市管理、市场监管、应急管理等相关部门及时查处小区内高空抛物、违法饲养宠物、私搭乱建、占用消防通道等违法违规行为。强化小区内供水、供电、供气、通信、有线电视等专营单位对相关设施设备的维修、养护和更新责任。推动执法延伸到小区、资源下沉到小区、服务拓展到小区。建立健全网格化管理向城乡社区和住宅小区覆盖。健全矛盾纠纷调处机制，开展矛盾纠纷分级指导和分层分级分类处理，发挥人民调解、行业调解、行政调解、司法调解等多元纠纷调解化解作用。

（四）规范物业服务行为

推动行业监管方式由事前市场准入向事中、事后监管并重转变，监管重心由企业法人管理向企业法人、项目经理与物业项目并重转变。加强信用监管体系建设和结果应用，建立全国统一物业管理信用信息平台，实现横向联系发展改革、公安、公共资源管理、市场监督管理等部门和纵向联系省、市、区、街、居的信用信息互通共享机制。推动物业服务企业信用信息在物业服务招投标、政府采购、合同签订、收费标准调整、评价评优等过程的综合运用。推行物业服务第三方评估评价制度，完善第三方考核评价体系，加强对第三方评价机构管理，规范第三方评价结果的运用。加强人才培养，开展劳动竞赛、技能大比武活动，加强岗位培训，提升职业能力，开展技能评价，培育“物业工匠”，促进学历教育与职业技能培训相衔接，建设物业管理行业职工公寓，把符合条件物业管理从业人员纳入公租房、政策性租赁住房保障范围。加强承接查验监督管理，制定相关强制性技术标准，鼓励选聘专业机构开展查验，强化承接查验相关主体责任追究和损失赔偿。

（五）完善业主自治制度

明确业主大会和业主委员会职责，制定业主大会议事规则、业主委员会工作细则等示范文本，引导积极履行法定职责和义务。对大项维修改造、资金安排、公共收益处理、物业服务合同签订等重大事项建立业主大会表决负面清单。运用现代技术，建立业主公共决策平台，采取网上投票、网上决策，提高表决效率。依据表决事项，优化决策范围和手段。规范业主大会和业主委员会成立选举程序，加强基层党委领导和行业主管部门监督。选好业主委员会组成人员，在常住物业管理区域内且依法模范履行职责、热心公共服务的业主中选举产生，经党组织民主评议和推选，综合考虑年龄、性别、学历、党派和群众结构。加强业主大会和业主委员会日常监管，发挥党组织在业主大会会议、业主委员会选举换届以及日常工作中的领导作用。规范业主大会和业主委员会信息公开，推动实行业主委员会专职委员或执行秘书。建立业主委员会财务公示和审计制度、履职综合评估奖惩机制，加强业委会委员的日常培训、履职考核和行为监管。

（六）促进行业高质量发展

一是健全市场价格形成机制，根据经济发展水平、物价指数、服务成本等实际情况，定期发布物业服务成本指数，及时评估调整物业服务费政府指导价，推动形成“质价相符、按质论价”的物业服务市场价格机制。建立政府指导价和市场调节价灵活机制，对违背市场规律、显失公平的物业服务收费，及时进行行政干预。二是健全招投标机制。建设物业管理招投标平台，明确物业项目招标规则，规范前期和后期物业服务企业招标投标，强化招投标活动监管，加强评标专家组建与日常考核，建立招标代理机构信息报送和年度业绩公示。三是优化行业发展环境。建立行业发展规划，充分发挥行业协会自律作用，引导市场规范，促进企业诚信，推动行业自律。加大舆论宣传力度，引导新闻媒体正面宣传。推动五一劳动奖章、三八红旗手、劳动模范向物业管理行业基层员工倾斜。四是加大行业资金扶持。推动行业享受现代服务业、民生性行业、生活性行业政策，落实物业服务企业在金融税收、社会保障、财政奖励、政府购买服务、促进就业、公共服务等方面的扶持政策。将物业服务项目经理、秩序维护员、保洁员、维修员等培训纳入技能人才培养计划，给予相应培训补贴。对录用退伍军人、高技能人才、4050人员、下岗职工和农民工人员给予奖励。对物业服务质量领先的物业服务企业通过以奖代补方式予以激励。五是推动向现代物业服务业转型。通过政策引导，支持企业采取“互联网＋”实现线上线下融合的运作模式，延伸服务链条，拓展服务内涵，提升管理效能，并将服务领域拓展至住房租赁经营、快递代收、居家养老、家政服务，推动“智慧物业”和“智慧社区”建设。

（七）加强维修资金管理

一是加大归集力度。做好维修资金归集把关，加大对建设单位、物业服务企业代收维修资金的清缴力度。落实业主续筹义务，推动小区公共收益优先用于补充维修资金。二是提高使用效率。建立紧急维修事项清单，出现紧急情形时，业主委员会可直接申请使用维修资金。建立业主委员会缺位时，由城市政府指定居委会或物业服务企业代为维修，并从维修资金中列支相关费用。三是加强日常管理。采用公开招投标方式，择优确定专户银行并合理控制数量。建立相关信息年度披露制度和与业主定期对账制度，及时公布账目。加快维修资金信息化建设，实现业主实时查询。四是建立专项维修资金保值增值机制。盘活存量资金，提高资金收益。竞争性选择银行定期存储，合理确定各类存款比例，探索科学稳妥购买国债等产品，探索维修资金、公共收益购买电梯、房屋等财产保险。

合肥市物业管理行业发展报告

合肥市物业管理协会

一、合肥市物业管理行业发展概况

截至2019年底，全市共有各类住宅小区3080个，物业服务面积近3.5亿平方米，占总面积的90%；2万平方米以上住宅小区物业覆盖面达95%以上，新建小区100%实行了物业管理，合肥政府机关、国企等单位办公楼宇、学校、医院、机场、车站等公共物业对物业管理行业全面开放。全市物业服务企业共有近2000家，行业从业人员近12万余人。

二、合肥市物业管理行业工作情况

（一）加强党建引领推进“红色物业”建设

一是成立合肥市物业管理行业党委、直属市直机关工委，由合肥市直机关工委和市房产局党组双重领导，市局分管领导为党委书记，协会会长为党委委员，市物业管理行业党委会同物业处统筹“三类典型”培育工作，协调解决实施推进过程中的重大问题。集中工作力量，明确专人负责，加强调度协调，配合街道（乡镇）分类指导推进，确保“三类典型”培育取得实质性成效。切实抓好物业管理与社区管理的有效融合、谋划好住宅小区综合治理机制、把握好党建引领的龙头，全面贯彻落实市委“1＋8”文件精神，大力推进住宅小区党组织覆盖，明确要求把党支部建在小区，把党小组建在楼栋。全力推进“红色物业”建设，加大物业服务企业党组织的组建力度，实现党的组织和工作向物业服务企业延伸，将物业服务企业党建工作情况作为信用评级、行业评比的重要依据；完善社区自治体系建设，搭建协商议事平台，协助做好住宅小区综合治理工作。

二是2019年，合肥有275家物业服务企业成立了企业党组织，占到符合党组织组建条件的企业数的94.8%；117家物业服务企业按照“就近原则”组建了联合党支部；另向214家无党员的物业服务企业派驻了111名党建工作指导员，全市已成立小区党支部800多个，楼栋党小组2000多个，构建“居委会＋物业”服务平台。合肥“红色物业”的做法，开创了小区治理的新模式，成效显著，《法制日报》和《中国建设部》多次深入宣传和报道，引起强烈反响。

（二）探索制度创新，行业发展得到政策保障

制订《合肥市物业服务质量评价标准》，从基础管理服务、房屋公共部位管理、共用设施设备运行、维修和养护、公共秩序维护、环境管理服务、客户服务管理及服务创新等七大方面统一服务标准，对物业服务工作实行量化评价，引导物业服务企业提升精细化管理水平；贯彻实施《安徽省物业服务企业信用管理暂行办法》，结合省住建厅物业管理信用信息系统平台的正式上线运行，对合肥市所有物业服务企业、企业法人和物业项目经理建立

唯一的信用体系代码并实行信用代码终身制；构建市物业主管部门行政指导、县（市）区主管部门属地管理、街道（乡镇）具体负责、居委会（村委会）抓好落实的工作机制，建立分层级的职责明确的物业管理工作网络，通过重心下移的方式，充分发挥区、街属地管理职能。

（三）监督管理手段不断创新，管理水平得到稳步提升

一是建立“三位一体”工作机制，积极建立和完善在社区党组织领导下，社区居委会、业主委员会和物业服务企业共同参与的“三位一体”住宅小区议事协调机制。各街道（乡镇）是推进“三位一体”工作机制的责任主体，建立规范的工作制度、议事规则、执行和监督程序，业主委员会未成立的，可推选业主代表参加，定期召开会议，协商研究小区管理事项，排查纠纷，形成小区重大事项和问题共同研究、相互配合的局面。

二是加大矛盾纠纷调查处理力度。成立全市房地产领域（物业）矛盾纠纷调处中心，要求各级物业管理人员，深入社区、深入基层，在小区显著位置公示联系人和联系电话，及时解决物业矛盾纠纷。按照“基础调处、一线调处、及时调处”的原则，指导各县、区现场调查处理物业管理矛盾纠纷。

三是继续加快物业服务企业信用体系建设。探索在国家取消物业服务企业的资质管理后，对物业服务企业的监管方式。建立以信用为核心的新型市场监管体系，加快推动物业服务企业信用评价体系建设落到实处，建立信用体系“红黑榜”并定期发布，引导公共资源交易招标单位、开发建设单位、业主大会（业主大会授权的业主委员会）选聘信用良好的物业服务企业。对严重失信的物业服务企业和项目经理坚决实行强制退出，净化物业管理市场。

（四）推进老旧小区物业管理

合肥市积极采取专业化管理、委托属地管理等多种方式推进物业管理覆盖工作。一是依据市发改委的立项批复和初步设计方案评审批复，2019 年合肥市民生工程老旧整治项目共 47 个（其中，瑶海区 2 个、庐阳区 15 个、蜀山区 17 个、包河区 13 个），建筑面积 118.98 万平方米，计划投资 37616.79 万元，惠及 14839 户。二是对可以单独实施市场化管理的小区，或经整治达到条件的小区通过宣传引导，积极创造条件，把管理权交给业主，引导其规范选聘市场化物业服务企业管理。三是对规模较小的小区，由基层部门（街道、乡镇）牵头组织，采取集中几个小区“统一打包”选聘物业服务企业。四是对不利于单独管理又无法和其他小区联合打包的小区，实施社区准物业市场化管理模式，由街道或社区成立的专门为本辖区无物管小区服务的物业服务中心，维持小区以基本的卫生保洁和安全巡逻为主要内容的物业管理活动。针对老旧小区收费难的问题，合肥市采取了“财政补一点、公共收益贴一点、业主交一点”的方式予以逐步解决。

（五）业主委员会规范化建设，小区自治能力得到加强

一是抓组织，明确街道办事处、乡镇人民政府在县（市）、区（开发区）物业管理行政主管部门指导下，负责组织协调本辖区业主大会成立和业主委员会换届工作。二是抓自律，业主委员会委员不依法履行职责，由业主委员会三分之一以上委员或者持有 20% 以上投票权数的业主提议，业主大会或者业主委员会根据业主大会授权，决定是否终止其委员资格。三是抓公开，业主委员会定期公布专项维修资金的筹集、使用；物业共用部位的使用和收益；业主大会和业主委员会活动经费的收支明细等情况。四是抓监督，针对业主委员会日常工作不规范、财务账目管理不透明等问题提出了设立独立监事和财务工作由街道居委代管的解决办法。五是抓规范，充分发挥社区党组织在业委会筹备（换届）工作中的主导作用，规范业主大会和业主委员会的组建、选举、决策和运作等关键环节，引导和鼓励

党政机关、企事业单位在职或退休党员干部等参与业主委员会工作，力争业主委员会成员中党员比例达到50%以上，形成党组织带党员、党员带群众的小区治理格局。建立居委会、业委会成员双向兼职、“交叉任职”机制，探索符合条件的居委会成员通过法定程序兼任业委会成员，业委会成员通过选举在居委会中任职或担任兼职委员等多种形式，实现居委会、业委会工作的紧密衔接和有机融合，激活小区治理的“神经末梢”。

（六）文明创建、安全生产工作有效加强，住宅小区得到和谐稳定

将文明创建、安全生产工作作为对物业服务企业日常监管和考核的主要内容，结合“流动红旗”“市优项目”评比，组织开展对小区的安全生产和文明创建专项督查。一是认真落实安全生产“一岗双责”规定，明确职责分工，全面落实各级安全生产责任制；制定具有针对性和可操作性的应急预案；督促各企业对所服务小区进行全面的安全隐患排查，重点对住宅小区电梯、消防、水电气管道、给排水管网、围墙、消防通道、配电室、泵房、机房、公共区域防盗网、监控系统、门禁对讲系统、窨井盖、化粪池等设施设备安全使用情况进行检查，发现问题及时整改。二是积极推动文明创建工作。要求各物业服务企业做好小区的卫生清洁工作，彻底清除小区内积存垃圾和卫生死角，确保道路环境清洁、绿化整齐、下水道通畅；加强对住宅小区公共秩序维护，严格小区门卫值岗制度，加大巡查力度，加强小区内的车辆管理，确保良好的公共秩序；积极开展有益的文娱活动；认真做好公益广告的刊播工作；全面配合市文明创建工作。三是认真组织落实。各住宅小区物业服务企业结合小区实际，每周对小区的公共楼道、公共绿地、地下车库、楼顶平台等公共区域开展集中清理整治，重点清除楼道杂物、卫生死角、陈年垃圾，规范各类车辆停放，清洁园区景观水系，严格垃圾分类投放，同时做好“三无”小区的日常环境管理和维护。截至目前，市区有物业管理的住宅小区共组织开展环境卫生集中清理整治行动2813次，共清理楼栋杂物31500余处，清理非机动车“僵尸车”2200余辆，清理机动车“僵尸车”178辆，整治电动车进楼入户和违规充电问题1700余起，同时劝导业主自行拆除或配合城管等部门拆除违章建筑420多处，恢复毁绿种菜场所130多处。

（七）创新工作方法，规范行业发展

一是合肥市物协在传承中创新、在创新中发展，有声有色地开展了“行业服务标准的制定、最美物业人的评比、社区扶贫、企业诚信体系建设”等方面的一系列具有开拓性、接地气的工作，助推合肥市物业服务企业高质量的发展，让“合肥物业”在市民中的口碑中越来越好，在中国社区扶贫活动中，合肥市以66万斤的消费扶贫成果，荣登“社区的力量”消费扶贫城市排行榜榜首；先后获得了合肥市“十佳商协会、十佳商协会会长”荣誉称号，成功开展了“我的物业我的歌”合肥物业职工主题歌曲合唱比赛、第三届全国物业管理行业职业技能竞赛合肥市选拔赛暨2019年度合肥市物业管理行业职业技能竞赛、物业管理的大资管机遇专题讲座、“合肥市第二届最美物业人”摄影大赛等多项大型活动，传播了行业正能量，夯实了行业的专业技能，向全社会展示了“合肥物业”新形象。

二是支持会员企业做大做强。为探索合肥市物业服务企业的规模化发展路径，切实提高物业服务企业的核心竞争力，推动行业的快速健康发展，协会深入会员企业，分析物业管理市场，研判市场形势，把握市场信息，切实为会员企业提供服务，引导中小型企业走专业化市场化发展道路，培育合肥市年经营收入1亿元以上的物业服务企业，打造具有全国影响力的品牌物业服务企业，让企业面向开放的市场，进一步做大做强。近几年来，合肥本土企业在经营规模和服务质量都有了长足提高，涌现出一批有规模，有水平的物业服务企业。

三、合肥市物业管理行业下一步工作安排

（一）牢牢把握“党建引领红色物业”建设重点工作

合肥市将进一步加强物业管理行业党建引领，深化党建引领小区治理。在全市范围内统筹推进“和美小区”建设，大力构建住宅小区综合治理新格局，完善党建引领住宅小区综合治理工作的市、县（市）区、街道（乡镇）、社区四级联动的组织体系、制度体系、责任体系，进一步加强基层党组织对住宅小区综合治理工作的统领和引领，推动形成党建引领、基层主导、业主参与、社会协同、市场运作、政府保障的综合治理格局，共建共治共享和美宜居住宅小区，全面提升物业工作水平。

（二）进一步完善物业管理监管体系

进一步推进社会治理重心下移，推进物业管理属地化进程，做强街道（镇）级物业管理综合管理平台，健全相关工作制度，落实办公场地、资金和人员，将小区物业管理纳入街道、乡镇社区日常工作的范畴，理顺各部门在物业管理中的职责，更好地发挥街道社区在物业管理中的核心作用。

（三）创新物业服务企业监管手段

一是积极发挥市、区（市）县、街道（乡镇）三级物业管理行政监管体系作用，推动物业管理行政监管属地化。建立健全物业管理考核评价机制，推进实施第三方考核，将考核结果作为企业评价、项目创优、企业和项目经理信用档案、物业服务收费标准调整、物业服务企业选聘的重要参考依据。二是加强物业管埋行业信用体系建设。加快完善物业服务企业及项目经理信用信息管理，优化信用信息的采集、处置等流程，建立守信联合奖励、失信联合惩戒的体制，进一步完善“红黑榜”的生成和发布机制，加大对黑榜企业和项目经理的惩戒力度。三是积极开展物业服务专项检查，严肃查处物业服务企业侵犯业主权益、挂靠经营、不履行服务合同等违规违约行为。

（四）提升物业管理矛盾纠纷综合调处能力

合肥市物业管理协会和市区两级法院联合设立物业管理行业涉案案件调解处理中心。注重构建和谐的物业关系，从维护社会稳定的高度积极做好物业管理矛盾纠纷调处工作。充分发挥合肥市房地产领域（物业）矛盾调解委员会的作用，调处矛盾纠纷，进一步健全调解网络，指导和督促街道（乡镇）做好调处和化解工作，对辖区内重大矛盾纠纷进行集中处理。借助法院力量更好地调解物业侵权，物业费欠缴，物业服务合同履行等纠纷。

（五）提升发展动力，引导企业做强做优，打造“合肥物业”名片

一是组织开展行业调查研究，了解、分析、研究行业发展中存在的问题和困难，由合肥市物业管理协会向政府有关部门反映物业管理活动中存在的困难并提出建议，为政府有关部门决策提供依据。二是总结并推广行业标杆企业在战略转型、模式创新、市场拓展、质量管理、品牌建设等方面的做法，发挥先进企业的示范引领作用，培育一批年经营收入2亿元以上的物业服务企业，力争打造一批具有国际影响力的物业服务品牌企业，积极引导品牌企业进入资本市场，做好上市准备，推动“合肥物业”走向全国。三是作为继上海、北京之后第三个取得“全国物业管理行业技能大赛”承办权的城市协会，合肥市物业管理协会将全力配合中国物协做好各项组织工作。成立专项工作组，明确分工，按照大赛要求做好各项准备，让竞赛有条不紊地进行，充分展现合肥物业人的精神风貌。

（六）指导会员企业做好常态化疫情防控工作

新冠肺炎疫情发生以来，全市物业服务企业全面参与疫情防控工作，为筑牢城市社区、小区防控防线作出积极贡献。当前，全市疫情防控取得阶段性重要成效，但仍不能有丝毫放松，疫情防控工作

已进入常态化防控阶段，各物业服务企业要持续保持对疫情的警惕性不降低、防控力度不减弱，持续做好疫情常态化防控期间物业服务管理工作。健全常态化机制，推进物业服务融入社区治理体系，强化责任担当，继续做好疫情防控工作，主动承担社会责任，配合街道社区落实防控责任，构筑坚强的社区防控堡垒。

（七）继续倡议和指导会员单位助力消费扶贫，勇担社会责任

动员全市物业服务企业、各会员单位积极参与消费扶贫，深入挖掘消费扶贫工作潜力，切实发挥协会助力消费扶贫的作用，由“输血”变为“造血”，着力扩大贫困地区产品和服务消费规模，助力贫困地区打赢打好脱贫攻坚战。

（八）加强舆论宣传，为行业发展营造良好环境

加强行业沟通和信息交流，强化协会信息宣传职能。整合行业内刊力量，建立良好的信息沟通机制；加强与友好协会的联系，及时了解行业最新动态和相关活动，做好行业宣传报道工作；邀请媒体参与协会组织的各类专题活动，充分利用自媒体平台打造物业管理行业美好形象，努力营造有利于行业发展的舆论环境和市场环境，提高全社会对行业的整体认识。

福建省物业管理行业发展报告

福建省物业管理协会

一、福建省物业管理行业基本情况

根据福建省市场监督管理局提供的数据，截至2019年底，在福建省办理企业注册登记的物业服务企业有7919家，而实际开展业务的物业服务企业数量共2730家，综合来看物业管理行业存在较多无物业服务项目的“僵尸型”企业。实施专业化物业管理住宅小区业主大会成立数量约有2624个，占专业化物业管理住宅小区的比例为38.8%。

福建省城市住宅小区共有12947个，总面积约84548.54万平方米。其中，实行专业化物业管理的小区6763个，管理面积约52293.20万平方米；街道社区托管的住宅小区5475个，管理面积约16393.46万平方米，主要经费来源是业主自筹；单位自管的住宅小区584个，管理面积约1104.07万平方米，主要经费来源是业主自筹；房管所管理的住宅小区125个，管理面积约1259.51万平方米，主要经费来源是业主自筹加政府补贴。

二、福建省物业管理行业发展存在的主要问题

（一）行业社会认同度不高

一是物业服务企业自身建设不足。部分物业服务企业品牌意识淡薄，服务意识不强，片面追求利润，内部市场不规范，存在恶性竞争，以低于成本价参与竞标，恶性竞争扰乱物业服务市场；从业人员素质、业务技能参差不齐，尤其是一线工作人员，大多是年龄稍大的人群，工作能力相对较低，工作效率不高。二是业主配合支持不够。由于业主对物业服务的实际涵盖内容不是很了解，普遍认为物业公司管理小区内所有事项，包括房屋出现质量问题、施工维修不及时等问题均由物业服务企业负责，故以拒交、少交、欠交物业费来弥补损失。

（二）政策制度完善度不够

一是配套法律规定欠缺。《物业管理条例》《福建省物业管理条例》及其他物业管理法律法规的出台进一步完善了物业管理协调体系，但可操作性强的具体法规和实施细则还比较缺乏。标杆企业反映目前物业相关法律法规不够细致，以及普及度不够，许多问题没有办法在法律法规中找到相应的条例，如停车场的公摊电费不明确、公摊电费不透明，部分小区地下停车场是用统一电表（照明、通风），但是停车场的电费全部公摊给业主；业主对于缴纳水电费后不清楚去向等问题，难以用现有的法律法规进行有效制约。二是协调和执法不力。《物业管理条例》明确规定业主的禁止行为及相应处罚办法，但有关部门在处理违法行为时缺乏有效方法，或职责不明确，政府协调工作不够及时到位，而物业服务企业仅能行使制止权利，无处罚权利，对小区内违法装修、违法搭建等行为的处置难度大。

（三）开发商遗留问题难解决

一是前期矛盾转嫁。开发初期，开发商为吸引业主购买房屋，用各种条件招揽业主，造成假象，掩盖前期遗留问题，导致后续房屋质量问题突出，转嫁物业服务企业的矛盾较多；建管不分，住宅项目配套设施不全、不到位，为物业服务企业入驻开展物业管理工作留下隐患。二是拖欠物业服务费。空置房由开发单位缴纳物业服务费用，但开发单位常拖欠空置房物业服务费；业主因开发单位遗留问题拒缴物业费的现象频繁，导致历史欠费多，物业服务企业收取物业费较为困难。

（四）业主委员会运作不规范

一是规范成立的业主委员会较少。目前多数业主委员会是自主成立的，但业主对物业管理的参与意识不强，导致业主委员会在选举过程中存在诸多问题，加之业主委员会当选的成员随机性大，易造成业主委员会成员素质不高的现象存在。二是业主委员会运作缺乏监督。由于业主大会是业主自治组织，法律没有更多的干涉，缺乏完整的监督机制。业委会权利和职责不明确，部分业委会任意干预物业服务企业开展工作，或存在暗箱操作现象，从相关活动中捞取好处，易与物业服务企业以及其他业主产生矛盾纠纷，导致本应代表广大业主行使权利的业主委员会，配合物业工作的不多，反之，与物业服务企业发生冲突的现象普遍存在。

三、福建省物业管理行业发展建议

（一）加强行业宣传，增加社会认同

一是加强管理，提高服务质量。物业服务企业首先应明确服务定位，以服务为根本，规范服务，努力提高管理水平和服务质量，增强企业竞争实力；加强对员工的培训，提高员工业务素质和工作技能，重视服务现场的控制，树立为业主服务的理念，不断改进服务中存在的缺陷和问题，同时严格执行物业管理招投标制度，以优质服务、诚信经营赢取广大业主信赖。二是加强宣传，端正社会视听。加强与业主的沟通，引导业主正确认识物业管理，分清物业职责，可通过举办小区活动告知业主物业服务范围及必要性，引导业主树立正确的消费意识。同时加大法律法规、业主积极缴纳物业服务费与提高物业服务质量的关系等内容的全面宣传，营造有利于行业健康发展的舆论环境，增加社会认同感，提升行业形象。

（二）健全法规制度，提高办事能力

一是调整健全物业管理相关制度。完善对物业管理的相关法律法规，或出台相应的政策办法，将法律条例进行细化，促进政策落地，在处理各类矛盾时做到有法可依，同时促进监管机制透明化，尤其是访谈过程中，标杆企业反映的突出问题，如维修资金监管机制不透明等，应切实加强住宅专项维修资金的缴存、使用和管理工作，做到公开透明，维护业主合法利益，提高物业管理的规范。二是加强物业管理活动执法力度。明确物业管理行业主管部门及相关职能部门职责，各相关职能部门密切配合，控制违章乱建现象，共同抓好小区内违规违法行为依法查处，维护小区公共管理秩序。

（三）规范工作流程，处理遗留问题

一是加强前期物业管理工作。在开发建设时让物业服务企业提前介入，可让物业专家在规划设计阶段参加评审会，优化项目的规划设计、配套设施建设、设备运行管理等方面，扭转规划评审中重建筑、结构，轻物业管理设计的局面。二是强化项目移交验收标准。提倡物业管理公开招投标，减少开发商成立的物业公司管理自己开发的小区，同时督促开发单位移交项目时严格按照接管验收手续标准进行，为物业服务企业后续管理服务打下扎实基础。三是及时调解各种矛盾纠纷。总结前期经验，将易发生的问题进行分类，以加快对业主投诉的响应速度，及时解决各种矛盾为目的，可由开发商派遣专

业维修人员留驻小区，或由开发商支付给物业服务企业一定报酬，物业服务企业直接组织人员维修等方式及时发现问题、解决问题。同时借助政府部门的力量，加强调解工作，多管齐下调处矛盾纠纷，促进物业管理水平提升。

（四）加大监督力度，规范运作行为

一是提高业委会自治能力。完善业主大会制度，提高成员自我管理和自我约束能力，不断规范自身行为；同时与物业公司保持良好沟通，充分听取业主建议、批评和意见，改善服务工作中的不足，增强自律意识，真正发挥广大业主的主导作用。二是实行民主监督制度。成立专门的监督机构，补上监督漏洞，防止业主委员会可能存在的越位、错位问题，进一步规范业主委员会运作行为；同时对小区重要事项进行必要的公开、透明化，让业主委员会始终在法制、健康、有序、规范的轨道上运行。

江西省物业管理行业发展报告

江西省物业管理行业协会

一、物业管理行业发展基本状况

专家说，物业管理行业是“百年老店，千年行当”。房地产进入了一个白银时代，物业管理进入了一个黄金时代，而且市场巨大，我省也不例外。我省物业管理行业起步于20世纪90年代，近年来随着房地产的高速发展，物业管理行业也得到了快速成长。

（一）物业管理覆盖面不断扩大

近年来，江西省物业管理面积持续增加，截止2019年底，全省物业服务企业管理的物业项目总数有7797个，管理面积达69820万平方米，服务类型不断扩展，已从住宅小区逐步扩展到办公楼、商场、医院、学校、工业厂房、机场、车站等多种物业类型，服务类型越来越广，物业管理覆盖率逐年提高。其中：住宅项目数7335个，非住宅项目1141个。

（二）物业服务企业快速成长

江西省首家物业服务公司1993年成立，经过20多年发展，截至2019年底，全省物业服务企业已发展到4360余家。尚未计算物业服务企业带动的相关专业服务企业，如保安、保洁、设施设备维修等。

（三）物业管理从业队伍逐渐壮大

据统计，全省物业服务企业从业人员约25.1万人，管理人员近3.6万人。全省取得国家注册物业管理师资格的约830人，取得物业管理从业人员岗位证书的有8000多人。经营管理人员中具有中、高级职称的6000多人，初级职称的2000多人，无技术职称的约16000人。根据抽样调查，2019年底江西省物业服务企业职工年平均工资约为35200元/人。

（四）物业管理行业产值明显增长

近年来，随着住房商品化和市场经济进程迅猛推进，为物业管理创造了良好的发展空间。物业管理行业为带动就业，促进服务业发展，发挥着越来越重要的作用，物业管理产业经济在我国仍有巨大的发展空间。据估算，全省物业管理行业主营业务收入约53.9亿元。

（五）物业费收缴率逐渐增长

根据对部分物业服务项目抽样调查，江西省物业服务企业依据不同物业服务类型，物业管理费收缴率测算如表1所示。

物业管理费收缴率　　表1

序号	物业类型	收缴率%
1	普通商品房	74.13
2	保障性住房	87.56
3	商业用房	93.60
4	办公用房	95.89
5	公共服务类用房	99.03

物业管理收费率关系物业管理行业的生存与发展，住宅类物业服务企业普遍反映“收费难”，虽然住宅物业市场规模庞大，但住宅物业管理的利润率较低，大部分住宅物业服务企业仅能实现微利，不少企业还存在亏损。物业管理收费难，收费率不高的问题已在一定程度上影响整个行业的健康发展。

（六）业主满意率稳步增长

业主满意率是物业服务质量的考核标准，江西省多数物业服务企业做到了每年至少开展2～4次的业主满意率调查，有的物业服务企业还委托专业公司开展业主满意率的调查。但在一些小规模的物业服务企业，服务项目主要是老旧住宅小区，在业主满意率调查方面做得不够。根据抽样调查，在一些新建住宅小区，物业服务企业管理较规范，并与业主有良好的沟通，业主满意率能达到94.7%以上，而在一些物业收费标准较低的老旧住宅小区，物业服务企业为了保证利润，降低服务质量，业主满意率普遍低于80%。

影响业主满意率的原因除物业服务企业服务质量外，还有一个原因是业主将相当部分不属于物业服务企业管理范畴的职能和责任强加给物业服务企业，片面认为既然他们接受了物业管理并且还为此交了物业费，出了问题自然要找物业服务企业，如业主私搭乱建、房屋质量问题、邻里纠纷等，均找到了物业服务企业理直气壮地要讨个说法。

（七）举办重大行业活动引领行业

一是建立以信用管理为核心的行业管理制度。我们建立了“江西省物业管理云平台”，将分散在各部门的企业信息收集起来，形成企业信用数据库，对企业的服务质量、信用评价进行监督。为了规范物业管理项目负责人从业行为，提升物业管理项目负责人的专业素质和服务水平，我们正在开展“物业项目负责人星级考核”。

二是开展了“规范物业管理行为，提高物业服务质量”主题活动。把“解决物业管理矛盾，提高业主满意度”作为检验主题活动成败的唯一标准，广泛发动街道办事处、乡镇人民政府、社区居委会和广大业主参与活动，以增进物业服务企业与业主、社区居委会之间的良性互动，以物业服务质量的提升带动社区管理整体水平的提高。

三是开展了物业服务质量抽样评估活动。我们曾通过随机抽取物业管理项目进行物业服务质量评估，并将评估结果在所在物业管理区域内显著位置进行公示，帮助业主了解本项目物业服务质量状况，促进物业服务企业规范服务行为。

四是组织物业服务企业开展业主满意度调查。号召全省物业服务企业每年至少要组织开展2次以上业主满意度调查，通过开展满意度调查，来广泛听取业主及使用人对物业服务的意见和建议，以帮助物业服务企业更好的提高其服务水平。

五是广泛开展物业管理示范项目创建。通过组织开展各级物业管理示范项目创建活动，树立物业管理示范典型，以示范典型进一步促进和提高全省物业服务企业的品牌服务意识和质量服务意识。

六是组织开展了全省物业服务企业向社会公开承诺“规范物业管理行为，提高物业服务质量”活动，全省参与公开承诺的物业服务企业有4371个，覆盖了7622个住宅物业管理项目。

二、存在的薄弱环节和发展瓶颈

江西省物业管理行业近年来尽管取得比较快的发展，但仍然处于行业发展的初级阶段。从调研情况分析，主要有以下问题：

（一）物业服务企业的规模普遍偏小，抗风险能力较弱

全省物业服务企业数量上虽有4000多家，但低于二级资质（用取消资质前的标准进行统计）的物业服务企业占比高达94.26%。如果用项目总数除以企业总数，每个物业服务企业平均管理的项目

仅 2.1 个，这就意味着，如果有一个项目亏损，那这个物业服务企业就将面临难以经营下去的困局。在这种情形下，物业服务企业对其服务的项目是很少投入的，而这种只管收入不管投入的现状最终只会导致物业管理项目越管越差。

（二）物业管理专业化程度不高，管理水平有待提升

从省统计局发布的数据可以发现，物业管理行业职工的平均工资待遇仅为城镇职工平均收入的 71%，势必会造成物业服务企业人员队伍的流动性加大。物业服务企业在从业队伍都不稳定的情况下，怎么能够建立专业化队伍？其专业化服务又如何去保障？还有一些物业服务企业在自身认识上也存在问题，在服务过程中往往以管理者自居，侵占业主的利益，少服务、多收费、乱收费，更是增加了业主对物业服务企业的不信任感。

（三）物业服务企业员工受教育程度不高，文化素质较低

物业服务企业管理人员中具有中级以上职称的很少，操作人员中具有初级技工以上人员只占 14.2% 左右，多数从业人员为转岗和下岗再就业人员，年龄偏大，也无什么专业特长。究其原因主要是物业服务企业职工待遇低，劳动强度大，难以吸引有一定素质的人员入本行业从业。

（四）业主参与物业管理的意识薄弱，自治能力不强

很多业主对物业管理缺少必要的认识，往往不能正确认识享受权利和履行义务的对等关系，业主对物业管理的主动参与意识不强。街道、社区对业主大会的指导作用缺失。业主大会召开难，依法产生业主委员会更难。截至 2019 年底，全省成立业主委员会的比例仅为 41%，只有极个别地方，比如吉安市成立业主委员会的比例达到了 80%。究其原因，一是组建难。由于部分小区开发期较长，区内物业管理区域难以确定，造成业主大会迟迟不能召开；部分小区规模较大、业主户数较多且相互之间大多又不熟悉，组织业主进行选举、决策等事务存在较大难度；部分小区业主公共意识和参与物业管理的意识不强，缺乏“有能力、有权威”的组织者。二是运转难。因为有些业主委员会成立滞后，运作不规范，管理机制不健全，不能真正代表业主共同利益，与物业服务企业、业主甚至内部成员易产生矛盾；有些开发建设单位留下的前期物业及成立的物业管理机构更愿意与政府主管部门和社区居委会打交道，对业主委员会态度敷衍导致其工作难开展。

（五）申请动用专项维资金过程漫长，使用难提取

按照《条例》规定，动用专项维修资金，应由业主委员会、物业服务企业或业主代表提出维修方案，经专有部分占建筑物总面积 2/3 以上的业主且占总人数 2/3 以上的业主同意，报送房管部门审核同意才可列支。但实际上要达到两个“2/3”的条件严格、程序复杂，造成了大量专项维修资金在沉睡，受惠者屈指可数。据统计，截止前年底，全省 11 个设区市中心城区累计归集物业专项维修资金 215 亿元，使用仅为 8.15 亿元，使用率为 0.45%，比产生的利息还少。

三、提高物业管理服务质量的意见和建议

（一）实行物业管理重心下移，齐抓共管

市、县人民政府要把物业管理工作纳入对街道（乡、镇）目标管理和绩效考核体系，推进物业管理工作重心下移。吉安市吉州区有一个香榭丽都老旧小区，虽然房子有些陈旧，但是环境舒适整洁，小区活动室花样众多，有“开心老顽童”老年人活动中心，有读书阅览室，有棋牌室、会议室和儿童娱乐室等。走进这个小区，感到人人彬彬有礼，处处和谐有序。他们的管理经验是“把支部建在连上”，

社区依托小区，小区和社区合署办公，有问题现场办公、及时解决。

市、县（区）人民政府要加快建立完善物业管理联席会议制度，下设办公室，办公室设在房管部门。联席会议由政府分管领导负责，房管、城管、建设、规划、环保、国土、工商、公安、消防、质监等部门和供水、供电等企业参加。市、县人民政府要明确相关部门物业管理工作职能，并督促相关部门履行职责，加快促进物业管理工作齐抓共管工作局面的形成。

（二）完善物业管理招投标规则，建章立制

要加强物业管理市场竞争主体的培育。物业管理市场的培育和发展，重要前提是要具有公平竞争的市场环境和机制，帮助物业服务企业练好内功，增强综合素质，凭企业品牌影响和整体实力参与市场竞争。

在部分地区，招投标乱象丛生：（1）物业管理招投标无法可依。虽然已经有《中华人民共和国招标投标法》，但因其更侧重于设备采购和工程建设项目的招标活动，所以对于物业管理的招投标活动指导性较差，适用程度有限。（2）传统的谁开发谁管理的垄断经营模式仍未打破。部分开发商仍然固守“肥水不流外人田”的传统观念，在项目开发完毕后自己成立物业服务公司进行后期管理。这种做法的直接后果是：由于项目的开发人员普遍没有物业管理经验，故此类物业公司管理人员的素质普遍较低，专业性不强，服务意识较差，管理水平较低，广大业主和使用人满意率不高，投诉较多。（3）自发、隐性招标较多，甚至不招标，自行管理。此类招标多是为避开政府监控，冒竞争之名，行暗箱操作之实。招标方在招标前早已定好中标人，只是借用招投标的形式掩人耳目。在吉安市有一个物业项目，有个别业主出于私利，纠集部分业主成立业委会，然后绑架物业服务企业，把其赶走。自己再招标重选一家内定的物业服务企业，以达到个人目的。在吉州区还有一个更离谱的做法，某个楼盘有一位业主自封董事长，承诺全体业主都是股东，对小区进行自行管理。物业服务不是请几个大妈扫地，请几个老人看门，设施设备的运行维护和绿化种养，离不开专业知识，需要专业的人来做专业的事。

建议一是尽快制定全国性或本省的物业管理招投标规则，使物业招投标管理在操作中有法可依。二是严格实行建管分离，真正建立起业主与物业服务企业双向选择的良性市场竞争机制。前期物业招投标由建设单位组织实施，业主大会成立后招投标由业主委员会根据业主大会授权组织实施。各地房管部门要加快推行物业管理项目统一招投标信息平台建设，方便业主择优选聘物业服务企业。评标成员由招标人代表和随机抽取的省、市物业管理专家库成员组成。房管部门对参与竞标的物业服务企业信用情况要进行核查，并全过程进行监督。探索对两年内存在被相关行政部门处罚、出现安全生产事故或存在不良信用记录的物业服务企业，限制参与项目投标的措施。

（三）改进住宅专项维修资金使用流程，开辟应急通道

加强住宅专项维修资金监管，确保资金公开透明、专款专用。尽快建立住宅专项维修资金信息系统，实现维修资金网上查询、申请和审核。简化住宅专项维修资金使用流程，保障资金有效使用。继续大力推行“住宅专项维修资金应急使用”。符合电梯故障、外墙渗漏、供排水故障、消防设施设备故障、外墙脱落、房屋结构安全等6类应急条件的，县（区）房管部门、街道（乡、镇）、社区（村、居委会）和相关管理部门、专业检测机构应当及时到现场予以确认，并按要求出具整改通知书或其他证明材料，明确需要维修、更新或改造的内容，以解决突发事件和快速抢修的资金需求。

（四）落实物业项目承接查验制度，减少遗留问题

县（市、区）房管部门要督促建设单位根据住

房和城乡建设部《物业承接查验办法》的有关规定，与物业服务企业办理交接手续，并参与监督。承接查验工作可以抽取物业专家协助，交接手续须经建设单位、物业服务企业和物业管理专家共同签字确认。对查验发现的问题物业服务企业要督促建设单位逐项整改落实。对建设单位未按规定要求落实整改的，房管部门应通报批评、记录不良信用，防止开发遗留问题给后续物业管理带来矛盾纠纷。

业主更换物业服务企业时，交接物业服务企业应当在业主委员会、街办（乡、镇）、社区和房管部门监督指导下办理承接查验手续。交接手续由双方物业服务企业、业主委员会、街办（乡、镇）、社区和房管部门人员共同签字确认。原物业服务企业对承接查验不配合的，作为不良经营行为记录企业信用档案，并依法进行处理。物业服务企业应当将承接查验有关的文件、资料和记录建立档案，并妥善保管。交接手续应当在物业项目内公示告知全体业主。

（五）健全物业收费管理调价机制，保证企业正常运行

随着居民生活水平的提高，居民对居住条件要求也越来越高，对物业公司的管理要求也日益“挑剔”，而七八年不变的物业收费标准让物业公司的日常支出捉襟见肘，更不要谈满足业主越来越高的要求。调研显示，多数设区市物业费标准还停留在每平方米 0.3 元至 0.8 元之间。近年来随着各种物价的不断上涨，一系列小区相应养护费用的上调，员工工资及其劳动保险金的提高，导致物业服务成本也随之过快增长。要建立健全物业收费管理调价机制，但同时也要督促物业服务企业定期向全体业主公布物业服务费用收入情况。业主提出质询时，物业服务企业应当及时答复。建议在物业服务合同期内，业主委员会每三年可聘请第三方机构对物业服务费进行核算，并在物业管理区域内公示。物业服务费标准明显低于（或高于）同类物业服务市场价格的，业主委员会可提出调整物业服务费的议案，并提交业主大会表决。经业主大会同意后，业主委员会可以与物业服务企业签订补充协议调整物业服务费标准。未成立业主委员会的住宅小区，在物业所在地的街道（乡、镇）人民政府的组织下，调整物业服务费标准。按时足额缴纳物业服务费是业主的义务，对恶意拖欠物业服务费的业主，物业服务企业可以通过发送律师函、司法程序等方式催缴。经司法判决仍不履行缴纳义务的，将其行为纳入个人征信系统。

（六）多措并举解决拖欠物业费的问题，减轻企业压力

拖欠物业服务费是当前物业服务企业发展普遍面临的问题。建议从法院简化拖欠物业管理费审判程序，设立涉及拖欠物业管理费案件“小额速裁”的审判模式。这样既有利于减少物业服务企业的诉讼成本，也有利于警示业主，给社会正面引导。据了解，有的设区市法院不但没有给物业服务企业提供诉讼方便，还限制了起诉数量，每个物业服务企业一年之内只能起诉 10 起追缴物业费案件。有的设区市对物业服务企业追缴欠费支持力度又很大。比如，新余市的做法是：凡是体制内（行政机关、事业单位、国企）的干部职工欠缴物业费的，把名单交给文明办向社会公告。吉安市的做法是：应交未交的，摸底后通知补交，若再不补交，交纪委处理。对欠交人所在单位，在创建文明单位时，把是否有人拖欠物业费作为一个考核指标。党员进社区，党员首先要交清自己的物业费，带头履行义务。

另外，能否考虑对拖欠物业费的行为采取限制物业交易措施。房屋交易部门在办理产权交易时，设立要求业主提供已交清物业管理费的证明为前置条件，防止业主恶意欠缴物业费。

（七）多部门联动加强物业矛盾纠纷调处，共创和谐社区

各地房管部门要督促物业服务企业建立业主报修、投诉、回访制度，公开监督投诉电话，配置专

人监督落实业主投诉情况。定期开展业主满意度调查，并及时整改，主动做好矛盾纠纷化解工作。

街道（乡、镇）要会同房管、城管、建设、规划、公安、消防、质监等相关部门和物业服务企业、业主委员会等及时协调解决业主群体上访、更换物业服务企业等突出矛盾纠纷，维护社会稳定。

住房和城乡建设厅、司法厅加快推进物业矛盾纠纷人民调解工作，指导市、县建立物业矛盾纠纷调解平台，充分发挥调解在物业服务纠纷处理中的积极作用，逐步构建人民调解、行政调解、司法调解及仲裁、诉讼相互衔接的解决纠纷新模式。

（八）加快物业管理行业诚信体系建设，倡导诚实守信

各地房管部门要建立健全以守法履约、履行安全生产职责、规范经营为主要内容的物业管理行业信用体系，省物业协会要与物业服务企业签订诚信自律公约，对失信物业服务企业限期整改、警示约谈，促进行业诚信经营。对无法及时整改到位的企业，记录失信主体信用记录，并通过国家企业信用信息公示系统向社会公示，逐步实现跨部门协同监管、联合惩戒，使得失信企业“一处失信、处处受限”。

（九）加大对物业管理工作的宣传力度，提高群众认识

各级政府要进一步加强社会舆论宣传，引导群众转变思想观念，使物业管理进一步得到广大群众的认同和支持，提高他们参与物业管理活动的主动性和积极性，帮助业主大会和业主委员会发挥其主体决策能力和行为能力。

（十）减轻物业服务企业负担，改善政策环境

根据物业管理行业特殊性，建议在财税上给予物业服务企业政策支持，以减轻物业服务企业经营负担。对住宅小区公用设施设备维护管理、保洁、绿化服务过程中的用水、用电、用气与民用同价，以降低物业服务企业管理成本。为物业服务企业成长提供更好发展空间。

物业管理涉及千家万户，不仅关系到群众切身利益，还事关社会和谐稳定，推进物业管理行业持续、健康、稳定发展，任重而道远。我们将不断总结好的做法，从新形势新任务新要求出发，坚持问题导向、围绕民生诉求，实事求是、分类分步地解决好当前物业管理工作中存在的突出问题，推动全省物业管理行业又好又快地发展，不断开创物业管理工作新局面。

山东省物业管理行业发展报告

山东省物业管理协会

自2017年山东省住房和城乡建设厅出台《山东省物业服务行业开展文明行业创建活动试点工作规划》以来，山东省物业管理行业在政策引领下，组织推进文明创建工作，初步形成规范有序的管理格局，营造积极进取的发展氛围，构建和谐有序的治理体系，以创建促发展，以发展促和谐，为建设舒适宜居和谐的生活环境、推进基层党建工作做出贡献。

一、山东省物业管理行业发展现状

（一）山东省物业管理行业现状

随着山东省经济高速发展进入新常态，供给侧结构性改革深入推进，山东省物业管理行业快速发展。截至2019年末，山东全省共有物业服务企业11772家；物业管理从业人员674529人；成立业主大会2122个；主营业务收入289.27亿元；物业管理面积239316.34万平方米，其中住宅物业193618.33万平方米；物业服务项目29022个，其中住宅物业23037个。

（二）各项数据对比情况

对比近三年的数据来看（图1～图3），三年文明创建活动的开展在山东省物业管理行业中形成强大的引领作用，在顶层政策利好下形成长效机制，并持续发挥营造良好发展环境作用。在此过程中，全行业边实践边治理，规模不断扩大，内容不断扩展，品质逐步提升，管理日趋规范，为快速高效高质发展奠定了扎实的基础。

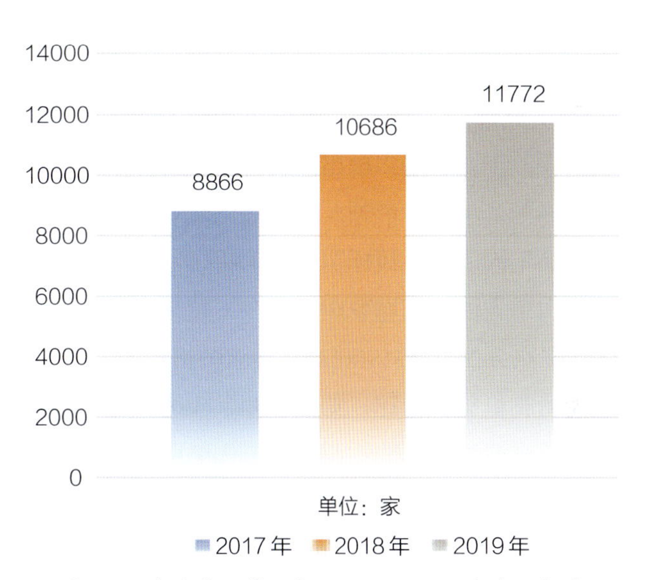

图1　山东省物业管理行业2017—2019年企业数量

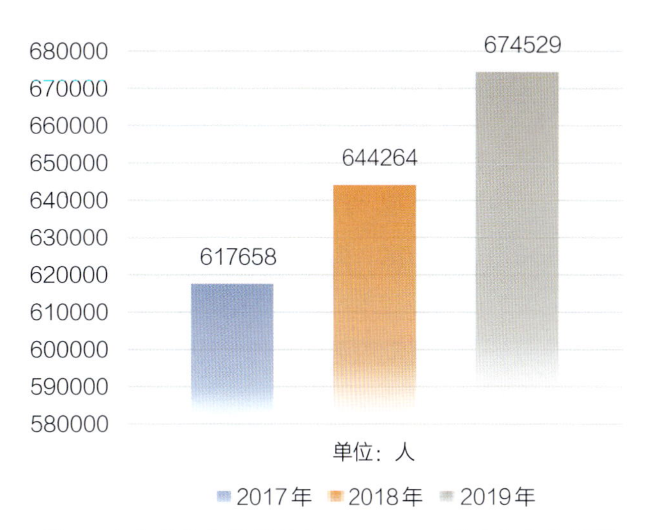

图2　山东省物业管理行业2017—2019年从业人员规模

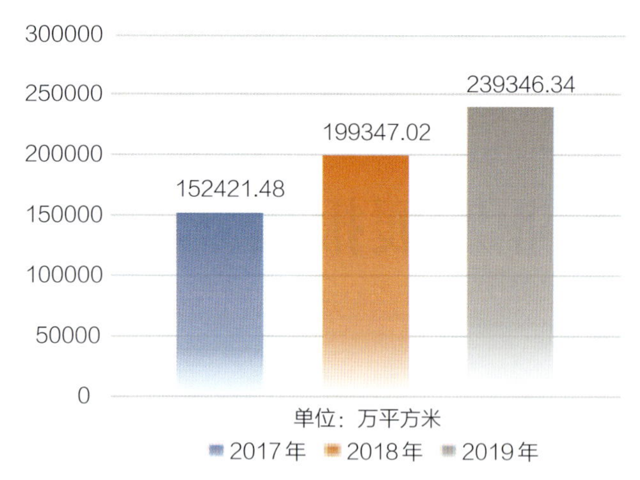

图3 山东省物业管理行业2017—2019年在管面积

二、山东省物业管理行业主要工作成果

（一）党建引领服务，树立红色标杆

党的十九大报告指出，要“坚持党对一切工作的领导”，明确“带领人民创造美好生活，是我们党始终不渝的奋斗目标”。为确保红色物业党建引领，山东省住房和城乡建设厅在《关于对省十三届人大二次会议第20190650号建议的答复》中强调，完善体制机制，构建“党建引领、社区抓总、各方联动、企业先行”的物业管理工作格局；济南市印发《关于成立“红色物业”联盟的指导意见》，强调建立物业服务矛盾纠纷处置机制、积极配合开展物业服务质量综合评价工作、设立物业管理专家咨询服务热线以及大力推进联盟成员企业党员“亮牌”服务；东营市东营区深入推进“红色物业”治理模式，形成居委会、物业监督委员会、物业服务企业相互支持、相互配合、相互监督的基层社会治理格局；烟台市探索开展“红心物业”党建领航工程，健全完善市、县市区、街道、社区四级联动体系，着力推进街道社区党组织领导下的居委会、业委会和物业服务企业联动服务、共建共治；威海市成立行业党委并召开“党建引领推动物业服务提升”会议，实现物业、执法、监察三位一体总体布局；临沂市175名“红领书记”进入社区，以党建为核心引擎推动沂蒙红色物业发展；菏泽市开启红色物业暨管家式服务培训班，发布“红色物业”服务标准二十条，推进菏泽市“红色物业”品牌创建工作。

（二）完善法规制度，规范运营环境

以国务院修订的《物业管理条例》为基础，结合山东省物业管理行业实情，制定更符合山东省物业管理行业发展的地方性政策法规，搭建科学合理的行政法规体系，为全省物业管理活动的正常开展提供了有效的引导、监管和保障提升。在此期间，山东省先后出台了《山东省前期物业服务合同（示范文本）》《山东省物业服务企业信用信息管理办法》等地方性法规、规章；山东省主管部门携手二十余家标杆物业服务企业修订《物业服务规范》，并首次增加机场物业、高铁物业、公共场馆物业三个业态的规范；为进一步提升物业管理行业标准建设水平，充分发挥典型示范引领作用，山东省住房和城乡建设厅公布第三批山东省物业管理行业企业标准建设重点项目名单和2019年度山东省物业管理服务行业文明服务明星、示范项目、标兵企业以及文明创建模范单位、优秀个人；同时，在全省范围内组织开展四期物业服务企业标准化综合能力提升培训班及山东省标准建设重点项目经验交流会。

（三）树立行业方向，引导行业发展

山东省住房和城乡建设厅先后印发《2019年全省物业管理工作要点》《2019年全省物业服务行业“标准建设年”活动实施方案》《关于总结推广部门物业管理工作创新做法的通知》《关于开展全省物业服务行业文明创建评选工作的通知》，加强对行业发展方向的把控，各地级市主管部门积极响应，因地制宜先后出台相关政策和规范，从省到市步调一致地对物业管理行业发展方向进行严格把控，对推动全省物业管理行业转型升级起到了重要作用。

（四）注重人才培养，促进队伍建设

为积极响应国务院办公厅印发的《职业技能提升行动方案（2019—2021年）》文件精神，山东

省举办第三届山东省物业管理行业职业技能竞赛。加强全省物业管理行业职业能力建设，全面提升物业管理项目经理和从业人员的综合素质，保障全省物业管理行业高质量发展，共开展十余次物业管理项目经理专业技能培训，培训4000余人次，为打造全省行业人才队伍，培育素质一流的知识型、技能型、创新型人才创造良好的基础条件。

（五）落实双百扶贫，助力乡村振兴

充分落实国务院《国务院扶贫开发领导小组关于广泛引导和动员社会组织参与脱贫攻坚的通知》及山东省民政厅、山东省选派第一书记工作领导小组办公室、山东省扶贫开发领导小组办公室联合下发《山东省省管社会组织和社会工作专业力量“双百扶贫行动”实施方案》等文件精神，在2018年脱贫工作的基础上，与菏泽市东明县黄庄村进行实地对接，对当地进行实物和资金帮扶，并对“双百扶贫”特殊贡献单位进行了表彰。

三、山东省物业管理行业下一步工作重点

（一）加强党建工作，常态化助推“红色物业”建设

发展“红色物业”，建立全面进步、全面过硬的党支部组织，带动行业发展；注重各类党建学习资料的收集、整理和管理，严格组织生活；积极践行推动党建工作与服务相结合，把更多资源分享到会员单位，积极组织“三会”，联合会员单位党支部，开展定期走访活动；引导行业党组织广泛参与脱贫攻坚，壮大“双百扶贫”活动队伍，彰显“红色物业”的模范先锋作用；推动行业基层党建与物业管理有机融合，不断攻克老旧小区改造的痛点、难点。

（二）发挥平台优势，多元化助力新冠肺炎疫情防控

在发布《新冠病毒疫情防控工作指引》的同时，确保精准防控措施有效借鉴，整合省内外物业服务企业的先进经验做法；引导企业团结协作、互帮互助、发挥行业平台互助共享资源优势，增强横向联动，确保物业服务企业复工复产；弘扬“坚守一线做奉献”的行业精神，开展疫情防控一线物业职工关心关爱活动，发现、总结、选树疫情防控一线涌现出来的先进集体和先进个人，进行系统化宣传。

（三）深化标准建设，系统化构建行业品牌提升体系

巩固2019年“标准建设年”工作成果，开展系列地方标准线上宣贯工作；打造行业品牌提升硬实力，组建专业化队伍，加快企业规范化、规模化、品牌化发展；协同各方对全省行业品牌建设情况展开调研，学习借鉴先进地区经验做法，开展公益宣讲，重点强化企业品牌提升意识；深度挖掘典型案例，系统划分宣传板块，通过媒体宣传，提炼山东省物业管理行业品牌特色；增强物业服务企业品牌意识，以标杆企业为支点，覆盖全行业品牌提升，形成特色鲜明的山东物业服务品牌。

（四）完善工作机制，规范化提升双向服务能力

认真学习贯彻中国物协关于开展“能力建设年”活动的各项部署，制定山东省物业管理行业“能力建设年”实施方案；坚持问题导向，与法律事务所和相关单位建立长期沟通机制，开展法律法规的专业政策解读和普法宣传；在全省物业管理行业内持续开展从业人员职业技能的培训，提高培训针对性、实效性，采取线上与线下相结合的培训方式，扎实推进物业管理项目经理的培训工作；结合物业管理行业形势，对发展中面临的热点、难点等问题展开调研，设立山东省物业管理协会智库；加强与兄弟协会间的交流活动，掌握行业发展优势并整合相关资源。主动对接中国物业管理协会，抓好各项工作的落实落地，争取各项工作“走在前列”。

武汉市物业管理行业发展报告

武汉市物业管理协会

一、武汉市物业管理基本情况

2019年是新中国成立70周年，也是全面建成小康社会、实现第一个百年奋斗目标的关键之年。武汉市紧紧围绕市委市政府深入开展贯彻落实习近平新时代中国特色社会主义思想和党的十九大、十九届四中全会精神，贯彻落实“红色引擎工程”推动基层治理体系和治理能力现代化的总体要求和目标，持续推进“红色物业”拓面提质工作，引领物业管理行业蓬勃发展。

截至2019年12月，全市共有物业服务企业2081家，其中本地企业1880家，外地来汉备案企业201家。全行业物业从业人员近14万人。

全市共有专业化物业服务项目4054个，总面积3.61亿平方米，其中住宅小区2123个，建筑面积2.64亿平方米，总户数约208.02万户；非住宅项目（包括商业、办公、工业厂房、学校、医院等）1931个，建筑面积0.97亿平方米。全市共有老旧小区（包括零星住宅片和物业弃管小区）2074个，总面积约6000.57万平方米，总户数约79.45万户。随着国家经济水平持续增长，人民群众生活品质日益提升，物业管理行业逐渐成为人们实现美好生活需求的重要组成部分，成为构建诚信社会、和谐社会不可或缺的重要力量。

二、物业管理法制建设及宣贯情况

（一）全面推进《武汉市物业管理条例》《武汉市住宅物业服务等级标准》的宣贯实施

《武汉市物业管理条例》和《武汉市住宅物业服务等级标准》出台后，为帮助物业服务企业更好地理解和运用条例、标准，维护物业管理各方的合法权益，行业在组织开展《条例》《住宅等级标准》宣贯方面，采取集中授课、视频会议和分区培训相结合的方式，解读政策、分析案例、交流经验，提升物业管理各方主体政策法规水平和履职能力，共举办专题培训会20场，参训人数3500人次。同时，结合小区情况开展形式多样的宣传活动。

（二）修订完善相关配套政策文件

一是修订制发《武汉市住宅小区物业服务质量考评办法》，进一步完善制度措施；二是依据《武汉市住宅物业服务等级标准》，武汉市房管局协同市发改部门做好物业服务分等级定价成本调查和政府指导价格测算，出台发布《武汉市物业服务收费管理实施细则》和前期物业服务收费政府指导价，并于2019年8月1日正式实施。

三、物业管理活动行政监管及行业发展基本情况

（一）全面深化党建引领，筑牢行业政治堡垒

2019 年，中共武汉市物业管理行业党委正式成立，行业党委在市房管局党组的领导下，坚持以习近平新时代中国特色社会主义思想为指引，深化落实物业管理行业基层党组织的主体责任，不断提高全市物业管理行业基层党建和服务群众的工作质量。行业党委自成立以来，一是制定工作制度，建立健全各级党组织机构机制，坚决“四落实”，坚持“四同步”，确保党建工作硬件到位；二是推动全行业以单独建、联合建、选派党建指导员等多种形式，推动企业党组织建设全覆盖，全市 1911 家企业，建立党组织共 888 家，选派党建指导员共 976 名，基本实现了党组织全覆盖；三是在行业党委的指导下，协助各区房管局、工作委员会成立区属物业管理行业党委，迄今为止，已成立了 14 个区行业党委；四是全面开展物业管理行业党建基本情况的摸底调查工作，指导、引导物业服务企业加强党建，推进行业党建组织全覆盖，将党建工作列入行业创先评优标准。

（二）全面推进“红色物业”工作，老旧小区拓面提质全覆盖

遵循“党建引领、政府主导，政策扶持、市场运作，立足社区、长效管理”的工作原则，以“稳定覆盖率，扩大参与率，提高收费率，提升满意率”为目标，全市 2074 个老旧小区全部选定物业服务模式，实现物业管理全覆盖。截至 2019 年 12 月底，全市已启动 249 个老旧小区改造（面积 611.84 万平方米、7.95 万户），基本完成改造 106 个，重点对小区水、电、气、路等基础设施和生活服务设施进行了更新改造。

（三）组织开展“物业服务小区行”及线上评议，促进物业服务企业增强服务意识，提升服务水平

一是以“下基层、访民情、解民怨”为重点，每月定期深入小区宣传政策法规、了解民情民意、解决矛盾问题，切实做到“两个全覆盖”，实现“四个在一线”，“物业服务小区行”活动累计印发各类宣传资料 120 万余份，接受群众咨询 18 万余人次，录入“小区行”系统 2932 个，整改 2806 个，整改率 95.7%，有效化解了一批小区群众最怨最恨最急最盼的突出问题；二是认真贯彻落实市委市政府关于将“双评议”活动向热点民生领域延伸的工作部署，制发评议工作方案，开发住宅小区公共服务管理评议系统，由业主通过扫描二维码方式反映物业服务问题，并对整改情况进行线上评议。

（四）开展农村社区物业服务试点，探索新型社区物业化管理

根据 2019 年市政府工作报告和市委市政府《关于加强和完善城乡社区治理的实施意见》相关要求，坚持属地化组织、推动，以改善和提高农村社区居住质量为根本原则，积极探索在有条件的农村社区开展物业服务。市房管局邀请武汉大学乡村治理研究中心专家，赴武汉市蔡甸、江夏、黄陂等新城区实地调研，收集整理成都、深圳、广州等城市经验做法，以此为基础，结合武汉市实际，制发试点工作方案，指导新城区选定 14 个农民集中居住区因地制宜开展试点，选取 12 家优秀物业服务企业结对帮扶试点项目，对物业服务、安全防范、消防安全、工程维护、园艺绿化、环境卫生等方面提供专业化的指导和业务培训，提升物业服务水平。

（五）进一步配合推进物业小区生活垃圾分类工作

武汉市房管局制发《关于进一步配合开展物业小区生活垃圾分类工作的通知》，一是结合“小区行”开展生活垃圾分类宣传，并会同武汉市电视台

制作专题访谈宣传片；二是开展全市物业小区生活垃圾分类工作培训，通过物业服务行政监管巡查，定期对 307 个试点物业小区进行检查，按季度进行通报。

（六）举办“迎大庆、保军运、捐热血、献真情”无偿献血活动

2019 年 9 月，在武汉市房管局、武汉市物业管理行业党委等主管部门的指导下，全市物业管理行业举办了“迎大庆保军运捐热血献真情”无偿献血主题活动。来自各区积极响应的 35 家物业服务企业近 200 余人参加本次活动。报名志愿者中有 129 名体检合格共捐血液 36300 毫升，并对全市 18 名评选的无偿献血之星颁发荣誉证书。他们通过实际行动奉献爱心，用献血挽救他人的生命，展现行业的大爱精神。

四、下一步工作思路

（一）完善配套政策，营造良好物业管理法治环境

一是持续加强省市条例学习、宣传和培训工作。利用报刊、广播、网络等媒体广泛宣传，通过举办培训班、讲座、座谈会等形式抓好培训，让物业管理各方深刻领会条例精神和内容含义，自觉遵守条例，依法维护自身权益，履行应尽义务，增强法治观念；二是加快修订完善配套政策，重点修订出台《武汉市住宅专项维修资金管理办法》，制发《物业服务企业退出住宅小区管理指导意见》《武汉市物业服务企业和项目经理信用信息管理办法》《物业小区公共收益管理指导意见》等制度文件，进一步完善政策体系。

（二）突出党建引领，巩固深化“红色物业”拓面提质成效

一是健全物业管理行业党委领导体制，强化党对物业工作的领导，按照建统一归口、条块结合、责任明晰、有机衔接的要求，加强行业党委组织建设和制度建设；二是深化推进“红色物业”拓面提质，加大物业服务企业党组织组建力度，加强物业服务企业党组织规范化建设；三是坚持老旧小区改造与建立长效运营维护机制并重，在整治完成后，分类实施后续管理，推进物业服务覆盖；四是组织开展“红色物业星级企业”评选，建立星级动态调整机制，强化结果运用；五是完善“三方联动”服务机制，全面实行交叉任职，落实议事协商制度，共同协调解决小区环境改造、公共设施维护、动用大额维修资金等物业服务管理重大事项；六是有序推进老旧小区改造，因地制宜选择老旧小区物业服务模式，鼓励“红色物业”服务企业进驻，逐步推行有偿服务，利用小区公共设施、场地开展经营，为小区公共管理及后续维修提供资金保障，建立管养长效机制，巩固改造成果。通过加强和创新党对物业管理行业领导，引领推动物业服务融入社会治理创新。

（三）加强行业信用建设，规范行业市场秩序

结合当前“放管服”后呈现出的一个完全开放且暂未形成自觉遵守自律准则和规范的市场秩序情况下，拟制定行业信用评价机制，开展企业服务能力、自律性规范的测评工作，引导和促进企业积极履约、信守承诺、忠于职责、履行义务，形成良币驱逐劣币，优胜劣汰的竞争环境和市场秩序，从而树立行业良好口碑和社会形象。

（四）推进标准化建设，指导行业规范服务行为

物业服务标准化建设是物业管理行业一直以来实践与理论之间潜心研究和探索的行业准则，是物业服务合同双方主体判定物业服务质量的依据，是实现物业管理行业规范服务的指南。为持续推进行业服务标准和规范化工作，拟与市标准化研究院编写、发布《武汉市写字楼物业服务标准》。

（五）推进物业小区生活垃圾分类工作

为深入贯彻落实习近平总书记关于生活垃圾分类工作的系列重要指示精神，加快推进武汉市生活垃圾分类和回收利用工作。根据 2020 年出台的《武汉市生活垃圾分类管理办法》要求，将结合“小区行”开展生活垃圾分类宣传，组织召开全市物业服务企业生活垃圾分类培训，指导物业服务企业广泛开展垃圾分类工作。

（六）培育龙头企业，扶持中小企业，引导行业做大做强

当前，武汉市物业服务企业数量两千余家，专业化物业住宅小区项目也仅两千多个，这充分说明武汉市物业管理行业的市场集中度非常低，物业服务企业大部分仍然是中小企业，因此自然形成了一个供大于求的物业服务消费市场，竞争秩序自然恶劣。针对武汉市本土龙头企业少，中小企业多的现状，行业将进一步引导企业之间进行社会化、专业化分工协作，推动小企业与大企业建立协作体系，共同提升整个行业的管理能力、经营能力、服务品质、人员素质等，建设武汉物业品牌，树立行业标杆，打造共享共赢、龙头企业带领中小企业协作共进的局面。

湖南省物业管理行业发展报告

湖南省房地产业协会物业管理专业委员会

一、湖南省物业管理行业发展概况

2018 年 7 月 19 日湖南省第十三届人民代表大会常务委员会第五次会议通过《湖南省物业管理条例》（以下简称“条例”），2019 年 1 月 1 日起正式实施《条例》，省住房和城乡建设厅对《条例》宣贯工作进行了统一部署和安排。全省各地在《条例》指导下，不断建立健全物业管理规章制度，探索创新物业管理行业的公平竞争和服务质量的监管机制，规范企业信用体系建设和星级服务评定，提高物业服务企业法制管理意识、优化物业管理行业发展和竞争环境。通过不断实践、不断调整、不断治理，全省物业服务企业规模不断扩大，服务质量稳步提升，业务内容日趋丰富，管理工作逐渐规范。特别是在当前国家推动城市更新，重视建设和谐社区和改善人居环境的新时代，物业服务方面的改善所显现的社会效应尤为显著。

但从综合水平而言，湖南省物业管理行业发展水平与全国最前沿的城市相比还有许多方面亟需改进和提高。特别是在物业管理行业的改革创新方面，以及在民法典的颁布、招标法的完善、疫情常态化后呈现出的新特点及新需求、国家倡导的优化营运环境的时代下，引导企业以诚信经营为原则，积极探索转型升级，挖掘多元化经营模式，提高服务价值和社会贡献力。同时，号召企业利用高科技技术，提高效率，降低成本，提升物业服务水平。近几年，部分企业也积极借助资本力量，共享资源，进行资源整合，通过兼并重组形成合力，适应新格局、新势力和新发展。

二、湖南省物业管理行业发展建设成果

（一）全省物业管理行业发展整体规模

截至 2019 年底，全省共有物业服务企业 5742 家，物业管理面积 153312.09 万平方米。物业形态涵盖了住宅、办公楼、学校、商业、工矿区、医院等。其中，住宅面积 127568.81 万平方米，住宅小区 12145 个，成立业主委员会 4191 个。2019 年全省商品房施工面积 40045 万平方米，商品房新开工面积 11933.2 万平方米，竣工面积 3975.2 万平方米。全省物业管理行业物业从业人员 49.05 万人，营业收入 255.28 亿元，主营收入 219.72 亿元。我省物业服务企业参加全国物业服务企业 500 强综合测评工作，我省 27 家物业服务企业入围全国 500 强。

（二）坚持党建引领构建行业发展新格局

党政军民学，东西南北中，党是领导一切的。2016 年，中共中央组织部发布了《关于加强基层服务型党组织建设的意见》，2019 年 5 月，中共中央办公厅印发《关于加强和改进城市基层党的建设工作的意见》，按照党中央、省委“两新”工委和省住建厅行业党委的有关工作要求和部署，积极

推进街道社区党建、单位党建、行业党建互联互动，扩大新兴领域党建有效覆盖。创新党组织设置和活动方式，依托物业服务企业、产权单位、骨干企业等建立楼宇党组织，依托街道、市场监管部门、协会商会或产权单位建立商圈市场党组织。

面对新形势新任务新挑战，我省物业管理行业迎来了空前的发展机遇和推动行业发展的组织保障。站在确保党长期执政、国家长治久安、人民安居乐业的高度，充分认识加强和改进城市基层党建工作的重要性紧迫性，认真落实新时代党的建设总要求和新时代党的组织路线，突出政治功能和组织力，严密组织体系，强化系统建设和整体建设，充分发挥街道社区党组织领导作用，有机联结单位、行业及各领域党组织，构建区域统筹、条块协同、上下联动、共建共享的城市基层党建工作新格局。

在此背景下，全省物业管理行业企业积极对接湖南省房地产业协会，深入学习贯彻党的十九大精神，积极参加厅行业党委及房协党支部组织的十九大开幕式观看活动、十九大精神学习座谈会和专题研讨会，深刻学习和领会核心要义，结合工作实际找准贯彻落实党的十九大精神的契合点。积极强化行业党建宣贯和推动工作。为做好行业党建宣贯工作，积极主动联系行业组织和行业企业开展党建调研工作，如赴昆明参加中国物协举办的 2019 年全国物业管理协会工作座谈会暨行业协会党建工作座谈会，探讨和推动行业党建工作。响应湖南省房地产业协会的号召，观看党的十九届四中全会精神宣讲报告会，深入深刻了解会议精神。

14 个地市州物业管理协会基本成立党支部，坚持以“党建”促“行建”，以“党务”带“业务”为原则，落实推进党支部建设，规范设置党支部阵地。完善了行业标准体系。针对物业专业人才培训、旧小区管理、电梯等特种设备使用、物业服务企业诚信监管、住宅专项维修资金使用、物业管理纠纷化解等物业管理热点、难点问题，均已配套相应的法律法规。

（三）全省行业制度建设进程提速

自《湖南省物业管理条例》颁布施行以来，省物业管理行业不断加强制度建设工作。2018 年以来，全省各地区进一步完善相关法律法规以保障物业管理行业的快速健康发展。全省形成了以《湖南省物业管理条例》为核心，构建“1 ＋ 5”的物业法规政策体系。

“1”就是大力宣贯《条例》，抓好抓实《条例》的落地。

“5”则代表：2019 年 11 月出台《业主大会和业主委员会指导细则》，破解业主大会及业主委员会在成立和活动中的启动难、筹备难、决策难、换届难、监督难等问题；印发 2019 年 12 月，印发《关于加强物业专项维修资金管理的通知》，破解维修资金筹集难、管理难、使用难、增值难问题；为完善基层物业管理工作机制，起草《湖南省市州人民政府物业管理联席会议制度（参考文本）》，已报省政府即将印发；制定湖南省住宅物业住房品质分类导则，大力提升居住品质；2019 年 10 月，结合各物业服务企业物业服务特点，制定住宅、办公、商业类物业项目服务导则，加快构建质价相符的物业管理收费机制。

由于各地区经济发展水平存在较大差异，在积极落实《物业管理条例》的前提下，各地区根据自身情况，制定与完善物业管理制度相关法律法规。如长沙市物业管理工作在长沙市委市政府的指导下，以全面贯彻落实《关于全面推进物业管理工作的实施意见》（以下简称《实施意见》）为中心，强化党建引领，各项工作稳步推进。《实施意见》要求对物业服务实行属地，管理市、区、街道、社区四级机构和人员配备到位，物业管理专职社工到岗履职，物业管理绩效考核稳步推进。

株洲市物业管理协会在 2017 年换届改选后，严格按照协会章程规定履职，进一步建章建制，合理设置协会的组织机构，调整了工作班子，加强协会自身建设，实行会长领导下的执行会长、副会长、秘书长、自律委主任、培训委主任等分工负责制。

充分调动了大家的积极性，强化了组织管理，提升了服务效率。株洲市物业管理协会添置必要的办公设备，会议室装有监控视频设备，进一步规范全市的物业前期招投标工作。株洲市物业管理协会建立微信公众号，积极主动宣传株洲市物业管理的法规政策、行业活动、好人好事，传播正能量，加强正面舆论引导。协会近八年来坚持每月向会员单位赠送《中国物业管理》杂志，使全行业及时学习中国物业管理的法规政策，学习全国同行的先进经验，确保了株洲市物业管理行业沿着正确的方向发展。

（四）城市治理中物业管理价值凸显

近几年，在国家政策引导、政府支持下，物业管理行业发展迅速，优秀物业服务企业迅速增长，优秀企业和示范项目不断涌现。业态涵盖住宅、写字楼、商业、学校、政府机关单位、工厂等，服务质量普遍提升。自疫情发生后，物业管理充分展现出协助社会和社区治理的重要参与者与协助者的价值。物业管理作为社区公共服务与专业服务的输出者，对完善城市精细化发展具有天然优势，不仅补齐了社会治理的短板，而且助力城市精细化发展。目前，省委、省政府为进一步加快城市发展，规范物业管理的服务职责与责任要求，先后出台《湖南省人民政府办公厅关于加强城市社区管理的通知》《湖南省物业项目服务质量等级（星级）管理办法》等，推动了物业管理行业制度体系的完善，明确相关主体责任。

各地区根据省部意见，从城市治理的角度出发，因地制宜的完善物业管理的法律体制，扶持与规范物业管理行业。长沙市 2017 年施行《长沙市房屋使用安全管理条例》、株洲市 2020 年施行《株洲市房屋使用安全管理条例》，规范房屋管理，物业服务企业、房屋所有权人的责任划分，提高房屋安全责任人的安全意识等。2019 年 6 月，《长沙市生活垃圾管理条例》立法工作加快推进，卓有成效。为加快推进全市生活垃圾分类工作，根据《国务院办公厅关于转发国家发改委住房城乡建设部生活垃圾分类制度实施方案的通知》（国办发〔2017〕26 号）、国家机关事务管理局等五部门《关于推进党政机关等公共机构生活垃圾分类工作的通知》（国管节能〔2017〕180 号）等文件精神，结合我市实际，特制订《长沙市生活垃圾分类制度实施方案》，此条例虽不是专门针对物业管理行业，但是需要物业管理行业配合并且予以落实，实现前端分流、源头减量、分类处置、系统治理，创建优良的人居环境。

（五）行业协会助推行业健康持续发展

湖南省房地产业协会为省住房城乡建设厅指导下的唯一房地产业链综合性官方协会，积极当好政府的参谋助手、行业推手。

1. 协助制定住宅、办公、商业类物业项目服务导则

2019 年，结合各物业服务企业物业服务特点，湖南省房地产业协会协助省住建厅制定住宅、办公、商业类物业项目服务导则，完成了《湖南省住宅类物业项目物业服务导则》《湖南省办公类物业项目物业服务导则》和《湖南省商业类物业项目物业服务导则》撰稿工作，明确了物业服务企业责任，加快构建质价相符的物业管理收费机制。2019 年 11 月，省住建厅就上述三个文件对社会进行公开发布。

为充分发挥行业协会作用引领行业健康发展，湖南省房地产业协会根据物业管理行业发展的实际需要构建了“三位一体”会员服务体系。具体包括物业服务项目经理人管理水平等级考核工作、物业项目物业服务质量星级核准工作、物业服务企业信用评价工作。

2. 开展物业服务项目经理人管理水平等级考核工作

一个企业物业服务能力强不强取决于其物业项目的管理好不好，而一个物业项目管理的好不好又与其项目经理的管理水平息息相关，因此物业项目经理对于一个企业乃至整个物业管理行业都是十分重要的。为贯彻落实《湖南省物业管理条例》有关工作要求，湖南省房地产业协会制定了《湖南省物

业服务项目经理人管理水平等级评定办法》，根据物业项目的业态对物业项目经理进行考核，加强对物业项目经理综合管理素质和执业能力的提升；另外，湖南省房地产业协会物业专业委将建立物业项目经理人诚信档案，物业项目经理的诚信情况将与其管理水平等级评定、职业操守、工作业绩等情况挂钩，以此规范物业项目经理人执业行为，促进项目经理人执业水平的提升；同时也是给企业招聘选拔人才提供佐证信息。2019 年我会免费考核合格人员 2000 余人，考核工作基本实现全省十四个市州全覆盖，得到广大会员单位的积极参与和认可。此外，2019 年全年湖南省房地产业协会共受理解答物业服务企业及个人电话、网络及现场业务和政策信息咨询合计 2000 余次。

3. 物业项目服务质量星级核准工作提升行业服务水平

为深入贯彻落实《中共湖南省委湖南省人民政府关于进一步加强和改进城市规划建设管理工作的实施意见》（湘发〔2016〕15 号）关于“加强星级评定”有关工作的要求，结合历年星级核准工作情况，湖南省房地产业协会前期对星级办法进行了修订，物业专业委多次免费向申报星级项目的物业服务企业、项目负责人开展了星级核准工作培训；对有效期到期的四、五星级物业项目发布通知进行了复核；改变集中核准模式，将核准工作常态化，对申报合格的四、五星级物业项目组织了动态核准；安排全省各市州协会对一、二、三星级物业项目开展了相关核准工作。截至 2019 年底，我省已有 710 个物业项目通过了服务质量星级核准。

4. 物业管理行业会员单位信用评价持续开展

随着行业行政管理“放管服”力度进一步加大，物业服务准入市场全面放开，为适应行业发展新常态，督促物业服务企业依法诚信经营，维护市场正常秩序，物业专业委利用协会秘书处构建的湖南省房地产行业组织信用信息系统，对会员单位开展了信用评价工作，在行业组织信用信息平台，根据企业报送的基础数据情况（包含经理人考核及评价情况）以及企业的行业自律信息情况（包含项目星级核情况）对会员单位进行行业信用评价，并将评价结果及时公布，推荐招投标单位或政府采购部门纳入到招投标评分体系中去，目前信用评价结果已得到社会的认可和利用。截至 2019 年 11 月，根据行业企业需要，物业专业委共出具信用评价报告 103 份，其中出具 A 级报告 31 份，占比 30%。

（六）行业交流与学习培训拓宽行业发展维度

为探索全国物业管理行业发展的新成果、新技术、新发展、新思路，拓宽我省物业服务企业的新视角，加快推动我省物业管理行业的健康发展，我省物业服务企业在湖南省房地产业协会的组织下，于 2019 年 10 月 15 日—17 日赴深圳会展中心参加由中国物业管理协会举办的第五届中国物业管理创新发展论坛。

此外，为引领行业健康稳步发展，提升我省物业服务整体水平，湖南省房地产业协会物业专业委于 2019 年 2 月、10 月先后两次赴中国物业管理协会沟通交流工作；6 月，应邀前往安徽合肥参加省（市）物业管理行业组织交流会。承接查验与设施设备管理专业岗位培训；积极响应中央“扫黑除恶”专项斗争号召，配合省住建厅在全省住建行业组织开展扫黑除恶活动。全省物业服务企业接受来自湖南省房地产业协会免费开展信用信息管理员培训 1 期，共培训人员 158 人。

为弘扬中华传统美德，践行我省物业管理行业社会责任和使命，物业专业委先后前往常德市石门县雁池乡苏市学校、浏阳市普泰村元霞完小学校进行了爱心助学公益活动，每次活动都得到了行业爱心企业的支持和爱心人士的参与，每次活动觉得到了社会的高度认可和评价。

三、湖南物业管理行业问题分析

物业管理行业紧随着中国经济社会发展的步伐

不断成长壮大，在经济社会的高质量发展、满足人民日益增长的美好生活需要中，充当着重要角色。目前，物业管理行业正处于前所未有的快速发展阶段，行业规模稳步增长，服务领域不断拓展，服务品质取得显著提高，市场机制和管理体系初步形成，配套法规体系不断完善，物业服务消费观念渐入人心，全省物业管理行业的发展取得了较为突出的成绩，但也存在一些问题需要解决。

（一）法制建设与行政监管待强化

湖南省各地各有关部门认真履行职责，严格落实有关规定，推进配套法规体系建设，强化物业服务市场监管，规范物业服务企业行为，增强物业管理行业自律，提升物业管理服务水平和覆盖面，各项工作取得了积极成效。但在法制建设和行政监管方面还存在一些问题需要解决。

顶层设计滞后市场需求分析。由于物业管理涉及公共民生和城市社区治理诸多方面，物业管理立法的顶层设计非常必要，也将对社区治理的基层实践产生重大变革和影响。近些年，湖南省及各城市主管部门积极补充完善、修改制定物业管理相关法律法规、规章制度，然而，经济社会、信息技术、客户需求等的发展不断提出新的课题，从而使立法总是相对滞后。在今后一段时间内，这种状况仍将长期存在。对立法者来说，有必要综合各方面力量，结合市场需求分析，提出具有“顶层设计”性质的相对前瞻的总体的法律解决方案，使问题导向出发的物业管理顶层制度设计与市场化变革方向形成合力，以制度创新为改进物业服务管理奠定法律基础。

物业服务价格调整机制不健全。《湖南省物业管理条例》规定普通住宅的前期物业服务收费实行政府指导价，业主大会成立后，物业服务收费是否实行政府指导价由业主大会决定。价格行政主管部门应当每 3 年内对物业服务等级收费标准及相应的基准价与浮动幅度进行评估，并根据评估结果适时调整。但从实施情况看普遍不理想，部分城市仍然长期沿用老物业服务收费标准，有的城市使用统一标准长达 10 年多。另外业主大会成立前，调整物业服务费标准的“经专有部分面积占建筑物总面积半数以上的业主且占总人数半数以上业主同意”的调价条件在操作中存在很大阻碍，业主的投票率、业主投赞成票的比率都很难达到要求。政府指导价标准未能及时调整、调价条件较难实施，而物业服务成本不断攀升，给物业服务企业的经营、物业服务内容的提供带来很大困难。

物业管理行业信用体系建设不完善。2018 年 3 月，《物业管理条例》进行了修订，删去了第二十四条中的“具有相应资质的”；第三十二条第二款修改为：“国务院建设行政主管部门应当会同有关部门建立守信联合激励和失信联合惩戒机制，加强行业诚信管理”。物业服务资质取消，有利于提高企业自我发展和社会活力，但也降低了行业进入门槛，加剧了行业竞争，提高了监管难度，需要加强行业诚信监管。2016 年湖南省就着手研究并搭建湖南省物业服务企业和人员信用管理系统，长沙、株洲等城市也都相继出台了本市物业服务信用信息管理办法，推进物业管理行业信用信息管理系统建设并初见成效。但从全省来看，已出台的物业服务信用管理办法，信用信息监管的主要对象是物业服务企业和项目负责人（或项目经理），缺乏对企业负责人、业主委员会（或物业管理委员会）委员、建设单位、业主等主体的监管，还未实现规范政府的行政管理行为和物业服务企业的市场行为的预期目标。

专项维修资金使用难、续筹难。根据《住宅专项维修资金管理办法》的规定，住宅专项维修资金，只能用于住宅共用部位、共用设施设备保修期满后的维修和更新、改造。该笔资金虽是业主的钱，但对于业主来说，住宅维修资金到底有多少，存放在哪里，由谁支配使用，用在了哪里，能否向社会公开等问题都缺乏了解。频频发生的维修资金被非法挪用或被冒领、资金使用效率低等问题，暴露了该专项资金在管理、使用、监管方面存在的诸多漏洞。另外资金使用的透明度、运行效率和增值收益率也需要提高。虽然省条例以及一些地方针对住宅专项维修资金应急使用问题做出了相应规定，但从全省面上来看，专项维修资金使用难问题没有得到根本解决。同时，对于住宅专项维修资金续筹问题，缺少具体的操作条款和机制，在实际操作中难以落实。

物业服务纠纷调处机制不健全。物业管理行业诞生以来，一直伴随着各种矛盾纠纷的困扰。如何解决物业矛盾和纠纷，是行业主管部门、行业协会组织和物业服务企业必须应对的重大课题。多年来，湖南省不断探索如何解决物业服务矛盾和纠纷的方式方法，包括开通政府网络平台，受理网络投诉处理，加强信访工作等措施，并于2017年4月11日印发《关于建立健全物业纠纷多元化解机制的指导意见》，通过细化业主委员会、街道社区基层组织、物业行政主管部门、司法行政机关、公安机关、人民法院、综治部门等多方职责，完善人民调解、行政调解和司法调解等多种渠道的衔接机制，最大限度整合解决物业纠纷的各方力量，积极构建物业纠纷多元化解工作体系，努力实现物业纠纷的有效预防和及时化解，促进社会和谐稳定。虽然取得了一定的成效，但在实际执行过程中还是遇到种种困难，比如在当前司法资源相对有限的情况下，存在物业服务收费纠纷问题法院不受理、受理难的现象，使得通过法律途径解决物业服务收费纠纷的成功案例较少。

（二）物业服务企业经营管理质量需提高

我省各地通过不断推进物业管理服务专业化、社会化和市场化，积极培育市场主体，物业服务企业得到稳健发展。物业管理服务范围由过去的单一住宅物业，逐步扩展到商业、办公、医院、学校、政府等各个行业；服务内容也由过去的基本服务逐步延伸到社区电子商务、社区养老、家政服务、短期租赁等特色服务。物业管理服务已成为社区公共事务管理、精神文明建设和社区文化建设的重要载体，群众满意度有效提升。但也存在一些问题需要进一步解决。

1. 物业服务创新不足

在如今市场经济的飞速发展和激烈竞争的环境下，特别是今年疫情发生后，无论是政府还是业主，都对物业服务的功能和服务品质要求提出了新的要求。信息技术不断变革、业主消费需求不断变化、绿色理念不断深入人心等各种变化，物业服务企业只有不断创新，才能实现持续发展，才能求得长远的发展。部分物业服务企业在服务理念、经营项目上，还只是定位在提供基础物业服务内容，没有引进信息技术的应用。

2. 物业服务水平亟待提高

近年来，各地新规的推出使物业管理更加规范化、细致化，也切实增强了人民群众的获得感，进一步提升了行业的市场化水平。但仍有一些物业服务企业存在服务标准质量不高，收费标准与收缴率均低的问题。物业管理行业惯有的恶性循环往往导致业主满意度低，物业服务企业难以按照市场行情合理调整物业服务费，进而影响到物业服务的品质。部分物业服务企业“重利益、轻服务”倾向较严重，存在管理水平不高、服务标准不规范、诚信经营不足等问题。

（三）物业服务企业人员综合素质有待提升

全省从业人员49.05万人，现阶段，物业服务还处于扩张型发展时期，需要大量的物业服务专业人员满足市场需求，但事实上，由于物业管理行业准入门槛普遍偏低、物业管理行业社会地位低及物业服务矛盾纠纷突出等因素，使得物业服务企业人员流动性较大，招聘并留住高层次优秀物业管理人才较难。所以很多物业服务企业普遍存在“用工难”，主要体现在高层次管理人才和专业人员缺乏，物业服务从业人员人员素质参差不齐、业务技能参差不齐。另外随着互联网和新技术的广泛应用，物业管理行业正在从传统劳动密集型企业向新思维、新理念、新技术方向转变，需要大量的互联网、金融、资本、智能科技等跨界人才，人才已经成为制约物业服务企业快速发展的最大瓶颈。

（四）业主委员会作用发挥不够充分

近年来，业主大会和业主委员会成立难、监管难问题日益凸显，成立比率低和运行不规范，个别业委会缺乏监管、少数成员以公谋私等问题，引发社会广泛关注。主要存在以下问题：

1. 业主委员会缺乏专业性

目前，大多数业主委员会委员属于兼职，没有报酬，也缺少工作标准和规范，相应人员缺乏专业性，不具备有效履行物业管理法规所赋予的职责的能力。业委会没有监督机构、没有问责机制。同时，现在的业主大多数生活节奏较快，缺乏跟业主委员会的沟通。因此，业主委员会委员工作中存在主观性、操作不规范、处理问题不公平、工作实效低、投诉处理满意度低等的情况屡见不鲜。

2. 对业主委员会的定位不规范

在业主委员会的定位方面，各地也有很大区别，没有理顺业主委员会于业主大会的关系。如：湖南、天津规定“业主委员会是业主会的办事机构”，另外还有对业主委员会的性质没有明确“说法”，但是从业主委员会的职权来看也明显与《条例》不一致。另外业委会法律地位的缺失，使业委会在遭遇业主恶意拖欠物业费或物业服务企业违法违规时，不能名正言顺地提起法律诉讼。各地物业管理立法的另外一大特点就是对业主委员会的权力非常集中，而忽视了业主大会的作用。业主委员会权力过大，并没有相应的监督措施，以致业主委员会滥用权力案件时有发生，损害了其他业主的利益。

四、湖南省物业管理行业面临的机遇和挑战

随着中国市场经济的进一步发展，物业管理行业面对国内外强大的竞争势头，显得步履维艰。但与此同时，开放、竞争发展的形势也为物业管理行业带来了发展机遇，提供了一个平等互利的竞争舞台。物业管理行业受疫情影响在短期内将面临一定的运营挑战，主要体现在人员成本的上升以及服务需求的变化。然而长期来说，品质物业公司将迎来规模化、专业化、平台化等结构性机会，利于企业发展并推动整个行业的市场化进程。近年来，湖南省综合实力大幅提升，城市基础设施建设、管理模式创新、智慧城市推进等方面也在稳步推进。随着信息技术和科技手段的广泛应用、绿色发展的战略部署、标准化体系建设进程的不断推进，物业管理行业面临前所未有的发展机遇与挑战。

（一）实现深化改革、转型升级，应对新时代新要求

党的十九大报告明确指出：“中国特色社会主义进入新时代，我国社会主要矛盾已经转化为人民日益增长的美好生活需要和不平衡不充分发展之间的矛盾”。作为一个与人民群众生活、工作息息相关的行业，物业服务质量不仅承载着人民对美好生活的向往，更关系到和谐社区的建设和城市文明程度。随着信息技术的变革，人们对物业服务的要求越来越高，高品质的物业服务也被重新定义。新时代背景下，物业服务企业应该思考如何提升服务品质，促进企业发展，适应新时代要求。

党中央、国务院高度重视深化“放管服”改革、优化营商环境工作，要进一步缩减市场准入负面清单，推动“非禁即入”普遍落实，近年来部署出台了一系列有针对性的政策措施，破除不合理体制机制障碍，更大激发市场活力和社会创造力。《2019湖南省政府工作报告》提出，坚持稳中求进工作总基调，坚持新发展理念，坚持以供给侧结构性改革为主线，坚持以改革开放为动力，以“全面小康决胜年”为抓手，深入实施创新引领开放崛起战略，着力推动高质量发展，坚决打赢三大攻坚战，全面做好“六稳”工作，统筹推进稳增长、促改革、调结构、惠民生、防风险、保稳定，确保全面建成小康社会和“十三五”规划圆满收官。对于物业管理行业来说，无疑是前所未有的发展机遇。

《2019年国务院政府工作报告》指出，新型城镇化要处处体现以人为核心，提高柔性化治理、

精细化服务水平，让城市更加宜居，更具包容和人文关怀。湖南省城镇化已接近相对稳定发展的阶段，应当更加重视品质的提升，迫切需要坚持以人民为中心的发展理念、顺应人民关切和需求。针对快速发展时期出现的“城市病”问题，加快推动宜居城市建设和既有住区宜居化系统改善，打造兼具安全、包容、舒适、魅力、永续特质的城市，系统谋划推动建设更加协调、更加均衡、人民群众更加满意的宜居城市。而物业管理行业作为社区治理的重要组成部分，关乎人民群众生活，对于湖南省建设宜居城市，缔造美好环境与幸福生活责无旁贷。

站在新时代新起点，物业管理行业也进入深化改革、转型升级的关键时期，拥有开放创新精神和思想解放，应对新时代新要求，才能实现物业管理行业的长远发展。

（二）推进“智慧物业”建设、优化人居环境

智慧物业建设就是实现企业要素的数字化感知、网络化传输、大数据处理和智能化计算，以网络连接、平台支撑、数据驱动、智能服务为其主要特征，打造企业智慧大脑，进而实现即时的智慧决策，为客户提供极致的服务体验，能极大提高企业运营效率，促进企业商业模式变革，从而推动行业服务升级与产业体系蝶变。因此加快智慧物业建设，对企业抢占转型升级先机意义重大。

物业管理是人居环境建设的重要内容，也是城市精细化管理的重要抓手。但长期以来，由于种种原因，物业管理问题成了民生的痛点、城市管理和社会治理的难点。推进建设智慧物业综合服务管理平台，将物业服务内容、收费标准、保安消防、垃圾回收清运、电梯及停车场管理、设备检修与维护、环境监测等纳入数据库，建立良好的物业管理生态，将缴费服务、公告、交流、选举等通过手机推出，为群众提供安全、便利、宜居的生活环境。强化智慧物业服务平台的服务功能，利用信息共享与集成技术，实现社区医疗服务、电子商务服务、养老服务等，使得居家养老和社区养老实现智能化。

通过智能硬件替代人工，提升物业服务企业多元化、信息化、智能化发展水平，降低运营成本，以及不断为业主提供优质服务来提高业主满意度和信任度将是物业管理行业转型升级的利器。移动互联网、云计算、大数据、物联网和人工智能等信息技术和科技手段在物业管理行业的广泛应用，给物业管理行业的转型升级带来了前所未有的机遇。很多企业在智能物业也取得了一定成效。

数字化时代与科技的结合，给物业服务企业带来了前所未有的机遇，但智慧物业的实现和推进对复合型、创新型人才的需求极大。但是就目前物业管理行业内从业人群的现状而言，很难在短时间内解决高端人才的短板，这也是行业发展亟需解决的问题。

（三）坚持绿色发展，建设绿色物业

随着中国经济的蓬勃发展，全国人民的生活质量得到飞跃式提升，享受着经济发展带来的方便与快捷，但不能忽视环境污染带来的一系列严峻考验。党的十九大提出，倡导简约适度、绿色低碳的生活方式，反对奢侈浪费和不合理消费，开展创建节约型机关、绿色家庭、绿色学校、绿色社区和绿色出行等行动。

《湖南省住房和城乡建设厅关于印发〈湖南省“绿色住建”发展规划（2020—2025年）〉的通知》和《湖南省绿色物业运营管理导则》中提出，以落实国家“创新、协调、绿色、开放、共享”五大发展理念为指导，通过管理方式、技术措施等方面的创新，积极推进绿色物业管理和低碳发展，按照“绿色理念、绿色生活、绿色建设、绿色管理”基本思路，倡导低碳绿色生产生活方式，走彰显湖湘风韵、顺应人民期盼的住房城乡建设高质量发展之路，不断满足人民群众对美好环境与幸福生活的追求，让湖湘大地天更蓝、山更绿、水更清、城乡更美丽。深入开展以节能、节水、垃圾减量分类、环境美化绿化为主要内容的绿色物业管理，不断提高物业管理对可再生能源、资源的循环利用率，有效降低各

类物业运行能耗，最大限度地节约资源和保护环境，构建宜居小区、节能低碳居住区。

物业管理公司应在实施管理服务的过程中利用国家及地方政府的相关政策，结合自身设备运行管理经验，创立绿色服务新模式，为客户提供全方位、系统性、综合的管理服务，为打造绿色物业增添很多可能性，为加快城市转型升级助力。

（四）推进标准化建设，提升物业服务质量

党的十九大报告指出，“加强标准化工作，实施标准化战略，是一项重要和紧迫的任务”“标准决定质量，有什么样的标准就有什么样的质量，只有高标准才有高质量”“中国将积极实施标准化战略，以标准助力创新发展、协调发展、绿色发展、开放发展、共享发展”。我国已进入服务业主导的经济发展阶段，服务业的高质量发展，重点是服务业的转型升级，提质增效。作为服务业领域之一的物业管理行业，应积极探索具有行业特色的新型标准体系建设，为实现更有效率、更加公平、更可持续的行业高质量发展彰显战略性引领作用。标准化建设是提升物业服务质量的必经之路，能够为企业带来质量稳定、成本优化、效率提升、风险控制等诸多利好。不断夯实载体，优化环境，打造优质服务，服务规范化，着力提升服务效能。

《湖南省人民政府关于深化标准化工作改革提升湖南标准化建设水平的实施意见》提出，贯彻落实国务院深化标准化工作改革方案精神，以五大发展理念为指引，以优化标准供给为主线，以推进“三量齐升”“五化同步”为重点，改革标准体系和标准化管理体制，改革标准制定工作机制，强化标准的实施与监督，不断提升标准化工作水平，形成具有湖南特色的新型标准体系，更好地发挥标准化在治理体系和治理能力现代化中基础性、战略性作用，助推富饶美丽幸福新湖南建设。因此，推进物业管理标准化工作，构建湖南省物业管理服务行业标准体系，采用标准化手段促进物业管理行业转型升级，更有利于全省物业管理行业可持续发展。湖南省发展和改革委员会、湖南省住房和城乡建设厅发布《湖南省星级物业服务项目考评办法》《湖南省住宅区物业委托服务合同（示范文本）》及《湖南省物业服务收费管理办法》，加强对住宅物业市场的规范引导，保护合同双方当事人的合法权益。标准化体系建设的推进对于推动物业管理行业专业化、规范化发展意义重大，是整个行业需要给予高度重视的课题和方向。

（五）资本注入，提升物业管理行业集中度

在2019年财报中，上市物业服务企业成绩出彩，营业收入同比增长45.84%、净利润同比增长47.2%，与争取“活下去”的房地产开发领域形成鲜明反差。在2019年中，物业服务上市企业整体大涨50%的板块表现意味着其已赢得了资本市场最大的青睐。然而，在资本的取舍之间，部分上市物业服务企业依然遭到了冷遇。物业管理行业整体被资本市场看好，市盈率处于高位。上市物业服务企业经营规模持续上升，营业能力逐渐增强；毛利率稳中有升，利润水平保持增长；偿债能力逐步增强，财务状况保持稳健。

物管行业的分化是大趋势。一方面，规模化效应会越来越凸显，大型品牌物业与其他物业公司的规模差距会逐步拉大；另一方面，大众对于物业公司的重视程度也会不断提升，尤其是在疫情考验之后，物业公司之间的服务水平被进一步放大，未来优秀的物业服务企业除了规模，将会在物业服务能力上也形成领先优势。党的十九大提出了要让人民过上美好生活的目标，作为现代服务业的物业管理行业，借助资本的力量，发展前景充满期待。

五、湖南省物业管理行业未来发展的对策

随着时代的发展，人们对物业管理的要求也发生了变化，物业管理行业的转型和升级成为其发展中必须经历的过程，行业内部的改革创新是其进一

步适应市场需求的必然选择。只有敢于突破传统的壁垒，将新的方法和模式应用在物业管理行业中，才能在愈发激烈的市场竞争中脱颖而出，获得更大的发展空间和更加广阔的前景。以“政府立法、行业立规、企业立信”为指导原则，创新机制、整合资源，加快智慧物业、品质物业、诚信物业的建设，深入开展行业人才培养、动态服务管理，大力推进物业管理行业标准体系建设，全面推动物业管理行业的建设和创新发展。

（一）制度方面

1. 加强行业监管制度的建设

加强行业监管重点领域规章制度。做到物业管理服务监管有章，改革有据。制定与物业管理服务监管密切相关的规范性文件。针对物业管理行业面临的新形势、新任务和新业态，探索推进监管立法，为服务监管提供保障。及时修改和废止与实践不相适应的规章制度。在法律法规建设上，坚持与时俱进与问题导向，按照边实践边完善的原则对相关法规制度进行修订和完善，有效推进行业发展的规范化、制度化与长效化。配合实现《发展规划》发展目标以及近两年新修订实施的《湖南省物业管理条例》的贯彻实施，结合行业发展的新技术、新特点、新形势、新问题等，对诸如专项维修资金使用、信用管理、垃圾处理、社区养老等出台配套相应的制度办法，逐步实现物业管理政策法规建设的全覆盖，为依法规范物业管理工作提供法制保障。

2. 进一步推动细化标准化建设

中国物业管理协会将2019年定义为行业的“标准建设年”，可见标准化已经成为企业的发展共识，只有建立了高质量的标准和标准体系，在管理面积与管理业态快速提升的背景下，物业服务的质量才能得到保障。探索、研究并推动物业管理行业的标准化建设工作。站在时代的风口，企业的经营业务从基础物业服务拓展到前介咨询、房屋经纪、家居装修、保险理财、养老教育等，管理业态从住宅物业拓展到商业物业、产业园区、学校医院、公众物业等，极大丰富了物业管理内涵，也为企业带来可观的收入。从标准的供给层面来看，目前发布的标准以管理标准为主，服务标准和技术标准，尤其是代表物业管理行业先进性的技术内容和优质服务水平的标准还较欠缺。应重视行业优秀资源、高校科研机构、社会力量等的协调配置，培养一批既懂专业又懂标准化的复合型人才，加大标准化经费投入，建立标准化长效运行和保障机制。

（二）政府方面

1. 强思想聚合力，锻造党建引领“主心骨”

坚持以党的建设为引领、以群众需求为导向、以深化改革为动力，着力补短板、强弱项、建机制、提能力，把党的组织优势转化为治理优势、把制度优势转化为治理效能。政府应建立健全党组织领导下的物业服务管理体制机制，强化社区党组织对居委会和业主委员会的领导，推动有条件的物业管理区域党建联建，加强物业服务企业党组织建设，以树立党员标杆，发挥模范引领作用。

2. 加强政策支持，优化市场营运环境

物业服务企业需要政府主管部门的指导和支持，政策的引导对于物业服务品质的提升至关重要。如：老旧小区改造问题。物业服务企业的利润与业主的实际服务需求差距较大，政府应配套相应的扶持政策，通过政策支持和引导业主改变观念，让物业服务企业能够进入良性循环，提供质价相等的服务。

（三）行业组织方面

1. 加强诚信体系建设，推动行业诚信发展

人无信不立，业无信不兴。物业管理行业与人民生活密切相关，肩负着营造人民美好生活的艰巨任务。认真贯彻落实国务院与住房和城乡建设部有关诚信建设工作要求，积极推进物业管理行业信用体系建设，着力构建以信用为核心的物业服务市场监管体制。积极开展物业示范项目评价、“双随机”抽查等工作，规范物业服务行为。积极探索系统化

推进党建引领物业管理服务创新发展，加强社区党组织、社区居民委员会对业主委员会和物业服务企业的指导和监督。建立健全社区党组织、社区居民委员会、业主委员会和物业服务企业议事协调机制，实现以党建引领推进社区治理、物业管理服务和居民自治的良性互动，使物业服务企业成为街道、社区开展党建工作、传递党的声音、收集社情民意、调节矛盾纠纷、促进和谐稳定的重要力量，助推城乡社区治理水平再提高。

2. 深入推进三位一体体系，构建行业服务闭环

湖南省房地产业协会围绕物业管理行业构建的物业服务企业项目经理人制度（物业管理人员）、星级项目核准（物业项目）、企业信用评价（物业服务企业）“三位一体”的会员服务体系。“三位一体”服务体系自2019年推行以来，从推行情况看，从管理人员、项目、企业三个层面都有效提升了物业服务企业的管理质量和经营水平。深入推进“三位一体”服务体系的运用，要深入该体系在运用上的广度和深度，一是打开在协会会员和非会员间的服务差异化，变服务会员为服务行业、服务社会，把质价相符服务机制在全省全行业中广泛推行及运用；二是通过项目经理人制度逐步建立和完善物业管理行业基础人才培养动态跟踪服务机制；三是物业项目星级评定，项目经理人管理水平等级评定，行业企业信用评价结果要互为前提，有效串联，实现无缝式对接，构建结构完整、细节到位、运转有效的闭环式服务体系。

3. 有的放矢，开展多层次全覆盖学习培训

定期组织物业管理行业培训和主管部门业务知识培训，精心编制培训方案和学习资料，设置课程安排，邀请专家授课。以《湖南省物业管理条例》的实施贯彻为契机，行业主管部门坚持抓好各类人员培训工作，组建宣讲团，编写培训教材，统一安排授课，实现对物业管理人员、物业管理政策法规及业务培训的全覆盖，夯实业务基础；对各级物业管理行政人员进行业务强化培训，提高依法行政的专业素质和能力。

4. 搭建合作交流平台，聚力推动行业发展

湖南省房地产业协会牵头建立沟通平台，联合优秀物业服务企业，鼓励企业开展相互之间的考察学习、交流合作，鼓励合作共赢，重构物业服务价值体系。同时，行业协会可以发挥会员单位的人才优势、管理优势、实践优势等，承接政府主管部门的课题项目，对行业发展的热点重点问题进行研究，为各项法规制度的出台和各项举措的实施奠定理论和实操基础。

（四）企业方面

中国将积极实施标准化战略，以标准助力创新发展、协调发展、绿色发展、开放发展、共享发展。我国已进入服务业主导的经济发展阶段，服务业的高质量发展，重点是服务业的转型升级，提质增效。作为服务业领域之一的物业管理行业，应积极探索具有行业特色的新型标准体系建设，为实现更有效率、更加公平、更可持续的行业高质量发展彰显战略性引领作用。

1. 加强人力队伍建设，提升物业服务水平

物业管理工作的本质是为人提供服务，在新时代，物业管理行业面临的将是人才的竞争，建立起一支具有高素质、高学历、先进服务理念、服务技能专业化的团队至关重要。同时，企业应该建立绩效考核体系和奖惩制度，提升薪酬待遇等。

2. 创新盈利模式，寻找新的利润增长点

物业管理的产业链上有很多的环节，并且物业服务具有巨大的业主（消费者）的资源，物业服务企业可以利用自身的优势，充分利用业主资源，掌握用户资源，挖掘用户价值，构建生态圈，提供令业主满意的品质服务和延伸服务或者更多特色服务。在资源整合方面，物业服务企业可以对部分自身存在短板的服务与第三方机构合作，将某些服务内容外包给第三方或者成立独立公司，以提供更专业化服务。

3. 践行绿色发展，赋能城市可持续发展

物业管理涉及房屋及其配套设施设备的维修、

养护和对环境的管理，通过抓好物业管理的各个环节，能够节能、节水、节电及促进资源的循环利用和环境的改善，对保护环境和建设节约型社会做出贡献。物业管理公司应在实施能源管理服务的过程中利用国家及地方政府的节能减排相关政策，结合自身设备运行管理经验，创立能源服务新模式，为客户提供全方位、系统性、综合的能源管理服务，为打造绿色物业增添很多可能性。

物业服务作为城市管理的重要组成部分，有着巨大的发展潜力，也存在众多的问题和困扰。我们相信，只要政府、企业、业主三者联动，终能找到解决行业困境的出路，把物业服务推上一条健康发展之路。

长沙市物业管理行业发展报告

长沙市物业管理协会

一、行业发展概况

2019年，长沙市物业管理工作在长沙市住房和城乡建设局的坚强领导下，以全面贯彻落实《关于全面推进物业管理工作的实施意见》（长办发〔2016〕20号）为中心，强化党建引领，努力提升服务水平，各项工作稳步推进。

一是行业监管机制得到理顺。根据《实施意见》的工作要求，在市人民政府、区（县）市人民政府、街道办事处成立了物业管理联席会议机制，街道办事处成立了专门负责物业管理的机构，社区配备了物业管理专职社工，物业管理工作纳入绩效考核。基本形成了市、区县、街道（乡镇）、社区（村）四级物业监管工作格局，行业监管与属地管理基本实现了有机结合。

二是行业规模稳步增长。现代物业管理自20世纪90年代初进入长沙以来，随着城市化进程的加快、房地产行业的蓬勃发展和机关后勤社会化的持续推进，取得了长足的发展和进步。截止2019年底，全市共有物业服务企业1260家，共管理各类物业项目860余个，总建筑面积累计达到1.98亿平方米。

三是市场活力显著增强。随着物业管理市场的不断成熟和发展壮大，特别是近年来资本市场对物业服务企业青睐有加，物业管理行业进入了一个高速扩张期，物业管理市场逐步趋于激烈，市场活力显著增强。长沙本地物业服务企业努力进取、积极有为，在2019年，我市有24家企业成功上榜“全国物业管理行业综合实力500强”，企业上榜数量位居全国第六。

四是行业诚信体系建设效果初显。在物业服务企业资质管理制度取消之后，长沙市住建局出台了《长沙市物业服务企业及项目经理信息管理暂行办法》，将物业服务企业和项目经理纳入行业信用体系，加强事中事后监管，通过对物业小区服务品质、投诉处理和属地意见进行综合评价，每季度对物业小区进行考核排名，对排名靠后的物业服务企业和物业小区予以通报。截至2019年底，通过住建系统诚信曝光台在《长沙晚报》对19家失信物业服务企业予以曝光，起到了较好的震慑效果。

二、协会主要工作

2019年以来，长沙市物协在市住房和城乡建设局的正确领导下，继续按照市委市政府《关于全面推进物业管理工作的实施意见》的要求，提高政治站位，以落实年初工作任务为中心，以服务行业发展大局为重点，各项工作稳步推进。

（一）提高政治站位，加强协会自身建设

坚持党的领导是新时代下对社会组织的新要求。一是提升思想认识。为认真学习贯彻党建工作要求，以提升党组织思想认识为重点，每月组织党支部开展党建内部学习会和民主生活会。2019年3

月 29 日，组织党员前往雷锋纪念馆共同开展“不忘初心、牢记使命”主题活动日。7 月党的生日前后，连续组织多批次行业党员赴贵州遵义开展长沙市物业管理行业红色之旅专题党建学习活动，共同回顾伟大历史转折时期党的艰苦奋斗岁月。通过实地参观学习，接受革命历程的洗礼，不断提高思想认识。在 6 月底，中共长沙市社会组织综合委员会召开的庆祝建党 98 周年大会暨社会组织党务培训会上，长沙市物协党支部书记荣获长沙市社会组织系统“两争一创”先进个人。二是积极参与扶贫工作。6 月 15 日，在国务院扶贫办的指导下，中国物业管理协会组织召开了“社区的力量”消费扶贫攻坚战专项行动启动大会，号召全行业共同参与扶贫攻坚，长沙市物协第一时间相应、组织全市 20 多家大型企业报名参战，积极动员业主参与消费扶贫，取得了全国第 13 名的好成绩。另外，长沙市物协党支部联合湖南省人社厅法规处党支部来帮扶、看望 70 多岁的物业管理行业保洁员周荼英。

（二）组织行业调研，改善行业发展环境

积极开展行业调研是倾听行业发展呼声、及时反馈行业发展诉求、改善行业发展环境的重要举措。一是组织开展立法调研。长沙作为全国 46 个生活垃圾强制分类重点城市之一，垃圾分类工作得到了长沙市委市政府的高度重视。为更好的推动垃圾分类工作的开展，长沙市生活垃圾管理条例纳入了长沙市人大的立法议程。长沙市物协组织对全市物业小区开展垃圾分类的情况进行了摸底，共收集了 350 家企业、932 个项目参与垃圾分类的情况，为行业垃圾分类工作和立法调研开展提供参考数据。同时，邀请长沙市人大法工委、长沙市司法局、长沙市城管局的相关负责同志，与物业服务企业的代表进行面对面的座谈交流，对物业服务企业在垃圾分类过程中所做的工作、面临的困难、存在的问题和工作建议进行了交流，将行业的呼声直接反馈给了立法部门。二是开展专题调研。在 6 月 14 日住房城乡建设部调研物业服务收费机制座谈会上，长沙市物协向住房城乡建设部领导汇报了当前长沙物业管理行业收费情况，请住房城乡建设部在更高层面上对物业收费问题进行规范，维护企业发展权益。在 9 月 17 日市住建局组织召开的物业管理行业座谈会上，长沙市物协组织企业代表向主管部门汇报了当前行业存在的问题和困难。为适应新形势下，群防群治的新要求，维护安居乐业的环境，市公安局启动了“互联网＋群防群治”的新机制探索，在新机制研发设计初期，长沙市物协积极参与市公安局组织的调研会，及时反馈了物业管理行业的情况，为新机制的建立贡献了行业智慧。9 月 11 日，长沙市物业管理协会被市司法局设立为“长沙市政府基层立法联系点”。

（三）推进行业培训交流，提升物业服务品质

一是推广公益培训。重点打造“长沙物业讲堂”行业学习平台，推广公益培训，先后组织开展了《长沙市发改委住建委关于加强我市物业服务收费管理的通知》专题培训会、新时代物业管理人才培养模式研讨会、和谐社区共建专题公益讲座等主题培训，共有 3000 多人次参与了免费公益培训，有力地提升了物业从业人员的业务素质。二是推进相互交流学习。组织会员单位赴上海、深圳、广州等外地交流学习 6 批次，接待了来自遵义、东莞、湛江等外地来长交流学习 8 批次，组织行业内部交流学习 23 批次。通过相互交流学习，分享成熟经验、探讨共性问题，开拓了行业发展视野。三是发布行业动态信息。全年发行 4 期《长沙物业管理》杂志，通过协会网站、QQ 群和微信公众号定期发布了行业舆情动态 276 条，定期发布《长沙市新建物业服务项目综合数据》12 份，为物业服务定价提供参考。

（四）推荐行业品牌，发挥示范引领作用

一是推荐全国百强企业。在今年中国物业管理协会开展的全国物业管理行业综合实力 500 强评选工作中，长沙市物协积极组织本地大型企业申报，在 10 月 15 日召开的第五届中国物业管理创新发展

论坛上公布的全国500强名单，我市24家企业成功上榜，企业上榜数量位居全国第六。

二是创建湖南省星级物业项目。为加强优秀物业管理项目在全省的示范引领作用，打造行业标杆，湖南省组织开展了五星级物业服务项目创建工作，2019年，长沙市共有42个项目成功创建2019年度湖南省五星级物业服务项目，在创建数量和服务品质方面继续引领全省。三是开展长沙市“最美物业人”行业评选。2019年长沙市物协联合三湘都市报开展的“最美物业人”行业评选进入第五季，“最美物业人”逐步发展成为全市物业服务品牌。2019年度，我市共有57家企业荣获最美物业服务企业、25个项目荣获最美小区、12个项目荣获最美综合项目、20人荣获最美物业个人。

三、促进行业发展的一些思考

（一）将物业管理纳入社会基层治理体系

党的十九届四中全会提出要推进国家治理体系和治理能力现代化，物业小区作为社会基层治理的最小的一个单元，是社会基层治理的重要组成部分。在今年抗击新冠疫情的工作中，物业管理行业勇挡社会责任，积极配合街道、社区取得了遏制疫情蔓延阻击战的阶段性胜利，物业管理的社会价值得到了充分体现，也得到了各方的高度肯定。物业管理承担了一部分准公共服务，将参与物业管理活动的物业服务企业、开发建设单位、业主委员会（业主）等相关主体纳入社会基层治理体系，加强对物业管理活动的指导监督，通过基层治理体系整体统筹各方面社会资源，逐步形成物业管理参与构建“共建、共治、共享”社会基层治理的格局，提升人民群众的改革获得感，构建和谐稳定小区环境。

（二）理顺物业管理的市场机制

一是厘清物业管理的权责边界。物业服务企业是以盈利为需求的市场经济参与者，要充分认识到物业服务企业是市场主体，各级政府要创新发展思路，采用政府购买服务等方式，剥离各级政府部门分派给物业服务企业、本应由政府部门负责的社会管理事务，切实减轻企业负担。二是建立健全物业管理行业信用体系。在资质管理制度取消之后，属地管理主体责任凸显，将监管思路由门槛管理向行为监管、属地管理转变，将企业、项目、个人及服务行为纳入信用平台，使纵向的行业监管与横向的属地监督形成合力，建立健全互通有无、动态监管物业管理信用体系，是加强对物业管理事中事后监管的有效手段。三是强化对业主自治工作的监管。当前对业委会运作、对业主自管等业主自治工作的监管还存在诸多空白，要加强对业委会和业主自管的立法，加强对自治工作的党建引领，细化对公共收益、业主大会招投标、项目交接、业委会经营管理等方面的监督管理，从制度、机制、规则等方面扎牢制度的笼子，有序推进业主自治工作的规范发展。

（三）优化行业发展的舆论环境

物业管理行业作为一项民生服务性行业，直接为营造广大人民群众良好的居住生活环境而服务，但不可否认的是，物业管理的舆论环境一直不佳，在新闻媒体的宣传报道中充斥着大量的负面舆情。要改善行业的舆论环境，关键是要靠行业本身提升服务，同时，要加强舆论引导，加强对行业的正面宣传，加强与新闻媒体的沟通交流，让广大社会大众更全面、理性地看待物业管理，逐步树立物业管理行业的正面形象，提升行业的社会地位。

广东省物业管理行业发展报告

广东省物业管理行业协会

一年来，广东省物业管理行业以习近平新时代中国特色社会主义思想为指导，党建引领行业发展，以“标准建设年”为工作主题，充分发挥协会服务职能，加强行业、企业之间的沟通交流，持续规范协会组织建设与制度建设，引领行业高质量发展。特别是2020年春全国面临新冠病毒疫情，广东省物业管理行业企业全力配合政府做好新型冠状病毒肺炎疫情防控工作，较好地完成了年度工作任务。行业发展和协会建设均取得显著成效。现将广东省物业管理行业发展状况报告如下：

一、广东省物业管理行业重大行业活动与成效

（一）党建引领，健全组织，全面建立物业管理行业党组织

为全面贯彻党的十九大精神，第五届第二次常务理事会上，协会根据《民政部关于在社会组织章程增加党的建设和社会主义核心价值观有关内容的通知》（民函〔2019〕78号）要求，率先将“遵守宪法、法律、法规和国家政策，遵守社会道德风尚，践行社会主义核心价值观。协会坚持中国共产党的全面领导，根据中国共产党章程的规定，设立中国共产党的组织，开展党的活动，为党组织的活动提供必要条件”写入协会章程。2019年2月26日，中共广东省社会组织委员会委派省级协会党建辅导员到协会进行成立党支部的辅导，协会召开协会党支部成立筹备工作会议并成立筹备组；向中共广东省社会组织委员会递交了《关于成立中共广东省物业管理行业协会支部委员会的请示》及相关资料，中共广东省社会组织委员会领导对协会成立党支部进行现场考察并指导工作，现等待批复中。

2019年11月18日，当值执行会长黎家河、秘书长陈绩伟秘书长到清远市美吉特华南装饰城，调研项目党建工作。为全面贯彻党的十九大精神，2018年年会上，协会率先将党建工作要求写入章程并发布《关于进一步推进广东省物业管理行业党建工作的决定》，秘书处在协会会议室开辟党建墙，当值执行会长带队到会员单位调研、指导国企及非公经济党建工作，利用微信公众号宣传优秀企业的党建工作经验，推动会员单位加强党组织自身建设，提升了广东省物业管理行业党建工作水平，推动行业的健康发展。在当值执行会长的指导和帮助下，目前协会成立党支部申请已上报广东省社会组织党委，等待批复。

目前广州、深圳及部分市、县区协会成立了相应的行业党组织，加强行业党组织建设，引导物业管理有效开展红色物业管理活动。如广州市物业管理行业协会626家会员单位中，截止至2019年11月30日，已成立党组织的有217家（其中：党委9家、党总支部12家、党支部196家），党员人数3429人。

（二）强化培训，提升素质，推动物业服务质量稳步发展

在省行业协会组织下，配合“标准建设年”建设，加强从业人员专业技术培训，提升全员专业素质，促进物业管理行业服务质量普遍提升。一是规范从业人员岗位培训、项目经理执业资格培训。全年共举办物业管理员岗位培训班19期，培训学员1288人；举办项目经理培训班18期，培训学员1602人；物业管理从业人员岗位资格证书的换证12期共657人，为广大物业服务企业有效培养和储备行业人才。二是选聘兼职培训讲师，增强协会师资队伍。省协会专门下发“关于选拔广东省物业管理行业协会兼职培训讲师的通知”，经研究与筛选，决定聘用38名同志为广东省物业管理行业协会兼职培训讲师，协会将适时安排兼职讲师参与协会专题培训工作。三是举办“2019年粤西区域物业管理法律服务培训巡回公益大讲堂”。2019年6月26–28日，协会与常年法律顾问“广东胜伦律师事务所”联合主办的“2019年粤西区域物业管理法律服务培训巡回公益大讲堂”，先后在阳江、茂名和湛江三市开讲，来自三市各会员单位负责人、项目经理、物业骨干以及部分区县住建局、街道办、居委会相关负责人等近800人参加了本次活动。四是开展“电梯安全管理”公益培训讲座，进一步加强电梯使用安全运行管理。2019年7月26日下午，协会与广东省特种设备行业协会联合主办“电梯安全管理”公益培训讲座。近千名企业代表出席，通过举办本次讲座，进一步明确了国家相关法律法规，提升行业从业人员的电梯安全管理意识，提供了物业服务企业风险控制及保障乘梯人合法权益的解决措施，对于广东省物业服务企业强化电梯安全管理有着积极的意义。五是承办全国物业承接查验与设施设备专业岗位师资培训班。为适应物业设施设备管理的实际需求，提高物业设施设备技术人员专业素质，2019年11月19–22日，协会承办了“全国物业承接查验与设施设备专业岗位师资培训班（广东）”，培训学员共299人。六是举办“业主时代物业管家模式探索”大型公益培训讲座。2019年3月26日下午，为响应中国物协将2019年定义为物业管理行业“标准建设年”的倡议，作为今年广东省物业管理行业协会开展的“物业标准建设年”系列活动之一的“业主时代物业管家模式探索”大型公益培训讲座在广州萝岗会议中心顺利举行。本次讲座吸引了来自广州、深圳、东莞、佛山、珠海、清远、惠州、云浮、中山、江门共10个城市126家企业共500多人参加。为响应中国物协印发《关于举办第三届全国物业管理行业职业技能竞赛的通知》（中物协〔2019〕16号）的要求，创新人才培养、选拔、激励机制，为行业高质量发展提供人才保障。七是组织开展物业管理行业职业技能竞赛，提升从业人员职业技能水平。省会于2019年12月16日发出《关于组织开展2020年广东省物业管理行业职业技能竞赛的预通知》（粤物协通字〔2019〕47号），并与广东省住房和城乡建设工会委员会进行良好沟通，共同完成本次竞赛纳入“2020年度广东省职工职业技能大赛范围工种（项目）竞赛”的申报工作。

（三）搭台练功，规范引导，提升行业品牌社会认可度

物业管理行业的发展，一方面需要企业修炼内功，提升自我素质能力，不断壮大行业企业的实力，另一方面需要有优秀企业、优秀员工、明星经理人、优质服务品牌的出现，并且有一定的社会能见度、社会认可。为此，广东省物业管理协会从以下方面入手：一是继续省物业管理示范项目验收工作，树立行业标杆。在省协会组织下，于2019年11月份从专家库中随机抽调专家组成员，组成15个专家组对各市报送参加2019年度广东省物业管理示范住宅小区（大厦、工业区）的项目进行验收，认定富力新天地花园等79项目达到了省物业管理示范住宅小区（大厦、工业区）标准。二是开展系列针对壮大企业实力的行业评价、推介、分享活动，倡导诚信经营，健康发展的新风尚。如2019年9月19日在广州举行“壮丽70年·物业新时代”——

2019 广东省物业服务综合实力测评研究成果发布会，发布《2019 广东省物业服务企业综合实力测评研究报告》和《忆往昔欣荣展未来宏图——广东省物业管理行业发展大事记蓝皮（1981—2019）》，并宣布《关于表彰 2019 广东省物业服务企业综合实力测评 Top100 单位的决定》。通过测评研究，全面、客观地反映广东省物业服务企业的综合实力、发展质量和品牌价值，科学研判行业发展现状、引领行业发展趋势。再如 2019 年 5 月 22 日，协会以公益演讲的形式，携手金蝶我家云网络科技有限公司、金蝶软件（中国）有限公司和广州联合交易园区经营投资有限公司共同举办了“云端转型融合创新——走进产业园区创新标杆广州轻纺交易园”分享园区数字化实践成功案例，探讨新时代下产业园区发展新思路、新模式。还有 2019 年 11 月 29 日，协会协办的第五届品质住宅物业管理发展论坛暨第五届品质住宅物业服务企业联盟年会在广州召开，围绕“创新赋能，共创美好”主题进行深度、综合性讨论，全方位探索物业管理行业创新和稳定发展的务实之路，深入探讨物业管理行业未来发展方向。三是举办“物业管理法律咨询日活动”，以规范物业管理行为，化解物业管理纠纷，维护行业以及广大会员单位的合法权益。省会与广东胜伦律师事务所联合在协会会议室举办“广东省物业管理法律咨询日活动”，会员单位通过现场咨询、热线电话参与法律咨询日活动，围绕业主违规停车、业主相邻关系纠纷、住宅专项维修资金、物业服务企业公司用工风险等问题进行咨询，广东胜伦律师事务所律师耐心细致地进行解释并提出相应建议，为企业依法履责提供强有力的法务支持。四是举行“文化大篷车社区行暨第八届广东十大文明和谐社区活动”，和谐物业管理关系，为物业管理服务创造良好环境条件。2019 年 7—12 月，省会与羊城晚报报业集团举办文化大篷车社区行暨第八届广东十大文明和谐社区活动，今年主题为“弘扬家国情怀共享文明社区”，以唱响礼赞新中国、奋进新时代的昂扬旋律。对物业小区活动、党建建设情况、撬动社会资源参与、智慧社区、业主满意度等各方面进行评分，共建共享文明和谐社区建设经验，树立物业小区特色标杆，2020 年 1 月 3 日举行了颁奖典礼。另外中国关心下一代工作委员会与广东省物业管理行业协会不共同启动“健康中国 . 幸福社区”公益工程，让更多的物业服务企业积极参与到“健康中国行动”中。五是利用省协会力量，大力推动“一对一”精准帮扶，推动当地物业服务企业管理水平和服务质量整体提升，促进全省物业管理行业均衡发展。2019 年协会继续实施了“广东省物业服务企业帮扶计划”，推动全省物业服务企业管理水平和服务质量整体提升。为深入贯彻落实《国务院办公厅关于深入开展消费扶贫，助力打赢脱贫攻坚战指导意见》，2019 年 11 月 29 日，由中国物业管理协会、中国扶贫志愿服务促进会、广东省物业管理行业协会、易居中国主办，“社区的力量”消费扶贫攻坚战专项行动——“广东社区万里行（广州站）”在广州保利花园正式启动，来自广州、深圳、珠海、中山、东莞、佛山、清远、惠州、江门、肇庆 10 个市协会领导和物业服务企业代表参加了启动仪式。广东省物业管理行业协会当值执行会长黎家河，代表省物协向全省物业管理行业发出倡议，鼓励各协会、企业积极倡导、传播、践行消费扶贫。因协会在“社区的力量”消费扶贫攻坚战专项行动中，扶贫成果突出，荣获中国扶贫志愿服务促进会和中国物业管理协会颁发的“消费扶贫组织创新奖”。

（四）内研外联，展亮成果，促进行业共识形成

物业管理行业作为中国新兴现代服务产业，一方面需要在交流互惠中成长发展，另一方面也需要凝聚共识，解决行业深层次问题。一是通过行业博览会、交流会展示物业管理行业发展成果、精神面貌、行业气势与业界成就。省协会协助完成“2019 中国国际物业管理产业博览会”和“第五届物业管理创新发展论坛”筹备工作。2019 年 10 月 15-17 日，

“2019中国国际物业管理产业博览会”在深圳隆重举行，本届博览会以“科技赋能发展共赢”为主题，推出“壮丽70年，奋斗新时代”物业管理行业成就展。协会全力协助中国物协做好博览会暨论坛的报名工作，鼓励和发动广东省各市物协（房协）、各会员单位、业主及第三方合作单位共6000多人组团观展，展现了物业管理大省的风范，助力博览会的圆满成功。二是通过向上及省际交流，共同探讨物业管理行业发展中出现的普遍性新情况、新问题、新事物，以互相学习借鉴，共同应对。如参加五省市友好协会专题研讨会。根据《五省市友好合作协议》，2019年11月15日上午，“渝沪京津粤五省市物业管理行业交流促进会”在重庆召开。协会当值执行会长黎家河作《广东省物业管理行业“智慧管理”现状及发展趋势》演讲，从广东省物业管理行业现状，“智慧管理”现状及发展趋势，转型升级的方案等，阐述了广东的智慧管理情况，期望五省市友好协会继续加强交流学习、深化友好关系、增进各方友谊。又如真诚接待友好协会来访，并真心交流。2019年，澳门物业管理业商会、澳门不动产管理专业技术人员协会。2019年协会领导还应邀出席上海市物业管理行业协会主办的“2019上海国际建筑业主与物业管理产业展览会高峰论坛”，贵州省物业管理行业发展25周年庆祝活动，与广西贵港市物业管理行业协会交流等。三是通过调研会、座谈会、专题调研能方式发现本省物业管理行业发展中的问题和困难，如召开“2019年广东省物业管理工作座谈会”，到河源市物业管理行业协会、阳江物业服务行业协会、茂名物业管理行业协会、湛江物业管理行业协会、肇庆房地产业协会交流、清远市物业管理行业协会、梅州物业管理协会进行友好沟通交流。肇庆市房地产业协会、汕头市物协的会长、秘书长带队到访协会，与协会领导进行了友好交流、经验分享。四是配合政府行政主管部门开展专题座谈调研活动。如2019年8月6日下午，广东省社会组织管理局监管处处长陈炯生一行四人前往协会开展“不忘初心，牢记使命”专题座谈调研活动。2019年12月27日下午，广东省住房和城乡建设厅副厅长郭壮狮、住房发展与房地产市场监管处处长陈必暖一行四人莅临协会调研指导工作。2020年3月27日下午，广东省住房和城乡建设工会委员会主席郭建华、一级主任科员史红杰莅临协会调研工会建设和技能竞赛工作。2019年9月6日，2019年广东省物业管理工作座谈会在中山市成功召开，来自全省共22个物业管理行业协会、房地产行业协会的会长、秘书长或其代表共60多人齐聚一堂，交流各地市物业管理发展现状及经验，共同探讨如何在新时代迎头赶超，让广东省的物业管理继续走在前列，更好地发挥行业协会的桥梁纽带作用，凝聚广大会员单位，加强行业自律管理，进一步提升物业管理行业的整体服务水平。各市物（房）协代表对广东省物业管理行业健康发展各抒己见，建言献策，统一认识，实现了全省“一盘棋”。另外省协会为贯彻落实国家、省关于城市房屋使用和消防安全的工作部署，进一步加强岁末年初物业管理区域安全管理工作，根据广东省住房和城乡建设厅《关于开展物业管理区域房层使用和消防安全调研的通知》，协会于2020年1月15日至17日，组织专家配合省住房和城乡建设厅领导赴广州、清远、佛山、中山、肇庆、云浮、汕头和汕尾八个城市开展物业管理区域安全防范工作调研。

（五）固地守责，不辱使命，出色完成公共防疫任务

面对2020年新型冠状病毒疫情，全省物业管理行业企业从业人员，固守城乡各个物业管理区域——这个阻隔疫情扩散的最后堡垒阵地，在缺少物资、资金保障，防疫条件保障的条件下，履行职责、不辱使命，出色完成了小区隔离公共防疫任务。一是抗疫战中的协会发挥了协调中枢作用——成为物业人的坚强后盾。疫情就是命令，防控就是责任。自新型冠状病毒感染的肺炎疫情发生后，协会深刻认识疫情防控工作的重要性和紧迫性，切实把思想

和行动统一到习近平总书记关于疫情防控工作的重要指示精神上来，全力配合做好疫情防控工作。主要做法：

1．大力倡导 高度重视疫情防控工作

1月27日第一时间发布向各市物业管理行业协会（房地产业协会）、各会员单位发出《关于紧急向武汉市物业管理协会捐赠新型冠状病毒肺炎疫情防治所需医护物资的倡议书》。1月28日，协会迅速向各市物业管理行业协会（房地产业协会）、各会员单位、物业服务企业转发《广东省住房和城乡建设厅关于印发新型冠状病毒感染肺炎疫情防控工作指引的通知》，要求会员单位启动应急预案，成立疫情防控领导小组和工作小组，加强物业管理区域疫情防控措施，形成疫情防控的强大力量。1月30日，协会迅速向各市物业管理行业协会（房地产业协会）、各会员单位、物业服务企业转发《广东省住房和城乡设厅关于加强废弃口罩管理做好新型冠状病毒感染的肺炎防范有关工作的紧急通知》，要求物业服务企业务必重视疫情防控，加强卫生环境管理，做好应对和保障措施。

2．发布指引 提供疫情防控指导

2月5日，协会组织业界专家协助省住房和城乡设厅制定并发布《广东省物业管理区域新型冠状病毒感染的肺炎疫情防控工作指引（试行）的通知》，为物业服务企业做好应对新型冠状病毒肺炎疫情联防联控工作提供参考指引。从1月27日开始，积极做好舆论宣传引导和信息报送工作。充分利用协会微信公众号、网站和会刊，在行业内深入宣传党中央和省委、省政府和行业主管部门重大决策部署并抓好贯彻落实，积极发掘和广泛宣传本行业和会员单位在疫情防控等方面的先进典型和感人事迹，充分展现团结一心、同舟共济、共克时艰的良好精神风貌，不断凝聚起众志成城抗疫的强大力量。

3．为行业发声 呼吁社会各界和政府关注

2月4日，协会发出《致全省社会各界人士、物业服务企业、物业人和业主们的一封信》，向昼夜奋战在疫情防控第一线的物业人表示慰问，号召全省物业党组织、物业党员干部们充分发挥基层党组织战斗堡垒作用和共产党员先锋模范作用；希望社会各界和业主朋友们对物业再多一份理解和支持，配合物业做好防疫措施；呼吁政府相关部门精准施策，将社区防控纳入公共管理范畴。2月24日，协会向广东省住房和城乡建设厅提交《关于在新型冠状病毒疫情防控期间向物业管理行业提供政策支持的请示》，反映广东物业管理行业在此次防疫中的突出表现，真实、客观地列举各类型广东省物业服务企业在抗疫期间各项支出的数据，反映物业服务企业疫情防控面临的困难、应对危机的相关措施、需求及建议。

4．多措并举，助力一线疫情防控

严峻的疫情传播形势下，全省物业服务企业都面临着口罩、消毒液短缺的困境，协会身体力行，多渠道为防疫一线争取防疫物资，千方百计从多个途径收集防疫物资生产商、供货商信息，提供给各市协会和会员单位。2月21日，协会向保利天悦花园项目捐赠“红外高精人体测温门”一台（价值7万元），为该项目物业人员和业户提供防疫安全保障。省物协在疫情防控关键期间，担当作为，提供防疫要点和防疫物资购买途径，得到会员单位的认可。3月2日，广州市宁骏物业管理有限公司还为协会送上一面写着“心系会员，热忱服务”的锦旗。

（六）健全组织，规范内务，将协会建成行业发展的加油站

行业协会的发展需要全体会员的努力，作为行业自愿结合体，应当在发挥会员作用和协会组织组织作用方面做更专业的建设工作，既是团队建设，也是行业发展的加油站建设。一是要不断发展会员，有会员才有生机、才有力量。要通过发展优秀物业服务企业入会，增强协会的影响力、凝聚力和向心力。本年度新增会员单位55家，截止至2020年3月11日，已有会员单位955家，同比增长6.1%。二是宣传工作稳中向好。协会通过微信公众号、网站和杂志及时报道最新的政策法

规、会员单位新闻动态及行业热点、难点，持续为行业输送正能量。2019年是建国70周年，协会宣传工作紧密围绕“壮丽70年·物业新时代”主题展开，通过主题征文、深度专访多维度着力宣传年度主题工作。《广东物业管理》会刊立足行业的改革发展，围绕协会中心工作，聚焦热点难点问题，深入行业、走进企业，歌颂物业管理行业所取得的成就，总结物业管理行业发展的成功经验，树立物业管理行业的优秀企业典范，集中展现广东省物业管理行业发展成就和开拓创新实力，为建国70周年献礼。三是持续规范协会组织建设与制度建设。如圆满完成第五届第二次理事会暨会员（代表）大会。按照协会章程规定，在广东省住房和城乡建设厅、广东省社会组织管理局的领导和指导下，协会于2019年4月19日召开“第五届第二次理事会暨会员（代表）大会”，审议通过《广东省物业管理行业协会章程(审议稿)》《广东省物业管理行业协会会员积分管理办法（审议稿）》《广东省物业管理行业协会标准化建设工作委员会和组成人员名单》《关于表彰2019年全国物业管理职业技能竞赛决赛广东参赛选手的决定》等重要事项，对2019年度广东省物业管理行业协会“最佳会员”和“优秀会员”和广东省物业管理行业读书征文活动优胜者进行了表彰。又如召开“第五届第二次常务理事会”。2019年7月19日，协会在珠海举行“第五届第二次常务理事会全体会议”，会议审议通过：成立综合实力测评评审委员会和组成人员名单；修改《章程（审议稿）》；呼吁成立协会党支部；调整原有的专业委员会架构及委员会成员的议案；组织2019年省示范项目验收。再如召开“第五届第三次常务理事会”。2020年2月17日，协会发出《关于以通讯形式召开广东省物业管理行业协会第五届第三次常务理事会会议的通知》（粤物协通字〔2020〕7号）。针对疫情期间，物业服务企业全力投入防疫战，在疫情防控中发挥的作用至关重要，同时也面临着巨大的成本压力和防疫物资缺乏的困境等问题，请各常务理事以上单位填写反馈意见表，由秘书处统计常务理事以上单位在此次疫情防控期间各项支出的数据，向有关政府部门真实、客观地反映行业在疫情期间的投入及面临的困难，为行业争取财政补贴、相关税费减免等支持政策提供依据。四是组建专业委员会，行业专业化发展。为加强对广东省物业管理行业标准化建设的专门研究和技术指导，协会于第五届第二次理事会暨会员（代表）大会上成立“标准化工作委员会”，同时根据广东省物业管理行业协会第五届第二次常务理事会的决议，协会正在着手成立“物业维修资金研究专业委员会”“物业管理行业发展研究中心”“法律政策咨询委员会”，重组“设施设备专业委员会”，协会分支机构增至5个，覆盖领域扩大，产业深度增强，这将有利于开展各项专业研究工作。五是持续加强自身建设，服务能力显著提升。在当值执行会长的带领下，协会秘书处工作人员服务意识得到有效提升，服务会员能力、内部治理能力逐步提高，执行力、战斗力进一步增强。针对内部规范管理进行专项研究，完善协会内部财务内部管理制度，制订差旅费管理规定和接待费管理规定。

2020年是全面建成小康社会决胜年，也是“十三五”规划收官之年。站在“两个一百年”奋斗目标的历史交汇点上，做好物业管理工作至关重要。协会将继续坚持以习近平新时代中国特色社会主义思想和党的十九届四中全会精神为指导，以加强行业党建工作为引领，落实“制度建设和治理能力建设”的工作要求，以行业标准化建设为重点，践行“粤港澳大湾区”发展战略，实现物业管理服务向高质量发展。

二、广东省物业管理行业仍然存在的主要问题

（一）物业管理区域党建工作，仍然需要加强

十九届四中全会以来，党中央国务院对物业管

理行业更加重视，物业管理成为社区治理体系和能力建设重要阵地和抓手，习总书记2019年初在北京视察物业服务站，看望物业职工，表明物业管理行业的极端重要性。新型冠状病毒疫情发生以来，党组织的战斗堡垒作用和党员的先锋模范作用更加凸现。“红色物业”的一年来，广东省物业管理行业在基层党建方面做了大量探索，随着行业党委的建立，基层物业管理项目管理服务中心、业主委员会、物业管理区域党组织也开始建设，“红色物业”开始壮大发展，但在物业项目区域，党建工作仍滞后，成立党组织较少，党组织的覆盖面、普遍性不够。主要原因：一是观念没有更新，缺少主动性，认为党建工作是社区的事，是党组织的事，物业公司没有能力参与。二是社区党建工作缺少基础，城市社区相关工作缺少配套制度。三是社区党员没有很好地组织，缺少活动抓手。

（二）物业服务企业在社区公共管理服务中地位不高、资源不够

新型冠状病毒疫情发生以来，物业管理作为社区治理的基础和平台的功能作用，初步得到社会的认可，部分地方政府部门和官员也开始认可物业管理在突发公共事件处理中的重要作用，一些地方政府还给予政府资金补助，如深圳市。但是疫情过后，这种政策并不能长期实行，没有从根本上改变物业管理在社区公共管理服务中被动尴尬的地位：需要就出现，不需要就“隐身”。主要原因：一是物业服务企业参与社区公共管理服务政策落地问题没有解决。主要是要落实财政部《政府购买服务管理办法》，让物业服务企业参与政府购买社区服务。二是物业管理作为社区公共管理服务产品的主要提供者，缺少政府的资源支持，没有将物业管理纳入社区公共管理服务体系进行支持，而突发性事件，如新型冠状病毒疫情的出现，又普遍给物业服务企业增加运营成本，增幅大约在10%～30%，致使企业因疫情而亏损，除个别城市外，基本上没有政府资金资助。三是行业从业人员队伍素质偏低，人才缺少公共管理服务人才。物业管理关系协调不够顺畅，制约了行业的转型发展和业务拓展。

（三）物业管理费动态调整机制没有形成，物业管理经费困难制约行业品质提升

物业管理经费方面问题一直是困扰物业管理行业企业发展的瓶颈问题。一是物业收费标准低和收费率低。由于物价上涨和人口红利减少、广东省最低工资标准的提高等原因，使广东省物业服务企业人员工资等各项成本不断上调；国家发改委在2014年12月发布了《关于放开部分服务价格意见的通知》，明确放开对非保障性住房物业服务价格，和住宅小区停车服务等多项服务价格，但物业服务企业与业委会协议价能力依然薄弱，收费率普遍较低，全省物业服务企业大多处在微利或亏损的边缘，生存举步维艰，成为遏制行业生存发展的主要因素。由于物业服务费普遍低廉且长期得不到提升，从业人员对与社会经济发展相符的福利待遇难以得到满足，从而产生消极心态，对行业丧失信心，作为劳动密集型企业的物业管理行业面临从业人员严重流失的尴尬境地；企业不得已采取压缩人员、放宽人员聘用要求以控制成本的方式自然导致行业整体服务水平停滞不前甚至严重下降，费用入不敷出导致物业服务工作不能尽如人意，纠纷不断，拒缴和拖欠管理费的情况比比皆是，进一步影响企业的正常经营，形成恶性循环。二是代收代缴费用问题依然对物业服务企业产生很大影响。目前水电费收取、管网线损等依然由物业服务企业承担，人力、物力的投入和不应由其承担的经济损失，严重影响企业的正常经营。近期价格行政主管部门颁布电价新规，台变电价的取消，使代收代缴电费企业增加了更多包括线损在内的服务成本。三是房产开发企业对物业管理行业的影响和掣肘依然存在。主要包括：项目规划时未充分考虑房屋交付后物业管理的实际运营成本，特别是公共水电能耗方面，导致物业承接后管理费入不敷出，造成后期部分景观因成本问题不能正常使用；为满足售楼业绩目的，而过多控制

前期物业管理费定价标准，加上部分销售人员的虚假宣传和无法兑现的承诺，引起业主不满，影响物业服务质量；建设单位（甲方）对遗留问题（特别是房屋质量问题），购房人大多无法明确类似问题的具体处理流程、接待和处理的具体部门、人员、处理时间等，加上未能严格执行承接查验程序，导致所有问题都转嫁到物业服务企业身上；对于未售出或甲方自有产权部分应缴管理服务费，仅体现在账面上或实际上从未缴纳，影响物业服务企业的资金运作。

（四）业主“自治”管理和单方维权对物业经营管理环境优化不利

近年来，出现业主自治排斥物业管理的现象，还有业主片面行使诉讼撤销权问题。一是关于业主自治，主要是个认识问题，“自治”是个政治概念，是公民（市民、居民）权利的在国家（城市、社区）不同社会层面的具体实现方式，在我国主要表现为基层居民（村民）自治，是一种包含政治、经济、社会、文化、生态等各方面内容的权利。但是业主只是产权主体，是一种经济权利，其实现只能在经济层面，通常是通过业主行业管理方式实现其共有所有权、共同管理权，而非居民（更非市民、公民）基层自治权利，所有过去习惯讲“业主自治”是一种错误的表述，引起业主组织无限扩大自身权利，以业主自身的产权权益侵蚀社区居民自治权利，造成物业管理关系和社区治理关系混乱不清，边界不清，引发社区治理、居民自治和业主自行管理上的矛盾纠纷。二是关于业主滥用诉讼撤销权问题。近年来，一些物业管理区域出现物业管理纠纷时，业主常常运用诉讼撤销权，请求撤销“无效”物业服务合同和物业管理服务行为，主要认为相关情形没有履行合法法定手续、或程序不规范、或主体不合规、或没有经过业主同意等，但实际经法院审理，原告业主基本败诉，或因被告诉方证据充分，或原告缺少证据或本身就没有法律依据。出现这种情况主要是业主物业管理意识不强，物业管理知识不足，也缺少对物业管理工作的尊重，同时没有现代社会议事协商的观念，奉行“我不同意就不行”的专制主义观念和“家长制”行事作风，对物业管理区域经营管理环境的优化非常不利，应当引起全行业的重视。

（五）基层物业管理服务缺少行政监管和规范化、可操作性标准、规程

物业管理政策法规的落实需要基层行政管理和项目管理处项目管理的规范化、标准化。但是目前这两个问题都没有得到很好解决。一是基层物业管理行政机构和人员缺乏。深圳市原来在基层街道办事处有物业管理科，配有 3 ～ 5 名专职物业管理人员，现在一些街道办事处物业管理科没有了，物业管理人员减少，职能并到其他科，物业管理最后一公里弱化了。而其他地方街（乡镇）基本上是既无物业管理科，也无专职物业管理人员，物业管理最后一公里问题没有解决好。物业管理体制改革在宏观上是要发挥市场机制的作用，行政部门要转变职能和管理方式，通过事前事中事后监督管理，通过行业自律、企业诚信经营、信用管理来推进物业管理服务市场的发展，但是在微观社区，物业行政管理则是要加强监管。因此，弱化基层物业行政管理是一种认识问题。“宏观要用无形手，微观要用有形手”才是正道。二是基层物业管理工作缺少规范化、可操作性的标准、规程。其一是对相同的问题由于专业知识素质和修养的原因，基层社区人员、物业管理人员理解不一致，业主和物业服务企业认识不一致，导致部分行业纠纷和问题无法及时解决。如对《广东省物业管理条例》第 25 条规定的“按时交纳住宅专项维修资金和物业服务费用”如何认定的问题。其二是前期物业管理协议过期后，无论是由原物业服务企业续签合同，还是由业主大会表决确定新的物业服务企业，如建设单位已注销或无法查找、联系，且业委会未成立或换届不成功的情况，则无法确定合同甲方。虽然目前政策法规对基层社区居委会有授权，但大多不愿担责，导致

无法签订合同。其三是关于分期开发项目中后续各期招投标问题，目前的做法是如果只有一份总规图，无论前面开发各期是否仍处于前期协议期间，均须将前后各期全部打包招标，造成合同有效期内项目重复招标，同时也增加了企业招标代理费用。其四是住宅专项维修资金的使用申请难，特别是老旧项目无法全部归集到位，初审即无法通过，同时还存在业主参与表决使用维修资金积极性不高的问题，导致维修资金利用率不高。对于重要设施设备（如电梯、消防等）的紧急维修，物业服务企业也无法垫支，要业主分摊更是难上加难，存在严重安全隐患，不仅使物业服务企业无奈背上管理不善的“黑锅”，更直接影响相关业主的正常生活秩序。主要原因是由于我们的制度设计出现问题。业主集体决定的事项，主要决定权益事项，而不用决定效率事项。如住宅维修资金向谁筹，收缴标准，总量，谁保管、谁使用、谁监管、使用依据、使用程序和方法等涉及权益的事项应由业主大会集体决定，而什么时候使用、需要支出多少、怎么采购材料、谁来实施维修等属于效率的问题交给市场，应由业主委员会或物业服务企业来运作，业主委员会实施监督或物业公司透明运作，政府管理机构不应在程序上设卡，相关部门不应要求业主大会就此再做表决。

三、广东省物业管理行业未来发展的设想

2020 年是全面建成小康社会决胜年，也是“十三五”规划收官之年。站在“两个一百年”奋斗目标的历史交汇点上，做好物业管理工作至关重要。协会将继续坚持以习近平新时代中国特色社会主义思想和党的十九届四中全会精神为指导，以加强行业党建工作为引领，落实“制度建设和治理能力建设”的工作要求，以行业标准化建设为重点，践行“粤港澳大湾区”发展战略，实现物业管理服务向高质量发展，重点做好以下各项工作：

（一）积极融入社区公共服务体系，在抗疫等突发公共事件应急处理中凸现物业管理价值

2020 年春天，一场不期而遇的疫情让广东物业人投身于没有硝烟的战场。“治疗一线在医院，防控一线在物业”！疫情发生以来，全省物业管理行业迅速响应党和政府号召、认真贯彻落实疫情防控部署，将社区疫情防控作为首要工作任务。1 万多家物业服务企业、100 多万物业“逆行者”昼夜奋战在疫情防控第一线，不顾安危、不讲条件、不辞辛苦，牢守社区安全防护最后一公里，为守护人民群众的健康安全做出了重要贡献。从国家卫健委统计数据来看，新冠冠状病毒感染肺炎疫情蔓延态势已得到有效遏制，病例新增趋势逐步减少、逐步放缓，治愈数量逐渐增加，全国疫情防控效果显现，大量轻症者得到及时救治。这是一场艰苦卓绝的战役，广大物业人为守护社区安全付出很多，也彰显了物业管理专业服务的价值。在疫情防控最后的攻坚期，应继续做好三方面工作：一是要积极响应党和政府主管部门关于疫情防控的重要指示，继续切实履行物业管理行业的社会责任和管理责任；二是要一如既往践行行业使命，为企业减负而呐喊，为政府主管部门提供制定扶持政策的建议，三是要坚持传承抗疫精神，大力宣扬学先进、树典型，针对当前抗疫一线中特别是社区联防联控、群防群治中涌现出的优秀物业服务企业和个人进行表彰，在全行业推动形成崇尚典型、学习典型、争做典型的浓厚氛围，凝聚起打赢疫情防控阻击战的磅礴力量。

（二）强化党建引领 以基层党组织建设和红色物业，推进物业管理区域社区治理体系和能力的全面提升

党建工作是新时期物业管理工作的核心和灵魂工作，是实现微观社区治理有序化的基础和保障。因此，新一年要做好如下几项工作：一是要加快推进省物业管理协会党支部的成立，加强与中共广东省社会组织委员会沟通，尽快将协会党支部成立落

到实处。同时推进全省物业管理行业党组织建设、业主委员会党组织建设。补齐社区治理物业管理短板。二是推动党建工作与协会工作融合发展。充分发挥党建与协会深度融合的积极效应，坚持把抓好党建作为促进协会发展的出发点和落脚点，搭建会员单位党建学习交流平台，促进会员单位党建质量。探索创新工作方式方法，把党建工作融合到协会工作的方方面面，在加强行业自律、协调政企关系、维护业主合法权利、促进行业高质量发展中，以党建促发展，以发展强党建，实现二者共同发展。同时树立红色物业典型，推进红色物业在广东省大发展。三是进一步发挥协会组织的在会员之间有桥梁纽带作用。坚持问题导向，通过开展会员调研、座谈会等形式，把理论学习和发现问题、解决问题相结合。在协会微信公众平台开设“加入协会”和“征求意见”专栏，建立畅通的会员沟通机制，指导好会员入会的操作流程，搭建好会员反映行业问题和企业诉求的平台，及时了解会员动态和实际问题。依托行业内省市人大代表、政协委员，聚焦企业党建工作、省物业管理条例修订、信用体系建设等集中反映的突出问题，向地方“两会”提交提案，并报送相关政府部门。

（三）坚持诚信为先，加强行业自律管理，推进物业管理规范发展，不断优化市场秩序

适应物业管理体制改革发展需要，强化市场机制对物业管理行业的主导作用，不断优化市场秩序。一是广泛开展社会诚信和正能量的宣传。重点办好《广东省物业管理行业自律管理暂行办法》一系列相关行业自律制度的宣贯培训班，营造“有信者荣、失信者耻、无信者忧”的行业氛围，让诚信受奖、失信受罚，严重失信曝光，引导企业诚信自律，兑现服务承诺，为广大业主指供良好的服务，促进物业管理行业健康、有序发展。让全社会真正了解物业管理行业对建设和谐社会的巨大作用和贡献，提高业主对行业的满意度，提升行业在社会的公信力。二是成立“广东省物协自律管理专门委员会”。为有效履行行业自律管理职责，省物协将贯彻落实《广东省物业管理行业自律管理暂行办法》《广东省物业管理行业自律管理惩戒实施办法》和《广东省物业服务企业失信名录管理办法》的规定，组织行业专家、学者、律师团队，成立“广东省物业管理行业协会自律管理专门委员会”，加强监督的力度，对违反行规的企业启动惩戒措施，包括：自律管理措施和纪律处分，以树立行业的整体诚信形象。三是推动物业行政体制改革，完善物业管理组织体系，重点解决市、区、街镇物业行政机构设置、人员编制和经费预算问题，应根据物业行政管理体制改革的要求，改变过去行政力量不足，行政监督管理缺位问题，还要加强对物业管理服务主体的教育培训，做好《民法典》有关物业管理服务方面内容的宣传普及教育培训工作。

（四）坚持人才战略导向，以“能力建设年”全面推动物业管理人员素质能力全面提升

广东省物业管理从业人员的素质问题仍然是制约物业管理服务水平的提升的瓶颈问题，应当持续不懈地做好全行业培训工作。一是提升行业发展的基础服务能力。响应国务院办公厅印发的《职业技能提升行动方案（2019—2021 年）》，加大力度开展对行业从业人员岗位继续教育培训及项目经理执业技能提升行动，强化物业管理项目经理的职业能力建设，研究制定物业管理项目经理岗位技能等级评价制度，构建项目经理岗位技能评价体系，组织项目经理岗位技能等级认证考试、开展等级评价和继续教育，着重提升物业管理项目经理的职业素质和经营管理能力。二是推动设施设备管理节能、降耗、减排工作。根据物业管理工作的实际需求，提高物业承接查验操作水平，提升设施设备技术人员专业素质，为各地开展物业承接查验与设施设备专业岗位技术人员的培训工作培训师资队伍。协会将配合中国物协在 2020 年举办一期“全国物业承接查验与设施设备管理专业岗位师资培训班（广东）”。三是增强行业发展的风险防范能力。与常

年法律顾问单位——广东胜伦律师事务所搭建物业管理行业法律政策工作平台，开展法律法规的专业政策解读、业务指导和普法宣传，推动行业矛盾纠纷多元预防调处化解机制的建立和完善，引导会员单位以调解为抓手，积极化解矛盾纠纷。研发相关课程培训，重点挖掘和分析疫情防控风险、人身、财产安全风险，停车场责任风险，消防事故及隐患风险，物业主体及设施设备运行风险，公共区域安全隐患，经营管理风险等方面的典型案例，强化行业和企业依法防范风险的意识和能力。协会将与常年法律顾问“广东胜伦律师事务所”联合举办“2020年粤西区域物业管理法律服务培训巡回公益大讲堂”。四是巩固行业发展的协同能力。着力解决行业区域发展不平衡不充分的问题，制定针对物业管理基础薄弱地区的培训计划，根据各市物协、房协提出的需求，采用免费“送教上门”等形式，按需增加培训内容和班次，创新巡讲组织方式和演讲内容。搭建珠三角与粤东地区、粤西地区的物业交流沟通学习平台，通过“公益讲堂”“对标学习”等形式将行业发展的新趋势、新理念、新技术等“带进去”，促进物业管理区域协同和城乡统筹发展。策划建立行业头部企业经验输出与中小型物业服务企业合作共享机制，通过科技赋能，提高中小型物业服务企业的管理效率和工作质量。五是促进行业产教融合深化发展。加强与前海勤博教育科技（深圳）有限公司的交流与合作，推进国家开放大学现代物业服务与不动产管理学院学科专业建设课程建设和招生工作，推进广东物业管理行业产教融合、校企合作，实现学校培养与企业用人的有效衔接。发挥网络教育和人工智能优势，创新培训和学习方式，培养多层次、高素质的人才队伍。针对行业不同层级人力资源的发展需求，构建更具包容性、更加开放灵活的行业终身学习的培训体系。

（五）坚持团结、鼓励、正面宣传为主，建立行业宣传大格局，改变物业管理行业形象

物业管理行业形象在此次新型冠状病毒防疫工作中有了很大改观，但如何形成整体效应，彻底改变物业管理形象是值得大家思考的重要问题。接下来我们仍然要做好主动、积极正面的宣传工作。一是以“能力提升年”建设工作为核心，坚持正确舆论导向。重点宣传国家全面建成小康社会，学习贯彻党的十九届四中全会精神，引导会员单位将思想和行动统一到全面建设社会主义现代化强国新征程上来。聚焦行业“能力提升年”主题，部署年度重点宣传工作和各阶段的工作要点、职责分工，全面推动主题年深入有效地开展。二是以行业重点工作内容建设为根本，增强行业发展信心。进一步提高《广东物业管理》会刊的编辑、发行工作水平，组织会员单位主题采访、调研工作，结合疫情防控、消费扶贫、社区党建、老旧小区改造、垃圾分类、智慧服务、业主满意度等关注点，挖掘行业参与基层社会治理的实践案例、突出贡献和典型人物。通过策划“最美物业人”等专题内容，加强宣传基层一线员工勤勤恳恳、无私奉献的爱岗敬业精神。打造更多有思想、有温度、接地气、聚人气的报道，讲好行业故事，阐释好行业价值，增强从业人员的使命感、归属感、荣誉感和成就感。三是以创新载体为突破，打造传播新优势。协会网站、微信公众平台紧跟信息发展趋势，以技术丰富表现，优化和规范策、采、编、发等流程，畅通信息沟通交流渠道，完善信息发布内容审核机制，促进传统媒体和新媒体的融合发展。注重加强舆情管理，通过专业理论学习、舆情应对实践，不断增强协会的政策把握能力、舆情研判能力、释疑解惑能力和回应引导能力。四是加强与行业相关联协会的联系。与广东省消防、电梯、保安、环境清洁、冷暖空调、停车管理等行业协会加强联系，建立良好沟通渠道，定期发布和宣传配套服务信息，积极推广物业管理服务应用成果。为企业转型提供信息技术运用、互联网＋、物业资本市场运作、资产管理、物业服务核心技术培育等资讯，为企业在战略发展和扩展市场中提供支持。

（六）以行业活动为载体，搭建业界交流平台，在关键问题上达成共识，提升实力，自主引领行业发展方向

物业管理行业发展面临许多新情况、新问题、新矛盾，需要新理念、新思维、新办法去探索解决。行业应有自己的专家、自己研究成果、有自己的声音。因此，应做好如下工作：

一是重视问题调研和思想交流。拟召开“2020年度广东省物业管理协会工作座谈会”，创新广东省物业管理协会工作座谈会形式和内容，加强与各市物协、房协之间的工作沟通和经验交流，探讨深层次问题，决议行业发展重点工作，进一步增强全省行业协同发展的能力。根据五省市交流协议，主办“2020年粤沪京津渝五省市物业管理行业交流促进会”，加强交流学习、融洽关系、增进友谊。

二是举办职业技能大赛，提升行业素质能力。举办“2020年广东省物业管理行业职业技能竞赛”和做好“第三届全国物业管理行业职业技能竞赛”广东赛区选拔工作。计划在2020年6-7月与省住建厅建设工会联合举办“2020年广东省物业管理行业职业技能竞赛”，通过“物业管理员”和“电工”两个职业工种的技能竞技，全面检验行业从业人员基础服务能力，促进物业管理从业人员基础技能水平的稳步提升，为行业高质量发展提供人才保障；组织做好“全国物业管理行业职业技能竞赛”广东赛区预赛的选拔工作，各工种前三名选手参加“第三届全国物业管理行业职业技能竞赛”。

三是做好行业产业博览会工作。配合中国物协做好“2020中国国际物业管理产业博览会”和“第六届中国物业管理创新发展论坛”的协办工作，推动行业资源的集中、整合和共享，形成企业之间良性循环和互动，提升产业基础能力和产业链现代化水平，促进物业管理行业产业化发展，打造主题论坛，为会员单位提供高层次、高质量、多维度的内容分享。

四是做好社区和谐建设工作。继续与羊城报业集团合作组织举办“广东十大文明和谐社区示范活动评选”，立足提高物业服务质量，提升业主满意度，通过党建等各种形式的社区文化体育活动，强化业主体验，加强物业服务企业与业主的沟通与交流，加深业主对物业管理的了解和信任，营造物业管理与业主和谐互信的良好氛围。

五是做好社区和企业帮扶工作，展现物业管理形象。继续落实广东物业服务企业帮扶计划。拟根据8家优秀百强企业提交的帮扶工作报告和8家协会提出的下一阶段帮扶工作的意见和建议，继续组织优秀物业服务企业，与有需要的市物业管理协会（房地产业协会）结对帮扶，无偿帮助需要帮助的协会和物业服务企业提高物业服务水平和质量，培训当地物业管理行业人员，切实帮助解决全省物业服务企业发展的困难，改变行业发展不平衡的现状，使广东省物业管理行业走上更为健康有序的发展道路，实现转型升级、创新发展、整体提高。开展助力“社区的力量”活动，坚决打好消费扶贫攻坚战。为深入贯彻落实党中央、国务院关于打赢脱贫攻坚战的总体部署，积极响应《国务院办公厅关于深入开展消费扶贫助力打赢脱贫攻坚战的指导意见》，省物协将联合中国物协和中国扶贫志愿服务促进会持续推动“社区的力量”消费扶贫攻坚战专项行动，探索“社区支持农业模式下的精准扶贫”的长效机制，构建“协会＋企业＋社区”三位一体的消费扶贫模式。创新贫困地区农产品产销的对接模式，真正把践行社会责任融入行业发展之中，为助力打赢脱贫攻坚战作出属于广东物业的一份贡献。

深圳市物业管理行业发展报告

深圳市物业管理行业协会

2019年度，深圳市物业管理行业呈良性发展趋势：一是在纳入统计的1561家企业中，从业人员达63.95万人，同比增长9.71个百分点，持续发挥提供就业岗位、稳定就业形势、缓解就业压力的重要作用；二是在管项目共计20591个，其中在管本地项目有7361个，在管外地项目有13230个，较2018年均有小幅增长；三是在管项目面积持续扩大，达27.09亿平方米，其中外地在管项目面积达20.97亿平方米；四是营业总收入达1103.19亿元，同比增长21.6个百分点，总营收首次突破千亿大关，发展势头良好，其中主营业务收入达961.33亿元，同比增长9.87个百分点（表1）。

深圳市物业管理行业总体状况对比　　表1

	2019年	2018年	同比
物业服务企业数量（个）	1561	1473	5.97%
在管物业项目（个）	20591	20208	1.9%
其中：在管本市物业项目	7361	7098	3.71%
在管外地物业项目	13230	13110	0.92%
在管物业总建筑面积（亿 m^2）	27.09	26.68	1.55%
其中：在管本市物业总建筑面积	6.12	5.76	6.32%
在管外地物业总建筑面积	20.97	20.92	0.23%
从业人员数（万人）	63.95	58.29	9.71%
其中：从业人员中本市户籍人数（人）	46855	—	—
从业人员中在深圳工作的人员（人）	219441	—	—
营业总收入（亿元）	1103.19	907.2	21.6%
其中：主营业务收入（亿元）	961.33	875.0	9.87%

一、在管项目总体情况

物业项目管理数量是物业服务企业的规模大小最直接的表现，规模化发展是每一个行业转型升级、实现集群化、现代化的必经之路。深圳市物业服务企业借助粤港澳大湾区、先行示范城市、一带一路等政策福利优势和独特的地理优势，积极运用新科技及智慧物业管理平台，不断扩大规模、保障质量、持续发展、实现突破，在2019年全国经济总体下行压力大、房地产行业发展相对滞后的大背景下，在管项目数量仍有小幅提升。纳入统计数据显示，2019年深圳市物业服务企业在管物业项目数量达到20591个，较2018年增加383个，同比增长1.9个百分点；在管物业项目的总建筑面积为27.09亿平方米，同比增幅为1.55个百分点。在管物业项目管理面积超过1亿平方米的物业服务企业共有6家，较2018年增加1家，其中在管物业项目管理面积超过2亿平方米的物业服务企业有3家，较2018年增加1家（图1）。

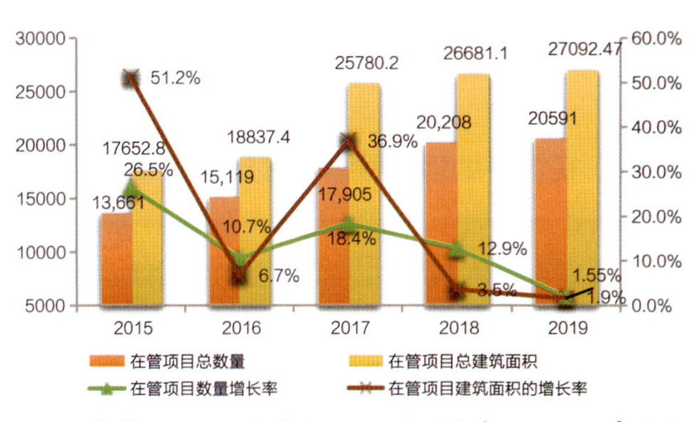

图1　在管物业项目的建筑面积和数量（单位：10万 m^2、个）

（一）在管本市项目数量与建筑面积

统计数据显示，2019 年在管本市物业项目的数量和面积均有小幅增加。2019 年在管本市物业项目的数量为 7361 个，较 2018 年增加 263 个，同比增长 3.71 个百分点；而在管本市物业项目的建筑面积为 61240.45 万平方米，同比增长 6.32 个百分点（图 2）。

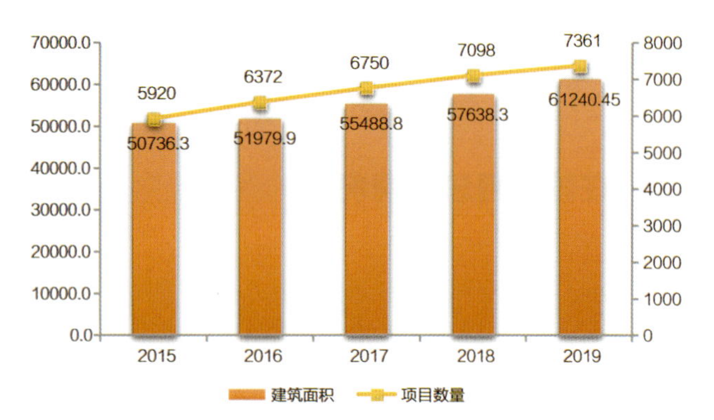

图 2　在管本市物业项目数量及建筑面积（单位：个、万 m^2）

从不同类型项目来看，在管本市项目主要以住宅类居多，项目数量占比为 52.45%，达 3861 个；其次为办公楼项目，项目数量占比为 21.04%，达 1549 个。在管本市各类物业项目数量及建筑面积情况详见图 3。

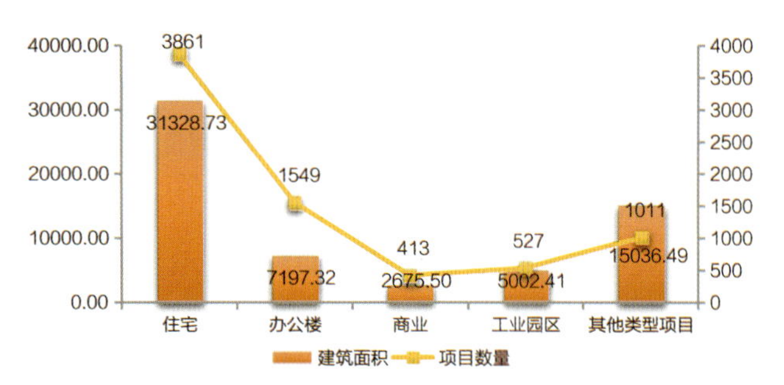

图 3　在管本市各类物业项目数量及建筑面积（单位：个、万 m^2）

（二）在管外地项目数量与建筑面积

统计数据显示，2019 年在管外地物业项目的数量和面积均略有增加。2019 年在管外地物业项目的数量为 13230 个，较 2018 年增加 120 个，同比增长 0.92 个百分点；在管本市物业项目的建筑面积为 209684.28 万平方米，同比增长 0.23 个百分点。在管外地项目数量和面积均远高于深圳市内，其服务面积接近 3.5 个深圳，说明物业服务企业在外地拓展势头较好，拓展能力较强（图 4）。

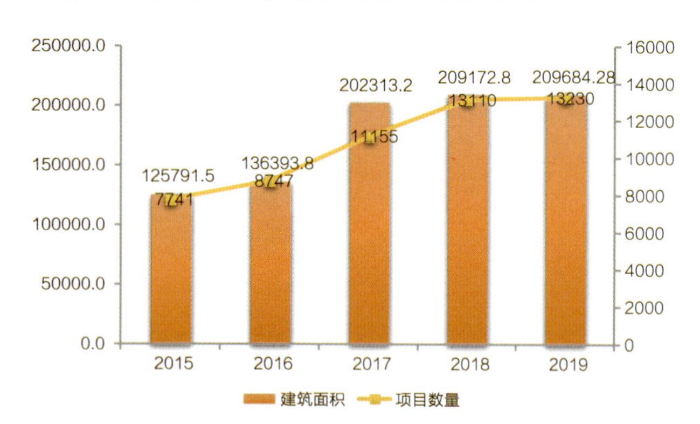

图 4　在管外地物业项目的数量和建筑面积（单位：个、万 m^2）

从不同类型项目来看，在管外地项目主要以住宅类居多，项目数量占比达 57.2%，其次为办公楼物业项目，项目数量占比达 18.47%。在管外地各类物业项目数量及建筑面积情况详见图 5。

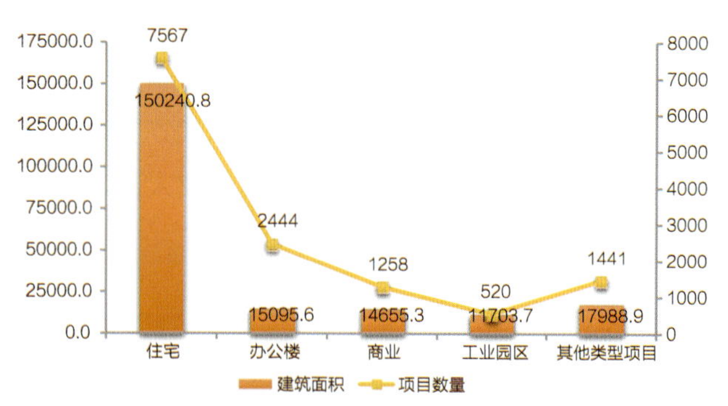

图 5　在管外地各类物业项目数量及建筑面积（单位：个、万 m^2）

二、从业人员情况

物业管理行业属于第三产业服务业，同时也是劳动密集型产业之一。近年来，深圳市物业服务企业的用工模式主要以传统作业人员为主，主要包含保洁人员、设备设施维护人员、绿化人员、安保人员等群体，其专业性和就业门槛相对较低，一方面，随着物业服务企业的不断发展壮大，用工数量日益增加成为必然；另一方面，物业服务企业用工数量的增长也在一定程度上缓解了社会就业压力，促进社会就业率的提升。

统计数据显示，2019 年深圳市物业服务企业从业人员数量为 63.95 万人，较 2018 年新增 5.66 万个就业岗位，其增速为 9.71 个百分点，较 2018 年有所放缓，究其原因，主要是由于经济下行压力及行业内企业转型升级带来的变化（图 6）。

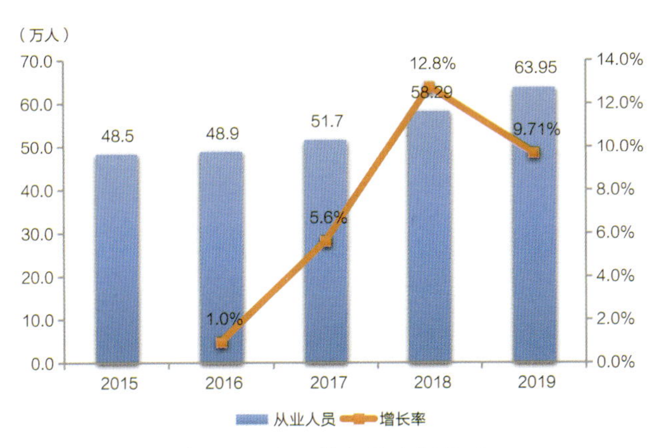

图 6　从业人员数量和增长率

统计数据显示，2019 年深圳市物业服务企业从业人员中拥有深圳市户籍的人口为 46855 人，从业人员中在深圳市工作的人口为 219441 人，在深工作且有深圳户口的占比约为 21.35%，从业人员入籍深圳人口占比远低于深圳平均水平（36.8%[①]）。这表明深圳市大部分物业从业人员属于外来务工人员，人员归属感不高，吸引力不足，应通过福利政策等吸引、留住更多的人员。从行业整体来看，拥有深圳户籍和在深工作人员的数量占比均较低，主要是由于我市物业服务企业对外拓展能力较强，不断扩张外地市场，外地项目占比较大。

三、经营情况

随着深圳市物业服务企业规模的不断扩大，随之而来的行业整体经济收入水平的持续增长，2019 年深圳市物业服务企业总收入达到 1103.19 亿元，同比增加 21.6 个百分点，其中主营业务收入达 961.33 亿元。在 2019 年全国经济下行压力持续加大的情况，深圳市物业服务企业仍能够突破重重困难，实现营业总收入较高比例增长，说明行业整体及各物业服务企业针对外界经济压力有一定的抗压能力，总体发展前景较好；同时，2019 年不少物业服务企业牢牢抓住粤港澳大湾区建设、先行示范城市打造、社区治理体系推动完善以及“一带一路”共享经济等政策利好深耕深圳市内市场，以谋求强强联合、开拓深圳市外业务来寻找发展机遇，利用人才、科技双驱动发展模式不断推进企业转型升级，实现企业总体营收的新突破，部分企业在 2019 年度也取得了喜人的发展，营业总收入超百亿的企业有 1 家，总营收在 50 亿以上的企业有 2 家，超 30 亿的企业有 6 家，超 10 亿的企业有 10 家。

此外，2019 年各企业物业管理费稳步增长，达到 699.45 亿元，同比增长 21.3 个百分点，占主营业务收入的 72.76%。从 2015 到 2019 年，管理费收入占主营业务收入的比重总体呈波动上升趋势（图 7）。

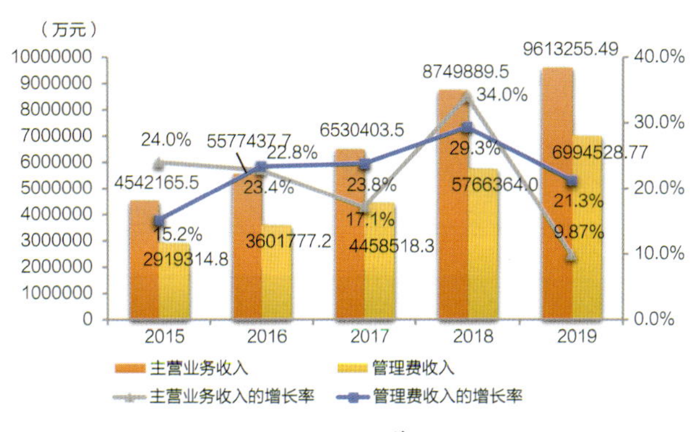

图 7　行业经营状况

四、物业管理行业集中度（CR8）

行业集中度又称为行业集中率或市场集中度，

① 数据来源：http://www.mnw.cn/news/shehui/2272021.html

是指某行业的相关市场内前N家规模最大的企业所占市场份额（产值、产量、销售额、销售量、职工人数、资产总额等）的总和，是对整个行业的市场结构集中程度的测量指标，用来衡量企业的数目和相对规模的差异，是市场势力的重要量化指标。

在这里，我们n取8，“规模最大的前几家企业”是指“在管物业总建筑面积最大的前8家物业服务企业”，其中，总建筑面积包括在管深圳市内和外地物业项目的总建筑面积。

以深圳市物业管理统计报表2015年至2019年五年的年报数据为基础，对我市物业管理行业的集中度进行实证分析，统计数据如图8所示。

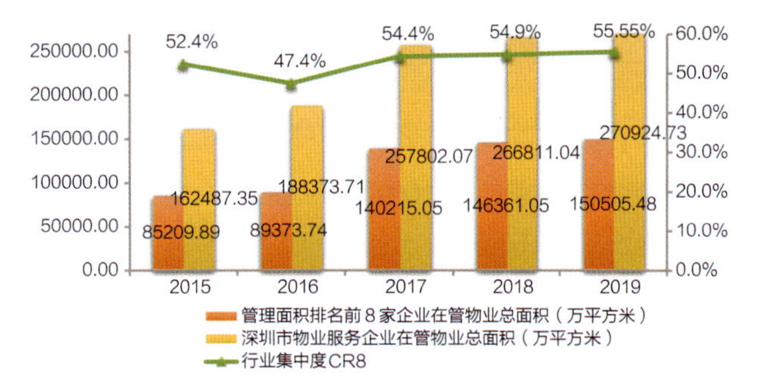

图8 2015—2019年行业集中度CR8（%）

如图所示，2019年深圳物业管理行业集中度[①]达到55.55%，较2018年上升了0.65个百分点。物业管理行业集中度有小幅上升，主要有以下两方面的原因：一是政策因素方面。随着社区治理、“一带一路”等国家战略规划的实施带来城乡居民收入的稳步增长，物业服务消费意识增强，物业管理行业龙头企业凝聚自身优势，借助政策红利和国家支持经济发展的多重利好，不断拓宽业务范围，市场份额进一步巩固；二是企业发展方面。物业管理行业龙头企业发展模式向智慧化、高质量方向转型升级，通过并购、收购等强强联合的运营模式，不断扩大企业规模、增加经济体量；同时，我市除管理面积前8之外的大型企业也在积极拓展市场，取得了不俗的成绩，这也导致了行业集中度增速有所放缓。

① 由于2019年统计报表在管项目总建筑面积排名第7和第8的两家企业在2019年年底前已合并为1家企业，因此本次CR8计算采用的是在管项目总建筑面积前9家企业的数据，特此说明。

成都市物业管理行业发展报告

成都市物业管理协会

一、行业发展概况

2019 年，成都市物业管理行业保持良好发展态势，行业规模不断扩大，发展环境持续优化，管理机制创新深入推进，市场化和信息化水平显著提高，为提升成都城乡社区基层治理能力、建设高品质和谐生活宜居地形成了强有力支撑。

（一）产业规模不断扩大

截至 2019 年底，成都市共有物业服务项目 6888 个，总建筑面积达 57196 万平方米，较 2018 年增加 1456 万平方米，增长率约 3%；其中住宅小区项目 5996 个，总建筑面积 39572 平方米，相比 2018 年增加 651 万平方米。物业服务机构数量 3939 家，其中，物业服务企业 3127 家，其他管理人 812 家；从业人员数量 19.4 万人；总经营收入 438.6 亿元，年收入过亿物业服务企业 36 家，年收入 5 亿以上 11 家。

（二）发展环境持续优化

从政策环境来看，成都基本形成了城乡社区发展治理“1 + 6 + N”政策体系，并把物业服务管理工作紧密融入社区治理中。2019 年，成都先后印发了《成都市平安社区工程百日攻坚行动非法群租、违规经营民宿、违规短租专项整治实施方案》《成都市平安社区工程百日攻坚行动业主、业委会、物管公司之间突出问题和风险隐患专项整治工作方案》《平安社区工程百日攻坚行动突出问题专项整治工作方案》三个专项行动配套方案，及《关于进一步做好既有住宅自主增设电梯工作的通知》《关于规范物业服务企业住宅小区公共服务事项信息公开的通知》《成都市居民小区居民充电基础设施建设实施方案》等文件，聚焦解决物业管理突出问题。

从市场环境来看，成都“东进、南拓、西控、北改、中优”发展战略为行业发展提供了巨大的市场空间。同时，成都市积极推动物业管理服务全覆盖，鼓励老旧院落、保障性住房等引入专业化物业服务，支持物业服务企业向商业、写字楼、产业园区、学校、医院等多业态拓展，向产业服务、城市服务领域延伸，业主对物业服务尤其是高品质服务的消费需求也日益增强。

（三）管理机制创新深入推进

成都坚持以“党建引领”深化物业服务管理机制创新，结合发展实际推动物业管理更好地融入城乡社区发展治理。

一是通过发挥街道、社区党组织领导核心作用，积极推动党的组织体系向居民小区延伸，不断增强基层党组织组织群众、宣传群众、凝聚群众、服务群众的能力，实现党对小区的政策宣传引导、自治事务引领、矛盾纠纷化解等的领导作用，更好地发挥自治、法治、德治作用。截至 2019 年底，全市物业小区成立党组织 642 个，物业服务企业成立党组织 230 个，业主委员会成立党组织 28 个。

二是推动建立以社区党组织为核心的"三联三共"物业服务管理机制，加强社区"两委"监督作用发挥，加强业主委员会的指导和监督。截止 2019 年底，全市成立业主委员会 3425 个，培训街办（社区）物业服务管理工作人员 2411 人次、业委会委员 3034 人次。

三是继续推进在社区居委会下设环境和物业管理委员会，监督促进业委会和物业服务企业履职尽责。截止 2019 年底，全市设立环物委 1672 个，设立率达 88%，打破传统社区治理和小区物业服务"两张皮"的现象，促进了物业服务管理和社区发展治理的有机融合。

（四）市场化进程不断加快

市场拓展方面，物业服务企业立足住宅物业服务的同时，加快向商业、写字楼、产业园区、学校、医院、公共场馆、公园等物业服务延伸，大型优质物业服务公司向城市空间整合服务领域进军。在政策支持下，老旧院落、保障性住房小区、拆迁安置小区引入专业化物业服务进程显著加快。

资本运作方面，物业服务企业加快登陆资本市场建立资本实力，蓝光嘉宝服务成功登陆港交所，信谊物业、德冠物业等成功挂牌新三板；头部物业服务企业通过收并购加速市场扩张，例如蓝光嘉宝收并购成都本土国嘉物业、鑫天禹物业，并完成与江苏常发物业、浙江中能物业的股权合作。

价格机制方面，物业服务价格已经完成了从政府定价到政府指导价与市场调节价相结合的价格机制的转变；同时，"质价相符"的物业服务消费意识正在逐步形成，物业服务收费价格与服务标准衔接挂钩逐步完善，各地高品质物业服务匹配高标准服务收费的物业项目日益增长。

（五）信息化水平日益提高

"智慧物业"发展战略的深入实施，催生了物业管理行业全新的管理服务模式，行业转型升级步伐不断加快，产业结构优化和产业融合加剧。一是目前成都市智慧物业管理服务系统已上线运行，集成业主行权、政务服务、行业监管、信用管理、矛盾调处、业主自治等功能，推出小区信息查询、小区管理公共事务投票表决、投诉评价、通知公告、政策法规查询等便民服务；同时，接入成都一站式市民服务平台——"天府市民云"，使广大市民更加畅通地办理业务、反映诉求。

二是企业也日益重视技术赋能的重要性，通过建立信息化管理服务平台等方式提升管理效率、提供社区增值服务。例如，万科物业的"睿"服务体系、龙湖物业的千丁互联、嘉宝物业的生活家服务体系，通发众好物业法人智慧厕所云平台、倍豪物业的医院智慧后勤一站式服务平台、华昌物业的"挪码 AI 云通知"等。

三是物管区域智慧硬件逐步提升，积极引导有条件的小区设立智能储物柜、快递包裹智能投递柜、果蔬生鲜等自助售卖机、金融服务自助终端设备、传感器装置等智慧便民设施，不断满足业主多元化个性化需求。

二、工作创新实践

2019 年，成都市物业服务管理工作始终坚持以习近平新时代中国特色社会主义思想为指引，聚焦解决物业服务管理发展不平衡不充分问题和满足人民日益增长的美好生活需要，将物业服务管理工作上升到推进城乡社区发展治理建设高品质和谐宜居生活社区的高度来统筹推进，着力构建体现新发展理念、符合特大城市治理规律、适应国家中心城市和美丽宜居公园城市建设需要的物业服务管理科学发展体系。

（一）多举措推进既有住宅自主增设电梯

随着城市发展水平的提高，早期建设的无电梯多层住宅已经不能满足群众对品质生活的需求，尤其是老旧院落的老年人出行难的问题日益突出。

2019 年，成都市政府将中心城区增设 100 台电梯列入民生实事工作目标，按照目标要求，市住建局通过积极协调持续加力推进我市既有住宅自主增设电梯工作，取得了明显成效，并形成了“政府引导、社区主导、业主主体、各方支持、保障安全”的建设模式。

一是积极推行“党建引领，居民共商”，通过召开“坝坝会”等方式，与街道办事处、社区居委会和小区党组织、小区业主共同商讨，打消基层政府和小区群众的顾虑，让群众在增设电梯中更齐心。

二是简化办事流程，主动进小区广泛宣传，群众能在“家门口”咨询既有住宅增设电梯相关政策和办理手续，使电梯安装建设更加快捷、高效，让群众在增设电梯中更顺心。

三是遵循“事后申请、一次性拨付”的原则，对符合条件的项目，在增设电梯取得特种设备使用登记证后，由相关业主持政府补助申请、增设电梯协议、竣工验收报告、电梯使用登记证等资料，向属地住房和城乡建设部门申请每台 20 万元的政府补助。

四是落实长效管理，大力推行增设电梯委托管理制，由业主委托物业服务机构或电梯安装改造修理单位为电梯使用单位，受托人负责日常安全使用管理和维护。

五是编制《成都市既有住宅自主增设电梯便民指南》《成都市既有住宅电梯增设构造参考图集》，不断提升既有住宅自主增设电梯工作政策指导水平和电梯建设水平。

（二）探索建立新型业委会组织结构

为解决业主委员会不作为、乱作为问题，促进业主委员会科学决策、民主决策，成都市积极引导业委会组织结构向“党建引领＋专业支撑＋外部制衡”转型。

一是推进符合条件的业委会建立党组织，把党组织的领导全面植入小区业主管理规约、业主大会议事规则、业主委员会工作规则；同时推动符合条件的小区党组织书记按照法定程序担任业委会主任，推动社区“两委”成员通过法定程序兼任业委会成员。

二是引导聘请专（兼）职秘书，聘请熟悉物业管理法规政策、具备一定与物业管理相关专业知识的人员担任业委会秘书，专（兼）职秘书可以给予劳动报酬，具体费用来源可以引导从业主共有经营收益中支付，也可以全体业主分摊；通过业委会秘书参与业委会工作，建立完善业委会沟通、会议、公示、档案、财务等制度，推进业委会健康、有效运行。

三是按照“找、带、培、选”业委会选举四步工作法，选优选强业主委员会委员。健全委员任职要求，明确业主委员会由主任委员、副主任委员和法律、工程、管理、财务、会务等专业委员组成，专业委员的职责分工应当充分考虑委员的职业特点和专业特长。

四是建立外部制衡、协助机制，建立监委会（监督小组）制度，监委会可包括社区“两委”成员、社区民警、网格员、律师、业主代表、物业使用人代表等，通过情况通报会、征求意见座谈会、专题调研等形式，广泛听取和收集小区各方面的意见建议，增强小区治理谋划和研究小区重大事项的参与性、广泛性和有效性，形成业主大会负责决策、业主委员会负责执行、业主监事会负责监督的业主大会内部治理结构。

（三）促进形成国际化社区物业服务体系

近年来，成都加快建设国际化社区标杆城市，出台了《成都市国际化社区建设规划（2018—2022年）》《成都市国际化社区建设政策措施》等政策意见指导国际化社区建设工作。而提升物业服务的国际化和现代化水平、构建多层次的生活场景和服务空间是其中的重点之一。2019 年，为推动物业服务管理与国际化社区建设有机融合，进而促进形成具有国际品质、彰显成都特色的国际化社区物业服务体系，我市物业管理行业开展了一系列措施。

一是制定了《成都市人才安居和国际化社区打造行动计划》，被纳入市委、市政府办公厅印发的《深化营商环境综合改革打造国际化营商环境先进城市》的10个配套文件之一。积极引导企业提升涉外物业服务品质，培育涉外物业服务项目62个，62个涉外项目基本具备双语标志标识，能够提供居住、就业、托幼、教育、家政等生活信息的发布平台。

二是制定出台《国际化社区物业服务导则》，结合国际化社区建设要求和国际化社区居民的服务需求，针对物业基础服务、社区生活服务、社区文化交流等重要环节提出了行业指导标准，提出要根据社区功能定位、中外居民构成、地域文化特质、环境资源禀赋，培育特色化、差异化、主题化、场景化的国际化社区物业服务品牌，助推高品质和谐宜居生活社区建设。

三是广泛开展宣传培训，引导物业服务企业搭建国际化社区文化交流平台，定期开展中外节庆活动、中华传统文化交流活动、中外居民主题互动活动、中外艺术交流活动等，促进中国传统文化传播和中外文化交流融合，促进中外居民友好交流；鼓励物业服务企业创新服务手段，对外籍住户提供生活、就业、教育等有关信息服务，搭建平台引入专业机构，在社区内解决外籍住户家政、托幼、教育、医疗等需求。

甘肃省物业管理行业发展报告

甘肃省物业管理行业协会

甘肃省物业服务起步于20世纪90年代，伴随着社会经济的快速发展和社会文明的不断进步，经历了近二十余年的发展，从无到有、从小到大、从弱到强，行业队伍日渐壮大，服务水平不断提高，行业发展趋于规范，成为集服务、管理、经营于一体的覆盖不动产所有领域、具有经济性与社会公益性的新型民生行业。在促进社区和谐稳定、提升城市管理水平、促进社会就业、推动国民经济增长方面发挥了重要作用。

一、物业管理行业发展概况

截至2019年底，甘肃省注册登记的物业服务企业共有2913家，从业人员数量达201104人，其中专科以上从业人员数量达98361人，占全省从业人员总数的45.1%。物业管理总面积48902.184万平方米，其中住宅项目7743个，管理面积45200.661万平方米，占物业管理总面积的86.2%。成立业主委员会1889个。全省全行业年经营总收入达到58.2953亿元，主营业务收入占全行业总收入的86.5%。年营业收入达5000万以上的物业服务企业有21家。

二、物业管理行业发展特点

（一）行业整体发展不均衡

甘肃省物业服务企业发展不均衡，整体规模小，中小微型企业数量庞大，与大型企业在经营能力、服务质量水平上存在较大差距。受物业管理行业发展法制环境和相关政策等因素的影响，甘肃省各州、市的物业管理行业发展水平也存在较大差异。集约化、规模化的公司多集中在兰州市，周边州、市的物业服务企业多呈现出小、散、差的问题，有些物业服务企业的服务水平还停留在最传统最低层次的服务水平上，根本无法满足业主日益增长的美好生活需求。

（二）物业服务企业生存状况不容乐观

刚性成本急剧上升，税负居高不下，加上甘肃省物业服务收费标准普遍偏低，社会各界对行业的重要性认识不足，随着国家劳动法的不断完善和社保全覆盖，物业服务企业经营风险日益加剧，部分数量的物业服务企业陷入生存困境。

从整体分析来看，全省物业管理从业人员薪酬水平较低、人才流动较大、流失率较高、素质参差不齐。从业人员总体学历普遍偏低，大专学历及以上仅占23%。另外，从业人员普遍存在技术力量薄弱，缺乏知法律、懂技术、善管理的综合型人才，物业服务企业生存状况不容乐观。

（三）行业监管引导不到位，企业活力不足

国家取消物业服务企业资质和价格行政许可后，行业部门存在等待观望心态，相应的监管措施跟进不到位，协商定价机制没有形成。行业监管信息平台、行业诚信系统没有建立，对一些企业的违规行为，缺乏有效的惩戒措施。从全行业来看，“谁开发、谁管理”的格局没有根本改变，物业服务招投标制度没有得到全面落实，市场竞争机制没有完全形成，企业规模小、效益差的局面长期、大量存在。

（四）业主委员会和物业服务企业矛盾频发

截至2020年，甘肃省已成立的业主委员会总数与住宅管理项目数之比为1：4.2，物业管理基层民主建设仍然比较薄弱，普遍存在着业主委员会运作不规范、作用难发挥等问题。个别业主和物业服务企业之间的矛盾因缺乏沟通渠道而难以解决，为小区正常管理服务埋下隐患。少数业主利用业主大会故意滋生事端以达到个人目的。有的业委会不能代表大多数业主的利益，任意决定业主共同事务，致使业主、业委会和物业服务企业之间纠纷不断，矛盾频发。

（五）相关主体法律责任边界不清

物业管理涉及多方主体，相互之间权责不清、没有明确界定，矛盾和纠纷多发。比如，消防维保问题和二次加压供水及水箱清洗费用问题等。

三、协会主要工作成果

（一）组织开展各类活动，切实服务会员

2019年第三届职业技能大赛共设物业管理员、电工、保安员、绿化工、水暖工五个工种，其项目设置、参与人数、覆盖面、比赛规模等为历届之最。经过四个多月的预赛选拔，共430人进入决赛。经过笔试和实操考核，各工种按综合成绩由高到低分别产生一等奖1名，二等奖2名，三等奖7名。各工种前十名共五十人获得2019年度“甘肃省技术标兵”荣誉称号。物业管理员为2019年省级一类比赛项目，第一名获得“甘肃省五一劳动奖章”。大赛评选出“优秀组织单位”一家，“优秀组织者”一名。三届比赛的规模一届比一届大，参与人数一次比一次多，覆盖范围一次比一次广泛。三次技能大赛的成功举办，展现了甘肃省物业管理从业人员的专业技能和良好精神风貌，激发了物业管理行业以赛促训、以赛促学的良好氛围和钻研新技术、掌握新技能、争创新业绩的求学求知热潮。

深入考察调研，切实服务会员。为庆祝新中国成立七十周年，协会组成24人的考察组，于2019年7月在会长的带领下，赴徽县亚特集团，开展了为期3天的跨界考察调研活动。旨在歌颂建国70年来，在党的领导下，各行各业取得的巨大成就。通过参观考察大家表示，一定要学习亚特集团坚持以人为本，坚持资源开发与环境保护并举的绿色环保生态的发展理念。

（二）西部物业协会联盟年会，实现资源共享

2019年西部物协联盟年会，在贵州省贵阳市举办，协会组织副会长单位代表团一行16人，赴贵阳市参加了西部物业管理行业协会联盟，“党建工作暨标准化建设工作座谈会”，联盟成员单位80余人出席会议。会上协会“以专业培训为抓手，推动提升行业发展的整体水平”为题，作了大会交流发言。

四、行业发展下一步工作方向

协会在下一步的工作中将严格履行《章程》赋予的职责，维护行业合法权益，实施行业自律性监管，为会员单位提供优质服务，主要工作方向如下：

（一）加大行业标准化建设力度，促进甘肃省物业管理行业规范化发展

协会将继续与省住建厅联系，着力促成甘肃省物业管理标准化技术委员会的成立，由协会牵头起草工作，制定甘肃省物业管理行业标准和技术规范，建立和完善包括物业服务基础通用标准、服务质量标准、信息技术标准和行业标准体系，以及物业服务行业自律管理暂行办法（包括：物业服务行业自律管理惩戒实施暂行办法和物业服务企业失信名录管理暂行办法），以促进甘肃省物业管理行业的规范化、跨越式发展。

（二）加快推进行业诚信体系建设，努力营造自律规范的市场环境

为适应取消资质给物业管理行业带来的新要求，协会将进一步加快推进行业诚信体系建设，借鉴诚信体系建设做得好的省份的经验，制定适合甘肃省物业管理行业的诚信评定标准，开展全省物业管理行业诚信单位评定工作，推动物业服务企业诚信承诺全覆盖。在逐步健全物业服务企业和项目经理信用管理制度、信息发布和失信惩戒机制的基础上，将企业信用作为项目招投标和省、市优项目评选的必要条件，努力营造诚信自律规范的市场环境。

（三）维护行业合法权益，向会员企业提供专业性的法律服务

协会将继续围绕行业价格调整机制不完善、行业责任边界不明确等难点问题，加大与相关部门的协调力度，积极促进相关政策法规在制定和修改中采纳企业的合理诉求。在企业合法权益受到重大侵害并对行业发展有重大影响的事件中，主张行业立场，表达行业观点，营造公平、公开、公正的市场竞争氛围，维护行业的合法权益。与专业的行业法律机构合作，健全和完善法律事务信息通道，引导物业服务企业规范服务行为、规避经营风险，帮助企业解决面临的法律问题。通过举办不同形式的法律专题活动，进一步提高会员企业的法律风险意识，规范从业行为。

（四）加强学习交流，借鉴先进地区物业经验，引导甘肃省物业管理行业转型升级

协会将积极应对物业管理行业“社区O2O”“互联网＋”“供给侧改革”“营改增税制改革”等一系列变革，采取“请进来，走出去”的办法，组织会员单位赴外地考察学习，请专家学者举办各类讲座、论坛、培训，引进沿海发达城市物业管理的新理念、新技术和先进经验，引导甘肃省物业管理行业转型升级。

（五）做好行业培训工作，提高物业服务从业人员的综合素质

协会将组织安排多期有针对性的、物业管理行业内急需的培训，积极与政府相关部门联系，按照国家对物业管理行业的持证要求，通过培训取得权威部门（包括劳动人社、职业教育、公安消防、安全质监等）颁发的相关职业资格证、操作证、上岗证等。通过一系列的培训，使甘肃省物业从业人员的管理能力、服务意识、操作技能上一个台阶。

五、行业发展思路及政策建议

（一）加大物业管理行业的宣传力度，提高物业服务质量和水平

加大物业管理行业的宣传力度，帮助老百姓正确认识物业管理行业，理解物业管理行业，关心物业管理行业，支持物业管理行业。广泛宣传物业管理相关政策法规，增强业主法律意识和诚信意识，提高业主缴纳物业费的自觉性，加快物业管理行业的健康发展。客观公正对待居民有关物业管理问题的投诉，改变物业管理行业的形象，宣传报道物业管理给人民安居乐业带来的好处，引导人们树立正确的物业管理消费观念。

（二）充分利用行业的扶持政策，支持行业良性发展

物业管理行业承担了很多城市的公共服务和公共责任，如维护社会稳定、维护社会治安、开展社区文化，这些公共服务的担当，政府可否以专项资金形式，购买行业所承担的不属于自身服务范围的公共服务业务，从而支持行业良性发展。同时，建议政府相关部门加大对物业服务企业的用工扶持力度，针对企业对员工的技能培训予以补贴，对于吸纳下岗失业人员、农民工达到一定比率的企业，政府给予公益性质补贴和社会保险补贴。

（三）完善定价机制，改善行业生存现状

积极与政府相关部门沟通，研究完善现行的物业收费管理办法，全面落实“菜单式服务，等级化收费”的物业服务费分级定价机制。选择有条件的住宅小区开展物业服务酬金制收费方式。鼓励物业服务企业提供“菜单式服务”，由业主自由选择“服务套餐”并按照相应的标准交纳物业费。建立对恶意拖欠物业费案件快速审判的绿色通道，对一些恶意拖欠物业费的行为，依法快速处理。

（四）培养品牌企业，推动行业转型升级

拟在今后三五年内着力引导甘肃省企业通过整合、收购、兼并做大做强做优，培养打造10～15家物业服务品牌企业，并通过品牌的示范作用推动全省整个行业的转型升级、向现代服务业迈进。

（五）着力塑造先进典型，树立行业标杆

继续把树立行业先进典型作为推进行业发展的重要手段，以提高物业从业人员综合素质为宗旨，以评选行业先进为抓手，以提升物业管理行业管理服务能力和水平为目的，开展百佳物业服务企业、百名最美物业人、省级优秀示范物业服务项目等评选活动，为行业发展树立先进典型。

实践证明，开展物业管理示范项目创建工作，对甘肃省物业服务上台阶、提水平起到了积极的促进作用。各物业服务企业要明确创建目的，积极参与，把严格规范服务行为，努力提高服务水平作为创建的出发点，把提高企业知名度、增加业主满意度、增强市场竞争力作为创建工作追求的目标，通过广泛的创建活动，树立行业典型和标杆，向社会展示物业管理行业的良好形象，促进甘肃省行业规范健康发展。

青海省物业管理行业发展报告

青海省物业管理协会

自1997年青海省诞生第一家物业服务企业起，全省物业管理行业历经二十一年发展，从无到有、从小到大，从无序到规范，逐步走向健康发展的良性轨道。大家紧紧抓住机遇，担当有为，积极进取，扎扎实实做好物业管理服务，大力提升物业服务质量，全面开辟了青海物业发展新境界。

一、物业管理行业发展概况

物业服务企业属于劳动密集型的企业，就业容量相对较大。截至2019年底，省物业服务企业共有790家，管理建筑面积约1亿平方米，从业人员约5.6万余人，服务领域稳步拓展。

二、协会主要工作

（一）积极开展行业培训着力提高从业人员综合素质

一是开展“后资质时代如何提升物业服务质量”党建公益讲座培训活动。二是组织了两期“青海省物业管理项目经理岗位技能”培训班，全面提升了项目经理的综合素质与执业能力。三是组织开办了“全国物业承接查验与设施设备管理专业岗位师资”培训班，全面提升了项目管理者的专业性，使物业管理者由“博”进为“专”。四是开展了“物业服务专题培训班”公益培训活动。

（二）努力创建党建红色物业，加强物业管理规范化

党建引领，创新物业服务管理发展新趋势。积极贯彻落实党建精神，不断加强自身建设，坚定政治立场，牢固树立“四个意识”、坚定“四个自信”，在思想上、政治上、行动上始终与党中央保持高度一致，与省住房城乡建设厅党组保持一致。

（三）组织开展各项活动，展行业风采促会员交流

为庆祝中华人民共和国成立和青海解放70周年，在物业管理行业巩固落实“不忘初心，牢记使命”主题教育活动成果，进一步提升服务品质。同时，还积极参与“庆祝中华人民共和国成立70周年和青海解放70周年青海住房成就摄影展”，用镜头真实记录全省城乡住房发展历程和广大居民居住条件的历史性变迁，讲述我省房地产和物业管理行业与伟大祖国同成长、共命运的故事，形成爱国强国报国的共鸣共振。

（四）开展了总结表彰大会，激发物业工作者的积极性、主动性和创造性

2019年4月16日，在总结表彰大会上，授予了18个项目为“青海省物业管理示范小区项目”，64家优秀企业“青海省物业管理行业先进企业”，

物业服务企业59名从业人员为“青海省物业管理行业先进个人”，物业管理行业技能大赛前20名优秀从业人员为“青海省物业管理行业技术能手”。

（五）参加了西部联盟党建工作暨标准化建设工作会议

2019年5月，协会派员参加了在贵阳召开的以“党建促发展，携手创未来”为主题的西部物业管理行业协会联盟党建工作暨标准化建设工作座谈会，与兄弟协会开展了交流活动。

（六）积极响应国家号召，开展扶贫济困工作

一是省物业管理协会赴化隆回族自治县石大仓乡开展扶贫帮困活动，倡议物业服务企业发扬乐善好施、扶贫济困的慈善精神，积极参与到扶贫捐赠活动中来，会员单位积极响应配合，共为贫困村捐款73944元。二是协会获悉湟中县共和镇大葱大量滞销，种植户面临严重亏损，当即联系湟中县政府并印发为大葱找到一个温馨家的倡议书，全省物业服务企业积极采购共和镇滞销农产品，通过“以购代捐，以买代帮”的方式购买大葱10吨，为当地农户的生计奉献一份爱心，把助困益困变成实实在在的行动，受到了老百姓的欢迎。

三、物业管理行业生存发展的现状

（一）生存现状不容乐观

刚性成本急剧上升，税负居高不下，青海省物业服务收费标准普遍偏低，加上社会各界对行业的重要性认识不足，行业技术含量低，随着国家劳动法的不断完善，物业服务企业经营风险日益加剧，部分物业服务企业陷入生存困境。

（二）行业监管引导不到位（如城管、消防等）

国家取消物业服务企业资质和价格行政许可后，行业部门存在等待观望心态，相应的监管措施跟进不到位，协商定价机制没有形成。行业监管信息平台、行业诚信系统没有建立，对一些企业的违规行为，缺乏有效的惩戒措施。从全行业来看“谁开发、谁管理”的格局没有根本改变，物业服务招投标制度没有得到全面落实，市场竞争机制没有完全形成。企业规模小、效益差的局面长期、大量存在。

（三）行业扶持政策的落实不到位（质价不相符）

近几年，物业管理涉及多方主体，相互之间权责不清、没有明确界定，矛盾和纠纷多发。比如，消防维保问题和二次加压供水及水箱清洗费用问题等。从国务院到各地方政府部门，都出台了不少对中小企业扶持和绿色、节能、智能、互联网应用甚至员工培训等方面的扶持政策，促进行业发展。比如发改委发布的《国家发展改革委关于放开部分服务价格意见的通知》、国务院办公厅发布的《关于加快发展生活性服务业促进消费结构升级的指导意见》、《青海省物业管理条例》及《青海省物业管理条例释义》等，这些都是非常利于物业服务企业发展的好事，但有些政策在落实的过程中缺少相关引导和实施细则，致使一些政策出台后实际效果不大，物业服务企业在实施过程中无从下手，一些为企业和业主谋福利的扶持政策变成了看得见、摸不到的“镜中花”“水中月”。

（四）房地产开发遗留问题多

部分房地产开发企业重销售、轻建设，没有按照国家有关规定和房屋买卖合同约定的标准交付物业，在房屋质量、公共配套设施、产权办证等方面遗留了不少问题。尽管业内公认，实行物业管理早期介入有助于协调开发企业解决上述问题，但国家目前对物业管理早期介入没有强制性规定，开发企业更不积极。交房时，有的开发企业强势要求物业服务企业承接未经查验或查验不合格的项目，致使大量开发遗留问题带入后期的物业管理。

（五）行业发展水平不均衡

受物业管理行业发展法制环境和相关政策等因素的影响，青海省各州、市物业管理行业发展水平存在较大差异。集约化、规模化的公司多集中在西宁市，周边州、市的物业服务企业多呈现出小、散、差的问题，有些物业服务企业的服务水平还停留在最传统最低层次的服务水平上，根本无法满足业主日益增长的美好生活需求。

（六）现阶段公众意识普遍较低，物业实践坎坷曲折

由于中国特殊的国情，决定了一部分人物质文明先富有，精神文明匮乏。这部分人公众意识较差，以个人的喜恶作为对物业管理规定的取舍标准。纵狗乱叫、乱扔垃圾、乱停车辆，你稍微一管，就结下仇怨，随之而来的就是找各种借口拒交管理费。这些人动辄以媒体曝光，车辆挡道等行为对物业服务企业进行威胁，而通常物业公司都是尽量息事宁人，不愿扩大事态，最终以损失企业利益平息事态。现阶段的物业实践中由于人们错误的定位物业服务企业与业主的关系，使这种情况越来越普遍，为物业管理无形中增加了难度。

（七）水电费代收代付，费力不讨好

目前，代收代付水、电、气费成了物业服务企业的主要工作，占全部工作量的60%以上，由此挤占了物业服务企业的大量时间和精力，使之对业主的服务减少和下降。但是，物业服务企业不仅做了工作，还得赔钱、受气。以前居住的物业小区或住宅楼，计量水量基本上都是总分表制，即一个总表辖若干个进户分表，供水公司只按总表所显示的计量数字收费。从理论上计算，各分表之和应等于总表的计量，但实际上并不如此，跑、漏、偷等因素，使分表之和往往小于总表，所以出现差水量及分摊问题。随着时间的推移，这种差量会越来越大。而这部分差额将由物业公司承担，导致物业公司与业主之间矛盾加大。

《物业管理条例》，根据第45条的规定，供水单位“应当向最终用户收取有关费用”，这让物业服务企业看到了希望。虽然有了法规的支持，但物业服务企业要走的路依旧很漫长。

（八）业主委员会滥用职权

《物业管理条例》尽管也规定了业主和业主大会都有权监督业主委员会的工作，但是对如何行使监督权却没有明确具体的规定，这就很容易造成“人人监督、人人都没法监督”的局面。

四、未来物业管理行业发展前景

（一）丰富的劳动力资源为行业的发展提供了可靠的人力资源保障

物业管理行业是劳动密集型企业。物业管理就其行业特点来说，最大的投入是人力资源成本。

（二）物业管理市场专业化、规范化为物业服务企业提供了快速发展的时机

（三）专项维修资金制度的建立，为业主和物管企业解决了后顾之忧

有了完善的住房专项维修资金制度做保障，业主从此不再担心因为资金问题，住房得不到有效的修缮，物业服务企业也不用因为接管旧小区为筹集修缮资金而发愁。

（四）业主大会制度较好地解决了对业主委员会缺乏有效的监督机制的问题

从实践上看，业主委员会制度在一定程度上对物业服务企业的监督管理起到了积极促进作用。但由于我国现阶段人民群众自觉参与社区公众事物管理意识较差，往往使业主委员会决策和执行为一体，很难真正代表全体业主的意愿。甚至有个别业主委员会为了几个人的利益不惜损害全体业主的共同利

益。新的制度将重大事件的决策权交给全体业主，执行权交给业主委员会。决策权和执行权的分离较好地解决了长期以来业主委员会对社区重大事件决策缺乏有效监督的矛盾。

（五）行业自律、公平竞争，行业素质不断提高

青海省房地产行业主管部门和物业协会的有效工作，前期物业管理招投标、市场竞争机制的引入、信用评价的管理、专项维修基金制度的建立强有力地净化了物业市场；青海省物业管理条例及相关法规的出台促进了全行业管理水平的提升；规范服务、扶优扶强、优胜劣汰使从业人员素质不断提高，市场对服务专业化、规范化的呼声促进了全行业物业管理水平的提升。

（六）无人化、智能化时代悄然来临

在过去的一年里，移动终端的普及、APP 的多样化、电子商务平台的大浪淘沙、生态圈的互生共长等，使人们的生活方式发生了根本性的变化，在为行业带来惊喜的同时，也带来了很多机遇和挑战。互联网与物业管理行业的深度融合，催生了物业管理行业全新的服务模式，促进了行业的高附加值化，为行业发展带来了新的经济增长点，同时也颠覆了传统的物业管理模式，助力困顿中的物业管理，突破发展瓶颈。

随着技术奇点时代的到来，以物联网、云计算、大数据、人工智能、5G 为核心特征的数字化浪潮正在席卷全球，它既是信息技术的纵向升级，也是信息技术的横向渗透融合。当新一代信息技术逐步成熟，并与传统行业深度融合时，将会以前所未有的速度转化为现实生产力，给传统的物业管理行业带来大洗牌，行业自身价值也将重新定义。

打造“互联网＋新业态”，用互联网的思维模式和技术改进提升行业发展水平，通过推进“智慧城市”“智慧小区”建设，努力打造“一站式人居服务”，挖掘物业后端消费市场潜力，增强企业发展动力，促进行业变革升级。

银川市物业管理行业发展报告

银川市物业管理协会

我市自 1995 年成立第一家专业化物业服务企业至今，物业管理从单一的住宅小区扩展到商务大厦、办公大楼、学校、医院、工业等各类型建筑物，服务内容也从最初的清扫保洁、门卫值岗、绿化养护扩展到房屋和配套设施的维护管理、车辆停放、家政服务、环境秩序、社区活动、特约服务等。物业管理始终担负着城市基层管理的主要职责，是社会管理的重要组成部分。

一、银川市物业管理行业行政管理模式

银川市住房和城乡建设局是全市物业管理活动的主管部门，各县（市）区人民政府物业主管部门负责本行政区域内物业管理活动的日常监督管理工作。自 2014 年 7 月 1 日，我市部分物业管理职能下放到了三区政府，实现了物业管理“重心下移、属地管理”的目标，初步形成了“两级政府、三级网络、四级管理”的物业行政管理架构，并于 2019 年新修订的《银川市物业管理条例》中进一步明确了职能职责。这对强化和落实辖区政府和基层组织在物业管理中的职能，行使属地管理权，特别是老旧小区物业管理的组织和实施，促使全市物业管理行业服务水平的整体提高有着重要意义。

二、银川市物业管理行业发展概况

（一）完成《银川市物业管理条例》修订工作

随着国务院“放管服”改革、物业管理行业监管取消对资质的要求、《宁夏回族自治区物业管理条例》等法规政策的出台，为进一步提升物业管理水平，推进物业管理纳入社区公共服务体系建设，2018 年底，我市启动了《银川市物业管理条例》的修订工作，通过多次组织相关部门、物业相关方讨论修改，报请市政府、市人大常委会审议，9 月 27 日，经自治区第十二届人民代表大会常务委员会第十五次会议批准，已于 2019 年 11 月 1 日正式实施。

新版《银川市物业管理条例》以认真研究物业管理发展规律，积极探索化解物业管理矛盾的新思路、新方法，把人民群众对美好生活的向往作为出发点和落脚点，充分发挥业主和物业服务企业的主体作用，提高业主对公众利益的参与度，规范物业管理活动，引导企业不断提高服务和管理水平，促进行业健康发展。

（二）完善物业管理行业诚信监管体系

自 2018 年 1 月 9 日起，我市按照国家规定取消物业服务企业资质核定工作，为了顺利衔接物业管理行业资质取消后的行业监管工作，市住房和城乡建设局及时修订了《银川市物业服务企业及物业从业人员信用信息管理办法》，搭建了银川市物业

管理行业监管平台，对物业服务企业及从业人员（项目经理）信息进行动态监管，构建以信用为核心的物业服务市场监管体制，形成物业市场守信者处处受益、失信者寸步难行。信用监管平台从2018年4月1日正式启用，截至目前，银川市信用监管平台录入579家物业服务企业，完成信用备案515家，录入平台内的物业服务项目1444个，涉及建筑面积18353.52万平方米，已有2401条加减计分记录。依据信用积分对物业服务企业进行动态信用评价，确定了企业信用等级，截至2019年底，我市监管平台内企业按等级分别为AAA级企业18家、AA级企业21家、A级企业241家、B级企业121家、C级企业25家，初步形成物业管理行业差别化管理基础数据。2019年，银川市物业管理行业信用管理案例，在"诚信万里行"银川站评选中名列前茅，在全国评选中获得优秀百强信用案例，而且是唯一入选的物业管理行业信用案例。

同时，为了加强信用监管，促进行业自律发展，根据《银川市守信联合激励和失信联合惩戒措施清单（2018年版）》文件精神，我市于2019年12月9日出台《银川市物业管理行业"红黑名单"管理办法》，完善物业服务企业市场准入、市场退出机制，将物业服务企业纳入社会信用管理体系，实现社会守信联合激励和失信联合惩戒，维护物业市场正常秩序，营造诚信物业市场环境。

（三）强化监督考核，建立长效监管机制

为了形成有效的监督管理长效机制，根据《银川市物业管理条例》，按照"属地管理、重心下移，事权整合、职责理顺"原则，2019年12月25日，市政府办公室出台了《银川市加强物业管理考核工作实施意见》，《意见》出台后，将加快推进属地物业管理工作，夯实属地管理责任，逐步完善物业管理工作的检查、考核、评价体系，促进县（市）区政府建立物业管理工作长效机制，真正把物业管理工作职责落到实处。

（四）推进物业管理行业标准化建设

一是规范全市物业管理行业示范文本。统一制定了物业服务合同、备案、限期整改通知书等一系列示范文本，推进物业服务标准化、规范化。二是修订了《银川市普通住宅小区物业服务等级标准》于2019年12月6日施行，明确了普通住宅小区物业服务等级标准，按服务内容、标准由低到高划分为准物业、一级物业、二级物业和三级物业服务等4个标准。三是有效规范业主委员会工作程序，为业主监督业主委员会行为提供标准。我市制定了《银川市业主委员会组建、运行和管理的指导意见》，依法规范业主委员会在解聘、选聘物业服务企业，签订物业服务合同、使用住宅专项维修资金等方面的行为。四是规范物业公开公示标准化建设工作。要求各县（市）区物业行政主管部门严格落实物业服务事项公开公示制度，在物业项目推广实施标准化公开公示栏。五是规范住宅专项维修资金的使用管理。指导和监督各县（市）区物业行政主管部门按照相关法律法规的规定，进一步完善住宅专项维修资金使用程序，实行程序化、标准化，在提高使用效率的同时，保障资金安全、科学、合理使用。六是提升服务水平，加大行业培训力度。2019年共开展了三期"物业大讲堂"，针对项目经理、物业承接查验和业主委员会等开展专题培训，组织了两次共1500人次的项目经理测试。指导市物业管理协会充分发挥行业与政府部门间的沟通协调作用，引导物业服务企业诚信经营，促进行业有序发展。七是以我市创建文明城市及安全消防专项工作为重点，开展专项检查，确保住宅小区内整洁、舒适、安全的生活环境。要求物业服务企业不断强化安全防范意识，加强对消防、安防、二次供水、电梯等共用设施设备的检查、巡查力度，严格按照规范流程做好维护、维修工作，重点对消防"打通生命通道"、电动自行车充电安全及养犬等进行宣传、规劝及上报，发现问题及时处理，排除隐患。

（五）加快推进我市“红色物业”工作的实施

根据市委、市政府办公厅《关于加强物业管理行业党的建设推动基层社会治理创新的实施办法》，为加强社区物业党建工作，推进党的工作向物业管理行业延伸，我市将成立党组织纳入企业信用加分范围，鼓励企业积极成立党组织，以服务群众为重点，充分发挥基层党组织在物业管理工作中的桥梁和纽带作用，促进我市城市基层治理体系和治理能力现代化，截至 2019 年底，已有 46 家物业服务企业成立了党组织，开展企业党建工作，促进社区建立“六方联动”机制，倡导业主树立自治意识，合力解决社区中存在的实际问题，实现党的建设与中心任务同心、同向、同力，将基层党组织战斗力堡垒和党员示范带头作用的发挥最终体现在实际生产经营过程中，提高我市物业管理行业的可持续发展能力。

（六）提高老旧小区物业管理水平

为加快推进我市老旧小区整治、改造进度，特别是改善提升无物业管理老旧小区环境卫生、设施维保水平，切实改善居民居住条件和生活环境，2019 年，结合银川市整改创建全国文明城市，我市制定了《银川市整改创建全国文明城市有效提高老旧小区无物业小区管理服务水平工作方案》，对老旧小区改造、引入物业服务企业进驻管理、提高居民自治水平等内容进行了明确。根据“居民承担、政府补助、原产权单位协助”相结合原则，出台市、辖区物业管理费用财政补助政策，老旧小区公共收益要优先补充物业管理费中的不足部分；鼓励原产权单位、优秀物业服务企业、公益性服务机构、国有物业服务企业主动进驻无物业老旧小区提供物业服务。对主动进驻服务的，在物业管理行业评先选优、信用记分方面给予政策支持。

三、银川市物业管理行业发展面临的问题及下一步发展方向

（一）当前银川市物业管理行业发展面临的主要问题

我市物业管理在向市场化、社会化、专业化的发展道路上也遇到了多重困难，较国内发达城市还有差距，物业管理是社会管理的重要组成部分，涉及千家万户。近年来，我市物业管理行业虽然取得了一定发展，但仍然存在监管体制不完善、市场行为不尽规范、服务水平不高、行业发展环境亟待改善等诸多问题，具体表现如下：

1. 相关部门协调联动机制尚未健全

物业服务企业是受开发建设单位、业主、房屋所有权人等单位委托，按照物业服务合同约定给物业小区提供物业服务的企业。随着我市发展需要，近些年将垃圾分类、光纤改造、智慧社区建设等工作均延伸进入物业小区，物业服务企业承担了大量的协调、监督、后期维护等工作；同时，在对我市物业小区巡查过程中，发现小区内多数存在私搭乱建、占用绿地、电动自行车停放混乱、堵塞消防通道等违法违规行为，因物业服务企业无执法权限，在多次劝阻后，极易造成矛盾和纠纷。造成以上问题及纠纷的原因，一是我市相关部门对物业管理行业的不理解，二是我市相关部门未能形成有效的协调联动机制，对物业小区内相关违法违规行为没有有效措施，造成小区内部个别矛盾问题难以顺利解决。三是专营单位对设施设备的接受区别对待，按照《物业管理条例》、住房和城乡建设部《物业承接查验办法》相关规定，供水、供电、供热等均由专营单位接管，不在承接查验范围，但银川市自 2019 年 9 月 1 日起，才逐步规范住宅小区供配电设施的移交，供水设备至今无统一规范，由中铁水务建设的专营公司接管，非中铁水务建设的一般不予接受。

2. 市场主体不健全，业主参与意识和消费意识不强，业主委员会履行职责能力较弱，监管难度较大

在行业市场化进程中，业主大会（业主委员会）与物业服务企业同为市场主体的两个方面，但在行业发展中，两个主体却呈现出发展不平衡的状态。物业服务企业的数量和提供的服务初步满足银川市物业管理市场的需求，但业主大会（业主委员会）却发展缓慢。截至2019年底，我市共成立了129个业主大会（业主委员会），普遍存在工作职能不强等问题，无法独立履行签订物业服务合同、监督物业服务企业的职能。业主委员会成员综合素质、文化水平有差异，对物业管理的认知度和承受力差异较大，体制松散，使业主大会面临成立困难、履行职责困难、监管困难的“三难”处境，委员不履行职责、随意履行职责或随意退出的情况较为普遍，部分业委会权责不明，作用发挥不当。业主主动参与小区公共事务的意识不强，缺乏主人翁意识，缺少和业主委员会与物业服务企业的有效沟通，致使物业管理中存在的问题不能在短期内尽快处理。常因房屋质量、邻里纠纷等问题迁怒于物业服务企业，造成物业管理过程中矛盾时有发生。

3. 物业服务企业的服务意识和管理措施有待进一步提高

目前我市在工商注册的物业服务企业800多家，纳入物业监管平台的515家，企业发展差别较大，大多数物业服务企业管理能力较弱，服务质量不高，对物业法律法规知识掌握欠缺，确需通过先进企业的引领示范、物业管理行业的培训，不断提升物业服务企业整体服务水平。加强各级物业主管部门的巡查检查力度，通过信用管理营造优胜劣汰的市场竞争环境。但在具体实施过程中，因物业监管系统的优化及升级改造无任何资金保障，该系统目前无法进行进一步优化，2019年，我市信用监管系统在全国信用案例评选中是唯一入围百强获奖的物业管理行业信用监管平台，平台运行后，先后有乌海、吴忠、中卫、固原、韩城等兄弟城市来银就物业管理行业信用监管进行交流，给予我市信用监管平台很高的评价。

4. 物业管理市场竞争机制不完善，不正当竞争现象时有发生

银川市自2004年逐步建立物业管理招投标市场，从最初个别项目通过招投标选聘物业服务企业到目前所有超过2万平方米的新建住宅项目全部通过招投标选聘物业服务企业，虽然通过招投标选聘物业服务企业取得了一定的市场竞争效果，但仍存在物业管理招投标市场竞争不足，压价或低价中标等不正当竞争现象时有发生。一是由自治区、银川市相关部门组织召开的公建物业项目的招投标，因未按我市物业管理招标办法进行操作，因此在自行组织操作过程中存在降低中标价格或低价中标的问题。二是三区政府代建的拆迁安置区不通过招投标程序，擅自指定物业服务企业，且单方面直接确定物业收费标准，造成物业市场混乱，导致小区交付使用后出现物业管理不规范、物业收费不合理、物业服务质量不高等问题。

5. 物业管理行政处罚权限调整后，行政处罚工作滞后

按照《银川市人民政府关于公布市本级政府部门行政职权事项保留和清理调整意见的决定》（银政发〔2016〕1号）要求，我市将物业管理行政处罚职权交由三区政府负责。物业管理行政处罚权下放后，因三区政府未明确专门的物业执法部门、执法队伍等原因，造成物业违法违规案件得不到及时查处，违规单位得不到及时处理，投诉人的诉求得不到及时解决，导致一些问题重复投诉和上访。因此，被居民群众、自治区住房和城乡建设厅和新闻媒体多次投诉、批评和点名我市物业监管工作不到位，给我市物业管理工作带来极大的负面影响。如：银川市新建商品房90%以上的项目均存在违规交付行为；物业项目消防通道发生堵塞后，物业服务企业向交警部门、消防部门反映存在推诿扯皮、得不到解决等诸多问题。

6. 地下车位只售不租成为业主上访投诉热点问题

（1）随着人们生活水平的提高，我市私家车数量不断增加，在住宅小区等物业管理项目内因停车泊位不足，引发的小区停车难，堵塞道路、大门和消防通道的问题日益突出。由于部分小区规划时地上只设置了少量停车位，甚至部分老旧小区没有规划停车位。开放地下车位用于业主停放车辆可有效缓解业主停车难问题，但大部分开发建设单位为了尽快回笼资金，采取地下车位只售不租的方式，造成大部分新建小区业主因停车问题投诉不断。

（2）按照《物权法》相关规定，地下车位或车库产权一般属开发建设单位（当事人）所有，且由当事人通过出售、附赠或者出租等方式约定。因此，开发建设单位一般利用只售不租的方式来促进地下车位或车库的销售。

（3）根据《物权法》《银川市停车场规划建设和车辆停放管理条例》《银川市防空地下室建设和管理办法》等相关法律法规，如何调整地下车位的使用方式涉及规划、住建、物价、公安、交通、国土等诸多部门，目前，我市无有效措施解决此问题。

（二）银川市物业管理行业下一步发展方向

（1）加强对物业管理行业的监督管理，规范物业服务企业服务行为，结合管理实际，不断完善和改进我市物业管理行业信用监管制度，提高物业服务水平及质量，保障广大业主的合法权益。

（2）升级改造“银川市物业管理行业监管平台”。为科学、高效、系统、全面地建立物业管理行业信息系统，联合有系统建设经验和实力的企业合作开发建设，将现有的物业系统平台进行升级改造，扩展平台的使用范围和内容，促进网络化、精细化管理格局，推进我市物业管理行业走进互联网＋发展道路，提升我市物业管理行业的管理、服务效能和监管水平。

（3）建立全市物业服务企业及物业从业人员的信用信息数据，按照属地管理原则，指导各辖区物业主管部门按照物业服务企业信用等级实行差别化管理，持续开展物业日常巡查、月通报制度。

（4）推进我市党建引领行业发展，树立物业管理行业的典范和标杆，促进行业整体健康有序发展，积极开展物业管理行业“五星级企业”“最美物业人”等评选活动，不断建立物业管理行业良好的社会形象。

（5）加强物业管理行业消防安全监督工作，继续开展“平安小区”“优秀示范项目”等的组织评定工作。

（6）贯彻执行《银川市物业管理条例》。继续开展《银川市物业管理条例》的宣贯和培训工作，同时监督市物业管理协会开展行业自律及从业人员技术技能培训。

新疆维吾尔自治区物业管理行业发展报告

新疆维吾尔自治区房地产业协会物业管理专业委员会

一、行业基本情况

（一）行业发展规模及概况

截至2019年底，全疆共有物业服务企业2235家，从业人员近14万人，物业管理面积达到3.96亿平方米，其中住宅物业面积3.36亿平方米，占建筑总面积的84.8%，住宅小区项目7158个，成立业主委员会（已备案）2091个。

在全疆14个地（州、市）中除塔城地区、阿勒泰地区、巴音郭楞蒙古自治州、和田地区之外的10个地（州、市）按要求上报了年度统计数据，合计物业服务企业1935家，占全疆物业服务企业的86.58%；物业管理面积3.28亿平方米，占全疆物业管理总面积的82.83%。下文中数据及行业情况分析均以此10地（州、市）数据为基础，可以代表全疆物业管理行业的整体发展水平。

（二）管理服务项目情况

截至2019年底，实施专业化物业管理的项目7452个，其中住宅物业5558个，占项目总数量的74.58%（其中5万平方米以内的小区3588个，占住宅物业的64.56）；其他1894个非住宅物业涵盖了商业、办公楼、学校、工业区、医院，以及图书馆、文化馆、体育场馆、机场航站楼、高铁站等公建项目。

以上数据显示：第一，整体来看我区住宅物业普遍规模较小，六成以上小区都小于5万平方米（包括乌鲁木齐市）；第二，物业类型日趋多样化，已逐渐延伸到了大型场馆、武警训练基地等特殊物业类型，覆盖了人们生活和工作的各个领域。

（三）行业经营状况

全疆各地（州、市）物业费标准均价为住宅（包括多层和高层）0.72元/（月·平方米），非住宅2.5元/（月·平方米）；物业服务费收入49.82亿元，占总收入69.97亿元的71.2%；10个地（州、市）2019年度总利润7800.98万元，除乌鲁木齐市、阿克苏地区盈利以外，其余均为亏损。

以上数据显示：第一，多种经营收入在我区物业服务企业总收入中的占比有明显提高，说明越来越多的企业开始探索延伸性服务和多种经营的路径；第二，绝大多数物业服务企业依然没有摆脱物业费标准低、收费率低，而经营成本却在不断上涨所带来的经营困境。

二、物业管理特色工作的经验与成果

（一）强化党建引领物业管理并取得初步成效

2019年，自治区住房和城乡建设厅以及伊犁州、巴州、昌吉州等地相关部门先后发文，就强化党建引领物业管理、提升物业服务质量、推进“红色物业”建设提出意见和实施方案，要求加强社区党组织、社区居民委员会对业主委员会和物业服务企业的指导和监督，建立健全社区党组织、社区居民委员会、业主委员会和物业服务企业议事协调机制。

统计数据显示，截至2019年底，物业服务企业成立基层党支部285个，社区与物业服务企业负责人实行交叉任职小区333个，社区向物业小区派党建联络员327人。同时，已正式成立并按规定备案业主委员会1991个，较往年有了大幅提高。

在基层党组织领导下，由社区居委会、业委会和物业服务企业等组成的多方联动的“党建＋物业”这一服务体系，在践行党的宗旨、发挥基层党组织领导作用、推动物业服务企业健康发展、加强社区基层治理、完善基层治理体系、提升治理能力、密切联系群众服务群众、构建和谐社区等方面都发挥了积极作用。

（二）物业管理类行业在社会维稳中发挥了极为重要的作用

近年来，按照新疆“社会稳定长治久安”这一社会发展总目标，物业服务企业作为社区服务与管理的主要力量和基石，在维护社会稳定、构建首府社会和谐等方面发挥出了越来越重要的作用。特别值得一提的是，为了贯彻落实政府维稳工作部署，不断加强社区安全防范工作，承担着小区安全防范职责的物业服务企业，按照各级政府相关工作要求，在维稳经费投入完全超出物业服务费成本构成且没有任何形式补贴的情况下，付出大量的人力、物力和财力，采取了一系列行之有效的维稳安保措施，为新疆社会维稳工作做出了极大的贡献。

（1）增加安保人员。各物业服务企业按照维稳工作要求，在各物业服务项目入口处增加安保人员检查车辆后备厢，在各住宅小区增设专职“护区队”。按我区物业管理行业普遍用工标准，物业服务企业承担了每人每年不低于4万元的用工成本。

（2）增设各类维稳设施和器材。包括安装电动门、防尾随滚闸门，增设硬隔离墩，购置盾牌、头盔、大头棒、警棍、警叉、防刺服等防暴器材，商业、写字楼项目入口处购置安检门、探测仪、安检透视机等。

（3）配合政府“三网建设”，增加监控设施等。包括安装监控、一键报警系统、人脸识别系统、智能访客系统、社区对讲系统、无感知识别系统等，并按照所有视频监控接入公安网的要求，将住宅区视频监控系统全部更换为1080P数字信号系统，更换老旧监控线路及监控录像机、更换增加摄像头等。除了设备购置安装费之外，物业服务企业还必须长期负担这些智能化系统的网络通信费。

（三）通过物业服务专业领域各项活动的开展，协会的行业核心地位得以初步确立

2019年6月，举办了全区物业管理行业经验交流及公益讲堂活动，自治区住房和城乡建设厅相关领导以及来自伊犁州、克拉玛依市、昌吉市和乌鲁木齐市兄弟协会和物业服务企业代表240余人参会，为全区物业服务企业拓宽发展思路、提升服务品质、加强法律风险防范意识提供了学习和交流的平台。

8月，协会主办了“首届新疆物业管理产业融合发展高峰论坛”，除自治区住房和城乡建设厅相关领导和疆内兄弟协会、物业服务企业代表外，论坛还邀请到了中国物协副会长、深圳之平物业发展公司执行总裁余绍元，中国物协名誉副会长、前海勤博教育科技（深圳）有限公司董事长周心怡，中国物协副秘书长、《中国物业管理》杂志社总编赵富林，为我区本土企业接受国内先进管理理念搭建起了更加广阔和便捷的沟通平台。

9月，在克拉玛依市组织召开了“不忘初心——物业人再出发”经验交流座谈会，乌鲁木齐市、昌吉市、克拉玛依市等地物业服务企业代表50余人参加座谈，并对克拉玛依市文化馆和绿色康城项目进行了现场调研和观摩学习。

10月，第五届中国物业管理创新发展论坛和2019中国国际物业管理产业博览会在深圳隆重举行，在协会的发起和组织下，我区多家企业参与，共同设立“新疆馆”，集中展示了新疆物业管理行

业的发展成果和企业风采；之后又组织参会企业一同前往星河 WORLD、勤博教育对标学习。

11 － 12 月，连续举办了两期“物业管理系列大课堂”活动，以物业管理行业普遍关注的社保政策、物业费催缴实务及案例分析为主题，邀请资深专家进行讲解与分享，获得参与者的一致好评。

12 月，协会召开了物业管理专业委员会成立专题会议，正式发布了《关于成立新疆维吾尔自治区房地产业协会物业管理专业委员会的通知》（新房协〔2019〕25 号），以及物专委工作规则、组织架构及相关人员名单、行业智库首批专家名单，并向首批专家颁发了聘书。从此，我区物业服务企业有了自己的行业组织，相信会有越来越多的物业服务企业以新疆房协物专委为核心，凝心聚力，引导和推动行业健康发展，为提升新疆人民的生活品质和幸福感而不懈努力。

三、新疆物业管理行业近年努力方向

（一）缩小地域性差异，改善我区物业管理行业地区发展失衡的现状

统计数据显示，无论物业服务覆盖率还是行业经营状况，各地（州、市）都与首府乌鲁木齐市存在较大差距，特别是收费标准和服务标准，全疆绝大部分地区仍然停留在十几年前的水平，很大程度上制约了物业管理行业的发展。但同时我们也看到，部分地区的物业服务企业表现出了很强的发展意识，他们积极寻求培训学习和提升的机会，尝试筹建地方物业管理协会。未来一至两年内，我们将借全疆推行《住宅物业服务标准》（XJJ056 － 2019），以及自治区发改委、住房和城乡建设厅、市场监管局印发新修订的《新疆维吾尔自治区物业服务收费管理办法》（新发改法规〔2020〕8 号）之机，加强市场调研、加大宣传培训力度，助推各地（州、市）物业管理行业的发展，努力缩小地域性差异，改善我区物业管理行业地区发展失衡的现状。

（二）继续探索和发展党建引领物业管理的新模式

强化党建引领物业管理、推进“红色物业”建设，对构建管理规范、服务优质、竞争有序、健康发展的物业服务体系，对提高物业服务水平和质量、营造和谐稳定社区环境有着极大的意义。但在实际工作的推进中，依然存在模式单一、流于形式和口号、缺少系统性前瞻性等问题，近期协会正在开展相关工作内容的调研，后期将会在调研的基础上开展多种形式的交流活动，树一批标杆和典型，不断探索和发展党建引领物业管理的更加切合实际的新模式。

（三）加强对业主委员会的监管

2019 年全疆着手推进“党建＋物业”这一多方联动服务体系以来，各地（州、市）成立业主委员会的数量成倍增长，这对承担着业委会指导监督职责的区、县房地产行政主管部门和街道办事处、乡镇人民政府而言，无疑增加了工作量。在实际操作中，个别地区甚至出现在行政干预下“强推”“速成”的情况，这样产生的业委会缺乏群众基础，也很可能会为后期的依法有序运行留下隐患。

因此，加强业主委员会的建设管理是摆在我们面前亟需要做的工作。借鉴内地部分省市做法，制定业委会管理办法或“加强党建引领业委会建设”相关办法；通过定点培训机构对业委会成员进行专业培训，经考核合格颁发业委会委员资格证，对新成立的业委会，其候选人必须取得相应的资格证；已成立的业委会，通过分批组织培训，考核合格取得资格证的保留其业委会资格，不合格的，建议业主大会给予免职；建立业主委员会委员诚信档案，并尝试与社会征信体系的个人信用接轨；组织评选“优秀业委会”，树立标杆，依靠媒体扩大影响力，带动业委会向标杆靠齐。

（四）继续敦促科学合理的价格机制

统计数据显示，缺乏合理的动态调价机制、物

业收费标准偏离服务成本，多年来始终是制约我区物业管理市场健康发展的一个重要因素。我们将继续凝聚全行业之力，借自治区发展改革委、住房城乡建设厅和市场监督管理局共同颁布新修订的《新疆维吾尔自治区物业服务收费管理办法》之机，加强对一线企业经营数据的收集和调研，与各地（州、市）兄弟协会共同协作，积极与价格主管部门进行沟通，敦促各地区物业服务动态价格机制的建立，将人力成本等物业服务成本变化情况与物业服务收费标准联动，使政府指导价更具客观性和时效性。

（五）指导企业大力拓展多种经营，引领行业转型升级

鉴于前述我区物业服务企业普遍存在的发展不均衡、经营收入来源相对单一等问题，在今后的工作中，我们将引领物业管理行业适应新形势、新要求，加速向现代服务业转型升级。引导企业打破“靠劳动力提供基础服务、靠有限的物业服务费糊口”的原有模式，在做好基础服务的前提下，抓住社区增值服务潜在需求，积极拓展各种增值服务，创新服务内容和盈利模式；鼓励企业优化结构、资源共享、强强联合、带动行业整体发展，创高端物业、创名牌管理、创自治区和市级示范，全面提高服务质量；走进物业服务企业深入了解企业经营发展现状和存在的问题，指导企业夯实管理基础、参与市场竞争、优化项目资源，向规模要效益，向创新要效益。

（六）配合行业主管部门做好全疆无物业管理老旧小区的物业管理全覆盖工作

据统计，截至 2019 年底，全区依然存在无物业管理老旧小区 1376 个，合计建筑面积 1119 万平方米。对这些老旧小区的改造以及推行专业化物业管理全覆盖将是近年新疆物业管理行业的一项重要任务。以政府主导、属地管理，综合施策、多措并举，创新模式、分类管理以及物业消费引导、市场化运作为基本原则，以专业物业服务企业市场化运作为主要形式，力争早日实现全区居民小区物业管理全覆盖，建立健全物业管理长效机制，确保居民小区保持文明、安全、整洁、有序的居住环境。